How to Prepare for the Advanced Placement Examination

Spanish

Second Edition

Alice G. Springer, Ph.D.
Professor of Spanish
Montgomery Bell Academy
Nashville, Tennessee

BARRON'S

Acknowledgments
Special thanks are due to John, Seth Robertson, Katherine Dishman, Fred Joseph Goldner, my students at MBA, and Dr. Ed Gaffney. Illustrations are by Janice Booker.

All inquiries should be addressed to:
Barron's Educational Series, Inc.
250 Wireless Boulevard
Hauppauge, New York 11788

Library of Congress Catalog Card No. 96-86361
International Standard Book No. 0-8120-9405-0

Printed in the United States of America
987654321

CONTENTS

PART ONE INTRODUCTION

Preparing for the Advanced Placement Spanish Language Examination

GENERAL CONSIDERATIONS

The Advanced Placement Spanish program consists of two areas: (1) Spanish Language, and (2) Spanish Literature. Each area is substantially different in terms of the content and the format of the respective examinations. While the Advanced Placement Spanish Literature Exam tests listening comprehension, reading comprehension, and has an analytical writing component dealing with the works of five authors, the Spanish Language Exam tests ability to communicate in Spanish in four skill areas: listening, reading, writing, and speaking. There is no prescribed curriculum of material to be considered before the student takes the Spanish Language Examination. However, the difficulty of the exam roughly corresponds to material appropriate for most third semester Spanish courses. A dedicated, well motivated high school student can earn the highest score on the exam by demonstrating strong ability in both receptive and productive language skill areas. The student should be able to understand spoken and written Spanish at a very sophisticated level. In the productive skill areas, the student must demonstrate the ability to communicate fluently and accurately in speaking and writing Spanish. In the oral portion of the exam students are required to tape their responses and submit the tape for evaluation. In the final analysis, results of the Spanish Language Exam evaluations are expressed in terms of a five point scale: 5—Extremely well qualified, 4—Well qualified, 3—Qualified, 2—Possibly qualified, 1—No recommendation.

THE AP SPANISH LANGUAGE EXAMINATION STRUCTURE

The four skill areas tested in the Spanish Language Exam are divided into two sections. Section I, which tests listening and reading comprehension, consists of 90 multiple-choice questions and requires approximately one hour and 30 minutes. Section II, which tests writing and speaking, consists of two completion exercises, one 200-word essay, and a speaking sample. The speaking sample consists of two parts that require the student to prepare a tape to submit for evaluation. The first part requires the student to tape a story based on six picture panels. In the second part, the student must answer five directed response questions. All of Section II is approximately one hour and 15 minutes long.

DESCRIPTION OF THE EXAM

The Listening Section

The listening section of the examination comes first. It gives the student an opportunity to recall words and structures without having to produce any language samples. After listening to spoken Spanish, the reading section helps the student focus on specific aspects of language in the vocabulary and grammar parts. This section will also help the student recall language without having to produce any samples. The writing section does require language production in writing, but the student still has ample time to think about what he or she wants to say. In the speaking section the amount of time to think is significantly restricted. Since this skill area is tested last, however, the student has had time to recall as much language as possible before having to produce the speech sample.

The listening comprehension section consists of a series of taped selections that will be tested in a multiple-choice format. To do well on this section, the student must be able to understand the vocabulary and grammatical structures. Additional nonverbal sounds can also provide clues about the content of the selection. For example, nonverbal sounds such as train whistles or church bells and chime tones for announcements in train stations are used. Sometimes there are subtle aspects of speech—inflections or intonations of voice—such as a voice that sounds surprised or puzzled. In addition to the listening comprehension section of the exam, there are five directed response questions. In some respects the directed response questions are also a test of listening ability, even though the questions appear in the speaking section. In order to be able to answer the questions, the student must understand spoken Spanish.

The Reading Section

The reading section consists of four parts. Parts A, B, and C test vocabulary and grammatical structures in sentences. Part D consists of several passages containing one or more paragraphs. The questions on all of these parts are multiple choice. In order to do well on this section, a thorough knowledge of vocabulary and grammatical structures is necessary. For the reading passages, an ability to interpret and infer meanings is also necessary.

The Writing Section

The writing section has two parts. The first part tests the student's knowledge of vocabulary and grammatical structures in a fill-in-the-blank format. In the second part of the free-response section, the student will write a 200-word essay about a general topic. Be advised that even the free-response parts of the writing sections require thorough knowledge of vocabulary and sentence structure. Practically speaking, good reading comprehension is essential on all sections of the exam except speaking.

The Speaking Portion

The speaking portion consists of two parts: a story to tell based on a series of pictures, and the five directed response questions. Students will have two minutes to look at the pictures and think about what to say, followed by two minutes to record the story. The directed response questions are read twice on the master tape and twenty seconds are allotted for the student's response. The tape may not be stopped or paused during recording. But if the tape did not record the student's voice, the recording can be redone immediately. The student may not leave the testing room and return to retake the oral portion of the examination, but may take it again as soon as the problem is discovered and corrected.

RUBRICS FOR THE AP SPANISH LANGUAGE EXAM

Evaluation criteria for the free-response sections of the test are called **rubrics**. Section I of the exam is machine scored since it is multiple choice. However, since Section II is free-response writing and speaking, it is read and scored individually by consultants, and the following rubrics are applied.

Evaluation Scale for the Essay

9—Although a sample does not necessarily have to be perfect to merit this ranking, the language must clearly be superior in terms of vocabulary, grammatical accuracy, ideas, and organization.
7–8—The writer has very good vocabulary, grammatical accuracy, and organization, in addition to good ideas.
4–5–6—The sample in this range shows adequate vocabulary, grammatical accuracy, and some basic organization of ideas. At this level, though, there may be evidence of interference from another language in vocabulary, sentence structure, and spelling. The score of 6 indicates a sample with more evidence of linguistic competence, but one that does not quite demonstrate the competence that a 7 indicates. Similarly, a rating of 4 on a sample indicates a weak demonstration of competence, but is a better sample than a 3 would indicate.
2–3—In this range a sample suggests a lack of competence because of limited vocabulary, fragmented or incoherent grammatical structures and little concept of the conventions of written language. However, the student may show some ability to use correct verb forms, some specialized vocabulary, or random orthographic competence.
0–1—The writer demonstrates a lack of ability to communicate in written language because of insufficient vocabulary as well as constant grammatical errors.
(–) A dash indicates a sample that does not respond to the topic, is in English, contains profanity, drawings, or is simply blank.

Evaluation Scale for the Picture Story Sequence

9—This sample shows clearly that the speaker has a superior vocabulary, and speaks with appropriate pronunciation, intonation, and fluency. This speaker also shows a superior control of grammatical structures and has coherent and appropriately expressed ideas, opinions, or commentaries.
7–8—The student shows very good vocabulary, pronunciation, intonation, and fluency. The vocabulary and grammatical accuracy are above average, enabling the speaker to effectively communicate ideas fluently.
5–6—This sample indicates good pronunciation. The intonation and fluency are adequate. The speaker has sufficient vocabulary and grammatical accuracy to be understood, but some circumlocutions may be required to compensate for vocabulary and structures that the speaker does not know. There may be some good self-correction.
3–4—This sample shows halting speech with a weak control of grammatical structures and limited vocabulary. Recitation shows decided influence from another language, in terms of pronunciation, intonation, and sentence structures.
1–2—The student shows very weak vocabulary and strong interference from another language in pronunciation and intonation. Frequently there are long

pauses in the sample while the speaker tries to think of how to communicate what he or she wants to say. This sample clearly demonstrates incompetence.

On the free-response sections there is also a mark of 0 that is assigned to a sample that contains no original language from the student.

(–) A dash is given to a sample that consists of no comprehensible language, or silence while the tape recorded.

Evaluation Scale for Directed Response Questions

Each question is scored individually using the following scale:

4—Excellent. This sample shows that the student answered the question using good vocabulary and with superior syntactic control. Pronunciation, intonation, and fluency are excellent. The answer should be appropriate and thorough.

3—Good. The speaker responds to the question but may show some hesitation and awkwardness. Pronunciation is good. This speaker demonstrates competence.

2—Acceptable. Although this response is appropriate, the speaking sample shows some difficulty with vocabulary, syntactic control, fluency, and pronunciation. This sample only suggests that the speaker has linguistic competence.

1—Weak to Poor. The speaker has serious difficulty articulating ideas and only suggests an appropriate response in sentence fragments. Pronunciation makes the sample very difficult to understand. This sample suggests incompetence.

0—Unacceptable. This answer is irrelevant or incomprehensible.

(—) A dash means that the student did not respond to the question, either because he or she did not understand it or because he or she did not record anything.

Applying the Rubrics

Although the exam contains a certain amount of new material each year, such as the essay topic and picture sequence, the rubrics remain constant. A substantial command of Spanish reflected in well-developed ideas, structural accuracy, syntactical control, and fluency is very important. The rating of each sample is holistic. Points are not deducted for errors. Each sample is evaluated on the merits of the language sample as a whole. Individual samples are not compared with other samples, nor are the faculty consultants (the people who evaluate the speaking and writing samples) aware of scores on other parts of the exam. The candidate does not have to be a native speaker of Spanish to receive a top score on the examination.

Even though the rubrics each year are essentially the same as previous years, they are refined to apply to the particular topic addressed that year. This fine-tuning is done by a Chief Reader in conjunction with a selected group of faculty consultants called Table Leaders. This group determines the guidelines for that year and selects samples that will be used to train consultants. When the consultants arrive at the reading site, they train using the selected samples from that year's exam. After the training period, each essay is read and a score assigned to it on the scale of 0–9. The picture sequence is also scored on the scale of 0–9. Each tape is heard and evaluated by a consultant. The questions are evaluated one question at a time and each answer is rated on a scale of 1 to 4. The responses must show that the student has not only understood the question, but that an appropriate response in intelligible Spanish is made. Each consultant reads only compositions, or listens to questions, or listens to pictures stories.

After all of the compositions are read, the tapes scored, and the multiple-choice portions of the exam scored, the raw numbers are compiled. The four skill areas are weighted as follows: speaking and listening each are 20% of the final scores. Reading and writing are each worth 30% of the final score. A standard group of students is established representing students with little or no out-of-school experience so that the exams of Spanish-speaking students will not skew the scores in the final analysis. Then several intermediate steps reduce the raw scores to the 1 to 5 scale. In the end, most scores fall into the 3 to 5 range because Spanish-speaking students' scores are added in after the distribution of scores on the 1 to 5 scale is established.

THE ADVANCED PLACEMENT SPANISH LANGUAGE STUDENT

This book is intended for English-speaking students who are preparing for the Advanced Placement Spanish Language exam, although native speakers will benefit from the description of the exam structure and the discussions of how the evaluation scales are applied. For most Spanish-speaking students, the vocabulary is not a major consideration in preparation, but it is for English-speaking students learning Spanish. Also, most Spanish-speaking students will have no difficulty with the listening comprehension and speaking portions of the exam. The preparation for the writing and reading sections of the exam should be helpful to both English- and Spanish-speaking students, however.

Because there are so many regional differences among Spanish-speaking people, there are many ways of communicating in the Spanish language. In spite of the wide variation in expression in Spanish, however, there are some aspects of expression that are more or less universal. The objective on this examination is for the student to express himself or herself as clearly, accurately, articulately, and fluently as possible in Spanish. The level of proficiency should be sophisticated enough for the student to carry on any nontechnical conversation. There is a basic grammar at the back of this book to help the student correct any persistent errors. Since the Advanced Placement course is intended to be college-level work taught at the high school level, both the vocabulary and grammatical aspects in this book are intended to represent an advanced level of communication. The course is designed to be a demanding and intensive program of language study. In order to succeed, the student must demonstrate a commitment to learning as much Spanish as possible. The successful student on this exam is also one who will take the initiative and responsibility for what he learns.

The Advanced Placement course is designed to prepare a student to study Spanish in college at an intermediate to advanced level. The precise point at which a student would enter depends on the score that the student receives on the exam and the credit that will be given by the college or university. Up to date information about how much credit is given by colleges and universities is available from the College Board. *The College Handbook* is a publication listing over 3,000 two- and four-year institutions and the credit that each gives for AP scores. Also available is a database software package called *College Explorer.*

Preparation for the Exam

The best preparation for taking the Spanish Language Examination is one that stresses oral skills, composition, and grammar study. You should use Spanish as much as possible in all four skill areas: speaking, listening, writing, and reading. You will find that the language in this guide reflects the wide range of expression found among Spanish-speaking people, from peninsular Spanish to Latin American. Samples of formal and informal discourse are also presented. The samples in the grammatical section are taken from a very wide range of sources—from newspapers, magazine articles, advertisements, short stories, and transcripts of interviews. Some are adaptations from these above sources.

OBJECTIVES IN THE FOUR SKILL AREAS

Listening Comprehension

You should be able to understand short conversations, narratives, interviews, or other material of a nontechnical nature. Listening to as much Spanish from as many different sources as possible, such as radio, television, taped songs, stories, and lectures is the best preparation for the listening comprehension section.

Reading Comprehension

You should be able to read any sort of nontechnical material that you might encounter in everyday situations—newspapers, recipes, instructions, any printed material that accompanies merchandise from or is intended for use by Spanish-speaking people, and short literary pieces. The more reading you do, the better prepared you will be.

Writing

You should have sufficient vocabulary and control of grammatical structures to permit you to express your thoughts clearly in writing. Practice in writing essays is especially important so that you can easily write 200 words in the 40 minutes allotted.

Speaking

You should be able to answer questions using appropriate language and be able to tell a brief story using appropriate vocabulary, grammatical structures, and with intelligible pronunciation, intonation, and fluency.

You will notice that vocabulary is not mentioned in any one skill area, but it is crucial in all of them. Vocabulary is tested before the reading comprehension but your ability to express yourself and to understand others is defined by what words and expressions you know. You should learn as much vocabulary as you can.

Material of a cultural nature is not addressed in any one section of this book. Cultural aspects as such do not constitute material about which you will be tested. However, the more you know about geography, customs, traditions, institutions, history, and people in Spanish-speaking countries, the more vocabulary you are likely to know. Also you will find that some of the material used to test the skill areas is about cultural topics. If you are familiar with cultural material, you will be comfortable with those parts of the exam. You should try to learn as much as possible about cultural topics by reading, watching, and listening to programs about Spanish-speaking countries and by talking to Spanish-speaking people.

USING THIS BOOK

In the absence of a formal Advanced Placement Spanish Language class, you can prepare for the examination by becoming familiar with the examination format and studying all the materials available. This guide to the Spanish Language Examination is designed to help you understand the structure of the exam and its grading. It also contains strategies for preparing for each of the skill areas, practice exercises in each of the skill areas, answer keys so that answers can be checked, and commentaries to help you understand why some answers are better than others. The practice exam and the answers will provide additional preparation for the actual exam.

The following pages are designed to help you prepare for the Spanish Language Examination by:

1. presenting material (vocabulary, grammatical structures and conversation topics) that are likely to be covered on the exam,
2. providing exercises for you to practice and master language in the different skill areas, and
3. providing one complete practice exam.

This book is divided into the four skill areas addressed on the exam: listening, reading, writing, and speaking. Each chapter is devoted to only a single skill area, but also contains information that will be useful in other skill areas. Vocabulary study is integrated into discussion topics and questions, explanations, and practice exercises for each skill area. There is some redundancy built into the vocabulary to reinforce some words that may be particularly useful. You will notice that different skill areas feature different kinds of vocabulary.

The listening comprehension vocabulary may seem difficult. But the commentaries should help you understand the taped material, and help you learn some useful vocabulary as well. The material does not contain slang, which tends to change rapidly and vary considerably from one region to another.

The vocabulary you use when listening is much larger than the vocabulary used when speaking, because in the former case you are able to recognize cognates of words that you may not recall without prompting. In many cases your ability to recognize cognates (words that sound alike in both English and Spanish) really depends on your vocabulary in English. Even conversational Spanish contains many words that have almost dropped from conversational English, so Spanish may seem more difficult to understand because of the range of vocabulary. If you have a large English vocabulary, you will recognize many cognates. If your vocabulary in English is small, you will need to learn words in order to feel comfortable in Spanish.

The reading vocabulary is the most difficult for many students but there are advantages to reading that you do not have with listening. Seeing a word on a page gives you time to try to remember it, and also gives you a context so that you can go back and reread what is said. You will find suggestions for how to understand vocabulary in the context of written passages.

Reading requires the largest vocabulary, which is why people who read a lot usually know the words they need to say exactly what they want to say. In this section of this book most of the vocabulary focuses on verbs. Frequently you can guess the meaning of nouns, but the verbs often are not cognates. Also in this section the interpretation of structures as well as meanings of words becomes important. There is a section of multiple-choice vocabulary and grammatical structures to show you some strategies.

Beginning students often write using the same vocabulary and syntactical constructions that they use in speech. In both skill areas you have to use only those words you have stored in memory in your mind. You cannot use a dictionary to look up words as you write your essay. But, by the same token, since you have time to think about what you are going to say, your written language should be more articulate than spoken language. You should have a somewhat better vocabulary when you write. In the written exercises, you need to use words and expressions that you learned in other chapters. This book will focus on helping you develop ways of organizing your thoughts, expressing them accurately and using the best vocabulary. Usually in writing, the sentence structures are more complex and your thoughts are more organized than when you speak.

Speaking vocabularies usually will not be as sophisticated as the vocabulary needed for reading or listening. When you are trying to remember the meaning of words, you do not have the advantage of seeing the word or expression on a page or screen to jog your memory; you have to recall the words without prompting. You will see that most of the vocabulary that is presented in the speaking skill area is made up of nouns and adjectives. Speaking requires a vocabulary that includes a wide range of names of things, people, and places, as well as the adjectives to describe the named items. In conversation we tend to use more common irregular verbs. Make sure that the verb forms you use are correct, especially the common irregular verbs. You will find these verbs listed in the back of this book.

With each new skill area, more words are added so that you can learn as many as possible and add to the basic level. The words are presented in such a way that some review is built into this book. Some vocabulary that you remember from this book may make a great difference in your responses. Although all aspects of language are important, probably none is more important than vocabulary study. No matter how much grammar you know, if you do not know the words to communicate your thoughts, the grammar will not be useful.

STUDY STRATEGIES

Language comprehension and production is a complex process that uses a variety of skills simultaneously. There is usually a very strong correlation between different skill areas such as speaking and writing abilities, and between the reading and listening abilities on the exam. Improvement in any one area usually affects and enhances ability in other skill areas.

Suggestions for Studying for the Exam

1. Study when your mind is fresh and you can concentrate on the material.
2. Practice speaking and listening to Spanish whenever possible. Listen to Spanish language radio or television programs, Spanish movies or videotapes, or books on tape. Find friends or acquaintances who speak Spanish—anyone who can provide a native model for pronunciation, intonation, and fluency.

3. Do not attempt to learn too much at a time, since trying to cram too much material into a study period is counterproductive. You will have difficulty remembering material if you try to do too much. Study until your concentration begins to decrease, then take a break.
4. Review material from previous study sessions frequently.
5. Take a practice test in one sitting so you can get used to the length of time required to take the actual exam.
6. Practice taping your own voice so that the process will not feel strange or intimidating when you take the exam.
7. Find a comfortable place to study.
8. Find someone who can answer questions about things you do not understand.
9. Do not be afraid to try to speak Spanish whenever possible.
10. Read as much as possible to learn vocabulary and to practice reading comprehension strategies suggested in this book. Read from a variety of sources—newspapers, literature, novels and short stories, letters from Spanish-speaking friends, menus, schedules, tour guides, essays, the internet, and anything printed or written in Spanish that you can find. There are also some computer software programs that contain reading material.
11. Find a good dictionary to look up things you want to say. Be sure to look up words from English to Spanish, then check the correctness of meaning by looking up the Spanish to English to make sure that you have selected the most appropriate word for what you want to say. Remember that the use of dictionaries on the exam is prohibited.
12. You will be surprised at how much you can say if you learn how to rephrase your thoughts when you do not remember a specific word. Do not simply memorize questions and answers, but learn to communicate information and ideas. You will never know all the words you may want to use on an exam, but you can learn to communicate thoughts if you know how to rephrase. You want to communicate ideas in Spanish, not translate your thoughts literally from English to Spanish.
13. Learn as much grammar as you can. Especially make sure you know how to use verb tenses and moods correctly.

These recommendations are intended to help you feel confident about taking the exam. The more confident and comfortable you are using the Spanish language, the better your chances are of doing well on the examination.

PART TWO

LISTENING COMPREHENSION

GENERAL CONSIDERATIONS

The listening comprehension portion of the Advanced Placement Spanish Language Examination consists of several types of samples. In one section you will listen to a series of dialogues followed by questions about what you have heard. Each question will be read once. The questions are not printed in the test booklet, but are read as each dialogue is finished. The next portion of the listening comprehension section consists of a series of short narratives. Once again, the questions are on the tape and the responses are printed in your test booklet. The questions for each narrative are given after each passage. The last part of this section consists of two short oral segments of approximately five minutes each. The questions for this section are printed before the multiple choices. You will have 12 seconds to respond after you hear each question.

SHORT DIALOGUES

In listening to the dialogues, be sure to notice any nonverbal cues that communicate information such as where the dialogue takes place. If you hear a bell in the background, jet engines, train whistles, traffic sounds, or other such indicators, use the information to provide a context for the dialogue. You should also listen for the tone of voice to determine the attitude of the speakers. This information can help you understand what is being said; if you know the attitude, you can form an idea of what kind of vocabulary and information to listen for in the dialogue. Knowing what to expect to hear is very important since it helps you narrow the range of vocabulary.

You need to listen for information that tells where the dialogue takes place, who is speaking and what their relationship is, what the topic of conversation is, and why they are having that conversation. Background noises can sometimes reveal the location. At other times you need to deduce that information from the words and tone of voice of the speakers. Who the speakers are and their relationship to each other often is revealed simply by the gender of the speakers (whether one is male or female), young or old, whether they are good friends (whether they use *tú* or *usted*), and other such differences. Their topic of conversation is revealed in the selection of words. Listen especially for noun and verb selection to determine the topic of conversation. The most difficult part of understanding the dialogues is understanding why the two speakers are talking. This information is revealed by mood selection (listen for the subjunctive), and especially by adjectives and adverbs. In the following section, listen to the selections and try to answer the questions. Be sure to try to answer all of the questions. When you have finished, check your answers. Then go to the transcript of the conversation to look up the words that you did not understand. Listen to the selections again to make sure that you could recognize the words if you heard them again.

SHORT NARRATIVES

The short narratives you will hear can be about any topic. In this type of listening comprehension, you are listening for information of a different sort than in the dialogues. In these narratives, listen for words that indicate the topic or theme of the narrative. By knowing the main idea, you can once again narrow the range of vocabulary you can expect to hear. Most of the questions in the narrative section will deal with who, what, when, where, why kinds of information. Interpretation of narratives is different from dialogues in that you listen to one speaker who talks about a given topic.

LONGER SELECTIONS

The last portion of the listening comprehension part consists of two selections that will be either longer narratives, interviews, short lectures, instructions, or some other type of speech sample. These two selections will each be about five minutes long. You may take notes on this section if you wish. You should practice before taking the exam to see if you do better taking notes or if you do better simply trying to recall information from memory. The advantage of notes is that you have a cue to jog your memory about the content of the narrative. You may have trouble listening and writing at the same time, however, and find that taking notes distracts you so much that you do not hear what is being said while you write. Remember that there is a great deal of repetition in the selections and you should be able to retain almost everything you hear if you concentrate while you listen.

TEST-TAKING TIPS

Here are some suggestions to help improve your listening comprehension.

1. *Concentrate while you listen.* Block out other thoughts and make sure your mind does not wander as you listen. If you have difficulty listening without being able to focus, develop some strategies. Jotting down key words sometimes helps on the longer passages. Or make a doodle that represents some aspect of what you are hearing to help you visualize the selection.
2. *Try to visualize in your mind what you are hearing.* Picture the setting and objects or people. If the dialogue is between or about two young people standing on a street corner, visualize the images.
3. *Learn to organize and categorize information that you hear.* When you hear information, file it in your memory according to what kind of information it is. When you hear a speaker talk about classes at the university, file the information under location or setting of the conversation or purpose, since it may deal with future events. If you hear the speaker say that he or she is going to class, in addition to revealing future plans, the

information also tells you what the speaker may be—a university student or teacher.

4. *Take notes if necessary.* Practice beforehand to discover if you do better taking notes or listening without taking notes.
5. *Listen to as much Spanish as you can.* Listen to tapes, radio programs, videos, movies, and other people speaking Spanish.
6. *Learn to make educated guesses.* You may hear words you do not recognize, so learn to make educated guesses about what words mean. Learn to depend on the context of words to give you a clue about their meanings.
7. *Learn not to translate every word of what you hear as you listen.* Translating as you listen slows down comprehension, because as you think about the literal meanings, your mind does not listen to the rest of what is being said.
8. *Learn to recognize as many cognates as possible.* Remember, cognates are words that sound alike in both languages. To recognize cognates, try to visualize what the word looks like on paper.
9. *Know the endings of different parts of speech.* You need to listen particularly for verbs and identify their subjects. Then fill in information provided in adjective or adverb phrases.
10. *Try to understand the ideas* you hear instead of precise translations.

CHAPTER 1: Answer Sheet for Short Dialogues

Dialogue One
1. Ⓐ Ⓑ Ⓒ Ⓓ
2. Ⓐ Ⓑ Ⓒ Ⓓ
3. Ⓐ Ⓑ Ⓒ Ⓓ

Dialogue Two
1. Ⓐ Ⓑ Ⓒ Ⓓ
2. Ⓐ Ⓑ Ⓒ Ⓓ
3. Ⓐ Ⓑ Ⓒ Ⓓ

Dialogue Three
1. Ⓐ Ⓑ Ⓒ Ⓓ
2. Ⓐ Ⓑ Ⓒ Ⓓ
3. Ⓐ Ⓑ Ⓒ Ⓓ

Dialogue Four
1. Ⓐ Ⓑ Ⓒ Ⓓ
2. Ⓐ Ⓑ Ⓒ Ⓓ
3. Ⓐ Ⓑ Ⓒ Ⓓ

Dialogue Five
1. Ⓐ Ⓑ Ⓒ Ⓓ
2. Ⓐ Ⓑ Ⓒ Ⓓ
3. Ⓐ Ⓑ Ⓒ Ⓓ

Dialogue Six
1. Ⓐ Ⓑ Ⓒ Ⓓ
2. Ⓐ Ⓑ Ⓒ Ⓓ
3. Ⓐ Ⓑ Ⓒ Ⓓ

Dialogue Seven
1. Ⓐ Ⓑ Ⓒ Ⓓ
2. Ⓐ Ⓑ Ⓒ Ⓓ
3. Ⓐ Ⓑ Ⓒ Ⓓ
4. Ⓐ Ⓑ Ⓒ Ⓓ

Dialogue Eight
1. Ⓐ Ⓑ Ⓒ Ⓓ
2. Ⓐ Ⓑ Ⓒ Ⓓ
3. Ⓐ Ⓑ Ⓒ Ⓓ
4. Ⓐ Ⓑ Ⓒ Ⓓ

Dialogue Nine
1. Ⓐ Ⓑ Ⓒ Ⓓ
2. Ⓐ Ⓑ Ⓒ Ⓓ
3. Ⓐ Ⓑ Ⓒ Ⓓ

Dialogue Ten
1. Ⓐ Ⓑ Ⓒ Ⓓ
2. Ⓐ Ⓑ Ⓒ Ⓓ
3. Ⓐ Ⓑ Ⓒ Ⓓ

Dialogue Eleven
1. Ⓐ Ⓑ Ⓒ Ⓓ
2. Ⓐ Ⓑ Ⓒ Ⓓ
3. Ⓐ Ⓑ Ⓒ Ⓓ

CHAPTER 1 Short Dialogues

The multiple choices are given on the following pages. You do not need to stop the tape after each dialogue since time is allotted on the tape to answer the questions. At the end of this section there is a transcript of the material and commentaries about the answers. Now get ready to listen to the short dialogues on the tape.

1. Have ready access to the answer sheet on page 19.
2. Turn to the multiple choice answers starting below.
3. Begin the tape and follow its instructions.

DIALOGUE NUMBER ONE

1. (A) Está en una estación de policía.
   (B) Está en una oficina en el centro.
   (C) Está en casa.
   (D) Está en la calle.

2. (A) La policía está buscando a un ladrón en la casa del vecino.
   (B) Hay una emergencia médica y ha venido una ambulancia.
   (C) Algún actor famoso acaba de visitar a un vecino.
   (D) Están filmando un programa en la casa al otro lado de la calle.

3. (A) Está alegre.
   (B) Parece enojado.
   (C) Está temeroso.
   (D) Parece celoso.

DIALOGUE NUMBER TWO

1. (A) Cereal cuya mascota es Toni el Tigre.
   (B) Productos que no sean tan dulces como Toni el Tigre.
   (C) Una bolsa de azúcar.
   (D) Un juguete nuevo para la niña.

2. (A) Es muy simpático.
   (B) Es muy antipático.
   (C) Es muy compasivo.
   (D) Es muy avaro.

3. (A) Quiere que ella pague su cuenta.
   (B) Quiere que ella pruebe el cereal antes de comprarlo.
   (C) Quiere que ella compre azúcar.
   (D) Quiere que ella dé el cupon a la niña.

DIALOGUE NUMBER THREE

1. (A) Una huelga.
   (B) Un carnaval.
   (C) Una fiesta.
   (D) Una feria.

2. (A) Los dos hombres piensan que no pueden mejorar su situación.
   (B) Ellos opinan que merecen más paga.
   (C) La empresa está por quebrar y no puede pagarles.
   (D) Los otros empleados no desean cooperar con su plan.

3. (A) Proponen que la compañía les permita trabajar la semana que viene.
   (B) Proponen que la compañía les reembolse por el tiempo perdido del trabajo.
   (C) Recomiendan que la compañía acepte el ascenso de cincuenta dólares al mes.
   (D) Sugieren que el árbitro les permita regresar al empleo sin contrato para que puedan mantener la producción.

DIALOGUE NUMBER FOUR

1. (A) Son hombres de negocios, discutiendo expansión industrial.
   (B) Son viejos amigos discutiendo un nuevo negocio.
   (C) Son políticos planeando la modernización de su país.
   (D) Son ingenieros de una compañía con una fábrica nueva en otro país.

2. (A) Necesita contratar al señor Martínez por servicios necesarios.
   (B) Necesita arreglar el permiso necesario para poder construir la fábrica.
   (C) Necesita negociar con el señor Martínez para arreglar todo.
   (D) Necesita ser puesto en contacto por el señor Martínez con los agentes apropiados.

3. (A) Promete que hará todo para realizar el plan.
   (B) No quiere tratar con el señor Gómez.
   (C) Parece que favorece la propuesta del señor Gómez.
   (D) No le gusta el señor Martínez al señor Gómez.

DIALOGUE NUMBER FIVE

1. (A) Tienen hambre y desean almorzar en el centro.
   (B) Van de compras para una prenda de ropa.
   (C) Necesitan ir al banco en la Calle Central.
   (D) Necesitan comprar un regalo para el cumpleaños de una prima.

2. (A) Tienen sólo cinco minutos.
   (B) Tienen once minutos.
   (C) Tienen quince minutos.
   (D) Tienen mucho tiempo.

3. (A) Tiene que arreglarse el pelo.
   (B) Tiene que preparar el almuerzo.
   (C) Tiene que preparar una lista.
   (D) Le duele la pierna.

DIALOGUE NUMBER SIX

1. (A) Está en primavera.
   (B) Está en verano.
   (C) Está en otoño.
   (D) Está en invierno.

2. (A) Él tiene familia en Miami a la cual quiere visitar.
   (B) Era marinero y visitaba muchos lugares fantásticos.
   (C) Él enseñaba el buceo cuando vivía allí.
   (D) Él recorrió todo el territorio cuando vivía allí.

3. (A) Piensan ir a la playa para correr las olas.
   (B) Piensan hacer unas excursiones submarinas.
   (C) Piensan visitar un acuario.
   (D) Piensan visitar con familia.

DIALOGUE NUMBER SEVEN

1. (A) Hablan de una pareja que se ha divorciado.
   (B) Hablan de los amores de una amiga.
   (C) Hablan de una fiesta en un disco.
   (D) Hablan de sus preparaciones para un fin de semana.

2. (A) Su novio acaba de abandonarla por otra.
   (B) Ella acaba de abandonar a su novio.
   (C) Sus amigas acaban de abandonarla.
   (D) Ella no recibió una invitación a un baile al disco.

3. (A) Ellas saben que Raquel y Enrique no eran buenos amigos.
   (B) Saben que Raquel sabía que su novio había salido con otra.
   (C) Saben que Enrique no era confiable.
   (D) Saben que hacía mucho tiempo que los dos eran amigos.

4. (A) Ellas van a llamar a María por teléfono para preguntarle del asunto.
   (B) Ellas irán al baile para ver con sus propios ojos.
   (C) Ellas llamarán a Raquel para preguntarle.
   (D) Ellas van a hablar con Enrique y Ramón sobre esto.

DIALOGUE NUMBER EIGHT

1. (A) La noche anterior lanzaron muchos cohetes.
   (B) La noche anterior sufrieron un bombardeo.
   (C) La noche anterior hubo una plaga de insectos.
   (D) La noche anterior hizo muy mal tiempo.

2. (A) No tiene chicos en casa.
   (B) Los chicos agarraron a sus padres por el miedo que tenían.
   (C) Los chicos son más crecidos.
   (D) Los chicos son muy pequeños.

3. (A) No tienen electricidad en la casa.
   (B) No tienen agua corriente en la casa.
   (C) No tienen plantas en el huerto.
   (D) No tienen ningunas gotas.

4. (A) Ella arreglará todo pronto, ese mismo día.
   (B) El ayuntamiento le ha prometido hacer reparaciones mañana.
   (C) Ella esperará hasta que brille el sol para colgar la ropa al aire.
   (D) No hay remedio, tendrá que esperar mucho tiempo.

DIALOGUE NUMBER NINE

1. (A) Hay un problema con el agua en la casa.
   (B) La chica no tiene bastante tiempo para bañarse.
   (C) Ella quiere que le diga a su hermano que espere.
   (D) Él es plomero y está reparando la tubería.

2. (A) Porque ella abrió el grifo.
   (B) Porque hay aire en la tubería.
   (C) Porque los obreros no saben dónde están las líneas.
   (D) Porque Enrique está bañándose al mismo tiempo.

3. (A) Porque cerrarán el servicio de agua a la casa mientras reparan las líneas.
   (B) Porque su papá quiere bañarse también.
   (C) Porque ella tiene miedo del ruido.
   (D) Porque su hermano tendrá que bañarse pronto.

DIALOGUE NUMBER TEN

1. (A) Parece que sufre de un mero resfriado.
   (B) Parece que sufre principalmente de insomnio.
   (C) Parece que tiene neumonía.
   (D) Este paciente es adicto a drogas peligrosas.

2. (A) Le sugiere que no más guarde cama y descanse.
   (B) Le sugiere unas pastillas.
   (C) Le da un producto nuevo.
   (D) Le recomienda que tome dos pastillas y que lo llame por la mañana.

3. (A) El paciente estará mejor el próximo día.
   (B) Podrá respirar mejor el próximo día.
   (C) Espera que le ayude pero no sabrá por dos días.
   (D) Que se mejore, pues sabe que la medicina es buena.

DIALOGUE NUMBER ELEVEN

1. (A) Hablan de un programa sobre la astronomía.
   (B) Hablan de programas documentarios en la televisión.
   (C) Hablan de un personaje en un libro que han leído.
   (D) Hablan de una actriz famosa que vieron la noche anterior.

2. (A) Están de acuerdo que los dos papeles eran muy diferentes.
   (B) Les gustó una de las representaciones, pero no la otra.
   (C) No les gustó ninguno de los programas.
   (D) Opinan que una representación era inválida.

3. (A) La primera era fácil para la actriz porque era un documentario.
   (B) La primera le presentó un papel muy natural a la actriz.
   (C) La última no parecía requerir muchos cambios de la actriz.
   (D) La última era menos emocionante.

TAPESCRIPTS AND ANSWERS

DIALOGUE NUMBER ONE

(Easy listening music, then sirens.)

NAR 1: Miguel, ¿qué pasará con todas las sirenas?

NAR 2: Pues, no estoy seguro. No vi nada por la ventana cuando me asomé por ella hace unos minutos. Parecía que había mucha luz en la calle para esta hora de la noche. ¿No te parece?

NAR 1: Sí, sí. Puede ser que haya un fuego. Y ya que me lo mencionaste, se huele humo por aquí.

NAR 2: Voy a llamar a nuestros vecinos para ver qué saben de esto.

(Sound of telephone dial.)

NAR 2: Hola, señor Rodríguez. Oiga, ¿sabe Ud. qué pasará? ... ¿No oye usted todas las sirenas? Parece que vienen calle abajo pero van a pasar por aquí. ¿Hay un fuego? ... ¿Ud. no puede ver nada? ¿Ni oye nada? ... Pues gracias, siento mucho haberle molestado por nada. Sólo me preocupé de... bueno.. sí, sí, ... sí, hasta luego.

NAR 1: Acabo de ver por la ventana que hay videógrafos del Canal 6 con un coche y la policía que se han parado delante de la casa al otro lado de la calle. Parece que filman una visita de una actriz a la casa de nuestro vecino.

NAR 2: Ya lo veo. Me imagino que si fuera un actor no vendrían todos los reporteros ni nada. ¡Qué molestia!

Número 1.

¿Dónde está la pareja que habla?

(A) Está en una estación de policía.
(B) Está en una oficina en el centro.
(C) Está en casa.
(D) Está en la calle.

Número 2.

¿Qué está pasando en esta escena?

(A) La policía está buscando a un ladrón en la casa del vecino.
(B) Hay una emergencia médica y ha venido una ambulancia.
(C) Algún actor famoso acaba de visitar a un vecino.
(D) Están filmando un programa en la casa al otro lado de la calle.

Número 3.

¿Cómo reacciona Miguel al saber qué pasa?

(A) Está alegre.
(B) Parece enojado.
(C) Está temeroso.
(D) Parece celoso.

Commentary

1. The first question asks about the setting of the dialogue. You should be able to determine this information by the sound of the telephone, the reference to looking out the window, and the reference to the neighbors. The answers that mention the police station, the office downtown, and the street are suggested by the background sounds, but the content of the dialogue with the references mentioned indicate that the only logical answer is the house as the setting. The correct answer is **C**.

2. The second question asks what is happening. The sound of sirens suggests emergency vehicles, firemen, ambulances, or policemen. That the police sirens are escorts for someone famous is indicated by the references in the dialogue to the actress and the cameramen. That the person is famous is indicated by the fact that she has a police escort. The correct answer is **D**.

3. How does Miguel react to the noise? That he is angry is indicated by his tone of voice with his last sarcastic remark about pretty actresses who get more attention than a man would get. The correct answer is **B**.

DIALOGUE NUMBER TWO

(Sound of cash registers.)

NAR 1: Mamá, mamá. Mira. Toni el Tigre. Mamá, mamá, cómprame este cartón de cereal...

NAR 2: Ya te dije que no voy a comprarte ese cereal. Mira. Aquí tienes éste que es mucho más sabroso.

(Sound of box opening.)

Um-m-m. ¡Cuánto me gusta! Toma, prueba. ¿No te gusta también?

NAR 1: No, no, mamá. Me gusta Toni el Tigre, quiero comprar ése. Cómprame Toni.

NAR 3: Eh, señora, ¿qué hace abriendo el cereal aquí antes de pagarlo?

NAR 2: Oh, lo siento mucho, se me olvidó dónde estaba. Es que la niñita quiere comprar ese cereal que contiene tanto azúcar. Quiero que pruebe algo más saludable. ¡Qué difícil es convencer a los niños que se aprovechen más de comida sin tanto azúcar!

NAR 3: Ya lo entiendo. En casa mi chiquita también prefiere productos de ese tipo. Pero de veras debe usted de presentar un buen ejemplo y pagar la mercancía antes de abrirla. Si pudiera decirle a la cajera para que lo anote en la cuenta, y aquí tiene un cupón para una rebaja la próxima vez.

NAR 2: Muchísimas gracias. Usted es muy amable.

Número 1.

¿Qué quiere comprar la señora?

(A) Cereal cuya mascota es Toni el Tigre.
(B) Productos que no sean tan dulces como Toni el Tigre.
(C) Una bolsa de azúcar.
(D) Un juguete nuevo para la niña.

Número 2.

¿Cómo es el comerciante?

(A) Es muy simpático.
(B) Es muy antipático.
(C) Es muy compasivo.
(D) Es muy avaro.

Número 3.

¿Qué quiere el comerciante que haga la señora?

(A) Quiere que ella pague su cuenta.
(B) Quiere que ella pruebe el cereal antes de comprarlo.
(C) Quiere que ella compre azúcar.
(D) Quiere que ella dé el cupon a la niña.

Commentary

1. The first question asks what cereal the lady is buying. All of the alternatives contain words that appear in the dialogue. The fact that she wants to buy a nonsweetened product is indicated by the entire conversation she has with her child and the storekeeper, especially when the two adults commiserate about how hard it is to get little children to eat nutritious cereal. The correct answer is **B**.

2. This question asks what the storekeeper is like. He seems very understanding since he relates to the mother's problem, tells her about his own family and ultimately gives her a coupon to redeem later. The correct answer is **A**.

3. What does the storekeeper want the shopper to do? He wants her to pay for the merchandise that the child has opened in the store. The correct answer is **A**.

DIALOGUE NUMBER THREE

(Sound of a crowd of people talking.)

NAR 1: Compadre. Escúcheme. Tenemos que organizar este grupo para ponernos en manifiesto contra esta administración.

NAR 2: Estoy de acuerdo. Hace seis meses que trabajamos sin contrato y no van a concedernos ningunos ascensos si no hacemos algo.

NAR 1: ¡Qué va! Siempre nos han tratado como si fuéramos esclavos. Mañana podremos mostrarles nuestra fuerza en un desfile por las calles del centro.

NAR 2: Pues, llamaré a todos los líderes del turno de la noche con quienes trabajo.

NAR 1: Y yo llamaré a los otros de mi turno. Podremos alcanzar cien hombres para una manifestación si llamamos a todos los que están con nosotros.

NAR 2: Con un poco de suerte podríamos negociar un contrato nuevo para el lunes si el árbitro tratara con nosotros de la manera que queremos. Pidamos un ascenso de cincuenta dólares al mes como mínimo, lo cual no es tanto como merecemos y veremos qué dicen.

NAR 1: Si nos lo otorgara, podríamos empezar de nuevo el martes por la mañana. Y de esta manera la empresa tendría la producción que desea sin perder mucho tiempo.

NAR 2: De acuerdo. Todo esto debería mostrarles que queremos que nos tomen en serio.

Número 1.
¿Qué están planeando estos hombres?
(A) Una huelga.
(B) Un carnaval.
(C) Una fiesta.
(D) Una feria.

Número 2.
¿Por qué están insatisfechos los dos?
(A) Los dos hombres piensan que no pueden mejorar su situación.
(B) Ellos opinan que merecen más paga.
(C) La empresa está por quebrar y no puede pagarles.
(D) Los otros empleados no desean cooperar con su plan.

Número 3.
¿Qué resolución proponen los dos?
(A) Proponen que la compañía les permita trabajar la semana que viene.
(B) Proponen que la compañía les reembolse por el tiempo perdido del trabajo.
(C) Recomiendan que la compañía acepte el ascenso de cincuenta dólares al mes.
(D) Sugieren que el árbitro les permita regresar al empleo sin contrato para que puedan mantener la producción.

Commentary

1. The first question asks you to identify the main idea of the conversation. These two are obviously planning a strike or some kind of demonstration, indicated by the repetition of words like *manifiesto, reunir, negociar, contrato, empresa,* and *ascenso.* The only word in the alternatives that fits with this sequence of grouped vocabulary is *huelga,* which is the correct answer, **A**.

2. This question asks why the two are planning work action. The answer is revealed in the reference to *esclavos,* which implies someone who works for nothing, and in the discussion about a raise in wages. Answer **A** is not a possibility because the workers think that they can work with the company and change their situation. Answers **C** and **D** are not indicated by the information in the dialogue. The two think that the company can pay them more, and that the other workers will cooperate. Answer **B** is the correct answer.

3. What is the likely outcome? Answer **C** is the only totally correct answer. The other answers are partially correct: they want to go back to work the next Tuesday, if their offer is accepted. Nothing is said about working if the offer is not accepted.

DIALOGUE NUMBER FOUR

NAR 1: Muy buenos días, señor Gómez. ¿Cómo está usted?
NAR 2: Muy bien, gracias, señor Martínez. ¿Y usted?
NAR 1: Bien. Y muy contento de poder hablar con usted debido al nuevo contrato que tenemos entre nuestros gobiernos.
NAR 2: El placer es mío. No ocurre todos los días que tengamos oportunidades como ésta. Nuestra empresa tiene muchos deseos de poder establecer una fábrica textil en su país este año.
NAR 1: Bueno, señor Gómez, nos interesa cualquier oportunidad que beneficie a todos.
NAR 2: Pues, como representante de mi compañía, me han dicho avisarles que proponemos poner la fábrica en las afueras de la ciudad con tal que podamos arreglar los servicios necesarios.
NAR 1: Esto, sí, sería muy interesante. Pero, ¿qué servicios en particular?
NAR 2: Específicamente necesitaríamos servicios de electricidad, agua, empleados, transporte ... todo lo normal, y buena fuerza de trabajadores, por supuesto.
NAR 1: Esto requeriría negociaciones extensivas para poder realizarse, pero tiene posibilidades. Puedo ponerle en contacto con algunos de los agentes que hacen estos tratos para que lo discuta con ellos.
NAR 2: Le agradezco mucho, señor Martínez. No más queremos la oportunidad de hablar con ustedes.

Número 1.
¿Quiénes son estos hombres?
(A) Son hombres de negocios, discutiendo expansión industrial.
(B) Son viejos amigos discutiendo un nuevo negocio.
(C) Son políticos planeando la modernización de su país.
(D) Son ingenieros de una compañía con una fábrica nueva en otro país.

Número 2.
¿Qué necesita el señor Gómez?
(A) Necesita contratar al señor Martínez por servicios necesarios.
(B) Necesita arreglar el permiso necesario para poder construir la fábrica.
(C) Necesita negociar con el señor Martínez para arreglar todo.
(D) Necesita ser puesto en contacto por el señor Martínez con los agentes apropiados.

Número 3.
¿Cómo reacciona el señor Martínez a la iniciativa del señor Gómez?
(A) Promete que hará todo para realizar el plan.
(B) No quiere tratar con el señor Gómez.
(C) Parece que favorece la propuesta del señor Gómez.
(D) No le gusta el señor Martínez al señor Gómez.

Commentary

1. Who are these two speakers? That they are businessmen is indicated by the words, *contrato, representante, compañía, fábrica, servicios,* and *fuerza de trabajadores.* This is a new business, but these speakers are not old friends, a fact indicated by the form of address of the two, the formal *usted.* The correct answer is **A**.

2. The second question asks what the first gentleman needs in order to set up business in the new country. Mr. Gómez does not know very much about the country in which he is hoping to establish a factory, nor business procedures. He does not need Mr. Martínez' permission, but he does need contacts and information about what that town has to offer. The correct answer is **D**.

3. How does Mr. Martínez react to Mr. Gómez? While Mr. Martínez cannot give Mr. Gómez the permission he is seeking, he does refer him to people who have the information. By providing the right contacts he shows his approval of the initiative. The correct answer is **C**.

DIALOGUE NUMBER FIVE

NAR 1: ¿Dónde quieres almorzar hoy, Estela?
NAR 2: No me importa. No tengo mucha hambre y todavía tendré que encontrar un vestido para el quinceañero de mi prima María.
NAR 1: Esto puede ser difícil. Oye, hay una tienda nueva, muy pequeña que está a cincuenta metros de la esquina de la Calle Central y Balboa, junto al banco. Puede ser que puedas encontrar algo allí, y podemos almorzar después de visitarla.
NAR 2: Ah, sí, la conozco. Bueno, visitémosla y almorzaremos después. Entonces tenemos que tomar el autobús de las once.
NAR 1: Y ya son las once menos cuarto. Apúrate, Estela, y lo cogemos.
NAR 2: Ya estoy lista. Sólo me falta peinarme y ponerme un suéter.

Número 1.
¿Qué piensan hacer estas chicas?
(A) Tienen hambre y desean almorzar en el centro.
(B) Van de compras para una prenda de ropa.
(C) Necesitan ir al banco en la Calle Central.
(D) Necesitan comprar un regalo para el cumpleaños de una prima.

Número 2.
¿Cuánto tiempo tienen antes de que venga el autobús?
(A) Tienen sólo cinco minutos.
(B) Tienen once minutos.
(C) Tienen quince minutos.
(D) Tienen mucho tiempo.

Número 3.
¿Qué tiene que hacer Estela antes de salir?
(A) Tiene que arreglarse el pelo.
(B) Tiene que preparar el almuerzo.
(C) Tiene que preparar una lista.
(D) Le duele la pierna.

Commentary

1. What are the speakers planning? They are obviously going downtown, and will take a bus. Although the words refer to the places downtown, they do not refer to the purpose of the trip, which is indicated by the words *vestido* and *quinceañero.* The *quinceañero* is a formal type of celebration of the fifteenth birthday, which means that the speaker is looking for a new dress to wear to that party. The correct answer is **B**.

2. The second question asks about schedules and how much time they have to catch the bus to go downtown. There are several numbers mentioned in the passage, *a las once, y son las once menos cuarto.* The answer is indicated by the word *cuarto,* which indicates fifteen minutes. The correct answer is **C**.

3. What does Estela need to do to get ready to go? The correct answer is indicated by the word *peinarme,* which means to comb one's hair. In the alternatives, the reference to a sound-alike word, *pierna,* is a distractor. The reference to *almuerzo* is also misleading. The correct answer is **A**.

DIALOGUE NUMBER SIX

NAR 1: Mario, este junio mi familia y yo vamos de vacaciones en la Florida. Mis padres me han dicho que puedo invitar a alguien para acompañarme. ¿Quieres venir con nosotros?

NAR 2: ¡Hombre! ¡Qué hay de no querer! Vivía en Miami cuando era joven, antes de mudarnos aquí. Aunque actualmente no tengo ninguna familia allí, todavía conozco bien esa parte del estado. Puedo enseñarles algunos lugares fantásticos. Por supuesto, acepto.

NAR 1: ¡Estupendo! Les diré a mis padres que puedes. Si conoces a algunos lugares divertidos, seguramente los visitaremos. También he oído decir que el buceo es fantástico.

NAR 2: Ya lo creo. Cuando vivía allí íbamos todos los fines de semana a un arrecife cerca del parque nacional que hay allí. Es increíble la diversidad de la naturaleza submarina que se encuentra bajo las olas.

NAR 1: Bueno. ¡Qué venga pronto el junio! Pero antes de ir tenemos que aguantar seis meses mas de tedio aquí en clases.

Número 1.

¿En qué estación están los chicos al momento de hablar en este diálogo?

(A) Están en primavera.
(B) Están en verano.
(C) Están en otoño.
(D) Están en invierno.

Número 2.

¿Por qué le gustaría a Mario acompañar a su amigo?

(A) Él tiene familia en Miami a la cual quiere visitar.
(B) Era marinero y visitaba muchos lugares fantásticos.
(C) Él enseñaba el buceo cuando vivía allí.
(D) Él recorrió todo el territorio cuando vivía allí.

Número 3.

¿Qué piensan hacer durante las vacaciones?

(A) Piensan ir a la playa para correr las olas.
(B) Piensan hacer unas excursiones submarinas.
(C) Piensan visitar un acuario.
(D) Piensan visitar con familia.

Commentary

1. In which season does the conversation take place? Do not jump to the conclusion that the question asks what season they are talking about, which is the summer. In the dialogue at the end the speakers both lament having to wait another six months before going on vacation, *esperar seis meses,* which means that it is still winter. The trip is planned for June. The correct answer is **D**, since six months before June is still winter.

2. Why would Mario particularly like to go with his friend? They talk about the fact that Mario lived in Miami before, and discuss his leisure activities there, but the speaker states that none of his family still lives there. The mention of the words *familia, lugares fantásticos,* and *buceo* can mislead you if you do not pay attention to the verbs that accompany them. The correct answer is **D**, which sums up all the things that Mario did while he lived in South Florida.

3. The third question asks what they plan to do while on vacation. From the references to the beach and the sea, indicated by the words *buceo, arrecife, olas,* and *naturaleza submarina,* the venue is obviously a beach. And Miami is located on the coast. However, in the alternatives given, the words *playa, olas,* and *familia* are misleading. The word *submarina*, although it is mentioned in the dialogue, qualifies where they are going. The diving, and the marine life of the reef are the activities of choice. The word *submarina* in this case serves to define the place they are going to visit. The correct answer is **B**.

DIALOGUE NUMBER SEVEN

NAR 1: Gloria, ¿oíste lo de Raquel? María me dijo que la vio en el disco con Ramón. Y Enrique estuvo con otra.

NAR 2: ¡No me digas! ¿Cuándo supiste esto? Acabo de hablar con María y ella no me dijo nada.

NAR 1: Pues cuando hablé con ella anoche me lo dijo. Quizá no fuera Ramón sino otro el que la acompañaba. No puedo creer que la dejara por otra porque llevaban tantos años juntos.

NAR 2: Sí, sería una lástima si se hubieran separado. Parecía la pareja perfecta. Pero nunca se sabe. Nunca se puede confiar en los chismes ni rumores, pero la semana pasada no más lo vi a Enrique paseándose con Elena Ramírez por la plaza después de las clases.

NAR 1: ¿De veras? Entonces Raquel hubiera tenido buena razón para despedirse de él. Ella no soportaría que saliera con otra y ella no se quejaría de él porque es muy buena.

NAR 2: Tienes razón. Pues, sabremos por cierto este fin de semana cuando vamos al baile a la escuela. Si ella viene con Ramón otra vez entonces sabremos que se acabó con Enrique.

Número 1.

¿De qué hablan las chicas?

(A) Hablan de una pareja que se ha divorciado.
(B) Hablan de los amores de una amiga.
(C) Hablan de una fiesta en un disco.
(D) Hablan de sus preparaciones para un fin de semana.

Número 2.

¿Qué le pasó a Raquel?

(A) Su novio acaba de abandonarla por otra.
(B) Ella acaba de abandonar a su novio.
(C) Sus amigas acaban de abandonarla.
(D) Ella no recibió una invitación a un baile al disco.

Número 3.

¿Por qué les sorprendió a las chicas que Enrique haya salido con otra?

(A) Ellas saben que Raquel y Enrique no eran buenos amigos.
(B) Saben que Raquel sabía que su novio había salido con otra.
(C) Saben que Enrique no era confiable.
(D) Saben que hacía mucho tiempo que los dos eran amigos.

Número 4.

¿Cómo averiguarán la verdad de la relación amorosa de su amiga?

(A) Ellas van a llamar a María por teléfono para preguntarle del asunto.
(B) Ellas irán al baile para ver con sus propios ojos.
(C) Ellas llamarán a Raquel para preguntarle.
(D) Ellas van a hablar con Enrique y Ramón sobre esto.

Commentary

1. The first question asks what the topic of conversation is. The two friends are gossiping about another friend and her apparent breakup with a boyfriend. They have heard from a friend that Raquel's old boyfriend was at a party with another girl. They are trying to figure out what is going on with their friend Raquel. The correct answer is **B**. Although some of the choices are partially correct, such as **C**, partly correct information is not the best answer to the question. Throughout the whole conversation, the topic is who Raquel is dating, or who her old boyfriend is dating. **B** is the only answer that deals with the topic of the whole conversation, not just part of it.

2. The answer to the second question is **A**. What really happened with Raquel is only conjecture on the part of the two who are speaking. The use of the conditional in the choices of answers is a clue. Nowhere in the conversation do the two girls indicate that they really know what has happened with Raquel. The only thing that they know for certain is that Enrique and Raquel had been friends for a long time.

3. Relating to the third question, one of the speakers mentions at the beginning that Raquel and Enrique had dated for a long time. Later in the conversation one of the speakers speculates that Raquel would not put up with Enrique going out with someone else. That they spent the whole conversation talking about the topic also means that they do not know what to make of the situation. The correct answer is **D**.

4. The two finally decide that the only way to "really" know is to go to a party that weekend and see who comes with whom. Do not be mislead by the repetition of some parts of dialogue, such as *dance that weekend*, which can be combined with other erroneous information in incorrect responses. The correct answer is **B**; the two are going to go to the party to see if Enrique comes with another girl. Then they will know that their friend, Raquel, and Enrique are no longer seeing each other.

DIALOGUE NUMBER EIGHT

NAR 1: Esa tormenta que pasó por aquí anoche fue la más espantosa que jamás he visto en la vida. Perdimos toda la electricidad y llovió a cántaros con un rato de granizos que destruyeron todo, todo lo que tuvimos en el huerto. ¿Sufrieron ustedes mucho daño?

NAR 2: Era igual con nosotros. Y lo peor sucedió cuando tratamos de abrir los grifos en la cocina y no salió nada, ni una gota de agua. Pasamos una noche muy mala.

NAR: 1 ¡Ya lo creo! Y con todo el tronar y relampaguear los pobres niñitos se agarraron de mi esposo y de mí toda la noche por el susto que tuvieron.

NAR 2: Gracias a Dios los míos tienen bastante edad para no temer tanto el ruido. De veras fue el mayor espectáculo pirotécnico que jamás hayamos visto. Y esta mañana ¡fíjate cuánto brilla el sol, como si no hubiera pasado ni una nube por el cielo!

NAR 1: Sí, se siente la limpieza del aire esta mañana. Y ¿ahora les han restablecido el agua?

NAR 2: Llamamos al ayuntamiento para decirles de nuestro problema y nos prometieron volver a ponérnosla esta misma mañana. Sería en buena hora porque hoy tengo que lavar mucha ropa sucia.

Número 1.
¿Qué acontecimiento comentan estas mujeres?
(A) La noche anterior lanzaron muchos cohetes.
(B) La noche anterior sufrieron un bombardeo.
(C) La noche anterior hubo una plaga de insectos.
(D) La noche anterior hizo muy mal tiempo.

Número 2.
¿De qué edad son los hijos de la segunda narradora?
(A) No tiene chicos en casa.
(B) Los chicos agarraron a sus padres por el miedo que tenían.
(C) Los chicos son más crecidos.
(D) Los chicos son muy pequeños.

Número 3.
¿Qué molestia adicional ha sufrido la segunda narradora?
(A) No tienen electricidad en la casa.
(B) No tienen agua corriente en la casa.
(C) No tienen plantas en el huerto.
(D) No tienen ningunas gotas.

Número 4.
¿Qué remedio hay para el problema de la segunda narradora?
(A) Ella arreglará todo pronto, ese mismo día.
(B) El ayuntamiento le ha prometido hacer reparaciones mañana.
(C) Ella esperará hasta que brille el sol para colgar la ropa al aire.
(D) No hay remedio, tendrá que esperar mucho tiempo.

Commentary

1. The first question essentially asks what happened the night before. From the comments that the two speakers make, it is apparent that there was a tremendous storm, with much damage from hail. The first speaker tells about what happened in her house with the small children. The thunder and lightning (*trueno* and *relámpago*), frightened the children because they are small. The second speaker remarks that it reminded her of a fireworks display. (*Pirotécnica* refers to fireworks.) The answers that contain references to happenings that make loud noises are misleading. The topic of the whole conversation is the storm. The correct answer is **D**.

2. Which of the two speakers has small children, the first or the second? Part of the contrast between the two and how they react has to do with their circumstances. As you listen, create in your mind a profile of each speaker. For the first one you would notice that she has younger children, and her experience was more stressful because the little children were so frightened that they clung to their parents all night. The second speaker has children who are older, so they were not so frightened, but she was similarly inconvenienced by the storm because she lost electrical power and water. The correct answer is **C**. Use comparisons and profiles to help keep speakers straight in your mind.

3. The third question asks for specific information about what happened to the second speaker. She answers this question at the beginning of the conversation, and at the end. The worst part of the storm was the loss of water in the house. She indicates that they still do not have water when she says that she has called the city and that she has washing to do. The correct answer is **B**.

4. When can the second speaker expect to have her service restored? The answer is in the expression, *esta misma mañana*. One choice contains the word, *misma*, and another contains the word *mañana*. The dialogue says *this very morning*, which means that choice **A** is correct. (One of the words to remember from this dialogue is *grifo*, which means *faucet*.)

DIALOGUE NUMBER NINE

NAR 1: Papá, ¿qué pasa? Hace unos minutos cuando iba a ducharme, abrí el grifo y oí grandes ruidos de la tubería.

NAR 2: Parece que había aire en los tubos porque, cuando no hay buena presión en el sistema, entra el aire en los tubos y suena al abrirse el grifo.

NAR 1: ¿Entonces no hay problema y puedo ducharme?

NAR 2: Claro, niña. No te hace daño alguno. Y no te espantes del ruido. Sólo significa que están trabajando en las líneas del servicio por alguna parte.

NAR 1: Gracias, papá. Estaba segura de que sabrías algo. Ya voy a ducharme antes de que Enrique venga para usar el baño.

NAR 2: Pues ten prisa, chica, porque ya son las siete y tu hermano se levanta a esta hora.

Número 1.

¿Por qué habla la chica con su papá?

(A) Hay un problema con el agua en la casa.
(B) La chica no tiene bastante tiempo para bañarse.
(C) Ella quiere que le diga a su hermano que espere.
(D) Él es plomero y está reparando la tubería.

Número 2.

¿Por qué suenan los tubos?

(A) Porque ella abrió el grifo.
(B) Porque hay aire en la tubería.
(C) Porque los obreros no saben dónde están las líneas.
(D) Porque Enrique está bañándose al mismo tiempo.

Número 3.

¿Por qué tendrá ella que tener prisa?

(A) Porque cerrarán el servicio de agua a la casa mientras reparan las líneas.
(B) Porque su papá quiere bañarse también.
(C) Porque ella tiene miedo del ruido.
(D) Porque su hermano tendrá que bañarse pronto.

Commentary

1. The first question asks the general topic, which is why there is so much noise in the pipes when the first speaker takes a shower. She does not know what to make of all the noise. Her father explains the reason and tells her not to worry. She will have to hurry, but that is not the main idea of the conversation. Choice **B** is not the correct answer. The other choices repeat words from the dialogue, but not in an answer to the question. Her father is not a plumber, nor is she asking her father to tell her brother to wait. The correct answer is **A**.

2. The second question asks for specific information about the problem. Her father explains the reason for all the noise that has frightened the girl. The correct answer is **B**. Other phrases are misleading in these choices, such as *tubería, grifo,* and *obreros*.

3. Why does she have to hurry? *Tener prisa* is a key expression here. Even if you do not know the expression, when she says that Enrique is getting up soon and will want to bathe, too, she is really saying that she will have to hurry. Her father reiterates the idea when he notices that it is time for Enrique to get up. The correct answer is **D**.

DIALOGUE NUMBER TEN

NAR 1: Estas pastillas que me recetó usted no aliviaron los síntomas. Pasé toda la noche con tos y dormí muy mal.

NAR 2: Ya veo que tiene temperatura elevada. A ver qué oigo en los pulmones mientras ausculto la respiración. Ahora, respire despacio, por favor.

(Sound of deep breathing.)

Em-m-m. Parece que todavía tiene mucha congestión. Tratemos otro remedio. Hay una marca nueva de jarabe que quizá le ayude. Tome Ud. dos cucharadas antes de acostarse esta noche y mañana cuando se levante tome dos más.

NAR 2: Se lo agradecería si pudiera darme algo para que pudiera dormir esta noche. Estoy tan cansado por no dormir bien. Y la otra medicina produjo alucinaciones espantosas.

NAR 1: Probemos ésta, entonces, y veremos si usted se mejora mañana. Si no se mejora dentro de dos días, llámeme otra vez. Con el jarabe le recomiendo mucho descanso y muchos líquidos.

Número 1.

Dados los síntomas, ¿qué tendrá el paciente?

(A) Parece que sufre de un mero resfriado.
(B) Parece que sufre principalmente de insomnio.
(C) Parece que tiene neumonía.
(D) Este paciente es adicto a drogas peligrosas.

Número 2.

¿Qué sugiere el médico que haga el paciente?

(A) Le sugiere que no más guarde cama y descanse.
(B) Le sugiere unas pastillas.
(C) Le da un producto nuevo.
(D) Le recomienda que tome dos pastillas y que lo llame por la mañana.

Número 3.

¿Qué resultado espera el médico de la nueva receta?

(A) El paciente estará mejor el próximo día.
(B) Podrá respirar mejor el próximo día.
(C) Espera que le ayude pero no sabrá por dos días.
(D) Que se mejore, pues sabe que la medicina es buena.

Commentary

1. There are probably some unfamiliar words in this dialogue. But from the words that are familiar, you know that a doctor is talking to a patient who has returned because the doctor gave him something the first time that did not work. The man says that he is still sick, and the doctor listens to his lungs again. There are enough cognates in the dialogue, such as *pulmones, temperatura, respiración,* and *líquidos*, that you get the general idea. The doctor listens to his lungs, which can be deduced from the words *respirar* and the sound of the man breathing deeply. Remember to listen for clues that are nonverbal in the dialogues. They will help fill in gaps where there are words you may not know, such as *auscultar*. The correct answer is **C**.

2. The second question asks what the doctor's recommendation is. You need to listen carefully for the subjunctive in this dialogue. The doctor uses it when he tells the patient what to take for his illness. He uses it in the first person plural: *tratemos* and *probemos*. The doctor suggests a new cough syrup, then tells the man to rest and drink plenty of liquids. Phrases from the dialogue are combined with other phrases to give incorrect choices. The new product is a *jarabe*. The man is supposed to rest, but that is not all there is to the recommendation. The correct answer is **C**.

3. The answer to the third question is that the man should get some relief by the next day, but that if he is not much better after another two days, he is to call back. This is essentially what is stated in **C**, the correct answer. The other choices mention the next day, but the doctor uses the future to express a "wait and see" attitude.

DIALOGUE NUMBER ELEVEN

NAR 1: ¿Qué tal te parece la nueva estrella del programa *La Vida Secreta de Pepita Jiménez,* Isabel?

NAR 2: ¿El que estrenó anoche? Me sorprendió que le dieran ese papel a ella. Antes la había visto en otro programa documental. Lo interpretó bien pero era otro tipo de personaje que el que hizo anoche.

NAR 1: Concurro por completo. Se esforzó mucho para lograr una representación válida. No obstante, dio una interpretación muy emocionante.

NAR 2: De acuerdo. Este papel era mucho más difícil que el otro por ser tan distinto de su tipo. Aun con todo el maquillaje y las pestañas postizas y todo, en mi opinión no logró el efecto deseado. También la producción carecía de redacción, con tantas escenas tan lentas.

Número 1.

¿De qué hablan estas jóvenes?

(A) Hablan de un programa sobre la astronomía.
(B) Hablan de programas documentarios en la televisión.
(C) Hablan de un personaje en un libro que han leído.
(D) Hablan de una actriz famosa que vieron la noche anterior.

Número 2.

¿Qué comparación hacen?

(A) Están de acuerdo que los dos papeles eran muy diferentes.
(B) Les gustó una de las representaciones, pero no la otra.
(C) No les gustó ninguno de los programas.
(D) Opinan que una representación era inválida.

Número 3.

¿Cómo se diferencia la última interpretación de la primera?

(A) La primera era fácil para la actriz porque era un documentario.
(B) La primera le presentó un papel muy natural a la actriz.
(C) La última no parecía requerir muchos cambios de la actriz.
(D) La última era menos emocionante.

Commentary

1. The first question asks about the topic. There are references to documentaries, stars, shows, programs, productions, and scenes. There are several false cognates in the dialogue, also, such as *interpretación, papel, personaje, emocionante,* and *representación.* Nevertheless, the topic throughout is the acting ability of a certain actress. The correct answer is **D**.

2. The second question asks about the comparison that the speakers make between the two shows in which they have seen this actress. The first is a documentary and the second is a drama of some sort that has required a lot of makeup, even false eyelashes. They both agree that the first program, which was a documentary, was more convincing, but they agree that the second was very moving. They also agree that the roles were very different. Notice that *papel* in this context means *role*, or *part* in a play or film. From the choices that are given, **A** is the only correct one.

3. The third question asks for specific information about the last program and what characterized it and distinguished it from the first one. All the information at the end of the conversation indicates that the second program was more difficult probably because the actress had to make more changes in the way she looked. The correct answer is **B**. Be sure to notice the negatives and do not be misled by looking for the repetition of exact words.

CHAPTER 2: Answer Sheet for Short Narratives

Group One, Narrative One
1. Ⓐ Ⓑ Ⓒ Ⓓ
2. Ⓐ Ⓑ Ⓒ Ⓓ
3. Ⓐ Ⓑ Ⓒ Ⓓ
4. Ⓐ Ⓑ Ⓒ Ⓓ

Group One, Narrative Two
1. Ⓐ Ⓑ Ⓒ Ⓓ
2. Ⓐ Ⓑ Ⓒ Ⓓ
3. Ⓐ Ⓑ Ⓒ Ⓓ
4. Ⓐ Ⓑ Ⓒ Ⓓ

Group Two, Narrative One
1. Ⓐ Ⓑ Ⓒ Ⓓ
2. Ⓐ Ⓑ Ⓒ Ⓓ
3. Ⓐ Ⓑ Ⓒ Ⓓ
4. Ⓐ Ⓑ Ⓒ Ⓓ

Group Two, Narrative Two
1. Ⓐ Ⓑ Ⓒ Ⓓ
2. Ⓐ Ⓑ Ⓒ Ⓓ
3. Ⓐ Ⓑ Ⓒ Ⓓ
4. Ⓐ Ⓑ Ⓒ Ⓓ

Group Three, Narrative One
1. Ⓐ Ⓑ Ⓒ Ⓓ
2. Ⓐ Ⓑ Ⓒ Ⓓ
3. Ⓐ Ⓑ Ⓒ Ⓓ
4. Ⓐ Ⓑ Ⓒ Ⓓ

Group Three, Narrative Two
1. Ⓐ Ⓑ Ⓒ Ⓓ
2. Ⓐ Ⓑ Ⓒ Ⓓ
3. Ⓐ Ⓑ Ⓒ Ⓓ
4. Ⓐ Ⓑ Ⓒ Ⓓ

Group Four, Narrative One
1. Ⓐ Ⓑ Ⓒ Ⓓ
2. Ⓐ Ⓑ Ⓒ Ⓓ
3. Ⓐ Ⓑ Ⓒ Ⓓ
4. Ⓐ Ⓑ Ⓒ Ⓓ

Group Four, Narrative Two
1. Ⓐ Ⓑ Ⓒ Ⓓ
2. Ⓐ Ⓑ Ⓒ Ⓓ
3. Ⓐ Ⓑ Ⓒ Ⓓ
4. Ⓐ Ⓑ Ⓒ Ⓓ

Group Five, Narrative One
1. Ⓐ Ⓑ Ⓒ Ⓓ
2. Ⓐ Ⓑ Ⓒ Ⓓ
3. Ⓐ Ⓑ Ⓒ Ⓓ
4. Ⓐ Ⓑ Ⓒ Ⓓ

Group Five, Narrative Two
1. Ⓐ Ⓑ Ⓒ Ⓓ
2. Ⓐ Ⓑ Ⓒ Ⓓ
3. Ⓐ Ⓑ Ⓒ Ⓓ
4. Ⓐ Ⓑ Ⓒ Ⓓ

Group Six, Narrative One
1. Ⓐ Ⓑ Ⓒ Ⓓ
2. Ⓐ Ⓑ Ⓒ Ⓓ
3. Ⓐ Ⓑ Ⓒ Ⓓ
4. Ⓐ Ⓑ Ⓒ Ⓓ

Group Six, Narrative Two
1. Ⓐ Ⓑ Ⓒ Ⓓ
2. Ⓐ Ⓑ Ⓒ Ⓓ
3. Ⓐ Ⓑ Ⓒ Ⓓ
4. Ⓐ Ⓑ Ⓒ Ⓓ

Group Seven, Narrative One
1. Ⓐ Ⓑ Ⓒ Ⓓ
2. Ⓐ Ⓑ Ⓒ Ⓓ
3. Ⓐ Ⓑ Ⓒ Ⓓ
4. Ⓐ Ⓑ Ⓒ Ⓓ

Group Seven, Narrative Two
1. Ⓐ Ⓑ Ⓒ Ⓓ
2. Ⓐ Ⓑ Ⓒ Ⓓ
3. Ⓐ Ⓑ Ⓒ Ⓓ
4. Ⓐ Ⓑ Ⓒ Ⓓ

Group Eight, Narrative One
1. Ⓐ Ⓑ Ⓒ Ⓓ
2. Ⓐ Ⓑ Ⓒ Ⓓ
3. Ⓐ Ⓑ Ⓒ Ⓓ
4. Ⓐ Ⓑ Ⓒ Ⓓ

Group Eight, Narrative Two
1. Ⓐ Ⓑ Ⓒ Ⓓ
2. Ⓐ Ⓑ Ⓒ Ⓓ
3. Ⓐ Ⓑ Ⓒ Ⓓ
4. Ⓐ Ⓑ Ⓒ Ⓓ

Group Nine, Narrative One
1. Ⓐ Ⓑ Ⓒ Ⓓ
2. Ⓐ Ⓑ Ⓒ Ⓓ
3. Ⓐ Ⓑ Ⓒ Ⓓ
4. Ⓐ Ⓑ Ⓒ Ⓓ

Group Nine, Narrative Two
1. Ⓐ Ⓑ Ⓒ Ⓓ
2. Ⓐ Ⓑ Ⓒ Ⓓ
3. Ⓐ Ⓑ Ⓒ Ⓓ
4. Ⓐ Ⓑ Ⓒ Ⓓ

CHAPTER 2 Short Narratives

In this part of listening comprehension, you will be asked to listen to two short narratives, lasting a few minutes. After each narrative there will be some questions about what you have just heard. The narratives will cover a wide range of topics, many of them about a cultural topic.

Some strategies for you to use on this section are:

1. Listen for words that indicate the topic in the first sentence. The word may be a noun or verb that indicates the name of the topic, or what is happening.
2. Once you have the topic in mind, listen for details about place, time, and characters. If you can sort and file this information as you hear it, you will remember it better. Listen for information that answers the questions: *who, what, when,* and *where.*
3. Listen for information about how something is done, reasons why something is happening, or what purpose is served. This information answers the questions *how, what for,* and *why.*
4. Draw conclusions based on the information you hear.

After each question, you will have about twelve seconds to select an answer from among the choices printed in your test booklet.

Listen to the narrative and answer the questions. Then, if you have difficulty understanding the narrative because of vocabulary, check the commentary that accompanies each narrative to see what vocabulary you need to know. Check the short list of words before looking at the transcript for the passage. You should not translate the whole selection, but instead focus on the ideas that the words communicate. You need to learn how to work around words you do not know because there will inevitably be some on the exam. Use these short narratives for listening practice to learn more vocabulary. Many of these words may appear in other sections to give you more chances to learn them.

There are eighteen short narratives arranged in groups of two for practice in this part of the book. Remember that you will not see the questions printed in the multiple choice answer section of your book. You will not need to stop the tape between questions since time to select your answer is allotted on the tape.

Now get ready to listen to the selections and answer the questions.

1. Have ready access to the answer sheet on page 35.
2. Turn to the multiple choice answers on pages 38–45.
3. Begin the tape and follow its instructions.

GROUP ONE, NARRATIVE ONE

1. (A) Las visitas de viajeros a los Estados Unidos.
   (B) El sentido de humor de los estadounidenses.
   (C) Las noticias en los periódicos.
   (D) Las faltas de algunos diarios.

2. (A) Los redactores de los periódicos.
   (B) Viajeros que llegan de otros países.
   (C) Ciudadanos de Nueva York.
   (D) Los historiadores de periódicos.

3. (A) El hecho de que sólo tres de los mayores periódicos no la tiene.
   (B) El hecho de que los domingos hay una sección mucho más amplia.
   (C) El hecho de que una vez a la semana se imprimen en colores.
   (D) Todas estas razones.

4. (A) La fantasía tiene más atractivo que la realidad.
   (B) Los lectores sólo compran los diarios con historietas.
   (C) A los lectores les gusta leer páginas frívolas.
   (D) Los lectores de periódicos no tienen ningún interés en la historia.

GROUP ONE, NARRATIVE TWO

1. (A) El papel de las mujeres en las corridas.
   (B) La historia de algunas "figuras" en las corridas.
   (C) La cuestión de qué país tiene los mejores toreros.
   (D) Por qué son tan populares las corridas.

2. (A) Las mujeres vinieron desde el principio.
   (B) Las mujeres podían venir con tal que se disfrazaran.
   (C) Las mujeres no asistieron a las corridas.
   (D) Si los hombres las llevaban, podían asistir.

3. (A) Hoy las mujeres tienen que disfrazarse.
   (B) Hoy las mujeres son algunas de las "figuras" más ilustres.
   (C) Hoy las mujeres participan plenamente en el espectáculo.
   (D) Hoy al público le da igual si el torero es hombre o mujer.

4. (A) A todos los aficionados les gusta que haya mujeres-toreros.
   (B) Muchos aficionados creen que una corrida con mujer-torero no es corrida.
   (C) A los del hemisferio occidental les gusta ver mujeres en la corrida.
   (D) Los aficionados se dan cuenta de que el cambio significa un avance.

GROUP TWO, NARRATIVE ONE

1. (A) Era gran dibujante.
   (B) Era sociólogo muy importante.
   (C) Era periodista.
   (D) Era gran cómico.

2. (A) Retrató a todas las calaveras.
   (B) Pintó retratos de personas ricas.
   (C) Dibujó diseños de todas las clases étnicas y sociales.
   (D) Pintó a mexicanos extraordinarios.

3. (A) Los hombres y las mujeres que le rodeaban le pidieron que los pintase.
   (B) Vivía en un pueblo pequeño y no vio a otra gente.
   (C) Lo diario era lo que vio todos los días, lo que conocía mejor.
   (D) Publicó sus diseños en varios tipos de publicaciones.

4. (A) En las calaveras vio su propio destino, el cual lo alcanzaría si lo quisiera o no.
   (B) Representan una actitud dinámica hacia la vida y una resignación hacia la muerte.
   (C) Las figuras bailando menosprecian la muerte.
   (D) Los mexicanos no se preocupan por la muerte, sólo enfocan la vida.

GROUP TWO, NARRATIVE TWO

1. (A) Diseño de ropa.
   (B) Fabricación de ropa a mano.
   (C) Producción de diseños interesantes.
   (D) Tejeduría de diseños.

2. (A) Usaron materias vegetales principalmente.
   (B) Utilizaron cualquier materia que se encontraba en su región.
   (C) Emplearon material de animales en su mayoría.
   (D) Usaron lo que les trajeron los turistas.

3. (A) Mostraban el tipo de animal que había en la región.
   (B) Mostraban quién era el fabricante.
   (C) Mostraban de dónde era el que los produjo.
   (D) Mostraban la riqueza del fabricante.

4. (A) Los turistas pueden comprarlos muy barato.
   (B) La manera de producir los diseños es muy antigua.
   (C) Algo hecho a mano es de mejor calidad que algo hecho a máquina.
   (D) La elaboración de diseños revela la tradición indígena del artista.

GROUP THREE, NARRATIVE ONE

1. (A) Se ve su nombre por todas partes: de la emisora de radio de La Habana al aeropuerto.
   (B) Llegó a ser presidente de Cuba.
   (C) Soñó con la libertad de Cuba de la dominación de los españoles.
   (D) Viajaba por muchos países para visitar a los cubanos en el extranjero.

2. (A) No se relacionaba bien con otras personas.
   (B) Era gran poeta.
   (C) La policía lo odiaba.
   (D) Los españoles lo acusaron de traición.

3. (A) Quería ver el país de sus antepasados.
   (B) Tenía que salir de Cuba porque los españoles lo temían.
   (C) Necesitaba terminar sus estudios en España.
   (D) Porque era poeta famoso, todos lo invitaron a visitar.

4. (A) Los españoles lo mataron en Cuba.
   (B) Martí mató a unos españoles.
   (C) Publicó poesía patriótica en Cuba.
   (D) Los españoles lo invitaron a volver a Cuba.

GROUP THREE, NARRATIVE TWO

1. (A) Es una zona del campo.
   (B) Es una república indígena.
   (C) Es un idioma indígena.
   (D) Es un tipo de poesía.

2. (A) Los españoles se veían sometidos lingüísticamente por los indios.
   (B) En este país todavía se usa el guaraní entre la gente.
   (C) Los españoles insistieron en que todos los indios aprendieran su lengua.
   (D) Los indios aprendieron a hablar el español principalmente.

3. (A) El guaraní es alto y colorado, y habla bien.
   (B) El guaraní es muy lírico y suena bien.
   (C) El guaraní es muy abstracto.
   (D) Se usa el guaraní para la actuación de leyes nacionales.

4. (A) Los indios no lo usan mucho corrientemente.
   (B) Los españoles no aprecian sus características buenas.
   (C) El español es más poético a causa del uso de vocablos guaraníes.
   (D) Se usa más y más el español por falta de palabras indígenas para expresar algunas cosas nuevas.

GROUP FOUR, NARRATIVE ONE

1. (A) Los últimos días del imperio incaico.
   (B) El descubrimiento de la ciudad perdida del último rey de los incas.
   (C) La vida diaria de los indios de Machu Picchu.
   (D) La misteriosa historia de una ciudad abandonada.

2. (A) Creía que había encontrado el refugio de Manco Capac.
   (B) Creía que había descubierto un emplazamiento fortificado de los incas.
   (C) Creía que había encontrado un centro de un gobernador.
   (D) Creía que había encontrado un centro agrícola muy grande.

3. (A) Había muchas noticias de visitas por los españoles.
   (B) No se sabía absolutamente nada de la ciudad antes de 1911.
   (C) Había mención del lugar unas pocas veces en archivos.
   (D) Hiram Bingham sabía por investigaciones suyas en los archivos.

4. (A) Fue una ciudad muy próspera en su época.
   (B) Fue una ciudad situada en un lugar peligroso, por eso fue abandonada.
   (C) Definitivamente fue una ciudad fortificada, el último refugio de Viracocha.
   (D) Fue un jardín puesto en la cumbre de una montaña.

GROUP FOUR, NARRATIVE TWO

1. (A) Era creador de un movimiento literario.
   (B) Era embajador nicaragüense a muchos otros países.
   (C) Era periodista que viajaba para escribir de sus visitas a otros países.
   (D) Era sacerdote nicaragüense.

2. (A) Después de cambiar su nombre, salió de Metapa.
   (B) Cuando había escrito unos libros de poesías, salió.
   (C) Cuando ya era famoso empezó a viajar.
   (D) Cuando otros poetas lo invitaron a visitarlos, salió de Nicaragua.

3. (A) Era *Azul.*
   (B) Era un grupo de hombres que creían en el progreso.
   (C) Era una nueva manera de escribir literatura.
   (D) Era un libro de poemas que escribió Darío.

4. (A) Era el vehículo por el cual Darío se hizo famoso.
   (B) Era para estimular interés en la literatura otra vez.
   (C) Era para promover la industrialización de los países del hemisferio.
   (D) Era una manera de estrechar las relaciones entre países.

GROUP FIVE, NARRATIVE ONE

1. (A) Ciudad y campo.
   (B) Baile y vaquero.
   (C) Tango y gaucho.
   (D) Martín y Fierro.

2. (A) Estas imágenes tienen raíces en la época colonial.
   (B) Estas imágenes brotan de la cultura popular del país.
   (C) Estas imágenes vienen de la aristocracia.
   (D) Unos autores argentinos las crearon.

3. (A) Martín Fierro era tanguero famoso.
   (B) Martín Fierro era un gaucho ficticio.
   (C) Martín Fierro era una persona verdadera.
   (D) Martín era un símbolo de la vida civilizada de la ciudad.

4. (A) Actualmente los gauchos auténticos no existen.
   (B) Ahora las dos instituciones son estereotipos de lo que antes eran.
   (C) Hoy en día se encuentran muchos gauchos y clubs de tango.
   (D) El tango es tan popular como antes.

GROUP FIVE, NARRATIVE TWO

1. (A) Los olmecas eran de Vera Cruz.
   (B) Los olmecas eran de La Venta.
   (C) No se sabe precisamente de dónde eran.
   (D) Se sabe que viajaban mucho en el sur de México.

2. (A) Dejaron unas esculturas enormes y enigmáticas.
   (B) En La Venta había un mercado.
   (C) Hay enormes cabezas labradas en jade.
   (D) Dejaron folletos con fotografías de sus monumentos.

3. (A) Las imágenes de las cabezas aparecen en muchas publicaciones.
   (B) En el mercado los mexicanos muestran sus esculturas,
   (C) Los restos de los olmecas se ven por muchas partes.
   (D) Los olmecas promovieron el turismo.

4. (A) Los llamamos por el nombre usado entre los indios antiguos.
   (B) Sin saber cómo se llamaban, los llamamos olmecas.
   (C) Los llamamos por el nombre de su lugar original históricamente.
   (D) Los llamamos olmecas porque se llamaban a sí mismos por este nombre.

GROUP SIX, NARRATIVE ONE

1. (A) Un grupo de mujeres con interés en política.
   (B) Un grupo de mujeres en el Congreso Nacional.
   (C) Un grupo de mujeres que quería conquistar una asamblea.
   (D) Un grupo de mujeres reunidas para promover cambios sociales.

2. (A) Por menos de medio siglo.
   (B) Por unos treinta años.
   (C) Por unos cuarenta años.
   (D) Por unos sesenta años.

3. (A) Que las mujeres tengan los derechos de cualquier ciudadano.
   (B) Sólo que las mujeres tengan el derecho de votar.
   (C) Que las mujeres tengan oportunidades económicas.
   (D) Que las mujeres puedan andar por cualquier camino.

4. (A) La Comisión ha realizado todos los sueños de las mujeres.
   (B) La Comisión ha eliminado la discriminación por todas partes.
   (C) Todas las mujeres del continente pueden participar en las elecciones.
   (D) Ahora las mujeres pueden trabajar dondequiera lo deseen.

GROUP SIX, NARRATIVE TWO

1. (A) Los españoles querían colonizar la Florida.
   (B) Los españoles necesitaban el territorio para protegerse.
   (C) Los españoles querían conquistar el territorio.
   (D) Los españoles esperaron encontrar riquezas.

2. (A) El poder se trasladaba de un lado a otro varias veces.
   (B) Las dos casi siempre han mantenido gran competencia.
   (C) Las dos nunca se llevaron bien.
   (D) Las dos esperan estrechar las relaciones más en el futuro.

3. (A) Los indios inmigraron a Cuba de la Florida.
   (B) Los españoles inmigraron a la Florida de Cuba.
   (C) Los españoles inmigraron de la Florida a Cuba.
   (D) Los ingleses inmigraron a Cuba de San Agustín.

4. (A) Como si fueran extranjeros en la Florida.
   (B) Como si fueran los nuevos conquistadores.
   (C) Como si fueran dueños de la propiedad.
   (D) Como si estuvieran volviendo a sus raíces.

GROUP SEVEN, NARRATIVE ONE

1. (A) Eran una gente indígena de Centroamérica.
   (B) Eran unos dioses guatemaltecos.
   (C) Eran un grupo de bailadores.
   (D) Eran figuras literarias del *Popol Vuh*.

2. (A) Se cuenta la literatura precolombina.
   (B) Se cuenta una narración de la creación de unos programas.
   (C) Se cuenta la geografía de las altiplanicies guatemaltecas.
   (D) Se cuenta el origen de la raza.

3. (A) Se ha creado un libro de extraordinaria popularidad.
   (B) Se han creado varias representaciones artísticas.
   (C) Se ha creado un cuerpo humano.
   (D) Se ha producido una serie de programas para la televisión.

4. (A) De tierra y alimentos.
   (B) De carne de animales.
   (C) De materia vegetal.
   (D) De barro y madera.

GROUP SEVEN, NARRATIVE TWO

1. (A) La historia de una casa.
   (B) La historia de los amores de Bolívar.
   (C) La historia de un hotel.
   (D) La historia del héroe nacional de Colombia.

2. (A) Menos de cinco años.
   (B) Diez años.
   (C) Veinte años.
   (D) Toda su vida.

3. (A) Representaba un refugio de los que querían matarlo.
   (B) Representaba un lugar muy agradable para descansar.
   (C) Representaba la escena de gran felicidad doméstica.
   (D) Representaba un regalo para José Ignacio París.

4. (A) José Ignacio París la heredó por sus años de servicio a Bolívar.
   (B) Doña Matilde Baños recibió el título de Simón Bolívar.
   (C) Doña Manuela Sáenz la recibió por ser compañera de Bolívar tantos años.
   (D) Después de muchos años, pasó al uso público.

GROUP EIGHT, NARRATIVE ONE

1. (A) Gonzalo Fernández de Oviedo.
   (B) Vasco Núñez de Balboa.
   (C) Bernardino de Sahagún.
   (D) Un novelista que presenció la exploración.

2. (A) Fernández había exagerado la historia.
   (B) Vasco Núñez de Balboa no quería compartir el tesoro.
   (C) La naturaleza reveló lo que la historia había olvidado.
   (D) Balboa se interesó más de su descubrimiento del mar.

3. (A) Que los historiadores no mienten.
   (B) Que los españoles tenían buena imaginación.
   (C) Que los indios eran fantásticos.
   (D) Que no quedan tesoros escondidos en ese momento.

4. (A) Reveló que los ríos son importantes para ayudar a descubrir tesoros.
   (B) Reveló que los historiadores no decían todo lo que sabían.
   (C) Reveló que Balboa era muy avaro.
   (D) Reveló que los indios poseían una civilización avanzada.

GROUP EIGHT, NARRATIVE TWO

1. (A) Descubrió un nuevo tipo de café.
   (B) Descubrió características beneficiosas al café.
   (C) Descubrió un polvo en su café.
   (D) Descubrió una taza de café desecado.

2. (A) Después de unos días todo el agua se había evaporado.
   (B) Puesto que lo dejó en el jardín, alguien se había bebido todo el café.
   (C) Alguien había derramado el café, dejando nada más que polvo en la taza.
   (D) Descubrió todo el líquido en la taza cubierto con una capa de polvo.

3. (A) Añadió el polvo a un residuo para reconstituirlo.
   (B) Puso los residuos en agua muy caliente.
   (C) Mezcló el polvo con otros residuos.
   (D) Mezcló agua con granos de café.

4. (A) El café al instante es tan popular como antes.
   (B) El café soluble todavía se hace de granos de café.
   (C) Se produce el café soluble en jardines, secándose al sol.
   (D) Todavía se hace mezclando agua y polvo.

GROUP NINE, NARRATIVE ONE

1. (A) Pidió una audiencia con el rey.
   (B) Pidió que le dejara estudiar las ciencias sociales en América.
   (C) Pidió que le diera dinero para explorar las Américas.
   (D) Pidió que el rey le otorgara permiso para explorar en América.

2. (A) Exploró la topografía del continente.
   (B) Se especializó en el estudio de los sistemas fluviales.
   (C) Exploró todos los aspectos de la naturaleza americana.
   (D) Investigó cuántos tipos de plantas desconocidas había en América.

3. (A) La falta de mapas e información del territorio era un obstáculo.
   (B) Las selvas eran impenetrables.
   (C) Las autoridades americanas le impidieron que continuara.
   (D) Le costó mucho transportar tantas plantas.

4. (A) Encontró doce mil tipos de plantas en el territorio del Amazonas.
   (B) Pasó treinta años en viajes de exploración en las Américas.
   (C) Escribió de todos sus descubrimientos en cartas al rey Carlos IV.
   (D) Contribuyó más al conocimiento de la naturaleza que cualquier otro científico previo.

GROUP NINE, NARRATIVE TWO

1. (A) La construcción del *Metro* mexicano.
   (B) Los resultados de las excavaciones para el *Metro*.
   (C) La recuperación del pasado por la tecnología.
   (D) La muerte de aves y gente en los tiempos precolombinos.

2. (A) Solamente artefactos religiosos.
   (B) Piezas de todo tipo.
   (C) Estatuas extraordinarias.
   (D) Ejemplos de arquitectura azteca.

3. (A) El alto nivel y variedad de producción artística azteca.
   (B) La vida cotidiana que se veía representada artísticamente.
   (C) La variedad de especies de aves que representaban las ofrendas.
   (D) El aspecto puramente religioso de la vida azteca.

4. (A) Revelaron el carácter esencialmente religioso de la vida precolombina.
   (B) Revelaron la difusión de la práctica del sacrificio humano.
   (C) Revelaron aspectos antes desconocidos sobre la vida y religión aztecas.
   (D) Revelaron la dificultad de construcción en zonas metropolitanas.

TAPESCRIPTS

GROUP ONE, NARRATIVE ONE

En cuanto al fenómeno de las historietas cómicas, se llaman de este modo aunque a veces no son ni cómicas ni tienen nada que ver con historietas. Pero no hay visitante de los Estados Unidos que comprenda la mágica fascinación que ejercen las historietas cómicas, o tiras cómicas, sobre millones de personas. Con las excepciones del *New York Times, Wall Street Journal,* y *USA Today*, no hay diario neoyorquino que olvide sus correspondientes historietas. Los diarios presentan múltiples historietas por pequeñas entregas y dedican a ellas tres o cuatro páginas. Los domingos las historietas se imprimen en colores y ocupan las primeras páginas de los periódicos ya que, en fin de cuentas gracias a las historietas se venden las publicaciones. Lejos de ser páginas frívolas, para muchos estas páginas son las únicas que les interesan.

Número 1 ¿Qué comenta esta selección?
Número 2 ¿Quiénes han notado este fenómeno?
Número 3 ¿Cómo se mide la popularidad de esta sección?
Número 4 ¿Cómo se explica esta fascinación?

Vocabulary:

historietas cómicas = comics
diario = newspaper
imprimir = to print
frívolas = frivolous
ejercer = to hold over, to work upon
entregas = inserts
fin de cuentas = in the end
neoyorquino = New Yorker

Commentary

Understanding this passage depends on recognizing negatives and the ironic tone set by the first sentence where the authors uses the negative, *no son ni ... ni.* The negative phrases are repeated throughout the passage: *no hay visitante que comprenda, no hay diario,* and *lejos de ser.* These negative phrases indicate a foreigner's point of view; the opposites represent the public's view. Listen to the narrative again to pick up on the structures. In the questions the vocabulary you need to know is:

notar = to note

medir = to measure

If you did not understand the questions, listen to them again now. Perhaps you could have guessed that *notar* was a cognate from the interrogative pronoun, *quién,* and the word *fenómeno.* In the next question, you perhaps could have guessed that *medir* means to measure by associating *popularity* with the answer choices.

GROUP ONE, NARRATIVE TWO

En España, con su historia de siglos de toreo, ha habido épocas en que a las mujeres se les prohibía hasta asistir a las corridas; luego se convirtieron en las principales aficionadas. Hay casos rarísimos de mujeres intentando torear. Cuando en el siglo XVIII, siglo de auge taurino, se veían mujeres en la plaza, enfrentándose a los toros, solía ser caso de hombres disfrazados. Eran estoqueadores vestidos de mujer, para risa y chacota de quienes se engañaban con aquella carnavalada. Pero hoy en día las mujeres han decidido, en el mundo entero, que no les quede vedada ninguna parcela de las actividades humanas, ni el toreo. En naciones taurófilas como Perú, Colombia, México, Venezuela, y hasta en España no faltan mujeres con grandes aficiones para convertirse en "figuras" al nivel de los maestros, aunque digan algunos españoles castizos que la mera presencia de la mujer-torero indudable e irevocablemente cambiará el espectáculo en su sentido fundamental.

Número 1 ¿Qué aspecto de la corrida comenta esta selección?
Número 2 ¿Cuál era antiguamente la actitud hacia las mujeres en la plaza de toros?
Número 3 ¿Cómo ha cambiado la corrida?
Número 4 ¿Cómo han reaccionado los aficionados?

Vocabulary:

torear = to fight bulls
corridas = bullfights
aficionados = fans
taurino = taurine
engañar = to deceive
risa = laugh
vedar = to ban

épocas = eras
convertirse en = to become
auge = peak, climax
enfrentarse = to confront
disfrazar = to mask
castizos = purists

Commentary

This passage talks about the ways in which the role of women at a bullfight has changed. There are three stages indicated by the words, *hombres dizfrazados, ni el toreo, no faltan mujeres, aunque digan, la presencia cambiará.* Now listen again to see if you can identify the context for theses phrases. The only word in the questions that may be a problem, even though it is a cognate is *reaccionar*, which means *to react to*. In the possible responses, some useful words to know are: *constar* = to constitute, *darse cuenta* = to realize, *darle igual* = to be all the same to one.

GROUP TWO, NARRATIVE ONE

Tal vez ningún artista haya capturado mejor la esencia del mexicano que José Guadalupe Posada, el genial grabador de la vida mexicana, nacido en 1852 y muerto en 1913. Como artista popular, trataba la vida cotidiana del hombre y la sociedad que lo rodeaban con toda la agudeza del sociólogo. Lo que destaca en sus diseños era la expresión de los rostros, la variedad de composición, aunque es más conocido por las series de las calaveras, y la naturalidad de las actitudes. Posada trabajó en toda clase de publicaciones, especialmente las de jaez popular. Por eso era natural que en éste lo plebeyo ocupase el primer lugar, numéricamente hablando, en su producción. Las series de las calaveras especialmente llaman la atención porque parecen reflejar la extraordinaria fascinación de los mexicanos con la muerte. Pero la muerte, vista en caricatura, como si fuera el chiste más grande del mundo. La muerte danzante, la muerte que baila, que participa en el gran fandango para celebrar la vida vivida sin remedio, tal como la muerte experimentada sin remedio también.

Número 1 ¿Por qué es tan famoso José Guadalupe Posada?
Número 2 ¿A quiénes observó este hombre?
Número 3 ¿Por qué se enfocó más en lo cotidiano?
Número 4 ¿Qué importancia tiene el enfoque en las calaveras?

Vocabulary:

grabador = recorder
rodear = to surround
destacar = to stand out
calaveras= skeletons
chiste = joke
cotidiana = daily
agudeza = sharpness
diseños = designs
reflejar = to reflect
experimentar = to experience

Commentary

The word *artista* should give you a hint about the theme of the passage. Artists paint or draw pictures about things that they see around them. Use this knowledge to anticipate what kind of information you will hear. *Calaveras* should be apparent from the phrase *fascinación con la muerte*. The sense of the artist's work is indicated in the phrases, *vida sin remedio... muerte sin remedio*. In the questions the only vocabulary you may need to know is:

enfocar = to focus

In the choices, the vocabulary is:

retratar = to paint a portrait *dibujar* = to draw

Now listen to the questions again to see if you understand them.

GROUP TWO, NARRATIVE TWO

La arqueología ha descubierto indicios de un alto nivel de trabajos textiles por todas partes de Hispanoamérica, desde las ruinas incaicas más antiguas hasta más recientes escombros de templos mesoamericanos. La principal materia prima de la industria textil precolombina fue el fino algodón nativo. La sedosa lana de la llama, el guanaco, la alpaca y la vicuña, fue también utilizada en el Perú. Plumas de brillantes aves tropicales fueron hábilmente aplicadas a las telas, y las pieles de jaguar y otros animales salvajes se emplearon como elementos decorativos. Hoy la mujer guatemalteca todavía teje en el antiguo telar de banda o correa posterior dentro de una variedad de completas técnicas que se remontan a los tiempos precolombinos. Durante la década de 1930, el trabajo de las distintas regiones, algunas veces aun tratándose de pueblos vecinos, se caracterizaba por sus diferentes diseños, estilizaciones y tejidos. Hoy se intercambian los diseños que se consideran más atractivos para el comprador, que es el turista. Es que este arte popular, hecho a mano, contiene algo de que carece nuestro arte superintelectualizado: el encanto que nos subyuga y el latido vital de la mano humana.

Número 1 ¿De qué arte se trata en esta selección?
Número 2 ¿Qué materias emplearon los artesanos?
Número 3 ¿Qué significación tenían los diseños?
Número 4 ¿Por qué les gustan tanto a los turistas estos productos?

Vocabulary:

incaicas = Incan
materia prima = raw material
sedosa = silky
tejer = to weave
encanto = enchantment
escombros = ruins, debris
algodón = cotton
telas = cloth
remontar = to date back to
analfabeto = illiterate

Commentary

You should be able to understand the cognate *textile*, which indicates the topic of the passage. The listing of animals and cotton all refer to sources of material for making fine cloths. The jump from the time indicated by the adjective *incaica* to the date, 1930, should indicate that this passage will be making comparisons between a centuries old tradition and modern times. The last part of the selection makes just such a comparison, which is indicated by the word *turista*. A vocabulary word that is useful in the questions is:

el artesano = the artisan

GROUP THREE, NARRATIVE ONE

José Martí llegó a ser el apóstol reconocido de la independencia de Cuba de España. Nacido en Cuba en 1853, hijo de españoles, Martí dedicó su vida por entero a su país. Ya a los quince años de edad publicaba el periódico escolar *La patria libre* en apoyo de los sublevados que habrían de luchar por diez años, sin éxito, por la independencia de Cuba. A los dieciséis fue arrestado por sospecha de deslealtad a España y, habiendo asumido la plena responsabilidad de sus actos en una muestra de oratoria patriótica durante su juicio, Martí fue condenado a trabajos forzados por desafiar a la autoridad del poder colonial. Pero, considerando su edad, las autoridades decidieron por desterrarlo a España en vez de encarcelarlo en Cuba. Así Martí cumplió su educación en la tierra de sus antepasados y llegó a ser poeta y artista bien conocido. Viajó por México y Estados Unidos, promoviendo la revolución entre los cubanos en exilio hasta que por fin, a los cuarenta y dos años de edad, volvió a Cuba. Los españoles lo mataron, sin que él jamás disparara un tiro contra los españoles. Presentó a todos los cubanos la inspiración para realizar su sueño de libertad.

Número 1 ¿Por qué es tan famoso el nombre de José Martí?
Número 2 ¿De joven, ¿qué problemas tuvo Martí?
Número 3 ¿Por qué viajó Martí por España y los Estados Unidos?
Número 4 ¿Qué le pasó cuando tenía cuarenta y dos años?

Vocabulary:

apóstol = *apostle*
sublevados = insurrectionists
luchar = to fight
sospechar = to suspect
desafiar = to defy
promover = to promote
realizar = to fulfill
apoyo = support
éxito = success
desleadtad = disloyalty
desterrar = to exile
disparar = to shoot
antepasados = ancestors

Commentary

This passage deals with a national hero in Cuba, whose name, although he lived over a hundred years ago, still appears in numerous places. The words that indicate the topic are: *independencia, arrestado, oratoria patriótica, condenar, España, revolución, mataron,* and *inspiración.* From the words that are cognates, you should have some idea about what the passage discusses. Since this selection is mostly biographical, the questions deal with specifics about Martí's life and death.

Notice in the choices, in number 4, Choice C, the word is *publicó*, a verb, not *público*, which is a noun. The fact that this national hero was a revolutionary leader and a poet makes Martí an especially famous person in Cuban history and letters.

GROUP THREE, NARRATIVE TWO

La lengua aborigen, el guaraní, es usada corrientemente en el Paraguay tanto como el español—y aún más en las zonas del campo. Esto convierte a este país en el único bilingüe entre las repúblicas americanas. La razón histórica de este hecho radica en la fusión armoniosa de los elementos étnicos que integran al hombre paraguayo: mezcla que por su regularidad equiparó a ambos idiomas sin menoscabar el valor de ninguno. El guaraní se convirtió en lengua corriente durante la colonia, reservándose exclusivamente el español para la actuación oficial. Así se dio el caso de un pueblo conquistador que lingüísticamente es conquistado. Este idioma indígena es maleable y colorido, muy metafórico por razón de su primitivismo, que lo obliga a emplear la figura para la obtención del concepto; por ello mismo es propicio para la poesía, mas no para el concepto abstracto. Pero fácilmente se ven las influencias de una lengua en la otra, o en los vocablos o la pronunciación. No obstante, el desarrollo de la sociedad hispana va a paso rápido e influye en su idioma, lo cual difiere del estado del guaraní.

Número 1 ¿Qué es el guaraní?
Número 2 ¿Cómo es único Paraguay entre los países hispanoamericanos?
Número 3 ¿Cuáles son algunas características del guaraní?
Número 4 ¿Al transcurrir el tiempo, ¿qué cambios se han visto en cuanto a los idiomas?

Commentary

The word *lengua* tells you that the topic is languages. You should also know that *idioma* means the same thing. From there you should associate *guaraní* with language in Paraguay.

Vocabulary:

radicar = to be situated in
corriente = present
propicia = favorable
transcurrir = to pass
mezcla = mixture
actuación = enactment
vocablos = words

Listen again to the passage. The topic is how *guaraní* fits into the linguistic scheme of the country and some of the subtleties of how the language is used. In the choices notice that *apreciar* means *to appreciate* and that *a causa de* means *because of.* You should also notice the difference between *conquistador* and *conquistado* and make the connection between who were the conquerors and who were the conquered. In Paraguay, because of the language, there was a strange twist to the relationship.

GROUP FOUR, NARRATIVE ONE

Según la tradición, el primero de los gobernantes incas, Manco Capac, llegó al Cuzco proveniente de una legendaria tierra alrededor del año 1200 de la era cristiana. Algunos siglos después, Viracocha, octavo en la línea dinástica, perseguido por otros indios enemigos que le atacaban, huyó del Cuzco hacia un invulnerable baluarte en la cresta de una montaña. Durante la era incaica, las cumbres de muchas colinas y montañas sirvieron de emplazamientos a pueblos y ciudades fortificadas. Fue una de esas ciudades, ya desde tiempo atrás invadida por el monte y arruinada, la que pensó el profesor Hiram Bingham que había descubierto en 1911. Esa ciudadela, nombrada Machu Picchu por los indios, parece no haber sido nunca conocida ni visitada. Ciertas frases ocasionalmente halladas en viejos archivos españoles sugirieron la posibilidad de que acaso uno o dos anticipados europeos hubieran visitado Machu Picchu, pero nada cierto se sabía con anterioridad al descubrimiento de Bingham. Los pobladores de Machu Picchu, adaptados a la enrarecida atmósfera, cultivaron sus muchas terrazas, dotaron de regadío sus jardines y criaron rebaños de llamas. Fue difícil identificar como tales las viviendas, pero es obvio que fueron numerosas.

Número 1 ¿Cuál es el tema de esta selección?
Número 2 ¿Qué pensaba Hiram Bingham que había descubierto?

Número 3 ¿Qué se sabía de Machu Picchu antes de 1911?
Número 4 ¿Qué tipo de lugar fue Machu Picchu?

Commentary

In passages like this one that contain several names, it is important to keep track of the names. When the names are in another language, there is a tendency sometimes not to differentiate between them by really remembering what they were, but what the first syllable sounded like. In this passage there is enough difference between *Manco Capac, Viracocha,* and *Machu Picchu* that you should not have any difficulty remembering the names, only which place is associated with which name. But you do need to be aware that when you listen to foreign names, there is a tendency to hear them and classify them all under the general heading of "foreign name" in your mind and not to distinguish one from the other. Practice noticing and associating names with specific information in passages such as this one where the differences are noticeable.

Vocabulary:

proveniente = coming from
baluarte = bastion
cumbres = peaks
dotar = to endow, to provide
archivos = archives, libraries
rebaños = flocks
criar = to raise
huir = to flee
incaica = Incan
hallar = to find
regadío = irrigation
con anterioridad = previously
viviendas = housing

Some words, such as *incaica*, may be words you do not recognize when you hear them, but that you would recognize if you were to see them on paper. With some words you may want to try to visualize them in writing to help you understand them. But remember that when you take the time to try to do this while taking the test, you may run the risk of missing some of the passage. You can also try to remember the sound, then when the passage is done, the meaning will probably become clear. Since you already knew from earlier in the passage that the topic was Incan ruins, you should have made the association between *inca* and *incaica*.

GROUP FOUR, NARRATIVE TWO

El vasto movimiento literario llamado *modernismo*, alcanza su máxima trascendencia en la figura central del poeta nicaragüense, Rubén Darío, cuya obra marca el momento culminante y abre el capítulo más significativo de nuestra historia literaria. Félix Rubén García Sarmiento (que era el nombre completo de Rubén Darío) nació en Metapa, Nicaragua. Aun antes de los veinte años era poeta publicado y autor de varios otros libros inéditos. Cuando tuvo veinte años empezó sus viajes por el continente, primeramente visitando Chile, Argentina, los Estados Unidos, luego, Francia y España. Su periódico *Azul* llegó a ser palabra sagrada, o sea, la *Biblia*, de poetas que quisieron publicar sus poemas modernistas. El *modernismo*, según el criterio del periódico de Darío, se distingue por el aprecio de la idea de belleza clásica, la fugacidad del placer y de la vida, referencias a la naturaleza, colores y sonido suave entre otras características. Todo lo hacía con el propósito de renovar la literatura poética de su época.

Número 1 ¿Quién era Rubén Darío?
Número 2 ¿Cuándo empezó sus viajes?
Número 3 ¿Qué era el *modernismo*?
Número 4 ¿Cuál era el propósito del *modernismo*?

Commentary

The vocabulary in this passage is fairly simple, but the way that it is put together may give you problems. The topic also is probably unfamiliar. *Modernismo* is a term used to designate a particular type of literature. It has certain characteristics that distinguish it from other types, and it has a particular author who was instrumental in its development. That is the topic of this passage. The author who was very important in the movement was Rubén Darío, a Nicaraguan.

Vocabulary:

inédito = unpublished
fugacidad = the fugacity (the quality of being ephemeral or fleeting)
propósito = the purpose
belleza = beauty

In the choices the words you may need to know are:

embajador = ambassador
promover = to promote
sacerdote = priest
estrechar = to bring together

GROUP FIVE, NARRATIVE ONE

Gaucho y tango son, probablemente, las dos palabras alusivas a la Argentina de mayor resonancia en el extranjero. Más que auténticas realidades, han llegado a adquirir el carácter de instituciones tradicionales; sin embargo, ambas palabras siguen constituyendo las dos expresiones más representativas de ese país. El tango es la música de la ciudad: provocativa, sentimental, ingeniosa y sensual, que tiene raíces en los bares de los barrios pobres y luego se convirtió en baile elegante del salón. El gaucho es el hombre de la pampa. Él encarna el verdadero campo que envuelve la ciudad, pero que permanece alejado de ella. Era experto jinete y vaquero, profundamente enraizado en la tierra, de sencillez de vida y decir sentencioso. Y el gaucho arquetípico, héroe del popular canto épico convertido en el poema nacional argentino, es Martín Fierro. Pero actualmente, el gaucho parece ser más institución para el turista, mientras el tango sigue como baile popular entre toda la gente.

Número 1 ¿Cuáles son las dos expresiones más representativas de Argentina?
Número 2 ¿De dónde proceden estas imágenes?
Número 3 ¿Quién era Martín Fierro?
Número 4 ¿A qué han llegado estas imágenes?

Commentary

The topic for this passage should be easily discernable: the *tango* and the *gaucho*. Both words have become recognizable in their Spanish form to most English-speaking people.

Vocabulary:

alusivas = alluding to
ingeniosa = ingenious
encarnar = to embody
alejado = distant
vaquero = cowboy
sencillez = simplicity
actualmente = presently
en el extranjero = abroad
raíz = root (plural: *las raíces*)
envolver = to wrap around
jinete = horseman
enraizado = grounded
sentencioso = terse
arquetípico = primary and original model, prototype

There are other words that you may not recognize immediately without thinking about them, such as *héroe*, which is easily recognizable when you remember that the *h* is never pronounced in Spanish. You need to know that the *pampas* are a geographical region of Argentina noted for being wide, open, sparsely populated range land. The word *turista* should also catch your ear and help you make the connection between the archetypal *gaucho* and what a *gaucho* is today.

GROUP FIVE, NARRATIVE TWO

Los arqueólogos de antigüedades mexicanas todavía disputan quiénes eran los olmecas, gente misteriosa cuyos monumentos en el sitio de La Venta primeramente dieron noticias de su existencia. Para la mayoría, los olmecas son conocidos por sus notables esculturas en piedras de las colosales cabezas pétreas, que varían en tamaño entre un metro y medio y tres metros. En muchos folletos de promoción turística a México han aparecido fotografías de estas cabezas enigmáticas. Pero hay otros artefactos, como altares, estelas, y tumbas con ricas ofrendas de jade para conservar los restos de personas importantes. Ignoramos qué nombre se daban a sí mismos los olmecas, ni de dónde provenían. La palabra olmeca significa *pueblo del caucho,* es decir, de la tierra donde éste se produce. Era el nombre de un grupo que vivía cerca de Vera Cruz en tiempos históricos. Actualmente se duda que los olmecas procedieran de esta región.

Número 1 ¿De dónde procedían los olmecas?
Número 2 ¿Qué señales dejaron de su presencia?
Número 3 ¿Cómo los conocen muchos visitantes a México?
Número 4 ¿Qué nombre les hemos dado?

Commentary

From the cognate *arqueólogos* you should have an idea about the topic. If you have heard of the Olmec culture, you know that this passage is about an ancient Mexican-Indian culture. It is somewhat enigmatic to most archaeologists because the only evidence is mute stone.

Vocabulary:

pétreas = stone
estela = stele (a carved stone pillar or slab)
ofrenda = offering
ignorar = to not know
folletos = pamphlets
proceder = to come from
restos = remains (bones)
provenir = to come from

The two false cognates in this passage that may mislead you are *ignorar*, which does not necessarily mean *to ignore*, but implies that one knows but chooses to not recognize, and *to not know*, which means that one does not recognize because one does not know. The other false cognate is *los restos*, which refers in this case to physical remains, or *bones*. In the choices for the questions, this distinction in meaning is particularly important because one does not see Olmec bones all over Mexico. In the passage, notice that the bones were in the *tumbas*, which is a cognate.

One other problem in this passage is that archaeologists do not agree on the geographic point of origin. For many years it was thought that the Olmec lived on the coast around the area of Vera Cruz. But newer investigations have placed their origin inland. If you have access to dated material, you may have contributed old information to your understanding of the passage. Listen to what the passage says, and do not necessarily rely totally on what you may already know.

GROUP SIX, NARRATIVE ONE

La Comisión Interamericana de Mujeres fue creada hace más de medio siglo con el propósito de luchar por la conquista de los derechos femeninos. Cumplió su primera función cuando, en 1961, el último país de América que faltaba reconoció su derecho de voto. La labor constante y sin interrupción de la CIM a partir de 1928 presenta un balance positivo de resoluciones aprobadas en sus asambleas. Su contribución ha sido valiosa en la conquista de la igualdad de derechos para hombres y mujeres, la eliminación de la discriminación por razón de sexo, así como los artículos que aparecen en los códigos de trabajo, instrumentos jurídicos de enorme alcance para beneficio de la mujer. No se puede decir que todos estos acuerdos tengan vigencia y se apliquen en la práctica, pero la acción de la CIM se encaminó en el sentido de lograrlo. Las mujeres todavía están reclamando sus derechos ahora a fines del siglo.

Número 1 ¿De qué tipo de organización es la CIM?
Número 2 ¿Desde cuándo está trabajando este grupo?
Número 3 ¿Qué propósito elemental tiene esta organización?
Número 4 ¿Con qué razón se sentiría orgulloso este grupo?

Commentary

The cognate *comisión* tells you that the group has an official function. A commission is a group that is organized to promote, enact, or study something and make a decision. You also can tell from the words you know and the cognates that this commission, the CIM, has an agenda that includes a number of things. The end of the passage gives the results of the work of the commission.

Vocabulary:

derechos = rights	*cumplir* = to fulfill
balance = balance sheet	*aprobar* = to approve, pass
por razón = because of	*códigos* = codes
jurídico = judicial	*el alcance* = achievement
acuerdo = agreement	*vigencia* = in practice
reclamar = to demand	*a fines de* = at the end of

In this passage there are several numbers that you will have to remember. You do not have to know exactly how many years passed between events, but you need a general idea. As you hear the numbers, mentally place them on a line by decades from past to present. Remember what to associate with each general time. Then when you need to remember time, refer to your visual image of when things happened. The rest of the information you can probably guess because the issues have not changed much over time, except for the right to vote.

GROUP SIX, NARRATIVE TWO

Quizás ninguna otra región de los Estados Unidos está más ligada por más tiempo a Hispanoamérica que la extensa península que proyecta hacia el sur: la Florida. A pesar de habitantes y topografía hostiles, los españoles se empeñaban en sus exploraciones en el siglo XVI. A partir de entonces la suerte del imperio dependería de unas cuantas plazas militares que servirían de bastiones defensivos. Así Cuba y la Florida comenzaron una hermandad de relaciones históricas de recíproco interés, y entre ambas se establecieron una forma de interdependencia cuyo centro de gravitación vacilaba entre las dos. Contrariamente a lo que con el tiempo llegaría a ser lo normal en los años 60, el primero de los exilios en masa procedió de la Florida a Cuba y tuvo lugar en el siglo XVIII cuando los ingleses capturaron San Agustín. El éxodo más grande ocurrió cuando los Estados Unidos tomó posesión en 1819. Pero a partir de principios de los 60, los cubanos han regresado a la Florida para restablecerse. En muchas partes del estado predominan los cubanos, que se encuentran "en su casa" en la Florida.

Número 1 ¿Por qué se establecieron los españoles en la Florida?
Número 2 ¿Cómo seguían las relaciones entre Cuba y la Florida?
Número 3 ¿De dónde proceden los primeros exilios?
Número 4 Actualmente, ¿cómo se sienten los cubanos en la Florida?

Commentary

Florida and Cuba have had a long and close relationship, ever since the Spaniards arrived to explore the peninsula. This topic of the migration of people between Florida and Cuba has a new twist in this passage. Although most of the words are cognates, some of the words you may need to know to understand it are:

Vocabulary:

ligar = to tie
hacia = toward
hermandad = kinship
empeñarse = to persist
a pesar de = in spite of

You should make sure that you distinguish *hacia* from *hacía.* The first word is an adverb, meaning *toward.* The second is a verb, the imperfect indicative of *hacer.* There are several phrases in this passage that are useful to recognize, including *a pesar de, a partir de, estrechar las relaciones,* and *en su casa.* The expression *en su casa* means that they feel at home. The other aspect of this passage to notice is that there are several examples of the conditional tense to describe what the Spaniards planned to do with the territory. It may be helpful to know that St. Augustine, originally a Spanish community, is the oldest continuously inhabited city in the state of Florida.

GROUP SEVEN, NARRATIVE ONE

Los quichés, rama de los antiguos mayas, fueron la nación más poderosa de las altiplanicies de Guatemala en los tiempos precolombinos. Su libro sagrado, el *Popol Vuh,* ha sido caracterizado como el más distinguido ejemplo de literatura nativa americana que ha sobrevivido a través de los siglos. Contiene una extensa y refinada narración del mito maya de la creación. Los dioses antiguos crearon primero la tierra, luego los animales. Pero, viendo que éstos no podían hablar, se dieron a la obra de crear al hombre. Seres hechos de barro, y luego de madera, resultaron inaceptables y fueron destruidos. Y al fin los dioses hicieron la carne del cuerpo humano con alimentos vivos—mazorcas de maíz amarillo y blanco—y estos hombres fueron buenos. Esta visión cosmológica ha servido de inspiración recientemente a una gran variedad de programas, de un ballet de notable estilo y animación hasta un programa de dibujos animados para la pantalla televisora.

Número 1 ¿A qué o quiénes se refieren los quichés?
Número 2 ¿Qué se cuenta en el *Popol Vuh*?
Número 3 ¿Qué se ha hecho con el texto?
Número 4 Últimamente ¿de qué se hicieron los hombres?

Commentary

The topic is about the *Popol Vuh*, an ancient story of the Quiché Indians, who are descendants of the Maya. If you know about this book, this passage will be fairly easy because you can guess what the answers are based on what you already know.

Vocabulary:

la altiplanicie = highland
sagrado = sacred
dibujos animados = cartoons
darse a = to set about
madera = wood
rama = branch
sobrevivir = to survive
pantalla = screen
barro = mud
mazorca = ear of corn

This passage focuses on the fact that even though this is an ancient text, the story remains enchanting because it is a creation story. There are many ways to tell a creation story, but they all show how a group of people sees itself in the grand scheme of life.

GROUP SEVEN, NARRATIVE TWO

La Quinta de Simón Bolívar, como el Montecello de Jefferson y el Mount Vernon de Washington, es algo más que un monumento nacional; es el lugar donde la historia se ha detenido a través de los años. *La Quinta* se construyó originalmente en 1800. Bolívar vivió allí unos cuantos meses en 1826, después a fines de 1827 y de nuevo tras el atentado contra su vida en septiembre de 1828. Durante la mayor parte del tiempo que pasó Bolívar en la villa disfrutó de la compañía del más grande de sus amores, Doña Manuela Sáenz, la dama quiteña que había conocido en Perú. De tal modo, sus majestuosos aposentos, sus encantadores senderos de piedra y los viejos árboles que dan sombra a los jardines están inextricable e íntimamente ligados al gran romance que ha pasado a ser casi una leyenda. En 1830, unos pocos meses antes de su muerte, Bolívar cedió título de la estancia a su fiel amigo, Don José Ignacio París, el cual luego la transfirió a Doña Matilde Baños, para uso de educación pública, aunque tardaron muchos años antes de que ésta pudiera disfrutar de esta herencia.

Número 1 ¿Cuál es el tema de este trozo?
Número 2 ¿Cuánto tiempo vivió allí Bolívar?
Número 3 ¿Qué representaba esta residencia para Bolívar?
Número 4 ¿Qué disposición hicieron de la Quinta últimamente?

Commentary

At first you may not realize that *La Quinta* refers to a house, but when you hear the references to dates when Bolívar was there, you should be able to figure out that the selection is about a house. There are some words in the passage that specifically refer to a house, but if you do not recognize them, words such as *se construyó* and *jardín* should provide clues. Also, where else would a person spend time at the end of his life except in a residence with his favorite people nearby?

Vocabulary:

detenerse = to stop	*atentado* = attempt
disfrutar = to enjoy	*quiteña* = from Quito
aposentos = rooms	*encantadores* = enchanting
senderos = paths	*ligados* = tied
ceder = to give over	*tardar en* = to take a long time

Another word that you might not recognize when you hear it, but would easily understand when you saw it, is the word *herencia*. Remember the silent *h* at the beginning of words when you are trying to think of cognates. Another word that has a variety of meanings is *estancia*. In some countries an *estancia* is a large country house, an estate. In other contexts the word means *a stay*. *La quinta* is also a word for a country dwelling. One common expression in this passage is *tardar en*, which is used in such a way that it is awkward to translate literally. *Aunque tardaron mucho años antes de que* ... would mean *many years went by before....* The expression *tardar en* is found whenever you would comment about how long it took for something to happen, such as the time it took a letter to arrive.

GROUP EIGHT, NARRATIVE ONE

Se observa que los hechos históricos son a menudo más extraordinarios que las creaciones ficticias del novelista. Tal fue el caso de los tesoros de Coclé, cuya riqueza había narrado Gonzalo Fernández de Oviedo, el historiador real que describió lo que había descubierto Vasco Núñez de Balboa en sus campañas en Panamá. Toda la cultura parecía haber desaparecido de la tierra con sólo las referencias en los libros olvidados para marcar su existencia. El descubrimiento de Coclé fue un acontecimiento fortuito. El sitio habría permanecido escondido de vista si no se hubiera desviado el Río Grande, revelando el brillo del tesoro fabuloso. Una comparación entre la historia y la excavación arqueológica reveló que el fiel historiador no exageró ni el detalle más pequeño. Fácilmente se ven las técnicas descritas por un contemporáneo de Oviedo, el padre Bernardino de Sahagún, en la manera de labrar el oro. El conocimiento de la realidad de las historias y la esperanza de encontrar más tesoro enterrado todavía inspiran a muchos en una búsqueda fantástica.

Número 1 ¿Quién vio las riquezas de Coclé primero?
Número 2 ¿Por qué fue fortuito el descubrimiento del sitio?
Número 3 ¿Qué ha revelado el descubrimiento?
Número 4 ¿Qué importancia tiene el descubrimiento?

Commentary

There are many names in this passage that you need to keep straight. You will not need to remember the full name of each one, so remember the last names, *Balboa, Oviedo,* and *Sahagún.* Then attach a label to each one to help you remember what he did. Remember that Balboa was the first European to see the Pacific Ocean; he was an explorer. Associate *historiador* to the name Oviedo. Then remember the word, *padre,* Sahagún. They all did different things. Now you should be able to answer the questions.

Vocabulary:

a menudo = often
tesoro = treasure
acontecimiento = event
labrar = to carve
enterrado = buried
ficticias = not true
campañas = campaigns
detalle = detail
conocimiento = knowledge
escondido = hidden

In the choices, the words *poseer* means *to possess, avaro* means *greedy,* and *presenciar* means *to witness.*

This passage essentially talks about a comparison of historical records and archeological records in the search for buried treasure. The conclusion is that although historical records may seem more incredible than fiction, treasures are often even more fantastic than recorded history indicates. You should be sure not to confuse the word *enterrado,* from the infinitive *enterrar,* with a similar verb, *enterar,* which means *to inform.*

GROUP EIGHT, NARRATIVE TWO

Nada agrada como el aroma del grano recién secado, tostado, y remolido. Pero el café soluble ofrece la posibilidad de gozar de una taza sin que deba pasarse tanto tiempo preparando los granos. El café soluble fue descubierto por casualidad por cierto médico guatemalteco, Federico Lehnhoff Wyld. Cierto día le fue servida una taza de café. Debido a sus múltiples ocupaciones, dicha taza quedó olvidada intacta en el jardín de su residencia. Días más tarde, el buen doctor encontró en el mismo sitio aquella taza ya sin líquido y con residuos de fino polvo en el fondo. Su inclinación de investigador hizo que vertiera agua hirviendo sobre aquel residuo seco y al instante, ante sus asombrados ojos, obtuvo una nueva taza de café que conservaba su tinte y su sabor. La tecnología ha transformado el proceso de deshidratación, pero el efecto es igual. Todavía se añade agua hirviendo al polvo para gozar de una simple taza de café al instante, pero se ha mejorado el producto. Ahora tiene aun mejor sabor y tinte.

Numero 1 ¿Qué descubrió el médico?
Número 2 En efecto, ¿que había ocurrido a la taza de café?
Número 3 ¿Cómo podía el médico reconstituirlo?
Número 4 ¿Qué no ha cambiado en el proceso?

Commentary
Obviously this piece is about instant coffee and its accidental discovery.

Vocabulary:

agradar = to please
por casualidad = accidentally
polvo = dust
hirviendo = boiling
deshidratar = to dry
mejorar = to improve
soluble = soluble
verter = to pour
seco = dry
añadir = to add
tinte = color

One other word that you may not recognize when you hear it, but probably can read, is *líquido*. Remember that the *qu* in Spanish sounds like *k* in English. Another word in the choices that you may need to know is *desecar*, which means *to dry out*. Another verb that means about the same thing is *deshidratar*, although the latter refers to a process in which the water is removed, instead of simply leaving the liquid to evaporate. As a point of grammar about this vocabulary, you will notice that *hirviendo* is a present participle and it describes a noun. It is one of only two present participles that can be used in this way in Spanish. The verb *mezclar* means *to mix*.

Since you now can deduce the process for making instant coffee from a liquid, you can probably figure out the words you do not know as you listen.

GROUP NINE, NARRATIVE ONE

Pocas figuras de Europa pertenecen tanto al Nuevo Mundo como Alejandro von Humboldt, joven aristócrata, cuyos mejores treinta años fueron dedicados casi totalmente al estudio de las ciencias naturales y sociales en América. En marzo de 1799, el Rey Carlos IV, en una audiencia, le dio autorización para trabajar en el campo de las ciencias naturales en los reinos españoles de ultramar. Con buen afán de científico alemán de su época, emprendió su trabajo. Una vez en América, lo impresionó la exuberancia extraordinaria de la vegetación tropical, y muchas formaciones geológicas le recordaron sus estudios anteriores. En uno de sus viajes, hecho a pie, comprobó la unión entre el río Orinoco y el Amazonas. Este recorrido, casi todo por selvas vírgenes, fue una hazaña de incalculable valor para la ciencia por la fabulosa cifra de doce mil plantas que coleccionaron él y sus compañeros. De este número, 3.500 eran totalmente desconocidas. Por otra parte, el viaje fue de lo más penoso debido a los peligros y obstáculos. Ningún aspecto de la geografía escapó su atención en las exploraciones que le costaron no sólo toda su dedicación sino su fortuna también.

Número 1 ¿Qué pidió Humboldt al rey Carlos IV?
Número 2 ¿Qué hizo en estos viajes?
Número 3 ¿Por qué eran tan difíciles estos viajes?
Número 4 ¿Cual fue el valor de sus viajes?

Commentary

Alexander Humboldt was truly one of the most remarkable naturalists to visit the Americas. His travels and monumental notes of his trips are invaluable sources of information about the land and people. His work is the topic of this passage. At the beginning the words *alemán, español,* and *Américas* should let you know that he has to travel to get to America. Later in the passage, the word *viajar* should confirm what you thought. There are a number of adjectives that you may not know, but are not necessary to understand the passage. There are many others that are cognates, such as *incalculable.* Other cognates should help you understand the topic, such as *ciencias naturales* and *estudios.*

Vocabulary:

emprender = to undertake	*comprobar* = to prove
hazaña = feat	*cifra* = number
selva = jungle (in some places, a plain)	*peligro* = danger

This passage contains a general introduction about who Humboldt was, where he went, and why. Included are a specific example of the type of trip he took and a conclusion about what it cost him. The example does not discuss every trip he took, only the ones in the jungles. The last sentences say that no aspect of geography escaped his notice, which can be taken to mean that he went other places, too.

In the choices, some words that you may want to know are: *otorgar,* which means *to grant, to authorize,* and *sistemas fluviales,* which means *river systems. Fluvial* is a fairly common word in areas where rivers are important for transportation.

GROUP NINE, NARRATIVE TWO

La construcción del *Metro* en la Ciudad de México proporcionó al mundo un vistazo de la vida precolombina a medida que excavaron los túneles. La arquitectura religiosa, la más abundante, fue hallada casi toda ella en dos zonas: en el centro ceremonial Pino Suárez y en la zona próxima a la catedral metropolitana. Dentro de estas ruinas excavadas había una gran cantidad de ofrendas, especialmente de aves, en Pino Suárez, y de sacrificios humanos en el centro metropolitano. Entre las aves se contaban pericos, guajolotes, patos silvestres, una especie de grulla y muchos loros. Sobresalían las aves acuáticas. También se han recuperado muchas piezas excepcionales de escultura. Entre ellas se destaca la llamada Coatlicue que fue encontrada formando parte de los cimientos de un edificio colonial. Otra pieza era el llamado Ehecatl-Ozomatli, de un formidable movimiento barroco que la aleja completamente de la severidad y rigidez azteca. Todo lo encontrado en la construcción sirvió para aumentar con objetos tangibles los escasos conocimientos de la vida precolombina de Tenochtitlán y la región del Lago Texcoco.

Número 1 ¿De qué acontecimiento trata este trozo?
Número 2 ¿Qué tipos de artefactos encontraron?
Número 3 ¿Qué revelaron muchos de los artefactos de Pino Suárez?
Número 4 ¿Por qué son tan importantes estos artefactos?

Commentary

The first and last sentences make clear that this passage deals with construction of a subway system. The artifacts mentioned were uncovered in the process of digging the tunnels. Many words are cognates, but there also some Indian names, such as those of gods and place names, that you will need to remember. The words *escultura, centro ceremonial, ruinas excavadas,* and *sacrificios humanos* should indicate the theme of the passage.

Vocabulary:

proporcionar = to furnish, provide
ofrenda = offering
destacarse = to stand out
alejar = to distance
catedral = cathedral
aves = birds
cimientos = foundations
lago = lake

The Indian names are: *Coatlicue, Ehecatl Ozomatli, Tenochtitlán*, and *Texcoco.* The names of the various kinds of birds are: *pericos, guajolotes, patos silvestres, grullas,* and *loros*, meaning *parakeet, turkeys, wood ducks, cranes,* and *parrots.* All you really need to remember, however, is that most birds were aquatic. There were two kinds of artifacts mentioned in this passage, evidence of human sacrifices and statues in ruins of buildings that were excavated.

The passage mentions two principle places where excavations were carried out: in Pino Suárez and near the cathedral in the central part of the city.

Answers for Short Narratives

Group One, Narrative One
1. B **2.** B **3.** D **4.** A

Group One, Narrative Two
1. A **2.** C **3.** C **4.** B

Group Two, Narrative One
1. A **2.** C **3.** D **4.** B

Group Two, Narrative Two
1. D **2.** B **3.** C **4.** D

Group Three, Narrative One
1. C **2.** D **3.** B **4.** A

Group Three, Narrative Two
1. C **2.** A **3.** B **4.** D

Group Four, Narrative One
1. D **2.** B **3.** C **4.** A

Group Four, Narrative Two
1. A **2.** B **3.** C **4.** B

Group Five, Narrative One
1. C **2.** B **3.** B **4.** B

Group Five, Narrative Two
1. C **2.** A **3.** A **4.** B

Group Six, Narrative One
1. D **2.** D **3.** A **4.** C

Group Six, Narrative Two
1. B **2.** A **3.** C **4.** D

Group Seven, Narrative One
1. A **2.** D **3.** B **4.** C

Group Seven, Narrative Two
1. A **2.** A **3.** C **4.** D

Group Eight, Narrative One
1. B **2.** C **3.** A **4.** D

Group Eight, Narrative Two
1. D **2.** A **3.** B **4.** D

Group Nine, Narrative One
1. D **2.** C **3.** A **4.** D

Group Nine, Narrative Two
1. B **2.** B **3.** C **4.** C

CHAPTER 3: Answer Sheet for Longer Selections

Narrativa Número Uno

1. Ⓐ Ⓑ Ⓒ Ⓓ
2. Ⓐ Ⓑ Ⓒ Ⓓ
3. Ⓐ Ⓑ Ⓒ Ⓓ
4. Ⓐ Ⓑ Ⓒ Ⓓ
5. Ⓐ Ⓑ Ⓒ Ⓓ
6. Ⓐ Ⓑ Ⓒ Ⓓ
7. Ⓐ Ⓑ Ⓒ Ⓓ

Narrativa Número Dos

1. Ⓐ Ⓑ Ⓒ Ⓓ
2. Ⓐ Ⓑ Ⓒ Ⓓ
3. Ⓐ Ⓑ Ⓒ Ⓓ
4. Ⓐ Ⓑ Ⓒ Ⓓ
5. Ⓐ Ⓑ Ⓒ Ⓓ
6. Ⓐ Ⓑ Ⓒ Ⓓ
7. Ⓐ Ⓑ Ⓒ Ⓓ
8. Ⓐ Ⓑ Ⓒ Ⓓ

Narrativa Número Tres

1. Ⓐ Ⓑ Ⓒ Ⓓ
2. Ⓐ Ⓑ Ⓒ Ⓓ
3. Ⓐ Ⓑ Ⓒ Ⓓ
4. Ⓐ Ⓑ Ⓒ Ⓓ
5. Ⓐ Ⓑ Ⓒ Ⓓ
6. Ⓐ Ⓑ Ⓒ Ⓓ
7. Ⓐ Ⓑ Ⓒ Ⓓ
8. Ⓐ Ⓑ Ⓒ Ⓓ

Narrativa Número Cuatro

1. Ⓐ Ⓑ Ⓒ Ⓓ
2. Ⓐ Ⓑ Ⓒ Ⓓ
3. Ⓐ Ⓑ Ⓒ Ⓓ
4. Ⓐ Ⓑ Ⓒ Ⓓ
5. Ⓐ Ⓑ Ⓒ Ⓓ
6. Ⓐ Ⓑ Ⓒ Ⓓ
7. Ⓐ Ⓑ Ⓒ Ⓓ
8. Ⓐ Ⓑ Ⓒ Ⓓ
9. Ⓐ Ⓑ Ⓒ Ⓓ
10. Ⓐ Ⓑ Ⓒ Ⓓ

Narrativa Número Cinco

1. Ⓐ Ⓑ Ⓒ Ⓓ
2. Ⓐ Ⓑ Ⓒ Ⓓ
3. Ⓐ Ⓑ Ⓒ Ⓓ
4. Ⓐ Ⓑ Ⓒ Ⓓ
5. Ⓐ Ⓑ Ⓒ Ⓓ
6. Ⓐ Ⓑ Ⓒ Ⓓ
7. Ⓐ Ⓑ Ⓒ Ⓓ
8. Ⓐ Ⓑ Ⓒ Ⓓ
9. Ⓐ Ⓑ Ⓒ Ⓓ

Entrevista Número Uno

1. Ⓐ Ⓑ Ⓒ Ⓓ
2. Ⓐ Ⓑ Ⓒ Ⓓ
3. Ⓐ Ⓑ Ⓒ Ⓓ
4. Ⓐ Ⓑ Ⓒ Ⓓ
5. Ⓐ Ⓑ Ⓒ Ⓓ
6. Ⓐ Ⓑ Ⓒ Ⓓ
7. Ⓐ Ⓑ Ⓒ Ⓓ
8. Ⓐ Ⓑ Ⓒ Ⓓ

Entrevista Número Dos

1. Ⓐ Ⓑ Ⓒ Ⓓ
2. Ⓐ Ⓑ Ⓒ Ⓓ
3. Ⓐ Ⓑ Ⓒ Ⓓ
4. Ⓐ Ⓑ Ⓒ Ⓓ
5. Ⓐ Ⓑ Ⓒ Ⓓ
6. Ⓐ Ⓑ Ⓒ Ⓓ
7. Ⓐ Ⓑ Ⓒ Ⓓ
8. Ⓐ Ⓑ Ⓒ Ⓓ
9. Ⓐ Ⓑ Ⓒ Ⓓ
10. Ⓐ Ⓑ Ⓒ Ⓓ

Entrevista Número Tres

1. Ⓐ Ⓑ Ⓒ Ⓓ
2. Ⓐ Ⓑ Ⓒ Ⓓ
3. Ⓐ Ⓑ Ⓒ Ⓓ
4. Ⓐ Ⓑ Ⓒ Ⓓ
5. Ⓐ Ⓑ Ⓒ Ⓓ
6. Ⓐ Ⓑ Ⓒ Ⓓ
7. Ⓐ Ⓑ Ⓒ Ⓓ
8. Ⓐ Ⓑ Ⓒ Ⓓ
9. Ⓐ Ⓑ Ⓒ Ⓓ
10. Ⓐ Ⓑ Ⓒ Ⓓ

Entrevista Número Cuatro

1. Ⓐ Ⓑ Ⓒ Ⓓ
2. Ⓐ Ⓑ Ⓒ Ⓓ
3. Ⓐ Ⓑ Ⓒ Ⓓ
4. Ⓐ Ⓑ Ⓒ Ⓓ
5. Ⓐ Ⓑ Ⓒ Ⓓ
6. Ⓐ Ⓑ Ⓒ Ⓓ
7. Ⓐ Ⓑ Ⓒ Ⓓ
8. Ⓐ Ⓑ Ⓒ Ⓓ
9. Ⓐ Ⓑ Ⓒ Ⓓ
10. Ⓐ Ⓑ Ⓒ Ⓓ

Entrevista Número Cinco

1. Ⓐ Ⓑ Ⓒ Ⓓ
2. Ⓐ Ⓑ Ⓒ Ⓓ
3. Ⓐ Ⓑ Ⓒ Ⓓ
4. Ⓐ Ⓑ Ⓒ Ⓓ
5. Ⓐ Ⓑ Ⓒ Ⓓ
6. Ⓐ Ⓑ Ⓒ Ⓓ
7. Ⓐ Ⓑ Ⓒ Ⓓ
8. Ⓐ Ⓑ Ⓒ Ⓓ
9. Ⓐ Ⓑ Ⓒ Ⓓ

Entrevista Número Seis

1. Ⓐ Ⓑ Ⓒ Ⓓ
2. Ⓐ Ⓑ Ⓒ Ⓓ
3. Ⓐ Ⓑ Ⓒ Ⓓ
4. Ⓐ Ⓑ Ⓒ Ⓓ
5. Ⓐ Ⓑ Ⓒ Ⓓ
6. Ⓐ Ⓑ Ⓒ Ⓓ
7. Ⓐ Ⓑ Ⓒ Ⓓ
8. Ⓐ Ⓑ Ⓒ Ⓓ
9. Ⓐ Ⓑ Ⓒ Ⓓ

Entrevista Número Siete

1. Ⓐ Ⓑ Ⓒ Ⓓ
2. Ⓐ Ⓑ Ⓒ Ⓓ
3. Ⓐ Ⓑ Ⓒ Ⓓ
4. Ⓐ Ⓑ Ⓒ Ⓓ
5. Ⓐ Ⓑ Ⓒ Ⓓ
6. Ⓐ Ⓑ Ⓒ Ⓓ
7. Ⓐ Ⓑ Ⓒ Ⓓ
8. Ⓐ Ⓑ Ⓒ Ⓓ
9. Ⓐ Ⓑ Ⓒ Ⓓ

CHAPTER 3 Longer Listening Selections

In this part of the exam, you will hear two selections consisting of either a narrative, an interview, or a broadcast. Each piece will be about five minutes long. If you know something about the topic, you will be able to understand more than if the subject matter is completely new to you. These topics will be about a wide variety of aspects of Spanish culture, including music, art, history, food, customs (such as the *posadas*, or bullfighting), traveling in Spanish American countries, daily routines, business, shopping, entertainment, television, ethnic differences, the roles of men and women in society, schooling for children, higher education, finding jobs, family traditions, family relationships, national institutions (such as ONCE in Spain, that runs the national lottery), dating customs etc. The more you can find out about these and other topics from sources such as magazines, television programs, radio programs, Spanish-speaking people, or literature, the better prepared you will be.

Some strategies for you to use to do well on this section are:

1. *Listen for repeated words.* These may tell you what the main topic will be. If you do not know the vocabulary used for the main topic, listen for other clues, such as descriptions of places, people, or things. These descriptions could also indicate what the topic is.
2. In an interview the *host will ask questions* usually and the *person being interviewed will answer.* The format of questions and answers has repetition built in. Sometimes the person being interviewed will repeat the question, or the essential information, but at other times, the person will simply give the response. The information is spaced out between the two speakers, though, which will give you more time to assimilate what is being said.
3. *Listen for direction* in the conversation or in the narrative. Usually the topic will be presented with some generality, then go in a specific direction or directions.
4. *Listen for cognates.* You will recognize more words if you have a good vocabulary in your native language. Use that knowledge to help you figure out the words. It also helps to have a good understanding of Spanish phonetics. Then remember that there are some rules about pronunciation that will help. Spanish uses the letter *e* before consonant groupings such as *str-, spr-, sch-,* makes words like *estructura* or *especial.* The English sounds of *k* and *ch* in Spanish are *qu-*, as in the word *parque.* In Spanish the English *th-* does not exist, so if you visualize words you hear, you may need to remember to use a *t* for the *th,* as in words like *teatro* for *theater*, or *tema* for *theme.*
5. *Learn numbers well.* If you hear numbers in the selection, try to visualize the numerals instead of the words. Practice words for tens and hundreds so that you do not have to waste time translating words as you listen.

6. Once you know what people are talking about in the conversation, *anticipate where the conversation will go.* Being able to anticipate what will be said will help you understand what you hear. As you listen, think ahead. Then you can check what you *expect* to hear with what you *actually* hear, which will increase your comprehension. Pay attention to details once you have gotten the main idea and constantly compare what you hear with what you know about the topic.
7. As you listen, *make mental notes.* Under the general heading of the main idea, make categories for subtopics that are discussed. If you have some way of mentally sorting the information you hear, you will remember it better.
8. If you do not know much about the topic, *imagine what it would be like.* A good imagination can help you anticipate what to expect to hear.
9. If possible *visualize the selection* as you hear it. If the piece is an interview, think about where it is taking place. One of the problems with visualization is the difficulty of imagining or visualizing places, people, and things you have never seen. In such cases think about the characteristics of other similar places, people, or things that you may know.
10. You can remember a lot of information for a short time if you know how to *concentrate well as you listen.* Practice listening to develop your ability to concentrate. You can do this in any language, not just Spanish. Practice on anything that is about five minutes in length so you develop a good idea of how long you will have to really focus on this part of the exam.
11. Make sure you *read the questions well.* You need especially to know the interrogative pronouns. If the question asks, *¿de quién?* you should answer *about whom?...* and not just *who?*
12. *Jot down notes if needed,* but do not wait until you take the actual exam to find out if you do better taking notes or not.
13. *It is not necessary to read the questions before listening* to the selection. In fact, you may lose a portion of the selection by thinking about the questions instead of thinking about what you are hearing. On longer selections it is probably better to focus on remembering what you hear instead of trying to listen for specific information that you want to get out of the selection.

You will find the answers on page 94. When you have finished listening to each selection and answering the questions, check your responses. If you have missed some questions, listen to the selection again. If you have listened to the selection twice and still do not understand some parts of it, check the transcript at the end of this section. Remember that you will hear each longer selection only once on the AP Exam.

The multiple choices are printed on the following pages. The tapescripts start on page 81.

Now get ready to listen to the tape.

1. Have ready access to the answer sheet on pages 63–64.
2. Turn to the multiple choice answers on pages 67–81.
3. Begin the tape and follow its instructions.

LONGER NARRATIVES

NARRATIVA NÚMERO UNO

1. ¿Cuándo se inauguró el servicio?
   (A) En el año 1913
   (B) En el año 1917
   (C) En el año 1919
   (D) En el año 1970

2. ¿Qué servía de transporte de materiales para la construcción?
   (A) El Metro.
   (B) Animales.
   (C) Carros.
   (D) Los hombres los llevaron.

3. ¿Dónde tuvo lugar la primera celebración?
   (A) En la estación Rufino Blanco.
   (B) En la estación Alfonso XIII.
   (C) En la estación Cuatro Caminos.
   (D) En la estación el Metro de Madrid.

4. ¿Cuánto tiempo transcurrió en el primer recorrido del Metro?
   (A) Siete minutos y pico.
   (B) Trece minutos.
   (C) Quince.
   (D) Sesenta minutos.

5. ¿Cómo ha cambiado el Metro?
   (A) Ahora más personas desesperadas lo usan.
   (B) Ahora hay músicos que entretienen a los pasajeros en los carros.
   (C) Actualmente es demasiado peligroso para usar.
   (D) Actualmente es usado por una gran variedad de personas.

6. ¿Qué suelen oír los que usan el Metro?
   (A) Un anuncio advirtiéndoles tener prisa.
   (B) Anuncios con sugerencias para la cortesía.
   (C) Anuncios para ayudar a los desesperados que lo usan.
   (D) Anuncios recomendando mayor seguridad y eficiencia.

7. Hoy en día ¿cuántos coches hay en el sistema?
   (A) 155.
   (B) 555.
   (C) 984.
   (D) 6.434.

NARRATIVA NÚMERO DOS

1. ¿Qué tipo de servicio ofrece RENFE?
   (A) RENFE parece ofrecer servicio ferrocarrilero.
   (B) RENFE es una agencia de turismo.
   (C) RENFE ofrece giras por autobús.
   (D) RENFE es una cadena de hoteles.

2. ¿Con qué propósito se está hablando de ciertas líneas en esta selección?
   (A) RENFE quiere volver al pasado recreando viajes del pasado.
   (B) RENFE quiere que más pasajeros viajen en tren.
   (C) RENFE quiere que todos estén más confortables en sus habitaciones.
   (D) RENFE quiere que más personas sepan la historia de España.

3. ¿En qué parte de España se ofrece este servicio principalmente?
   (A) Se está ofreciendo en el sur.
   (B) Las líneas circulan principalmente en el suroeste.
   (C) Las líneas circulan por casi todas las partes de España.
   (D) Se está ofreciendo servicio al oeste de España.

4. ¿Qué hay de nuevo en este servicio?
   (A) Hay más atracciones en las ciudades.
   (B) Los servicios son más lujosos y modernos.
   (C) Rodan películas de vaqueros en estos viajes.
   (D) Los trenes van a nuevos lugares.

5. ¿Cómo es el nuevo servicio del Al-Ándalus?
   (A) En este tren imitan fielmente los grandes trenes del pasado.
   (B) Este tren es moderno pero no muy cómodo.
   (C) Este tren está encantado.
   (D) Este tren es una buena mezcla del presente y el pasado.

6. ¿Por qué se han hecho estos cambios?
   (A) RENFE quiere atraer la industria cinematográfica norteamericana a España.
   (B) Las ciudades quieren disponer de vagones viejos.
   (C) RENFE quiere que todos se diviertan en sus viajes.
   (D) RENFE quiere aumentar la competencia por turistas entre ciudades.

7. ¿Por qué necesitaría un pasajero valor para montarse en el tren que va a las Cuevas de Guadix?
   (A) Ese tren pasa por paisaje muy peligroso.
   (B) Fácilmente puede perderse en las cuevas.
   (C) En esa ruta hay peligro de ataques por bandidos.
   (D) En ese viaje hay una reproducción de un asalto como en el Viejo Oeste estadounidense.

8. ¿Qué tipo de selección parece ser ésta?
   (A) Parece un reportaje para un periódico.
   (B) Parece un anuncio para la radio.
   (C) Parece ser un reportaje para la televisión.
   (D) Parece ser un anuncio de servicio público por RENFE.

NARRATIVA NÚMERO TRES

1. ¿Cuál es el tema de esta selección?
   (A) Noticias de interés nacional.
   (B) El papel de un periódico.
   (C) Un discurso sobre política nacional.
   (D) Una crítica de la prensa.

2. ¿Qué importancia lleva este acontecimiento?
   (A) Revela que los españoles están leyendo más ahora que antes.
   (B) Revela que la prensa ha alcanzado un nuevo nivel de profesionalismo.
   (C) Revela que la monarquía está ligada firmemente con la prensa.
   (D) Revela que este periódico tiene en su poder cambiar la vida nacional española.

3. ¿Cómo se ha transformado España en los últimos treinta años?
   (A) Menos españoles son analfabetos ahora que antes.
   (B) Los españoles aprecian al rey más ahora que antes.
   (C) El gobierno actual permite más libertad de expresión que antes.
   (D) La sociedad española goza de más opciones políticas, sociales, y económicas.

4. ¿Cuál es la misión de *El País?*
   (A) *El País* tiene por misión informar al público de su historia.
   (B) Este periódico sirve los propósitos del rey.
   (C) El diario se esfuerza para estar al tanto de las noticias.
   (D) El periódico necesita servir los intereses de todo el público.

5. ¿Por qué comentó el Rey Juan Carlos las aportaciones del periódico?
   (A) Él sabe que sin la prensa libre no hay una sociedad libre.
   (B) *El País* promovió el fin de la época de Francisco Franco.
   (C) El rey sabe que el apoyo de la prensa es indispensable para su reino.
   (D) Juan Carlos reconoce que la imparcialidad de este diario es notable.

6. ¿A qué coincidencia histórica se refiere en la selección?
   (A) Empezó a publicarse cuando estalló la guerra en el Golfo Pérsico.
   (B) Empezó a publicarse dentro de unos meses de la muerte de Franco.
   (C) Empezó a publicarse cuando el rey empezó su reino.
   (D) Empezó a publicarse hace cinco años.

7. ¿Cómo notó *El País* la ocasión de la venta de cinco mil números?
   (A) El diario publicó una carta de felicitaciones de Franco.
   (B) El diario no publicó ningún número ese día.
   (C) El diario incluyó una sección adicional.
   (D) El diario publicó un extra ese día.

8. ¿A qué asunto se dirige *El País* actualmente?
   (A) Se dedica al repaso del pasado.
   (B) Se decide a presentar nuevas direcciones.
   (C) Se esfuerza por presentar a España en el mundo moderno.
   (D) Presenta las posibilidades del futuro basadas en los hechos históricos.

NARRATIVA NÚMERO CUATRO

1. ¿En qué estación están?
   (A) Están en el último mes del año.
   (B) Están preparando para las Pascuas.
   (C) Están en el año 1847.
   (D) Están en el verano.

2. ¿Qué es *El Indio*?
   (A) *El Indio* es el nombre del propietario de una tienda.
   (B) *El Indio* es apodo del hombre con quien habla el interlocutor.
   (C) *El Indio* es un pequeño taller que elabora cierto tipo de dulce.
   (D) *El Indio* es la marca de un producto que fabrican en la tienda.

3. ¿Quién es el dueño de la tienda donde hablan estas personas?
   (A) La familia de José María.
   (B) José María Pinaqui.
   (C) Francisco Pinaqui.
   (D) La familia Ruiz de Diego.

4. Principalmente, ¿con qué está encargado José María?
   (A) Está encargado de ser guía por la fábrica para mostrársela al público.
   (B) Está encargado de la producción de chocolate en forma artesanal.
   (C) Está encargado de probar el producto al fin del proceso de elaboración.
   (D) Está encargado de vender el producto al público.

5. ¿Cómo empieza y termina el proceso de elaboración en *El Indio*?
   (A) Empiezan con un polvo, el cual luego se calienta para poder trabajarlo.
   (B) Empiezan con el cacao crudo y terminan con el dulce en moldes.
   (C) Empiezan con la masa de chocolate, la cual luego se reparte entre moldes.
   (D) Empiezan con polvo de cacao y terminan con tabletas.

6. ¿Por qué es tan notable este lugar en Madrid?
   (A) Tienen una nueva manera de elaborar el chocolate que es mejor que la vieja.
   (B) Venden tres tipos de chocolate en el mismo lugar donde lo producen.
   (C) Venden chocolate de un pueblo en las montañas donde lo producen a mano.
   (D) Conservan todo el proceso antiguo para producir y vender chocolate.

7. ¿Para qué es una refinadora?
   (A) La refinadora muele y pulveriza la pasta de cacao.
   (B) La refinadora muele el azúcar para poner en la masa.
   (C) Ponen la masa en la refinadora para mantenerla a cierta temperatura.
   (D) Se muele el azúcar en ella para hacerlo más fino para poner en el chocolate.

8. ¿Qué opina José María Pinaqui de lo que hace?
   (A) No le gusta tener que probar el chocolate.
   (B) Se pone melancólico porque ya está muy viejo.
   (C) Se está engordando demasiado porque prueba tanto chocolate.
   (D) Está triste que no haya más personas que quieren aprender el proceso.

9. ¿Qué señal le da al interlocutor de lo que piensa de su trabajo?
   (A) Dice que lo cambiaría si pudiera pero tiene demasiado años para cambiar ahora.
   (B) Dice que no comería tanto chocolate si no le gustara tanto el producto.
   (C) Dice que le gustaría trabajar en otra fábrica si le pagara más.
   (D) Dice que no cambiaría porque por muchos años le ha gustado mucho.

10. ¿Qué pronóstico tiene el interlocutor de esta tradición?
   (A) Parece que esta tradición está para desaparecer por falta de artesanos.
   (B) Se conservará mientras haya una aldea en las montañas.
   (C) Se conservará cincuenta años más en lugares como éste.
   (D) Mientras quiera el público esta confección, habrá chocolaterías como ésta.

NARRATIVA NÚMERO CINCO

1. ¿Por qué es tan famoso Montserrat?
   (A) Hay allí una bella estatua de la Virgen.
   (B) Hay una iglesia allí.
   (C) Hay una ermita allí.
   (D) Napoleón visitó a Montserrat.

2. Históricamente ¿cuándo establecieron el monasterio allí?
   (A) Los primeros monjes establecieron el monasterio a fines del siglo XII.
   (B) Napoleón mandó que lo establecieran en el siglo XIV.
   (C) Los monjes de Ropill vinieron en el siglo XI.
   (D) Después del saqueo por Napoleón construyeron un nuevo monasterio.

3. ¿Por qué establecieron el monasterio allí?
   (A) A Napoleón le gustó el sitio.
   (B) A los monjes de Ropill les gustó el sitio.
   (C) A todos los peregrinos que vinieron les gustó.
   (D) Les gustó el sitio a los que vinieron del centro de Europa.

4. ¿De dónde eran procedentes los peregrinos que vinieron durante los siglos XII a XIV?
   (A) Vinieron de Cataluña.
   (B) Vinieron de Santiago de Compostela.
   (C) Vinieron de Europa.
   (D) Vinieron de Montserrat.

5. ¿Cómo se explica el color de la Virgen?
   (A) Se dice que el escultor la hizo así, porque dice la Biblia que la Virgen era negra.
   (B) Se dice que a causa de una reacción química ella es negra.
   (C) Se dice que el humo de velas por tantos siglos cambió el color.
   (D) Todas las razones indicadas arriba son correctas.

6. Además del monasterio, ¿qué otras funciones realizan los monjes de Montserrat?
   (A) Tienen que explicarles a los visitantes por qué no pueden usar el santuario.
   (B) Tienen que atender a los turistas que vienen para visitar las tiendas.
   (C) Tienen que hacer peregrinaciones recíprocas a otras ermitas.
   (D) Tienen que preocuparse de todo, hasta de los trabajos diarios del lugar.

7. ¿Cuál es el trabajo del grupo encargado del monasterio?
   (A) Mantiene todas las actividades del santuario y el monasterio.
   (B) Pasa mucho tiempo estudiando en el monasterio y dando clases.
   (C) Vende cerámica a los turistas al monasterio, entre otras mercancías.
   (D) Publica música del monasterio para vender a los turistas.

8. ¿Quiénes vienen a Montserrat ahora?
   (A) Principalmente peregrinos en camino a Santiago de Compostela.
   (B) Turistas de todo el mundo, de todas las religiones.
   (C) Monjes de muchos otros monasterios.
   (D) Principalmente peregrinos del centro de Europa.

9. ¿A qué actividad se dedican algunos monjes?
   (A) Algunos se dedican a estudios religiosos.
   (B) Algunos enseñan clases de música en la Escolanía.
   (C) Algunos se dedican a la construcción de nuevos monasterios.
   (D) Algunos están escribiendo historias del lugar.

INTERVIEWS

ENTREVISTA NÚMERO UNO

1. ¿Qué ha hecho Ana Belén que están comentando en esta entrevista?
   (A) Ha escrito un libro en el que fue basada una nueva película.
   (B) Acaba de estrenarse como estrella de una nueva película.
   (C) Acaba de dirigir el rodaje de una película de un libro muy popular.
   (D) Acaba de entrevistar a la autora Carmen Rico-Godoy.

2. ¿Qué calificaciones tiene Ana Belén para esta película?
   (A) Ana Belén ha gozado de mucho éxito como actriz y cantante.
   (B) Ana Belén es una crítica de los hombres en el seno de la familia.
   (C) Ana Belén conoce bien a Carmen Rico-Godoy.
   (D) Ana Belén está dispuesta a seguir aprendiendo en su vida.

3. ¿Cuál es el tema de la película?
   (A) Los hombres no saben llevarse bien con las mujeres.
   (B) En las relaciones, ni los hombres ni las mujeres juegan limpio.
   (C) La mujer determinada siempre triunfará.
   (D) Los hombres no se portan bien ni con la esposa ni con la familia.

4. ¿Cómo reaccionaron los actores a los papeles que interpretaron?
   (A) Todos tenían mucha simpatía para con sus personajes.
   (B) Asemejan mucho a los papeles en sus propias vidas.
   (C) Los actores se sentían muy diferentes de los personajes.
   (D) Creían que todos los hombres son estereotipos.

5. ¿Qué nuevas habilidades ha demostrado Ana Belén en esta obra?
   (A) Que es buen intérprete de la escena contemporánea.
   (B) Que es buena actriz.
   (C) Que tiene buen sentido de humor.
   (D) Que puede mandar sin ofender.

6. ¿Qué observaciones de su estilo le han notado sus colegas?
   (A) Dicen que les gusta porque tiene buen sentido de humor.
   (B) Dicen que Ana Belén no sabe mucho de rodar una película.
   (C) Dicen que les trató como si fueran sus hijos.
   (D) Dicen que tenía un combate constante entre todos.

7. ¿Qué comparación hacen los actores en cuanto a lo que hace?
   (A) Dicen que ella sabe menos que otros y no hizo bien.
   (B) Dicen que ella mantiene una actitud abierta hacia el trabajo.
   (C) Dicen que ella era la mejor en cuanto a la técnica de rodar.
   (D) Dicen que es la más honesta de todos con quienes han trabajado.

8. ¿Qué actitud hacia la vida muestra esta señora en esta entrevista?
   (A) Ella está divirtiéndose muchísimo en todo lo que hace.
   (B) Ella parece no poder tomar nada en serio.
   (C) Ella parece no tener mucha confianza en sus habilidades.
   (D) Ella reconoce sus limitaciones técnicas, y no se preocupa de eso.

ENTREVISTA NÚMERO DOS

1. ¿Qué teoría, ahora casi certeza, proclama Juanjo Benítez?
   (A) En el futuro los seres humanos viajarán a otros planetas.
   (B) Hay extraterrestres disfrazados como seres humanos que habitan en España.
   (C) La Guardia Civil está controlada por unos humanoides de más allá de las estrellas.
   (D) Hay un ejército de marcianos que planea una invasión de la Tierra.

2. ¿Por qué cree este autor que puede declarar con tanta seguridad esta teoría?
   (A) Ha escrito un libro proclamando la verdad.
   (B) Este autor ha visto los extraterrestres visitando el planeta.
   (C) Ahora tiene testigos que pueden corroborar lo que dice.
   (D) El gobierno ahora reconoce que hay visitantes al planeta.

3. ¿Qué es un OVNI?
   (A) Es un coche de tipo turismo.
   (B) Es un tipo de nave espacial.
   (C) Es un extraterrestre.
   (D) Es un grupo de turistas.

4. ¿Qué tiene la Guardia Civil que hacer con este tema?
   (A) Algunos de la Guardia detuvieron a un grupo de extraterrestres.
   (B) Algunos de la Guardia hablaron con unos españoles que vieron a los tripulantes.
   (C) La Guardia tiene un coche que unos visitantes habían usado.
   (D) La Guardia alega que los seres de un OVNI capturaron a algunos de la Guardia.

5. ¿Dónde tuvo lugar uno de estos descubrimientos?
   (A) Tuvo lugar en varios pueblos alemanes.
   (B) Aparecen solamente en el sur de España.
   (C) En Jerez donde unos de ellos viven.
   (D) Los han visto en caminos y carreteras españoles.

6. En el citado incidente, ¿qué pasó?
   (A) Una nave aérea volaba a altura baja encima de la ciudad de Jerez.
   (B) Un grupo de turistas vieron un plato volador encima de la carretera.
   (C) La Guardia Civil persiguió una nave espacial, la cual se transformó en coche.
   (D) La Guardia Civil vio a un grupo de seres volando por la carretera.

7 ¿Por qué no capturaron ninguna prueba en el citado incidente?
   (A) Estos visitantes tienen poderes extraordinarios para transformarse.
   (B) Los seres se convierten en coches cuando se encuentran con seres humanos.
   (C) Los seres se inscriben en hoteles cuando piensan que alguien está persiguiéndolos.
   (D) La Guardia Civil tiene miedo de estos seres humanoides.

8. Según la historia ¿cómo acabó el episodio?
   (A) El grupo desapareció y no los vio nadie.
   (B) Los del OVNI transformaron a la Guardia Civil en humanoides.
   (C) Los seres embarcaron y salieron inmediatamente.
   (D) Los extraterrestres se mutaron por completo para disimular.

9. ¿Cuál parece ser la actitud del interlocutor hacia el autor?
   (A) Lo toma muy en serio.
   (B) Parece creer todo lo que le dice el experto, Juanjo Benítez.
   (C) Se ríe por lo bajo para no ofenderlo.
   (D) Piensa que sería una posibilidad muy sorprendente.

10. ¿Parece ser Juanjo Benítez una persona muy cuerda?
   (A) Habla como si supiera que muchos no le creyeran.
   (B) Habla como si hubiera sido transformado en humanoide.
   (C) Habla como si hubiera visto con sus propios ojos todo esto.
   (D) Habla como si llevara muchos años creyendo estas historias.

ENTREVISTA NÚMERO TRES

1. ¿Qué pasó con los extraterrestres en el primer episodio?
   (A) Se transformaron en dos parejas.
   (B) Se mutaron en otros seres extraterrestres.
   (C) Salieron en un OVNI que volaba cerca de Jerez.
   (D) Se transformaron en un gran coche turismo.

2. ¿Qué pidieron a los extraterrestres?
   (A) Ni hablaron con ellos para pedirles nada.
   (B) Les pidieron la matrícula.
   (C) Les pidieron que les acompañaran a la estación.
   (D) Les pidieron identificación.

3. ¿Por qué hubiera sido buena idea pedirles la identidad?
   (A) Necesitan datos sobre estos señores para poder localizar sus domicilios.
   (B) Necesitan hablar con el banquero con quien viven.
   (C) Para convencer al público sería ideal entrevistarlos.
   (D) Necesitan saber su dirección en Madrid.

4. ¿De qué principio habla el buen autor?
   (A) Se sabe que los extraterrestres habitan con un banquero en Madrid.
   (B) Se sabe que no viven entre seres normales.
   (C) Se sabe que sólo Dios sabe con qué intención están entre nosotros.
   (D) No se sabe por qué están, pero nada tiene que ver esto con ningún banquero.

5. Según este señor, ¿para qué sirve el Ejército?
   (A) El Ejército es para defender al país de las invasiones extraterrestres.
   (B) Defendería la patria pero no puede revelar los planes.
   (C) Sirve para guardar todos los datos en secreto.
   (D) No sirve para nada porque rehusa reconocer los testimonios.

6. ¿Cuál es la actitud de los gobiernos?
   (A) Los gobiernos quieren saber todo sobre estos fenómenos.
   (B) Quieren descubrir la verdad de estos episodios.
   (C) Quieren ocultar estas actividades porque no quieren confesar su impotencia al público.
   (D) Saben que estas noticias aterrorizarán al público y quieren protegerlo.

7. ¿Qué otro ejemplo tiene el autor de la existencia de los extraterrestres?
   (A) Dice que un grupo de extraterrestres apareció en el pueblo de Burgos.
   (B) Dice que un grupo apareció en una viña en Briones.
   (C) Dice que un grupo de extraterrestres habló con los habitantes de un pueblo remoto.
   (D) Dice que otro grupo de extraterrestres se apareció a unos terroristas.

8. ¿Dónde tuvo lugar este episodio?
   (A) En un castillo abandonado en la provincia de León.
   (B) En una viña en Briones.
   (C) En un castillo en el pueblo de San Vicente de la Sonsierra.
   (D) En un proceso de Burgos.

9. ¿Por qué no podría este autor identificar a los ex miembros de ETA?
   (A) Porque otros testigos querrán matarlos.
   (B) Ahora los extraterrestres los buscan para asesinarlos.
   (C) Entre los terroristas es peligroso ser ex miembro del grupo.
   (D) Las autoridades los buscan para encarcelarlos.

10. ¿Qué significa cuando el interlocutor se corrige para decir "historias" en vez de "datos"?
   (A) Indica que cree que todo es pura historia, y así es pura verdad.
   (B) Significa que no cree ni una palabra porque no hay testigos.
   (C) Significa que una historia no corresponde a la verdad necesariamente.
   (D) Quiere decir que todo esto todavía es rumor sin testigo irrefutable.

ENTREVISTA NÚMERO CUATRO

1. ¿Cuál es la profesión del hombre con quien habla el interlocutor?
   (A) Pedro Almodóvar es estrella del cine.
   (B) Pedro Almodóvar es crítico de cine.
   (C) Pedro Almodóvar es director de cine.
   (D) Pedro Almodóvar es novelista.

2. ¿Qué reacción inspiró la película?
   (A) Les gustó mucho a los toreros en la Maestranza.
   (B) El público la recibió bien, pero a los críticos no les gustó.
   (C) A los críticos les gustó tanto como al público.
   (D) Al crítico de *El País* le gustó más.

3. ¿A quién prefiere Pedro Almodóvar satisfacer más?
   (A) A los críticos.
   (B) Al público.
   (C) A los dos igualmente.
   (D) A sí mismo solamente.

4. ¿Qué opina Almodóvar de los críticos?
   (A) Cree que desempeñan un papel muy importante en la industria cinematográfica.
   (B) Con tal que les guste la película, cree que son buenos.
   (C) No cree que merezca la reacción que muchas veces recibe de ellos.
   (D) Con tal que pueda comprenderlos, le gustan.

5. ¿Por qué era diferente la crítica de *El País*?
   (A) A este crítico no le gustó la película.
   (B) El elogio de este crítico era más grande que los otros.
   (C) Esta crítica no apareció al mismo momento que las otras.
   (D) Esta crítica contrastaba con las demás críticas.

6. ¿Cómo reaccionó Almodóvar a esa crítica?
   (A) No le importaba.
   (B) Se enfadó.
   (C) No la leyó.
   (D) Quedó confundido.

7. ¿Cómo define Almodóvar a un buen crítico?
   (A) Debe informar al público sobre todo.
   (B) Debe poder revelar algo que ve, tanto bueno como malo.
   (C) Debe siempre tener razón en lo que dice.
   (D) Debe indicar a la gente qué debe ésta ver.

8. ¿Cómo sabe Almodóvar si ha hecho bien esta película?
   (A) Si la gente sale toreando de las corridas, habrá hecho bien.
   (B) Si la gente sale hablando de la película, la ha hecho bien.
   (C) Si la gente se atreve a hablar de la verdad de las relaciones, fue un éxito.
   (D) Si la gente sale hablando de la guerra, fue un éxito.

9. ¿Qué le interesa más a Almodóvar?
   (A) Ser reconocido por toda la gente.
   (B) El proceso de crear una obra de arte.
   (C) Ser amado de toda la gente.
   (D) Gozar de toda la atención en el momento del estreno.

10. ¿Qué característica de gran hombre le distingue a este señor?
   (A) Tiene más interés en el trabajo que la ganancia del trabajo.
   (B) Le gusta el reconocimiento que le da el público.
   (C) Es un hombre solitario.
   (D) Todavía está abierto a lo que le lleve el momento u ocasión inesperado.

ENTREVISTA NÚMERO CINCO

1. ¿Cuál es el propósito del programa "Viajes para las personas mayores"?
   (A) Es para que puedan ir de vacaciones las personas que viven en el centro de España.
   (B) Es para que tengan unas vacaciones personas viejas que nunca han viajado.
   (C) Es para que los que viven en ciudades históricas puedan visitar las costas españolas.
   (D) Es para mejorar la economía de regiones costeñas de España.

2. ¿Qué oportunidad les proporciona este programa a los mayores de edad?
   (A) Ellos pueden saber que su pueblo es el mejor lugar.
   (B) Ellos sabrán que hay otros mundos fuera de sus propios pueblos.
   (C) Ellos tendrán la oportunidad de conocer a otras personas.
   (D) Ellos podrán escapar de su esclavitud económica.

3. ¿Cómo será diferente la vida para estas personas?
   (A) Ellas estarán insatisfechas con la vida rural después de viajar.
   (B) Ellas se sentirán defraudadas por haber pasado la vida en su pueblo.
   (C) Ellas tendrán otro punto de vista después de visitar otros lugares.
   (D) Ellas querrán mudarse a nuevos lugares y explorar nuevos horizontes.

4. ¿Qué calificación se necesita para poder aprovecharse de la oportunidad?
   (A) No hay ningunos requisitos.
   (B) Hay que tener pasaporte.
   (C) Sólo hay que presentarse para hacer reservas.
   (D) Hay que presentar identificación.

5. ¿Adónde van estos mayores?
   (A) Van donde no hace mucho calor.
   (B) Van a lugares donde pueden encontrar muchas ventas especiales.
   (C) Van a lugares donde haya clima cálido.
   (D) Van al campo para descansar.

6. ¿Por cuánto tiempo durará el viaje?
   (A) Durará veinte días
   (B) Durará medio mes.
   (C) Durará dieciséis días.
   (D) Durará diecisiete días.

7. ¿Cuánto costará?
   (A) No costará mucho.
   (B) Costará diecisiete mil pesetas.
   (C) Costara dieciséis mil pesetas.
   (D) Costará quince mil pesetas.

8. ¿Por cuál casualidad hay una póliza de seguro?
   (A) En caso de emergencia médica.
   (B) En caso que se ponga enfermo.
   (C) En caso que alguien muera.
   (D) En caso que se decida volver a casa.

9. ¿Qué tal le parece este programa al interlocutor?
   (A) Le parece increíble que fuera tan caro.
   (B) Le parece que entusiasmará mucho a los televidentes.
   (C) Le parece milagroso que sea tan económico.
   (D) Está seguro de que les gusta a los viejos.

ENTREVISTA NÚMERO SEIS

1. ¿Qué hace Marcos en Nueva York?
   (A) Es farmacéutico.
   (B) Es policía.
   (C) Es psiquiatra.
   (D) Es narcotraficante.

2. Para Marcos, ¿cómo se comparan las dos ciudades?
   (A) Marcos cree que los neoyorquinos son más locos que los sevillanos.
   (B) Le gustan mucho los sevillanos porque le invitan a sus casas.
   (C) Las dos ciudades tienen sus problemas y no son tan diferentes.
   (D) La manera de mostrarse la locura en las dos poblaciones es diferente.

3. ¿Por qué está Marcos en Sevilla?
   (A) Está para asistir a una reunión de psiquiatras.
   (B) Asiste a una competencia de bicicletismo.
   (C) Asiste a una conferencia sobre el abuso de sustancias tóxicas.
   (D) Habla en una conferencia sobre el tema de la salud mental en Nueva York.

4. ¿Cuál es la diferencia entre el problema de las drogas en las dos ciudades?
   (A) Cree que el problema de las drogas en Nueva York es peor que el de Sevilla.
   (B) Cree que el problema en Nueva York está aumentando más que en Sevilla.
   (C) Cree que en Sevilla actualmente se ve un aumento del problema más que en Nueva York.
   (D) Cree que hay tanto problema en Sevilla que en Nueva York.

5. ¿Qué diferencia hay entre el uso de drogas actualmente en Estados Unidos y el de hace veinte años?
   (A) Antes el uso de drogas se asoció con grandes movimientos de población.
   (B) Actualmente el uso no parece estar relacionado con la presión emocional de la vida moderna que existió hace veinte años.
   (C) Antes el uso de drogas se basó en los motivos filosóficos y sociales de esa generación.
   (D) Antes los tipos de drogas eran más nefastos.

6. ¿Qué optativas tienen en Nueva York para resolver el problema?
   (A) Una es el establecimiento de clínicas.
   (B) Una optativa es la encarcelación del adicto.
   (C) Están considerando la despenalización de algunas drogas.
   (D) Están investigando maneras de aliviar la tensión de la vida para los adictos.

7. ¿Por qué no le gusta a Marcos la idea de legalización?
   (A) Opina que los adictos no buscarán la ayuda que necesitan.
   (B) Cree que habrá demasiada demanda para poder satisfacer a todos.
   (C) Teme una epidemia de varias enfermedades asociadas con el uso.
   (D) Si fuera legal, no sabrían cuántos adictos había.

8. ¿Qué propone Marcos para los profesionales que tratan con los adictos?
   (A) Sugiere que los profesionales cambien la manera de considerar el problema.
   (B) Recomienda que la gente se relaje un poco para mantener buena salud mental.
   (C) Propone que los profesionales consideren a los adictos como los enfermos que son.
   (D) Será preciso cambiar la sociedad tan hipercompetitiva a una más tolerante.

9. ¿Cómo debiera ser el tratamiento, según Marcos?
   (A) Cuidadosamente controlado pues de lo contrario el tratamiento matará más de lo que curará.
   (B) Es necesario que el tratamiento se ajuste a las necesidades del drogadicto.
   (C) La generalización del problema es útil para describir casos individuales de drogadicción.
   (D) Hay que adaptar a los drogadictos al tratamiento en vez de lo contrario.

ENTREVISTA NÚMERO SIETE

1. ¿Dónde están estas personas que hablan?
   (A) Están en North Carolina.
   (B) Están en la Argentina.
   (C) Están en Barcelona.
   (D) Están en Italia.

2. ¿Qué hace la mujer que están entrevistando?
   (A) Ella es campesina.
   (B) Ella es dependiente de una tienda.
   (C) Ella vende flores.
   (D) Ella vende frutas de su huerto.

3. ¿Cuánto tiempo hace que está en este lugar?
   (A) Ella está en su puesto hace cien años.
   (B) Su puesto está en el mismo lugar hace ciento cincuenta años.
   (C) Ella lleva cincuenta años allí.
   (D) Hace treinta años que está allí.

4. ¿Por qué le gusta a Carolina lo que hace?
   (A) Todos los días ella puede hablar con reyes, príncipes y gente muy importante.
   (B) Le encanta a ella la diversidad de personas con quienes se encuentra.
   (C) Le gustan los varios tipos de flores.
   (D) A ella le gusta la tradición de ser dependiente en una tienda.

5. ¿Quiénes compran?
   (A) Por la mayor parte son jóvenes.
   (B) Generalmente son personas que llevan muchos años visitándola.
   (C) Personas que no quieren compran los productos en otras tiendas.
   (D) Señoras que pasan en la calle en camino a casa del mercado.

6. ¿Cómo son diferentes los clientes que tiene?
   (A) Los jóvenes no gastan tanto como los viejos.
   (B) La vieja clientela gasta menos que los jóvenes.
   (C) Los enamorados gastan más que nadie.
   (D) Los viejos gastan tanto como los jóvenes.

7. ¿Qué tipo de consejos le da esta señora a su clientela?
   (A) Aconseja violetas en invierno y rosas en verano.
   (B) Lo que sugiere depende de la estación.
   (C) Cuando quieren algo inapropiado, se lo dice.
   (D) No da consejos a la gente que viene con idea fija.

8. ¿Qué es un ramo de señora?
   (A) Consiste en violetas en el invierno.
   (B) Consiste en rosas en verano.
   (C) Consiste en una mezcla de varios tipos de flores.
   (D) Consiste en un ramo de flores grande.

9. ¿Cuánto tiempo se dedica a este trabajo?
   (A) Todos los días menos los días de fiesta.
   (B) Todo el tiempo menos los días feriados.
   (C) Solamente se descansa el domingo por la tarde.
   (D) Desde antes de la madrugada hasta el anochecer.

TAPESCRIPTS

NARRATIVA NÚMERO UNO

Vemos el presente e intentamos incluso asomarnos un poco al futuro, pero lo que ahora les proponemos es un viaje al pasado, o un regreso al tiempo en que todo era diferente, aunque estemos sin embargo sobre el mismo escenario. El Metro de Madrid tiene setenta años, y estos datos curiosos nos permiten reconstruir el primer día del Metro de Madrid: diecisiete de octubre de 1919, hace setenta años. A las tres y media de la tarde, en la estación de Cuatro Caminos, el rey Alfonso XIII inauguraba la línea 1 del Metro de Madrid. Fue el acontecimiento del día, naturalmente. Acudieron todos aquellos que eran alguien en el Madrid de entonces. Siete minutos y cincuenta y seis segundos tardó el rey en recorrer todo el trayecto, según el cronómetro del periodista y escritor Rufino Blanco. Han pasado muchos otoños ya de aquella efemérides. Atrás quedó la carreta de bueyes que transportó una noche de julio de 1917 los primeros materiales de construcción para la Compañía Metropolitana de Alfonso XIII. Los madrileños de 1919 pagaron por el primer viaje por los túneles del Metro quince céntimos. Ha pasado mucho tiempo, han pasado setenta años, y el Metro de Madrid, que es el décimo del mundo, por orden de antigüedad, ha dejado de ser un simple medio de transporte. Ahora, como ocurre en todos los metros de las grandes capitales del mundo, se ha convertido en refugio de mendigos, mural de grafistas, escenario musical, centro comercial, alternativa a los atascos, final de desesperados. Los túneles de las diez líneas que actualmente existen son todo un mundo por el que diariamente transita un millón de personas que se conocen de memoria eso de *Antes de entrar, dejen salir* o *Cuidado para no introducir el pie entre coche y andén.* Ciento cincuenta y cinco estaciones repartidas por la ciudad por las que circulan novecientas ochenta y cuatro unidades, o vehículos, en las que trabajan seis mil cuatrocientas treinta y cuatro personas son los datos del Metro de hoy. Setenta años hace ya de la inauguración, del día 17 de octubre de 1919.

NARRATIVA NÚMERO DOS

RENFE: La compañía del ferrocarril español, organiza una serie de servicios turísticos que ayudan a conocer mejor las tierras de nuestro país y que además resultan muy, pero que muy divertidos. Os hablamos del tren Al-Ándalus, del Sureste Exprés, del Tren de la Fresa y de muchas otras líneas con las que se puede visitar el Monasterio de Piedra, la Ciudad Encantada de Cuenca, Toledo, las Murallas de Ávila, y Sigüenza. La oferta de RENFE no finaliza aquí. También hay trenes con los que podemos recorrer al noroeste el Camino de Santiago, el Camino de Soria, o acercarnos hasta la Ciudad Monumental de Cáceres. De todos estos servicios, claramente turísticos, hay que destacar los trenes Al-Ándalus y Sureste Exprés. El recorrido del Al-Ándalus comienza en Sevilla para recorrer después Córdoba, Granada, Málaga y Jerez. Al embrujo de Andalucía, zona que visitamos con el Al-Ándalus, hay que sumar el encanto de este tren, decorado y ambientado como aquellos antiguos ferrocarriles refinados de principios de siglo. Este retroceso en el tiempo no impide el confort: aire acondicionado, sala de juegos, piano bar, videoteca, duchas en los compartimientos, restaurantes con exquisitas comidas. No será difícil imaginar y vivir mil y una historias durante los días en los que dure el trayecto. El Sureste Exprés reproduce un viaje del año 1911, entre Almería y Guadix, en el que no falta, naturalmente, la máquina de vapor. Concursos y música amenizan este viaje que depara a los viajeros otra sorpresa: un asalto al tren por un grupo de cuatreros dignos del Oeste americano (no olvidemos que en Almería se ruedan muchas de las películas de vaqueros). Los datos sobre estos servicios de RENFE se pueden obtener en cualquier oficina de información al viajero de las estaciones. Allí pueden concretaros horarios, precios y dónde comprar los billetes. Una última recomendación: si sois suficientemente valientes para montaros en este tren, visitad las cuevas de Guadix.

NARRATIVA NÚMERO TRES

Y decíamos que un periódico extraordinariamente importante en España, *El País*, había llegado al número cinco mil. El diario *El País* había nacido el día 4 de mayo del año 1976, y el día 28 de diciembre cumplió sus primeros cinco mil números. Un acontecimiento más que periodístico y más que editorial: político y social, diríamos, dado el papel que *El País* ha jugado en estos años en la España que se transformaba a gran velocidad. En el número que recordaba el cumpleaños, el "cinco mil números de libertad", decía el diario *El País*: *Este periódico reitera lo que ya escribía en su primer número, el 4 de mayo del 76. Este periódico ha sido posible porque hay cientos de miles de españoles que piensan que no son de derechas ni de izquierdas o, mejor dicho, que son de derechas y de izquierdas, pero que no optan por expender patentes de patriotismo, ni piensan que la mejor manera de convivir sea la que, desgraciadamente, se nos ha querido enseñar en el pasado: la supresión del adversario.* Esto es lo que decía *El País* el día que nacía y reiteraba el día que cumplía cinco mil números. Ese día, en ese número, el periódico publicaba una carta de felicitación remitida por el Jefe del Estado, el Rey Don Juan Carlos. *No sería justo pasar por alto*—decía el Rey—*el papel desempeñado por la prensa española en la transición política y en la consolidación de la normalidad constitucional. Siempre he estado seguro de que, como Rey, podría contar con* El País, *en cada ocasión en que la historia reciente lo requería: es decir, cotidianamente, en los momentos más graves y en los más livianos. Por cumplirse aquel aniversario de* El País, *saludo y felicito al director, a la redacción y a sus lectores, como saludo también en él a toda la prensa española.* Palabras del Rey en el aniversario de *El País* que, como decimos, nació el 4 de mayo del 76, unos meses después de que falleciera el anterior Jefe del Estado, el general Franco, y se inaugurara un tiempo histórico nuevo en España. Con motivo del número cinco mil, el diario *El País* ofrecía a sus lectores un "Extra" de 64 páginas con un repaso pormenorizado de todos los sectores de la vida española y al mismo tiempo se preguntaba: *¿Qué nos traerá el fin del siglo? Se puede atisbar que una Europa unida, en la que España pondrá fin a siglos de aislamiento exterior y de tenebrismo, está naciendo. Pero, ¿qué ocurrirá en el nuevo milenio?* El diario *El País* se preguntaba esto menos de un mes antes de que estallara el conflicto del Golfo Pérsico.

NARRATIVA NÚMERO CUATRO

En Madrid cuando se está en Navidad hay un lugar particular en donde un aroma extraordinario le espera al cliente. El Indio es probablemente uno de los pocos establecimientos que quedan en España especializados en realizar el chocolate de forma artesanal. Fundado en 1847, los sucesores de aquellos primeros Ruiz de Diego han mantenido a lo largo del tiempo las recetas de sus abuelos. No han sido las recetas lo único que ha perdurado: los utensilios, el mostrador de nogal, los estantes de caoba, las viejas cajas de hojalata donde se guardaba el café y el té llegado de las Américas, incluso el papel con el que se envuelven las tabletas de chocolate—todo ha soportado el paso de los años. Pero si algo ha sobrevivido para dar personalidad y calor a esta tienda cercana a la Gran Vía madrileña, ha sido el molino. Fundido en bronce, y rodeado de cuatro columnas salomónicas de caoba, aún muele el chocolate del que luego saldrán los bombones, las tabletas, o la variedad en polvo para cocinar. José María es el único obrero que tienen en la actualidad Francisco, Asunción, Josefa y María Ruiz de Diego, dueños de la tienda. En esos días tan cercanos a las fiestas de Navidad vale visitar la tienda para saborear un poquito los aromas que envuelven a José María Pinaqui justo en el momento en que va preparando una receta de la casa.

El chocolate se elabora en el establecimiento de la forma siguiente. Primeramente, se tuesta el cacao, que viene crudo. El cacao asemeja una almendra que viene de África o las Américas. Luego, una vez que está tostado, se limpian las semillas, y entonces hay que quitarles las cascarillas. Una vez que está eso limpio y está triturado, el cacao pasa de ahí al molino, que es el que lo muele. Entonces se mezcla con el azúcar, cereal o harina, en fin, la fórmula que lleve uno, y se hace una pasta, o sea, una masa.

Una vez que está hecha la masa hay que meterla a cierta temperatura en unos moldes. Esos moldes pasan luego después a un frigorífico, una cámara, y una vez que se enfrían, se envuelven, y se venden o se despachan.

En El Indio hay tres tipos o clases de chocolate producidos de esa manera tradicional. Uno que se hace polvo y dos que se cuecen para hacerlos, pero hay que espesarlos. En estos dos últimos hay uno que se espesa un poco y hay otro que se espesa menos. Cualquiera de éstos últimos dos se puede comer hecho o crudo.

Lo único de este establecimiento tan venerado en Madrid es que es el último en hacer chocolate de manera artesanal. En algunas aldeas de España hay otros lugares en que se dedican a hacer el chocolate artesanal para sus ciudadanos. No lo hacen para vender ni nada de eso, sino realmente es para las familias o para los mismos del pueblo que se lo reparten.

La maquinaria del establecimiento llama la atención por ser tan vieja. Para hacer el chocolate de la antigua manera se usan máquinas como la refinadora, las cuales en muchos casos son originales. La refinadora es para refinar. El cacao sale tan grueso al hacerse la pasta en el molino que se puede masticar. Para que sea más fino, se usa la refinadora para hacerlo polvo.

José María Pinaqui, como el establecimiento, lleva muchos años preparando el chocolate que tanto les gusta a los madrileños. Nunca ha pensado José María trabajar en otro sitio ni en otro tipo de fábrica de chocolate porque hay tantas ventajas del empleo. La más atractiva para él es que él prueba el chocolate todos los días. Por eso le ha gustado tanto seguir trabajando en ese lugar. Pero se pone melancólico al reflexionar que algún día va a desaparecer la antigua tradición del chocolate de elaboración casera.

NARRATIVA NÚMERO CINCO

El monasterio de Montserrat, cerca de Barcelona, es reconocido por todo el mundo por contener la Virgen Negra, "La Moreneta". La historia del monasterio posado en las alturas de las montañas es muy interesante. De hecho, el monasterio tuvo origen en el siglo XI, época en que se construyeron muchos otros monasterios que estaban también en lugares y sitios bonitos. En el caso del monasterio de Montserrat se escogió un sitio realmente fascinante. En realidad, no es que fuese escogido, sino que en el siglo XI, tres o cuatro monjes de un monasterio muy famoso en Cataluña, llamado Ropill, vinieron a Montserrat porque aquí había unas ermitas pequeñas que estaban en un terreno que dependía de ellos. Entonces empezó el monasterio allí en el siglo XI.

En seguida la comunidad fue creciendo. En el monasterio, a fines del XII, les monjes construyeron una nueva iglesia que duraría unos cuatro siglos. Para decir algún hito importante, a partir del siglo XII hasta XIV, empezaron bastantes peregrinaciones, muchas del centro de Europa, camino de Santiago. Otro hito importante pero triste fue que se destruyó prácticamente por completo el monasterio a principios del siglo XIV, con la guerra de Napoleón. Todo quedó muy saqueado.

Mucha de la fama del lugar se debe a la imagen de la Virgen tan venerada en Cataluña y todo el mundo. La leyenda cuenta que fue encontrada en una cueva a unos veinte minutos o veinticinco minutos del monasterio. Es una imagen románica de fines del siglo XII, o principios del XIII, que siempre ha estado venerándose en el santuario de Montserrat. Algunos visitantes preguntan a veces por qué es negra, porque popularmente se la llama "Moreneta", "Morenita" o "Morena". No se sabe exactamente la razón. Una de las explicaciones es por el humo a lo largo de los siglos, o a veces dicen que también fue por una reacción química de los barnices que ponían. Esto es posible. Hay algunos que creen que quizás el escultor que la realizó quizás la hizo negra, o un poco oscura, pensando en un texto bíblico del *Cantar de los Cantares*. En ese texto la protagonista, una mujer, dice que ella es morena pero hermosa. Este texto se ha aplicado a veces a la Virgen. Entonces, hay otros que dicen quizás algún autor o algún escultor hizo ya negra esta imagen pensando en este texto bíblico.

El trabajo de la comunidad es muy variado. Un trabajo muy principal es estar al servicio del santuario. Montserrat es, como se ha dicho, por un lado un monasterio, pero por otro también un santuario. Es decir que es un sitio adonde va mucha gente, no solamente del país, sino también de fuera. Y hay que atenderles, no solamente para las cuestiones de culto, sino también charlas, retiros, sacramentos, o bodas, por ejemplo. Entonces los monjes han reunido esos trabajos. Otro trabajo sería manual: cerámica o imprenta. También hay un trabajo más cultural, que es la editorial de publicaciones que tienen. Consiste en la impresión de revistas o libros que van editando los monjes. También hay algunos monjes que se dedican más al estudio ya a un nivel más alto: estudios bíblicos o teológicos o de historia, por ejemplo. No se puede olvidar también el trabajo al servicio de la Escolanía, como por ejemplo, las clases de música. Y también los trabajos cotidianos de la casa que también les ocupan a los padres cierto tiempo.

El monasterio de Montserrat es una parte fundamental en la historia de Cataluña. No solamente por la historia que encarna, sino por el descanso espiritual que imparte a los viajeros que pasan por sus puertas. La contemplación de la imagen de la Morenita, el coro de monjes en la misa y la belleza del lugar consuelan al viajero en busca de un momento de paz. Bien vale visitar Montserrat cuando uno esté cerca.

ENTREVISTA NÚMERO UNO

NAR 1: Hablamos ahora de una película que se convierte en noticia porque su directora es la mujer más famosa de España—pero no como directora, sino como actriz y como cantante. Ana Belén acaba de rodar para la pantalla del cine un libro de Carmen Rico-Godoy, titulado *Cómo ser mujer y no morir en el intento*, que constituye una crítica mordaz a los comportamientos de los hombres en el seno de la pareja y en el seno de la familia. Carmen Rico-Godoy se preguntaba: *¿Cómo ser mujer y no morir en el intento?* No parece demasiado fácil la respuesta. ¿La ha adivinado Ana Belén? ¿Sabe cómo ser mujer y no morir en el intento?

NAR 2: Pues, no lo sé muy bien, pero me parece que la vida diaria, por lo menos hace que aprendamos a serlo, ¿eh?

NAR 1: Sí. ¿Va a haber que ver la película como una especie de lectura panorámica del comportamiento de *los* hombres y del comportamiento de *las* mujeres? ¿O no? ¿O una historia de unos hombres y unas mujeres, sin más?

NAR 2: Yo creo que es una historia de—y además está contada en primera persona—de una determinada mujer. Es decir, de una mujer con una vida determinada, con un trabajo determinado y con una vida en pareja muy determinada. Lo que sí ocurre es que esta mujer nos cuenta unas situaciones por las que, de alguna manera, todos hemos pasado, en mayor o menor medida, porque incluso cuando Carmen y Antonio Resines y yo estábamos trabajando en el guión, el guión y tal, las primeras secuencias y tal, y un poco aclarando, ¿no? los personajes. Y fue muy gracioso, porque de repente dice Carmen: *¡Ay, no tiene nada que ver conmigo esta mujer!* Y yo le dije; *Conmigo, tampoco*. Y decía Resines: *Pues, anda, que el hombre conmigo, nada. Porque yo soy como todo lo contrario y ta, ta, ta*. Y sin embargo, muchas de las situaciones que retrataba, pues, nos eran conocidísimas.

NAR 1: Por un lado la película y la inevitable lectura desde la perspectiva hombre-mujer, una especie de combate perpetuo, pero por otro lado el debut de usted como directora de cine. ¿Cómo te has encontrado? Leemos esta mañana en una revista que acaba de salir a los quioscos, lo que dice Carmen de ti. Dice que está encantada contigo, que no te pareces a otros directores con los que ha trabajado, que le has dado muchas sorpresas. Por ejemplo, una capacidad de mando clarísima, mucha seguridad. Te has tomado las cosas con un enorme sentido del humor, se ha dicho. Y que las posibles carencias de conocimiento técnico te las tomabas con mucho humor. Cuando necesitabas ayuda la pedías, en vez de disimular, y dice: *Tampoco sabía yo...*—dice Carmen en el artículo, —*que Ana era tan tierna y tan cariñosa.* Bonito, ¿no?

NAR 2: Precioso. Sí, sí. Y además me gusta mucho que lo diga Carmen.

NAR 1: Claro.

NAR 2: Sí.

NAR 1: La mejor actriz de Europa, dicen.

NAR 2: Sí, y además, eh, sí, me gusta mucho, porque, hombre, siempre son como hijos. Ah, tengo un poco la sensación como de que todos han sido mis hijos y los he querido muchísimo durante el rodaje, muchísimo. Sé que ha habido una parte, como la parte buena que todos tenemos, que se ha potenciado mucho con el rodaje y ha ido en ese sentido estupendamente todo.

NAR 1: ¿Y cómo te has encontrado tú como directora de cine, Ana, después de estar tanto tiempo al otro lado de las cámaras, viéndote así...?

NAR 2: Pues, hombre, lo que dice Carmen es verdad. Yo, como no he intentado engañarme a la hora de hacer y de afrontar este trabajo, nunca dije: *Pues sí, lo podría hacer.* Dije: *Igual puedo hacerlo.* Hice, con miles de dudas, ¿no? lo afronté, y desde luego, sabiendo que carecía de unos conocimientos de los que todavía sigo careciendo y que si sigo trabajando en esta parte del cine, pues no sé, pues iré paliándolos, iré aprendiendo, y tal, porque—y además, creo que no se acaba nunca de aprender esto, ¿no?

ENTREVISTA NÚMERO DOS

NAR 1: Juanjo Benítez es el autor de los más importantes *best-sellers* de España y va a lograrlo también en esta ocasión, con su nuevo libro *La quinta columna.* Asegura Juanjo Benítez que en nuestro planeta conviven con nosotros personajes que han llegado de más allá de las estrellas, que se han disfrazado de humanos y que, confundidos con nosotros, viven entre nosotros. Inquietante tesis, ¿verdad? ¿Existen habitantes de otros planetas, y además viven entre nosotros?

NAR 2: Pues, ése es el "descubrimiento", entre comillas, que hemos hecho en los tres, cuatro, cinco últimos años. Que lo teníamos un poco como teoría, pero que ahora casi es una certeza. Tienen algunas civilizaciones, por lo que observan los testigos—por ejemplo, lo que ocurrió el año pasado a finales, en Conil, en Cádiz—la capacidad técnica, suponemos, de mutar o de transformar su aspecto original, que generalmente no es exactamente humano, en seres completamente normales e infiltrarse en la sociedad, pero tan tranquilos. Nosotros pudimos seguir el rastro de una pareja que se inscribió en un hotel, incluso con un nombre alemán, un hombre y una mujer alemanes.

NAR 1: ¿Podrías contarnos alguna de estas historias que, mejor que cualquier teoría, nos van a permitir entender lo que nos aguarda en este libro?

NAR 2: Bueno, hay otros casos anteriores, incluso protagonizados por la Guardia Civil, en que no solamente las personas, o los tripulantes o los humanoides, se mutan o se transforman en cuestión de segundos, casi instantáneamente, sino las propias naves. Es decir, hay un caso de un ovni posado en la carretera que es perseguido por la Guardia Civil, e instantáneamente se transforma, ante la visión de estos señores, en un coche tipo turismo, gran turismo, con tres personas dentro, absolutamente normales.

NAR 1: ¿Eso lo ha visto la Guardia Civil? ¿Figura en los informes de la Guardia Civil?
NAR 2: Sí, sí, sí. Exactamente.
NAR 1: ¿Habéis tenido vosotros los informes de la Guardia Civil que hablaban de este hecho?
NAR 2: Claro. Naturalmente. Y los testimonios directos de los propios testigos, de los propios guardias.
NAR 1: ¿Donde ha ocurrido esto?
NAR 2: Esto, en Jerez.
NAR 1: ¿Hace mucho?
NAR 2: No, hace escasamente cuatro o cinco años.
NAR 1: Entonces, ¿qué ocurrió? ¿La Guardia Civil localizó un objeto?
NAR 2: Un objeto que estaba volando en las proximidades de Jerez, a baja altura. Empezaron a perseguirlo porque evidentemente vieron que era una cosa muy extraña, en silencio, como casi todos los ovnis. Y de repente se posó en la carretera, en una carretera comarcal. La Guardia Civil se quedó a muy corta distancia, mirando, asombrada. Y de repente desapareció el objeto, y en su lugar, exactamente, apareció un gran coche. Se aproximó la Guardia Civil, y entonces, encontraron a dos hombres y una mujer bellísima; y los dos señores de una edad mediana, perfectamente trajeados, pulcramente vestidos. Y estos hombres, en castellano total, con acento de ningún tipo, les preguntaron a la Guardia Civil por dónde se iba a la Carretera Nacional IV. Bueno, la experiencia es bastante más larga, pero...
NAR 1: Pues, gracias por estas noticias tan asombrosas.

ENTREVISTA NÚMERO TRES

NAR 1: Estamos hablando con el autor renombrado como experto en todo tipo de experiencias con los ovnis. Nos ha contado una experiencia de la Guardia Civil en la que un ovni que volaba cerca de Jerez se transformó en gran coche turismo y los extraterrestres en dos hombres y una mujer bellísima. Señor, ¿Se quedó la Guardia Civil con los nombres y los apellidos de los turistas? ¿Les pidió la documentación, por ejemplo?
NAR 2: No, no, no, no.
NAR 1: ¿No?
NAR 2: La matrícula.
NAR.1: Por lo tanto, fue un fallo, porque si hubiera pedido la identidad, a lo mejor podríamos ahora averiguar dónde están esos señores, si habitan entre nosotros o no.
NAR 2: Por supuesto. Lo que pasa es que la Guardia Civil estaba sencillamente aterrorizada.
NAR 1: Aterrorizada. Y se quedó con la matrícula. ¿La matrícula se investigó? Correspondía...
NAR 2: Sí,
NAR 1: ..¿a qué correspondía?
NAR 2: Sí, correspondía a un banquero de Madrid, que no tiene nada que ver con el asunto.
NAR 1: Absolutamente nada que ver.
NAR 2: En, en principio.
NAR 1: Ya. "En principio". Ese "en principio", ¿qué quiere decir, señor?
NAR 2: Pues, que uno ya no sabe qué pensar. Porque si realmente estos casos son reales, y pensamos que lo son, significaría que desde Dios sabe cuándo se pueden estar infiltrando en la sociedad humana, en todos los testamentos, esta serie de civilizaciones no humanas, con objetivos que, la verdad, desconocemos.
NAR 1: Varias veces nos hemos aproximado a este tema y siempre nos ha sorprendido ese extremo. Cuando hablamos de estas cosas como de algo fantasioso, absurdo, ¿por qué se juega con tanto secreto con estos documentos oficiales, que nos consta que los tiene el Ejército, etcétera? ¿Por qué no se difunden abiertamente?
NAR 2: Probablemente porque afecta la defensa nacional de todos los países y porque llevan muchos años ocultando este asunto y porque no tienen argumentos para responderle al contribuyente para qué sirven los sistemas de defensa de cualquier país ante treinta, veinte o

cincuenta violaciones anuales del espacio aéreo.

NAR 1: Historias, desde luego, impresionantes. Decías, entonces, que estos habitantes de otros planetas están aquí, habitan entre nosotros. Y además, aunque no tienen nuestra forma, se transmutan, se convierten en algo parecido a lo que somos nosotros. Cuéntanos algún, algún otro hecho, de los veinte que se recogen en tu libro, que nos acerque a otro aspecto de este asunto.

NAR 2: Bueno, hay uno sorprendente que a mí me dejó pasmado. Y es que yo nunca pude imaginar que los terroristas pudieran cambiar el salto y el giro de sus ideales después de haber visto tripulantes de ovnis. Esto es lo que ha ocurrido con dos comandos de ETA-militar, o con, digamos, una serie de miembros de esta banda terrorista.

NAR 1: ¿Qué pasó?

NAR 2: Eh, el primer caso, en la Rioja, en un pueblecito que se llama San Vicente de la Sonsierra. Un ex miembro de ETA, que había participado en el proceso de Burgos y toda aquella época histórica, tuvo un encuentro en el castillo de este maravilloso pueblo, a las dos de la madrugada, con tres seres enormes que estaban a unos ocho o diez metros, que no le hablaron, que no le dijeron absolutamente nada. Pero este hombre decía que ese silencio y los tres pares de ojos grandes y rojos como semáforos, que parpadeaban simultáneamente—cosa increíble—le provocaron tal pánico que salió corriendo del lugar. Perdió incluso la dirección, se fue hacia Briones. Se refugió hasta el amanecer en una viña. Y a partir de ese momento, cambió completamente el rumbo de sus ideas, porque se dio cuenta de que había alguna cosa más de lo que realmente llevaban entre manos. Y el segundo caso, en las montañas de León. Ya un grupo más numeroso también vio a un ser que empezó a formarse por la cabeza y que, de acuerdo con la disposición, me decían, mental, que teníamos entre nosotros de aceptación o no, iba terminando de formarse.

NAR 1: Y estos datos, quiero decir, estas historias, nos las cuentas en el libro, con la aportación de los testimonios, los datos, los nombres y los apellidos de los ciudadanos que las vivieron.

NAR 2: Sí, salvo en los casos de los ex miembros de ETA, que, por razones obvias no he podido dar los nombres, sí.

NAR 1: Muchísimas gracias.

ENTREVISTA NÚMERO CUATRO

NAR 1: A veces nos preguntamos qué pensará un director como Pedro Almodóvar, al estrenar una película. Y aquí estamos entrevistándolo. ¿Cómo estás, Pedro?

NAR 2: Pues, bien.

NAR 1: Bien, estás bien.

NAR 2: Sí, sí, muy contento.

NAR 1: Estás contento.

NAR 2: Sí.

NAR 1: ¿Has leído todas las críticas de la película *Átame*?

NAR 2: No, no todas, no creo que las haya leído todas, porque salen en todos los sitios, continuamente. Pero vamos, he leído bastantes, y sobre todo también, bueno, en estos tres días la película en Madrid sólo ha hecho ya cuatro millones, lo cual significa que están aforrando los cines, y eso es muy interesante.

NAR 1: Eso es muy importante. ¿Te importa más que la crítica? Aunque me imagino que te impresionará mucho, también, como creador, saber cómo está siendo visto tu trabajo, ¿no?

NAR 2: Sabes, impresiona mucho la letra impresa, yo le tengo mucho respeto a la letra impresa. Pero yo trato de pensar en el crítico como un individuo que escribe y también trato de pensar en el espectador como un individuo que va a ver la película y que también se manifiesta de otros modos. Entonces, no le doy más importancia a uno que a otro. La verdad es que, una vez estrenada la película, me interesa muchísimo más la respuesta del público, pero, sin embargo, un crítico puede herirte y muchísimo más que diez mil personas en un patio de butacas.

NAR 1: Comentábamos a la mañana siguiente del estreno que—salieron las críticas además a gran velocidad, a veces suelen hacerse esperar, pero éstas salieron todas juntas—que había habido una cierta reserva en el elogio por parte de un crítico de *El País*, y después un elogio enorme por parte de todos los demás.

NAR 2: Sí, no, yo creo que, yo leí cinco al día siguiente y cuatro eran excelentes y la de *El País* era muy mala, no era, no era una, jm, una crítica...

NAR 1: Muy mala, muy mala te pareció.

NAR 2: Sí, muy mala, pero bueno...

NAR 1: Sí, sí.

NAR 2: A mí me parece muy mala, no sólo porque dijera que era muy mala la película, sino porque yo no acababa de entenderla. Quiero decir, a mí las críticas malas siempre me informan de muchas cosas que están dentro también de la película, aunque el crítico pueda o no tener razón, pero sí que te dan una gran información sobre cómo se puede ver tu película... y la de ese crítico...

NAR 1: No entendiste la de él.

NAR 2: No. No. No, no. No sé qué película vio él.

NAR 1: Hay una cosa bastante clara. Dicen que de las grandes corridas en la Maestranza salía la gente toreando con el abrigo y de las películas de Pedro Almodóvar sale la gente, salimos, hablando de cosas que nunca solemos comentar los aficionados de infantería; determinados planos, determinadas escenas, determinadas iluminaciones.

NAR 2: Y también sale la gente hablando de sí misma, de cosas que no se atreven a hablar en otros momentos.

NAR 1: Eso también es verdad.

NAR 2: Sí, porque el día del estreno, incluso, que es un día básicamente muy vano, pero a mí lo que más me emocionó en la fiesta, y en todo lo demás, es que la gente se reconocía esa necesidad de ser amado y en esa gran aventura que significa el conocimiento de otra persona y, lo doloroso que a veces resulta conseguir de que otra persona te conozca. Y son cosas que yo creo que nos afectan a todos, y que normalmente no hablamos de ellas, no hablamos de ellas.

NAR 1: ¿No te cansas de discutir el proceso? Hay que andar explicando lo que emocionó hace mucho, ¿no?

NAR 2: Sí, la parte más importante, la parte en la que me va la vida es el momento del rodaje, básicamente. Aunque la escritura del guión también es esencial, y ésa, lo que pasa es que ésa es una aventura solitaria, mucho menos agradecida que, más abstracta que el rodaje, porque el rodaje todo es objetivo, todo está lleno de vida, todo explota ante tus ojos, incluso explota en una dirección que a lo mejor no es la que tú preveías, pero es una gran, gran aventura. Es como adentrarte en una selva y que no sabes lo que va a ocurrir al final. Entonces, para mí, la principal emoción la recibo en mi contacto con el equipo, que es cuando empiezas a ver que todo aquello que tú has soñado empieza a tener vida y empieza a crecer delante de tus ojos.

ENTREVISTA NÚMERO CINCO

NAR 1: Seguramente las personas mayores en España, por circunstancias históricas y las debilidades económicas de este país no han podido desplazarse mucho, ni siquiera por España. Durante generaciones ha sido mucho más frecuente que alguien naciera, creciera y muriera en su propio terruño o poco más. La iniciativa "Viajes para las personas mayores"—viajes para la tercera edad—adquiría en España un verdadero carácter sociológico, ¿verdad?

NAR 2: Claro, ésa es una de las virtualidades. El programa tiene muchas cosas interesantes, muchas cosas bonitas, pero una de ellas es ésa que usted dice, que hay personas, en un buen número, que es la primera vez, por ejemplo, que ven el mar, es la primera vez que conocen otras regiones. Se abre su horizonte, se abre su mente. Ellos creían que el centro del mundo era su pueblo, la esclavitud de su trabajo diario, nunca haber disfrutado de unas vacaciones. Y con este programa tienen esa oportunidad.

NAR 1: Otra cosa. Conocer gente. Porque no cabe duda que uno de los problemas de las personas mayores puede ser el de encerrarse mucho en su propio mundo, ¿verdad? En los viajes me imagino que se harán muchos amigos, ¿no?

NAR 2: Sí, efectivamente. Por eso yo creo que se podría sintetizar la riqueza del programa en relación con las personas que participan en él, en una frase siguiente: les da calidad de vida. Y eso es muy amplio. Les da calidad de vida porque su cultura se agranda, conocen otras personas, observan otros comportamientos, otros enfoques, otras actitudes ante la vida. Y seguro que, aparte de haber disfrutado, como cualquier ser normal, de lo que es ver parajes nuevos, ciudades nuevas, edificios nuevos, el mar, que algunos no lo han visto nunca, cuando vuelven a su pueblo de estas vacaciones—no digo todo el mundo, pero un porcentaje importante de la población que disfruta de estas vacaciones—vuelven renovados, vuelven viendo el mundo de otra manera, y vuelven con unas ideas distintas de, tal vez, aquéllas que tenían cuando se fueron de viaje.

NAR 1: Sí, vamos con los detalles. ¿Quiénes pueden ir?

NAR 2: Sí, los requisitos son sencillísimos: ser persona mayor de sesenta y cinco años, o ser pensionista, o ser una persona que esté unida a uno de esas dos características, la esposa o la compañera de esa persona. No hay más requisitos. Y presentarse en la agencia que está comercializando el viaje, que están repartidas por todo el país—un montón, treinta o cuarenta agencias—pero con puntos de venta del orden de los cuatrocientos o cuatrocientos y pico. Y no se exige ningún papel. Es sencillamente presentarse allí, hacer la reserva para su viaje. Allí le explican y le cuentan: Pues mire usted, puede ir a estos sitios, que los sitios están en toda la costa de la Península, desde Cataluña hasta Huelva—porque es la zona más habitual de clima bueno, de clima cálido, que para las personas mayores eso es más agradable que no enfrentarse a zonas más duras, de temperaturas más bajas—o Mallorca, Baleares, Mallorca e Ibiza. Este año como experiencia primera. Y sencillamente eso, hacer el abono de su reserva de plaza, que es el veinte por ciento del costo, que el costo es diecisiete mil quinientas pesetas para cualquier persona de todo el ámbito del estado que quiera ir a la costa peninsular.

NAR 1: ¿Cuántos días?

NAR 2: Diecisiete mil, quince días.

NAR 1: Quince días.

NAR 2: Con todo incluido. Pensión, el viaje de ida y vuelta, a veces en avión, a veces en tren, a veces en autobús, todas esas cosas con los requisitos que decía.

NAR 1: Es muy barato eso.

NAR 2: Claro, muy barato.

NAR 1: Un precio muy económico.

NAR 2: Todo eso, le digo, que con los requisitos que desde el Ministerio de Asuntos Sociales exigimos para que haya garantía de que las cosas se hagan, se hagan bien y que ellos vayan confortablemente.

NAR 1: Ese precio que ha dicho usted, diecisiete mil pesetas, los quince días, ¿qué incluye exactamente?

NAR 2: Pues, incluye el transporte de ida y vuelta, como le decía, y estancia allí en régimen de pensión completa, es decir, alojamiento. En todos los hoteles hay un servicio médico, póliza de seguro contra determinadas contingencias que pueden ocurrir, como es el caso de fallecimiento o cualquier otro percance que pueda ocurrir. La póliza de seguro afronta después los gastos que se deriven de eso para la persona que, familiar, que tuviese que ir, porque se haya producido eso, que ojalá que no se produzca, pero que ocurre, ¿no?

NAR 1: Buen programa para los mayores de edad. Diecisiete mil quinientas pesetas, quince días. Gracias.
NAR 2: Ha sido un placer.

ENTREVISTA NÚMERO SEIS

NAR 1: Nos vamos a Sevilla, donde nos espera un psiquiatra eminente, que lleva un cargo de mucha responsabilidad en la ciudad de Nueva York y que viene a Sevilla para participar en este ciclo "Sevilla y la droga", del cual están saliendo algunos asuntos bien importantes en las últimas semanas, un ciclo organizado por el Pardio Andalucista. Doctor Marcos, muy buenos días.
NAR 2: Muy buenos días.
NAR 1: Me imagino que contento en casa, ¿no?
NAR 2: Pues sí, la realidad es que estoy muy contento en esta Sevilla tan maravillosa.
NAR 1: ¿Se adapta usted un poco o aún tiene la mente llena de Nueva York?
NAR 2: Bueno, realmente yo sólo llegué de ayer, luego todavía sigo con la mente llena de Nueva York.
NAR 1: Deben ser dos concepciones de la vida tan radicalmente diferentes que seguramente un loco neoyorquino es difícilmente imaginable para un loco sevillano, ¿no?
NAR 2: Pues sí, realmente son locuras diferentes, las dos interesantes.
NAR 1: Hablamos de la droga. ¿Usted cree que va a más, está detenido, formó parte de la moda de un tiempo atrás, o ya ha quedado instalado en nuestra sociedad para siempre el consumo de las drogas?
NAR 2: Bueno, yo creo que la droga siempre ha estado con nosotros y siempre estará porque básicamente el ser humano tiende a huir del dolor y le apetece el placer. La situación de la droga en Nueva York, por ejemplo, parece ser que desde hace aproximadamente un año se está manteniendo al nivel en que estaba, no parece que esté aumentando. Por lo que a mí me han dicho en España y, concretamente en Sevilla, parece ser que el problema de la droga es un problema en evolución.
NAR 1: Aumentando. Decíamos que hace algún tiempo, hace veinte años, por ejemplo, lo del consumo de las drogas se asoció torpemente a determinadas banderas de modernidad, diciéndose que está relacionado con el *Rock and Roll,* los movimientos de libertad sexual, etcétera, ¿no? Un prendido verdaderamente nefasto, ¿no?
NAR 2: Sí. Así es, así es. Hace veinte años, pues sí, sobre todo la marihuana, las anfetaminas, se asociaban a esos movimientos antibélicos o movimientos pacifistas, sobre todo en los Estados Unidos. Pero hoy hemos visto que sobre todo las drogas puras como la heroína, la cocaína, en la forma del *crack*, por ejemplo, son drogas que realmente no están relacionadas con ningún movimiento filosófico o político.
NAR 1: Sino tal vez con mecanismos de defensa en una sociedad muy difícil, para huir de la realidad.
NAR 2: Exactamente. Son mecanismos de fácil acceso para huir de una realidad que es básicamente dolorosa.
NAR 1: Aquí hay bastante tensión en puntos de vista discrepantes en relación con, por ejemplo, despenalización de la droga blanda, permiso o no de consumo o persecución del propio consumo, libertad de venta de la droga en las farmacias. De todo se ha dicho, incluso en ese ciclo. ¿Qué opinión tiene usted sobre estas cosas?
NAR 2: Mi opinión, que es opinión personal pero también es la opinión, en este momento de Sanidad Pública en la ciudad de Nueva York y en los Estados Unidos en general, es que la despenalización de la droga es un error. Básicamente por dos razones: una, es que el consumo de la droga se dispararía en el caso en que la droga no fuera ilegal. La droga sería mucho más barata y mejor. Segundo, es que las consecuencias para la sanidad pública serían devastadoras. Hoy día, como sabes, los problemas como el SIDA, que están tan unidos a la droga, forman ya una epidemia de un

costo no solamente económico, sino de un costo al sufrimiento humano.

NAR 1: ¿Cómo se cura a un drogadicto? ¿Están resultando eficaces las acciones que ustedes tienen en marcha, ahora mismo, para curar a los drogadictos? ¿O es imposible mientras la sociedad sea tan hipercompetitiva, tan hostil para la vida de muchos hombres?

NAR 2: Bueno, yo creo que para empezar, hay que considerar el problema de la droga como una enfermedad crónica. La idea de que un mes en un sanatorio, o tres meses en una granja van a solucionar el problema—esa idea no es ni realista ni es posible. Una vez que consideramos la drogadicción como una enfermedad crónica, digamos, como la esquizofrenia, como la diabetes—enfermedades que duran prácticamente toda la vida o por lo menos muchos años—entonces, ya nuestras expectativas empiezan a ser más razonables. En segundo lugar, es importante no adaptar el enfermo al tratamiento, no decir bueno, todos los drogadictos van a ir a una granja o todos van a recibir metedona. No, hay que adaptar el tratamiento al drogadicto. Los drogadictos, los que sufren de adicción a las drogas, son diferentes, no se puede generalizar de que todos tienen el mismo problema. Entonces, es fundamental analizar cada caso individualmente y adaptar un plan de tratamiento a cada caso.

ENTREVISTA NÚMERO SIETE

NAR 1: Hoy estamos en la Rambla barcelonesa y vamos a hablar con una florista de siempre, de toda la vida, aquí, en estos perennes puestos que hacen que la Rambla tome su nombre y se convierta en Rambla de las Flores. Sitio típico.

NAR 1: Hola, buenos días, Carolina.

NAR 2: Hola, buenos días.

NAR 1: A ver, ¿qué fue primero? ¿La Rambla o los puestos de flores?

NAR 2: Bueno, la Rambla antes era una ría, hace más de ciento cincuenta años. Hace ciento cincuenta y siete que hay puestos de flores. Antiguamente se dedicaban a vender los campesinos que venían a traer las flores que cultivaban en su campo, en su huerto y tal. Después fueron poniendo una especie como de paradas, primero de hierro, después de madera, y así han ido evolucionando.

NAR 1: ¿Es cierto que por aquí han pasado reyes, príncipes, gente muy importante a comprar sus flores?

NAR 2: Pues, sí, señor. Yo he tenido el gusto de servir a Fleming, por ejemplo, por decirle alguien. Y mi abuela servía a Alfonso XIII.

NAR 1: Mm. Interesante.

NAR 2: Y, bueno, podríamos estar enumerando así a un montón de personas.

NAR 1: ¿Cuándo se vendía más, antes o ahora?

NAR 2: Antes, indiscutiblemente.

NAR 1: ¿La gente era más romántica quizás, o...?

NAR 2: Bueno, yo creo que es que antiguamente, lo que pasaba es que no había tiendas de flores. Entonces, la gente, por fuerza, tenía que bajar a la Rambla. Y al tener que bajar a la Rambla, pues claro, todo se concentraba aquí.

NAR 1: ¿Desde cuándo se dedica usted?

NAR 2: Hace treinta años que me dedico a ello.

NAR 1: Hace treinta años, ¡madre mía! ¿Ha sido por algo especial, fue por algo especial, tradición, o algo así?

NAR 2: Sí, bueno, toda mi familia se ha dedicado siempre al mismo ramo y yo he seguido la tradición, y lo siguen mis hijos.

NAR 1: Una cosa, ahora, ¿qué tipo de público le compra a usted sus flores?

NAR 2: Bueno, yo, la verdad es que el público que a mí me compra es una clientela fija por la cantidad de años que llevo aquí.

NAR 1: Una cosa, ¿los enamorados vienen con una idea fija a comprar sus flores o es usted quien les aconseja un poco?

NAR 2: Normalmente vienen con una idea fija.

NAR 1: Vienen con una idea fija, ¡vaya! ¿Pero no les dice usted, por ejemplo, pues, esto va mejor con esto o con lo otro, o quizás, no?

NAR 2: Sí, lo hago. Ah, normalmente los enamorados suelen comprar en invierno.

Los enamorados jovencitos, me refiero, y de poco dinero...

NAR 1: Sí, sí...

NAR 2: ...en invierno violetas, y en verano las rosas.

NAR 1: Así que los señores mayores, quizá, es...eh...

NAR 2: Ya es distinto, entonces, ya es un ramo combinado, como decimos, un ramo de señora.

NAR 1: Ah, eso está muy bien. Es decir, que hay ramos para jovencitos y ramos para...

NAR 2: Exacto, y ramos para señoras, ¿eh?

NAR 1: Una pregunta, ¿se ha de tener una sensibilidad especial para dedicarse tanto tiempo a esto?

NAR 2: Yo creo que sí y muchísima fuerza de voluntad por la cantidad de horas que hacemos diariamente, y que no tenemos ni un día de fiesta a la semana.

NAR 1: ¿Ningún día de fiesta?

NAR 2: Ningún día, nada más que el domingo por la tarde.

NAR 1: Y hay que darle dedicación a esto, ¿eh?

NAR 2: Sí, nos levantamos a las tres y media de la mañana cada día para ir a comprar a Mercabarna el género y estamos aquí hasta las ocho y media de la noche, de un tirón.

NAR 1: Hasta las ocho y media de la noche, ¡madre mía! Bueno, eh, muchas gracias.

Answers for Longer Narratives and Interviews

Narrativa Número Uno
1. C **2.** B **3.** C **4.** A **5.** D
6. D **7.** C

Narrativa Número Dos
1. A **2.** B **3.** C **4.** B **5.** D
6. C **7.** D **8.** D

Narrativa Número Tres
1. B **2.** B **3.** C **4.** C **5.** D
6. B **7.** D **8.** D

Narrativa Número Cuatro
1. A **2.** C **3.** D **4.** B **5.** B
6. D **7.** A **8.** D **9.** D **10.** A

Narrativa Número Cinco
1. A **2.** C **3.** B **4.** C **5.** D
6. D **7.** B **8.** B **9.** B

Entrevista Número Uno
1. C **2.** A **3.** D **4.** C **5.** D
6. A **7.** D **8.** D

Entrevista Número Dos
1. B **2.** C **3.** B **4.** A **5.** D
6. C **7.** A **8.** D **9.** D **10.** D

Entrevista Número Tres
1. A **2.** B **3.** A **4.** C **5.** B
6. C **7.** D **8.** C **9.** C **10.** C

Entrevista Número Cuatro
1. C **2.** C **3.** B **4.** D **5.** D
6. D **7.** B **8.** C **9.** B **10.** D

Entrevista Número Cinco
1. B **2.** B **3.** C **4.** C **5.** C
6. B **7.** B **8.** C **9.** C

Entrevista Número Seis
1. C **2.** D **3.** C **4.** C **5.** C
6. C **7.** C **8.** C **9.** B

Entrevista Número Siete
1. C **2.** C **3.** D **4.** B **5.** B
6. A **7.** C **8.** C **9.** C

PART THREE READING COMPREHENSION

GENERAL CONSIDERATIONS

Section I, Parts B, C, and D of the examination are all multiple choice questions related to reading comprehension. Part D consists of the actual reading comprehension passages. But before you get to the reading passages, there are other parts of the examination that test your understanding of specific vocabulary and grammatical structures.

In one part you will find passages of about a paragraph in length with several blanks. Corresponding to the numbers in the blanks, there are multiple choice answers. You will need to select the best answer from among the choices printed to complete the meaning of the sentences in the passage. Another part consists of numbered sentences in which four words or phrases are underlined. From among the underlined words or phrases, you must select the incorrect grammatical structure.

Doing these parts before the reading passages should help you focus on dealing with unfamiliar vocabulary and grammatical structures. By recalling vocabulary and grammatical structures first you should be better able to identify and interpret structures you will encounter in the passages. There is a grammar review in the Appendix of this book to refresh your memory on the basic rules of grammar before beginning the multiple choice practice exercises that follow.

The reading passages on the examination and in these practices are taken from a variety of sources, from newspaper articles and advertisements to literary works. For each reading passage in Part D, there are from five to eleven questions. Each question will have four choices for answering the question or completing the sentence. Random guessing is penalized by deducting one point for every three incorrect answers. If you can eliminate one or two of the four choices, then you should make an educated guess from the remaining alternatives.

PREPARATION FOR READING COMPREHENSION

In this book, the reading part is divided into three chapters:

1. *Vocabulary and grammatical structures.* This chapter contains suggestions for dealing with unfamiliar vocabulary and hints for taking the multiple choice part of the examination that tests vocabulary and grammatical structures in context. You will find that, although there are not many questions that deal specifically with vocabulary, it is vitally important to learn how to figure out words you do not recognize. There is a glossary at the back of this book, but you should have your own dictionary. The more often you have to look up any particular word, the more likely you are to remember it. When you have finished the practice exercises, there are answers and explanations to help you recall grammar and learn some strategies for choosing the correct vocabulary to complete the meaning of the paragraph.
2. *Multiple choice Name-the-Error.* This chapter contains practice exercises consisting of sentences in which four words or phrases are underlined. You are to find the incorrect point of grammar.

3. *How to read.* This section has suggestions for reading more effectively. Included are some ideas about how to get the most out of what you read by learning to sort information contained in the passages. Also included are samples with detailed explanations of why some answers are considered correct, while others are deemed wrong. Then there are some reading comprehension passages that let you practice what you have learned.

VOCABULARY STUDY

You will notice that there is not an extensive amount of vocabulary that is specifically tested in this part of the examination. Of the few questions about vocabulary you will have to answer, all of the parts of speech will be the same kind, and for each question, you will mostly select from among four verbs, nouns, adjectives, or adverbs. Studying long lists of vocabulary probably will not greatly enhance your performance on this part of the examination, but an ample vocabulary will be essential to answer the few questions that are specifically devoted to vocabulary. As much as a test of how much vocabulary you already know, this part of the examination tests your ability to deduce the meaning of words from the context in which they appear. The best way to prepare for the vocabulary questions is to read as much as you can. Look up words you think are vital to understanding the reading. Increasing your vocabulary will help you on all parts of the examination, not just on the reading.

Although all of the choices in the multiple choice vocabulary questions will be the same part of speech, it is helpful to remember that most often different parts of speech have the same root, or basic word. If you do not recognize a word, try to think of another part of speech that may have the same root and see if it can be changed to be meaningful in the new context. Frequently you can tell what part of speech a word is by the ending it has. For example, many adjectives are past participles of verbs, ending in *-ado* or *-ido,* such as in *sentado,* from *sentar,* meaning *seated.* By the same token, some infinitives contain adjectives embedded in them, such as *engordarse* (*to get fat*), from *gordo* (*fat*). Nouns and verbs also frequently have the same stem, such as *conocimiento* (*understanding*), from *conocer* (*to know*). The following closer look at some specific examples can give you a good idea about how to sort words out according to their parts of speech and function, while at the same time looking for the root that they have in common.

Study the following commonly used endings to learn to recognize how some words function in a sentence.

1. Many nouns have endings in Spanish that correspond to certain endings in English. The following endings always have indicated English endings: *-ción* (*-tión* and *-cion*), *-dad* (*-ly*), *-eria* (*-ery*), *-ancia* (*-ance*), and *-umbre* frequently correspond to *-ness.* Other common noun endings are *-miento, -aje,* and *-ío.* When you have to guess the meanings of these words, you can try adding the English ending to the stem to see if it makes sense. Also remember that the endings *-ista* and *-dor* indicate a person who does a particular job.

2. Words that end with *-oso* usually are adjectives whose English ending is *-ous*. Other adjective endings are: *-dizo, -ado, -ido, -ante,* and *-iente*. Adjectives will describe characteristics of a noun. Sometimes there are prefixes, such as *em-* or *en-*, that are used in making verbs out of adjectives. An example is *empobrecerse*, meaning *to get poor*, or *enriquecerse*, meaning *to get rich*. Look for adjectives like *pobre* and *rico* in the middle of a verb if you do not immediately recognize it.
3. Words that end with *-mente* are adverbs whose English ending is *-ly*. These words will describe the manner in which an action happens.
4. Infinitives end with *-ar, -er,* or *-ir*.

If you know a word in one form, such as in the infinitive (*correr*, for example), you can guess about other forms of the word if you can recognize what the endings mean. *Correr*, meaning *to run*, can appear in an adjective form, *corredizo*, meaning *running* or *sliding*. In its adjective form it is used to describe a kind of car door, or sliding glass door. In another adjective form, *corriente*, it means *running*, as in *running* water. In the adverbial form, *corrientemente*, the word would mean *usually* or *fluently*, which shows ongoing action. In the noun form, *corrimiento*, the word can commonly mean *landslide* or *slippage*.

Study the following groups of words and look for particular endings. Notice which endings indicate which part of speech, and how it is expressed in English. Use these examples as a guideline to help categorize words.

CONGREGAR	**TO CONGREGATE, TO GATHER** (infinitive)
congreso	congress, a gathering (noun)
congregado	congregated, gathered (adjective)
congregación	a congregation (noun)
congresista	a delegate to a congress (noun)
congregante	a member of a congregation (noun)

PESAR	**TO WEIGH** (infinitive)
pesado	weighty, heavy (adjective)
pesante	weighty, sad (adjective)
pesadamente	heavily, slowly, tiringly (adverb)
el pesador	weigher (noun)
el pesaje	weighing in (noun)
la pesadumbre	heaviness, sorrow (noun)
la pesa	weight (noun)
la pesadez	heaviness, weight (noun)
el pesacartas	letter-weighing scale (noun)
el pésame	condolences, literally, *it saddens me* (noun)

LA PERSONA	**PERSON** (noun)
personalizar	to personalize (infinitive)
personal	personal (adjective)
personalmente	personally (adverb)
la personalidad	personality (noun)
el personalismo	personalism (noun)
personarse	to appear in person (infinitive)
la personalización	personalization (noun)
el personaje	personage, character in a play (noun)

LA PLUMA	**FEATHER, FOUNTAIN PEN** (from times when quills were pens) (noun)
el plumero	feather duster (noun)
el plumaje	plumage (noun)
la plumada	stroke of a pen (noun)
plumear	to write (American) (infinitive)
la plumilla	little feather, nib of a pen (noun)
desplumar	to pluck (infinitive)
la desplumadura	the plucking (noun)
desplumado	plucked (adjective)

In the last example, *desplumar*, notice that the prefix *des-* makes a word negative. *Desplumado* means *not feathered.* Other prefixes meaning *not* are *a-*, *-in, -im,* and *-ad.* For example, *pegar* means *to stick to* or *to strike. Despegar,* however, means *to take off, to remove from.* With some imagination, you can guess that *despegar* also refers to an airplane taking off from the ground. Likewise, *desesperar* means the opposite of *esperar.* The opposite of *to hope* is *to despair,* or *to not hope.*

Of course, the better your English vocabulary, the more words you will recognize as cognates. (Cognates are words that sound alike in Spanish and English.) Sometimes you need to think of synonyms in English to help you arrive at the meaning of a word. For example, when you *know* something, you *understand* it. *Knowing* and *understanding* are similar in meaning. When you are trying to make sense out of how a word would work in a sentence, think of synonyms.

Sometimes a word will look familiar, but is slightly different. Remember that frequently in Spanish, a *y* in English will be an *i* in Spanish. For example, the word *sinónimo* is the word for *synonym.* Other rules of phonics to remember are that in Spanish there are no *th* combinations. This should help you recognize *atletas,* or *teatro.* Also, in Spanish, any beginning consonant combination of *spr-*, *str-*, *scr-*, or *sch-*, will have an *e* as the first letter. An example is *especial,* meaning *special.*

You can figure out other words if you think about the English cognates. For example, the word *incorporarse* means *to gather oneself together* or *to collect oneself to get up.* The word is like the word *incorporate* in English, but the meaning is one you may not have recognized. In English you see the word after the names of companies or after the names of towns on road signs. The word in those English contexts means that the communities or the businesses have organized themselves; they have pulled together. Another example is the word *funcionar.* The literal translation is *to function.* But when you hear it in the sentence, *Mi coche no funciona,* it does not sound like something English-speaking people would say. A synonym would be *is not working.* To function and to work are similar activities.

With practice, you can learn many new words by learning one of their forms as a part of speech.

GRAMMATICAL STRUCTURES

The other kinds of questions contained in this section pertain to grammar. You will need to study the choices you have in each question and determine what kind of information the question is testing. You can tell from comparing what all the choices have in common; for example, if they are all relative pronouns, adjectives, verbal tenses, or the like. Then you will need to look at the context in the paragraph and determine which is the correct answer from among the multiple choices. If you can isolate your weak points in grammar from doing these practice exercises, then you can correct your mistakes and improve your grammar. Cleaning up grammatical mistakes improves your abilities in all the skill areas and betters your reading comprehension.

To help you identify problems you may have with vocabulary and grammar, there are twelve practice passages in this chapter, with explanations for the answers to help you understand what is meant in each case. After a while you should be able to see if your errors are random (for example, you may occasionally miss a pronoun, or perhaps incorrectly use the preterit and imperfect), or systematic. If your mistakes are systematic, that means that you make the same kind of mistake all of the time because of something you have not yet understood. Random errors usually result from mental lapses and are harder to correct because each mistake is an isolated occurrence. For example, you may have to relearn the gender of a noun such as *el problema*. But if you can remember that *problema* is like many other nouns that end in *-ema, -ama,* or *-ima* that are masculine even though they end in *-a,* you will have less difficulty remembering that *problema* is masculine. In many cases correcting systematic errors can quickly improve your ability to communicate with a minimum of effort.

In the event that you need more refresher material on the grammar than is offered at the end of each exercise, refer to the grammar review in the appendix of this book. It may even be helpful for you to study that grammar review before you begin these practice exercises. Then, when you read the explanations after each practice exercise, perhaps the connection between isolated examples and the larger subject of grammatical structure will become clearer. Remember that there are many grammatical variations of expression in Spanish, but for the purposes of the Advanced Placement Spanish Language Examination, there is a standard, textbook grammar.

STEPS FOR PRACTICING MULTIPLE-CHOICE GRAMMAR QUESTIONS

1. Review the basic grammar in the appendix of this book.
2. When doing an exercise, read the whole passage before beginning to select answers in order to get a general idea about the subject matter and time frame of the selection.
3. Go back and reread the passage. For each question determine if the item tests vocabulary or grammar.

4. For the vocabulary items, select the word that best completes the meaning.
5. Be wary of obvious cognates, or words that sound and look alike in English in Spanish. Words such as *embarazada* frequently have different meanings in Spanish.
6. If you do not immediately recognize any of the words, see if you can identify prefixes and suffixes that obscure a root word you may recognize, such as *intervenir,* meaning to *intervene* or *interfere.*
7. If you still cannot recognize the word, try to find an English word that may be similar. It may have a slightly different, but related meaning, such as *elaborar,* meaning *to work up* or *to manufacture.* Naturally, the better your vocabulary in English, the more words you may be able to recognize using this strategy.
8. Many of the questions are about verbal tenses. Study the context to see if the verb should be in the indicative or the subjunctive. All of the choices will be in the correct person and number, so you need to focus on the correct tense only.
9. If the question asks about relative pronouns, identify the noun that the pronoun replaces in order to select the correct person and number.
10. If the question asks about conjunctions, look at the content of each clause and study the relationship between them to determine which conjunction to use.
11. For questions about demonstrative adjectives and pronouns, be sure you remember the correct forms for each gender and number.
12. Be sure you review which prepositions come after which verbs, such as *depender de,* meaning *to depend on.*
13. For adjectives, remember that you do not really need to know what a word means to make sure it agrees in gender and number with the noun it modifies.
14. When you come to a question you cannot answer, go on to the next question.
15. After you have finished the whole passage, go back and think about the questions you left blank.
16. When you have finished one whole practice exercise, compare your answers with those at the end of the passage.
17. Notice what kind of mistakes you made and try to categorize your errors.
18. Study the explanations for the questions you missed and try to figure out where you made an error in your thinking.
19. If you still do not understand your mistake, make a note about the item and go on to the next section. Not all of the explanations are the same. You may make the same mistake on another passage and find a different explanation that makes sense to you.

CHAPTER 4: Answer Sheet for Multiple-Choice Vocabulary and Grammatical Structures Questions

Selección Uno

1. Ⓐ Ⓑ Ⓒ Ⓓ
2. Ⓐ Ⓑ Ⓒ Ⓓ
3. Ⓐ Ⓑ Ⓒ Ⓓ
4. Ⓐ Ⓑ Ⓒ Ⓓ
5. Ⓐ Ⓑ Ⓒ Ⓓ
6. Ⓐ Ⓑ Ⓒ Ⓓ
7. Ⓐ Ⓑ Ⓒ Ⓓ
8. Ⓐ Ⓑ Ⓒ Ⓓ
9. Ⓐ Ⓑ Ⓒ Ⓓ
10. Ⓐ Ⓑ Ⓒ Ⓓ
11. Ⓐ Ⓑ Ⓒ Ⓓ

Selección Dos

1. Ⓐ Ⓑ Ⓒ Ⓓ
2. Ⓐ Ⓑ Ⓒ Ⓓ
3. Ⓐ Ⓑ Ⓒ Ⓓ
4. Ⓐ Ⓑ Ⓒ Ⓓ
5. Ⓐ Ⓑ Ⓒ Ⓓ
6. Ⓐ Ⓑ Ⓒ Ⓓ
7. Ⓐ Ⓑ Ⓒ Ⓓ
8. Ⓐ Ⓑ Ⓒ Ⓓ
9. Ⓐ Ⓑ Ⓒ Ⓓ
10. Ⓐ Ⓑ Ⓒ Ⓓ
11. Ⓐ Ⓑ Ⓒ Ⓓ

Selección Tres

1. Ⓐ Ⓑ Ⓒ Ⓓ
2. Ⓐ Ⓑ Ⓒ Ⓓ
3. Ⓐ Ⓑ Ⓒ Ⓓ
4. Ⓐ Ⓑ Ⓒ Ⓓ
5. Ⓐ Ⓑ Ⓒ Ⓓ
6. Ⓐ Ⓑ Ⓒ Ⓓ
7. Ⓐ Ⓑ Ⓒ Ⓓ
8. Ⓐ Ⓑ Ⓒ Ⓓ
9. Ⓐ Ⓑ Ⓒ Ⓓ
10. Ⓐ Ⓑ Ⓒ Ⓓ
11. Ⓐ Ⓑ Ⓒ Ⓓ

Selección Cuatro

1. Ⓐ Ⓑ Ⓒ Ⓓ
2. Ⓐ Ⓑ Ⓒ Ⓓ
3. Ⓐ Ⓑ Ⓒ Ⓓ
4. Ⓐ Ⓑ Ⓒ Ⓓ
5. Ⓐ Ⓑ Ⓒ Ⓓ
6. Ⓐ Ⓑ Ⓒ Ⓓ
7. Ⓐ Ⓑ Ⓒ Ⓓ
8. Ⓐ Ⓑ Ⓒ Ⓓ
9. Ⓐ Ⓑ Ⓒ Ⓓ
10. Ⓐ Ⓑ Ⓒ Ⓓ
11. Ⓐ Ⓑ Ⓒ Ⓓ

Selección Cinco

1. Ⓐ Ⓑ Ⓒ Ⓓ
2. Ⓐ Ⓑ Ⓒ Ⓓ
3. Ⓐ Ⓑ Ⓒ Ⓓ
4. Ⓐ Ⓑ Ⓒ Ⓓ
5. Ⓐ Ⓑ Ⓒ Ⓓ
6. Ⓐ Ⓑ Ⓒ Ⓓ
7. Ⓐ Ⓑ Ⓒ Ⓓ
8. Ⓐ Ⓑ Ⓒ Ⓓ
9. Ⓐ Ⓑ Ⓒ Ⓓ
10. Ⓐ Ⓑ Ⓒ Ⓓ
11. Ⓐ Ⓑ Ⓒ Ⓓ

Selección Seis

1. Ⓐ Ⓑ Ⓒ Ⓓ
2. Ⓐ Ⓑ Ⓒ Ⓓ
3. Ⓐ Ⓑ Ⓒ Ⓓ
4. Ⓐ Ⓑ Ⓒ Ⓓ
5. Ⓐ Ⓑ Ⓒ Ⓓ
6. Ⓐ Ⓑ Ⓒ Ⓓ
7. Ⓐ Ⓑ Ⓒ Ⓓ
8. Ⓐ Ⓑ Ⓒ Ⓓ
9. Ⓐ Ⓑ Ⓒ Ⓓ
10. Ⓐ Ⓑ Ⓒ Ⓓ
11. Ⓐ Ⓑ Ⓒ Ⓓ

Selección Siete

1. Ⓐ Ⓑ Ⓒ Ⓓ
2. Ⓐ Ⓑ Ⓒ Ⓓ
3. Ⓐ Ⓑ Ⓒ Ⓓ
4. Ⓐ Ⓑ Ⓒ Ⓓ
5. Ⓐ Ⓑ Ⓒ Ⓓ
6. Ⓐ Ⓑ Ⓒ Ⓓ
7. Ⓐ Ⓑ Ⓒ Ⓓ
8. Ⓐ Ⓑ Ⓒ Ⓓ
9. Ⓐ Ⓑ Ⓒ Ⓓ
10. Ⓐ Ⓑ Ⓒ Ⓓ
11. Ⓐ Ⓑ Ⓒ Ⓓ

Selección Ocho

1. Ⓐ Ⓑ Ⓒ Ⓓ
2. Ⓐ Ⓑ Ⓒ Ⓓ
3. Ⓐ Ⓑ Ⓒ Ⓓ
4. Ⓐ Ⓑ Ⓒ Ⓓ
5. Ⓐ Ⓑ Ⓒ Ⓓ
6. Ⓐ Ⓑ Ⓒ Ⓓ
7. Ⓐ Ⓑ Ⓒ Ⓓ
8. Ⓐ Ⓑ Ⓒ Ⓓ
9. Ⓐ Ⓑ Ⓒ Ⓓ
10. Ⓐ Ⓑ Ⓒ Ⓓ
11. Ⓐ Ⓑ Ⓒ Ⓓ
12. Ⓐ Ⓑ Ⓒ Ⓓ

Selección Nueve

1. Ⓐ Ⓑ Ⓒ Ⓓ
2. Ⓐ Ⓑ Ⓒ Ⓓ
3. Ⓐ Ⓑ Ⓒ Ⓓ
4. Ⓐ Ⓑ Ⓒ Ⓓ
5. Ⓐ Ⓑ Ⓒ Ⓓ
6. Ⓐ Ⓑ Ⓒ Ⓓ
7. Ⓐ Ⓑ Ⓒ Ⓓ
8. Ⓐ Ⓑ Ⓒ Ⓓ
9. Ⓐ Ⓑ Ⓒ Ⓓ
10. Ⓐ Ⓑ Ⓒ Ⓓ
11. Ⓐ Ⓑ Ⓒ Ⓓ

Selección Diez

1. Ⓐ Ⓑ Ⓒ Ⓓ
2. Ⓐ Ⓑ Ⓒ Ⓓ
3. Ⓐ Ⓑ Ⓒ Ⓓ
4. Ⓐ Ⓑ Ⓒ Ⓓ
5. Ⓐ Ⓑ Ⓒ Ⓓ
6. Ⓐ Ⓑ Ⓒ Ⓓ
7. Ⓐ Ⓑ Ⓒ Ⓓ
8. Ⓐ Ⓑ Ⓒ Ⓓ
9. Ⓐ Ⓑ Ⓒ Ⓓ
10. Ⓐ Ⓑ Ⓒ Ⓓ
11. Ⓐ Ⓑ Ⓒ Ⓓ

Selección Once

1. Ⓐ Ⓑ Ⓒ Ⓓ
2. Ⓐ Ⓑ Ⓒ Ⓓ
3. Ⓐ Ⓑ Ⓒ Ⓓ
4. Ⓐ Ⓑ Ⓒ Ⓓ
5. Ⓐ Ⓑ Ⓒ Ⓓ
6. Ⓐ Ⓑ Ⓒ Ⓓ
7. Ⓐ Ⓑ Ⓒ Ⓓ
8. Ⓐ Ⓑ Ⓒ Ⓓ
9. Ⓐ Ⓑ Ⓒ Ⓓ
10. Ⓐ Ⓑ Ⓒ Ⓓ
11. Ⓐ Ⓑ Ⓒ Ⓓ

Selección Doce

1. Ⓐ Ⓑ Ⓒ Ⓓ
2. Ⓐ Ⓑ Ⓒ Ⓓ
3. Ⓐ Ⓑ Ⓒ Ⓓ
4. Ⓐ Ⓑ Ⓒ Ⓓ
5. Ⓐ Ⓑ Ⓒ Ⓓ
6. Ⓐ Ⓑ Ⓒ Ⓓ
7. Ⓐ Ⓑ Ⓒ Ⓓ
8. Ⓐ Ⓑ Ⓒ Ⓓ
9. Ⓐ Ⓑ Ⓒ Ⓓ
10. Ⓐ Ⓑ Ⓒ Ⓓ
11. Ⓐ Ⓑ Ⓒ Ⓓ

CHAPTER 4 Vocabulary and Grammatical Structures

Practice Exercises

1. Read each passage through once to get the general idea of subject matter and time frame.
2. Determine what information is asked in the question.
3. Study the multiple choices for the correct answer.
4. Record your answer on the answer sheet at the end of this chapter.
5. Check your answers after each practice exercise.
6. Review the grammatical explanation if you made a mistake.

SELECCIÓN UNO

En ese contexto, la postura apolítica de *Soda Stereo* y sus referencias musicales internacionales sugieren una reacción contra lo que se ___(1)___ haber considerado políticamente correcto en ese momento. "Había muchas bandas surgiendo a finales de la dictadura y existía una necesidad de hablar de otras cosas (al margen de la política), no porque no ___(2)___ lo que había pasado, ___(3)___ porque creíamos que había llegado el momento de avanzar", explica Cerati.

Su enfoque, el sonido, indudablemente tocó ___(4)___ en las audiencias fuera de Argentina. ___(5)___ 1986 el grupo andaba en ___(6)___ (por Latinoamérica, y a su tiempo llegó a Chile, Perú, Colombia, Ecuador y Venezuela, algo sin precedentes en el rock latinoamericano.

1. (A) puede
   (B) podía
   (C) podría
   (D) pudo

2. (A) vemos
   (B) vimos
   (C) veríamos
   (D) viéramos

3. (A) pero
   (B) sino
   (C) sino que
   (D) y

4. (A) alguno
   (B) ninguno
   (C) algo
   (D) nadie

5. (A) Por
   (B) A
   (C) De
   (D) Para

6. (A) revoloteo
   (B) vía
   (C) gira
   (D) guión

"No estoy muy seguro de cómo pasó", dice Cerati. "___(7)___ una mezcla de aventura y mercadeo. *Nada personal* (su segundo álbum que salió a la venta en 1985) ___(8)___ explotó, comenzó a venderse y el grupo ___(9)___ lo suficiente grande como para atravesar fronteras. No ___(10)___ un gran estrategia tras ___(11)___".

7. (A) Es
   (B) Era
   (C) Fue
   (D) Sería

8. (A) súbitamente
   (B) cautelosamente
   (C) sigilosamente
   (D) largamente

9. (A) se hizo
   (B) llegó a ser
   (C) se puso
   (D) se convirtió

10. (A) hay
    (B) hubo
    (C) había
    (D) habría

11. (A) ese
    (B) eso
    (C) este
    (D) esto

SELECCIÓN DOS

Durante años, Aurora, Nana y Victoria Eugenia marcaron pasos de baile en distinguidas compañías de su país. Retiradas del escenario, siguen marcando pasos en el Ballet Nacional de España, donde el triunvirato femenino ha sentado ___(1)___ contra viento y marea.

Desde los inicios de la compañía hasta 1984, Aurora fue la profesora del ballet, luego de ___(2)___ laborado por 15 años como primera bailarina del Teatro del Liceo de Barcelona.

"Procuramos avanzar dentro del estilo, tal vez contemporáneo, ___(3)___ siempre muy español, la raíz no ___(4)___ podemos perder. La diferencia que se puede encontrar y que ___(5)___ reflejado en las críticas, es que los bailarines son más ellos.

1. (A) pauta
   (B) ajena
   (C) descalza
   (D) insólita

2. (A) habiendo
   (B) había
   (C) habido
   (D) haber

3. (A) sino
   (B) sino que
   (C) pero
   (D) ya

4. (A) lo
   (B) la
   (C) se
   (D) nos

5. (A) ha
   (B) se ha
   (C) se había
   (D) hay

Dejamos que ____(6)____ su personalidad".

En el repertorio actual del BNE se destacan dos estrenos: *Leyenda y Bolero*, en los cuales trabajaron las tres. ¿ ____(7)____ el trabajo de equipo la clave del éxito de estas artistas? "Cada una llevamos un departamento: son seis ojos y tres cabezas", apunta Nana. "Si no ____(8)____ puesto cada una de ____(9)____ una parte, en el sentido de adaptarnos a nuestras diferentes ideas y formas de trabajo, hubiera sido un infierno. Hay discusiones, pero siempre llegamos a un acuerdo para beneficio de la compañía".

"Tenemos un lujo de primeros bailarines que se reparten los papeles entre todos. Cada ballet lo hacen parejas diferentes, es más ____(10)____ para el público que la misma coreografía la ____(11)____ distintos bailarines".

6. (A) sale
   (B) salió
   (C) salga
   (D) saliera

7. (A) Es
   (B) Será
   (C) Era
   (D) Sería

8. (A) hemos
   (B) habíamos
   (C) habríamos
   (D) hubiéramos

9. (A) ellos
   (B) ellas
   (C) nosotras
   (D) vosotras

10. (A) real
    (B) imprevisto
    (C) aliciente
    (D) pernicioso

11. (A) baila
    (B) bailen
    (C) bailará
    (D) bailaran

SELECCIÓN TRES

No ____(1)____ duda de que el muerto decía la verdad. Su misma muerte era la prueba. Sara estudió a ____(2)____ pasajeros. ¿Cuáles eran los bandidos? ¿Quién era el asesino? Si ____(3)____ encontrar la respuesta... Pero ninguno parecía culpable ni por asomo.

Los pensamientos de Sara se interrumpieron brúscamente cuando la voz del piloto sonó por los altavoces situados sobre sus cabezas.

—Debido a un asesinato imprevisto, ____(4)____ nosotros a toda velocidad, siguiendo la ruta más corta a Tsetsé, con el fin de llegar antes de lo previsto.

1. (A) cabe
   (B) cabía
   (C) cupo
   (D) cabría

2. (A) lo demás
   (B) los demás
   (C) las demás
   (D) más

3. (A) puede
   (B) podía
   (C) podría
   (D) pudiera

4. (A) volamos
   (B) vuelo
   (C) volaremos
   (D) volaría

Sara consultó su reloj. Eran las tres y media, y ____(5)____ tenían que encontrar las otras instrucciones del muerto. Consultó el mapa que la azafata le había dado a Pío.

—¿Dónde estamos?—murmuró.

La azafata se le acercó y le dijo que estaban justo encima de la ____(6)____ del río Okracoke.

De repente, algo le vino a la memoria, y recordó dónde había visto antes el frasco de veneno. Había estado en el carrito de servicio, mientras todos se ____(7)____ por las bebidas. ¡Qué fácil debió ser para el asesino echar unas gotas de veneno en un vaso de zumo de tomate! ____(8)____ se hubiera fijado. Pero Pío se había fijado en las manos que rodeaban el carrito. Y ____(9)____ era más, se acordaba claramente de todas ellas.

Si pudiera encontrar a ____(10)____ pertenecían las manos, podría hacer una lista de sospechosos. Y sería fácil ____(11)____ pasando una caja de caramelos blandos.

5. (A) aun
   (B) aún
   (C) ya
   (D) justo

6. (A) embarcación
   (B) desembarque
   (C) embocadura
   (D) flotación

7. (A) pelean
   (B) peleaban
   (C) peleen
   (D) pelearon

8. (A) Alguien
   (B) Nada
   (C) Nadie
   (D) Ningún

9. (A) lo que
   (B) la que
   (C) el que
   (D) quien

10. (A) que
    (B) qué
    (C) quien
    (D) quién

11. (A) avergonzarlo
    (B) rendirlo
    (C) arrancarlo
    (D) averiguarlo

SELECCIÓN CUATRO

Aunque el estrés se describe como malo en cualquier caso, el nuevo estudio sugiere que sus efectos ____(1)____ marcadamente entre una persona y otra. Algunos sufren las frustraciones sin que se les ____(2)____ mucho la presión arterial, pero a otros les sube mucho.

1. (A) varían
   (B) variarían
   (C) variarán
   (D) variaran

2. (A) altera
   (B) alterará
   (C) altere
   (D) alteraría

Los expertos han sabido durante mucho tiempo que las personas que padecen de hipertensión continua tienen ___(3)___ riesgo de desarrollar arteriosclerosis, que es la acumulación de colesterol en los vasos sanguíneos que comúnmente se describe como ___(4)___ de arterias. Por ___(5)___ unos investigadores de la Universidad de Western Ontario se dispusieron a averiguar si con las personas ___(6)___ lo mismo.

Utilizaron un complicado juego de computadoras llamado "interferencia de colores y palabras" para estudiar las diversas reacciones de los 348 voluntarios al estrés. Se requería que los voluntarios ___(7)___ rápidamente los colores de las letras con que ___(8)___ escritas las palabras de los colores. Por ejemplo, la palabra "roja" puede estar escrita en letras amarillas, por lo tanto, la respuesta correcta es amarillo.

Para ___(9)___ las cosas, el juego estaba programado para ir progresivamente más rápido hasta que todo el mundo ___(10)___ errores el 17 por ciento del tiempo, no importa ___(11)___ se esforzaran. Y todo ese tiempo, tenían conectados los monitores de presión arterial.

3.

(B) embot...
(C) engordamiento
(D) embuste

5. (A) lo que
   (B) qué
   (C) los cuales
   (D) lo cual

6. (A) ocurre
   (B) ocurriría
   (C) ocurra
   (D) ocurriera

7. (A) identifican
   (B) identificaban
   (C) identificaron
   (D) identificasen

8. (A) están
   (B) son
   (C) han
   (D) hay

9. (A) estremecer
   (B) escampar
   (C) estallar
   (D) empeorar

10. (A) comite
    (B) comiten
    (C) comitían
    (D) comitiera

11. (A) cuando
    (B) cuanto
    (C) cuánto
    (D) cuánta

[illegible]IÓN CINCO

[illegible] mañana agitada vivió la dirigencia de la Universidad Católica [illegible]a tomar una decisión final respecto a la situación del hasta ayer renunciado técnico cruzado Manuel y que derivó, finalmente, en la confirmación del DT en la banca del club estudiantil.

La jornada se ___(1)___ muy temprano, cerca de las 8.20 horas, cuando Manuel llegó a la casa de Germán, presidente de la Comisión del Plantel Profesional, ubicada en el sector oriente de la capital. ___(2)___ las 8.30 se inició la reunión. A las 10.20, Manuel abandonó la casa de Germán. Sólo atinó a señalar que " ___(3)___ todo dicho, no tengo más que ___(4)___".

Fue el dueño de la casa quien tomó la palabra: "Se resolvió la confirmación de Manuel, hasta fin de año. Creemos que la baja del equipo no ___(5)___ totalmente por el técnico, ___(6)___ también por el plantel que no está jugando en un buen nivel". Germán agregó que "aquí la responsabilidad pasa ___(7)___ todos, ya ___(8)___ entrenador, dirigentes o jugadores. Por eso, tenemos que unirnos todos para revertir esta situación."

Consultado sobre si se pensó en algún momento en posibles nombres para reemplazar a Manuel, el directivo comentó: "Candidatos siempre hay. Pero pensamos que no ___(9)___

1. (A) inicia
   (B) iniciaba
   (C) inició
   (D) iniciaría

2. (A) Pasado
   (B) Pasada
   (C) Pasadas
   (D) Pasados

3. (A) Es
   (B) Fue
   (C) Está
   (D) Estaba

4. (A) aportar
   (B) hurtar
   (C) solicitar
   (D) someter

5. (A) pasa
   (B) pasó
   (C) pasaba
   (D) pasaría

6. (A) sino
   (B) pero
   (C) sino que
   (D) ya que

7. (A) con
   (B) hasta
   (C) para
   (D) por

8. (A) es
   (B) era
   (C) sea
   (D) fuera

9. (A) es
   (B) era
   (C) fue
   (D) sería

conveniente modificar la dirección técnica ___(10)___ de año.

¿Presiones externas? Creemos que un técnico siempre está expuesto a ___(11)___".

10. (A) a medio
    (B) a mitad
    (C) en la mitad
    (D) a medianos

11. (A) ese
    (B) ése
    (C) esto
    (D) eso

SELECCIÓN SEIS

La propuesta del *V-chip* se complementará también con la exigencia de que las empresas dedicadas al entretenimiento ___(1)___ un sistema de calificación del contenido violento de sus programas, en el plazo de un año. De no hacerlo, sería la Federal Communications Commission (agencia federal que regula las telecomunicaciones en EEUU) ___(2)___ se encargaría de llevarlo a cabo.

Aunque nadie sabe con exatitud cómo ___(3)___ el *V-chip*—no deja de ser un proyecto aún en plena fase de estudio—se piensa que podrá ser programado por los padres para bloquear los programas calificados ___(4)___ violentos. Es decir, se podría definir como un *termostato electrónico* que, según el código que ___(5)___ de la señal de TV sintonizada, sea capaz de desconectarse de esta señal.

___(6)___ es una idea muy popular en EEUU, que cuenta con el apoyo al gabinete de Clinton y que ha terminado también por enrolar a la oposición republicana, porque oponerse a ella ___(7)___ con la defensa de los valores familiares que todos respaldan.

1. (A) desarrollan
   (B) desarrollen
   (C) desarrollarán
   (D) desarrollarían

2. (A) la que
   (B) las que
   (C) el que
   (D) los que

3. (A) funciona
   (B) funcione
   (C) funcionará
   (D) funcionaría

4. (A) de
   (B) tan
   (C) así
   (D) como

5. (A) recibe
   (B) reciba
   (C) recibirá
   (D) recibiera

6. (A) Esto
   (B) Ésta
   (C) Aquélla
   (D) Esa

7. (A) choca
   (B) choque
   (C) chocaría
   (D) chocara

___(8)___, la entrada en vigor del uso del *V-chip* podría retrasarse, ya que el presidente Bill Clinton quizá ___(9)___ la ley general de comunicaciones en que se incluye, puesto que no está de acuerdo con algunos otros de sus apartados. Además, incluso si se aprobara, sólo ___(10)___ a los aparatos nuevos de televisión, mientras que los ___(11)___ tienen, al menos, vida para otra década.

8. (A) Por lo tanto
   (B) A propósito
   (C) Al contrario
   (D) No obstante
9. (A) veda
   (B) vede
   (C) vedará
   (D) vedaría
10. (A) afecta
    (B) afecte
    (C) afectaría
    (D) afectase
11. (A) reales
    (B) actuales
    (C) verdaderos
    (D) presentes

SELECCIÓN SIETE

Si a estas alturas, en que tan ___(1)___ se lee, usted se pregunta para qué puede servir un libro, puede responderse que para salvar la vida de un hijo que se ___(2)___ al desastre. El autor y poeta mexicano Luis A. Rodríguez da fe a ese poder regenerador de la literatura. Fue testigo de innumerables suicidios de sus compañeros en "la vida loca", como se designa la existencia de los pandilleros. "Una de las razones por ___(3)___ se ingresa en las pandillas", explica Rodríguez, de 41 años, "es para buscar respeto y algo de poder para combatir la discriminación. Para muchos, entregarse a esa vida brutal, no es una elección, sino una fatalidad. De joven, ___(4)___ los libros los que me mostraron que existían otras vidas que ___(5)___ tenían que ver con las pandillas", dijo Rodríguez. "Así, el mundo se me fue ___(6)___ en las bibliotecas.

1. (A) pequeño
   (B) poco
   (C) bien
   (D) mucho
2. (A) precipita
   (B) remonta
   (C) elude
   (D) proporciona
3. (A) el cual
   (B) la cual
   (C) las cuales
   (D) lo cual
4. (A) era
   (B) eran
   (C) fue
   (D) fueron
5. (A) mucho
   (B) nada
   (C) nadie
   (D) nunca
6. (A) abrir
   (B) abierto
   (C) abriendo
   (D) abriertas

___(7)___ transmitir a mi hijo esa experiencia y mostrarle que la pandilla no era la única salida".

"Lo que hago en mi libro", prosigue diciendo el escritor, "es tratar de trascender la violencia por medio del arte". Pero es imprescindible que se ___(8)___ para poder superar la violencia y la vida marginal y para ser sano.

La ruptura de Rodríguez con el mundo de las pandillas fue un duro y complejo proceso. ___(9)___ primer término, supuso enfrentar las consecuencias y peligros que pesan sobre los "desertores" de un mundo delictivo con férreos códigos de lealtad. "Por supuesto", recuerda Rodríguez, "tuve que enfrentar el rechazo, pues no se rompe ___(10)___ con un modo de vida y menos con 'la vida loca'. Pero ___(11)___ huí. Me quedé en el barrio latino".

7. (A) Quiero
   (B) Quería
   (C) Quise
   (D) Quisiera

8. (A) esfuerza
   (B) esfuerzará
   (C) esfuerce
   (D) esforzará

9. (A) Al
   (B) En
   (C) Para
   (D) Del

10. (A) propiamente
    (B) impunemente
    (C) sumamente
    (D) malignamente

11. (A) siempre
    (B) por poco
    (C) también
    (D) jamás

SELECCIÓN OCHO

No le conozco ___(1)___ él me conoce a mí y no sabe si soy extranjero o paisano, turco o aragonés, chilote o tahitiano; sólo veía en mí a alguien que se hallaba solo ___(2)___ el trote largo de cincuenta animales de tropa. No me resolvía a huir. Pero cuando los animales ___(3)___ a unos treinta pasos y el ruido de sus cascos y el sonar de los metales se agrandó hasta hacérseme ___(4)___ y cuando miré la caballada y vi los sables y las astas de las lanzas, me di cuenta de que de quedarme allí no habría esperanza alguna para ___(5)___ y que de nada serviría el ser extranjero o nativo, el tener o no un certificado; mi espalda, mis manos y mi pie se

1. (A) o
   (B) u
   (C) pero
   (D) ni

2. (A) hacia
   (B) ante
   (C) tras
   (D) próximo

3. (A) están
   (B) estaban
   (C) estuvieron
   (D) estarían

4. (A) insoportable
   (B) ineludible
   (C) inoportuno
   (D) inválido

5. (A) él
   (B) mí
   (C) mi
   (D) ello

___(6)___ contra el muro y me despidieron con violencia hacia adelante; salté y toqué apenas el suelo, mirando de reojo al escuadrón: uno de los policías venía ___(7)___ hacia mí y hasta me pareció ver que su mano buscaba una buena posición en el asta. Estaba a una distancia ya muy pequeña y por un instante dudé de que ___(8)___ escapar. De no ocurrir algo imprevisto, el lanzazo, si se ___(9)___ a herirme con el hierro, o el palo, si quería ser magnánimo, me enterraría de cabeza en el suelo. Giré en el aire y empecé a correr y en el momento en que lo hacía los hombres que me rodearon unos momentos antes y que después se alejaron de mí, ___(10)___ más allá, empezaron también a correr, como si ___(11)___ esperado que lo hiciera primero. El hombre delgado y moreno gritó de nuevo, ahora con energía, desafiante y ___(12)___:

—¡Bravo, compañerito!

6. (A) apoyaba
   (B) apoyaban
   (C) apoyó
   (D) apoyaron

7. (A) exacto
   (B) erguido
   (C) derecho
   (D) claro

8. (A) podía
   (B) podría
   (C) pudo
   (D) pudiera

9. (A) decide
   (B) decidía
   (C) decidió
   (D) decidiría

10. (A) agruparse
    (B) agrupándose
    (C) se agruparon
    (D) se agrupó

11. (A) había
    (B) hubo
    (C) habría
    (D) hubiesen

12. (A) temeroso
    (B) mezquino
    (C) alentador
    (D) zozobroso

SELECCIÓN NUEVE

Al español le ___(1)___ preguntar lo que se refiere a su ___(2)___ porque, naturalmente, *tiene que saberlo todo.* Una vez tuve un coche que tenía el defecto de escupir la gasolina que entraba a presión. Cada vez que me ___(3)___ en una estación de combustible lo

1. (A) avergüenza
   (B) avergüence
   (C) avergonzará
   (D) avergonzara

2. (A) deber
   (B) personal
   (C) oficio
   (D) técnica

3. (A) detengo
   (B) detenía
   (C) detuve
   (D) detendría

advertía, ___(4)___ y precisamente, al encargado: "Se trata de un codo mal construido, ___(5)___ usted cuidado porque se sale, vaya usted muy despacio..." Normalmene asentían con aire distraído; mi advertencia les parecía totalmente innecesaria, y más de una vez me lo recordaron: "No se preocupe..., llevo muchos años echando gasolina..."

"Pero es que en este caso es distinto—insistía yo—. Escupe mucho".

Con aire seguro colocaban la manga en el agujero de entrada y daban al motor. La gasolina surgía violentamente, ___(6)___ por el suelo, y el mecánico se volvía hacia mí, que seguía impertérrito porque lo esperaba. "¡___(7)___!" "¡Pero escupe mucho!" No encontré ___(8)___ a un empleado que me ___(9)___ : "Tenía usted razón." Parecía que en cada ocasión—y la experiencia ___(10)___ en toda la geografía peninsular—hablábamos lenguajes distintos. Cuando yo decía "escupe mucho," no era lo mismo que cuando ___(11)___ decía él: las mismas palabras tenían distinto significado al pasar por sus labios.

4. (A) lento
   (B) lenta
   (C) lente
   (D) lentamente

5. (A) tiene
   (B) ten
   (C) tenga
   (D) tendría

6. (A) derrumbándose
   (B) derramándose
   (C) agotándose
   (D) acongojándose

7. (A) Oigo
   (B) Oye
   (C) Oiga
   (D) Oíd

8. (A) nunca
   (B) siempre
   (C) alguna vez
   (D) antes

9. (A) dice
   (B) diría
   (C) diga
   (D) dijera

10. (A) se realizó
    (B) se dio cuenta
    (C) se cumplió
    (D) se transcurrió

11. (A) el
    (B) la
    (C) lo
    (D) las

SELECCIÓN DIEZ

Hasta muy entrada la tarde ignoré de qué se trataba, qué era ___(1)___ se pretendía subir a veinte y quiénes debían morir; en aquel momento, por lo demás, no me interesaba averiguar nada: lo único que quería era asegurarme de que la triple hilera de caballos y policías, con sus lanzas y sables, había seguido corriendo y desaparecido. Algunos vecinos se unieron a nosotros. Mientras corría ___(2)___ a mis compañeros; a juzgar por sus ropas eran obreros y se les veía transpirando, ___(3)___ , ___(4)___ no cansados. La pelea ___(5)___. El hombre desconocido, delgado y moreno, corría al lado ___(6)___ y me habló;

—¿Tuvo miedo?

Me encogí de hombros y sonreí, ___(7)___ :

—¿De qué?

Hizo un gesto vago:

—¡Creí que el policía ___(8)___ iba a alcanzar y ya me parecía verlo caer de punta al suelo! ¿Por qué no corría?

Repetí el gesto: no ___(9)___ explicar por qué no huí desde el principio y por qué lo hice después; estaba fuera de mí, como estaba fuera de mí el ir corriendo junto a ellos. La vanguardia del grupo llegó al extremo del patio y los hombres, deteniéndose en la acera,

1. (A) quién
   (B) que
   (C) cual
   (D) lo que

2. (A) observaba
   (B) obserbaban
   (C) observé
   (D) observaron

3. (A) aniquilados
   (B) pululantes
   (C) entremetidos
   (D) anhelantes

4. (A) pero
   (B) sino que
   (C) aunque
   (D) hasta

5. (A) empieza
   (B) empezaba
   (C) empezó
   (D) había empezado

6. (A) mí
   (B) mío
   (C) suyo
   (D) cuyo

7. (A) asqueroso
   (B) jactancioso
   (C) chisposo
   (D) jubilado

8. (A) Vd.
   (B) él
   (C) lo
   (D) te

9. (A) he podido
   (B) había podido
   (C) habría podido
   (D) hubiera podido

gritaron, (levantando ___(10)___ brazos y cerrando los puños:

—¡ ___(11)___ los verdugos del pueblo!

10 (A) los
(B) sus
(C) mis
(D) su

11. (A) Mueren
(B) Mueran
(C) Morirían
(D) Murieron

SELECCIÓN ONCE

En cierta forma se puede decir que la presencia de la pobreza ___(1)___ un constante en la historia de la humanidad. Pero sólo en esta segunda mitad del siglo XX ha adquirido una importancia ecológica que la convierte en un problema de supervivencia de la civilización mundial. ___(2)___ , las guerras, las epidemias y las catástrofes naturales regulaban el ciclo de la población limitando el número de los pobres. Hoy en día, estos factores, por razones que no cabe analizar aquí, han reducido en mucho su eficacia reguladora de ___(3)___ suerte que al momento la población pobre ___(4)___ con un ritmo sostenido que termina ___(5)___ afectar el propio crecimiento económico reforzando así el incremento de la pobreza. ___(6)___ , la pobreza, además de ser un problema humano en sentido ético y sociológico es también un problema económico no sólo en el sentido obvio de que es causada por el sistema económico, ___(7)___ , sobre todo, porque su presencia indica el buen funcionamiento de la economía.

1. (A) está
(B) ha estado
(C) había sido
(D) ha sido

2. (A) Anterior
(B) Antaño
(C) Después
(D) Anteayer

3. (A) tanta
(B) tan
(C) tal
(D) tanto

4. (A) crece
(B) crezca
(C) ha crecido
(D) crecía

5. (A) por
(B) para
(C) en
(D) con

6. (A) Al tanto
(B) A continuación
(C) Por lo tanto
(D) Sin embargo

7. (A) pero
(B) sin
(C) sino
(D) sino que

Un segundo problema __(8)__ ofrece el concepto de capacidad para general medios de satisfacción de las necesidades. __(9)__ significa que el pobre es pobre porque es incapaz de producir sus medios de satisfacción. Aquí lo fundamental es determinar si no los produce porque no tiene la destreza para trabajar adecuadamente o porque, aun teniéndola, no logra conseguir un empleo __(10)__. En el primer caso, su incapacidad radicaría en su falta de habilidades personales que le impiden ser empleado productivamente por el sistema económico. En el segundo caso, es el propio sistema económico __(11)__ no puede absorberlo al margen de sus habilidades personales.

8. (A) lo
   (B) la
   (C) le
   (D) se

9. (A) Esta
   (B) Ésta
   (C) Esto
   (D) Éste

10. (A) célere
    (B) eficaz
    (C) suministro
    (D) idóneo

11. (A) que
    (B) el que
    (C) la que
    (D) lo que

SELECCIÓN DOCE

Si la originalidad es más amplia, si se extiende al género, al estilo, a los supuestos que se dan por consabidos, la atención se desorienta, se hace __(1)__, no se da cuenta __(2)__ consiste la innovación.

Hay casos desfavorables, y uno de ellos es la situación de la cultura española de nuestro tiempo: cuando no se espera lo inesperado, es improbable que se lo __(3)__ si aparece. Esto ocurrió desde el siglo XVIII, con una interrupción en la época romántica, que pasó pronto—Galdós lo percibió __(4)__. Cuando florecieron los autores del 98, __(5)__ se contaba con que de España __(6)__ nada nuevo ni interesante.

1. (A) brusca
   (B) calumniosa
   (C) egregia
   (D) borrosa

2. (A) de que
   (B) de qué
   (C) en qué
   (D) lo que

3. (A) ve
   (B) verá
   (C) vería
   (D) vea

4. (A) perspicazmente
   (B) vanamente
   (C) lozanamente
   (D) soberbiamente

5. (A) últimamente
   (B) apenas
   (C) además
   (D) por casualidad

6. (A) llega
   (B) llegará
   (C) llegaría
   (D) llegase

Y cuando hubiera sido posible que se __(7)__ la percepción, estimulada por la esperanza, como sucedió después de 1920, poco después sobrevino la guerra civil, y entonces se decretó que en España "no podía haber" nada interesante, valioso, no __(8)__ original.

Pero lo que me interesa señalar es que la originalidad que ha germinado en España en este siglo ha sido de la variedad que no suele verse. Responde a un cambio profundo de actitud, a una necesidad de entrar en últimas cuentas con __(9)__ mismo, de descender al fondo de la propia persona y—no se olvide—de la realidad a la que se pertence, de __(10)__ está uno hecho. Si se olvida esto, ¿se puede entender a Unamuno y a __(11)__ más de este siglo moderno?

7. (A) desarrolla
   (B) desarrollaró
   (C) desarrollaría
   (D) desarrollara

8. (A) digamos
   (B) decimos
   (C) dijimos
   (D) dijéramos

9. (A) el
   (B) lo
   (C) si
   (D) uno

10. (A) cual
    (B) el cual
    (C) la cual
    (D) lo cual

11. (A) tantos
    (B) tales
    (C) los
    (D) cuantos

Answers and Explanations

SELECCIÓN UNO

1. (C) *podría.* The conditional is used to communicate probability in the past, indicated by the use of *ese* before *momento,* and by additional information in the paragraph. Implied is a contrast between past politically correct attitudes and the normally apolitical group stance of the group *Soda Stereo.* None of the other tenses would indicate probability in the past. The present would not be the best answer, although it would be grammatically correct. Also notice that the indicative instead of the subjunctive is used following the verb *sugerir,* because there is no volition (meaning request or desire), implied in the statement.
2. (D) *viéramos.* The imperfect subjunctive is used in the sentence to express something contrary to fact. None of the other selections would communicate that the group had seen what was going on, even though they appear not to have seen.
3. (B) *sino.* This conjunction is used in comparisons. The speaker compares what appeared to have happened with a comment about what he really believed happened. *Sino que* is used when the conjunction is followed by a clause containing a verb. Although in this case there is a verb in the clause, the additional conjunction *porque* is used, which means that you do not need que following sino. *Pero* and *y* are not used because of the comparison that is presented. The use of no before the verb in the previous clause indicates that the structure is *not because of ...but rather because of.*
4. (C) *algo.* The affirmative indefinite pronoun for *something* is indicated by the context. *Ninguno* and *nadie* are not correct because the negative indefinite adjectives and pronouns that follow the verb need a negative before the verb. Remember that double negatives are required in Spanish. *Alguno* is an indefinite adjective that can be nominalized, but in this case would not make any sense since the antecedent is not clear and there is no personal *a.*
5. (D) *Para.* This preposition indicates destination in time in the future from the perspective of the time frame in the main clause. The group was to be taking a tour, and in due time arrived at the listed countries. *Por* is used to indicate duration of time, meaning *during.* The tense of the verb *andar* would normally be in the preterit in that case to indicate completed action. Neither *A* nor *De* make sense in this context.
6. (C) *gira.* This is a vocabulary question. If you did not know the correct word, you should have been able to improve your chances of guessing the right one by eliminating some words. You could have recognized *vía* from other expressions having to do with *way* or *manner,* neither of which make sense in the context of this paragraph. You could also have recognized that the prefix *re-* means *again,* which, combined with the stem *vol-* suggests the verb *volar.* Although the noun form of this verb might make sense, it does not mean anything with a prefix on the front of it. The word *guión* suggests a word for *guide,* which does not make much sense either. The best alternative would be *gira.*
7. (C) *Fue.* The preterit is the best answer in the context of this paragraph because the speaker is referring to a specific action at a specific moment in

the past that is completed. The speaker is not sure *how* it happened, but he knows it *was* a mixture of adventure and marketing. The preterit is the best choice.

8. (A) *súbitamente.* The ending *-mente* on the ends of these words tells you that they are all adverbs. If you do not recognize the correct word, identify what you can about some of them. From reading music, you may recognize *súbito*, which has a similar meaning in music to its meaning here: *suddenly.* Look for an adjective or noun that may give some clue about the meaning of the word. Remember that *largo* means *long*, not *large. Cauteloso* means *cautious* and *cautela* means *caution. Sigiloso* means *silently.* This word comes from *sigiliar* meaning *to seal* or *to hide.* What is the connection between *silent* and *to seal*?

9. (A) *se hizo.* This is a vocabulary question because all of these verbs mean *to become. Hacerse* is the best alternative, because it is the only one that means that the group became something in the sense that it made itself great enough to do whatever the members wanted to do. *Llegar a ser* implies that over time something becomes something else. *Ponerse* implies a change in emotional state of being or a physical change of some sort. *Convertirse* indicates a substantial conversion, from one state to another.

10. (B) *hubo.* This third person singular form of *haber* means *there was.* The preterit is the best selection here because the context is a specific moment in time in the past in which the action is completed. None of the other alternatives communicate this meaning.

11. (B) *eso.* This neuter demonstrative pronoun has no specific antecedent. *Eso*, meaning *that*, is used to refer to past time in which the speaker is reflecting on the early success.

SELECCIÓN DOS

1. (A) *pauta.* This is a vocabulary question, and all of these words are adjectives. You may recognize some of these adjectives, but if you do not, look for prefixes that may help. *Insólita* could remind you of the word *insolent*, which, with some creative thinking could yield its meaning: *unaccustomed* or *unusual.* In English *insolent* implies lack of respect, perhaps from lack of understanding or unfamiliarity. If you have to think too long about these meanings, however, it is best to skip the question and return to it if you have time later. The best preparation is to look up adjectives that you come across in reading, if you see the same one more than a couple of times.

2. (D) *haber.* Remember that after a preposition (such as *de, a, con, por, para, sin, en*), you should always use an infinitive, no matter what the English word would be in translation.

3. (C) *pero.* Since there is no verb in the clause introduced by the conjunction, *sino que* is not appropriate. *Sino* indicates a positive statement in direct contrast to a preceding negative. *Ya* is not appropriate, since the information contained in the clause qualifies the adjective *contemporáneo.* The conjunction *and* implies equivalencies.

4. (B) *la.* This is an example of the redundant use of a direct object pronoun, meaning that it is not necessary. The noun to which it refers is *raíz.* Remember that the pronoun can precede the conjugated verb, or it can be attached to the end of the infinitive following *podemos.*

5. (B) *se ha.* This is an example of the impersonal *se,* used when there is no specific subject of the verb, and is expressed in English as a passive voice construction. The subject is *la diferencia* and the present perfect is used because in the context of this paragraph, the speaker is talking about articles that have appeared in the recent past, just prior to the present moment.
6. (C) *salga.* The present subjunctive is used in a dependent noun clause after a main clause containing a verb of volition (granting permission, request, expressing desire, etc.). The present is used because in the sequence of tenses, the present subjunctive follows present tense verbs in the main clause.
7. (B) *Será.* To express probability in the present, use the future. Remember that this tense in English would be expressed with a phrase such as *Could teamwork be the key...?* Or sometimes, *I wonder what...?* or *I wonder who...?* This is a rhetorical question that is answered in the following sentence.
8. (D) *hubiéramos.* The past subjunctive is used in this case because this is an *if-then* statement. Notice that in the *then* portion of the sentence, the *-iera* form of the past subjunctive is used in place of the conditional tense. Be sure to scan the whole reading passage before going to the questions.
9. (C) *nosotras.* The rest of the sentence reveals that the speaker is talking about all three of the women who direct the group and the role that each one has in the dance company. Another indication is the use of the first person plural in the verb at the beginning of the sentence.
10. (C) *aliciente.* With a good English vocabulary you can recognize some of these adjectives, such as *pernicioso* (meaning *insidious, harmful*). However, you should be aware of false cognates, such as *real,* which can mean *royal.* Two prefixes in front of *visto* mean *not* and *before,* giving *imprevisto* the meaning of *unforeseen.* By the process of elimination you can arrive at the correct answer, *aliciente,* which means *attractive, pleasing.*
11. (B) *bailen.* The present subjunctive is used in this dependent noun clause following an impersonal expression, *es más + adjective.* Do not be confused by unusual syntax, when the object of the verb comes before the verb in the place where you would ordinarily find the subject. If you take the time to identify the subject and object of each verb, you will not make careless mistakes.

SELECCIÓN TRES

1. (B) *cabía.* If you had read the whole passage first, you would have noticed that the whole selection is told in the past tense. The imperfect is used to relate background information in this case. An indicator of this tense is the imperfect in the verb *decía.*
2. (B) *los demás. Demás* is an adjective that is invariable, but the definite article, *los,* must agree with the noun it modifies, *pasajeros.*
3. (D) *pudiera.* To express contrary-to-fact information, or to communicate hypothetical situations, use the past subjunctive. This is an elliptical statement, meaning that part of it is omitted, which is indicated by the three dots at the end of the clause. The omitted part is a *then* clause, and the part that is expressed is the *if* portion. *Pudiera* is the only correct answer.

4. (C) *volaremos.* The future is used here. Although the simple present tense *volamos* could also be used, the future is probably the best choice. You should notice that this is dialogue embedded in the story, which is told in the past tense. Even though *nosotros* comes after the verb, it is the subject; it cannot be an object pronoun.

5. (B) *aún.* This adverb has the meaning of *as yet,* which is the best answer in this case. *Aún,* with an accent mark, should not be confused with *aun,* without an accent mark. Although the latter is an adverb, it is also a conjunction that means *even* or *still. Ya* usually means *already.*

6. (C) *embocadura.* Embedded in the first two choices is some form of the word *barco,* which can be associated with rivers. *Flotación* is also associated with water, but none of these refers to a part of a river, such as the mouth. *Boca,* in the middle of *embocadura* should give you a clue about its meaning. The suffix *-dura* indicates a noun.

7. (B) *peleaban.* The imperfect is used here to show something that was going on when something else happened. This is the only correct answer.

8. (C) *Nadie.* From the use of *pero* at the beginning of the next sentence and the context you can deduce that no one noticed except Pío. If you missed this question, you may want to review indefinite adjectives, pronouns, and adverbs.

9. (A) *lo que.* This relative pronoun refers to a concept or an idea, so the neuter form is used.

10. (D) *quién.* Since the person to whom this pronoun refers is unknown, the interrogative is used. The personal a before the verb should indicate an interrogative pronoun that refers to a person. Remember that all interrogative pronouns have an accent mark, even when they occur in declarative sentences.

11. (D) *averiguarlo.* This verb contains an English word that is related to the meaning of *averiguar, verify. Avergonzarlo* is the verb form of *vergüenza.*

SELECCIÓN CUATRO

1. (A) *varían.* This is the present indicative of the verb *variar.* Remember that verbs with a weak vowel next to the infinitive ending take an accent mark in the present on the *i.* Without the accent mark, the stress would not fall on the stem of the verb. In the first person plural, there is no accent mark, because the ending is a two syllable ending, and in the second person, there is an accent mark on the *a,* in *áis.* There are other verbs like this one, such as *enviar* and *esquiar.* If you see these verbs on the free response section, you need to remember the accents, because the verb form is incorrect without the accent mark.

2. (C) *altere.* After the adverbial conjunction *sin que,* you should always use the subjunctive. According to the proper sequence of tenses, you should use the present subjunctive after the present tense in the main clause. This is the only correct answer.

3. (B) *mayor.* Of all of these words, *mayor* is the only one that refers to greater size. *Menor* refers to size, also, but in the context of this paragraph does not make sense.

4. (A) *endurecimiento. Duro* is the adjective in the middle of this word, and is related to *hardening* of the arteries. *Botella* in the middle of *embotellamiento* does not make sense, nor does *engordamiento,* which contains the adjective *gorda.*

5. (D) *lo cual.* After the preposition *por, lo cual* is used to avoid any possibility of confusion with *por qué*, the interrogative pronoun. The neuter is used because the antecedent for this relative pronoun is the idea contained in the previous sentence.
6. (A) *ocurre.* The simple present indicative is used here because there is no need to use the subjunctive. Remember that most often the indicative is used after *si* if verbs are in the present tense. This is not an *if-then* statement, so the past subjunctive is not used. You should always look for the conditional tense in one of the clauses whenever you see *si*, because it frequently indicates an *if-then* statement.
7. (D) *identificasen.* The past subjunctive is used in this dependent noun clause after *requerir*, because it expresses volition (a command, request, desire, etc.). The other verbs in the paragraph are in past tenses, indicating the need for the past subjunctive. Remember that there are two sets of endings you can use for the past subjunctive, the *-ra* form, or the *-se* form. Review these endings in the appendix of this book if you do not remember the latter form.
8. (A) *están.* This question requires you to decide between some of the different verbs that mean *to be*. Since this is a description of a state of being, the verb *estar* is correct. *Ser* is used to describe inherent or definitive characteristics. *Ser* plus the past participle also frequently indicates the passive voice when the agent is expressed, which is not the case in this example. The verb *haber* also is frequently used with a past participle, but in compound tenses, which makes no sense in the context of this sentence. Also notice that in the following line the words *puede estar escrita* indicates the use of *estar.* Although this repetition would rarely occur on the examination, always be sure to look at the whole context, not just the words that immediately precede or follow the blank.
9. (D) *empeorar.* Once again, an adjective found in the middle of a word in a vocabulary question can reveal the correct answer. *Peor* relates to getting worse, which makes sense in this sample.
10. (D) *comitiera. Hasta que* is an adverb conjunction of time. In the sequence of tenses in this paragraph the action in the dependent clause has not already occurred from the perspective of the time in the main clause, so the subjunctive is used. Usually you will find the subjunctive in adverb clauses of time when the future is used in the main clause, or when the action has not yet happened (such as a command). If you are unclear about sequences of time and the subjunctive, review the appropriate section of the appendix of this book.
11. (C) *cuánto.* The neuter form of the interrogative is used here because the amount is unknown. Also notice the past subjunctive *esforzaran* in the dependent adjective clause because *no importa* is an impersonal expression.

SELECCIÓN CINCO

1. (C) *inició.* Since the specific hour is mentioned here, there is no doubt that the preterit here refers to a point in time when the action was begun and completed. The rest of the story is also told in the preterit, so this first verb is the beginning of a narrative.

2. (C) *Pasadas.* This adjective refers to *horas.* Although the noun is not mentioned, the article *las* indicates that the numbers refer to an hour of the day. Do not be confused by the singular verb form; the subject is *la reunión*, but the adjective does not refer to this noun.

3. (C) *Está. Estar* in this case refers to a resultant action, instead of definitive characteristics. Also notice that the present is used since the sentence is dialogue.

4. (A) *aportar.* If you do not know this verb, try to figure out others. If you know Latin, you could probably guess that *hurtar* means *to steal, to rob,* and you would recognize that often words in Spanish have an *h* where Latin uses an *f.* A word in English with a related meaning would be *furtive. Solicitar* means to *solicit* in the sense of petitioning or applying for something like a job. It is not exactly a cognate, but the meaning is close enough for you to figure out that it does not make sense in the context of this paragraph.

5. (A) *pasa.* There is no reason to use a past or conditional tense in this sentence. Other verbs in the sentence are in the present tense.

6. (A) *sino.* After a negative statement of what something is not, *sino* is used to introduce a positive statement. The verb in the subsequent clause occurs after another relative pronoun, *que.*

7. (D) *por.* Because this preposition indicates *through, among, between* in this sentence, *por* is the only answer in these choices that communicates that meaning. Remember that *por* most often refers to source, manner of action, or reciprocal action, while *para* pertains to destinations in time or space, and contrasts. *Para* will indicate a recipient of an action.

8. (C) *sea.* The subjunctive in this clause indicates uncertainty. Implied is a main clause stating that *it does not matter...*, which is an impersonal expression. The time frame is present, so a past tense is not correct.

9. (B) *era.* The imperfect here is correct because this impersonal expression is not limited in regard to time; it does not refer to a specific moment in past time that is completed. In the context of the whole sentence the present tense is not the best choice.

10. (B) *a mitad.* There are a number of expressions to communicate the concept of a half, or half way. The last two choices do not make sense, and *de* after the blank limits the possibilities to B.

11. (D) *eso.* The neuter form of that is used to refer to the whole preceding situation. Notice demonstrative pronouns have an accent mark, while demonstrative adjectives do not. If you have difficulty with demonstratives, review the grammar at the end.

SELECCIÓN SEIS

1. (B) *desarrollen.* Although the structure of this sentence is a little different, you can still recognize the expression of volition in the main clause, which means that you need the subjunctive in the dependent clause. The present tense is used because all the other verbs are present or future tense.

2. (A) *la que.* This relative pronoun is the subject of the verb *se encargaría.* The referent is *la comisión.*

3. (C) *funcionará.* There is no reason to use the subjunctive, and the future is the best choice because the action has not happened yet. It is not the immediate future, either, so the present tense instead of the future is not the best selection.

4. (D) *como.* This is the only alternative that means *as*, when it is not a conjunction.

5. (B) *reciba.* In this adjective clause, the referent is indefinite, so the subjunctive is indicated. Even though there are some verbs in the conditional, the time frame of the whole passage is present and future.

6. (B) *Ésta.* This demonstrative pronoun refers to *la idea*, so the feminine singular form is necessary.

7. (C) *chocaría.* The conditional is used because it will not necessarily happen. There is no reason to use the subjunctive, because the conjunction that begins the clause is *porque.*

8. (D) *No obstante.* This expression means *notwithstanding*, or *nevertheless*, which is the best alternative in the context of this paragraph. If you are not familiar with the transitional expressions in these alternatives, it would be helpful to learn them to use on other parts of the examination. You will find them again in the free response writing section of this book.

9. (B) *vede.* Even if you do not know what this verb means, you can eliminate some of these choices. Choice C tells you that the verb is an *-ar* verb, so the present subjunctive is alternative B. This verb also occurs in a main clause, but it follows the word *quizá*, which means that the subjunctive can be used. In the context of this paragraph, the subjunctive is correct to express the uncertainty about what the president will do.

10. (C) *afectaría.* This is an *if-then* statement and the conditional is needed in the *then* portion. Remember that *aceptase* would not be correct because you could only use the *-ara* form instead of the conditional.

11. (B) *actuales.* Be careful of some cognates, such as *actual*, which means *present* or *current.* There are other false cognates in this list of choice that you need to learn to recognize.

SELECCIÓN SIETE

1. (B) *poco. Pequeño* refers to size and *poco* refers to quantity. In this context *poco* is the best choice.

2. (A) *precipita.* Of all of the choices, this is the only one that makes any sense. *Precipitar* is a false cognate, since the word in English is associated with rain. But it means *to start toward* in Spanish, a meaning that is not readily apparent. In the adjective form, *precipitous*, the meaning is a little closer, meaning a sudden change. *Elude* has a related meaning, but in the context of the paragraph, the meaning makes little sense, and can be eliminated. *Proporcionar* has a related meaning, too, although it is even more obscure. The word is relatively common in Spanish and means *to apportion, to supply, to provide.*

3. (C) *las cuales.* A relative pronoun referring to *razones* is needed in this blank. Do not be misled by the singular verb form; the subject of the verb is *una.* Also remember that after *por, cual* is used instead of *que* to avoid confusion with *porque.*

4. (D) *fueron.* Even though the subject comes after the verb in this case, you could figure out that the third person plural is needed because *los libros* has no meaning if it is not the subject. The preterit is necessary because the speaker is referring to a specific moment that is completed in the past.

5. (B) *nada.* Since *tener que ver* means *to have to do with*, there is no other choice that makes sense. Be sure not to confuse *nada* with *nadie* or *nunca.* Remember that if the negative indefinite pronoun comes before the verb, no other negative word is needed, but if it comes after the verb, a negative must be used before the verb.

6. (C) *abriendo.* After a verb of perception or motion, the present participle can be used as an adverb, which is the case in this sentence. *Se* indicates the *se* substitute for the passive voice, and *me* is an indirect object pronoun. The infinitive *abrir* is not correct because it makes no sense as the object of the verb. The past participles *abierto* and *abiertas* do not make sense because as past participles they would function as adjectives, describing a noun. There is no noun to which they could refer after the verb *ir.* And after the verb *ser* used with the pronouns, these participles do not make sense. If you are confused by the pronouns, review the grammar referring to the uses of pronouns in the appendix.

7. (C) *Quise.* The preterit in this instance is necessary to communicate the idea of effort on the author's part. Remember that there are several verbs that have different meanings in the preterit. *Querer* means *to attempt* or *to try. No querer* means *to refuse*, which is the logical translation of the preterit tense of *not wanting* in a specific moment in the past. Verbs with special meanings are listed in the appendix of this book.

8. (C) *esfuerce.* The present subjunctive is needed in this dependent noun clause after an impersonal expression in the main clause. Even if you do not recognize the word *imprescindible*, you can recognize the structure of *es* (*ser*), with no apparent subject, then an adjective. Words that end with *-ible* are frequently adjectives. The present is used because *es* is the present tense of *ser.* This is the only correct choice for this question.

9. (B) *En.* The difference between *en* and *a* is very subtle. One clue would be that *a* is used with an article. *En* is used to designate something that happens at a given moment. *A* is used to express a specific hour when something happens, or something that happens after a period of time, or things that happen at the same time (*al* + the infinitive). *Para* indicates a deadline, a time by which something has to be done or something is to happen. *Del* indicates a point in time from which subsequent time is measured. It would also help to understand that *término* is not readily translated in this example; the whole phrase means *In the first place....*

10. (B) *impunemente.* Perhaps the English word *impunity* could be a clue to the correct meaning of this adverb. The adjective *maligno* should be recognizable from the English word *malignant*, meaning *harmful. Sumamente* can be deduced from the verb *sumar*, which means *to add up, to total up.* The adverb means *highly, exceedingly. Propiamente* comes from *propio*, meaning *own* or *proper.* It is a common expression used to say *properly speaking*, for example.

11. (D) *jamás.* The following sentence limits the choice to *jamás*, although *nunca* would also have been a correct response, if it had been offered. *Por poco*, meaning *almost*, is a possibility, but is not the best choice because the conjunction *pero* indicates that the speaker's response to his situation was directly contrary to what he could have done, which was flee the neighborhood.

SELECCIÓN OCHO

1. (D) *ni.* The correct conjunction here is the Spanish equivalent of *neither. Pero* is not a correct choice because the next part of the sentence states that the other man did not know anything about the speaker.
2. (B) *ante.* Be sure not to confuse *ante* and *antes. Ante* means *before, in the presence of,* and is related to how things are placed (spacial relationships). *Antes,* meaning *before,* refers to time (temporal relationships). If may be helpful to review those prepositions that describe the physical locations, such as *after, beside, above, over, alongside,* etc. *Hacia,* meaning *toward,* also is a preposition that you should be able to recognize. Do not confuse it with *hacía,* which has an accent mark and is a verb form.
3. (C) *estuvieron.* The third person plural preterit is used here because the speaker refers to an event that is completed in the past. The difference between the imperfect and the preterit is often stated as the difference between describing a past event and narrating an event. In the context of this passage, the narrator has used the imperfect up to this point to describe the scene, using the verbs *veía, hallaba, resolvía.* The conjunction *pero* indicates that the narrator is through describing the event; he is now narrating the moment when something took place. It began when the animals were right there, almost upon him. The verbs after *pero* are in the preterit, as the narrator relates the story of what happened. Remember that the preterit is used for actions that have a beginning or an ending at a specific moment in the past.
4. (A) *insoportable.* The verb *soportar* is a false cognate. Instead of *support,* it means *tolerable.* The prefix *-in* means *not,* so the adjective is *intolerable.* But since all of the prefixes are *-in,* you need other information to make a good guess if you do not recognize the words. *Oportuno* means *opportune,* but in the sense of *timely.* Most likely, to make a correct selection in this question you need to figure out that *agrandarse* means *to become greater* or *larger.*
5. (B) *mí.* After a preposition, *para,* a prepositional pronoun is used. Since all of the possessive adjectives and reflexive pronouns in the preceding phrase are first person singular, *mí* is the only correct answer in this case. Remember that *mi* is a possessive adjective because it has no accent mark.
6. (D) *apoyaron.* The plural preterit is used because the subjects are *pie* and *manos.* The preterit is used because the narrator is retelling what happened.
7. (C) *derecho.* All of the words meaning *right* or *straight* can be confusing. This is a vocabulary question that would be difficult to answer correctly unless you knew the words.The word *derecho* can have a variety of meanings, depending on how it is used, from *right hand,* as an adjective, to *law* or *right* as a noun. In this choice, *exacto* and *claro* do not really fit, and can be eliminated. *Erguido* comes from the verb *erguir,* meaning to *erect, to set up straight.*
8. (D) *pudiera.* The past subjunctive is used here in a dependent noun clause after a verb expressing doubt in the main clause. There is no other correct choice.
9. (B) *decidía.* The imperfect is used here because the narrator is describing possible actions. Notice that the construction of *De no ocurrir* is used as a substitute for the past subjunctive in an *if-then* statement, and the conditional part of the sentence occurs after the *if* clauses that describe actions

that would happen. This blank is for one verb in a parallel construction, with *lanzazo* as the subject of the first verb, and *palo* as the subject of the second verb, *quería*. By looking carefully at the structure of the sentence, you could see that this blank is not the *if* portion of the main *if-then* statement. It is quite possible to use the imperfect after *si* in the past, but use the past subjunctive after *si* in *if-then* statements.

10. (B) *agrupándose*. The present participle is used as an adverb in this case. Although it may seem that C is a possible choice, it is not because of a lack of a conjunction, such as *y* before the last clause, *empezaron también a correr*. None of the other choices makes sense grammatically.

11. (D) *hubiesen*. The past subjunctive is always required after *como si*, without exception. Remember to review the *-se* form of the past subjunctive if you do not recognize it.

12. (C) *alentador*. This is a vocabulary question. *Alentar* means *to breathe, to cheer, to encourage,* hence the adjective has to do with encouraging someone, or cheering them on. *Temeroso* can be deduced from *temor*, meaning *fearful*. *Mezquino* means *petty, miserly*, or *mean*.

SELECCIÓN NUEVE

1. (A) *avergüenza*. Do not assume that every blank will have to be filled with a subjunctive or preterit or imperfect verb form. If you read the whole selection before beginning you will notice that all the other verbs are in the present. You will also notice that there is no reason to use the subjunctive in the main clause at the beginning of this selection.

2. (C) *oficio*. This word is a false cognate; it means *office* only in the sense of *vocation, profession, duty*. But *deber* means *duty* in the sense of *obligation*. It helps to know that *avergonzar* means to *embarrass*. Knowing this verb, combined with the italicized words in the sentence should help you recognize that *oficio* is the correct choice.

3. (B) *detenía*. The phrase *cada vez* indicates ongoing action, so the imperfect is the only correct choice in this case. Look at other verbs in the sentence, also, to see that there is some correlation between the tense you choose for the blank and other tenses in the sentence.

4. (B) *lenta*. Remember that when there are two consecutive adverbs, the first one is shortened and ends in *a*. You might also want to review how to form adverbs from adjectives.

5. (C) *tenga*. Even if you did not realize that the third person command was the correct choice in this question, you should have noticed that the following clause contained *vaya*, which is another third person command. It occurs in a parallel construction.

6. (B) *derramándose*. This vocabulary question has some choices that you can easily eliminate. Although *gota*, meaning *drop*, appears in one of the options, the prefix *a* frequently, but not always, indicates negation. *Agotar* means *to drain off, to exhaust*. On the other hand, the prefix *de-*, indicates separation. Either of the first two choices would be better guesses than the last two, based on the prefixes.

7. (C) *oiga*. This is another third person singular command, required because in the context the speaker is expressing exasperation because the attendant does not listen to his advice about the problem he has with his car. The simple indicative would be a possibility, except that the attendant would not say the next sentence if he had understood what the speaker was saying. *Oíd* is the second person plural form, that is not appropriate here.

8. (A) *nunca.* The negative in front of the verb is a clue to the negative indefinite adverb, *nunca.*

9. (D) *dijera.* The past subjunctive is needed in this dependent adjective clause because the antecedent is nonexistent. All the other verbs in the sentence are in a past tense.

10. (A) *se realizó.* Remember that this verb is a false cognate. It means *to realize* in the sense of fulfilling a dream or coming into being. Students frequently confuse *realizar* and *darse cuenta de,* but do not assume that just because both vocabulary items are included, *darse cuenta* is the correct answer. *Transcurrir* does mean *to pass,* but only when talking about time.

11. (C) *lo.* The antecedent for this pronoun is the idea expressed in the words *escupe mucho.* If you cannot identify a noun that a pronoun would replace, always consider using the neuter form. You might also notice that *lo mismo,* meaning t*he same thing,* uses a neuter article with an adjective. It also refers to the words *escupe mucho.*

SELECCIÓN DIEZ

1. (D) *lo que.* This relative pronoun is needed as the subject of the verb that follows it. *Que* is used to introduce dependent clauses, but needs an article to make it a relative pronoun in his sentence. If you have difficulty deciding when to use *lo que,* try using *that which* in determining the English meaning of the Spanish words.

2. (C) *observé.* The imperfect after *mientras* indicates ongoing action that is background information. The imperfect "sets the stage" for narrating something that happens, as is the case in this question. The personal *a* tells that *mis compañeros* is the object of the verb, not the subject.

3. (D) *anhelantes. Aniquilado* means *annihilated,* which is not exactly a cognate, but if you are guessing, perhaps could be enough of a clue to eliminate it in this question. You need an adjective that describes the attitude of a group of people who are watching something dramatic happen. *Pululante* has an English cognate, *pullulating,* but it probably will not help, unless you know its other meaning, *sprouting.* The prefix *entre-* on the next adjective should help you eliminate it; it means *between. Anhelante* means *eagerly, longingly*; which would be appropriate in this question.

4. (C) *aunque.* The adjective following this blank provides additional information about the state of being of the workers watching the scene the narrator describes. To make the correct selection in this question, you need to realize that *transpirar* means to *perspire.* In this case, the meaning implicit in *although* is the best choice. *In spite of the fact* that they could be seen perspiring, the workers were not tired. *Sino que* is not correct because the phrase that follows it does not contain a verb.

5. (B) *empezaba.* The imperfect is the best choice in this question because the narrator is describing the beginning of the fight. He does not just say that it began and continue his narration. Notice that only the verb *observé* is in the preterit, further indicating that the narrator is describing the action, not narrating what happened. This information is background for the conversation that follows, which is narrated, and the action that follows in the second part of the passage.

6. (B) *mío.* Since there is no preposition *de*, the longer form of the possessive adjective is correct when it follows the noun. The first person is indicated by *me* before the verb that follows the blank.
7. (B) *jactancioso.* This adjective comes from *jactar*, meaning *to boast.* Remember that *jubilar* means *to retire from work* and is a false cognate. *Asqueroso* means *detestable* and *chisposo* means *sparkling* or *sputtering.*
8. (C) *lo.* This direct object pronoun refers to the speaker, third person singular, masculine and is the only choice that makes sense grammatically. *Él* and *Vd.* cannot be the subjects because *el policía* is the subject. The second person singular is never used in this passage, and there is no reason to use it here.
9. (C) *habría podido.* The conditional expresses the narrator's attitude, to explain why he repeated his response to the question. Notice that you use the conditional in this clause; the sentence is not an *if-then* statement. The imperfect in the following clause explains why he would not be able to explain.
10. (A) *los.* With parts of the body and articles of clothing, possession is usually indicated with an indirect object pronoun. In other cases, where possession is indicated by the subject of the verb (*the men raised...*), the definite article is used.
11. (B) *Mueran.* This third person plural command is indicated by the noun, *verdugos.* Even if you do not recognize the noun that is the subject of the verb, you can assume that it is someone who oppresses the masses since the verb is *morir.* This whole scene describes a confrontation between two groups, the police and the workers. In the context of this setting, the command is correct.

SELECCIÓN ONCE

1. (D) *ha sido.* The present perfect is the best choice in this question because the speaker is referring to all time from past up to the present. The verb *ser* is correct because the characteristic *constante* is definitive.
2. (B) *Antaño.* From the rest of this paragraph, it is apparent that this speaker is talking about a long time ago. Of all of the choices, this one is the only one that would communicate that meaning. *Anterior* would usually have *-mente* on the end if it were used as an adverb in this case.
3. (C) *tal.* This adjective is used because it is the only choice that would mean *such. Tanta* is also an adjective, but it means *so much* used before a noun. Since there is no *como* in a following phrase, any form of *tanto* can be eliminated. If you are unclear about comparisons of equality or inequality, you may want to review them.
4. (A) *crece.* The present is indicated by the phrase *al momento.* Even though this is a rather lengthy sentence, there are not many verbs. When you come across this kind of text, be sure you can correctly identify the subjects and objects, then look for adverbs that will reveal information about the frame of reference in time.
5. (A) *por.* When *por* is followed by an infinitive, it expresses impending action, or an action that is not yet completed, as is the case in this question. *Para* followed by an infinitive expresses purpose, indicated in English by *in order to* + the verb. *En* is a literal translation from English to Spanish that is not the best selection.

6. (C) *Por lo tanto. Therefore* is the best transitional phrase to introduce the next idea that the writer presents. It is a logical continuation of the thoughts already presented. *Sin embargo*, meaning *nevertheless*, implies a following statement in opposition to the previous one. *Al tanto* has no coherent meaning in this context; it means *up to date, current.* Similarly, *a continuación* means *following.*

7. (C) *sino.* The use of *además* then *no sólo* in the previous clauses indicates that *sino* is the best choice in this question. The logic of the selection is *moreover . . . not only . . . but (also) . . .*, even though *sobre todo* is used instead of *también.* In the following clause, *porque* is used, which means that *sino que* is not correct.

8. (A) *lo.* This direct object pronoun refers to *problema* and is used redundantly. The subject of the verb follows it. Notice that the noun that is the direct object also precedes the verb. With this inverted syntax, or word order, the pronoun functions as a marker.

9. (C) *Esto.* The neuter demonstrative pronoun is used here to refer to the idea presented in the preceding material. It is the only possible choice in this case. To test whether it would make sense, if you are unsure, try to identify the noun to which the pronoun would refer and see what it would mean in the context.

10. (D) *idóneo.* This adjective is used instead of *ideal.* From Latin, the meaning of *célere*, meaning *quickly* would be apparent. The word is related to the English word accelerate. *Eficaz* is a cognate, meaning *efficient. Suministro* means *supply.*

11. (B) *el que. El sistema económico* is the referent for this relative pronoun, that functions as the subject of the verb it follows. The word order in this sentence necessitates using *el que*, meaning *that which.*

SELECCIÓN DOCE

1. (D) *borrosa.* This adjective means *muddy, blurred.* All of the other words are cognates, but in order to recognize them, a good English vocabulary is necessary. Some of them also come from Latin, so knowledge of Latin roots may help. *Brusca* means *rude, rough*, which are similar to *brusk. Calumniosa* is *calumnious*, meaning *slanderous. Egregia* is *egregious*, meaning *extraordinary* or *scandalous.*

2. (C) *en qué.* Remember that the verb *consistir* is followed by the preposition *en. Qué* has an accent mark because it is an interrogative in this sentence.

3. (D) *vea.* The subjunctive is used in this sentence because it occurs in a dependent noun clause after an impersonal expression, *es improbable.* The present is used because *es* is present tense.

4. (A) *perspicazmente.* This adverb is a cognate for *perspicaciously*, meaning *with keen judgement*, or *wisely.* Although this may seem to be a rather unusual word, it is not as uncommon in Spanish as it is in English. *Vanamente* is also a cognate; you may recognize *vainly*, used to describe a futile effort. *Lozanamente* means *briskly, nimbly. Soberbiamente* comes from *soberbia*, which, although it looks like *sober* in English, really means *arrogant.* The adverb, then, means *haughtily* or *arrogantly.*

5. (B) *apenas.* This adverb means *scarcely*, and in the context of this passage is the best choice. With the sequence of tenses, *cuando florecieron* before, and *se contaba con* after the blank, choices A and C do not make sense. *Por casualidad* does not make any sense at all.

6. (D) *llegase.* The past subjunctive is used in this clause because it occurs in a dependent noun clause after a verb expressing hope. In this case *se contaba con que...*, using the *se* substitute for the passive voice means that the subject is *nada.* Even though the word order in this sentence is inverted and the dependent adverb clause comes first in the sentence, if you can locate the subject of the verb, you can figure out the correct answer.

7. (D) *desarrollara.* The past subjunctive occurs here in a dependent noun clause after an impersonal expression. Even though it is expressed using the pluperfect subjunctive, *hubiera sido*, it is still an impersonal expression because the subject, *it*, does not refer to any specific antecedent. Remember that the impersonal expression may not always be expressed in the simple present, preterit, or imperfect indicative tenses.

8. (A) *digamos.* There is no indication of the subject of this verb in this passage, but all the choices are first person plural. In trying to decide which tense to use, it is helpful to understand that this speaker is expressing an opinion, and appears to be inviting the reader to consider the topic from his point of view. This is an example of a first person plural indirect command: *let's not say original.* The idea at the end of this paragraph returns to the writer's point of view in the first sentence of the paragraph, where he states that from the time of the Spanish Civil War, people do not expect the unexpected.

9. (D) *uno. One's self* is what is meant in this sentence. There is no other antecedent to which any of the other choices could refer. Notice that *si* does not have an accent mark, which would be necessary if it were to come before *mismo. Lo mismo* does not make sense because *persona* in the following part of the sentence makes it clear that the writer is talking about a person reflecting on his own reality.

10. (C) *la cual.* The antecedent for this relative pronoun is *realidad. La cual* emphasizes that one particular reality is meant from a variety that present themselves to a person. A person exists within a particular reality. *Realidad* and *pertence* and *uno* at the end of the sentence all indicate the gender of the article to use with the relative pronoun.

11. (A) *tantos.* This adjective is nominalized; *autores* is understood. Even if you did not know that *Unamuno* was a *writer* of the *Generación de '98*, the context should strongly suggest that he was a writer. Since the topic is originality, you would think of a creative person, such as a writer. *Tales* would not precede *más*, and *cuantos* does not have an accent mark. *Los* is not used before *más*, but before *demás*.

CHAPTER 5: Answer Sheet for Name-the-Error Exercises

Group One
1. Ⓐ Ⓑ Ⓒ Ⓓ
2. Ⓐ Ⓑ Ⓒ Ⓓ
3. Ⓐ Ⓑ Ⓒ Ⓓ
4. Ⓐ Ⓑ Ⓒ Ⓓ
5. Ⓐ Ⓑ Ⓒ Ⓓ
6. Ⓐ Ⓑ Ⓒ Ⓓ
7. Ⓐ Ⓑ Ⓒ Ⓓ
8. Ⓐ Ⓑ Ⓒ Ⓓ
9. Ⓐ Ⓑ Ⓒ Ⓓ
10. Ⓐ Ⓑ Ⓒ Ⓓ
11. Ⓐ Ⓑ Ⓒ Ⓓ
12. Ⓐ Ⓑ Ⓒ Ⓓ

Group Two
1. Ⓐ Ⓑ Ⓒ Ⓓ
2. Ⓐ Ⓑ Ⓒ Ⓓ
3. Ⓐ Ⓑ Ⓒ Ⓓ
4. Ⓐ Ⓑ Ⓒ Ⓓ
5. Ⓐ Ⓑ Ⓒ Ⓓ
6. Ⓐ Ⓑ Ⓒ Ⓓ
7. Ⓐ Ⓑ Ⓒ Ⓓ
8. Ⓐ Ⓑ Ⓒ Ⓓ
9. Ⓐ Ⓑ Ⓒ Ⓓ
10. Ⓐ Ⓑ Ⓒ Ⓓ
11. Ⓐ Ⓑ Ⓒ Ⓓ
12. Ⓐ Ⓑ Ⓒ Ⓓ

Group Three
1. Ⓐ Ⓑ Ⓒ Ⓓ
2. Ⓐ Ⓑ Ⓒ Ⓓ
3. Ⓐ Ⓑ Ⓒ Ⓓ
4. Ⓐ Ⓑ Ⓒ Ⓓ
5. Ⓐ Ⓑ Ⓒ Ⓓ
6. Ⓐ Ⓑ Ⓒ Ⓓ
7. Ⓐ Ⓑ Ⓒ Ⓓ
8. Ⓐ Ⓑ Ⓒ Ⓓ
9. Ⓐ Ⓑ Ⓒ Ⓓ
10. Ⓐ Ⓑ Ⓒ Ⓓ
11. Ⓐ Ⓑ Ⓒ Ⓓ
12. Ⓐ Ⓑ Ⓒ Ⓓ

Group Four
1. Ⓐ Ⓑ Ⓒ Ⓓ
2. Ⓐ Ⓑ Ⓒ Ⓓ
3. Ⓐ Ⓑ Ⓒ Ⓓ
4. Ⓐ Ⓑ Ⓒ Ⓓ
5. Ⓐ Ⓑ Ⓒ Ⓓ
6. Ⓐ Ⓑ Ⓒ Ⓓ
7. Ⓐ Ⓑ Ⓒ Ⓓ
8. Ⓐ Ⓑ Ⓒ Ⓓ
9. Ⓐ Ⓑ Ⓒ Ⓓ
10. Ⓐ Ⓑ Ⓒ Ⓓ
11. Ⓐ Ⓑ Ⓒ Ⓓ
12. Ⓐ Ⓑ Ⓒ Ⓓ

Group Five
1. Ⓐ Ⓑ Ⓒ Ⓓ
2. Ⓐ Ⓑ Ⓒ Ⓓ
3. Ⓐ Ⓑ Ⓒ Ⓓ
4. Ⓐ Ⓑ Ⓒ Ⓓ
5. Ⓐ Ⓑ Ⓒ Ⓓ
6. Ⓐ Ⓑ Ⓒ Ⓓ
7. Ⓐ Ⓑ Ⓒ Ⓓ
8. Ⓐ Ⓑ Ⓒ Ⓓ
9. Ⓐ Ⓑ Ⓒ Ⓓ
10. Ⓐ Ⓑ Ⓒ Ⓓ
11. Ⓐ Ⓑ Ⓒ Ⓓ
12. Ⓐ Ⓑ Ⓒ Ⓓ

Group Six
1. Ⓐ Ⓑ Ⓒ Ⓓ
2. Ⓐ Ⓑ Ⓒ Ⓓ
3. Ⓐ Ⓑ Ⓒ Ⓓ
4. Ⓐ Ⓑ Ⓒ Ⓓ
5. Ⓐ Ⓑ Ⓒ Ⓓ
6. Ⓐ Ⓑ Ⓒ Ⓓ
7. Ⓐ Ⓑ Ⓒ Ⓓ
8. Ⓐ Ⓑ Ⓒ Ⓓ
9. Ⓐ Ⓑ Ⓒ Ⓓ
10. Ⓐ Ⓑ Ⓒ Ⓓ
11. Ⓐ Ⓑ Ⓒ Ⓓ
12. Ⓐ Ⓑ Ⓒ Ⓓ

Group Seven
1. Ⓐ Ⓑ Ⓒ Ⓓ
2. Ⓐ Ⓑ Ⓒ Ⓓ
3. Ⓐ Ⓑ Ⓒ Ⓓ
4. Ⓐ Ⓑ Ⓒ Ⓓ
5. Ⓐ Ⓑ Ⓒ Ⓓ
6. Ⓐ Ⓑ Ⓒ Ⓓ
7. Ⓐ Ⓑ Ⓒ Ⓓ
8. Ⓐ Ⓑ Ⓒ Ⓓ
9. Ⓐ Ⓑ Ⓒ Ⓓ
10. Ⓐ Ⓑ Ⓒ Ⓓ
11. Ⓐ Ⓑ Ⓒ Ⓓ
12. Ⓐ Ⓑ Ⓒ Ⓓ

Group Eight
1. Ⓐ Ⓑ Ⓒ Ⓓ
2. Ⓐ Ⓑ Ⓒ Ⓓ
3. Ⓐ Ⓑ Ⓒ Ⓓ
4. Ⓐ Ⓑ Ⓒ Ⓓ
5. Ⓐ Ⓑ Ⓒ Ⓓ
6. Ⓐ Ⓑ Ⓒ Ⓓ
7. Ⓐ Ⓑ Ⓒ Ⓓ
8. Ⓐ Ⓑ Ⓒ Ⓓ
9. Ⓐ Ⓑ Ⓒ Ⓓ
10. Ⓐ Ⓑ Ⓒ Ⓓ
11. Ⓐ Ⓑ Ⓒ Ⓓ
12. Ⓐ Ⓑ Ⓒ Ⓓ

Group Nine
1. Ⓐ Ⓑ Ⓒ Ⓓ
2. Ⓐ Ⓑ Ⓒ Ⓓ
3. Ⓐ Ⓑ Ⓒ Ⓓ
4. Ⓐ Ⓑ Ⓒ Ⓓ
5. Ⓐ Ⓑ Ⓒ Ⓓ
6. Ⓐ Ⓑ Ⓒ Ⓓ
7. Ⓐ Ⓑ Ⓒ Ⓓ
8. Ⓐ Ⓑ Ⓒ Ⓓ
9. Ⓐ Ⓑ Ⓒ Ⓓ
10. Ⓐ Ⓑ Ⓒ Ⓓ
11. Ⓐ Ⓑ Ⓒ Ⓓ
12. Ⓐ Ⓑ Ⓒ Ⓓ

Group Ten
1. Ⓐ Ⓑ Ⓒ Ⓓ
2. Ⓐ Ⓑ Ⓒ Ⓓ
3. Ⓐ Ⓑ Ⓒ Ⓓ
4. Ⓐ Ⓑ Ⓒ Ⓓ
5. Ⓐ Ⓑ Ⓒ Ⓓ
6. Ⓐ Ⓑ Ⓒ Ⓓ
7. Ⓐ Ⓑ Ⓒ Ⓓ
8. Ⓐ Ⓑ Ⓒ Ⓓ
9. Ⓐ Ⓑ Ⓒ Ⓓ
10. Ⓐ Ⓑ Ⓒ Ⓓ
11. Ⓐ Ⓑ Ⓒ Ⓓ
12. Ⓐ Ⓑ Ⓒ Ⓓ

Group Eleven
1. Ⓐ Ⓑ Ⓒ Ⓓ
2. Ⓐ Ⓑ Ⓒ Ⓓ
3. Ⓐ Ⓑ Ⓒ Ⓓ
4. Ⓐ Ⓑ Ⓒ Ⓓ
5. Ⓐ Ⓑ Ⓒ Ⓓ
6. Ⓐ Ⓑ Ⓒ Ⓓ
7. Ⓐ Ⓑ Ⓒ Ⓓ
8. Ⓐ Ⓑ Ⓒ Ⓓ
9. Ⓐ Ⓑ Ⓒ Ⓓ
10. Ⓐ Ⓑ Ⓒ Ⓓ
11. Ⓐ Ⓑ Ⓒ Ⓓ
12. Ⓐ Ⓑ Ⓒ Ⓓ

Group Twelve
1. Ⓐ Ⓑ Ⓒ Ⓓ
2. Ⓐ Ⓑ Ⓒ Ⓓ
3. Ⓐ Ⓑ Ⓒ Ⓓ
4. Ⓐ Ⓑ Ⓒ Ⓓ
5. Ⓐ Ⓑ Ⓒ Ⓓ
6. Ⓐ Ⓑ Ⓒ Ⓓ
7. Ⓐ Ⓑ Ⓒ Ⓓ
8. Ⓐ Ⓑ Ⓒ Ⓓ
9. Ⓐ Ⓑ Ⓒ Ⓓ
10. Ⓐ Ⓑ Ⓒ Ⓓ
11. Ⓐ Ⓑ Ⓒ Ⓓ
12. Ⓐ Ⓑ Ⓒ Ⓓ

CHAPTER 5 Name-the-Error Exercises, Answers, and Answer Explanations

In the sentences in this section that follows, you are to select the underlined word or phrase that is grammatically INCORRECT in the context of the sentence. These errors are of the following kinds:

1. verbs conjugated in the wrong tense or mood for the context,
2. adjectives that do not agree with the nouns they modify or to which they refer,
3. adjectives that are not shortened when they should be, or they are shortened when they should not be,
4. adverbs that are not the correct form,
5. pronouns that are the wrong kind or the wrong person and number,
6. conjunctions that are not the correct form,
7. comparative forms that are incorrect,
8. improper use of definite articles,
9. incorrect selection of prepositions,
10. the wrong part of speech for the given context.

To do this section you should:

1. read the whole sentence,
2. identity the subject of the verb,
3. determine if the verb is used in a main clause or a dependent clause,
4. check the sequence of tenses,
5. identify the gender of nouns that are used,
6. make sure you understand which adjectives go with which nouns,
7. make sure you understand which nouns the pronouns refer to in the sentence,
8. make sure that the prepositions are the correct ones for the verbs that are used,
9. check to make sure that the conjunctions are the right form. (*y/e* or *o/u*),
10. check your answers.

Following the twelve sets there are explanations. By reading these you can clear up misconceptions you may have about some of the grammar. This section is very difficult if you do not have a clear idea about grammar because you will not be able to recognize what is correct or incorrect. Remember that a grammar is a set of guidelines for putting words together so that they communicate information or ideas. When some words do not conform to the rules, the sentence does not work. A sentences is like a machine, everything has a purpose in the mechanism. When one part, (or word), is out of place or incorrect, the machine, (or sentence), does not work. In this section you will need to find the words that keep the sentence from communicating a coherent thought.

Example:
A <u>mí</u> no me <u>extraño</u> que <u>haya</u> más población <u>en</u> el sur que en el norte de la
A B C D
Florida.

The incorrect word is *extraño* because in the context of this sentence, *extrañar* is not reflexive. That the verb is not reflexive is indicated by the meaning of the sentence. If you do not know the meaning of *extrañar* you can still figure out the incorrect word by the process of elimination. Since *mí* corresponds to *me*, you know it is correct. There cannot be two errors in one sentence. *Haya* occurs in a dependent noun clause, so *extrañar* must have something to do with expressing a wish, request, emotion, doubt, or perhaps is an impersonal expression. *En* is a perfectly acceptable preposition in this instance. By eliminating the correct words, you can see that *extraño* is the problem.

This section requires you to think critically. You need to analyze what the sentence communicates. It is sometimes dangerous to think that a certain expression is correct because it *sounds* right. Take the time to think through the rules for putting words together and you can be very successful on this section.

GROUP ONE

1. <u>Estaba</u> yo en el comedor cuando <u>se oyó</u>
A B
<u>grandes</u> voces en la calle <u>pregonando</u> las
C D
noticias.

2. <u>Debido</u> a los fuertes vientos, las plantas de
A
algodón más <u>alto</u> y más <u>antiguas</u> sufrieron
B C
un daño <u>mayor</u>.
D

3. <u>Solo</u> llene sin <u>riesgo</u> el cupón que <u>aparece</u>
A B C
abajo y <u>póngalo</u> en un sobre.
D

4. El retrasar la madurez <u>completo</u> de la
A
cosecha, ya <u>sea</u> por <u>el</u> clima, <u>u</u> otra cosa,
B C D
no es noticia grata.

5. He <u>recibido</u> reportes de varias fábricas
A
<u>cuyas</u> muros <u>simplemente</u> se
B C
<u>desplomaron.</u>
D

6. <u>Ésa</u> es una de las reacciones retrasadas
A
<u>producidas</u> <u>por</u> este tipo de clima
B C
<u>caprichosa</u>.
D

7. <u>Estas</u> plantas continuarán <u>perecidas</u> a
A B
medida que <u>transcurra</u> el tiempo <u>inclemente</u>.
C D

8. Las plantas se <u>ven</u> como si <u>estuvieran</u>
A B
<u>desarrollado</u> normalmente y de repente,
C
<u>mueren</u>.
D

9. Particularmente en lo relacionado al
A
cultivo, los insectos comienzan en
B C
acumularse a medida que la temporada
avanza.
D

10. Para el fin de la temporada, es
A
probable que sufriremos una gran
B C
infestación, ocasionando serios problemas.
D

11. Estas temas de problemas climatológicos
A B
suelen ocurrir, lo cual no es sorprendente,
C D
dada la ubicación de los campos.

12. ¡Qué va! No me diga que los pobres
A
insectos hambrientes no tengan derechos
B C
tampoco.
D

Answers and Answer Explanations for Group One

1. (B) *se oyeron.* The plural form of the verb is required because this is the *se* substitute for the passive voice, which is used when the speaker does not wish to emphasize or make reference to an agent. *Grandes* is not shortened before plural nouns. *Estaba* is the correct use of the imperfect since the information communicated is background information. *Pregonando* is used as an adverb to describe *se oyeron.*
2. (B) *altas.* The adjective modifies *las plantas,* not *algodón,* which the pairing with the adjective *antiguas* clearly indicates. *Mayor* is the correct adjective form for the comparative, *greater.*
3. (A) *Sólo.* The adverb is required in this sentence, not the adjective *Solo,* because the word describes the verb *llene.* There are no nouns with which *solo* could be used. Remember that *sólo* means *solamente,* but that *solo* (no written accent) means *alone, lone,* or *sole.*
4. (A) *completa.* The adjective modifies *madurez,* and therefore should be feminine. Remember that *o* becomes *u* before other words that begin with *o* and that *clima* is masculine. *Sea* is also correct because in the context of the sentence *ya* means *whether.*
5. (B) *cuyos.* This adjective agrees with *muros,* not *fábricas.*
6. (D) *caprichoso. Clima* is a masculine noun so the adjective must be masculine, also.
7. (B) *pereciendo. Plantas* is feminine, so the demonstrative adjective must agree in gender. The present participle *pereciendo* is incorrect because it follows *continuarán.*
8. (C) *desarrolladas.* This past participle, used as a predicate adjective, has to agree with the subject of *estuvieran (estar).* The past subjunctive after *como si* is always correct. The verb *ven* must also be in the plural because it is the *se* substitute passive construction.
9. (C) *a.* The preposition *a* always follows the verbs *comenzar* and *empezar. Lo* is correct because it is used to nominalize an adjective with an indefinite antecedent. It is translated as *in whatever is related to...*
10. (B) *suframos.* After the impersonal expression *es probable,* you should use the subjunctive. Since the verb *ser* is in the present tense, you should use the present subjunctive. *Para* is correct because the context of the usage here indicates destination in time in the future: *for the end of the*

season. Also, remember that *problemas* is masculine, which means that *serios* is correct. *Grande* becomes *gran* before a singular noun.

11. (A) *Estos.* Remember that *tema* is masculine, which means that the demonstrative adjective needs to be masculine, too. *Lo cual* is correct because this relative pronoun refers to the whole idea in the preceding clause. Since there is no specific noun to which it refers, you need to use *lo.*
12. (B) *hambrientos.* This adjective should end in *-o* or *-a*, or the plural form of these two possible endings. The subjunctive is correct in *tengan*, because it occurs in a dependent noun clause after a verb that expresses a command in the main clause. *Tampoco* is correct because the verb *tengan* is negated.

GROUP TWO

1. La Srta. Sara Ortega y el Sr. Blasco Ybánez <u>encabezaron</u> (A) los premios y fueron <u>galardonadas</u> (B) como <u>grandes</u> (C) ganadores <u>por</u> (D) el Comité.

2. Con el apoyo del ejército <u>dirigido</u> (A) <u>por</u> (B) el General Magánz, el régimen <u>nacionalista</u> (C) <u>capturaron</u> (D) otra ciudad ayer.

3. Por <u>lo</u> (A) menos 56 personas, 15 de <u>ellos</u> (B) niños <u>menores</u> (C) de edad, sobrevivieron <u>el</u> (D) combate.

4. Despacharon sus <u>mejores</u> (A) enviados para <u>discutir</u> (B) con ellos para que <u>aceptan</u> (C) ese plan <u>suyo</u> (D).

5. <u>Hubo</u> (A) un bombardeo contra la ciudad <u>por</u> (B) parte de los defensores, los cuales <u>había</u> (C) sitiado el enclave <u>por</u> (D) nueve meses.

6. Los dos <u>primeros</u> (A) camiones estaban <u>llena</u> (B) de gente <u>herida</u> (C), destinada <u>para</u> (D) la frontera.

7. <u>Dicha</u> (A) información, <u>la cual</u> (B) no fue <u>transmitida</u> (C) a la Tierra, serviría para que <u>se van</u> (D) más allá.

8. La nave Colombia, <u>cuya</u> (A) nombre ya tiene fama, será <u>reutilizada</u> (B) <u>para</u> (C) futuras misiones <u>orbitales</u> (D).

9. <u>Terminada</u> (A) <u>este</u> (B) quehacer, los tripulantes <u>se preparaban</u> (C) para <u>ocuparse</u> (D) de su carga principal.

10. Informes <u>recién</u> (A) <u>publicados</u> (B) <u>por</u> (C) la Oficina del Censo, <u>reveló</u> (D) muchos cambios.

11. <u>Incluido</u> (A) en el estudio <u>se encontraban</u> (B) dos tablas que <u>comparan</u> (C) cantidades de personas <u>viviendo</u> (D) en varios estados.

12. Unas 6.5 millones en personas nacidas en
A B C
el extranjero residen en California.
D

Answers and Answer Explanations for Group Two

1. (B) *galardonados.* When the referents for an adjective are a combination of a masculine and a feminine noun, then the masculine plural form of the adjective is used. The adjective *grandes* is not shortened before plural nouns. *Por* is correct because it denotes the agent in the passive voice construction in this sentence: *fueron galardonados por el Comité.*
2. (D) *capturó.* The subject of the verb is *el régimen,* which means that the verb should be singular. Remember that adjectives that end in *-ista* are invariable; they do not change the final *-a* according to the gender of the noun they describe. *Dirigido* modifies *ejército,* so it is the correct gender and number. *Por* indicates the agent of the action.
3. (B) *ellas.* This object of the preposition pronoun refers to *personas,* so it should be feminine plural. *Combate* is masculine, so *el* is correct.
4. (C) *acepten.* The subjunctive should be used after *para que,* an adverbial conjunction that always introduces a clause containing the subjunctive. *Suyo* is the correct possessive, because it is the correct gender and number for the noun it modifies, *el plan.*
5. (C) *habían.* The subject of this verb is *los defensores,* which means that it needs to be plural. *Hubo* is correct because *There was* refers to a specific moment in time in the past. *Por* is correct because it means *on behalf of* in this context. The last example of *por* is correct because it refers to the duration of time.
6. (B) *llenos.* The antecedent for this adjective is *los camiones,* meaning that the adjective must be plural. The gender of *gente* is feminine, so *herida* is correct. *Para* indicates destination and direction forward. Also, *primeros* is not shortened before plural nouns.
7. (D) *se fueran.* The subjunctive is used after *para que.* The other adjectives and the relative pronoun are correct because they refer to the feminine noun *información.* The past subjunctive is used because all other verbs are in past tenses.
8. (A) *cuyo.* The noun *nombre* is masculine, so it takes the masculine form of the possessive.
9. (A) *Terminado.* The gender of *quehacer* is masculine. *Quehacer* is a compound noun, meaning that it is composed of two separate words. The gender of compound nouns is frequently masculine, so if you have to guess, try the masculine form.
10. (D) *revelaron.* The subject of this verb is *los informes,* even though it occurs at the beginning of the sentence and the verb is at the end. Do not be confused by structures where the subject and the verb are separated by many other words or clauses. *Recién* is an adverb, so it is invariable.
11. (A) *Incluidas.* The referent for this adjective is *tablas,* which means that the adjective must be feminine plural. Remember that *viviendo* cannot function as an adjective, which means that it will always end with *-o.*
12. (B) *de.* The preposition that follows *millones* is always *de.* All of the other underlined words refer to *personas,* so they are all correct.

GROUP THREE

1. Señora, si usted está dispuesta [A] a alquiler [B] la pieza, le [C] diré [D] las condiciones necesarias.

2. Recuerda esto [A] bien porque de mil manos que estreches [B] en tu vida quizá no haya [C] diez que valgan más que el suyo [D].

3. Se puso a negar que tenía [A] familia con tan [B] vehemencia, como si negase [C] haberme [D] robado la cartera o algo así.

4. ¿Tomaba mucho? ¡Dígamelo [A] a mí. Mi marido murió de lo [B] mismo, y había [C] que ver como [D] bebió.

5. Todo esto [A] comenzó hará [B] unos seis meses, aquel [C] mañana en que llegó un sobre rosa [D].

6. O quizás sería mejor que diga [A] que empezó hace [B] doce años, cuando vino [C] un nuevo [D] huésped.

7. Como buena dama, aquí me pareció oportuno [A] quedarme [B] a mi vez callada [C] y mirarlo fijo [D].

8. Pero el pobre seguía mudo [A] y vigilando [B] las esquinas, como si desearía [C] irse repentinamente [D].

9. —Vete [A], hijo mío—dijo el médico. —Y tengas fortuna, que bien [B] la [C] merece [D].

10. El viejo le [A] dio un ramito que cogió de un vaso y se [B] lo [C] ofreció al niño, díganle [D], —gracias, chico.

11. —Ten cuidado, eh, —volvió a decirme [A]. —Yo espero que saldré [B] bien [C] de esto [D].

12. Y si tú y yo no nos volvemos [A] a ver, acuérdate [B] alguna [C] vez de su [D] maestro.

Answers and Answer Explanations for Group Three

1. (B) *alquilar.* The word *alquiler* is a noun, meaning *the rent.* The verb ends in *-ar. Dispuesta* is correct because it refers to *señora.*
2. (D) *la suya.* Remember that *mano* is feminine, meaning that this possessive must be in the feminine form. *Esto* is correct because it refers to a whole idea instead of a specific noun. *Haya* is also correct because it is the present subjunctive form of *hay.* It is correct to use the subjunctive after *quizás. Estreches* is correct also because it occurs in an adjective clause where the referent, *mil manos*, is indefinite.
3. (B) *tanta.* When *so much* comes before a noun, *tanto, tanta, tantos* or *tantas* are used. Remember that the other form of the past subjunctive is *-ase* or *-ese*, which means that *negase* is correct because it comes after *como si.* Remember that *como si* always takes the past subjunctive.

4. (D) *cómo.* The word needs an accent because it is used as an interrogative, meaning *how much. Lo* is correct because it refers to an abstract concept, *how much he drank. Había* is correct because it is used as an impersonal expression. It is in the imperfect because the tense of *murió* is used in the previous clause, everything took place in the past tense.

5. (C) *aquella.* The correct form of the demonstrative adjective is feminine because it modifies *mañana. Hará* is correct because it is the future (of probability) of the verb *hacer. Esto* is correct because it refers to an indefinite or abstract idea. *Rosa* is correct because it is an invariable adjective; it always ends in *-a.*

6. (A) *dijera.* The past subjunctive is necessary because the impersonal expression in the main clause before this dependent clause is in the conditional. *Hace* is correct because it means *ago* in this sentence in combination with the preterit in the following verb, *vino.* The gender of *huésped* is indicated by the indefinite article *un.*

7. (D) *fijamente.* The adverb needs to be used here because the word describes the action of the verb instead of describing a noun.

8. (C) *deseara.* The past subjunctive must be used after *como si. Mudo* describes *el pobre,* so it is correct. *Vigilando* describes the action of the verb; it tells in what attitude he continued.

9. (D) *mereces.* The subject of the verb is *tú,* as is indicated in the other verbs in the sentence. *Vete* is the familiar command for *ir,* so it is correct. *La* refers to *fortuna,* so it is correct and *bien* is an adverb, so it also is the correct form.

10. (D) *diciéndole.* The present participle is necessary in this case because the word is used adverbially, to describe the action of offering the flowers.

11. (B) *salgas.* The present subjunctive is necessary after *yo espero,* because it is used in a dependent noun clause after a verb expressing a wish.

12. (D) *tu.* The second person singular is needed because it refers to the *tú* used as the subject of the verb in the main clause.

GROUP FOUR

1. El jugador se retiró (A) de la liga tras habiendo (B) revolucionado (C) el baloncesto desafiando (D) la ley de gravedad.

2. ¿Qué hace él con el equipo Los (A) Medias Blancas (B)? Simplemente (C) buscando (D) otro reto deportivo.

3. Sin embargo, dudo que ese (A) jugador sea (B) alguna (C) día superestrella renombrado (D) mundialmente.

4. ¿Tiene (A) él futuro en el fútbol? A los (B) 45 años de edad lo (C) veo difícil (D).

5. Cuando jubile (A), tendrá su futuro asegurado, o sea (B), no tiene nada (C) que perdió (D).

6. Él dice que continúa tener problemas
   A
   porque la prensa lo ha presentado mal.
   B C D

7. Si él sigue practicando para las Ligas
   A
   Menores, será buenísima su promoción
   B C
   para esas.
   D

8. Pasará a la historia como la temporada en
   A
   que el mejor baloncelista en el mundo
   B C
   decidió ser pelotero de las Grandes Ligas.
   D

9. La depresión llegó cuatro meses después

   de haber empezado y terminó hace
   A B
   algunos seis o ocho meses.
   C D

10. Este jugador puede ser el nuevo héroe

    nacional, alguien quien nos puede llevar al
    A B C D
    futuro.

11. Todavía no se ha recuperado de haber
    A B
    perdida a su esposa, pero lo está logrando.
    C D

12. Tengo que determinar mis prioridades y la
    A B
    número uno, que es, sin duda ninguna, el
    C D
    fútbol.

Answers and Answer Explanations for Group Four

1. (B) *haber.* The infinitive is used after a preposition, regardless of what the English meaning would be. *Retiró* is correct because it is in the correct tense and is the correct vocabulary word to mean *to leave.* Remember that the word *jubilarse* means to retire. *Desafiando* is correct because it describes the action of the verb, and is not used as an adjective modifying *baloncesto. Revolucionado* is a past participle, which is necessary after the helping verb *haber.*
2. (D) *busca.* The conjugated form of the verb is necessary here to make a complete sentence to answer the question that is posed. *Los* is correct because it refers to a baseball team. *Simplemente* is correct because it is an adverb describing *busca.*
3. (C) *algún.* The noun *día* is masculine, in spite of ending with the letter *-a*, so the shortened form of the indefinite adjective *alguno* is needed. *Sea* is correct because it occurs in a dependent noun clause following *dudar* in the main clause. *Renombrado* describes *jugador*, so it is in the correct gender and number.
4. (A) *Tendrá* is correct because the question asks about something that has not yet happened. The future expresses conjecture in the present. *Difícil* should have been replaced by *difícilmente.* However, *lo veo difícil* is a common Spanish expression and should be respected.
5. (D) *perder. Perder* should be used in the expression. The subjunctive, *jubile*, is correct in the adverbial clause since the action has not happened yet. *Sea* is correct; it is a common expression meaning *in other words. Nada* is correct because it is needed to make a double negative when *no* comes before the verb.

6. (A) *teniendo.* The present participle is used after the verb *continuar* to indicate continuing action. *Lo* is correct because it refers to the subject of the verb at the beginning of the sentence, *él. Mal* is correct because it is used as an adverb, in which case the *-o* is dropped. The word describes the action of the verb *ha presentado*, not a noun.
7. (D) *ésas.* The demonstrative pronoun has a written accent to distinguish it from the demonstrative adjectives. Notice that the present participle is used after *sigue.*
8. (C) *del.* In the superlative construction, the correct preposition to use to designate *in* is *de*, which, when combined with the article *el*, becomes *del.* Remember that *grandes* is not shortened before plural nouns. Also remember that words that end with *-ista* take a masculine article, *el*, when the person is masculine. The subject in this case is masculine, as indicated by the use of *pelotero* later in the sentence.
9. (D) *u.* The conjunction *o* changes to *u* before words beginning with *o. Haber* is correct because it comes after a preposition, *de.* And *algunos* is correct because it modifies *meses*, which is masculine. *Hace* is correct because the third person singular is used in expressions of time.
10. (C) *pueda.* The subjunctive is needed here because the verb is used in an adjective clause in which the referent is indefinite. *Al* is correct because it is a contraction of *a el,* connected with the masculine noun *futuro. Alguien* is correct because it is the only indefinite pronoun that would refer to a person, indicated by *someone. Quien* is correct because it refers to *alguien.*
11. (C) *perdido.* The past participle that follows *haber* should always end with *-o. Lo* is correct because it refers to an abstract concept.
12. (D) *alguna.* After the use of *sin* plus a noun, the use of *alguna* is permissible in place of *ninguna. La* refers to *prioridades*, so it is correct. The number *uno* is correct because when it follows *número* it is invariable. Only when it is used as an adjective does it agree with the noun. *Determinar* is correct because *tener que* requires the infinitive. Even if you did not know that you could use *alguna* in certain expressions after the negative, by the process of elimination you could guess the correct answer here.

GROUP FIVE

1. El presidente exhortó al banco que bajaran
A B
el interés financiero que otorgue a la
C D
industria que solicita el préstamo.

2. Quizás éste será el año en que en nuestro
A
país se gasta más en educación que en
B C
cualquier otro año.
D

3. Dijo que ese año gastaría más por ayudar a
A B
los campesinos para que mejoren sus vidas.
C D

4. El partido, en el poder por más que 60
A B C
años, postula a otro economista para el año
D
entrante.

5. Nadie nos dice que la vida familiar (A) del futuro sería (B) fácil, sino (C) cada día nos (D) indica lo contrario.

6. Insistieron en que tú y él invitarais (A) a (B) sus (C) amigos para conocerlos en (D) la fiesta.

7. Cuando el pobre se cayó (A) del techo de su casa, quedó deshabilitada (B) temporalmente (C) por (D) un año.

8. El hecho de admitir usar (A) documentos falsos puede solucionarse mediante (B) una pequeña multa, pero pueda (C) prohibirle a uno convertirse (D) en residente.

9. Mucha (A) gente paga una multa pensando (B) que lo (C) va a solucionar, sin pensarlo bueno (D).

10. La ley declara que una multa de cientos (A) de dólares puede (B) ser impuestos (C) por (D) presentar documentos falsos.

11. Está preocupado que haya (A) gente que está (B) cediendo todo derecho sin saberlo (C) al firmar (D) su nombre.

12. El consejero sugirió que busquen (A) ayuda legal por (B) medio de una agencia sin fines (C) lucrativa (D).

Answers and Answer Explanations for Group Five

1. (B) *bajara.* The singular form is necessary because the subject is *banco.* The verb, *otorgue,* is correct because the subjunctive is necessary in the adjective clause if the referent is indefinite.
2. (B) *gaste.* The verb should be in the subjunctive because the action has not happened and it is not certain that it will happen. *Que* is correct because it is the appropriate word to express *than.* All the other words are the proper gender and number. *Éste* is the correct demonstrative pronoun to refer to *el año.*
3. (B) *para.* The preposition means *in order to* in this case, which is *para* instead of *por. Dijo* in this case does not require the subjunctive because the sentence communicates factual information. Since *dijo* does not indicate a command, the conditional of *gastar* is correct. *Para que* requires the subjunctive because it is an adverbial conjunction showing purpose, which requires the subjunctive. *Sus* is correct because the possessive adjective agrees with the noun it modifies.
4. (C) *de. Que* changes to *de* before numbers to express *than.* The exception to this rule is *no más que,* (no more than), and then the number. *El* indicates that *poder* is used as a noun. *Por* is used to indicate duration of time. *Para* indicates destination in time in the future.
5. (C) *sino que. Sino que* is used because the clause contains a conjugated verb.
6. (C) *vuestros.* Since the subject is *tú y él,* the possessive adjective should be *vuestros. Sus* could refer to the subject of the verb *insistieron,* except

that the last clause indicates that they want to meet *them*, m people who are being invited. The preposition *en* indicate where something takes place.

7. (B) *deshabilitado.* The adjective refers to *el pobre*, not *la casa. Por* is correct because it refers to duration of time. *Temporalmente* is an adverb that describes *quedó*. It is correct.
8. (C) *puede.* The subjunctive is not normally used in the main clause unless uncertainty is indicated by the use of *tal vez, acaso,* or *quizás*, or unless the verb is a command. None of these conditions exists in this sentence, so the indicative is correct. *Usar* is correct since the verb is used in the nominative case here, as the object of *admitir. Mediante* is correct in the context of the sentence; it means *through. Convertirse* is a reflexive verb in the context of this sentence, also.
9. (D) *bien. Bueno* is an adjective and cannot be used in this case since the word here describes the action of the verb *pensarlo. Gente* is feminine, so *mucha* is correct. *Lo* refers to the whole idea of paying without thinking, so *lo* is correct; it is not the subject of the verb. *Pensando* is correct since it describes the action of the verb *paga*.
10. (C) *impuesta.* This adjective describes *multa*, which means that the ending must be feminine. *Puede* is correct in this sentence because the verb in the main clause is not a verb of doubt, emotion, volition, nor is it an impersonal expression. *Por* is correct because the meaning in the sentence of *for* is *by means of* or *through.*
11. (B) *esté.* The subjunctive is used in this adjective clause because the noun to which the clause refers is indefinite or not specified, meaning that it is not known by the speaker if such people really exist. *Haya* is used in a dependent noun clause after a verb in the main clause that expresses uncertainty, or doubt. *Saberlo* is correct because the proper verb form after a preposition is an infinitive and the pronoun *lo* refers to the whole idea of what people are doing when they sign a paper. *Firmar* is correct because it follows *al.*
12. (D) *lucrativos.* The noun that the adjective modifies is *fines. Busquen* is correct because the subjunctive is used in the dependent clause when the verb in the main clause expresses a request or suggestion. *Fines* is correct in the context of the sentences because it means *ends.*

GROUP SIX

1. ¿No te das (A) miedo que dentro de unos años quieras (B) hacer ese (C) mismo viaje y ya no esté (D) el río?

2. Y en cualquier (A) caso tiene que darle (B) cuenta que la literatura de viajes es un poco (C) una metáfora de la literatura misma (D).

3. Un viajero es aquel (A) que al caer (B) de la tarde se sienta (C) al borde del camino para escribir de lo que haya (D) visto ese día.

4. Tiritando (A), empapados (B) hasta los huesos, cumplí (C) con mi deber de leer (D) el elogio.

5. Los pasajeros, hablando a quienes
A B
conocieron, les paseaban por la cubierta
C D
principal del vapor.

6. Permíteme que le recuerde que ya no hay
A B C D
monarquía en Francia, señor.

7. Pensando de otra cosa, el peatón no hacía
A B
caso de dónde iba y así lo atropelló el
C D
camión.

8. El turista común es el que anda sacando
A B
fotos para luego mostrarlos a vecinos
C
suyos.
D

9. No le dijo nada a María también por no
A B C
ofenderla, aunque ésta lo sospechaba.
D

10. De haberlo sabido antes, Mariana las
A B
hubiera advertido a sus hermanas cuanto
C D
antes.

11. Volvió su cabeza y vio, separada de ella
A B C
por varias ramas, a la mujer vestida de
D
negro.

12. Quienesquiera que fueran esos chicos, no
A B
les gustaron a mi padre.
C D

Answers and Answer Explanations for Group Six

1. (A) *das.* The subject of *dar* is the clause expressing what causes fear: making the trip and not finding the river where you thought it was. *Quieras* is correct because the subjunctive is used in the dependent clause, after the verb in the main clause expresses an emotion: fear. *Esté* is also correct since there is a compound object to the verb in the main clause, indicated by the conjunction *y*. *Viaje* is masculine, so *ese* is correct.
2. (B) *darse.* The indirect object pronoun is not correct because the expression is *darse cuenta*. *Un poco* is used as an adverb; it describes *darse cuenta*. The other adjectives are the correct gender and number.
3. (A) *aquél.* The demonstrative pronoun is necessary and refers to *un viajero*. Remember that the difference between the demonstrative adjective and the demonstrative pronoun is the written accent on the pronouns. *Haya* is correct because it refers to *lo que*, which is an indefinite antecedent.
4. (B) *empapado.* The adjective refers to the subject of the verb *cumplí*, which is singular. *Tiritando* describes the manner in which the subject fulfilled his obligation, so the present participle is correct in the first case. *Empapado*, on the other hand, describes the subject, so the past participle used as an adjective is correct. *Leer* is correct because the infinitive form is necessary after the preposition *de*.
5. (C) *se.* The verb *pasearse* is reflexive, which means that the indirect object pronoun is incorrect before this verb in this case. *Hablando* describes the action of the passengers as they were strolling around. *Por* is correct because it means *along*, or *about* in the context of this sentence.

6. (A) *Permítame.* Since the pronoun *le* precedes *recuerde,* and the form of direct address at the end of the sentence is *señor,* the command form has to be formal, also. *Recuerde* is correct because it occurs in a dependent noun clause, after a verb in the main clause that expresses a wish or request.

7. (A) *en.* The sense of this sentence is that the subject was meditating about something, which is *pensar en.* Remember that having an opinion about something is *pensar de.* The imperfect tense is appropriate for *hacía* because it describes what the pedestrian was doing when something else happened. *Lo* is the correct direct object pronoun to replace *el peatón.*

8. (C) *mostrarlas.* The pronoun at the end of the verb is feminine because the gender of *fotos* is feminine. It is a shortened form of *la fotografía. El que* refers to the *turista,* whose gender is indicated by the article *el. Sacando* describes the action of the verb *anda. Suyos* is the correct form of the possessive that follows the noun instead of preceding it.

9. (B) *tampoco.* Since the verb is negated by the word *no, nada* and *tampoco* should follow in order to make a double negative. *Por* is correct because the meaning in this sentence is to communicate reason, *out of a desire not to offend. Lo* is correct because the antecedent is indefinite.

10. (B) *les.* The indirect object pronoun is needed as the object of *hubiera advertido* and is indicated by the use of *a sus hermanas. Haberlo* is correct as the object of the preposition *de.* The construction of *de* plus an infinitive replaces the *si* portion of an *if-then* statement, which means that the past subjunctive is needed in the *then* part of the sentence. *Advertido* is an invariable past participle that must follow the helping verb *haber* in compound tenses.

11. (A) *la.* The possessive adjective to show possession of a part of the body or an article of clothing is normally not used in these cases. All of the other words in the sentence that are underlined refer to *la mujer,* so they are correct.

12. (C) *le.* The subject of *gustaron* is *esos chicos.* The indirect object pronoun *le* refers to *mi padre,* with *a* indicating that *mi padre* is the clarification of the word *le. Quienesquiera* is the correct plural form of this word, which refers to *esos chicos. Fueran* is correct, because the subject is *quienesquiera,* which is plural. The subjunctive is used here because *quienesquiera* is an indefinite antecedent.

GROUP SEVEN

1. El sol <u>le</u> (A) daba en <u>sus</u> (B) ojos y tuvo que <u>taparlos</u> (C) con <u>la</u> (D) mano.

2. <u>Nos</u> (A) fue obvio que el resultado <u>dependía</u> (B) <u>en</u> (C) cómo se <u>aplicaban</u> (D) las reglas.

3. La pelota <u>se</u> (A) dio <u>velozmente</u> (B) <u>con</u> (C) la pared de enfrente, causando no <u>poco</u> (D) desconfitura.

4. El profesor movía <u>la</u> (A) cabeza como si se <u>negaba</u> (B) dar crédito a <u>lo que</u> (C) <u>oía</u> (D).

5. Era las tres de la tarde cuando por fin
A B C
pudimos cruzar al río, tal era el desborde.
D

6. El capitán esperó a que todos callasen y
A
decía, —Resignémonos y quizás salgamos
B C D
bien.

7. Unos hombres entraron a la lancha, pero
A
las olas la volcaron y dos de ellos
B C
se perdieron.
D

8. Mario, con una voz que no parecía la suya
A B
gritaba a su amiga—¡Te doy mi sitio!
C D

9. Para mí, esa chica parecía la más
A B
inteligente en todo el contorno,
C
incluyendo el mío.
D

10. En esos días se veían el chico y su perro,
A B
inseparable caminando por el parque.
C D

11. Para asustar a la chica, el payaso abrió la
A B
boca, como si fuese a comérselo por
C D
complete.

12. Cuando el pobre papá de los Galgos se
A
empezaron a ahogar, el niño fue por el
B C D
médico.

Answers and Answer Explanations for Group Seven

1. (B) *los.* The possessive adjective is not normally used in this case. The definite article is used in place of the possessive adjective, *sus,* when speaking of a part of the body or an article of clothing. Remember that *mano* is feminine, so *la* is correct. Also, the infinitive form of the verb with the pronoun *los* is correct, because it is the object of the expression *tener que.*
2. (C) *de.* The proper preposition after *depender* is *de,* even though in English another preposition is used. *Aplicaban* is correct since this is an example of the use of the third person plural in the *se* substitute for the passive voice.
3. (D) *poca.* This word describes *desconfitura,* so the ending needs to be feminine. The expression for *to hit against* is *darse con* so the other underlined words in the sentence describing what the ball did are correct.
4. (B) *negara.* The past subjunctive is always used after *como si. Lo que* is correct, because the antecedent of this relative pronoun is indefinite. *Oía* is correct, because the subject is *el profesor* and the time frame is indefinite past.
5. (A) *Eran.* The verb needs to be plural, because the hour is past one o'clock. Remember that the third person singular of *ser* is used only for one o'clock. *De* is correct, because a specific hour of the day is indicated. *Por* is correct, because it is part of the expression, *por fin. Tal* is correct because it describes *el desborde,* which is singular.
6. (B) *dijo.* The preterit should be used in this case, because the moment of time is specific, and the action is begun and completed in that specific

moment in the past. *Callasen* is correct, because it is the past subjunctive and follows the adverbial conjunction *a que*, which indicates purpose. Remember that there are two forms for the past subjunctive and that in most cases both are correct. Usually when the past subjunctive is used for the conditional in *if-then* statements, the *-iera* or *-ara* form can be used, but not the *-iese*, or *-ase* form. *Resignémonos* is the correct first person plural indirect command. Remember that when the reflexive pronoun is added to the end of the first person plural form, that the final *s* is dropped. *Salgamos* is correct after *quizás*, to express uncertainty.

7. (A) *en*. The preposition *en* normally follows the verb *entrar*. *Ellos* is correct, because it refers to *los hombres*. *Se perdieron* is correct, because the reflexive form means *to become lost*.

8. (C) *gritó*. The preterit is needed here because the action is begun and completed at a specific moment in the past.

9. (C) *de*. The preposition that is used in superlative constructions is always *de*. Any other preposition is a direct translation of English to Spanish that is not correct. *Para* is correct, because the meaning of the preposition *for* in this case is *in my opinion*. *El mío* is correct, because this possessive pronoun refers to *el contorno*. *La* is correct, because it refers to *la chica* and is necessary to form the superlative construction.

10. (C) *inseparables*. The plural form of the adjective is necessary, because it refers to *el chico y su perro*. *Esos* is correct, because *días* is masculine. *Veían* is correct, because it is the *se* substitute for the passive voice. *Por* is correct, because the meaning of the preposition in this context is *through* the park.

11. (D) *comérsela*. The pronoun at the end refers to *la chica*, in which case the direct object pronoun needs to be feminine. Remember that *fuese* is correct after *como si*, because it is another form of the past subjunctive. *Para* is correct, because the meaning in the context of this sentence is *in order to*.

12. (B) *empezó*. The singular form of the verb is needed, because the subject is *el papá*. *Los* is correct, because it refers to all of the family members. *Ahogar* is correct because the infinitive is necessary after the preposition *a*. *Por* is correct, because the *médico* is the object of a search.

GROUP EIGHT

1. A las (A) ocho estábamos (B) todos en clase cuando empezaban (C) a llamarnos (D).

2. Cogí aquella (A) mano fuerte y leal por (B) debajo del banco, y la (C) estreché entre los míos (D).

3. El año venidero (A) no estaréis ya conmigo (B), pero les (C) veré de cuando (D) en cuando.

4. Nos dijo, —Si alguna (A) vez me ha (B) faltado la paciencia, sin queriendo (C) ser así, perdonadme (D).

5. Lo decía para que el otro las (A) mirara (B), pero éste (C) no le (D) fijó en las botas nuevas.

6. —Dispénsame—repitió nuestro maestro, —y
A
no dejéis de quererme sólo porque os dejo.
B C D

7. En un parpardear de los ojos, corrieron
A
sueltos todos los chicos tan pronto como
llegaran al agua fría del lago.
B C D

8. Entre aquellos acusados de complicidad
A B
con el cartel están un funcionario y
C D
inspector.

9. La agente nueva, que había sido enviado
A B C
para perseguir al cartel, murió en el
D
ataque.

10. Se veía salir de la casa dos camionetas
A B
rojas y una verde.
C D

11. Lo que quiere el director es que no
A
luchemos con armas pero que dialoguemos
B C D
primero.

12. Si usted desee que le presenten una copia
A B
del documento, pregúntele, —¿Podría
C
mostrármelo?
D

Answers and Answer Explanations for Group Eight

1. (C) *empezaron.* The preterit is necessary in this case because action is begun and completed at a specific moment in the past. The infinitive form of *llamarnos* is correct after a preposition, and the pronoun is correct because it refers to the subject of the verb *estábamos.*
2. (D) *las mias.* This possessive pronoun refers to *las manos*, so the form needs to be feminine. For the same reason, *aquella* and *la* are correct because they refer to *mano,* also. *Por* is correct because in the context of this sentence, the meaning of the word is *underneath* the table.
3. (C) *os.* The second person plural form is indicated by the second person plural ending on the verb in the first clause. The word *venidero* is the correct gender and number to agree with *año. Conmigo* is the correct form for the prepositional pronoun *mí* after *con*, and *cuando* is at times used in place of *vez* in the expression *de vez en cuando.*
4. (C) *querer.* The infinitive is necessary after the preposition *sin*, no matter what the English uses in this case. *Alguna* is correct because it refers to *vez*, which is feminine. *Ha* is correct because the subject of the verb is not *me* (which is not a subject pronoun), but *la paciencia. Perdonadme* is the correct form for the second person plural affirmative command.
5. (D) *se.* The correct pronoun to use in this case is the reflexive pronoun. *Las* is correct because the pronoun refers to *las botas. Mirara* is correct because the subjunctive is needed after the adverbial conjunction *para que.*
6. (A) *dispensadme.* The correct second person plural affirmative command is *dispensadme.* That the subject is second person plural is indicated by the ending of the verb *dejéis* and the indirect pronoun *os. Dejo* is correct because there is no reason to use the subjunctive; it does not

occur in a noun clause after a verb of emotion, doubt, denial, volition, or an impersonal expression. *Dejéis* is the correct second person plural negative command form. *Quererme* is correct because it is the object of the preposition *de.*

7. (B) *llegaron.* The indicative is used here because the action has already happened. In the past, if the time frame of the action in the dependent adverbial clause has not happened in relation to time in the main clause, use the subjunctive. For example, *Luego nos dijo que hablaría tan pronto como llegaran. (He told us he would talk to them as soon as they arrived.)* The conditional tense indicates that the speaker had not already talked to them. If the action took place, use the indicative. *Les habló tan pronto como llegaron.* (*He spoke to them as soon as they arrived.*). They arrived and they talked. Notice that the preterit is used instead of the conditional to indicate something that really happened. Refer to the grammar review in the appendix of this book for a listing of the common adverbial conjunctions introducing time clauses. *Parpardear* is correct because the infinitive is used as a noun in this instance. *Al* is correct, because the preposition *a* is combined with the article *el.* The masculine article is used, even though the noun is feminine because the word begins with a stressed *a.* Again, refer to the grammar review for a listing of common words that fall into this category. Because *agua* is feminine, the adjective *fría* is correct.
8. (D) *e.* Remember that when the word following the conjunction *y* begins with a stressed *i-* or *hi-* sound, that the conjunction changes to *e.* Notice that words that begin with *hie-*, however, do not require that the conjunction change because the *i* is not stressed. *Están* is correct since the subject is *un funcionario e inspector. Aquellos* is the correct demonstrative adjective to use with *acusados.*
9. (C) *enviada.* Since the adjective refers to *la agente,* this past participle used as an adjective should be feminine. *Sido* is part of the compound tense and is invariable. *La agente* is correct for the feminine form of *agente. Al* is a proper contraction of *a* and *el.*
10. (A) *Se veían.* The subject of the verb is *camionetas* so the verb should be in the third person plural form. *De* is the preposition that normally follows *salir* when the meaning is *to go out of. Rojas* is correct because the adjective describes *camionetas. Verde* is invariable.
11. (C) *sino.* The meaning of this conjunction is *but rather,* since the clause that follows is the opposite of what precedes it. *Lo que* is correct because it refers to the whole idea of not fighting, rather talking things over. *Luchemos* and *dialoguemos* are both correct because they occur in dependent noun clauses after a main clause in which the verb expresses a wish, request, or desire.
12. (A) *desea.* The present indicative is normally used after *si,* not the present subjunctive. Remember that the past subjunctive is used after *si* in *if-then* statements, but when the present or future is used in the *then* part of the statement, the indicative is used. *Presenten* is correct because it occurs in a dependent noun clause after a verb expressing a wish or a request in the main clause. *Pregúntele* is correct, although the pronoun can also be *les,* since the subject of *presenten* is plural. The sentence could also read *If you want them to present you a copy of the document, ask him. Mostrármelo* is correct because the infinitive completes the

meaning of *poder* and the pronouns refer to the proper people. Notice the accent over the infinitive ending vowel when two pronouns are attached.

GROUP NINE

1. Nada existe en la democracia que no está (A) sujeto (B) a la razón, la cual (C) se halla difícilmente (D).

2. Para que la cosa funciona (A), lo (B) esencial es contar con (C) un actor o actriz simpático (D).

3. Con esa actriz no hay (A) término medio: o (B) te guste (C) o la aborreces (D).

4. Es un hermoso (A) melodrama con tintes casi fantásticos (B) que hace (C) agradable (D) esta pieza.

5. Le (A) era al pobre mucho (B) doloroso oírla (C), como si fuera una voz que viniese (D) del cielo.

6. Se lee de cuando (A) en cuando de las ciudades secretas, conocidas (B) por (C) el nombre de la más cercano (D).

7. Se estrena un negocio este fin de semana en el que (A) espera consigue (B) 3,3 millones de (C) oyentes semanales (D).

8. El plan gozará de (A) mucho éxito por dos razones; la música y la publicidad que se (B) ofrecerán (C) en lo (D).

9. "Cualquiera (A) se siente una estrella si se le (B) envían (C) una carta", era el (D) lema final del anuncio.

10. Éste (A) es mi tercer (B) programa cinematográfica (C) en cuya (D) producción ha intervenido Tele 1.

11. Cuando descubras (A) este nuevo coche, sabrás (B) qué (C) has conseguido (D) una maravilla.

12. Cuando llegue (A) podré decirle si a los otros pilotos le (B) molesta (C), pero ahora no me preocupa lo que piensen (D).

Answers and Answer Explanations for Group Nine

1. (A) *esté.* The subjunctive is needed in this clause because it occurs in an adjective clause and refers to a nonexistent antecedent. *Sujeto* is correct because it also refers to *nada*, which takes the masculine adjective. *Difícilmente* is the correct adverbial form to describe the verb *se halla.*
2. (A) *funcione.* The subjunctive is needed in this dependent adverb clause because it follows *para que,* an adverbial conjunction expressing purpose. *Lo* is used to mean *the essential thing.* The adjective *escencial* is nominalized, but does not refer to any specific noun. *Con* is correct because it is part of the expression *contar con*, meaning *to count on.*

Simpático is correct because when there are two antecedents for an adjective, one of which is masculine and the other feminine, the masculine plural form of the adjective is used.

3. (D) *aborrezcas*. The subjunctive is used here because the adjective clause describes *término*, an indefinite antecedent. The subject of the verb is *tú*, which is indicated by the indirect object pronoun in front of *guste*. The subject of *guste* is *actriz*. *Hay* is correct because it occurs in the main clause.
4. (C) *hacen*. The subject of this verb is *tintes*. Even if you do not know the meaning of *tintes*, you can determine that it is the subject by looking at the structure of the sentence and the words you do recognize. Nouns are subjects of verbs and *tintes* is a noun. The preposition *con* indicates that the subsequent clause will describe *melodrama*. A melodramatic piece does not make itself pleasant; there is some aspect of it that accomplishes that fact, and that aspect is *tintes*.
5. (B) *muy*. The adverb *muy* is needed here to modify the adjective *doloroso*. *Le* is correct even though it is used redundantly. *Oírla* is also correct because the infinitive is used as a noun in this sentence. The pronoun *la* could refer either to the noun *voz* in the next clause, or to some other noun not named in the sentence, such as *la muchacha*. *Viniese* is a correct use of the past subjunctive in an adjective clause, describing an indefinite or hypothetical antecedent, such as a mysterious voice.
6. (D) *cercana*. The adjective refers to *la ciudad*, not *el nombre*. The correct gender is feminine. Remember that *cuando* can be used in place of *vez* in this expression: *de vez en cuando*. Also, *conocidas* refers to *ciudades*, so it is feminine plural. *Por* means *by* in this sentence and is correct.
7. (B) *conseguir*. The infinitive is needed to function as the object of the verb *esperar*. *El que* is correct because it refers to *un negocio*. *De* is correct because it is the preposition that normally follows *millones*. *Semanales* is the correct form of the adjective to describe *oyentes*.
8. (D) *él*. *Lo* is not the correct masculine singular pronoun to use after a preposition. *Ofrecerán* is correct because *música* and *publicidad* are a compound subject. *De* is the correct preposition to use after *gozar*.
9. (C) *envía*. The third person singular form is needed because of the *se* substitute for the passive voice, by the indirect object pronoun *le*, and by the singular subject of the verb, *cualquiera*. *El* is correct because *lema* is masculine. *Cualquiera* is correct since either the whole form, *cualquiera*, or the shortened form, *cualquier*, is correct. It may be useful to remember that there is a plural form of this indefinite adjective: *cualesquiera*.
10. (C) *cinematográfico*. This adjective modifies *programa*. All of the other underlined words are correct. They all agree with the nouns they modify. Remember that *tercero*, like *primero*, drops the *-o* before masculine singular nouns.
11. (C) *que*. When *que* functions as a relative that introduces a dependent clause, there is no accent. Remember that writing the accent on the word changes what part of speech it is; *que* becomes an interrogative pronoun with the written accent. *Descubras* is correct because the verb in the main clause is in the future, which means that the action in the dependent adverb clause is expressed in the subjunctive since it has not happened yet. *Sabrás* is correct if the subjunctive is correct in the dependent clause, and since you can only name one error, this one would not

be it; you would have to change *descubras,* also. *Conseguido* is the correct past participle to use after *haber.*

12. (B) *les.* The plural indirect object pronoun is needed since the object is *a los otros pilotos. Llegue* is correct because it occurs in a dependent adverb clause, and the action has not happened yet. *Molesta* is correct because the present indicative is needed after *si. Piensen* is correct because it occurs in an adjective clause that refers to an indefinite antecedent, *lo que.* The subject of *piensen* is *pilotos.*

GROUP TEN

1. Si el Gobierno quisiera (A) de repente hacerle (B) cargo de (C) las personas sin ningún (D) tipo de seguro, costaría demasiado.

2. Los seguros suelen estar (A) básicamente divididos (B) en pólizas individuales y familiares, y éstos (C) son caras (D).

3. Casi veinte por (A) ciento más de los gastos son (B) dedicados (C) al pago de la burocracia creada por el (D) actual sistema.

4. Ni habían (A) ningunos (B) programas que tuvieran (C) mayores (D) influencias en el desarrollo industrial.

5. Por mucho entusiasmo que pone (A) en su acto, ese (B) actor se encuentra definitivamente (C) agotado (D).

6. Sin que debamos lamentarse (A): todo aquello (B) tuvo un sentido y lo absurdo sería (C) querer (D) mantenerlo.

7. Aunque resulte (A) impolítico recordarlo (B), ese señor y esa señora eran entonces los símbolos y como tal (C), detestados (D).

8. Para quienes (A) busquen (B) la tranquilidad, se sugiere (C) Tavira y Colina por (D) su ubicación en la costa del sur.

9. El hecho de ser (A) situada (B) a tres kilómetros del mar han apartado (C) a Tavira de otras (D) aldeas.

10. Faro, cuyas (A) murallas no sirvieron para (B) detenerse (C) las sucesivas invasiones, cuenta (D) con varios canales.

11. A la buena comida casera se (A) une (B) unos precios bastante (C) moderados, unos 1.500 por (D) persona.

12. Allí se encuentra Faro, situada (A) cerca del puente sobre el (B) Guadiana el que han (C) cofinanciada (D) España y Portugal.

Answers and Answer Explanations for Group Ten

1. (B) *hacerse.* The reflexive pronoun is needed in the context of this sentence where the action of the government reflects back upon itself. The government will take it upon itself to take charge of people. *De* is correct because the meaning of the expression is *of. Ningún* is also correct because it is preceded by *sin.* The negative indefinite adjective is also shortened before masculine singular nouns, such as *tipo. Quisiera* is correct because this is an *if-then* statement, as indicated by the conditional tense in the last clause.
2. (C) *éstas.* The noun that this demonstrative pronoun replaces is *pólizas,* which is feminine plural. The verb *estar* is correct here because it describes a state of being. *Caras* describes *pólizas.*
3. (B) *están.* Not all examples of *ser* plus a past participle and followed by *por* are examples of the passive voice. The prepositional phrase introduced by *por* does not refer to the action of dedicating the expenditures to the payment by the bureaucracy. Rather, it refers to a resultant action. An example of the difference between *ser* and *estar* would be found in the sentence *La puerta estaba abierta.* (*The door was open.*) In this case the verb describes a resultant state of being of the door. As the result of what someone did, the door was left open. Compare this implied meaning of *estar* with the true passive voice: *La puerta fue abierta* (*The door was opened.*) The last example uses the verb *ser* and the past participle. Implicit in the meaning in Spanish is that someone opened the door, that there was an agent. Notice that in English the word in the true passive is *opened,* a verbal form. With the verb *estar,* the meaning is *open,* indicating an adjectival form, describing the state of being of the door. *Por* is correct because it is appropriate in the expression *percent. El* is correct because *sistema* is masculine. *Dedicados* is a past participle that describes *gastos,* so it is correct.
4. (A) *había.* This third person form of *haber* that means *there was* is invariably in the third person singular, in spite of the fact that it is followed by a plural noun. Remember that *programas* is also masculine, so *ningunos* is correct. Also, *tuvieran* is correct since it occurs in an adjective clause that refers to a nonexistent antecedent. *Mayores* is the plural form of this comparative adjective that means *greater.*
5. (A) *ponga.* The subjunctive is used in the adjective clause *por mucho...que* because the antecedent is indefinite. *Ese* is the correct demonstrative adjective. *Definitivamente* is the correct form for an adverb, describing *se encuentra.* And *agotado* describes *ese actor.*
6. (A) *lamentarnos.* The subject of the verb *debamos* is *nosotros* so the reflexive pronoun after *lamentar* needs to be the first person plural also. *Aquello* is correct because it refers to an indefinite antecedent, the whole idea of how ridiculous everything was. *Sería* is correct in the sequence of tenses, since *tuvo* precedes *sería. Querer* is correct because it serves as the object of the verb *sería.* Remember that *sin que* always takes the subjunctive in the past and present tenses.
7. (C) *tales.* This adjective refers to *símbolos,* and should be plural. It cannot agree in gender, but should agree in number with the noun that it describes. *Resulte* is correct, although *aunque* can take either the indicative or the subjunctive. In the sense of this sentence, the subjunctive is appropriate. *Recordarlo* is correct since the infinitive is the object of the

verb, and the neuter pronoun refers to the idea of remembering. *Detestados* is correct because mixed gender groups are always described using masculine plural adjectives.

8. (C) *sugieren.* The third person plural form is used because the subject is *Tavira* and *Colina. Quienes* is correct because the pronoun refers to people. The present subjunctive, *busquen,* is correct because *quienes* is an indefinite antecedent. *Por* is correct because the preposition expresses for what reason these two villages are known.

9. (A) *estar.* The use of the verb *estar* is correct in this case because it indicates physical location. *Aldeas* is a feminine noun, so *otras* must end with *-as.*

10. (C) *detener.* This verb should not be reflexive in this case. When the reflexive pronoun is used, the meaning is *to stop (oneself),* which is not the meaning of the verb in the context of this sentence. *Cuyas* describes *murallas,* not *Faro,* so it is correct. *Para* indicates purpose, *in order to,* so it is correct. *Faro* is the subject of *cuenta,* which is correct.

11. (B) *unen.* The subject of this verb is *precios* so the verb must be in the third person plural. *Se* is correct because it indicates the impersonal reflexive pronoun that substitutes for the passive voice construction. *Bastante* is an adverb, which means that it will not agree in gender or number with anything. Remember that adverbs can modify adjectives, which means that sometimes an adverb (with invariable endings) will modify a word that can have variable endings. *Por* is used to express the meaning of *each,* or *apiece.*

12. (D) *cofinanciado.* The subject of *han* is *España* and *Portugal,* but *han* is a helping verb that takes a past participle to form the perfect tenses. When the past participle follows the verb *haber* the ending is always *-o. El* is correct because it refers to *el río Guadiana. Situada* refers to the *aldea* of Faro.

GROUP ELEVEN

1. Una comarca española y otra francés (A), separadas (B) por (C) la frontera van (D) a ser escenario de los juegos.

2. Que el artista diera (A) o no su vida por (B) el arte es algo (C) que necesita demostración más pleno (D).

3. Cree que el (A) arte ha (B) de reproducir seres de una naturaleza donde sople (C) el viento y reine (D) el frío y el calor.

4. Su temperamento no deja (A) lugar a dudas y corrobora cuán (B) cierto es su carácter, tanta (C) en su arte como (D) en la guerra.

5. Tal (A) documento dijo que no sólo el trabajo noble, pero (B) hasta (C) la mínima expresión brota de (D) lo nativo.

6. Tomó asiento ante (A) una mesa y estiró las (B) piernas por (C) ayudar la circulación, entorpecida (D) por la inactividad.

7. Se lo manifestó, estando en la cárcel, a un
A B
amigo, —Yo quiero hacer mías tantos
C D
temas como puedo.

8. Siendo hijo de una gran figura le abre a
A B
uno puertas, pero lo que sí depende de
C
uno es que no se las cierren.
D

9. Desde hace muchos años pronunciaba
A B
conferencias, pero acaba de clausurar el
C D
curso del Ateneo.

10. Todos los quehaceres no le impidió que
A B
visitara a su mamá, ya vieja pero vivaz.
C D

11. Poca dada a hablar de su vida personal,
A B
ella dice, siempre que el tema sale, —Soy
C D
feliz.

12. De lo que procura no mencionar es de su
A B
primer esposo, con que acabó separándose.
C D

Answers and Answer Explanations for Group Eleven

1. (A) *francesa.* This adjective refers to *una comarca,* so it needs to be feminine. *Separadas* refers to the two *comarcas,* indicated by the use of the two adjectives of nationality, *española y francesa. Por* means *by* in the context of this sentence. The subject of *van* is the two villages.
2. (D) *plena.* This adjective describes *demostración,* which is feminine. *Diera* is correct because the clause presents a hypothetical, or nonexistent, situation. The subjunctive is used in such cases. The meaning is *would give. Por* is correct because its meaning in the context of this sentence is *in exchange for. Algo* is the appropriate indefinite pronoun to mean *something.*
3. (D) *reinen.* The subject of the verb is *el frío y el calor,* which means that the verb should be third person plural. *Arte* takes a masculine article because the word begins with a stressed *a. Ha de* is a proper impersonal expression of obligation. *Sople* is correct because the present subjunctive is indicated by the indefinite antecedent; such a nature may or may not exist.
4. (C) *tanto.* This word is not followed by an adjective or a noun in this clause, so it should be invariable, *tanto. Deja* is used correctly because it occurs in the main clause and the subject is *temperamento. Cuán* is a correct shortened form of *cuánto* or *cuánta. Como* is the other part of the expression *tanto ... como.*
5. (B) *sino.* The conjunction *sino* is indicated here because two opposites are contrasted in this sentence. *De* is the proper preposition to use following *brotar,* and shows origin. *Tal* is an adjective that describes *documento,* which is singular. *Hasta* means *even, up to, until,* in the context of this sentence, and is correctly used.
6. (C) *para.* The meaning of the preposition in this case is *in order to,* which means that *por* is not correct. *Ante* is correct because it is a preposition meaning *before* in the context of this sentence. Remember that the possessive adjective *sus* would not be used to indicate *his* and that the

definite article *las* is correct before *piernas*. *Entorpecida* is correct because it refers to *circulación*.

7. (C) *míos*. This possessive pronoun refers to *temas*, which is masculine plural. *Lo* is correct; it refers to an indefinite antecedent or an abstraction. *Estando* is a correct use of a present participle to describe in what manner the subject was acting. *Tantos* is correct because it refers to *temas*.
8. (A) *ser*. The infinitive is used as a noun in this context, although you will notice that in English the present participle *being* is normally used. Remember that in Spanish the present participle is not used in place of a noun. Also remember that the present participle, when it appears at the beginning of a sentence is usually translated *by* + (present participle). *By asking...* is an example of the meaning of the present participle used to express cause, means or manner, without any introductory word. *Grande* is shortened before masculine and feminine singular nouns. Also, remember that *depender* is followed by the preposition *de*. The present subjunctive of *cerrar* is used because it is used after *depender de*.
9. (B) *pronunció*. The use of the preterit *pronunció*, with the present tense of the verb *haber*, indicates time *ago* in the context given here. *De* is correct because after the verb *acabar*, the meaning of the expression is *to have just*. This expression indicates that the past action is completed in the verb *pronunciar*.
10. (B) *impidieron*. The subject of the verb is *los quehaceres*, not *le*. The subjunctive is used in the dependent clause in the verb *visitara* because the verb in the main clause expresses a command, request, or desire. *Pero* is correct because *vieja* and *vivaz* are not contrasting characteristics.
11. (A) *Poco*. This word is an adverb, used in this sentence to modify an adjective. Adverbs do not agree with any referents or antecedents. *Dada* is correct because it refers to the subject, *ella*. The indicative is used in this case after *siempre que* because the the sentence states a fact or given truth. Remember that the subjunctive is used to communicate uncertainty, doubt, or conjecture about what the speaker knows actually happened. *Ser* is an appropriate verb with *feliz*, since it describes an inherent characteristic.
12. (C) *quien*. The relative pronoun refers to a person, so *que* is not used. *Lo que* is an indefinite relative pronoun, which is appropriate in the context of this sentence since the referent is not specified. *Mencionar* is used as the object of the verb *procura*, and the infinitive is the correct part of speech to use. *Separándose* is used to describe the action of the verb *acabó*. The reflexive pronoun on the end is appropriate because the action refers back upon the subject.

GROUP TWELVE

1. Si <u>percibiríamos</u> (A) toda la comunicación constante <u>del</u> (B) mundo, <u>nos</u> (C) <u>enloqueciéramos</u> (D).

2. Yo <u>oía</u> (A) perfectamente a esa señora, no porque <u>fuese</u> (B) su voz <u>aguda</u> (C) y potente, <u>pero</u> (D) porque era suave.

3. No hubiera (A) sido correcto que en un diálogo dama-caballero, ella se pusiera (B) a tocar con sus (C) manos los (D) del caballero.

4. A mi edad yo no me imaginaba como (A) podía (B) ser (C) una mujer abandonada por (D) su esposo.

5. En suma, para mi (A), la mujer era algo (B) misterioso (C), con un ruido personal, como el (D) de caracolas marítimas.

6. El actual Panteón de los Reyes es el tercer (A) de los (B) que sucesivamente se fueron (C) construyendo (D) en Segovia.

7. Más tarde cuando le (A) terminó (B) la basílica, el (C) mismo rey ordenó que se traslade (D) el panteón a otra bóveda.

8. El panteón es de (A) planta octagonal, y se (B) accede a ella (C) a través de una escalera que parte (D) de la antesacristía.

9. Numerosas (A) turistas preguntan a los (B) guías si estos dos espacios serán ocupados un (C) día por (D) los Reyes actuales.

10. El rey fue un gran (A) español, enamorado de (B) su patria, que (C) hizo mucho por (D) la paz del país.

11. Ella no puede evitar el (A) ser reconocido (B) en plena calle, y ser saludada por una señora que se (C) interesó por (D) su vida.

12. Yo aspiro que mis hijos hablen (A) buen (B) de su padre y se sientan orgullosos (C) de él (D).

Answers and Answer Explanations for Group Twelve

1. (A) *percibiéramos.* The subjunctive should be used in the *si* clause of *if-then* statements. Remember that the *-iera* form of the past subjunctive may be used in place of the conditional, but the conditional cannot be used in the *si* clause. *Del* is the correct word to use since it is the combination of *de* and *el*. *Enloquecer* is used reflexively in this sentence to give the meaning of *to go crazy*. Remember that the reflexive is used to mean *to go* or *to become* when used with some verbs, such as *enriquecerse, envejecerse,* or *entristecerse.*
2. (D) *sino.* Since the meaning of this conjunction is *but rather*, *pero* is not used. The imperfect tense is appropriate in the context of this sentence because it describes the action. The time frame in which the action takes place is indefinite. The past subjunctive is appropriate in the verb *fuese*, because it indicates something that is contrary to fact, something that was not the case in this situation. *Voz* is feminine so *aguda* is the correct gender and number for this adjective.

3. (D) *las.* The gender of *manos* is feminine, even though the noun ends in *-o*, so the article indicating possession must be *las.* Although the sentence is not an *if-then* statement, the meaning of the sentence deals with a hypothetical situation: *It would not have been correct if she had played the man's part.* The past subjunctive is appropriate in this context, both for *hubiera* and for *pusiera* because the speaker is dealing with a hypothetical situation. *Sus manos* is used in this case to differentiate *her* hands from *his.* Although normally the possessive adjective is not used to modify parts of the body, in some cases it is necessary to avoid confusion.
4. (A) *cómo.* The interrogative is used in this context to pose the implicit question *What would it have been like. Ser* is correct because the passive voice is used, as indicated by *por* and the agent, *esposo.* The imperfect is used to describe the action, not narrate it. The action takes place in an unspecified time.
5. (A) *mí.* The object of the preposition pronoun must have a written accent to differentiate it from the possessive adjective, *mi. Algo* is the appropriate indefinite pronoun meaning *something. Misterioso* is the correct gender and number to agree with *algo. El* refers to *ruido*, so it is the correct gender and number.
6. (A) *tercero.* This ordinal number is not shortened unless it comes directly in front of a noun. *Los* refers to *panteón. Los que* is a relative pronoun that refers to the plural noun *panteones. Fueron* is the correct person and number for this impersonal construction that is used in place of the true passive voice. *Construyendo* is the present participle that is used as an adverb. The verb *fueron* is the verb *ir* instead of *ser.* Remember that for the progressive forms, the verb *estar* is used with the present participle, not the verb *ser.*
7. (D) *trasladara.* The past subjunctive needs to be used because of the preterit in the main clause, *ordenó. Le* is correct because it refers to *el rey*, for whom the basilica was being built. *El* is the proper gender and number definite article for *rey.* The preterit is used for *terminó* to indicate action that was completed at a specified time in the past.
8. (C) *él.* This pronoun refers to *el panteón*, which is masculine. The referent is normally the noun that the prepositional phrase describes, not the noun in the modifying prepositional phrase. In other words, the reference is to *panteón*, not *planta* in the phrase *de planta octagonal. Se* is used in the impersonal, passive structure, meaning *one accesses*, or *it is accessed. Parte* is the present indicative, which is used here to state a simple fact: the stairs go off from the sacristy to the *panteón.*
9. (A) *Numerosos.* The masculine plural adjective is used because *turistas* is invariable in its ending. For mixed gender groups, the masculine form is normally used. One assumes that all tourists ask, not just female tourists. Remember that nouns that end with *-ista* are masculine, so the *-a* on the end is not an indicator of gender. The words *día* and *guías* are also masculine, even though they end in *-ía. Por* means *by* which is the appropriate preposition in this true passive voice construction.
10. (C) *el cual.* The masculine relative pronoun is used here to indicate which of the previous nouns is the antecedent of the pronoun. Since *patria* is feminine, using *el cual* designates the antecedent. Remember that *grande* is shortened before singular nouns. *Por* is used to mean *for*

the sake of or *on behalf of*. The use of *de* is correct after *enamorar*. In the passive voice, the preposition *de* can be used in place of *por* if the agent is a person or people. Learn to look for the verb *ser*, a past participle, *por* or *de*, and an agent in order to recognize the passive voice.

11. (B) *reconocida*. The past participle, used here as an adjective, refers to *ella*, which is feminine. *El* is used before the infinitive when the infinitive is used as a noun, as is the case here. *El ser* is the object of the verb *evitar*. *Interesarse por* is an expression meaning *to be interested in*.

12. (B) *bien*. An adverb is necessary here to describe the action of the verb *hablen*. *Buen* is an adjective and cannot describe a verb. *Bien* is an adverb and is correct. The present subjunctive is used in *hablen* and *sientan* because the verb occurs in a dependent noun clause when the verb in the main clause, *aspiro*, expresses a wish. *Orgullosos* refers to *mis hijos*, and *él* refers to *su padre*.

CHAPTER 6 Reading Strategies

The following section contains suggestions for how to read quickly and efficiently. The material is divided into different areas of comprehension. The reading passages on the exam can be very difficult if you do not read very much. The difficulties you may encounter are discussed in the following order:

1. Understanding unfamiliar vocabulary.
2. Getting the main idea.
3. Reading for details
   a) setting; b) time; c) characters or things; d) plot.
4. Interpretation
   a) comparisons and contrasts; b) analyzing parallel structures;
   c) tone or attitude; d) intended reader.

These discussions contain sample passages and describe how to approach the task. After each sample there is a discussion of which answers are correct or incorrect. The logic of the answer is also explained. Pay close attention to the logic so you can understand where your errors were in thinking if you chose incorrectly. After the sample selections and questions and answers, there are five sets of selections. On the exam there are usually about four or five selections, depending on how many question there are for each passage.

Suggestions for Reading

You can learn to read with greater comprehension by keeping the following strategies in mind:

1. Scan the whole passage to get a general idea about the content and style.
2. Reread the passage to focus on details.
3. Identify the main focus or idea of the passage. Look for the repetition of subjects or objects of verbs. Or look for words that are topically related.
4. Identify possible sources of the passage, whether it came from fiction, instructions for how to use something, a newspaper or magazine report, or some other source.
5. Note translations of words if there is any vocabulary footnoted.
6. Identify the characters in the selection.
7. Identify the time frame of the selection, when it takes place, how long the action lasts, and when it ends.
8. Identify what action takes place.
9. Identify why the action takes place.
10. Identify similes, metaphors, analogies, symbols, and/or allusions.
11. Note word selection of nouns, adjectives, and adverbs as well as syntax to determine the tone and mood of the selection.
12. Make inferences about what the selection communicates based on an understanding of the logic of the selection.
13. Visualize the passage while reading if it deals with description, a narration of action, or any instructional type of information.

Dealing with Vocabulary in Reading Comprehension

The meaning of unfamiliar vocabulary can frequently be determined from the context. In selecting answers with words you do not know, be wary of answers containing words that appear similar or are repeated exactly from the text. Use a process of elimination to select correct answers. At times questions may deal with lexical aspects of the passage, a word that may be uncommon or a *modismo* that is somewhat unusual. In these cases, if the word or expression is unknown, there are strategies for determining meaning. The most important clue can usually be found in information communicated in surrounding words, or, in other words, the context of the item. If the word is a noun modified by an adjective, base your interpretation on the meaning of the adjective if it is known. If the word is an adjective, consider the meaning of the noun and the context of the noun. If the word is a verb, find the subject of that verb and then the subject and/or object of the preceding and succeeding verbs, then make an educated guess about the meaning. Also consider the tense and mood of the conjugated verbs. There should be some logical continuity in the action accomplished or described.

In the following passages:

1. Read the selection.
2. Study the question.
3. Refer back to the passage.
4. Answer the question.

READING SELECTIONS AND EXPLANATIONS

SELECTION ONE

El dibujante Mingote ha presentado docenas de veces el tipo humano del oficinista público, que no siente ninguna afinidad o relación de simpatía con quien aguarda minuto tras minuto. Como en muchos sitios no hay servicio de información ocurre que, tras una cola de media hora, al que espera se le dice que le falta tal o cual sello en su instancia, sello que tiene que ir a buscar y perder el turno a no ser que el ordenanza—véase Intermediarios—se lo facilite mediante una propina. Estoy seguro de que si se les propusiera a muchas oficinas del Estado...

1. En la línea 5, ¿a qué tipo de sello se refiere?
   (A) una estampilla para poner en un sobre
   (B) una señal impresa para un documento oficial
   (C) una especie de anillo para marcar cera
   (D) un mueble para sentarse

The correct answer is **B** since people may have to go to various places to obtain the proper one, "*...sello que tiene que ir a buscar y perder el turno a no ser que el ordenanza ... se lo facilite...*". While there are also lines to purchase stamps at the post office, usually there is no need to go anywhere else to obtain what is needed to mail a letter. The type of *sello* mentioned in the above passage refers to an authorization or a permit bestowed by an official (*oficinista público* and *el ordenanza*), someone amenable to receiving a tip for a favor done. Obviously, *sello* is not to be confused with *silla* (a type of *mueble para sentarse*), even though the two words share common consonants.

SELECTION TWO

Desperté, cubierto de sudor. Del piso de ladrillos rojos, recién regado, subía un vapor caliente. Una mariposa de alas grisáceas revoloteaba encandilada alrededor del foco amarillento. Salté de la hamaca y descalzo atravesé el cuarto, cuidando de no pisar algún alacrán salido de su escondrijo a tomar el fresco. Me acerqué al ventanillo y aspiré el aire del campo. Se oía la respiración de la noche, enorme, femenina. Regresé al centro de la habitación, vacié el agua de la jarra en la palangana de peltre y humedecí la toalla. Me froté el torso y las piernas con el trapo empapado, me sequé un poco y, tras de cerciorarme que ningún bicho estaba escondido entre los pliegues de mi ropa, me vestí y calcé. Bajé saltando la escalera pintada de verde. En la puerta del mesón tropecé con el dueño, sujeto tuerto y reticente. Sentado en una sillita de tule, fumaba con el ojo entrecerrado.

—¿Onde va, señor?

—A dar una vuelta. Hace mucho calor.

—Hum, todo está ya cerrado. Y no hay alumbrado aquí. Más le valiera quedarse.

Alcé los hombros, musité "ahora vuelvo" y me metí en lo oscuro. Al principio no veía nada. Caminé a tientas por la calle empedrada. Encendí un cigarrillo. De pronto salió la luna de una nube negra, iluminando un muro blanco, desmoronado a trechos.

1. La expresión "Caminé a tientas..." en la línea 19 significa que el narrador
   (A) irá de compras.
   (B) intenta andar por las calles.
   (C) se pierde.
   (D) anda cuidadosamente.

The correct answer is **D** because in the sentence immediately before, the narrator states that he cannot see anything, "*Al principio no veía nada.*" The darkness makes it difficult to see until the moon comes out to light up the scene. The word *tienda,* implied in **A** is a distractor; it makes no sense in the context of the passage; it is nighttime and no stores would be open. Choice **B** is also incorrect because the narrator does not simply attempt to take a walk; he in fact does so, albeit carefully. *Intentar* is a false cognate; it does not necessarily mean *to intend.* Rather, it means *to attempt.* Be careful not to translate words literally. Choice **C** is incorrect; nowhere in the surrounding context is there any suggestions that he gets lost.

SELECTION THREE

Ahora, por fin, se había apaciguado. Estaba allí arrinconado al pie del horcón. Había venido su hijo Justino y su hijo Justino se había ido y había vuelto y ahora otra vez venía.

Lo echó encima del burro. Lo apretó bien apretado al aparejo para que no se fuese a caer por el camino. Le metió su cabeza dentro de un costal para que no diera mala impresión. Y luego le hizo pelos al burro y se fueron, arrebatados, de prisa, para llegar a Palo de Venado todavía con tiempo para arreglar el velorio del difunto.

—Tu nuera y los nietos te extrañarán—iba diciéndole—. Te mirarán a la cara y creerán que no eres tú. Se les afigurará que te ha comido el coyote, cuando te vean con esa cara tan llena de boquetes por tanto tiro de gracia como te dieron.

1. En la línea 6, ca qué se refiere "...para que no diera mala impresión" en el contexto del pasaje?
   (A) Significa que cuántos lo vieran se asustarían.
   (B) Indica que el hijo se avergüenza de su papá.
   (C) Quiere decir que tiene algo de malo.
   (D) Significa que el papá no había sido hombre muy culto.

The correct answer is **A** because the narrative has just stated that the man's head was covered by a sack. The words *creerían que no eres tú* and *esa cara tan llena...por tanto tiro de gracia como te dieron* indicate that the face was very disfigured. The other alternatives are incorrect because of various distractors: in **B** the "*mala impresión*" does not mean that his son is ashamed of the way his father looks; in **C** "*mala impresión*" does not mean that the man is ill; and in **D** the level of education does not create the "*mala impresión*". The use of *para que* denotes that he does indeed look very bad, and that the purpose of the sack over his head is to conceal his face from everyone.

SELECTION FOUR

Línea

El magistrado Miguel Angel del Arco, del juzgado de instrucción número 6 de Granada decretó el viernes la prisión incondicional del médico granadino Juan Valdés y la libertad provisional bajo fianza de doscientas cincuenta mil pesetas para el escritor José Heredia Maya, por su presunta implicación en relación con un robo de objetos de arte ocurrido entre el uno y el tres de mayo pasado, en el Carmen de los Mínimos de Granada, de propiedad municipal.

Este robo ha dado pie ya a varias decisiones políticas—en cuanto evidencia negligencia en la custodia de bienes públicos—, entre ellas la personación del PP en el sumario y la petición de dimisión de tres concejales socialistas pedida por el grupo municipal del Partido Popular cuyas investigaciones han permitido demostrar que se han detectado hasta ahora cuatro intentos de robo y tres advertencias del jefe de patrimonio municipal al concejal de cultura advirtiendo sobre la necesidad de trasladar los objetos del Carmen o dotar al mismo de vigilancia.

1. La línea 15, "...o dotar al mismo de vigilancia." tiene que ver con
   (A) los planes de los concejales municipales.
   (B) regalos para aumentar la colección de objetos de arte.
   (C) ofertas de auxilio financiero para cuidar el patrimonio municipal.
   (D) consejos del jefe que se subvencione la colección para protegerla.

The correct answer is **D**. This alternative paraphrases the words of the text; *subvencionar* means *to underwrite* and *dotar* means *to provide funds.* If you do not recognize *subvención* or *dotar,* the meaning can be deduced from the previous clause: *la necesidad de trasladar...o.* Look for *lado* in *trasladar* and the prefix *tras-* to arrive at the meaning of *to move.* Then, if the objects are not going to be moved, *or* indicates that they will stay where they are and need to be guarded. *Vigilar* sounds like *vigil*, implying watching over something. The *jefe* only offers advice, not funds for protecting the collection, which makes choice **C** incorrect. Choice **A** is incorrect because although the councilmen are worried about the thefts, the text does not mention that they are actually concerned about taking steps to provide protection. Choice **B** is incorrect because the advice is to improve protection, not increase the size of the collection. The keys word to recognize in the surrounding text are *advertir* and the noun, *advertencia*.

Identifying the Theme or Main Idea

1. Remember that the theme is not always mentioned at the beginning of the passage, nor explicitly stated anywhere in the passage.
2. The mere repetition of words does not always indicate that the thing or activity named literally is the theme or main idea of the passage.
3. In a list of related words that can be associated topically, look for the one word that is different but ties all the others together.
4. Do not be misled by a false cognate or familiar image.
5. The length of the response of a multiple-choice item does not indicate that it is the answer.

The first reading of a passage should reveal the main idea or topic of the selection. In looking for the main topic, you should focus on nouns, adjectives, and verbs primarily. In the process of scanning the passage, quite possibly there will be vocabulary that is unfamiliar. If you can identify most of the nouns and find what they might have in common, you can tentatively identify the topic of the passage. In the following four short selections, read them for the general idea. The question that follows each one would be a possible multiple-choice question concerning identification of the main idea or theme of the passage. The selection will be presented again with the pertinent vocabulary underlined so that you can more easily identify the underlying connection between the words.

Questions About Theme or Main Idea

SELECTION ONE

El dibujante Mingote ha presentado docenas de veces el tipo humano del oficinista público, que no siente ninguna afinidad o relación de simpatía con quien aguarda minuto tras minuto. Como en muchos sitios no hay servicio de información ocurre que, tras una cola de media hora, al que espera se le dice que le falta tal o cual sello en su instancia, sello que tiene que ir a buscar y perder el turno a no ser que el ordenanza—véase Intermediarios—se lo facilite mediante una propina. Estoy seguro de que si se les propusiera a muchas oficinas del Estado...

1. El tema de esta selección es
   (A) oficinas públicas.
   (B) comprando estampillas al correo.
   (C) discusión de dibujos de Mingote.
   (D) maneras de tratar con una burocracia.

The correct answer is **D**, because none of the other alternatives apply to the passage as a whole even though they include words that might indicate a topic dealing with a drawing, a line, a turn, and a stamp. Look again at the passage with key words underlined, then look to see where there is a word that stands out in the group of related words. Notice where the key word occurs in the paragraph.

El dibujante Mingote ha presentado docenas de veces el tipo humano del oficinista pública, que no siente ninguna afinidad o relación de simpatía con quien aguarda minuto tras minuto. Como en muchos sitios no hay servicio de información ocurre que, tras una cola de media hora, al que espera se le dice que le falta tal o cual sello en su instancia, sello que tiene que ir a buscar y perder el turno a no ser que el ordenanza—véase Intermediarios—se lo facilite mediante una propina. Estoy seguro de que si se les propusiera a muchas oficinas del Estado...

From the words, *tipo humano*, *servicio*, *cola*, *sello*, and *turno*, the theme of some kind of public office is apparent. But none of the alternatives other than **D** deal with the meanings implied by *propina*. Dealing with a bureaucracy with a *propina*, however, can include meanings of all the other underlined nouns. Simply because the noun *sello* is repeated does not mean that it is the main topic.

SELECTION TWO

Desperté, cubierto de sudor. Del piso de ladrillos rojos, recién regado, subía un vapor caliente. Una mariposa de alas grisáceas revoloteaba encandilada alrededor del foco amarillento. Salté de la hamaca y descalzo atravesé el cuarto, cuidando de no pisar algún alacrán salido de su escondrijo a tomar el fresco. Me acerqué al ventanillo y aspiré el aire del campo. Se oía la respiración de la noche, enorme, femenina. Regresé al centro de la habitación, vacié el agua de la jarra en la palangana de peltre y humedecí la toalla. Me froté el torso y las piernas con el trapo empapado, me sequé un poco y, tras de cerciorarme que ningún bicho estaba escondido entre los pliegues de mi ropa, me vestí y calcé. Bajé saltando la escalera pintada de verde. En la puerta del mesón tropecé con el dueño, sujeto tuerto y reticente. Sentado en una sillita de tule, fumaba con el ojo entrecerrado.

—¿Onde va, señor?

—A dar una vuelta. Hace mucho calor.

—Hum, todo está ya cerrado. Y no hay alumbrado aquí. Más le valiera quedarse.

Alcé los hombros, musité "ahora vuelvo" y me metí en lo oscuro. Al principio no veía nada. Caminé a tientas por la calle empedrada. Encendí un cigarrillo. De pronto salió la luna de una nube negra, iluminando un muro blanco, desmoronado a trechos.

1. Esta selección trata de
   (A) la vida nocturna de un campesino.
   (B) la incomodidad de una noche calurosa a un viajero.
   (C) actividades nocturnas de los insectos.
   (D) preparaciones matutinas de un forastero.

The correct answer is **B**. Although the scene takes place in a rural setting, the lodging lacks many modern amenities (such as running water), and there are many references to insects, none of these answers takes into account the fact that the narrator of the selection is a traveler, except for choice **B**. The fact that the narrator is a traveler is never explicitly stated. Also, do r word *mariposa* and the list of activities of getting u dressing, all of which are usually associated with daylig first reading and attention to certain words that denote certain will reveal the narrator's point of view in the list of activities.

Desperté, cubierto de sudor. Del piso de ladrillos rojos, recién regado, subía un vapor caliente. Una mariposa de alas grisáceas revoloteaba encandilada alrededor del foco amarillento. Salté de la hamaca y descalzo atravesé el cuarto, cuidando de no pisar algún alacrán salido de su escondrijo a tomar el fresco. Me acerqué al ventanillo y aspiré el aire del campo. Se oía la respiración de la noche, enorme, femenina. Regresé al centro de la habitación, vacié el agua de la jarra en la palangana de peltre y humedecí la toalla. Me froté el torso y las piernas con el trapo empapado, me sequé un poco y, tras de cerciorarme que ningún bicho estaba escondido entre los pliegues de mi ropa, me vestí y calcé. Bajé saltando la escalera pintada de verde. En la puerta del mesón tropecé con el dueño, sujeto tuerto y reticente. Sentado en una sillita de tule, fumaba con el ojo entrecerrado. Con voz ronca me preguntó:

—¿Onde va, señor?

—A dar una vuelta. Hace mucho calor.

—Hum, todo ya está cerrado. Y no hay alumbrado aquí. Más le valiera quedarse.

Alcé los hombros, musité "ahora vuelvo" y me metí en lo oscuro. Al principio no veía nada. Caminé a tientas por la calle empedrada. Encendí un cigarrillo. De pronto salió la luna de una nube negra, iluminando un muro blanco, desmoronado a trechos.

The question that the *dueño* asks indicates that the two characters are not acquainted, and the advice that the *dueño* gives the narrator indicates that the former is local and the latter is a stranger to the location. Although choice **D** mentions a *forastero*, the activities listed would normally occur in the morning so the words referring to nighttime, darkness, and the light bulb preclude **D** as an answer. All of the actions taken by the narrator do, however, pertain to what a person would do to cool off on a hot night: going to the window, washing up at a washbasin, going outside.

SELECTION THREE

Ahora, por fin, se había apaciguado. Estaba allí arrinconado al pie del horcón. Había venido su hijo Justino y su hijo Justino se había ido y había vuelto y ahora otra vez venía.

Lo echó encima del burro. Lo apretó bien apretado al aparejo para que no se fuese a caer por el camino. Le metió su cabeza dentro de un costal para que no diera mala impresión. Y luego le hizo pelos al burro y se fueron, arrebatados, de prisa, para llegar a Palo de Venado todavía con tiempo para arreglar el velorio del difunto.

—Tu nuera y los nietos te extrañarán—iba diciéndole—. Te mirarán a la cara y creerán que no eres tú. Se les afigurará que te ha comido el coyote, cuando te vean con esa cara tan llena de boquetes por tanto tiro de gracia como te dieron.

1. El acontecimiento en que enfoca este trozo es
   (A) la visita de un pariente.
   (B) un viaje fúnebre.
   (C) la bienvenida para un visitante.
   (D) una plática entre padre e hijo.

The correct answer is **B** because the whole passage deals with the death of Justino's father. The word *fúnebre* is closely associated with the meanings of the words *velorio* and *difunto* since they all relate to death. Also, although many types of relatives are mentioned, Justino talks about how the dead man will be received, and the burro is mentioned many times, the common denominator is the fact that the man was executed and Justino is taking his body home for a proper burial. Look again at the passage with some of the key words underlined to see how the association is made between all of them to indicate the main idea of the passage.

> Ahora, por fin, se había apaciguado. Estaba allí arrinconado al pie del horcón. Había venido su hijo Justino y su hijo Justino se había ido y había vuelto y ahora otra vez venía.
>
> Lo echó encima del burro. Lo apretó bien apretado al aparejo para que no se fuese a caer por el camino. Le metió su cabeza dentro del costal para que no diera mala impresión. Y luego le hizo pelos al burro y se fueron, arrebatados, de prisa, para llegar a Palo de Venado todavía con tiempo para arreglar el velorio del difunto.
>
> —Tu nuera y los nietos te extrañarán—iba diciéndole—. Te mirarán a la cara y creerán que no eres tú. Se les afigurará que te ha comido el coyote, cuando te vean con esa cara tan llena de boquetes por tanto tiro de gracia como te dieron.

In the first paragraph, *apaciguado, arinconado,* and *al pie del horcón* all indicate a body at the foot of a stake. In the second paragraph, the underlined words all describe what Justino does with the body and ends with the key words, *velorio del difunto.* The last paragraph describes what his family will think has happened to him, and ends with words that refer back to the first paragraph and the images of the execution: "*esa cara tan llena de boquetes*" and "*tiro de gracia.*" Do not be misled by the direct discourse; Junstino speaks to his dead father. Remember that it is not necessary to know the precise meaning of every word; among these underlined words the common denominator is the fact that Justino's father was executed, brutally.

SELECTION FOUR

> El magistrado Miguel Angel del Arco, del juzgado de instrucción número 6 de Granada decretó el viernes la prisión incondicional del médico granadino Juan Valdés y la libertad provisional bajo fianza de doscientas cincuenta mil pesetas para el escritor José Heredia Maya, por su presunta implicación en relación con un robo de objetos de arte ocurrido entre el uno y el tres de mayo pasado, en el Carmen de los Mínimos de Granada, de propiedad municipal.

Este robo ha dado pie ya a varias decisiones políticas—en cuanto evidencia negligencia en la custodia de bienes públicos—, entre ellas la personación del PP en el sumario y la petición de dimisión de tres concejales socialistas pedida por el grupo municipal del Partido Popular cuyas investigaciones han permitido demostrar que se han detectado hasta ahora cuatro intentos de robo y tres advertencias del jefe de patrimonio municipal al concejal de cultura advirtiendo sobre la necesidad de trasladar los objetos del Carmen o dotar al mismo de vigilancia.

1. ¿Cuál es el tema de este pasaje?
   (A) el latrocinio de bienes públicos.
   (B) la mala fortuna de un médico.
   (C) la política del gobierno municipal.
   (D) el sistema de investigación policíaca.

The correct answer is **A** because *latrocinio* is a synonym for *robo*, which is the focus of the selection. Notice the word *ladrón* embedded in *latrocinio*, with the letter *d* changed to a *t*. Although the case of Juan Valdés and José Heredia Maya is the subject of the first paragraph, they are examples of a larger problem that is addressed in the second paragraph, thereby obviating choice **B**. Political parties are mentioned in the second paragraph, as are investigations. But these two answers are not comprehensive enough to include the topic of robberies and protection of an art collection. Look again at the passage with underlined words to see the association and relationships between ideas.

Línea

El magistrado Miguel Angel del Arco, del juzgado de instrucción número 6 de Granada decretó el viernes la prisión incondicional del médico granadino Juan Valdés y la libertad provisional bajo fianza de doscientos cincuenta mil pesetas para el escritor José Heredia Maya, por su presunta implicación en relación con un robo de objetos de arte ocurrido entre el uno y el tres de mayo pasado, en el Carmen de los Mínimos de Granada, de propiedad municipal.

Este robo ha dado pie ya a varias decisiones políticas—en cuanto evidencia negligencia en la custodia de bienes públicos—, entre ellas la personación del PP en el sumario y la petición de dimisión de tres concejales socialistas pedida por el grupo municipal del Partido Popular cuyas investigaciones han permitido demostrar que se han detectado hasta ahora cuatro intentos de robo y tres advertencias del jefe de patrimonio municipal al concejal de cultura advirtiendo sobre la necesidad de trasladar los objetos del Carmen o dotar al mismo de vigilancia.

The underlined words show that even though the paragraph names the persons involved in the theft, the topic that is being discussed is the fate of municipal property, as indicated by the last two words in the first paragraph. The following paragraph picks up the topic and generalizes from the specific case and shows how that case is indicative of a larger problem that involves some council members of the Partido Popular. Beyond the political repercussions of the thefts, is the whole problem of how to protect the municipal patrimony from further theft, like the kind mentioned in the first paragraph. In this example, the repetition of the words *robo, bienes públicos, intentos de robo,* and *trasladar los objetos* ties all the other aspects of the passage together thematically.

Reading for Details

After the main idea or theme of the passage has been identified, there are a variety of questions that are asked about specific information contained in the texts. These details can relate to questions of setting or origin (where), time (when), character, definition or identification (who or what), purpose and reason (why), or manner (how). Many times these questions can be easily recognized by focusing on a particular word or phrase, but the answer will most often be a rephrasing of a word or string of words in the text. In the following passages, read the passage and answer the question, then look at the subsequent discussion that shows how to find the information asked.

Questions About Setting and/or Origin

SELECTION ONE

Nada podía andar peor, pero al menos ya no estábamos en la maldita lancha, entre vómitos y golpes de mar y pedazos de galleta mojada, entre ametralladoras y babas, hechos un asco, consolándonos cuando *Línea* podíamos con el poco tabaco que se conservaba seco porque Luis (que no se llamaba Luis, pero habíamos jurado no acordarnos de nuestros nombres hasta que llegara el día) había tenido la buena idea de meterlo en una caja de lata que abríamos con más cuidado que si estuviera llena de escorpiones. Pero qué tabaco ni tragos de ron en esa condenada lancha, bamboleándose cinco días como una tortuga borracha, haciéndole frente a un norte que la cacheteaba sin lástima, y ola va y ola viene, los baldes despellejándonos las manos, yo con un asma del demonio y medio mundo enfermo, doblándose para vomitar como si se fueran a partir por la mitad. Hasta Luis, la segunda noche, una bilis verde que le sacó las ganas de reírse, entre eso y el norte que no nos dejaba ver el faro de Cabo Cruz, un desastre que nadie se había imaginado.

1. El narrador de este episodio cuenta la ocasión en que se encontró con un grupo
   (A) pasando mal rato en un crucero.
   (B) perdido en alta mar.
   (C) de marineros en una batalla naval.
   (D) de pescadores mareados en una excursión.

The correct answer is **B**. All these alternatives refer to people at sea, as indicated by *lancha, golpes de mar, bamboleándose, un norte que la cacheteaba, ola va y ola viene,* and *faro de Cabo Cruz.* The references to being seasick, indicated by the words *entre vómitos,* y *doblándose para vomitar como si se fueran a partir por la mitad,* would apply to part of the answers of **A** and **D**, but not all of the information in those alternatives is correct. The *lancha* is not the kind of vessel in which one takes a *crucero,* a *cruise.* Also there is no mention of *pescadores.* These characters are not well provisioned for going fishing; their equipment is *tabaco, galletas, ron,* and *ametralladoras.* Fishermen might take the first three items, but not the last. The weapons, *ametralladoras,* might indicate alternative **C**, but there is no mention of any other boats, so this is not the best answer. The fact that the group is lost at sea is implicit in *ya no estábamos en la maldita lancha,* the fact that they had few provisions, and finally, *el norte no nos dejaba ver el faro de Cabo Cruz, un desastre que nadie se había imaginado.* The fact that they inadvertently drift out to sea indicates that they are not engaged in battle, and that they are lost.

SELECTION TWO

Rafael Frühbeck de Burgos fue nombrado ayer director general de Música de la *Deutscheoper* de Berlín. El director español, que también es el titular de la Orquesta Sinfónica de Viena, reúne así dos puestos musicales de gran relevancia en Europa. Frühbeck permanecerá cinco años al frente de la ópera de Berlín y estrenará su cargo al próximo 28 de agosto con *La Bohème.* En el otoño dirigirá *Don Carlos, Los Maestros Cantores de Nuremberg,* y *Carmen.*

1. Según este párrafo, Rafael Frühbeck tiene origen
   (A) austríaco.
   (B) alemán.
   (C) burgalés.
   (D) berlinés.

The correct answer is **C**. Looking back in the passage there are a number of proper nouns and adjectives of nationality that provide information. The text states that Rafael Frühbeck is a director, and the next sentence states that the director is Spanish. The word *burgalés* is the only adjective that pertains to Spain. Questions of this sort at times require some knowledge of geography, especially knowing in which countries certain cities are found, as well as in which part of a country a particular city can be found. Burgos is a well known city in Spain, but recognition of the adjective that designates origin may be required. Be careful to understand what information is needed to complete the question or sentence correctly. In this case, the question asks, "What is Rafael's origin?"

SELECTION THREE

Se me durmió la pierna derecha y la froté con el tobillo izquierdo. La abuela me pasó el misal y me miró con dureza. Incliné la cabeza sobre el libro y cerré los ojos. Tenía hambre. Con las prisas no tuve tiempo de desayunar. Me dije que, cuando creciera, haría como tía Emilia, que fumaba lentamente, sentada en la cama, hasta las doce del mediodía, mirando las fotografías y los titulares de los periódicos. Todas las voces se levantaron. El sol reverberaba en los cristales de las vidrieras. Sobre el paladar negro de la nave estaba el sol, y nosotros, pensé, como Jonás, dentro de la ballena, con sus enormes costillas. Imaginé la quemazón verde de la cúpula, como un gran *puzzle* de oro y arco iris:

—...Te Marty-rum candi-da-tus Laudat ex-er-ci-tus...

1. Esta escena tiene lugar en
   (A) una alcoba.
   (B) un barco.
   (C) una iglesia.
   (D) en una biblioteca.

The correct answer is **C**. The Biblical reference to Jonah, taken in conjunction with some other words, all indicate a church instead of the other places. The word *nave* in this case refers to an architectural feature of the sanctuary instead of a ship, which means that choice **B** is incorrect. There are various references to activities that take place in a house, but it is never actually stated that the characters are in a house.

Questions About Time

One of the more difficult aspects of reading is determining the temporal aspect of the passage. There are various aspects of time in a written text: actual time (the moment in which a situation or action takes place in the text), elapsed time (how much time passes between the beginning until the end of some situation or action), historical time (when something happened in the past from the perspective of the actual time in the passage), or time as an abstraction or dimension of reality. In addition to deciding how time is viewed in the passage, be aware that frequently numerical quantities will be expressed in various ways, such as expressing the quantity of "half a dozen" as "six." For practice, read the following passages and identify the aspects of time represented in the selection.

PASSAGE ONE

Según un artículo en *ABC* del 31 de mayo de 1992, la vida, en todas sus formas, ha estado desarrollándose en la tierra durante cuatro mil millones de años de evolución y hace sólo unos cuarenta y cinco millones de años comenzaron a asentarse casi todas las especies de la actualidad. Hoy la actividad humana está acelerando mil veces el ritmo natural de extinción de la diversidad biológica, ya que las especies no pueden asimilar el cambio producido en el ecosistema. Unas 40.000 especies, en general, desaparecen cada año. Con ello se disminuye nuestra capacidad de supervivencia en el planeta, a pesar de que el homo sapiens sólo exista desde hace alrededor de medio millón de años. Impedir que la biodiversidad crezca es el precio de mantener un sistema productivo.

De seguir el ritmo actual, una de cada cuatro especies, tanto de flora como de fauna, sobre todo continentales, corre peligro de extinción en los próximos veinte años. Cerca de 5.000 especies animales y 20.000 plantas conocidas podrían extinguirse en los próximos años y un millón, en total, para el próximo siglo (entre el 15 y 20 por 100 de todas las especies vivientes para el año 2000). Ninguna zona de la tierra está a salvo. Ya en el siglo XVII se extinguía un mamífero cada cinco años. En los últimos cuatrocientos años desaparecieron unas 400 especies. Durante la última parte de este siglo se ha extinguido una especie cada dos años.

1. Según este trozo, ¿cuántos años habría el ser humano habitado en la tierra?
   (A) unos cuatro mil millones de años.
   (B) unos cuarenta y cinco millones de años.
   (C) unos quinientos mil años.
   (D) un millón de años.

2. Según este trozo, es posible que desaparezca del 15 hasta el 20 por ciento de las especies dentro de
   (A) los próximos 100 años.
   (B) la próxima década.
   (C) los próximos cinco años.
   (D) los próximos dos años.

3. Según este pasaje
   (A) tenemos bastante tiempo para resolver los problemas de la extinción de las especies.
   (B) el tiempo pasa más rápido ahora que antes en cuanto al desarrollo y evolución de las especies.
   (C) las formas de vida de flora y fauna se desarrollan a un ritmo desigual al del ser humano.
   (D) el ritmo natural de extinción actual está acelerándose más rápido que nunca.

The correct answer for Question 1 is **C**. The question asks essentially when *homo sapiens* first appeared and how much time has elapsed since then. Since the precise date for the appearance of *homo sapiens* is unknown, the temporal point of reference is the present and time is measured from the present back into the past. In the article the figure of half a million years appears, hence five hundred thousand is the correct answer. The number of years is expressed in a different way in the answer than in the passage (five hundred thousand instead of half a million). Make sure that the subject is understood even when it is rephrased ("*ser humano*" instead of "*homo sapiens*").

The correct answer for Question 2 is **B**. This question asks about elapsed time—how much time will pass from the time that the article is written until the end of this century. Since the article is dated 1992, the elapsed time will amount to less than a decade. To answer the question look back in the passage for the statement that address this specific topic, then figure how much time has elapsed, or will go by from the date of publication until the year 2000.

The correct answer for Question 3 is **D** because the rate of extinction is the purpose of mentioning of all the facts and figures given in the second paragraph. Choice **A** is incorrect because the article states that the human species is adversely impacting other forms of life on earth. Choice **B** is incorrect because time in and of itself does not move, slowly or quickly. This question really deals with the rate at which events transpire, rates that are relative in that the rate of evolution or extinction is not the same for all forms of life. Choice **C** is incorrect because it refers only to the rate of development, which is not the focus of the article.

Questions About Character, Object Definition, or Identification

One of the problems to be encountered in short passages for reading comprehension is identifying who is speaking, or about whom or what the narrator is speaking, or to whom or what something is done. This information is usually found in the placement of nouns and in gender and/or number of pronouns in indirect discourse. However, frequently in direct discourse (dialogue), often the speaker of a line of dialogue is not explicitly stated. In the following selection identify who the speakers are and what they are.

PASSAGE ONE

Cuando vio el carro perdiéndose por la carretera bajó a la cocina. El viejo dormitaba junto al fuego. Le contempló, y se dijo: "Si tuviera valor le mataría". Allí estaban las tenazas de hierro, a su alcance. Pero no lo haría. Sabía que no podía hacerlo. "Soy cobarde. Soy una gran cobarde y tengo amor a la vida". Esto la perdía: "este amor a la vida...".

—Viejo—exclamó. Aunque habló en voz queda, el vagabundo abrió uno de sus ojillos maliciosos. "No dormía. Es un viejo zorro".

—Ven conmigo—le dijo—. Te he de hablar.

El viejo la siguió hasta el pozo. Allí Mariana se volvió a mirarle.

—Puedes hacer lo que quieras, perro. Puedes decirlo todo a mi marido, si quieres. Pero tú te marchas. Te vas de esta casa, en seguida...

El viejo calló unos segundos. Luego, sonrió.

—¿Cuándo vuelve el señor posadero?

1. En esta selección, Mariana es
   (A) una gran cobarde.
   (B) la esposa del posadero.
   (C) buena amiga del vagabundo.
   (D) la cocinera de la posada.

2. La persona con quien habla Mariana es
   (A) un huésped mal acogido.
   (B) un viejo zorro.
   (C) un forastero perezoso.
   (D) el señor posadero.

The correct answer for Question 1 is **B**. In the selection, Mariana says the old man can tell her husband. The old man asks when her husband will return. "*El viejo calló unos segundos*" indicates that he says the subsequent line. From the sequence the correlation between *marido* and *el señor posadero* can be made. Choice **A** is incorrect because Mariana is not really a coward; she does work up the nerve to tell the old man to leave. Although she does state, *Soy una gran cobarde...,* the question refers to the whole passage. Taken in its entirety, Choice **A** is incorrect. That she does not kill him does not make her a coward. She is not his friend if she is requiring him to leave, and she is not the cook, making Choices **B** and **D** incorrect, also.

The correct answer to Question 2 is **A**. Although she calls him a *zorro,* it is a figure of speech. He is a stranger, but there is no evidence in this selection that he is lazy. He is not the innkeeper because he is asking when the innkeeper is going to return. In the last two lines of dialogue, the speaker is indicated by placement of nouns, *el viejo* and Mariana, immediately before the spoken lines. The old man is a stranger, and he does sit around the house, but this is not the best answer because the characteristic that makes him an unwelcome guest is not his sloth, but his malevolence. She thinks that he knows something about her that she does not want her husband to know. Neither is he the husband of Mariana, indicating that the last alternative is incorrect.

PASSAGE TWO

Sin apenas tiempo para disfrutar de su viaje de novios, Carlos Sainz ha vuelto a tomar el volante de su Toyota Celica GT4 para afrontar una nueva prueba del Campeonato del Mundo de Rallys.

En efecto, en la mañana del 12 de mayo Sainz y su mujer empezaron su viaje a las islas Bermudas, que duró muy poco. Después de una semana de descanso, ya estaba el piloto madrileño en Grecia junto con su copiloto Luis Moya, realizando el recorrido de entrenamiento de la 34 edición del Acrópolis, una carrera que se destaca entre las más duras del campeonato, pero que para Carlos Sainz tiene un significado muy especial, ya que allí consiguió su primera victoria en una prueba del Mundial, concretamente hace ahora dos años.

1. Quién dirigirá el equipo en la competencia en Grecia será
   (A) la señora Sainz.
   (B) Luis Moya.
   (C) Carlos Sainz.
   (D) un entrenador griego.

2. La competencia a la cual se refiere en el pasaje es
   (A) una carrera de caballos en Grecia.
   (B) una carrera aérea entre pilotos de aviones.
   (C) un partido de campeonato de la Copa Mundial.
   (D) una carrera de coches deportivos.

The correct answer for Question 1 is **C**. Carlos, as the subject of the phrase, "*ha vuelto a tomar el volante*", is identified as the driver, or *piloto madrileño*, about which the passage speaks. Luis Moya and la señora Sainz are secondary figures in the passage; one is the co-driver and the other Carlos' wife, making Choices **A** and **B** incorrect. There is no Greek trainer, meaning that Choice **D** is incorrect also.

The correct answer for Question 2 is **D**. *Toyota Celica GT4* and *Rallys* both refer to car racing, to which Sainz has returned. Choices **A**, **B**, and **C** are based on distracting factors. *Piloto* is the subject of the verb in "*estaba el piloto madrileño en Grecia,*" but nowhere in the passage is any association made with anything other than cars. The word *Mundial* is also a distractor in Choice **D** since there is possible confusion between the world championship race and the World Cup in soccer competition. However, the word *Copa* never appears, nor are there any references to soccer.

Questions About Purpose and Reason

Determining motivation (why something happens, or why someone does a particular thing, or for what reasons things will happen), requires careful reading to understand the initial situation and the development of action or thought throughout the passage. By understanding the sequence of events and changes in the nature of events, the logic of the passage can be seen. In passages that narrate an event, pay close attention to the actions and their results. The questions about purpose or reason will require the reader to determine which actions or events in the series reveal the appropriate response to the question. For example: *The man worked hard all day. He went home, ate dinner, he relaxed after dinner, then went to bed early.* Question: *Why did the man go to bed early?* Answer: *He went to bed early because he was tired.* The answer explains why (the reason). In Spanish this information answers the question asked by the interrogative pronoun *¿por qué?* If, in English, the question asks *Why did the man go to bed early?* an answer could be *He went to bed early (in order) to get some rest for the next day.* This answer tells for what purpose the man went to bed early. In Spanish this is the answer to a question using the interrogative pronoun *¿para qué?* At times purpose is indicated by the use of the subjunctive after adverbial conjunctions of purpose or concession (such as *para que, a fin de que, con tal (de) que, a no ser que, a menos que, en caso (de) que,* for example). In the following passages look for the logic of the passages that reveals reason or purpose. A change in direction of events, which means there is a reason and purpose for the change.

PASSAGE ONE

Pero Marini siguió pensando en la isla, mirándola cuando se acordaba o había una ventanilla cerca, casi siempre encogiéndose de hombros al final. Nada de eso tenía sentido, volar tres veces por semana a mediodía sobre Xiros era tan irreal como soñar tres veces por semana que volaba a mediodía sobre Xiros. Todo estaba falseado en la visión inútil y recurrente; salvo, quizá, el deseo de repetirla, la consulta al reloj pulsera antes de mediodía, el breve, punzante contacto con la deslumbradora franja blanca al borde de un azul casi negro, y las casas donde los pescadores alzarían apenas los ojos para seguir el paso de esa otra irrealidad.

Ocho o nueve semanas después, cuando le propusieron la línea de Nueva York con todas sus ventajas, Marini se dijo que era la oportunidad de acabar con esa manía inocente y fastidiosa. Tenía en el bolsillo el libro donde un vago geógrafo de nombre levantino daba sobre Xiros más detalles que los habituales en las guías. Contestó negativamente, oyéndose como desde lejos, y después de sortear la sorpresa escandalizada de un jefe y dos secretarias se fue a comer a la cantina de la compañía donde lo esperaba Carla.

1. ¿Por qué no quiso Marini aceptar la oferta de la compañía para cambiar su ruta aérea?
   (A) Quería sorprender a su jefe.
   (B) Le gustaban tanto los pasajeros en su ruta oriental.
   (C) Le fascinaba tanto la geografía de su línea acostumbrada.
   (D) Se sentía incapaz de separarse de su sueño.

The correct answer is **D** because none of the other answers are inclusive enough. The passage refers to his *manía*, but it has a dual aspect: 1) the sight of the island, and, 2) the routine of looking at his watch to see that they fly over Xiros at noon. He calls his habit "innocent and tiresome," but all of the preceding paragraph indicates that his *manía* is more like an obsession that is neither "innocent" nor "tiresome" to him. At the end of the passage Marini is given the option of changing routes, and considers it, but decides not to, even to his own surprise. The sequence of events in the beginning all reveal his anticipation and fascination with the sight of the island at the same time every flight, even to the extent that he carries a book about it in his pocket.

PASSAGE TWO

Hace poco tiempo, Filiberto murió ahogado en Acapulco. Sucedió en Semana Santa. Aunque despedido de su empleo en la Secretaría, Filiberto no pudo resistir la tentación burocrática de ir, como todos los años, a la pensión alemana, comer el *choucrout* endulzado por el sudor de la cocina tropical, bailar el sábado de gloria en La Quebrada, y sentirse "gente conocida" en el obscuro anonimato vespertino de la playa de Hornos. Claro, sabíamos que en su juventud había nadado bien, pero ahora, a los cuarenta, y tan desmejorado como se le veía, ¡intentar salvar, y a medianoche, un trecho tan largo! Frau Müller no permitió que se velara—cliente tan antiguo—en la pensión; por el contrario, esa noche organizó un baile en la terracita sofocada, mientras Filiberto esperaba, muy pálido en su caja, a que saliera el camión matutino de la terminal, y pasó acompañado de huacales y fardos la primera noche de su nueva vida. Cuando llegué, temprano, a vigilar el embarque del féretro, Filiberto estaba bajo un túmulo de cocos; el chófer dijo que lo acomodáramos rápidamente en el toldo y lo cubriéramos de lonas, para que no se espantaran los pasajeros, y a ver si no le habíamos echado la sal al viaje.

1. ¿Cuál era el propósito del baile en la terracita de la pensión de Frau Müller?
   (A) Lo organizó para que todos felicitaran a Filiberto por su nuevo empleo.
   (B) No quería que supieran sus otros clientes que Filiberto había muerto.
   (C) Lo organizó para que Filiberto se sintiera mejor.
   (D) Frau Müller lo hizo a fin de que los clientes de la pensión lo velaran.

The correct answer is **B** because Filiberto is dead, awaiting transport in his *caja*. His *nueva vida* is a euphemism for his next life (after death), and *pálido* refers to the appearance of his body. The passage also states that Frau Müller prohibited the wake and Filiberto was removed from the "*pensión*" as soon as possible, to be packed off on a truck beneath other freight so that no one would see him. At the beginning of the passage is a description of Filiberto's visit to the *pensión* before his death, all of which is narrated in the indicative. The phrase "*...Filiberto esperaba, muy pálido en su caja, a que saliera el camión matutino de la terminal...*" indicates that the purpose for Filiberto's wait was to be transported in a box back to his former residence. Other verbs in the subjunctive at the end of the passage also indicate that people would be frightened upon seeing a body riding along with them ("*...cubriéramos de lonas, para que no se espantaran los pasajeros...*"), indicating that he is dead.

Questions of Interpretation

There are several facets to the process of making inferences in order to interpret the meaning of a passage and to draw conclusions about it. Some of the strategies are comparing and contrasting events or ideas expressed in the selection, identifying the tone of the passage as well as what type of prose it is (parody, allegory, satire, humorous writing, expository prose, etc.), determining the intended reader of the passage and what purpose the piece serves (essay to persuade, instructional material, narrative to entertain the reader, or inform the reader). This stage of the process of reading usually comes after questions about specific information in the passage have been answered. How the reader responds to the selection is always relevant to the process of interpretation.

One should be careful not to read too much into what a passage says, but how the reader responds to or what he thinks about what the author has said is relevant.

Comparing and Contrasting Ideas

Meanings can be communicated through comparisons and contrasts, both of which can be stated in two ways: explicitly, or implicitly (figuratively). Explicit language means that the object or action named by a word or words has no meaning other than the stated one. The words "mean" precisely what they say. In some types of passages this type of language predominates, such as in instructions for how to use equipment. Figurative language, on the other hand, conveys meaning on a number of levels, depending on the number of figurative meanings that can be attributed to the object or action named. Figurative meanings are based on associations or analogies. In interpretation of figurative language, a common knowledge about the named objects or actions is essential. In terms of interpretation of reading selections for the AP Spanish Language Exam, a broad knowledge about Spanish culture is indispensable. Read the following passages to see if the difference between explicit and figurative language is apparent.

PASSAGE ONE

Línea

El Servicio de Patrullaje—otro de los deberes que son de competencia de la Prefectura—tiene por finalidad guardar las costas argentinas en ejercicio de su soberanía. La institución lo ejercita con naves adaptadas a los requerimientos del medio en que debe actuar, y cumpliendo las siguientes funciones: intervenir en el ejercicio de la Policía de Seguridad de la Navegación; constatar el cumplimiento de los convenios internacionales de la navegación en aguas jurisdiccionales; prestar auxilio en los casos de inundaciones, incendios u otros siniestros, producidos en aguas jurisdiccionales; intervenir en la vigilancia para el cumplimiento de las leyes y reglamentos nacionales referentes a caza y pesca marítima; prestar asistencia y salvamento a las vidas y bienes, en aguas nacionales o mar libre; además de lo específicamente determinado y de otras funciones que se le puedan asignar circunstancialmente—campañas hidrográficas, escoltas a regatas fluviales y oceánicas, participación en actividades náutico-deportivas, etcétera, funciones que contribuyen a la capacitación del personal superior, subalterno y del cuerpo de cadetes, en las actividades marineras.

1. Todas las palabras referentes al agua en este pasaje
   (A) representan todas las esferas de la vida humana tanto como las regiones del mar.
   (B) muestran una correspondencia entre las responsabilidades del Servicio de Patrullaje y diferentes etapas de la vida de la nación.
   (C) describen todas las responsabilidades del Servicio de Patrullaje.
   (D) indican las aguas incluidas en la jurisdicción del Servicio de Patrullaje.

The correct answer is **D**, because although the passage deals with the responsibilities of the Coast Guard, the question asks about the meaning of the word *waters*. No other figurative meaning of *mar* is apparent in the context of this passage. This is a listing of what the duties are and where the Coast Guard has authority.

PASSAGE TWO

Dos veranos más tarde volví a las montañas. Un día, pasando por el cementerio—era ya tarde y se anunciaba la noche en el cielo: el sol, como una bola roja, caía a lo lejos, hacia la carrera terrible y sosegada de la llanura—, vi algo extraño. De la tierra grasienta y pedregosa, entre las cruces caídas, nacía un árbol grande y hermoso, con las hojas anchas de oro: encendido y brillante todo él, cegador. Algo me vino a la memoria, como un sueño, y pensé: "Es un árbol de oro". Busqué al pie del árbol, y no tardé en dar con una crucecilla de hierro negro, mohosa por la lluvia. Mientras la enderezaba, leí: IVO MÁRQUEZ, DIEZ AÑOS DE EDAD. Y no daba tristeza alguna, sino, tal vez, una extraña y muy grande alegría.

1. ¿Qué significa el árbol de oro?
   (A) lo bueno que es la muerte.
   (B) la tristeza de la muerte.
   (C) la hermosura de la naturaleza.
   (D) lo precioso que es la vida.

The correct answer is **D**. This narrator has stumbled across a graveyard where she sees a tree, illuminated by a setting sun so that it appears to be golden. The tree stands in sharp contrast with the colorless surrounding countryside. When she reads the headstone beneath the tree she discovers the name of someone she used to know. The sight causes her to reflect on the nature of life. The "golden" tree brings into focus for her a renewed appreciation for life and she feels satisfied and comforted by the chance encounter with a memory from the past.

Parallel Structures

Explicit meanings are evident in statements in passages that use parallel structures to compare or contrast things, events, or concepts. Parallel statements repeat information in identical words or in rephrased expressions. Contrasts are stated using antithetical statements (one in which one statement is the opposite of the other). Antithetical statements are sometimes preceded by conjunctions such as *pero, sino, sino que, al otro lado, sin embargo, no obstante, mas*, or *en cambio*. But when meanings are stated figuratively, they can be communicated through the use of figures of speech such as simile, metaphor, metonymy, paradox, personification, synecdoche, oxymoron, or hyperbole. Figurative meanings derive from analogous or associative meanings that sometimes presuppose a common cultural knowledge, and thus can be difficult to interpret without some knowledge of the cultural context of the language. Studying the figures of speech is a primary means of interpretation, however. In the following passages look for comparisons and contrasts in parallel structures.

PASSAGE ONE

Abrigo la profunda creencia de que si todos dijésemos siempre y en cada caso la verdad, la desnuda verdad, al principio amenazaría hacerse inhabitable la Tierra, pero acabaríamos pronto por entendernos como hoy no nos entendemos. Si todos, pudiendo asomarnos al brocal de las conciencias ajenas, nos viéramos desnudas las almas, nuestras rencillas y reconcomios todos fundiríanse en una inmensa piedad mutua. Veríamos las negruras del que tenemos por santo, pero también las blancuras de aquel a quien estimamos un malvado.

1. Decir la verdad es
   (A) revelar todos nuestros secretos.
   (B) reconocer todas las faltas de nuestros enemigos.
   (C) sentirse más piadoso.
   (D) pensar que todos nuestros vecinos son santos.

2. La frase, "acabaríamos pronto por entendernos como hoy no nos entendemos" significa que
   (A) todos reconocerán a sus enemigos o amigos.
   (B) no hablamos ni escuchamos a nuestros prójimos.
   (C) la Tierra es un infierno.
   (D) la Tierra será un paraíso.

The correct answer to Question 1 is **C**. From studying the structures of the sentences in the passage, parallel structures are apparent: "*dijésemos siempre ... la verdad*" and "*nos viéramos desnudas las almas...*" Since this is an *if-then* statement, all the verb forms in the conditional tense depend on the existence or truth of the *if* portion of the statement. Further, since the verbs "*dijésemos*" and "*nos viéramos*" are the only two verbs in the past subjunctive of an *if-then* structure, the concepts they state are analogous in the context of this passage. This correlation of grammatical structure is a primary indicator of the correct answer, given also the fact that the whole passage focuses on what would happen if the truth were always told. All of the other alternative answers are *then* portions of the *if-then* structure and present hypothetical results or consequences of the hypothetical action proposed in the *if* portion of the statement. The rest of the answer depends upon understanding the figurative meaning of the expression "*desnudas las almas.*" The phrase, "*fundiríanse en una inmensa piedad mutua*" does correlate in meaning and structure to the compound portion of the *then* statement: "*amenazaría hacerse inhabitable la Tierra pero acabaríamos pronto por entendernos....*"

The correct answer for Question 2 is **B**. There are two parts that are antithetical in this phrase in question: "*entendernos*" and "*no nos entendemos.*" Choice **B** is the only combination of contrasting ideas. The conditional in *acabaría* indicates the hypothetical nature of understanding. Not speaking or talking are actual realities that lead to a lack of understanding, making the understanding hypothetical. The last two choices generalize too much about what the writer says. Always be carefully to study alternatives that include words like *siempre* or *todo el tiempo* because many times they are too general to be true. They only offer a metaphorical interpretation of a single portion of the *then* portions of the *if-then* statements in the passage.

PASSAGE TWO

—¡Díles que no me maten, Justino! Anda, vete a decirles eso. Que por caridad. Así díles. Díles que lo hagan por caridad.

—No puedo. Hay allí un sargento que no quiere oír hablar nada de ti.

—Haz que te oiga. Date tus mañas y díle que para sustos ya ha estado bueno. Díle que lo haga por caridad de Dios.

—No se trata de sustos. Parece que te van a matar de a de veras. Y yo ya no quiero volver allá.

—Anda otra vez. Solamente otra vez, a ver qué consigues.

—No. No tengo ganas de ir. Según eso, yo soy tu hijo. Y, si voy mucho con ellos, acabarán por saber quién soy y les dará por afusilarme a mí también. Es mejor dejar las cosas de este tamaño.

1. ¿Cuál era la actitud del padre de Justino?
   (A) resignado
   (B) impávido
   (C) desesperado
   (D) asustado

2. ¿Cómo caracterizaría el tipo de hijo que parece ser Justino?
   (A) egoísta
   (B) cruel
   (C) cariñoso
   (D) temeroso

The answer for Question 1 is **C**. The lines by these two speakers, Justino and his father, alternate between commands and refusals. Justino's father's every line is a command for his son to go ask, tell, or beg for his life. Justino's every line communicates his desire to not become involved. Through the repetition of the command, "*Díles*", the father communicates his desperation, not resignation, fear, or intrepid behavior. The repetitious structure in this case shows the degree or intensity of the man's feeling for life. His son's repeated denial to grant his father's wish shows an equal fear of dying, or at least as strong a desire to remain among the living.

The correct answer for Question 2 is **D**. Justino's fear for his own life overwhelms any familial love that he may have felt for his father. His constant denial and proffered "reasons" are not convincing; they sound like excuses, except that there is a grain of truth to the gravity of the situation as he sees it. The sergeant is intransigent: "*no quiere oír hablar nada de ti*". Finally at the end he confesses that he does not want to press too much because the sergeant apparently does not realize yet that Justino is the man's son, and Justino does not want the sergeant to know. Although Justino may also be self-centered and cruel, his primary reaction is fear, which is indicated by the constant repetition of his denial and after each denial an explanation of his position in the matter.

Determining Tone or Attitude

One of the more difficult aspects of reading is determining the tone of the passage. The tone or attitude of the passage refers to the author's relationship to his material or to his reader, or both. By changing voice or manner a writer can create a particular tone in a work. Sometimes the attitude of the writer is revealed in figures of speech, such as hyperbole (exaggeration), various types of images (simile, metaphor, or metonym), humor (puns), or other devices such as personification. In the following passages, notice the choice of words and how they are used in order to create a particular tone. This tone or attitude at times can indicate what type of writing the passage presents.

PASSAGE ONE

El primordial objeto de la vida, para muchos millones de norteamericanos, está en "divertirse" o "troncharse de risa". "Divertirse" no es ningún asunto complicado. El cine constituye la mayor de las diversiones. Bailar, jugar a los naipes, patinar o besar y abrazar en un coche a un muchacha en cualquier momento es divertirse. Mirar los grabados en una revista y beber jugo de naranja es también una gran diversión. A los norteamericanos les satisface todo y gozan de todo. Encontrarse en la calle a Peter Lorre es un gran entretenimiento; platicar con una hórrida jamona en un fonducho de mala muerte es magnífico; presenciar un buen accidente automovilístico en la calle es demasiado maravilloso para describirlo con palabras.

1. Ante el espectáculo de los norteamericanos tratando de divertirse en todo momento, este narrador se muestra
   (A) aburrido.
   (B) entretenido.
   (C) no afectado.
   (D) escéptico.

The correct answer is **B**. This narrator show a certain detached amusement for the phenomenon he is describing, as is shown in the words he chooses to name his topic: "*El primordial objeto de la vida...*". Among the basic human drives, entertainment does not usually rank along with self-preservation. The overstatement (hyperbole), indicates immediately that this narrator is somewhat detached; he is not commenting on what entertainment means to him, but what it means to the people he is observing. He then enumerates things that North Americans find entertaining, a list that culminates with the sight of an automobile accident. Any spectacle is entertaining. His expression, "*una hórrida jamona en un fonducho de mala muerte,*" also communicates his detachment and amusement through word selection and overstatement. Choice **C** is a possible answer, but not the best answer. One does not get the impression from this passage that the writer is entirely indifferent to the subject matter; if he found it entertaining enough to write about, he is not totally indifferent.

PASSAGE TWO

Todas las personas interesadas en que el camello pase por el ojo de la aguja, deben inscribir su nombre en la lista de patrocinadores del experimento Niklaus.

Desprendido de un grupo de sabios mortíferos, de esos que manipulan el uranio, el cobalto y el hidrógeno, Arpad Niklaus deriva sus investigaciones actuales a un fin caritativo y radicalmente humanitario: la salvación del alma de los ricos.

Propone un plan científico para desintegrar un camello y hacerlo que pase en chorro de electrones por el ojo de una aguja. Un aparato receptor (muy semejante en principio a la pantalla de televisión) organizará los electrones en átomos, los átomos en moléculas y las moléculas en células, reconstruyendo inmediatamente el camello según su esquema primitivo. Niklaus ya logró cambiar de sitio, sin tocarla, una gota de agua pesada. También ha podido evaluar, hasta donde lo permite la discreción de la materia, la energía cuántica que dispara una pezuña de camello. Nos parece inútil abrumar aquí al lector con esa cifra astronómica.

1. ¿Por qué parece que este escritor no toma en serio el experimento del científico Arpad Niklaus?
   (A) Porque cita la manera exacta de proceder con el experimento.
   (B) (Líneas 1–2) Porque usa el subjuntivo en la frase, "en que el camello pase por el ojo de la aguja,..."
   (C) (Líneas 6–7) Porque se burla del propósito del experimento, "la salvación del alma de los ricos".
   (D) (Líneas 16–17) Por el comentario editorial al final, "Nos parece inútil abrumar aquí al lector con cifras..."

The correct answer is **D** because all the other responses are encompassed by the word, *abrumar*. Choice **A** is incorrect because all of the details of the experiment serve mostly to illustrate the incredulity of the writer. In Choices **B** and **C**, the responses refer to specific places in the text where the writer shows his disbelief, but tone or attitude is revealed in the passage as a whole. Both alternatives also state the same concept. In the Biblical reference, the camel passing through the eye of the needle and the salvation of the rich man's soul are synonymous events. *Cifra astronómica* reflects incredulity because of the number of atoms involved and the amount of energy required to transport the camel. The Spanish words make no comment about metaphorical meaning. The Biblical reference is a point of departure for the idea of the selection.

Determining the Intended Reader

The reading passages that appear on the AP Spanish Language Exam represent a wide variety of sources. Most often the intended reader can be determined by the content of the passage. Many passages are narratives told in the third person, and the intended reader is anyone who is interested enough to pick up the literature to read it. In other cases, the writer addresses the reader directly, and from the context provided within the passage, the reader can identify himself. In other cases, the passage may be an essay that tries to convince a specific kind of reader to take a certain position. In the following passage, the content and the language show that this piece is directed toward a certain type of reader.

PASSAGE ONE

Línea

Quien desee comer una manzana y tenga ante si un manzano de su propiedad, cargado de manzanas maduras al alcance de la mano, no tiene problema alguno para hacerse con ellas. Coge una manzana y, con ello, ha conseguido lo que pretendía. Los problemas comienzan cuando las manzanas cuelgan tan altas que resulta difícil alcanzarlas. El objetivo, cogerlas, no cabe lograrlo sin dificultades. Se tropieza con un óbice en el logro de nuestro objetivo. ¿Cómo se podrá comportar uno ante esta nueva situación?

Se puede renunciar a las manzanas, si la necesidad de comerlas no es muy acuciante o si se sabe por experiencia que no se halla preparado para tal situación, es decir, si no se siente uno con fuerzas suficientes para coger una manzana de un árbol elevado.

Pero también cabe la posibilidad de que comience uno a intentar conseguir su objetivo, o dicho de otro modo, de que trate de buscar, sin plan previo alguno, los medios y métodos apropiados para lograrlo. Intenta uno sacudir violentamente al árbol de un lado para otro y se da cuenta de que su tronco resulta demasiado grueso para poderlo mover. Arroja piedras a las manzanas y comprueba que para esto le falta la práctica requerida. Echa mano de un palo y trata de alcanzar con él las manzanas, pero el palo resulta demasiado corto.

Muchos intentos, muchos fracasos. Tal vez—tras largo esfuerzo—un éxito fortuito.

Pero también se puede proceder de la siguiente manera: se sienta uno y reflexiona sobre la situación.

1. ¿A quién parece estar dirigido este pasaje?
   (A) un campesino hambriento
   (B) un chico pequeño
   (C) una persona perezosa
   (D) una persona pragmática

The correct answer is **D** because the object of this passage is to interest the reader in learning how to solve everyday problems. This writer appeals to the reader's reason by presenting a concrete example of a problem, then offering a variety of solutions, none of which is the most efficient manner of solving the problem. This writer is addressing a reader who wants to learn how to think logically when confronted by problems, not act impulsively. A pragmatic person is one who will analyze the situation, then take the most appropriate action, which in this case is to sit and contemplate the situation.

CHAPTER 6: Answer Sheets for Practice Reading Comprehension Passages

Primer Grupo, Selección Uno

1. Ⓐ Ⓑ Ⓒ Ⓓ
2. Ⓐ Ⓑ Ⓒ Ⓓ
3. Ⓐ Ⓑ Ⓒ Ⓓ
4. Ⓐ Ⓑ Ⓒ Ⓓ
5. Ⓐ Ⓑ Ⓒ Ⓓ
6. Ⓐ Ⓑ Ⓒ Ⓓ
7. Ⓐ Ⓑ Ⓒ Ⓓ

Primer Grupo, Selección Dos

1. Ⓐ Ⓑ Ⓒ Ⓓ
2. Ⓐ Ⓑ Ⓒ Ⓓ
3. Ⓐ Ⓑ Ⓒ Ⓓ
4. Ⓐ Ⓑ Ⓒ Ⓓ
5. Ⓐ Ⓑ Ⓒ Ⓓ
6. Ⓐ Ⓑ Ⓒ Ⓓ
7. Ⓐ Ⓑ Ⓒ Ⓓ
8. Ⓐ Ⓑ Ⓒ Ⓓ

Primer Grupo, Selección Tres

1. Ⓐ Ⓑ Ⓒ Ⓓ
2. Ⓐ Ⓑ Ⓒ Ⓓ
3. Ⓐ Ⓑ Ⓒ Ⓓ
4. Ⓐ Ⓑ Ⓒ Ⓓ
5. Ⓐ Ⓑ Ⓒ Ⓓ
6. Ⓐ Ⓑ Ⓒ Ⓓ
7. Ⓐ Ⓑ Ⓒ Ⓓ

Primer Grupo, Selección Cuatro

1. Ⓐ Ⓑ Ⓒ Ⓓ
2. Ⓐ Ⓑ Ⓒ Ⓓ
3. Ⓐ Ⓑ Ⓒ Ⓓ
4. Ⓐ Ⓑ Ⓒ Ⓓ
5. Ⓐ Ⓑ Ⓒ Ⓓ
6. Ⓐ Ⓑ Ⓒ Ⓓ

Segundo Grupo, Selección Uno

1. Ⓐ Ⓑ Ⓒ Ⓓ
2. Ⓐ Ⓑ Ⓒ Ⓓ
3. Ⓐ Ⓑ Ⓒ Ⓓ
4. Ⓐ Ⓑ Ⓒ Ⓓ
5. Ⓐ Ⓑ Ⓒ Ⓓ
6. Ⓐ Ⓑ Ⓒ Ⓓ
7. Ⓐ Ⓑ Ⓒ Ⓓ
8. Ⓐ Ⓑ Ⓒ Ⓓ

Segundo Grupo, Selección Dos

1. Ⓐ Ⓑ Ⓒ Ⓓ
2. Ⓐ Ⓑ Ⓒ Ⓓ
3. Ⓐ Ⓑ Ⓒ Ⓓ
4. Ⓐ Ⓑ Ⓒ Ⓓ
5. Ⓐ Ⓑ Ⓒ Ⓓ
6. Ⓐ Ⓑ Ⓒ Ⓓ
7. Ⓐ Ⓑ Ⓒ Ⓓ
8. Ⓐ Ⓑ Ⓒ Ⓓ

Segundo Grupo, Selección Tres

1. Ⓐ Ⓑ Ⓒ Ⓓ
2. Ⓐ Ⓑ Ⓒ Ⓓ
3. Ⓐ Ⓑ Ⓒ Ⓓ
4. Ⓐ Ⓑ Ⓒ Ⓓ
5. Ⓐ Ⓑ Ⓒ Ⓓ
6. Ⓐ Ⓑ Ⓒ Ⓓ
7. Ⓐ Ⓑ Ⓒ Ⓓ
8. Ⓐ Ⓑ Ⓒ Ⓓ

Segundo Grupo, Selección Cuatro

1. Ⓐ Ⓑ Ⓒ Ⓓ
2. Ⓐ Ⓑ Ⓒ Ⓓ
3. Ⓐ Ⓑ Ⓒ Ⓓ
4. Ⓐ Ⓑ Ⓒ Ⓓ
5. Ⓐ Ⓑ Ⓒ Ⓓ
6. Ⓐ Ⓑ Ⓒ Ⓓ
7. Ⓐ Ⓑ Ⓒ Ⓓ

Tercer Grupo, Selección Uno

1. Ⓐ Ⓑ Ⓒ Ⓓ
2. Ⓐ Ⓑ Ⓒ Ⓓ
3. Ⓐ Ⓑ Ⓒ Ⓓ
4. Ⓐ Ⓑ Ⓒ Ⓓ
5. Ⓐ Ⓑ Ⓒ Ⓓ
6. Ⓐ Ⓑ Ⓒ Ⓓ
7. Ⓐ Ⓑ Ⓒ Ⓓ
8. Ⓐ Ⓑ Ⓒ Ⓓ

Tercer Grupo, Selección Dos

1. Ⓐ Ⓑ Ⓒ Ⓓ
2. Ⓐ Ⓑ Ⓒ Ⓓ
3. Ⓐ Ⓑ Ⓒ Ⓓ
4. Ⓐ Ⓑ Ⓒ Ⓓ
5. Ⓐ Ⓑ Ⓒ Ⓓ

Tercer Grupo, Selección Tres

1. Ⓐ Ⓑ Ⓒ Ⓓ
2. Ⓐ Ⓑ Ⓒ Ⓓ
3. Ⓐ Ⓑ Ⓒ Ⓓ
4. Ⓐ Ⓑ Ⓒ Ⓓ

Tercer Grupo, Selección Cuatro

1. Ⓐ Ⓑ Ⓒ Ⓓ
2. Ⓐ Ⓑ Ⓒ Ⓓ
3. Ⓐ Ⓑ Ⓒ Ⓓ
4. Ⓐ Ⓑ Ⓒ Ⓓ
5. Ⓐ Ⓑ Ⓒ Ⓓ
6. Ⓐ Ⓑ Ⓒ Ⓓ
7. Ⓐ Ⓑ Ⓒ Ⓓ

Cuarto Grupo, Selección Uno

1. Ⓐ Ⓑ Ⓒ Ⓓ
2. Ⓐ Ⓑ Ⓒ Ⓓ
3. Ⓐ Ⓑ Ⓒ Ⓓ
4. Ⓐ Ⓑ Ⓒ Ⓓ
5. Ⓐ Ⓑ Ⓒ Ⓓ
6. Ⓐ Ⓑ Ⓒ Ⓓ
7. Ⓐ Ⓑ Ⓒ Ⓓ

Cuarto Grupo, Selección Dos

1. Ⓐ Ⓑ Ⓒ Ⓓ
2. Ⓐ Ⓑ Ⓒ Ⓓ
3. Ⓐ Ⓑ Ⓒ Ⓓ
4. Ⓐ Ⓑ Ⓒ Ⓓ
5. Ⓐ Ⓑ Ⓒ Ⓓ
6. Ⓐ Ⓑ Ⓒ Ⓓ

Cuarto Grupo, Selección Tres

1. Ⓐ Ⓑ Ⓒ Ⓓ
2. Ⓐ Ⓑ Ⓒ Ⓓ
3. Ⓐ Ⓑ Ⓒ Ⓓ
4. Ⓐ Ⓑ Ⓒ Ⓓ
5. Ⓐ Ⓑ Ⓒ Ⓓ
6. Ⓐ Ⓑ Ⓒ Ⓓ
7. Ⓐ Ⓑ Ⓒ Ⓓ
8. Ⓐ Ⓑ Ⓒ Ⓓ

Cuarto Grupo, Selección Cuatro

1. Ⓐ Ⓑ Ⓒ Ⓓ
2. Ⓐ Ⓑ Ⓒ Ⓓ
3. Ⓐ Ⓑ Ⓒ Ⓓ
4. Ⓐ Ⓑ Ⓒ Ⓓ
5. Ⓐ Ⓑ Ⓒ Ⓓ
6. Ⓐ Ⓑ Ⓒ Ⓓ
7. Ⓐ Ⓑ Ⓒ Ⓓ
8. Ⓐ Ⓑ Ⓒ Ⓓ

Quinto Grupo, Selección Uno

1. Ⓐ Ⓑ Ⓒ Ⓓ
2. Ⓐ Ⓑ Ⓒ Ⓓ
3. Ⓐ Ⓑ Ⓒ Ⓓ
4. Ⓐ Ⓑ Ⓒ Ⓓ
5. Ⓐ Ⓑ Ⓒ Ⓓ
6. Ⓐ Ⓑ Ⓒ Ⓓ

Quinto Grupo, Selección Dos

1. Ⓐ Ⓑ Ⓒ Ⓓ
2. Ⓐ Ⓑ Ⓒ Ⓓ
3. Ⓐ Ⓑ Ⓒ Ⓓ
4. Ⓐ Ⓑ Ⓒ Ⓓ
5. Ⓐ Ⓑ Ⓒ Ⓓ
6. Ⓐ Ⓑ Ⓒ Ⓓ
7. Ⓐ Ⓑ Ⓒ Ⓓ
8. Ⓐ Ⓑ Ⓒ Ⓓ

Quinto Grupo, Selección Tres

1. Ⓐ Ⓑ Ⓒ Ⓓ
2. Ⓐ Ⓑ Ⓒ Ⓓ
3. Ⓐ Ⓑ Ⓒ Ⓓ
4. Ⓐ Ⓑ Ⓒ Ⓓ
5. Ⓐ Ⓑ Ⓒ Ⓓ
6. Ⓐ Ⓑ Ⓒ Ⓓ

Quinto Grupo, Selección Cuatro

1. Ⓐ Ⓑ Ⓒ Ⓓ
2. Ⓐ Ⓑ Ⓒ Ⓓ
3. Ⓐ Ⓑ Ⓒ Ⓓ
4. Ⓐ Ⓑ Ⓒ Ⓓ
5. Ⓐ Ⓑ Ⓒ Ⓓ
6. Ⓐ Ⓑ Ⓒ Ⓓ

PRACTICE READING COMPREHENSION PASSAGES

To briefly review the steps for reading:

1. Scan the passage to get the general idea.
2. Reread more carefully to:
   a) identify key vocabulary words,
   b) identify the characters,
   c) identify the setting,
   d) understand what has happened.
3. Evaluate the information you have gotten from the passage to:
   a) determine the tone and mood of the piece,
   b) determine the intended reader,
   c) draw conclusions about the message of the piece.
4. Read the multiple-choice alternatives and select the best one.

If you are unsure of the answer after reading the choices, ask yourself what kind of information the questions ask. Review the passage, then try the question again.

Remember that if you do not recognize a word, you should still be able to figure out what is going on in the passage. Reading does not mean translating, so do not try to translate every word to answer the questions.

The answer sheets are on pages 189 and 190, and the answers are given on page 221.

PRIMER GRUPO, SELECCIÓN UNO

A las cuatro merendamos juntos, pan y pasas, sentados en el sofá, y cuando nos levantamos, no sé por qué, mi padre no quiso que limpiara el espaldar que el albañilito había manchado de blanco con su chaqueta; me detuvo la mano y lo limpió después sin que lo viéramos. Jugando, al albañilito se le cayó un botón de la cazadora, y mi madre se le cosió; él se puso encarnado, y la veía coser; muy admirado y confuso, no atreviéndose ni a respirar. Después le enseñé el álbum de caricaturas, y él, sin darse cuenta, imitaba los gestos de aquellas caras, tan bien, que hasta mi padre se reía. Estaba tan contento cuando se fue, que se olvidó de ponerse al andrajoso sombrero, y al llegar a la puerta de la escalera, para manifestarme su gratitud, me hacía otra vez la gracia de poner el *hocico de liebre*.

—¿Sabes, hijo mío, por qué no quise que limpiara el sofá? Porque limpiarle mientras tu compañero lo veía era casi hacerle una reconvención por haberlo ensuciado. Y esto no estaba bien: en primer lugar, porque no lo había hecho de intento, y en segundo lugar, porque le había manchado con ropa de su padre, que se la había enyesado trabajando; y lo que se mancha trabajando no ensucia; es polvo, cal, barniz, todo lo que quieras, pero no suciedad. El trabajo no ensucia. No digas nunca de un obrero que sale de su trabajo: "Va sucio". Debes decir: "Tiene en su ropa las señales, las huellas del trabajo". Recuérdalo. Quiero mucho al albañilito: primero, porque es compañero tuyo, y además, porque es hijo de un obrero. —*Tu padre.*

1. ¿De qué trata esta selección?
   (A) De la conducta apropiada de un anfitrión.
   (B) De los modos de mantenerse limpio en casa.
   (C) De la conducta apropiada de un huésped.
   (D) De los modos de disciplinar a un hijo.

2. Al levantarse del sofá, ¿qué le molestaba al hijo?
   (A) Que la ropa del visitante estaba sucia.
   (B) Que se vieron algunas huellas del trabajo en el sofá.
   (C) Que en la chaqueta del albañilito faltaba un botón.
   (D) Que la chaqueta mostraba señales del trabajo.

3. ¿Cómo se sentía el albañilito cuando observó a la mamá reparando la ropa?
   (A) Estaba muy triste.
   (B) Se avergonzó.
   (C) Se enojó.
   (D) Se arrepintió.

4. ¿En la línea 18, qué quiere decir, *lo que se mancha trabajando no ensucia*?
   (A) Indica que no puede ensuciarse trabajando.
   (B) Significa que el padre no vio que la chaqueta estaba sucia.
   (C) Significa que trabajar no es una desgracia.
   (D) Quiere decir que el padre se sentía superior a los obreros.

5. ¿Por qué no quería el papá que su hijo limpiara el sofá de inmediato?
   (A) No quería que el albañilito viera a su hijo trabajando.
   (B) Quería que la madre lo hiciera.
   (C) Quería que el albañilito viera lo que había hecho.
   (D) No quería parecer descortés al invitado.

6. ¿Qué determina la diferencia entre el hijo y el albañilito?
   (A) Los aspectos socio-económicos de los dos.
   (B) El nivel de formación educativa de los dos.
   (C) Las características personales de los dos.
   (D) La edad de los dos.

7. ¿Cómo es la relación entre el papá y el hijo?
   (A) Parece que el padre es muy exigente.
   (B) Parece que los dos gozan de relaciones muy estrechas.
   (C) Parece que el chico no le hace mucho caso al padre.
   (D) El chico parece ser muy mimado por su padre.

PRIMER GRUPO, SELECCIÓN DOS

Borja se quedó quieto, con los hombros un poco encogidos. Retrocedió tanto que salió fuera del porche, y la lluvia le caía por la frente y la mejillas, de forma que éste nunca podría comprender. (Yo sí, pobre amigo mío, yo sí te entendía y sentía piedad.) Intentó sonreír, pero sus labios temblaban, y se cobijó de nuevo en el porche, humillado como jamás le viera nadie. Juan Antonio y los del administrador parecía que nos miraban, a Manuel y a mí, con envidia. Y me dije: “¿Cómo es posible que todos estemos enamorados de él?" Y odié la guitarra de Sanamo, que nos envenenó. Cada vez que Manuel y yo queríamos separar nuestras manos, Jorge ponía la suya encima y lo impedía.

Borja se sentó, con los codos sobre las rodillas y la cara entre las manos. No sabíamos si lloraba o reía, o simplemente si le dolía la cabeza de tanto como bebió.

Se oía la música de la guitarra de Sanamo, y la lluvia, acabándose. Todo brillaba muy pálidamente en temblorosas gotas: los racimos verdes, azul y oro, las hojas del magnolio, los cerezos, las rosas de octubre.

Entonces Jorge dijo:

—¿Sabéis, muchachos? No creáis que al morir recordaréis hazañas, ni sucesos importantes que os hayan ocurrido. No creáis que recordaréis grandes aventuras, ni siquiera momentos felices que aún podáis vivir. Sólo cosas como ésta: una tarde así, unas copas de vino, esas rosas cubiertas de agua. ¿No lo crees, Matia?

Yo no le dije nada.

1. ¿Qué tiempo hace?
   (A) Es octubre.
   (B) Es la temporada lluviosa.
   (C) Está despejado.
   (D) Es de verano.

2. ¿Dónde estarán los chicos?
   (A) Estarán en un restaurante elegante.
   (B) Estarán en un parque en al campo.
   (C) Estarán en la casa de un viejo amigo.
   (D) Estarán en una pensión para viejos.

3. ¿Por qué están los chicos allí?
   (A) Manuel y la narradora buscan la bendición de Jorge.
   (B) Quieren que Sanamo les entretenga con su música.
   (C) Ellos parecen haber buscado refugio de la lluvia.
   (D) Todos los chicos buscan la amistad de Jorge.

4. ¿Por qué está tan triste Borja?
   (A) Cree que Jorge le ha rechazado.
   (B) A los otros chicos no les gusta.
   (C) No le gusta la música de Sanamo.
   (D) Está triste porque bebió demasiado vino.

5. ¿En líneas 7–8, qué significa la pregunta *¿Cómo es posible que todos estemos enamorados de él?*
   (A) Quiere decir que la narradora admira mucho a Jorge.
   (B) La narradora no sabe qué pensar de este hombre.
   (C) Parece que ella preferiría estar en otro lugar.
   (D) Le molesta un poco toda la atención que recibió Borja.

6. ¿Qué revela del carácter de Jorge lo que éste dice al fin de la selección?
   (A) Es muy orgulloso.
   (B) Es sentimental.
   (C) Es muy tacaño.
   (D) Es muy travieso.

7. Cómo se describirían las relaciones entre Manuel y los otros chicos?
   (A) Manuel es distinto entre todos los chicos.
   (B) Le tienen celos porque es el favorito de Jorge.
   (C) Lo admiran por ser buen amigo de Borja.
   (D) A todos los chicos les gusta.

8. ¿Quién narra estos recuerdos?
   (A) Borja.
   (B) Manuel.
   (C) Jorge.
   (D) Matia.

PRIMER GRUPO, SELECCIÓN TRES

En verano se ven menos horas de televisión, según los estudios de audiencia. Los días son más largos. Los espectadores encuentran elementos sustituidores de ocio fuera de su hogar habitual. La publicidad floja y disminuye la presión competitiva. Este año, sin embargo, y a excepción de Atena 3, que apenas modificará su programación, la lucha por ganar más cuota de pantalla no baja la guardia. La más agresiva es Tele 5, que prepara las maletas para situarse en las playas. En la de Marbella ya ha contratado a su alcalde para que haga de presentador.

Para los jóvenes, Tele 5 ha preparado una versión reducida de *La quinta marcha*, que se emitirá al mediodía desde distintos emplazamientos turísticos y playeros. En esta misma línea de seguimiento a la audiencia consumidora de discos y refrescos, se mueve *Hablando se entiende la basca*, una versión del programa de Coll que se realizará en el mismo escenario de *Hablando se entiende la gente*, el teatro de la ONCE de Madrid. Chavales entre 10 y 17 años ofrecerán diariamente su espectáculo conducido por unos de los presentadores de *La quinta marcha*.

1. ¿Qué tendencias se han notado entre los televidentes españoles?
   (A) Durante el invierno miran menos porque están tan ocupados.
   (B) Durante el verano miran menos porque prefieren disfrutar del tiempo fuera de casa.
   (C) No hay diferencia entre el número de horas que miran en verano e invierno.
   (D) Depende más de la edad del televidente cuánto miran en el verano.

2. ¿Cómo han respondido los productores de programación a la situación?
   (A) Hay gran cooperación entre todos los canales para atraer más televidentes.
   (B) Todos los canales recurren a medidas muy agresivas para atraer al televidente.
   (C) Los programas se han hecho más al tanto para todos los televidentes.
   (D) Todas las estaciones menos Tele 5 están esforzándose para atraer televidentes.

3. ¿Qué actitud reflejan las estaciones?
   (A) Reflejan cierta desesperación para aumentar el número de espectadores.
   (B) Reflejan una nueva actitud agresiva para promover los negocios.
   (C) Reflejan cierta resignación a las vacilaciones de cada estación y temporada.
   (D) Reflejan indiferencia para las modalidades de los jóvenes modernos.

4. ¿A qué tipo de televidente está dirigido el programa *La quinta marcha*?
   (A) Es para los turistas en Madrid.
   (B) Es para turistas en las playas.
   (C) Es de más interés para los jóvenes.
   (D) Está dirigido a gente profesional.

5. ¿Cómo se propone atraer más televidentes entre el público?
   (A) Un canal va a contratar a más jóvenes.
   (B) Un canal va a contratar a unos turistas en Marbella.
   (C) Unos van a olvidarse de todas las viejas estrellas de la televisión.
   (D) Unos van a ofrecer programas de viajes a Marbella.

6. ¿Qué tipo de programa es *Hablando se entiende la gente*?
   (A) Es teatro en la pantalla pequeña.
   (B) Es un programa de viajes para turistas.
   (C) Es un programa con algo para los jóvenes.
   (D) Es un programa para ciegos en la televisión.

7. ¿De dónde procede este trozo?
   (A) Es un folleto del Consejo de Turismo sobre la televisión.
   (B) Es un guión para los televidentes.
   (C) Es de una revista que trata las novedades en la televisión.
   (D) Es de una obra literaria tratando la vida moderna.

PRIMER GRUPO, SELECCIÓN CUATRO

Para los que todavía se quedaban fuera se han multiplicado los artículos de los espontáneos, las "Cartas al Director" y, sobre todo, siguen vigentes las "pintadas". Esas pintadas que permitían el anonimato y que eran lógicas, en cierto modo, cuando sus autores no tenían otro medio de hacer oír su voz desde la clandestinidad a que el Régimen los tenía condenados, siguen ahora cuando la voz y la letra son libres, porque siempre queda gente que tiene que estrujar y luego manipular las opiniones de otros para impulsar sus propias ideas sobre el aborto o del precio del pan, de Gibraltar o del País Vasco.

Y las manifestaciones callejeras se suceden. Pueden hacerse para la defensa del medio ambiente o contra un alcalde superviviente de la dictadura, a favor de los obreros panaderos o del Polisario, pero a juzgar por las fotografías o televidiarios, lo más importante para los participantes es estar allí, ser vistos y oídos. Cada vez que una cámara de cine o fotografía les enfoca miran fijos, sonríen, levantan los brazos; en las fotos de periódicos, los de delante aparecen satisfechos y orgullosos; los de detrás, se asoman por entre las cabezas entre los afortunados para "estar" a su vez común en esas fotografías de grupos infantiles.

1. ¿Qué aspecto de la vida comenta este trozo?
   (A) Unas libertades civiles que permiten manifestaciones.
   (B) Nuevas libertades para expresión pública.
   (C) Los cambios entre la gente en la vida pública.
   (D) Los abusos de la libertad de expresión pública.

2. ¿Qué son *Cartas al Director*?
   (A) Manifestaciones para funcionarios.
   (B) Artículos de espectadores a directores del cine.
   (C) Declaraciones de gente en contra del Régimen.
   (D) Comunicaciones dirigidas a la redacción de un periódico.

3. En las líneas 5–6, ¿a quiénes se refieren las palabras *desde la clandestinidad a que el Régimen los tenía condenados*?
   (A) Se refieren a personas que pintaron en vez de escribir para expresar sus ideas.
   (B) Se refieren a gente que antes tenía que pagar al diario para que publicara sus opiniones.
   (C) Se refieren a personas que querían efectuar cambios sociales fuera del sistema.
   (D) Se refieren a personas prohibidas por el estado de hacer cualquier tipo de declaración antigubernamental.

4. ¿Por qué se suceden las manifestaciones callejeras, según este autor?
   (A) A esa gente sólo le interesa ser vista.
   (B) Esa gente celebra sus nuevas libertades.
   (C) Protestan la censura del gobierno.
   (D) Quieren efectuar grandes cambios sociales.

5. ¿Cómo reaccionan esas personas al ver una cámara?
   (A) Tratan de ocultar los rostros.
   (B) Se enorgullecen de su supuesta importancia.
   (C) Tienen miedo de ser reconocidos por el Régimen.
   (D) Se enfadan porque sacan fotografías de ellas.

6. ¿Cuál es la actitud de ese autor?
   (A) Le tiene mucha simpatía a esa gente.
   (B) Comprende bien sus sentimientos y sus frustraciones.
   (C) Muestra una actitud de admiración a esa gente.
   (D) Menosprecia a esa gente.

SEGUNDO GRUPO, SELECCIÓN UNO

Por eso Scherer dice que "la patria y un sentido elemental y primitivo de la hombría llegaron a ser para el joven Siqueiros dos conceptos difíciles de disociar", y alude que la patria era, para el pintor, "el sol y el machismo".

Una anécdota del Siqueiros adolescente puede ilustrar este punto. Hacia el año 1911, cuando se hablaba en México de la reforma agraria, un día en que estaban reunidos con el padre del futuro pintor, en casa de éste, varios hacendados de Morelos y de Guanajuato, llegó el joven. Uno de los reunidos, don Jesús Covarrubias, le dijo: "¿Con qué tú, David, eres de los que dicen que lo tuyo es mío y lo mío es mío?" El joven—tenía apenas catorce años—sólo replicó con una especie de gruñido y miró a su padre, quien dirigióle una mirada de reprobación. Después—cuenta el pintor—que los circunstantes empezaron a hacerle insinuaciones vagas, bromas y preguntas que ellos mismos contestaban como si las respuestas fueran del interpelado. Este, pasado un rato, dijo con energía: "Yo lo único que sé es que todos los hacendados son una bola de ladrones." Su padre, como es natural, le echó del comedor, donde se hallaban. El salió lentamente, "en deliberada actitud de desafío." Miró con insolencia a uno por uno de los reunidos y se detuvo frente a su padre. "No creo—declaró muchos años después—haberlo visto con odio, pero sentí como si en la hondura verde de mis ojos se formara algo así como una mancha turbia." Por fin, salió del comedor, y destrozó muebles y objetos de tres habitaciones. En seguida abandonó la casa paterna, a la que ya no volvió nunca.

David Siqueiros y Diego Rivera sentían la necesidad de "expresarse con voces genuinas." Los dos se preguntaban cómo podría ser el futuro programa de revolución pictórica de México. Sus ideas partían de la base de la falta de mercado para la pintura en su país. De ahí el que pensaran que el género primordial de actividad tendría que ser el muralismo.

1. ¿Quién fue David Siqueiros?
   (A) Fue crítico de arte mexicano.
   (B) Fue hacendado rico.
   (C) Fue líder para la reforma agraria.
   (D) Fue muralista.

2. ¿En qué sentido era la patria *sol y el machismo* para Siqueiros?
   (A) La patria encarnaba toda la fuerza vital del mexicano.
   (B) La belleza natural del paisaje mexicano inspiraba tanto al artista como al campesino.
   (C) El trabajo de los mexicanos era seguir la lucha para la reforma agraria contra los ricos.
   (D) La patria pertenecía a los hombres mexicanos.

3. ¿Quiénes visitaban en casa de su padre un día?
   (A) Los amigos del joven David Siqueiros.
   (B) Unos ricos.
   (C) Unos pintores famosos.
   (D) Unos campesinos.

4. ¿Qué insinuó José Covarrubias en lo que le dijo a David Siqueiros?
   (A) Que sabía que David pertenecía a un grupo promoviendo un nuevo estilo de arte.
   (B) Que sabía que David quería que los ricos repartieran sus terrenos a los pobres.
   (C) Que sabía que los jóvenes siempre se rebelaban contra la autoridad.
   (D) Que David Siqueiros era ambicioso y avaro porque quería el dinero que tenía.

5. ¿Por qué se enojó su padre con el joven?
   (A) El joven acusó a uno de sus amigos de haberle robado algo.
   (B) El joven había pintado mal las casas de los hacendados ricos.
   (C) La injuria de su hijo le dio vergüenza.
   (D) El hijo desafió a su padre en la presencia de los invitados.

6. ¿De qué se dio cuenta el joven durante esa cena?
   (A) Su padre tenía buen sentido de humor.
   (B) Supo que los ricos eran sarcásticos.
   (C) Supo que su padre no lo quería.
   (D) Los valores de su padre no eran los suyos.

7. ¿Con quién compartió el joven pintor sus ideas?
   (A) Con Diego Rivera.
   (B) Con sus padres.
   (C) Con los hacendados.
   (D) Con Jesús Covarrubias.

8. ¿Cómo se relacionan el movimiento artístico del muralismo y el de la reforma agraria?
   (A) Los dos se basan en un mercado libre.
   (B) Los dos se basan en el concepto de que la voz popular sólo se expresaba por el arte.
   (C) Los dos se basan en una rebelión contra una aristocracia que oprimió a los pobres.
   (D) Los dos expresan la creencia de que la única actividad auténtica es la pintura.

SEGUNDO GRUPO, SELECCIÓN DOS

Línea

La tradicional rosca de Reyes es el centro de atención de la fiesta de cada 6 de enero por ser una de las tradiciones más antiguas de la iglesia católica que permite la convivencia familiar y recuerda la llegada de los Tres Reyes Magos.

Esta tradición llegó a México proveniente de España en los primeros años del Virreinato y formó parte de las festividades de año nuevo para recordar la llegada a Jerusalén de los tres Reyes Magos que desde Oriente llevaron regalos al niño Jesús.

Desde entonces, cada 6 de enero las familias mexicanas se reúnen para partir la tradicional rosca de Reyes—un bizcocho fino—de forma alveolar que contiene en promedio tres figuras de plástico en forma de niño y que simbolizan al hijo de Dios.

Según la religión católica, quien encuentre la figura deberá vestir y presentar al niño Dios en la iglesia durante la fiesta del Día de la Candelaria el 2 de febrero para celebrar los 40 días de su nacimiento.

Desde la Edad Media las familias españolas acostumbraban servir una merienda en la cual se partía la rosca de Reyes. Algunas fuentes históricas aseguran que se trata de una costumbre romana que tomó la iglesia católica y la unió a la Navidad.

Antiguamente la rosca y el chocolate—con el que se suele acompañar—se preparaban en casa, pero en la actualidad se pueden conseguir en cualquier panadería o tienda comercial para celebrar el 6 de enero en compañía de familiares y amigos.

La rosca es un bizcocho muy fino elaborado cuidadosamente con harina, azúcar, mantequilla y huevos, pasta finamente preparada la cual se agrega a un molde y se adorna con trozos de fruta seca y azúcar glacé, distribuida al gusto.

La festividad continúa hasta el Día de la Candelaria, cuando nuevamente se reúne la familia para celebrar la presentación del niño Dios en la iglesia y comer los tradicionales tamales verdes, rojos y de dulce acompañados con atole de maíz.

La celebración ha perdurado durante generaciones gracias a la tradición familiar y a los comerciantes, que aprovechan la ocasión para incrementar sus ganancias mediante la venta de roscas de todos tamaños y precios, que varían entre cinco y quince dólares cada una.

1. ¿Qué es una rosca de Reyes?
   (A) Es una estatua pequeña del niño Jesús que se presenta a la iglesia el 6 de enero.
   (B) Es un tipo de torta con pequeñas figuras escondidas adentro.
   (C) Es un tipo de regalo traído por los Reyes Magos.
   (D) Es una fiesta que tiene la familia durante el mes de enero.

2. ¿Cuándo se celebra esta antigua tradición navideña?
   (A) El veinticinco de diciembre.
   (B) El seis de enero.
   (C) El dos de febrero.
   (D) Cuarenta días después del dos de febrero.

3. ¿En qué consiste la costumbre?
   (A) Los miembros de la familia se visten en trajes romanos para ir a la iglesia.
   (B) Todos compran regalos para presentar al niño Jesús el Día de la Candelaria.
   (C) Todos van a una panadería para comprar una rosca para la fiesta en casa.
   (D) Se celebra el Día de los Reyes Magos visitando a la iglesia y con comida especial.

4. ¿Qué tiene que hacer el que encuentra la figura del niño?
   (A) Tiene que vestirse en traje romano para ir a la iglesia.
   (B) Tiene que preparar la fiesta para el Día de la Candelaria.
   (C) Tiene que llevarla a Jerusalén.
   (D) Tiene que presentarse en la iglesia con la figura.

5. ¿De dónde procede la tradición mexicana de la rosca?
   (A) Tiene raíces durante la época colonial de México.
   (B) Empezó con el Nacimiento.
   (C) Tiene raíces en las costumbres de la iglesia católica medieval.
   (D) Los romanos empezaron la costumbre con una fiesta pagana.

6. ¿Qué quieren los comerciantes?
   (A) Quieren que todos pasen mucho tiempo en las iglesias.
   (B) Quieren que todos regalen muchos juguetes a los niños.
   (C) Quieren que todos aprovechen de la oportunidad de descansar en casa.
   (D) Quieren que todos coman mucho y compren mucho.

7. ¿Qué cambio se ha notado en la celebración de la rosca de Reyes?
   (A) Ahora es más difícil reunir a toda la familia.
   (B) Antes siempre se preparaba la rosca en casa.
   (C) Ahora se celebra el 2 de febrero en vez del 6 de enero.
   (D) Antes los comerciantes vendieron roscas más finas.

8. ¿Qué permite esta costumbre?
   (A) Permite que toda la familia se reúna para ayudar a los comerciantes.
   (B) Permite que los comerciantes disfruten de un descanso de sus negocios.
   (C) Permite que la iglesia estreche las relaciones con la comunidad comercial.
   (D) Permite que los niños se sientan parte de la comunidad religiosa.

SEGUNDO GRUPO, SELECCIÓN TRES

Entonces comenzaron entre ellas una de esas conversaciones en que a mí, aunque esté presente, no me dan intervención, porque van a decir cosas que saben que yo no he de admitirles.

—Y no parece que tenga veintiséis años.

—Desde luego que no. Por lo menos tiene veintiocho.

—No ha hablado en ningún momento.

—¡Nos miraba, y en qué forma!

—Parecía asustada.

—No, asustada no. Sorprendida, estupefacta.

—Y mucha desenvoltura no aparenta tener.

—Les digo que es una santita que nunca salió de su casa. Por eso ahora anda así.

—Y se vino vestida bien modestamente.

—Tenía una media corrida.

—Y los zapatos llenos de polvo.

—Oigan, ¿no será sorda? ¿No será que no oye lo que se le dice y por eso nos miraba así?

—Pero no, si cuando yo le pregunté...

—Pues algo raro hay en ella. Todavía no sé lo que es, pero ya lo sabré. Déjenme estudiarla.

Y yo me acordé de aquellas manchas rojas en el antebrazo de Rosaura ¡y sentí una indignación!

—¡Vean qué tres serpientes he traído yo al mundo!—exclamé, mirándolas con furia—. La señorita Eufrasia, al lado de ustedes, es Santa Eufrasia. No quería decirles nada, pero veo que es necesario. La pelea de Rosaura con el padre fue como para llamar a la policía. Tiene los brazos llenos de cardenales.

Me miraron, horrorizadas.

1. ¿Quién narra lo que pasa en este trozo?
   (A) La señorita Eufrasia.
   (B) Una de las chicas.
   (C) La mamá de las chicas.
   (D) Una chica huérfana.

2. ¿De qué hablan?
   (A) Hablan de una joven que está visitando a la familia.
   (B) Hablan de una chica que es compañera de clase en la escuela.
   (C) Hablan de una santa que visitaba la casa.
   (D) Hablan de una joven pobre que visitaron en su casa.

3. ¿Por qué no quiere intervenir la narradora?
   (A) Tiene miedo de que revelara algo inoportuno.
   (B) Le da vergüenza que las chicas sean tan crueles.
   (C) Le ha prometido a la chica no decirles nada.
   (D) No quiere intervenir en asuntos ajenos.

4. ¿Con qué intenciones hablan las tres chicas?
   (A) Hablan para conocer mejor a la chica.
   (B) Hablan para adivinar la identidad de la chica.
   (C) Están chismeando.
   (D) Les interesa ayudarle.

5. ¿En las líneas 24–25, qué quiere decir la frase *La señorita Eufrasia, al lado de ustedes, es Santa Eufrasia*?
   (A) Indica que las chicas son tan buenas como si fueran santas.
   (B) Quiere decir que a la narradora le parece que las tres chicas son muy crueles.
   (C) Significa que la narradora cree que una persona cualquiera puede ser santa.
   (D) Indica que la narradora no cree que la señorita Eufrasia sea santa.

6. ¿Qué quiere la narradora que hagan las tres chicas?
   (A) Quiere que ellas se callen.
   (B) Quiere que ellas sean más piadosas
   (C) Quiere que las chicas la conozcan mejor.
   (D) Quiere que las tres le muestren más respeto.

7. ¿Por qué se quedan horrorizadas las tres chicas?
   (A) No pueden creer que les hable la narradora con tanta franqueza.
   (B) Les ofende que haya intervenido la narradora en sus conversaciones.
   (C) Dudan que la narradora les haya dicho la verdad.
   (D) Les escandalizan los hechos del caso que acaba de decirles la narradora.

8. ¿Qué puede ser el pensamiento central de este trozo?
   (A) A las mujeres les gusta chismear todo el tiempo.
   (B) Los pobres no tienen ningunos derechos.
   (C) No se debe juzgar sin saber todos los datos del caso.
   (D) La intolerancia tiene raíces en la falta de comunicación.

SEGUNDO GRUPO, SELECCIÓN CUATRO

Línea

La Oficina de Tierras del Estado está conduciendo un programa en la parte baja de la Laguna Madre para determinar si proyectos privados y estructuras localizadas en los terrenos costeros estatales, están adecuadamente permitidos.

"Hemos concedido un período de gracia para permitir que toda persona que esté usando los terrenos costeros públicos para cualquier propósito particular, tal como desembarcadero, puedan obtener un permiso sin tener que pagar multa", señaló el Delegado de Tierras.

El programa de condescendencia exige la inspección de propiedades en Laguna Alta, Laguna Vista y La Gran Isla, para verificar que los propietarios acaten las respectivas leyes. Las propiedades del estado no pueden ser utilizadas para ningún propósito sin el debido permiso escrito por parte de la Oficina y el pago correspondiente.

Cada propietario de terreno comercial o residencial, debe recibir una carta de notificación sobre la inspección a realizarse. Después de la inspección, los propietarios recibirán una carta de la Oficina de Tierras del Estado informando sobre el estado de su propiedad, notificándole que todo está en orden, o que es necesario algún cambio.

Las personas que están utilizando propiedades del estado sin la debida autorización, tendrán hasta el 1° de junio para solicitar un plazo sin tener que pagar multas, o bien para notificar a la oficina de tierras la fecha en que se corregirá dicha situación.

1. ¿De dónde procederá este trozo?
   (A) Manual para burócratas.
   (B) Un anuncio público distribuido por el gobierno.
   (C) Artículo de una revista.
   (D) Un texto de leyes sobre propiedades públicas.

2. ¿De qué ubicación geográfica será?
   (A) De una localidad urbana.
   (B) De una localidad agraria.
   (C) De una localidad del litoral.
   (D) De una localidad montañosa.

3. ¿A quiénes está dirigido?
   (A) Está dirigido a comerciantes de terrenos costeros.
   (B) Está dirigido a los que usan los embarcaderos estatales.
   (C) Está dirigido a todas las personas que viven cerca de las Lagunas.
   (D) Está dirigido a la Oficina de Tierras del Estado.

4. ¿A qué ley se refiere este trozo?
   (A) La que otorga permiso para utilizar los terrenos públicos.
   (B) La que reglamenta la industria pesquera.
   (C) La que permite la investigación de utilización de terrenos públicos.
   (D) La que trata el establecimiento de viviendas en terrenos públicos.

5. ¿Qué problema revela?
   (A) Unas personas usan terrenos públicos ilegalmente.
   (B) Unas personas no están pagando los debidos impuestos en sus terrenos.
   (C) Unas personas no tienen autorización de usar los embarcaderos públicos.
   (D) Unas personas ignoran las leyes.

6. A causa del problema, ¿qué hará el Estado?
   (A) El Estado encarcelará a los que no cooperan.
   (B) El Estado perdonará a todos los que no se conforman.
   (C) El Estado prohibirá a los que no tienen permiso que utilicen los terrenos públicos.
   (D) El Estado instituirá un programa de condescendencia.

7. Quién use propiedad del Estados, deberá
   (A) Recibir una carta de notificación y luego ser informado del estado de la propiedad.
   (B) Pedir un plazo sin multa alguna o proveer una solución.
   (C) Pagar la multa y efectuar la solución de inmediato.
   (D) Esperar hasta el 1º de junio y luego solicitar la autorización.

TERCER GRUPO, SELECCIÓN UNO

Línea Patrocinado por el Instituto de Cultura e invitado por el Instituto Guatemalteco, vengo a pasar un mes en Guatemala. A mi regreso, todos, amigos, parientes, colegas y hasta simples conocidos, me han asediado con su curiosidad por este país, del que por desgracia tan poco se conoce en Europa. Un mes, por modo cierto, es muy poco tiempo para llegar al conocimiento de cualquier cosa importante y desde luego mucho menos para captar las esencias tan complejas y los matices tan variopintos de un país como Guatemala.

En todos los medios sociales en los que me he desenvuelto, la cortesía natural y algo más importante y sincero, como es la cordialidad, son la regla. En cada momento de mi vida allí, he tenido la sensación entrañable de encontrarme en mi propio país y también de que "el solo hecho de ser español" ya era algo importante en Guatemala. Esto no implica, ni mucho menos, en el nativo o residente, servilismo ni ausencia de un lógico y acertado orgullo nacional, sino que si los "peninsulares" nos colocamos en la natural posición de hermanos, ellos como hermanos nos acogen.

Lo que no aceptan, y hacen muy bien, es la actitud más o menos veladamente "paternalista" y protectora, que el desconocimiento de la realidad hace adoptar a muchos de los que intentan "españolear" en América. Creo sinceramente que la única razón de los alientos que los guatemaltecos han prodigado a mis modestas actuaciones públicas se ha debido a mi sentir, sinceramente expresado, de que tanto más tenía yo que aprender de ellos, como ellos de mí.

El intelectual guatemalteco es curioso de todos los saberes, hábil conversador, que sabe escuchar y decir—cada cosa a su tiempo—y de una cultura extensa e intensa, sin el mal de la pedantería. Como uno de los más gratos recuerdos de esta mi entrañable Guatemala, tengo el del "redescubrimiento" del apacible coloquio—hoy casi olvidado entre nosotros—con el designio más de aprender que de enseñar, el sentido de la mutua comprensión y la tolerancia liberal que preside toda mente selecta.

1. ¿Quién es el autor de este trozo?
   (A) Es guatemalteco que actualmente vive en España.
   (B) Es turista casual en Guatemala.
   (C) Es embajador cultural español en Guatemala.
   (D) Es un peninsular invitado por una organización guatemalteca.

2. Al pasar un mes en Guatemala este señor
   (A) ha intentado "españolizar" a los indígenas.
   (B) ha investigado las actitudes de los guatemaltecos hacia los españoles.
   (C) ha dictado algunas conferencias de cuando en cuando.
   (D) ha visitado con los intelectuales entre los guatemaltecos.

3. ¿Qué actitud mostraba este autor?
   (A) Se sentía muy superior por ser español entre guatemaltecos.
   (B) Se sentía bien acogido.
   (C) Se sentía muy humillado porque los guatemaltecos eran tan inteligentes.
   (D) Se sentía muy dispuesto a regresar a su país cuanto antes.

4. ¿Qué característica de los guatemaltecos le impresionó más?
   (A) La envidia que le tenían porque era europeo.
   (B) Lo pedante que eran los guatemaltecos intelectuales.
   (C) Su gran curiosidad intelectual en cuanto a todo el mundo.
   (D) Su soberbia que no les permitió admitir la superioridad española.

5. ¿Qué crítica implícita hay en lo que dice este autor?
   (A) Critica a sus propios compatriotas.
   (B) Critica a los europeos con negocios en Guatemala.
   (C) Critica a los guatemaltecos por ser tan serviles.
   (D) Critica la pereza guatemalteca.

6. ¿Qué revela la actitud de los guatemaltecos en cuanto a las relaciones con los españoles?
   (A) Los guatemaltecos siempre han entendido mejor a los españoles que al revés.
   (B) Los guatemaltecos siempre han entendido peor a los españoles que al revés.
   (C) Las dos nacionalidades siempre se han tratado como iguales.
   (D) Nunca se han entendido bien.

7. ¿Qué sugiere que se aprenda de los guatemaltecos?
   (A) Sugiere que se aprenda a apreciar el arte de no hacer nada.
   (B) Sugiere que todo el mundo imite la sinceridad de los guatemaltecos.
   (C) Sugiere que todos viajen a Guatemala para experimentar esta cultura.
   (D) Sugiere que todos los intelectuales sean más pedantes, tal como los guatemaltecos.

8. ¿Cómo sería posible caracterizar a este escritor?
   (A) Es un hombre muy sincero pero ingenuo.
   (B) Es un hombre muy intelectual.
   (C) Es un hombre intenso.
   (D) Es un hombre discreto.

TERCER GRUPO, SELECCIÓN DOS

Emitido por: AERONAVES NACIONALES:

Boleto de pasaje y del talón de equipaje

Aviso sobre limitaciones de responsabilidades sobre equipajes:

Línea Las limitaciones de responsabilidad del transportista sobre el equipaje facturado, serán de aproximadamente (U.S.) $9.07 por libra y sobre el equipaje no facturado serán de (U.S.) $400.00 por pasajero.

Noticia importante

BIENVENIDOS A BORDO

Estimado Pasajero:

Para mayor comodidad y seguridad, si Ud. interrumpe su viaje por más de 48 horas le solicitamos que reconfirme su intención de usar la continuidad o el retorno de su viaje. Para tal efecto le rogamos que informe a nuestras oficinas en el lugar donde Ud. intenta reanudar su viaje con 48 horas de anticipación a la hora de salida de su vuelo. La no-reconfirmación de su salida podría traer como consecuencia la cancelación de su reserva. Esperamos su colaboración para seguir brindándole nuestro tradicional servicio.

CUPÓN DE REEMBOLSO

El reembolso solo se hará al pasajero, a menos que se indique otra persona en la parte inferior de esta casilla, caso en el cual, solo podrá hacerse a la persona designada y no al pasajero, siempre y cuando entregue este cupón, los cupones que no hayan sido usados y el talón de exceso de equipaje. El presente reembolso está sujeto a las tarifas, normas y regulaciones del transportador, así como a las leyes y demás disposiciones gubernamentales.

1. Este trozo parece ser
   (A) De un folleto de una línea aérea.
   (B) De un contrato entre un pasajero y una línea aérea.
   (C) El documento de embarque que se le entrega para poder embarcar.
   (D) De un anuncio para Aeronaves Nacionales.

2. Si Ud. tiene reservas para un vuelo de vuelta el doce de diciembre, a las catorce horas ¿para cuándo tendrá Ud. que reconfirmar su vuelo?
   (A) El 9 de diciembre, a las siete de la mañana.
   (B) El 10 de diciembre, a las dos de la tarde.
   (C) El 11 de diciembre, a las cuatro de la tarde.
   (D) El 12 de diciembre, a la una de la tarde.

3. Se necesita un *talón de equipaje* para
   (A) Probar responsibilidad financiera de la línea aérea.
   (B) Poder llevar el equipaje de mano en la cabina.
   (C) Declarar el valor y peso del equipaje.
   (D) Reclamar el equipage al aduanero.

4. ¿Qué propósito tiene el cupón de reembolso?
   (A) Para que otra persona pueda usar el boleto que no se ha usado.
   (B) Para que la línea aérea pague al pasajero por usar los servicios de ésta.
   (C) Para que el gobierno le pague la parte que no se ha usado.
   (D) Para que la línea aérea pague la parte que no se ha usado.

5. Las palabras *nuestro tradicional servicio* indica
   (A) Que la línea esta muy orgullosa de su servicio.
   (B) Que es una vieja línea tradicional.
   (C) Que es una línea establecida y reconocida.
   (D) Que su servicio es igual al de cualquier otra línea.

TERCER GRUPO, SELECCIÓN TRES

Muy señor nuestro:

En relación a su carta enviada el 2 de febrero donde se expresa su interés en recibir información de la Región de Castilla y León les comunico que el Gobierno de la Región presta su total apoyo y colaboración para que se efectúen inversiones en la Comunidad Autónoma de Castilla y León.

Para que puedan llegar a tener un primer conocimiento de nuestra región les envió un folleto informativo en inglés, así como indicaciones sobre las posibles líneas de ayuda de las que se puedan beneficiar.

Al margen de estas medidas de apoyo, le informo que se dan en nuestra Región circunstancias muy favorables para la adquisición de suelo industrial, disponible en Polígonos Industriales ya equipados. La mayoría de éstos se pueden obtener con ventajas adicionales en función de la demanda de la empresa. Por otro lado, hemos de informarle del hecho de que muchos ayuntamientos ceden parte de sus terrenos industriales a título gratuito o por un precio simbólico para la instalación de nuevas industrias en los mismos.

También estimamos de gran interés para los posibles inversores en la Región de Castilla y León (España-Europa) la existencia de una amplia gama de incentivos que premian la creación de empleo, así como la existencia de una sociedad de capital-riesgo (INCRIS, S.A.) cuyo objeto es la promoción o fomento de sociedades no financieras mediante la participación temporal en su capital y la prestación a las sociedades participadas de servicios de asesoramiento, asistencia técnica y otros complementarios, teniendo como recursos propios iniciales, 1.000 millones de pesetas.

Estamos a su entera disposición para cualquier ampliación de información que aquí se cita, así como sería un placer para nosotros, que se desplazaran a conocer personalmente esta Región y sus instituciones.

Atentamente,
El Director General de Economía

1. ¿De quién es esta carta?
   (A) Del contador de una empresa grande.
   (B) De un representante gubernamental.
   (C) De un agente de bienes raíces.
   (D) De un banco que está solicitando clientes.

2. ¿Cuál es el propósito de la carta?
   (A) Solicitar préstamos y dinero para el desarrollo regional.
   (B) Atraer industrias a la región.
   (C) Ofrecer ayuda financiera para los naturales de la región.
   (D) Crear sociedades en la región para apoyar el desarrollo económico.

3. ¿Qué se ofrece hacer en la carta?
   (A) Se ofrece negociar con los ayuntamientos locales.
   (B) Se ofrece invertir el dinero de los extranjeros que vienen a la región.
   (C) Se ofrece enviar solicitudes a los posibles clientes de empresas en la región.
   (D) Se ofrece establecer sociedades para ayudar y apoyar las industrias.

4. Parece que esta región
   (A) Goza de muchas condiciones favorables para la industria.
   (B) Tiene mucho territorio subdesarrollado.
   (C) Tiene mucha experiencia en invertir dinero.
   (D) Se encuentra bien desarrollada económicamente.

TERCER GRUPO, SELECCIÓN CUATRO

Verdad es que el llamado realismo, cosa puramente externa, aparencial, cortical y anecdótica, se refiere al arte literario y no al poético o creativo. En una creación la realidad es una realidad íntima, creativa y de voluntad. Un poeta no saca sus criaturas por los modos del llamado realismo. Las figuras de los realistas suelen ser maniquíes vestidos.

¿Cuál es la realidad íntima, la realidad real, la realidad eterna, la realidad poética o creativa de un hombre? Sea hombre de carne y hueso o sea de los que llamamos ficción, que es igual. Porque Don Quijote es tan real como Cervantes; Hamlet o Macbeth tanto como Shakespeare. ¿Qué es lo más íntimo, lo más creativo, lo más real de un hombre? Nos dice Oliver Wendell Holmes que cuando conversan dos, Juan y Tomás, hay seis en conversación. Los tres Juanes son: 1) El Juan real; conocido sólo para su Hacedor, 2) El Juan ideal de Juan; nunca el real, y a menudo muy desemejante de él, y 3) El Juan ideal de Tomás; nunca el Juan real ni el Juan de Juan, sino a menudo muy desemejante de ambos. Es igual para Tomás. Los tres Tomases son: 1) El Tomás real, 2) El Tomás ideal de Tomás, y 3) El Tomás ideal de Juan.

Es decir, el que uno es, el que se cree ser y el que le cree otro. Y Oliver Wendell Holmes pasa a disertar sobre el valor de cada uno de ellos.

Pero yo tengo que tomarlo por otro camino que el intelectualista yanqui Wendell Holmes. Y digo que, además del que uno es para Dios—si para Dios es uno alguien—y del que es para los otros y del que se cree ser, hay el que quisiera ser. Y que éste, el que uno quiere ser, es en él, en su seno, el creador, y es el real de verdad.

1. ¿En qué se interesa más este autor?
   (A) Una definición de la realidad.
   (B) Lo que piensan los intelectuales ingleses.
   (C) La multiplicidad de facetas de una personalidad.
   (D) Una definición de una obra de arte.

2. ¿Cómo puede Don Quijote ser tan real como Cervantes?
   (A) Si ni hubiera vivido el autor, no hubiera sido personaje ficticio.
   (B) Si el autor no hubiera pensado en su creación, no hubiera sido famoso.
   (C) Los dos nunca existieron de veras porque no hay prueba tangible de sus vidas.
   (D) Los dos trascienden la vida corporal del autor.

3. Según el autor de la selección, ¿cuántas personalidades hay en una conversación entre dos?
   (A) Hay tres.
   (B) Hay cuatro.
   (C) Hay seis.
   (D) Hay ocho.

4. En la línea 5, cuando el autor afirma que *las figuras de los realistas suelen ser maniquíes vestidos,* lo dice porque
   (A) Los maniquíes vestidos generalmente se ven muy realistas.
   (B) Sólo los idealistas son capaces de comprender la realidad.
   (C) Estas figuras son verdaderas sólo en su aspecto externo.
   (D) La realidad es limitada, igual que un maniquí vestido de persona.

5. ¿Qué quiere añadir este escritor a la teoría del escritor yanqui?
   (A) Además de estas personalidades diferentes, hay dos más en cada persona.
   (B) Cree que lo que una persona quiere ser tiene tanta realidad como las otras.
   (C) Propone una personalidad divina más allá de la que uno quiere ser.
   (D) Advierte que nunca se sabe con quién habla una persona.

6. ¿En qué consiste la realidad de un hombre para este escritor?
   (A) Opina que la realidad, a menos que sea creativa, es superficial.
   (B) Dice que la realidad existe sólo cuando tiene forma palpable.
   (C) Piensa que la llamada realidad es pura inspiración creativa.
   (D) Dice que hay muchas realidades externas, no solamente una.

7. ¿Cómo se caracteriza este autor?
   (A) Es un autor muy inseguro de quién es.
   (B) Es un autor que sabe bien quién es.
   (C) Es un autor que quiere argüir con sus lectores.
   (D) Es un autor que conoce bien al ser humano.

CUARTO GRUPO, SELECCIÓN UNO

Línea

Entre los jóvenes de clase media, y a veces de clase obrera que con grandes sacrificios llegan a los estudios superiores, tiene lugar, por otra parte, la transformación cultural más interesante de la década. Quizás la historia cultural del México independiente pueda dividirse en tres etapas. La primera, hasta finales de la dictadura de Díaz, muestra una marcada tendencia—que las grandes excepciones, de Fernández de Lizardi a Posadas, no alcanzan a suprimir—a los que Antonio Caso llamó "la imitación extralógica": una cultura importada, como las mansardas que en las casas de la Colonia Juárez esperaban inútilmente la ventisca invernal. Pero a fines del Porfiriato, las novelas de Rabasa y Frías, la poesía de Othón, los grabados de Posada anunciaban un descubrimiento: el de México por sí mismo. La Revolución, en esencia un paso del no ser, o del ser enajenado, al ser para sí, fue el acto mismo de ese descubrimiento—los actos coinciden con las palabras y la apariencia con el rostro: la máscara cae y todos los colores, voces y cuerpos de México brillan con su existencia real. Un país dividido en compartimientos estancos entra en contacto con sí mismo. Las formidables cabalgatas de la División del Norte y del Cuerpo del Noroeste por todo el territorio de la república son un abrazo y un reconocimiento: los mexicanos saben por primera vez cómo hablan, cómo cantan, cómo ríen, cómo aman, cómo beben, cómo comen, cómo injurian y cómo mueren los mexicanos.

Del choque revolucionario surgió una doble tendencia cultural, positiva en cuanto permitió a los mexicanos descubrirse a sí mismos, y negativa en cuanto llegó a un extremo chauvinista, tipificado popularmente en la frase "Como México no hay dos" que sólo acentúa nuestra forzosa relación bilateral con los Estados Unidos. Curiosa y suicida coincidencia de cierta izquierda y de la derecha cierta: la xenofobia, la afirmación de la singularidad mexicana, la invención estimágtica de "ideas exóticas" para denigrar, sencillamente, las ideas que no se comprenden o se juzgan peligrosas para la ortodoxia de los unos o las ganancias de los otros.

1. ¿Cómo se diferencian los jóvenes modernos de los de la época del Porfiriato?
   (A) Creen que saben más.
   (B) No tienen identidad auténtica.
   (C) Son más artísticos.
   (D) Disfrutan de más oportunidades.

2. ¿Qué pasó en la primera etapa de la gran transformación mexicana?
   (A) Estalló la rebelión contra la dictadura de Porfirio Díaz.
   (B) Los mexicanos imitaron a las modas ajenas.
   (C) El pueblo se escondió tras máscaras regionales.
   (D) El país se dividió en varios departamentos.

3. ¿Cómo empezaron algunos a mostrar su independencia?
   (A) Unos artistas iniciaron unas nuevas tendencias artísticas.
   (B) La División del Norte se encontró con el Cuerpo del Noroeste.
   (C) Mexicanos de todas partes se juntaron en contra de Porfirio Díaz.
   (D) Unos mexicanos empezaron a pensar de una manera no muy lógica.

4. ¿Qué es lo que se veía al caer la máscara?
   (A) Se veía muchos colores brillantes.
   (B) Descubrieron que eran xenofóbicos.
   (C) Reconocieron sus diferencias regionales.
   (D) Se enteraron de cómo eran sus compatriotas.

5. ¿Qué aspecto positivo tiene la doble tendencia cultural mexicana?
   (A) Los mexicanos reconocieron sus semejanzas.
   (B) Supieron que tenían que juntarse para luchar contra los Estados Unidos.
   (C) Descubrieron el valor de la cultura autóctona.
   (D) Descubrieron que a todos les gustaron los colores vivos.

6. ¿En la línea 25, qué quiere decir la frase *Como México no hay dos*?
   (A) Hay sólo una raza mexicana.
   (B) No se puede permitir influencias extranjeras en México.
   (C) No hay diferencias políticas entre los mexicanos.
   (D) Todas las regiones de México gozan de oportunidades iguales.

7. Últimamente ¿en qué consiste la transformación discutida en esta selección?
   (A) El fomento de revolución artística.
   (B) La creación de regiones únicas.
   (C) Un proceso de autoidentificación mexicana.
   (D) El reconocimiento de la superioridad cultural mexicana.

CUARTO GRUPO, SELECCIÓN DOS

Comunicarse en este país es un laberinto. Cada organismo tiene su propia red de transmisión, sin control alguno, dentro de un espectro donde las interferencias, escuchas y *pinchazos* están a la orden del día. El gobierno quiere poner orden en todo este caos y prepara un ley de ordenación de las comunicaciones, que se remitirá a las Cortes el próximo verano. Ahora policía, ambulancias, bomberos, radioaficionados, teléfonos sin hilos, etcétera, forman toda una tela de araña donde unos atrapan las conversaciones de los otros, y viceversa. Todo un galimatías. La futura ley de las comunicaciones promoverá una *autopista* donde cada servicio público tendrá su carril para circular sin peligro de choque (interferencias) con el que camina al lado. Los servicios privados se podrán enganchar a esa autopista (red digital de servicios integrados). Todos pagarán el peaje (utilización de la red) a Telefónica.

La creación de la red digital de servicios integrados de banda ancha—la autopista—se contempla en el horizonte de aquí a veinticinco años. Para entonces, todos los servicios públicos que hoy tienen su propia red de transmisión pasarán por esa red única, evitándose así la duplicidad de costos y el caos circulatorio de las ondas en el espacio.

La red integrada hará que los actuales servicios domésticos de telecomunicaciones (teléfono, TV, radio y transmisión de datos) vayan por un solo conducto. En un futuro próximo se integrarán los llamados nuevos servicios telemáticos, como el videotex, teletex, facsímil, datáfono, telealarmas, videoconferencia, videocompra y correo electrónico, además de la televisión por cable y/o satélite y las redes públicas de transmisión de datos. Es decir, voz, imagen y datos.

Para unificar todo este galimatías en una sola red se invertirán, a precios actuales, más de cuatro *billones* de pesetas en los próximos veinte años. La fibra óptica—la tecnología del futuro en materia de telecomunicaciones—será el soporte por el que se transmita todo ese conjunto de informaciones.

Vocabulario:

galimatías = gibberish, nonsense

1. ¿Cuál es el tema de esta selección?
   (A) Las novedades en la telecomunicación.
   (B) Los problemas insolubles de la comunicación.
   (C) Las aportaciones de la nueva tecnología a la telecomunicación.
   (D) Mejoramientos en servicios públicos de telecomunicaciones.

2. La *autopista* se refiere en este caso
   (A) A los caminos por donde circulan carros con teléfonos portátiles.
   (B) A las ondas en el espacio.
   (C) A los carriles para las ondas en el espacio.
   (D) A un solo conducto para todo tipo de telecomunicación.

3. ¿Cuál problema hay actualmente con la telecomunicación?
   (A) Las llamadas se pierden.
   (B) No se puede transmitir datos.
   (C) La variedad de modos de transmisión es problemática.
   (D) Nadie quiere pagar el peaje a la Telefónica.

4. ¿Quién pagará para desarrollar todas las posibilidades de la fibra óptica?
   (A) La Telefónica tendrá que invertir para realizar todas las posibilidades.
   (B) El gobierno tiene toda la responsabilidad de desarrollarlas.
   (C) Los negocios que utilizan la tecnología tendrán que pagarla.
   (D) Los conductores de carros en la *autopista* tendrán que pagar el peaje.

5. Este escritor anticipa
   (A) Que toda la tecnología futura aumentará los problemas.
   (B) Que la tecnología que ha creado el problema también facilitará la resolución.
   (C) Que habrá más y más choques en la *autopista*.
   (D) Que habrá muchas redes en el futuro.

6. ¿Qué se evitaría si se pudiera inaugurar una red integrada?
   (A) De realizarse esa solución, no se tendría que pagar doble por los servicios.
   (B) Si hubiera una red integrada, todos los servicios públicos tendrían su propia onda.
   (C) Se evitaría tantos hilos por todas partes.
   (D) Si se realizara esta *autopista*, el gobierno no tendría que controlarla.

CUARTO GRUPO, SELECCIÓN TRES

Desde el 27 de mayo se hicieron a la mar, desde Guayaquil, las tres balsas que forman la nueva expedición del valeroso santanderino Vital Alsar.

Línea

En 1966 intentó Alsar este mismo recorrido Guayaquil-Australia, pero lo hizo con menor preparación, y a los 143 días de navegación se le hundió la balsa. Lejos de desanimarse, lo que hizo inmediatamente fue comenzar a preparar otra expedición, esta vez más cuidada, y acompañándose de un grupo de marinos tan arriesgados como él.

Vital Alsar tiene en la actualidad cuarenta años. Su vida se la cambió la lectura del libro de Thor Heyerdhal sobre la *Kon Tiki*. Ha pasado años trabajando y ahorrando para esa gran aventura, que deberá llevarlo, en unas balsas construidas con material vegetal, desde Guayaquil hasta Mooloolaba, junto a Brisbane, en Australia. Las tres balsas que forman la expedición que se encuentra en estos momentos rumbo a Australia, llevan los nombres del punto de partida, del de llegada, y de Aztlan, que es el sitio mexicano donde se reunieron los expedicionarios para dirigirse a Guayaquil.

Dadas las nacionalidades de los componentes, Vital Alsar no ha querido que ninguna de las balsas lleve bandera de un país determinado, sino que las ha adornado con banderas blancas como símbolo de fraternidad internacional.

La expedición está calculada para una duración de cinco a seis meses. Se confía mucho en que esta vez las balsas resistirán, porque se ha seguido al pie de la letra la tradición de los indios ecuatorianos según la cual la madera tiene que ser de árbol hembra y cortada durante luna llena. La explicación científica de este hecho que los indios efectuaban empíricamente es que durante la luna llena el árbol acumula mayor cantidad de savia, y ésta impide luego la saturación por agua. Los troncos de estas balsas fueron cortados y arrojados al río que los llevó, por más de ochenta millas, hasta Guayaquil donde se comenzó la construcción.

1. ¿Qué tipo de aventura planeaba Vital Alsar?
   (A) Pensaba emprender un viaje imposible.
   (B) Pensaba recrear la trayectoria de un viaje épico.
   (C) Pensaba navegar desde Australia hasta Ecuador.
   (D) Pensaba explorar las selvas en busca de balsas.

2. ¿Qué es la balsa?
   (A) Es una especie de árbol cuya madera resiste bien el agua.
   (B) Es un tipo de nave para cruzar el océano.
   (C) Es un tipo de planta de cuyas hojas se construyen barcos.
   (D) Es un tipo de expedición.

3. ¿Por que fracasó la primera expedición?
   (A) Las primeras balsas no pudieron resistir el agua.
   (B) Alsar no leyó con cuidado el libro de Thor Heyerdhal.
   (C) La primera tripulación consistiá en marineros cobardes.
   (D) Alsar ignoró la tradición de los indios ecuatorianos.

4. ¿Cómo se llaman las tres balsas?
   (A) Guayaquil, Mooloolaba, y Aztlan.
   (B) Guayaquil, Brisbane, y Mooloolaba.
   (C) Mooloolaba, Brisbane, y Aztlan.
   (D) Mooloolaba, Australia, y Guayaquil.

5. ¿Por qué no llevará la expedición una bandera?
   (A) La tripulación no pudo ponerse de acuerdo de cuál usar.
   (B) Alsar no quiere agraviar a nadie.
   (C) Así se celebran las diferencias.
   (D) No hay una bandera internacional.

6. Según la sabiduría popular, ¿qué tipo de madera es necesario usar?
   (A) Es necesario que se corte un árbol de una región fluvial.
   (B) Es preciso que sea un árbol empapado de agua.
   (C) Sólo los árboles que hayan acumulado mucha savia sirven.
   (D) Es mejor que sea madera seleccionada por una expedición científica.

7. ¿Con qué cuenta Alsar para realizar esta expedición?
   (A) La sabiduría popular de los indígenas.
   (B) La precisión científica para construir bien las balsas.
   (C) Buen tiempo y una luna llena.
   (D) Tradición y preparación cautelosas.

8. ¿Cómo es Vital Alsar?
   (A) Es necio.
   (B) Es ingenuo.
   (C) Es atrevido.
   (D) Es introvertido.

CUARTO GRUPO, SELECCIÓN CUATRO

Ir a matar al príncipe de Orange. Ir a matar y cobrar luego los veinticinco mil escudos que ofreció Felipe II por su cabeza. Ir a pie, solo, sin recursos, sin pistola, sin cuchillo, creando el género de los asesinos que piden a su víctima el dinero que hace falta para comprar el arma del crimen, tal fue la hazaña de Baltasar Gérard, un joven carpintero de Dole.

A través de una penosa persecución por los Países Bajos, muerto de hambre y de fatiga, padeciendo incontables demoras entre los ejércitos españoles y flamencos, logró abrirse paso hasta su víctima. En dudas, rodeos y retrocesos invirtió tres años y tuvo que soportar la vejación de que Gaspar Añastro le tomara la delantera.

El portugués Garpar Añastro, comerciante en paños, no carecía de imaginación, sobre todo ante un señuelo de veinticinco mil escudos. Hombre precavido, eligió cuidadosamente el procedimiento y la fecha del crimen. Pero a última hora decidió poner un intermediario entre su cerebro y el arma: Juan Jáuregui la empuñaría por él.

Juan Jáuregui jovenzuelo de veinte años, era tímido de por sí. Pero Añastro logró templar su alma hasta el heroísmo, mediante un sistema de sutiles coacciones cuya secreta clave se nos escapa. Tal vez lo abrumó con lecturas heroicas; tal vez lo proveyó de talismanes; tal vez lo llevó metódicamente hacia un consciente suicidio.

Lo único que sabemos con certeza es que el día señalado por su patrón (18 de marzo de 1582), y durante los festivales celebrados en Amberes para honrar al duque de Anjou en su cumpleaños, Jáuregui salió al paso de la comitiva y disparó sobre Guillermo de Orange a quemarropa. Pero el muy imbécil había cargado el cañón de la pistola hasta la punta. El arma estalló en su mano como una granada. Una esquirla de metal traspasó la mejilla del príncipe. Jáuregui cayó al suelo, entre el séquito, acribillado por violentas espadas.

1. ¿Dónde tiene lugar esta narrativa?
   (A) En Portugal.
   (B) En el sur de España.
   (C) En el norte de Europa.
   (D) En Granada.

2. El primer asesino en acercarse a la víctima fue
   (A) Guillermo de Orange.
   (B) Baltasar Gérard.
   (C) Gaspar Añastro.
   (D) Juan Jáuregui.

3. Garpar Añastro quería que
   (A) Baltasar Gérard matara a Guillermo de Orange.
   (B) Juan Jáuregui matara a Galtasar Gérard.
   (C) Juan Jáuregui matara a Guillermo de Orange.
   (D) Baltasar Gérard matara a Juan Jáuregui.

4. ¿Por qué querían los asesinos matar a su víctima?
   (A) Los portugueses odiaban a los flamencos.
   (B) Baltasar Gérard necesitaba dinero para comprar madera.
   (C) Querían ganar una recompensa.
   (D) Juan Jáurigui era imbécil.

5. ¿Cómo ayudó Gaspar Añastro a Juan Jáuregui a superar su timidez?
   (A) Le ofreció veinticinco mil escudos.
   (B) Le entrenó con mitos y leyendas de guerra.
   (C) Le convenció de la verdad de la tarea.
   (D) Le prometió festejarlo al realizar el proyecto.

6. ¿Quién murió a fin de cuentas?
   (A) El duque de Anjou.
   (B) Guillermo de Orange.
   (C) Gaspar Añastro.
   (D) Juan Jáuregui.

7. ¿Cómo murió?
   (A) Lo acuchillaron.
   (B) Lo fusilaron.
   (C) Murió de hambre.
   (D) Se suicidó.

8. ¿Cómo era Juan Jáuregui?
   (A) Era heroico.
   (B) Era intrépido.
   (C) Era inteligente.
   (D) Era necio.

QUINTO GRUPO, SELECCIÓN UNO

Línea

En el trayecto que se me había encomendado recorrer, hay un puente, en el que a intervalo de un minuto, debían circular por una vía única dos trenes: el que yo manejaba y un tren de mercancías. Sabiendo el peligro de estos cruces, se me habían hecho mil recomendaciones, inútiles, por otra parte, pues es de suponer la atención que pondría yo en las señales luminosas.

Al acercarnos al puente en cuestión, divisé claramente la luz verde, que me daba libre paso, y respirando aliviado, aumenté un poco la velocidad de nuestra marcha, no mucho sin embargo, dado que había que cruzar un puente y podría resultar peligroso.

Segundos después se sintió una sacudida intensísima y se oyó un ruido horrible: los dos trenes chocaron, se incendiaron y se desmenuzaron. Hubo cientos de muertos y miles de heridos. Por una rara casualidad yo quedé ileso. ¡Ojalá hubiera muerto!

Nunca podré olvidar un espectáculo tan espantoso. Como siempre sucede en las catástrofes, la sensación de espanto no es simultánea con el choque; sólo al cabo de algunos minutos, cuando vi las llamas de los coches que ardían, cuando distinguí las dos locomotoras semi-erguidas como dos hombres que luchan por derribarse, cuando oí los lamentos de los heridos y vi las ambulancias que acudían a levantar las víctimas, sólo entonces me di cuenta de lo que acababa de suceder.

1. ¿Qué se narra en este trozo?
   (A) Un encuentro entre amigos.
   (B) Un desastre natural.
   (C) Una colisión.
   (D) La circulación de trenes.

2. ¿Qué es el narrador?
   (A) Un bombero.
   (B) Un pasajero.
   (C) Un espectador.
   (D) Un conductor.

3. Según lo que dice, este narrador
   (A) No llevaba mucho tiempo en su empleo.
   (B) Es aficionado a los trenes.
   (C) Tenía mucha experiencia manejando trenes.
   (D) No conocía bien el territorio que atravesaba.

4. ¿Cuál fue la causa del acontecimiento?
   (A) El narrador se durmió mientras trabajaba.
   (B) El narrador no hizo caso de un semáforo.
   (C) El otro conductor se equivocó.
   (D) El narrador iba en exceso de la velocidad.

5. ¿Qué significan las palabras *¡Ojalá hubiera muerto!* en la línea 14?
   (A) El narrador estaba mal herido.
   (B) El narrador se sentía responsable.
   (C) No sintió que tantos inocentes murieran.
   (D) Se sentía culpable por escapar daño.

6. ¿Cómo reaccionó el narrador a lo que pasó?
   (A) Se quedó atónito.
   (B) Fue traumatizado.
   (C) Estaba asustado.
   (D) Estaba tranquilo.

QUINTO GRUPO, SELECCIÓN DOS

Cuando vi a Dora por tercera vez en brazos de un amigo diferente no esperé más. Y tomé una decisión: no la volvería a ver en mi vida.

Línea

Dicen que el mejor remedio para estas cosas es viajar; hasta tal punto debe ser cierto que tuve una vez una novia que, después de haberme hecho sufrir como inocente en el infierno me recomendó ella misma el cambio de lugar. Cosa que me inspiró el doble temor de que esa mujer me estaba tomando por imbécil y tenía comisión por envío de clientes a un balneario.

Como estábamos en pleno febrero bien podía elegir Mar del Plata, "la aristocrática playa". La vida agitada y tonta del balneario me haría olvidar.

Reuní unos pesos, unas camisas y saqué un boleto "fin de semana". Subí al vagón, no sin pensar un poco, involuntariamente, en la posible aventura de viaje.

Es realmente asombroso, pero es el caso que los "magazines" ilustrados y las escritoras americanas tienen una pasión morbosa por ese tema: Irremediablemente, sube al tren "momentos antes de la salida" (¡qué gracia! bueno fuera "momentos después de la salida"), el joven escritor, elegante, atlético y famoso. La casualidad quiere que la bella y misteriosa viajera lea en ese mismo instante su última novela. (Un detalle siempre es "su última novela"; podría suceder, tratándose de un escritor prolífico y famoso, que la hermosa joven leyese la penúltima o la antepenúltima. Pero según parece hay un consorcio de escritores de esta categoría y nadie puede introducir innovaciones al estilo de la sociedad que es intangible). Una conversación se entabla pronto, sobre todo cuando los dos interlocutores son jóvenes.

1. ¿Qué le aconsejó una vez una mujer a este narrador?
   (A) Que se fuera de vacaciones.
   (B) Que hablara con un escritor de "magazines."
   (C) Que llevara a unos clientes a un balneario.
   (D) Que tuviera una aventura.

2. ¿Por qué decidió visitar Mar del Plata?
   (A) Porque todos los aristócratas iban allí en el invierno.
   (B) Porque habría mucha actividad vacía para pasar el tiempo.
   (C) Porque todos los escritores estarían allí.
   (D) Porque podría leer muchos libros.

3. ¿Qué desea olvidar este narrador?
   (A) Una novela que leyó.
   (B) Un negocio fracasado.
   (C) Una relación amorosa.
   (D) Una joven que leyó su novela.

4. ¿En qué tema tienen las escritoras americanas *una pasión morbosa*?
   (A) Los amores fracasados.
   (B) La posibilidad de aventuras inesperadas.
   (C) Conversaciones casuales en trenes.
   (D) Viajes ferrocarrileros con autores famosos.

5. ¿Qué hizo al subir al vagón?
   (A) Entabló una conversación con un escritor.
   (B) Observó el encuentro de dos otros pasajeros.
   (C) Empezó a leer una novela a una joven.
   (D) Imaginó una aventura entre dos personas.

6. ¿Qué parece opinar el narrador del joven escritor?
   (A) Admira su atleticismo.
   (B) Envidia su popularidad.
   (C) Se enoja que tenga tanto éxito.
   (D) Lo odia porque es famoso.

7. En la línea 21, ¿cuál es el tono de las palabras *que la hermosa joven leyese la penúltima o antepenúltima*?
   (A) Sarcástico.
   (B) Irónico.
   (C) Trágico.
   (D) Chismoso.

8. ¿Cuál es la actitud del narrador en este trozo?
   (A) Está deprimido.
   (B) Parece muy desilusionado.
   (C) Está muy enamorado.
   (D) Tiene buen sentido de humor.

QUINTO GRUPO, SELECCIÓN TRES

Línea

Complemento indispensable del estudio de las enfermedades simuladas es el de la *simulación de la salud*, por sujetos verdaderamente enfermos, o sea la disimulación de la enfermedad. Su objetivo se comprende fácilmente: cuando el estar enfermo determina una situación de inferioridad en la lucha por la vida, el sujeto recurre a la simulación de la salud.

En la vida ordinaria es frecuentísimo. Las reglas de la más simple urbanidad la imponen en el trato de gentes; pocas personas habrá que nunca hayan disimulado una dolencia de poca monta, para recibir con la sonrisa en los labios a un amigo o amiga estimada. Se asiste a tertulias disimulando una cefalalgia, a un banquete disimulando una dispepsia o una colitis, a una cita amorosa disimulando una cistitis. Muchos lectores habrán disimulado en su juventud alguna enfermedad que reputaban vergonzosa, hasta que la intensidad de los síntomas los obligó a denunciarse al médico y a su propia familia.

Disimulan sus enfermedades cuantos están obligados a probar que gozan de perfecta salud para ser admitidos en un establecimiento o corporación, o para aspirar a ciertos empleos; nunca faltarán médicos complacientes que se hagan cómplices activos de estas disimulaciones, expidiendo certificados falsos. Entre esas disimulaciones de la salud existe un grupo especial que recientemente ha alcanzado extraordinaria importancia en medicina forense. El desarrollo de las instituciones de seguros sobre la vida ha producido formas especiales de simulación para explotarla fraudulentamente. Sujetos poco escrupulosos aseguran en su favor la vida de parientes enfermos; rara manifestación de la lucha por la existencia, cuyo estudio agregaría un capítulo interesante a la psicopatología de los parásitos sociales.

1. ¿Cuál es el tema de esta selección?
   (A) Maneras de disimular.
   (B) Razonamientos para fingir.
   (C) Un análisis psicológico de los embusteros.
   (D) Consecuencias de la urbanización.

2. ¿Con qué motivo disimulan enfermedades algunas personas?
   (A) Quieren provocar la simpatía de sus amigos.
   (B) Quieren revelar la negligencia de los médicos.
   (C) Son mentirosas patológicas.
   (D) Creen que la cortesía requiere que finjan sus enfermedades.

3. ¿Cómo juzgaría este autor la disimulación de enfermedades?
   (A) Cree que es de poca consecuencia.
   (B) Cree que es imperdonable.
   (C) Cree que depende de la situación y edad de la persona.
   (D) Cree que la disimulación consta una decepción criminal.

4. En cambio, la disimulación de salud a veces
   (A) Se debe a complejos de martirio.
   (B) Se exige para superar las contrariedades de la vida.
   (C) Se debe a la avaricia de algunos médicos.
   (D) Se debe a la necesidad de mantener las apariencias.

5. ¿Cuál ha sido el resultado del establecimiento de instituciones de seguros?
   (A) Ahora no se recurre a la disimulación para conseguir lo que quieren.
   (B) Se ha prolongado la vida a causa de mejor atención a la salud.
   (C) Hay más enfermos ahora que antes.
   (D) Se ha aumentado el fraude.

6. Un ejemplo de *los parásitos sociales* (línea 27) sería
   (A) Médicos poco escrupulosos.
   (B) Personas que se enferman para allegar fondos propios.
   (C) Las instituciones de seguros.
   (D) Parientes de enfermos que suscriben pólizas a su propio beneficio.

QUINTO GRUPO, SELECCIÓN CUATRO

Línea

No conozco otro deporte que nos pueda librar tan completamente de la pesadilla de la vida. ¡Cuánta renovación espiritual debo a las montañas! Hay que levantarse de vez en cuando también corporalmente por encima de las masas humanas y de sus ciudades estrechas. El deporte alpinista somete todas las fuerzas del cuerpo a un solo fin. La subida requiere una adaptación constante de todas las fibras orgánicas a las dificultades de la subida. Los pulmones se extienden, la sangre se renueva y la vida celular de todo el organismo se hace más intensa. A medida que alcanzamos mayor altura nuestro esfuerzo crece y pronto estamos ansiosos de llegar a nuestro fin. La vista se expande libremente y nuevos paisajes jamás contemplados aparecen poco a poco. En fin, llegamos a la cima, y un panorama sublime se extiende a nuestros pies. No se puede imaginar una vida más libre, más concentrada, más sana y más feliz que una caminata de dos o tres semanas por los cerros nevados de los Alpes de un refugio al otro, llevando consigo en la mochila todo lo poco que el hombre precisa. Significa una renovación completa de todo el organismo. Mi mejor deseo es poder continuar esta clase de deportes hasta la edad más avanzada que pueda alcanzar. Me causa una satisfacción singular encontrar aquí a los bordes del Nahuel Huapi, el primer refugio en tierra argentina. Ojalá que sea el principio de un movimiento deportivo andino para toda la juventud de hoy, para que aprenda a conocer todas las bellezas de su gran país. En estas bellezas íntimamente sentidas radica el amor intenso por la tierra natal. No se puede imaginar a algún artista nacional que no esté penetrado en todo su ser por las bellezas propias de las diferentes provincias del suelo de la patria. El gran valor educativo del deporte andino está en el hecho de que requiere un esfuerzo concentrado de toda la personalidad. Sólo un esfuerzo máximo nos llena con el sentimiento de la superioridad ganada y nos revela la belleza sublime de la montaña alta.

1. ¿Por qué alaba tanto al alpinismo este narrador?
   (A) Tiene atractivos casi místicos.
   (B) Se pierde cuidado.
   (C) Se puede sentirse superior a las masas.
   (D) Se puede dormir mejor después de practicarlo.

2. Este deporte requiere que
   (A) Una persona viaje a Europa para subir montañas.
   (B) Una persona dedique la vida al deporte.
   (C) Una persona enfoque en el momento presente.
   (D) Una persona ame su país.

3. ¿Qué recomienda este narrador a los jóvenes?
   (A) Que estudien la biología antes de participar.
   (B) Que experimenten las inconveniencias de la vida sencilla.
   (C) Que aprendan a apreciar la naturaleza.
   (D) Que se hagan artistas para sentir más intensamente la belleza.

4. ¿Cuál ha sido la experiencia personal del narrador?
   (A) El deporte le ha proporcionado nuevas vistas hermosas.
   (B) A causa del deporte se siente más joven que nunca.
   (C) Debido al esfuerzo físico ha gozado de una renovación total.
   (D) Ha aprendido a apreciar las montañas andinas más que las europeas.

5. Sobre todo, ¿qué aprenderá la juventud al participar en este deporte?
   (A) Aprenderán a subir montañas.
   (B) Extrañarán las montañas mientras vivan entre las masas.
   (C) Entrañarán toda la belleza natural del país.
   (D) Aprenderán que son superiores a otros seres humanos.

6. ¿Cuál parece ser la ocasión de esta declaración?
   (A) La dedicación de una reserva andina.
   (B) La dedicación de una estación veraniega.
   (C) La dedicación de un negocio alpinista.
   (D) La dedicación de una montaña andina.

Answers for Reading Comprehension

Primer Grupo, Selección Uno
1. A **2.** B **3.** B **4.** C
5. D **6.** A **7.** B

Primer Grupo, Selección Dos
1. B **2.** C **3.** A **4.** A
5. B **6.** B **7.** A **8.** D

Primer Grupo, Selección Tres
1. B **2.** C **3.** B **4.** B
5. A **6.** C **7.** C

Primer Grupo, Selección Cuatro
1. D **2.** D **3.** D **4.** A
5. B **6.** D

Segundo Grupo, Selección Uno
1. D **2.** A **3.** B **4.** B
5. C **6.** D **7.** A **8.** C

Segundo Grupo, Selección Dos
1. B **2.** B **3.** D **4.** D
5. C **6.** D **7.** B **8.** D

Segundo Grupo, Selección Tres
1. C **2.** A **3.** A **4.** C
5. B **6.** B **7.** D **8.** C

Segundo Grupo, Selección Cuatro
1. B **2.** C **3.** C **4.** A
5. A **6.** D **7.** B

Tercer Grupo, Selección Uno
1. D **2.** C **3.** B **4.** C
5. A **6.** A **7.** B **8.** D

Tercer Grupo, Selección Dos
1. B **2.** B **3.** A **4.** D
5. A

Tercer Grupo, Selección Tres
1. B **2.** B **3.** D **4.** A

Tercer Grupo, Selección Cuatro
1. C **2.** D **3.** D **4.** C
5. C **6.** A **7.** D

Cuarto Grupo, Selección Uno
1. D **2.** A **3.** A **4.** D
5. C **6.** B **7.** C

Cuarto Grupo, Selección Dos
1. C **2.** D **3.** C **4.** C
5. B **6.** A

Cuarto Grupo, Selección Tres
1. B **2.** A **3.** A **4.** A
5. D **6.** C **7.** D **8.** C

Cuarto Grupo, Selección Cuatro
1. C **2.** D **3.** C **4.** C
5. B **6.** D **7.** A **8.** D

Quinto Grupo, Selección Uno
1. C **2.** D **3.** A **4.** C
5. C **6.** B

Quinto Grupo, Selección Dos
1. A **2.** B **3.** C **4.** B
5. D **6.** B **7.** A **8.** B

Quinto Grupo, Selección Tres
1. B **2.** A **3.** C **4.** B
5. D **6.** D

Quinto Grupo, Selección Cuatro
1. A **2.** C **3.** C **4.** C
5. C **6.** A

PART FOUR WRITING SKILLS

GENERAL CONSIDERATIONS

There are two aspects of language in the writing portion of the exam: (1) the formal aspect (your vocabulary and grammar), and (2) the content (what you say). Both aspects are equally important, but many times what you may want to say is difficult to understand because the grammar is confusing. At other times the grammar is adequate but there are no ideas in the composition. Or perhaps the ideas are not clear and are presented in such a confusing way that the reader has difficulty understanding the composition altogether.

There are two testing formats to show that you know how to write. The first consists of two fill-in-the-blank sections in which you have to demonstrate that you know specific points of grammar. However, on the second format (the free-response section), the score is based on a holistic evaluation of your writing sample. No points are deducted for incorrect grammar. The reader forms an overall impression of your ideas and how you have expressed them.

In the first section, there are some points of grammar that you can expect to see on the exam. The answers in this section are either right or wrong. You must know the correct forms since there is no half credit given for partially correct answers. Even misplaced or incorrect accents, or lack of accents, count. However, in some cases there may be more than one correct form. The determination about which forms are correct is made by the Chief Reader during the summer when the examinations are evaluated.

The exercises in this chapter of the book are designed to help you focus on the most common problems of grammar and orthography (spelling), using a more advanced vocabulary. In the appendix of this book you will find a synopsis of the basic grammar that you should know for the exam. You might want to review that material before doing the free response fill-in-the-blank practice exercises to refresh your memory about some of these common structures.

The free-response essay portion of this book discusses writing the essay. You will find some suggestions that you can use to write a well organized, clearly articulated essay. In the beginning, there are suggestions to help you focus on developing certain aspects of writing: descriptive, narrative, and analytical writing. Finally, you need to practice essays in which you try to convince your reader of your point of view. At the end you put these steps together to write the kind of essay that you need to produce on the exam. You must remember that all writers have their own style, but some of the elements of the essay are common to all styles. These exercises focus on the common elements. You will also find some samples of good and not so good writing so that you can compare what you write with some models that have been evaluated.

Description of the Writing Portion of the Exam

On the first grammar part, the fill-ins, there is a paragraph in which you will see numbered blanks within the text of the paragraph. Off to the side of the paragraph are the blanks with a word supplied in parentheses. You are to write the correct form of the word provided in parentheses. Some of the points of grammar you need to remember on this part include: correct forms of verb conjugations, correct mood selections, negative indefinite adjectives and pronouns, adverbial forms, and adjective agreement.

On the second part of the fill-in-the-blanks, there are only sentences that call for verbal forms.

The last part of the writing portion of the exam is the 200-word essay. The topic is usually very general. You need to write a well organized essay.

The difference in these two sections and ways of approaching the grammar is that in the first section you are required to use specific vocabulary and grammar provided on the exam. In the second section you may choose whatever words and structures you wish in your writing sample. There is usually a strong correlation between your score on the specific item section and your score on the free response, so you should try to review as much grammar as you can. You especially need to clean up little mistakes and details in language. When there are a lot of different kinds of grammatical problems all combined in one essay, the writing sample is often difficult to understand.

Preparing for the Exam

On the following pages you will find ten practice exercises using basic language and vocabulary. Before you begin this chapter you should review the vocabulary from the other sections. When you have finished a practice part, check your answers. Explanations for the answers follow the practice sets. Instead of focusing on answers to specific items, try to understand the overall structures and general rules so that you can correct the misconceptions that cause you to make errors in grammatical structures.

After the practice fill-in-the-blank free-response parts testing grammar and verb forms, the essay discussion will focus on how to write an essay for this exam. Then you will find some examples of essays with commentaries so you can compare what you may write about some of these topics with a sample that has been evaluated. No scores using the rubrics are assigned to the examples, because it is more important for you to focus on the mechanics of expression instead of the final rating. There are suggestions given for ways to improve the sample essays, however, and a general evaluation of each one. The topics that are listed are not necessarily topics that will appear on any given exam, but are designed to help you think about some broad issues and formulate some opinions. The process that you develop for discussing these topics will be useful to you in writing an essay on the Advanced Placement Spanish Language Exam.

CHAPTER 7 Free Response Grammatical Structures

Following are twenty groups of practice fill-in grammatical exercises. On the actual examination, this section consists of ten items from a paragraph. You should plan to spend approximately five minutes doing one of these groups. In this part the points of grammar that you will find are some verb forms, agreement of adjectives and nouns, correct adverb forms, correct indefinite adjectives, and other points reviewed in the appendix in the grammar review. At the end of every exercise, you will find the answers, with explanations to help you understand what you missed if you did not fill in the word given in the answer.

Notice that only **one word** needs to be written in the blank. Notice also that sometimes there is no change needed in the form, so write the same word in the blank. *You must write a word in the blank to receive credit.* Be advised that no partial credit will be given for words that do not have accents, tildes, or diereses. Be sure to scan the entire passage before beginning to do the exercise.

EXERCISES AND ANSWERS

GROUP ONE

El caso es que la princesa, bella, brillante y sonriente no es feliz. En verdad, tiene que esforzarse para parecer tan sonriente. Y ahora tiene que soportar que ___(1)___ sus tristezas ___(2)___ que la ___(3)___ a desear la paz. Es mucha carga ___(4)___ responsabilidad, y los discursos de bienvenida, y toda la agenda que le deja poco tiempo para vivir. Pero siempre se comporta como si no ___(5)___ nada. A veces, viéndola tratar de aparecer elegante y ___(6)___, se pregunta si tendría ___(7)___

1. ________ (publicar)
2. ________ (profundo)
3. ________ (llevar)
4. ________ (tanto)
5. ________ (pasar)
6. ________ (sencillo)
7. ________ (alguno)

rasgo de acidez ___(8)___. Hay que preguntarse si, por toda la riqueza que ___(9)___ como princesa, de veras ___(10)___ la pena.

8. ____________ (disimulado)

9. ____________ (tener)

10. ____________ (valer)

Answers and Answer Explanations for Group One

1. *publiquen* *Publicar* is an orthographic verb. The subjunctive is used because this is a dependent noun clause after a verb of volition.
2. *profundas* This adjective modifies *tristezas*, a feminine plural noun.
3. *llevan* The subject is *tristezas*. This verb occurs in an adjective clause with a known antecedent, so the indicative is correct.
4. *tanta* This comparative structure requires that the adjective agree in gender and number with the noun, *responsabilidad*. All words that end in *-dad* are feminine.
5. *pasara* The past subjunctive must always be used after *como si*. The subject of *pasara* is *ella*, the same subject as for *se comporta*.
6. *sencilla* The adjective agrees with *ella*. The referent is given in the direct object pronoun at the end of the verb form: *viéndola*.
7. *algún* This adjective is apocopated, and an accent is written over the *u* in the last syllable. No credit is given if the accent is not written on the vowel.
8. *disimulado* This adjective modifies *rasgo*, not *acidez*, so the masculine singular form is used.
9. *tenga* The subjunctive is used because this is a dependent adjective clause and the antecedent, *riqueza*, is indefinite. In the adjective clauses look for the construction *por* + (adjective) + *que...* to indicate to you to use the subjunctive.
10. *vale* The present indicative is used because the present subjunctive is not frequently used after *si*.

GROUP TWO

Me estuve muy quieta, ___(1)___ en la cama, mirando recelosa alrededor, asombrada del retorcido mechón de mi propio cabello que resaltaba oscuramente contra mi hombro. Habituándome a la penumbra, ___(2)___, uno a uno, los desconchados de la pared, las grandes enzarzadas de la cama, como serpientes,

1. ____________ (sentado)

2. ____________ (localizar)

dragones o misteriosas figuras que apenas me atrevía a mirar. Incliné el cuerpo cuanto ___(3)___ hacia la mesilla, para coger el vaso de agua ___(4)___ , y entonces, en el vértice de la pared, descubrí una hilera de hormigas que ___(5)___ por el muro. Solté el vaso que se ___(6)___ al caer, y me ___(7)___ de nuevo entre las sábanas, tapándome la cabeza. No me decidía a sacar ni ___(8)___ mano, y así estuve mucho rato, ___(9)___ los labios. Hice recorrer mi imaginación como por ___(10)___ bosque y jardín desconocidos hasta tranquilizarme.

3. ________________ (poder)
4. ________________ (tibio)
5. ________________ (trepar)
6. ________________ (romper)
7. ________________ (hundir)
8. ________________ (uno)
9. ________________ (morderse)
10. ________________ (alguno)

Answers and Answer Explanations for Group Two

1. *sentada* This past participle functions as an adjective and the antecedent is feminine, indicated by the ending of the previous adjective: *quieta*.
2. *localicé* *Localizar* is an orthographic verb. The preterit indicative is used because the action occurred in a defined point of time in the past. If no accent is used, no credit is given, since the verb without the accent would be a present subjunctive form.
3. *pude* The preterit indicative is used here because the action takes place in a defined point in time in the past. The meaning of the preterit of *poder* is *managed,* or *was able to.*
4. *tibia* This adjective modifies *agua*, which is a feminine noun, even though in the singular form a masculine article, *el*, is used.
5. *trepaban* The imperfect indicative is used here to describe an action. The narrator is telling what the ants *were doing*, in which case the imperfect is indicated.
6. *rompió* The preterit indicative is used because the action occurred at a specific point of time in the past. The action is narrated, not described.
7. *hundí* The preterit indicative is used because the action takes place at a specific point in time in the past. The action is narrated.
8. *una* *Mano* is a feminine noun, requiring the feminine form of the indefinite article, *una*.

9. *mordiéndome* The present participle is used as an adverb, showing the attitude or how the narrator was huddled under the sheets on the bed. Remember to use the first person singular reflexive pronoun to agree with the subject of the verb *estuve*.
10. *algún* The indefinite adjective *alguno* is shortened before masculine singular nouns, such as *bosque*. Notice that there is an accent written on the final syllable. *Algunos* is correct if the adjective refers to *jardines* and *bosques*.

GROUP THREE

Su agradable y delicado perfume, ___(1)___ a una eficacia indiscutible ___(2)___ inigualable, han sido, sin lugar a dudas, las claves del éxito de este producto y el motivo de que millones de personas ___(3)___ tanto tiempo ___(4)___ en este producto, que lejos de ser una moda o un *invento* es EL DESODORANTE. Toda una línea de higiene personal ha sido ___(5)___ al amparo de la imagen de marca más fuerte en el mundo. La ___(6)___ fidelidad de marca de que goza este producto, lo ha situado en un privilegiado ___(7)___ puesto que siempre ha intentado ___(8)___ alcanzado por las restantes marcas de la competencia. Desde su creación, hace ya más de 50 años, este producto ___(9)___ liderando el mercado nacional. ___(10)___ Ud. en nuestro producto.

1. __________ (unido)
2. __________ (y)
3. __________ (llevar)
4. __________ (confiar)
5. __________ (crear)
6. __________ (grande)
7. __________ (primero)
8. __________ (ser)
9. __________ (venir)
10. __________ (confiar)

Answers and Answer Explanations for Group Three

1. *unido* The adjective agrees with the noun *perfume,* not with the noun's adjectives: *agradable* and *delicado.* The following sentence makes clear that the qualities of the perfume, combined with the effectiveness of the product are the keys to the success of the product.
2. *e* The conjunction *y* changes because the initial letter of the following word is *i, inigualable.*
3. *lleven* The present subjunctive is used because in the adverbial clause motivation, or purpose, is expressed.
4. *confiando* The present participle is used as an adverb to describe how people are using so much time.
5. *creada* The feminine form of the past participle is used because it is the object of *ser.* It agrees with the subject of *ha sido,* which is *línea.*
6. *gran* The adjective, *grande,* is apocopated before singular nouns, such as *fidelidad.* Use the apocopated (shortened), form with both masculine and feminine singular nouns.
7. *primer* The adjective, *primero,* is apocopated before masculine singular nouns, such as *puesto.*
8. *ser* The infinitive is used because it is the object of the verb: *ha intentado.*
9. *viene* The present indicative is used because the verb occurs in the main clause of a declarative sentence.
10. *Confíe* The command form is indicated by the placement of *Ud.* after the verb. Notice the accent written on the *i.*

GROUP FOUR

Al sol, ya se sabe, hay que ___(1)___ con las espaldas bien ___(2)___. ___(3)___ imprudencia nos está ___(4)___ , pues este astro, que ___(5)___ una memoria de elefante, puede ___(6)___ factura cuando menos nos lo esperamos. Sirve que nosotros lo ___(7)___ en cuenta al comprar un bronceador. Vale que ___(8)___ uno que

1. ____________ (acercarse)
2. ____________ (cubierto)
3. ____________ (ninguno)
4. ____________ (permitido)
5. ____________ (poseer)
6. ____________ (pasarse)
7. ____________ (tener)
8. ____________ (buscar)

nos ___(9)___ seguridad total de los efectos de los rayos ultravioleta. Ahora ___(10)___ del sol veranal traspasa cuestiones estéticas.

9. ______________ (ofrecer)

10. ______________ (protegerse)

Answers and Answer Explanations for Group Four

1. *acercarse* Although the verb is preceded by *que*, in this case it forms part of the expression *hay que*, which requires the infinitive.
2. *cubiertas* The past participle is used as an adjective and refers to the noun, *espaldas*.
3. *Ninguna* The negative indefinite adjective refers to a feminine noun, *imprudencia*. The feminine form of this adjective is never shortened.
4. *permitida* The past participle is used as an adjective and refers to the subject of the verb *está*, which is *imprudencia*.
5. *posee* The present indicative is used because it occurs in an adjective clause referring to a definite antecedent, *astro*, which in turn is another name for *el sol*.
6. *pasarnos* The infinitive is used because it is the object of the verb *puede*. The first person plural indirect object pronoun is used because the first person plural subject is indicated in the following verb: *esperamos*.
7. *tengamos* The present subjunctive is used because it occurs in a dependent noun clause after an impersonal expression: *sirve que*.
8. *busquemos* The present subjunctive is used because it occurs in a dependent noun clause after an impersonal expression: *Vale que*. Notice that not all impersonal expressions begin with the verb *ser*. If you can determine that the subject of the verb is *it* and it has no specific antecedent, you can always recognize when to use the subjunctive after an impersonal expression.
9. *ofrezca* The present subjunctive is used because it occurs in a dependent adjective clause in which the antecedent is indefinite, *uno*, which in turn refers to *un bronceador*.
10. *protegernos* The infinitive is used because it is the subject of the verb *traspasa*. The first person plural object pronoun is used because *our* reactions to the power of the sun's rays has been the topic of the passage.

GROUP FIVE

Estas Olimpiadas prepárate a ganar.

___(1)___ dos códigos de barras de ___(2)___ producto que tú ___(3)___ a Marca X al Apartado 999, 38565 Madrid, y un fantástico Lulu de Oro puede ser tuyo. O bien ___(4)___ millón de pesetas. Los

1. ______________ (Enviar)

2. ______________ (cualquiera)

3. ______________ (querer)

4. ______________ (uno)

sorteos se ___(5)___ ante notario el treinta de junio, el treinta de julio y el ___(6)___ de septiembre del año próximo. ¡Anímate! Tienes mucho que ganar. Y ___(7)___ que ___(8)___ más cartas ___(9)___, más fácil será ganar. No ___(10)___ escapar tu Lulu. Es una ocasión de oro.

5. ________________ (celebrar)

6. ________________ (primero)

7. ________________ (recordar)

8. ________________ (cuánto)

9. ________________ (mandar)

10. ________________ (dejar)

Answers and Answer Explanations for Group Five

1. *Envía* The affirmative familiar singular command form of the verb is indicated by the use of the second person singular command in the first sentence, *prepárate*. Do not be confused because the object in the sentence comes first. This stylistic device, inverting the word order of the sentence, simply emphasizes the noun, *Olimpíadas*.
2. *cualquier* This indefinite adjective is apocopated before nouns of both genders.
3. *quieras* The present subjunctive is used because the verb occurs in a dependent adjective clause after an indefinite antecedent: *un producto*.
4. *un* The apocopated form of *uno* is required before the number *millión*. Notice that *millón* takes the preposition *de* when it is followed by a noun.
5. *celebrarán* This verb is the *se* substitute for the passive voice. *Los sorteos* is plural, so the verb is in the third person plural.
6. *primero* The ordinal number for the first day of the month is not apocopated.
7. *recuerda* The affirmative familiar singular command form is required because the context of the verb in the selection and the meaning of the word indicate an instruction to the reader.
8. *cuántas* The interrogative form agrees with *cartas*.
9. *mandes* The present subjunctive is used because it occurs in an adjective clause referring to *cuántas cartas*, an indefinite antecedent.
10. *dejes* The verb is a negative familiar singular command, which is indicated by the context of the verb.

GROUP SIX

El Real Decreto dice: *El producto cosmético indicará la fórmula cualitativa y cuantitativa de las substancias* ___(1)___ *presencia* ___(2)___ *en la denominación del producto o en su publicidad.* ___(3)___ quiere decir que todos los productos en cuya confección ___(4)___ materias activas naturales provenientes de plantas deben especificar claramente el porcentaje de materia activa en sus etiquetas, estuches y publicidad. Consecuente con esto, y con ___(5)___ más de 75 años ___(6)___ con extractos naturales de plantas, le informamos que nuestros productos tienen un porcentaje exacto porque en nuestra opinión, ___(7)___ porcentajes son los necesarios para que ___(8)___ materias activas ___(9)___ el beneficio natural esperado de la planta. ___(10)___ la forma de averiguar la materia activa que cada producto contiene, usted debe decidir lo que más le conviene.

1. ________ (cuyo)
2. ________ (anunciarse)
3. ________ (Este)
4. ________ (intervenir)
5. ________ (nuestro)
6. ________ (trabajar)
7. ________ (ese)
8. ________ (dicho)
9. ________ (realizar)
10. ________ (conocer)

Answers and Answer Explanations for Group Six

1. *cuya* This possessive agrees with *presencia*, not *sustancias.*
2. *se anuncie* The present subjunctive is used because it occurs in an adjective clause referring to the indefinite antecedent *presencia.*
3. *Esto* The neuter demonstrative pronoun is used here because *This* refers to the whole idea expressed in the previous sentence.

4. *intervengan* The present subjunctive is used because the verb occurs in a dependent adjective clause with an indefinite antecedent *confección*. The subject is *materias*.
5. *nuestros* This possessive modifies *años* so it is masculine plural.
6. *trabajando* This present participle tells how an action was done.
7. *esos* The masculine plural form of the demonstrative adjective is used because it modifies *porcentajes*.
8. *dichas* The feminine form of the past participle is used because it functions as an adjective modifying the word *materias*.
9. *realicen* The present subjunctive is used because it occurs in a dependent adverbial clause after *para que*.
10. *conociendo* The present participle functions as an absolute. An absolute construction means that the present participle refers to the whole sentence that follows it.

GROUP SEVEN

La Ley Civil ___(1)___ ayuda en ___(2)___ modo a que las parejas ___(3)___ se lo ___(4)___ un poco más antes de presentar la demanda de divorcio: el matrimonio entra de nuevo en vigor si los separados vuelven a convivir. Si a pesar de todo el divorcio se presenta como la opción más ___(5)___, hay que ___(6)___ que ___(7)___ un año desde que se firmó la solicitud de separación. No es necesario que se haya ___(8)___ sentencia. También se puede acceder al divorcio sin una separación previa, aunque ___(9)___ transcurrir dos años y ___(10)___ las causas debidamente.

1. __________ (español)
2. __________ (cierto)
3. __________ (separado)
4. __________ (pensar)
5. __________ (aconsejable)
6. __________ (esperar)
7. __________ (transcurrir)
8. __________ (dictado)
9. __________ (deber)
10. __________ (acreditar)

Answers and Answer Explanations for Group Seven

1. *española* This adjective modifies *ley*, which is a feminine singular noun. The form, *español*, is the masculine singular form of the adjective of nationality, and thus does not change, but the feminine form adds an *a*.
2. *cierto* This adjective modifies *modo*, which is a masculine singular noun; therefore, there is no change in the form.

3. *separadas* This adjective modifies *parejas*, which is feminine plural. The adjective must also be feminine plural.
4. *piensen* This verb occurs in an adverbial clause introduced by the conjunction, *a que*, which indicates purpose or cause. The subjunctive is always used after this adverbial conjunction.
5. *aconsejable* Adjectives that end in *-ble* do not change the ending to make them agree in gender. But if the noun had been plural, the ending on this adjective would have been made plural by adding *-s*.
6. *esperar* Even though this infinitive comes after *que*, in this case it is part of a modismo. *Hay que* is always followed by the infinitive form of the verb and expresses impersonal obligation.
7. *transcurra* The present subjunctive is used because *hay que esperar* is considered an impersonal expression. *Transcurra* occurs in a dependent noun clause, introduced by *que* after an impersonal expression in the main clause.
8. *dictado* The past participle in this case functions verbally. The invariable form of the past participle is always used after *haber*; therefore, the ending is *-o*.
9. *deben* The conjunction *aunque* can take either the indicative or the subjunctive, depending on the degree of uncertainty about the veracity of the statement. In this case the context makes it rather plain that according to the spirit of the law governing divorce, couples ought to wait two years before filing. When no uncertainty is implied, the indicative is used.
10. *acreditar* The infinitive is used because the verb functions as the object of another verb. *Deben* in this case functions as a modal verb, which means that another verb is needed to complete the meaning of *deber*. The verb *transcurrir* is also used as an object of the modal verb, and the conjunction *y* indicates that the two verbs form a compound object.

GROUP EIGHT

Por fin, a ___(1)___ dos días de navegación, el buque ___(2)___ en la enseñada de Labadee, ___(3)___ isla arrendada por los armadores para diversión de su clientela que, ___(4)___ de una moneda especialmente ___(5)___ para el crucero, podía comprar caracolas marinas y corales ___(6)___ de Taiwan, sin ___(7)___ las botellas de *Coca-cola*. Un grupo de tambores y bidones musicales recibía en fila a ___(8)___ turistas. Luego de una

1. ______________ (el)
2. ______________ (fondear)
3. ______________ (diminuto)
4. ______________ (provisto)
5. ______________ (acuñado)
6. ______________ (traído)
7. ______________ (olvidar)
8. ______________ (el)

sesión intensa de sol, la misma charanga caribeña les ___(9)___ después de horas en idéntica formación, aunque ___(10)___ la voluntad.

9. ____________ (despedir)

10. ____________ (pedir)

Answers and Answer Explanations for Group Eight

1. *los* This definite article modifies *días*, which is a masculine plural noun. Even though *día* ends in *a*, it is masculine.
2. *fondeó* The preterit indicative is used because the action is completed in the past. It is the beginning of the narrative on what happened when the cruise ship arrived at the port of call. Even if you do not know what the verb means, the use of the preterit is obvious from the words *por fin* and *dos días*.
3. *diminuta* This adjective modifies *isla*, which is feminine singular; therefore *diminuta* is used in the feminine singular form.
4. *provista* This adjective refers back to *clientela*, which is a feminine singular noun.
5. *acuñada* This adjective modifies *moneda*, which is feminine singular. Even if the meaning of *acuñada* is unknown, knowing that *moneda* is feminine singular provides enough information to arrive at the correct answer.
6. *traídos* This past participle used as an adjective refers to both *caracolas* and to *corales*. Since one of the nouns is feminine and the other masculine, the masculine plural form of the adjective is used.
7. *olvidar* This verb occurs after a preposition, in which case the infinitive form of the verb is always used.
8. *los* The noun *turistas* is one of those nouns that ends with an invariable form, *-ista, -istas*. The rule for mixed gender groups means that the masculine plural article should be used with *turistas*.
9. *despedía* This verb is frequently a reflexive verb. In this case, however, the subject is *charanga*, a third person singular subject, and the object pronoun, *les*, is a third person plural pronoun. The imperfect is used because the action is described and there is no reference to the beginning and/or the end of the action stated in the passage.
10. *pidiendo* The present participle occurs as an adverb describing manner in an explanatory clause, introduced by *aunque*. The conjunction *aunque* can also be followed by a conjugated verb. In this sentence, the present participle is used to avoid repetition of sentence structure. The implied meaning of the present participle in this case is *pedía*.

GROUP NINE

Se había producido una estampida entre los burlangas, y cada ___(1)___ de ellos encontró refugio en los rincones más insospechados mientras los ___(2)___ iban

1. ____________ (uno)

2. ____________ (jabalí)

___(3)___ el garito patas arriba con su furor ___(4)___ de manifestarse ante Luisito, el Nabo, que estaba ___(5)___ detrás de una cortina. Parecía que lo ___(6)___ reconocido por el olfato, y hacia él se ___(7)___ ambas fieras a un tiempo, pero el joven atracador vestido de esmoquin tuvo los reflejos a punto para sacar la recortada del armario, y sin pensarlo nada ___(8)___ un par de disparos que fueron suficientes. En medio de un charco de sangre quedaron ___(9)___ dos hombres desconocidos que habían ___(10)___ los icarios transformados en cerdos por la dama Georgina.

3. __________ (poner)
4. __________ (tratar)
5. __________ (esconder)
6. __________ (haber)
7. __________ (abatir)
8. __________ (soltar)
9. __________ (tumbado)
10. __________ (ser)

Answers and Answer Explanations for Group Nine

1. *uno* The noun *burlangas* is masculine, as is indicated by the definite article, *los. Uno* refers to *burlanga.* The verb *encontró* is singular, which indicates that *uno* must be third person singular.
2. *jabalíes* The plural of words that end with a stressed -í is formed by adding -es. The written accent is retained.
3. *poniendo* The present participle (*gerundio* in Spanish) is used as an adverb in order to describe how they went. After verbs of motion and perception the present participle is frequently used adverbially.
4. *tratando* The present participle is used here to describe further how they went, even though no conjunction is used to indicate that the structure is compound.
5. *escondido* The past participle is used as an adjective, that is masculine singular in this case because it refers to Luisito, el Nabo.
6. *habían* The subject of this verb is *los jabalíes,* who are pursuing Luisito, el Nabo. The imperfect form of the verb is used (the pluperfect is indicated by the past participle *reconocido*) because the action is described, not narrated.
7. *abatieron* The verb is used in the preterit in this case because it narrates, or retells, their action when they finally located their quarry.
8. *soltó* The subject of the verb is the young hunter, *el joven atracador,* who had the presence of mind, *tuvo los reflejos,* to shoot at the *jabalíes.* The preterit is used because the action is begun and completed at a definite moment in time in the past.

9. *tumbados* The past participle in this case refers back to the *jabalíes*, as is indicated by the use of the third person plural of the verb *quedaron*. The past participle is masculine because *jabalíes* is a masculine plural noun.
10. *sido* The pluperfect is used because the time frame indicated is prior to a point of time in the past, when they had been shot by the young hunter. *Sido* is the past participle that must follow the helping verb *haber*.

GROUP TEN

Del mismo modo, hoy nos ___(1)___ por el abandono de las relaciones ___(2)___. El tocadiscos, la radio, la televisión y el vídeo han ido ___(3)___ a las gentes en sus casas y ___(4)___ el ocio en onanismo. Las computadoras y el fax pueden lograr que las personas ni siquiera se ___(5)___ que juntar para el trabajo. Cada vez se vive más en la soledad, en la unidad aislada, en el individuo. Hoy todo ___(6)___ nos parece terrible, pero quizás dentro de un par de siglos los humanos ___(7)___ hacia atrás y se pregunten: "Y esos bárbaros del siglo XX, ¿cómo ___(8)___ vivir así de ___(9)___, así de mezclados? ¿Cómo podían necesitar el contacto sucio y ancestral de los amigos? ¿Cómo se las arreglaban para trabajar en ___(10)___ caos invasor de una oficina?"

1. ____________ (doler)
2. ____________ (interpersonal)
3. ____________ (encerrar)
4. ____________ (convertir)
5. ____________ (tener)
6. ____________ (este)
7. ____________ (mirar)
8. ____________ (poder)
9. ____________ (promiscuo)
10. ____________ (el)

Answers and Answer Explanations for Group Ten

1. *dolemos* The verb is used in the first person plural in this case because it is reflexive. Frequently the indirect object pronoun is used with *doler* and the subject of the verb is whatever it is that causes the hurt. But in this instance the reflexive is indicated because *doler* is followed by the prepositional phrase, *por el abandono...* Farther down in the passage,

the subject, *we*, is indicated again in the phrase, *Todo esto nos parece....* This is an example of a passage that needs to be read in its entirety before the fill-ins are begun; otherwise, subtleties such as the subject, or the narrative voice in this passage, would be missed.

2. *interpersonales* The adjectives that end with *-l* can only agree in number with the nouns they modify, not gender. The adjective modifies *relaciones,* not *abandono.*

3. *encerrando* The present participle is used to describe the action of the verb, which is a verb of motion, *han ido.*

4. *convirtiendo* This present participle, like *encerrando,* describes the action of the verb, which is indicated by the conjunction *y. Convertir* is a Class II stem changing verb, which accounts for the change of the *e* to *i* in the stem of the present participle.

5. *tengan* The expression *pueden lograr* indicated volition (request, will, permission) in the main clause, so the subjunctive is needed in the dependent clause.

6. *esto* The neuter form of the demonstrative pronoun is used because it refers to the preceding concept, not to any noun in particular. In the last portion of the passage, the speaker tries to put the current perception of isolation in perspective by asking rhetorically if what we consider modern will not appear as strange to people of the next century.

7. *miren* The present subjunctive is used after *quizás* to express conjecture. *Quizás* indicates the uncertainty of the speaker. Also, *pregunten* is in the subjunctive, indicating probability.

8. *podrían* The conditional is used to express probability or conjecture in the past. From the perspective of the future, the people who ask the question could not know how or why present day people do and think the way they do, a perspective communicated by the conditional tense.

9. *promiscuos* The adjective is plural because it refers to *esos bárbaros.*

10. *el* *Caos* is a masculine singular noun.

GROUP ELEVEN

Por descuido o porque uno se pone a hacer otra cosa cuando se está trabajando con el ordenador, a veces la pantalla se queda ___(1)___ durante mucho tiempo con un texto o ___(2)___ imagen visible. No se estropea la unidad central del ordenador ni se pierden datos, pero el monitor tal vez ___(3)___ daños por el efecto ___(4)___

1. ____________________ (encendido)
2. ____________________ (uno)
3. ____________________ (sufrir)
4. ____________________ (denominado)

pantalla quemada, que además puede producir problemas en la vista. Para evitarlo existen programas de protección que eliminan la imagen del monitor al cabo de unos minutos de permanecer ___(5)___. Después para regresar a la tarea interrumpida, basta con ___(6)___ una tecla. En el interior de la pantalla hay partículas de fósforo que brillan cuando son ___(7)___ por un haz de electrones, pero después de un bombardeo prolongado en el mismo punto el fósforo se desgasta y queda un brillo fantasma. Este efecto hace que se ___(8)___, por ejemplo, líneas de texto ___(9)___ cuando el monitor está ___(10)___.

5. ______________ (inalterado)
6. ______________ (pulsar)
7. ______________ (activado)
8. ______________ (ver)
9. ______________ (fijo)
10. ______________ (apagado)

Answers and Answer Explanations for Group Eleven

1. *encendida* The past participle refers to *pantalla*, which is feminine singular. The verb *quedar* is used to mean *to be* in this instance, making the past participle function as an adjective.
2. *una* The noun *imagen* is feminine.
3. *sufra* The present subjunctive is used in this instance to indicate conjecture or the probability that the computer screen could suffer from a problem called *burned screen.*
4. *denominado* The adjective refers to *efecto* not *pantalla*, so it is masculine singular.
5. *inalterada* The adjective refers to *la imagen*, and thus is feminine singular.
6. *pulsar* The infinitive is used because it follows a preposition.
7. *activadas* The feminine plural form is used because it refers to *partículas.* When the noun is followed by a prepositional phrase that describes the noun, such as *de fósforos*, be sure to correctly identify the referent of the adjective.
8. *vean* The present subjunctive is used because it occurs in a dependent noun clause, following the verb *hace*, which indicates volition. The plural is used because the *se* substitute for the passive voice is used and the subject is *líneas.*

9. *fijas* The adjective refers to *líneas*, not to *texto*, which is contained in a prepositional phrase describing *líneas*. The noun is a feminine plural form.
10. *apagado* The noun that this adjective modifies is *monitor*, which means that this past participle used as an adjective must be a masculine singular form.

GROUP TWELVE

El azar me había ___(1)___ en cierto banquete junto a un hombre amable y jovial, con patillas, ojos astutos, nariz ___(2)___ y una corbata que ___(3)___ tres vueltas alrededor de su largo cuello antes de anudarse.

—¡Mozo! ¡___(4)___ aquí, amigo! Va usted a traerme ___(5)___ una cerveza, y que no ___(6)___ de la casa Bornoil, ¿eh? No se había servido todavía la sopa y ___(7)___ caballero ___(8)___ ya ___(9)___ ruido como si se ___(10)___ en el postre.

1. __________ (poner)
2. __________ (puntiagudo)
3. __________ (dar)
4. __________ (venir)
5. __________ (correr)
6. __________ (ser)
7. __________ (este)
8. __________ (hacer)
9. __________ (tanto)
10. __________ (estar)

Answers and Answer Explanations for Group Twelve

1. *puesto* This word is the irregular past participle of *poner*, which is required because it follows the auxiliary verb *haber.*
2. *puntiaguda* The noun that this adjective modifies, *nariz*, is feminine singular; thus the correct form ends in *-a*.
3. *daba* The third person singular is required because the subject of the verb is *corbata*. The imperfect is used because the sentence describes the man's attire.
4. *Venga* The polite singular command, Ud., is required in this instance. The direct address of *Mozo* indicates that the relationship between the two is formal, even though the speaker also uses the word *amigo*. In addition, in the following sentence, *usted* is used to indicate the third person singular.
5. *corriendo* The present participle is used to show in what manner the *mozo* is to bring the beer, indicating an adverb.

6. *sea* The present subjunctive is required because the beer has not been brought yet. The verb occurs in a dependent noun clause. The main clause is omitted, but *que* before the verb means that the following clause is dependent. *Quiero* or some other verb of wishing or wanting is understood in this kind of a sentence.
7. *este* The demonstrative adjective modifies *caballero*, a masculine singular noun. The correct masculine singular form is *este*.
8. *hacía* The imperfect is used because the period of time to which the speaker refers is indefinite.
9. *tanto* The noun *ruido* is masculine singular, which requires that *tanto* agree in gender and number with the noun. Only when *tanto* is followed by an adjective or adverb is it shortened.
10. *estuviese, estuviera* Either form of the past subjunctive is always required after *como si*.

GROUP THIRTEEN

Había __(1)__ decir, por ejemplo, que una de las habitaciones principales de la casa de don Carlos había sido __(2)__ por él en __(3)__ especie de museo en el que se conservaban, __(4)__, siempre escrupulosamente cuidadas y limpias, las pertenencias de Estela. Pues bien, su sucesora sería la más celosa guardiana de la veneración que a ese, no, museo no, altar, se le debía. Hasta que el mismo Carlos le __(5)__ que no __(6)__ y ella, por obediencia, fuera __(7)__ que crecieran las telarañas y se extendiera el moho y se __(8)__ los hongos. Pues nadie volvería a acordarse de aquel cuarto cerrado __(9)__ tantos otros abiertos y que __(10)__ atención y cuidado.

1. ______________ (oír)
2. ______________ (convertido)
3. ______________ (uno)
4. ______________ (intacto)
5. ______________ (rogar)
6. ______________ (exagerar)
7. ______________ (dejar)
8. ______________ (multiplicar)
9. ______________ (haber)
10. ______________ (requerir)

Answers and Answer Explanations for Group Thirteen

1. *oído* The past participle is required after the verb *haber.* The important thing to remember about verbs like *oír* is that there is an accent written on the past participle. Other past participles like *oído* are *leído, creído,* and *traído.*
2. *convertida* This past participle functions as an adjective and refers back to *una* of the *habitaciones* earlier in the sentence. This sentence is a good example of the true passive voice in Spanish. You can identify it by the verb *ser, había sido,* the past participle, *convertida,* the preposition indicating the agent, *por,* and the agent *él.*
3. *una* The noun *especie* is feminine singular, which requires the feminine singular indefinite article, *una.*
4. *intactas* This adjective refers to *las pertenencias.* The fact that it is plural is indicated by the *se* substitute for the passive voice that immediately precedes the adjective, *se conservaban.* In addition, all the other adjectives in the series are feminine plural.
5. *rogara, rogase* The past subjunctive is indicated by *hasta que.* Even though this passage is told in the past tense, from the perspective in time of the speaker, Carlos has not said anything yet; therefore, that event is considered future (an unaccomplished happening), and is rendered in the subjunctive. Additionally, in a parallel structure the following portion of the compound clause shows the past subjunctive *-y ella, por obediencia, fuera... que crecieran las telarañas.*
6. *exagerase, exagerara* The imperfect subjunctive is used in a dependent noun clause after a verb of volition. Don Carlos begs Estela not to exaggerate. Additional cues are found in the parallel structures in which the past subjunctive, *crecieran telarañas,* is also used in a dependent noun clause.
7. *dejando* The present participle is used after the verb *ir.* It describes the action of the verb by showing the manner in which the action is accomplished. Do not confuse the verbs *ir* and *ser* in this kind of question. *Por* in this sentence does not indicate the passive voice. Nor would a past participle for *dejar,* modifying *ella* make sense in this context, either.
8. *multiplicaran, multiplicasen* This verb is part of a series of verbs in the past subjunctive: *crecieran* and *extendiera.* They all occur as dependent clauses following a verb of volition, *dejar.* This verb is plural because this is the *se* substitute for the passive voice. The verb must be either singular or plural depending on the number of the noun that is the subject. *Hongos* is the plural subject; therefore, *multiplicaran* must also be plural.
9. *habiendo* The present participle is used because the function of the verb in this clause is to describe the action of the verb: *volvería a acordarse. Habiendo* means *there being....*
10. *requerían* The imperfect is used in this instance because the action of the verb is not carried out at a specific moment in time in the past. The plural form of the verb is used because the subject of the verb is the nominalized adjective *otros,* which refers to *cuartos.*

GROUP FOURTEEN

No puedo explicarte la alegría que ____(1)____ al ____(2)____ tu cariñosa carta. La noticia que me das de tu próximo matrimonio con Juan Alonzo conmocionó a ____(3)____ la familia. Todos me encargan que los ____(4)____ muy sinceramente. Yo ____(5)____ que vengas pronto por la capital para hacer las compras de tu ajuar. Además, por supuesto te ____(6)____ el mes entrante cuando ____(7)____, aunque bien yo ____(8)____ que en esta materia no necesitas ayuda ____(9)____ pues tienes un gusto y elegancia ____(10)____.

1. ________________ (experimentar)
2. ________________ (recibir)
3. ________________ (todo)
4. ________________ (felicitar)
5. ________________ (confiar)
6. ________________ (acompañar)
7. ________________ (venir)
8. ________________ (saber)
9. ________________ (alguno)
10. ________________ (exquisito)

Answers and Answer Explanations for Group Fourteen

1. *experimenté* The first person preterit is used because the time to which the speaker refers is a specific moment in the past, the moment when the speaker opened the letter. The first person is indicated by the subject of the first verb, *puedo.*
2. *recibir* The infinitive is used in this instance as a noun, even though in English the translation would call for a present participle used as a noun. *Al* is always followed by an infinitive verb form.
3. *toda* The adjective modifies *la familia*, a feminine singular noun. Family is a collective noun; even though it refers to a group of people, the singular is required because the noun itself is singular.
4. *felicite* The present subjunctive is used in this instance because it occurs in a dependent noun clause, after the verb *encargar*, which indicates volition. The subject of *felicite*, *yo*, is indicated by *me*, the object pronoun in front of *encargan*. The direct object pronoun *los* refers to the person to whom the narrator is talking, *tú*, and her fiance. Remember that in Spanish America the third person plural is used in place of the second person plural forms. But in Spain, the second person plural, *vosotros*, is commonly used.
5. *confío* This verb in the present tense carries a written accent on the stem of the verb in those persons and number where the stress should fall on the stem, in the first, second, third singular, and third persons plural.

6. *acompañaré* The future indicative is used because the action has not yet taken place (indicated by the words *el mes entrante*), and the verb occurs in the main clause.
7. *vengas* *Cuando* is an adverbial conjunction of time. The present subjunctive is used since the action has not happened.
8. *sé* The first person singular of *saber* is irregular. Be sure to write the accent on the verb form to distinguish it from a pronoun.
9. *alguna* This indefinite adjective, which usually precedes the noun, is feminine singular because it refers to *ayuda*. Where it is placed in regard to the noun does not change the rule for making adjectives agree in gender and number with the nouns they modify, except for apocopated masculine forms. Notice that *alguna* comes after the noun and that the verb is negated. This is an idiomatic use of *alguna*, instead of using *ninguna* before the noun. The word order is important.
10. *exquisitos* The plural form of the adjective is used because it refers to both *gusto* and *elegancia*. In cases where one noun is masculine and one is feminine, the masculine plural form of the adjective is used.

GROUP FIFTEEN

En respuesta a ___(1)___ crisis, recomiendo que ___(2)___ nosotros un programa masivo de construcciones de prisiones. Un ___(3)___ paso importante sería convertir ___(4)___ de las cárceles de mínima y mediana seguridad ___(5)___ , en prisiones de ___(6)___ seguridad para acomodar a criminales ___(7)___. Creo firmemente que el único impedimento al crimen es el castigo garantizado. No veremos una reducción en el crimen hasta que ___(8)___ a implementar ___(9)___ sistema de castigo que ___(10)___ ambos adecuado y cierto.

1. ____________ (este)
2. ____________ (comenzar)
3. ____________ (primero)
4. ____________ (alguno)
5. ____________ (existente)
6. ____________ (máximo)
7. ____________ (violento)
8. ____________ (empezar)
9. ____________ (uno)
10. ____________ (ser)

Answers and Answer Explanations for Group Fifteen

1. *esta* The noun that this demonstrative adjective modifies, *crisis,* is feminine singular.
2. *comencemos* The present subjunctive is used because the verb occurs in a dependent noun clause after a verb of volition: *recomendar.* That the first person plural is the subject is indicated by the subject pronoun that follows the verb. Usually the subject pronoun precedes the verb, but not always.
3. *primer* The adjective is apocopated (the *-o* is dropped before masculine singular nouns) because the noun it modifies is *paso.*
4. *algunas* The feminine plural form of the indefinite adjective is used here as a pronoun, *some of the prisons,* because the referent is *cárceles,* a feminine plural noun. Grammatically, a singular indefinite pronoun is possible, but it is not logical in this case since the speaker is talking about all of the prisons.
5. *existentes* The adjective is plural because it refers to *cárceles,* not to *seguridad.*
6. *máxima* This adjective modifies *seguridad,* which, like all nouns that end with *-dad,* is feminine.
7. *violentos* This adjective modifies a masculine plural noun, *criminales,* so it must end with *-os.*
8. *empecemos* This verb follows an adverbial conjunction of time, *hasta.* Since the verb in the main clause is in the future tense, *veremos,* the action in the dependent clause has not happened yet, and is expressed using the present subjunctive. The subject, the first person plural, is the same as the other verb meaning *to begin, comencemos,* at the beginning of the passage.
9. *un* The noun that this indefinite adjective modifies is masculine singular, even though it ends with *-a. Uno* is always apocopated before masculine singular nouns.
10. *sea* The present subjunctive is used in this instance because it occurs in a dependent adjective clause that refers to an indefinite, or nonexistent antecedent, *sistema.*

GROUP SIXTEEN

Hoy en día hay ___(1)___ temas en los Estados Unidos que ___(2)___ más pasiones irracionales que el bilingüismo. En los últimos seis años, 17 estados ___(3)___ pasado resoluciones ___(4)___ del inglés la lengua oficial. Los partidarios del movimiento ___(5)___ *Lengua pura,*

1. __________ (poco)
2. __________ (provocar)
3. __________ (haber)
4. __________ (hacer)
5. __________ (llamado)

alegan que éste está ___(6)___. ___(7)___ por una organización ___(8)___ en Washington que ha reclamado en varias ocasiones entre 250.000 y 3.000.000 miembros que pagan cuotas, este movimiento tiene una filosofía muy simple: el inglés es, y debe permanecer para siempre, la única lengua de los Estados Unidos. En tal clima tan ___(9)___ es útil hacer una distinción entre la educación bilingüe y el bilingüismo. Esta distinción no es ___(10)___ con frecuencia por los partidarios del *Lengua pura.*

6. ______________ (crecer)
7. ______________ (Dirigido)
8. ______________ (basado)
9. ______________ (caldeado)
10. ______________ (hecho)

Answers and Answer Explanations for Group Sixteen

1. *pocos* The noun that this adjective modifies, *temas*, is a masculine plural form. Review nouns that end in *-a* if you missed this item.
2. *provoquen* This verb occurs in a dependent adjective clause. It describes *pocos temas*, which is an indefinite antecedent. The subjunctive is used in such a case, and the present tense is used because other verbs in the passage are present tense.
3. *han* The present perfect tense is used here because the time frame that is indicated is the immediate past. The selection of present perfect indicates continual action up to the present.
4. *haciendo* The present participle is used here adverbially; it describes the action of the verb, *han pasado.*
5. *llamado* The past participle functions as an adjective that modifies *movimiento*, not *partidarios*, since it is the movement that is called *Lengua pura.*
6. *creciendo* The present participle functions as a verbal after the verb *estar*, indicating the present progressive form of the verb.
7. *Dirigido* The past participle functions as an adjective, describing *movimiento.*
8. *basada* This adjective describes *organización*, a feminine noun. All nouns that end with *-ción* are feminine.
9. *caldeado* This adjective modifies *clima*, a masculine singular noun. *Caldo* means *stew* or *soup*, therefore as an adjective it would mean *soupy*, implying that the climate for bilingual education in the United States is heated and muddled.
10. *hecha* The past participle of *hacer* here refers to the *distinción*. This is an example of the true passive voice in Spanish with the construction of *to be + past participle + by + agent.*

GROUP SEVENTEEN

El momento actual es el más importante y más crucial que jamás ha __(1)__ la humanidad. De la sabiduría colectiva que nosotros __(2)__ durante los próximos __(3)__ años depende el que la humanidad sea __(4)__ a un desastre sin paralelo o que __(5)__ un __(6)__ nivel de dicha, seguridad, bienestar e inteligencia. No sé qué es lo que __(7)__ la humanidad. Hay graves motivos para temer, pero __(8)__ bastantes posibilidades de una buena solución, que hacen que las esperanzas no __(9)__ irracionales. Y debemos actuar sobre __(10)__ esperanzas.

1. ________ (enfrentar)
2. ________ (demostrar)
3. ________ (veinte)
4. ________ (lanzado)
5. ________ (alcanzar)
6. ________ (nuevo)
7. ________ (escoger)
8. ________ (existir)
9. ________ (resultar)
10. ________ (tal)

Answers and Answer Explanations for Group Seventeen

1. *enfrentado* This is the past participle of the verb needed in the perfect tense. The present perfect is used to indicate the immediate past. The present moment is the most crucial that the world *has* ever *seen*, with the idea of continuous time up to the present being underscored by the use of the word *jamás*.
2. *demostremos* The antecedent for the subject of the verb *demostrar* is *sabiduría*. Since the existence of collective wisdom is questionable from the perspective of the speaker in this passage, the present subjunctive is used. The rest of the passage indicates that the speaker views the present moment as a turning point with equal chance for great progress or total annihilation of the human race.
3. *veinte* Cardinal numbers such as *veinte* do not agree in gender or number with the nouns they modify, except for *uno* when it modifies a noun.
4. *lanzada* This past participle, used as an adjective, describes *la humanidad*. Following the verb *ser* the past participles agree in gender and number with the nouns to which they refer.
5. *alcance* The present subjunctive is used because it occurs in a dependent noun clause after the verb *depender de*. This verb parallels *sea* in the previous clause, indicated by the conjunction *o*.

6. *nuevo* This adjective modifies *nivel*, which is masculine singular.
7. *escogerá* The future indicative is indicated by the context of the sentence and the passage. Unlike *no creer*, *no saber* does not indicate the subjunctive. *Lo que* is the subject of the verb.
8. *existen* The present indicative is used because it occurs in a main clause. Even though the verb *temer* occurs in the previous clause, the clause containing *existir* is introduced by *pero*, meaning that it is an independent clause.
9. *resulten* The present subjunctive is used in a dependent noun clause after a verb of volition: *hacen*.
10. *tales* This word is an adjective that occurs in many idiomatic expression. When used to modify a noun, it can only agree in number, since it ends with a consonant.

GROUP EIGHTEEN

___(1)___ en términos abstractos no es, por supuesto, la única forma de alcanzar la generalidad ética; también se la puede lograr, y quizás mejor, si se ___(2)___ emociones generalizadas. Pero para la mayoría de la gente ___(3)___ es difícil. Si se siente hambre, se ___(4)___ grandes esfuerzos, en caso necesario, para conseguir alimentos; si los que tienen hambre son los hijos ___(5)___, puede que se ___(6)___ una urgencia aun mayor. Si un amigo está ___(7)___ de hambre, con seguridad se esforzará uno para aliviar su desgracia. Pero si se entera uno que millones de personas en todo el mundo se ___(8)___ en peligro de muerte por desnutrición, el problema es tan ___(9)___

1. ________________ (pensar)
2. ________________ (sentir)
3. ________________ (éste)
4. ________________ (hacer)
5. ________________ (suyo)
6. ________________ (sentir)
7. ________________ (morirse)
8. ________________ (encontrar)
9. ________________ (vasto)

y tan distante que, a menos que se

10. ______________ (tener)

___(10)___ alguna responsabilidad oficial,

se olvidará muy pronto del problema.

Answers and Answer Explanations for Group Eighteen

1. *Pensar* The verb functions as the subject of the verb *es*, in which case the infinitive must be used. Contrast this with the English, where the gerund is normally used.
2. *siente* After the conjunction *si*, the indicative is normally used in the present tense. Although the subjunctive is used to express uncertainty, in Spanish the present subjunctive is usually not used after *si*. Notice all the other constructions in the passage where the present indicative is used, also.
3. *esto* The antecedent for this demonstrative pronoun is the whole preceding thought, in which case the neuter pronoun is appropriate.
4. *harán* The future indicative is used in the *se* substitute for the passive voice. The use of the present indicative in the *si* clause means that either the present or the future tenses will be used in the next clause. The future is more appropriate here because the speaker is talking about hypothetical situations, not something that is about to happen in the near future.
5. *suyos* This possessive adjective agrees with the noun it modifies, *hijos*, not with the possessor, the parents of the children.
6. *sienta* The present subjunctive is used in a dependent noun clause after an impersonal expression: *puede ser*.
7. *muriéndose* The present participle is used as a verbal after the verb *estar* to form the present progressive. The pronoun is added to the end of present participles, and an accent is written over the first syllable of the participial ending because the pronoun adds a syllable to the end. Notice the stem change from an *-o* to a *-u*, because this verb is a Class II stem changing verb.
8. *encuentran* The present indicative is used here because the verb occurs in an adjective clause. In the context of the passage the present is appropriate here instead of the future because the speaker is talking about present-day conditions, not hypothetical situations.
9. *vasto* The adjective modifies *problema*, which is masculine singular. The gender of the noun is given in the article that precedes the noun. If the noun is unfamiliar, learn to look for other indicators of the gender and do not simply look to see if the ending is an *-o* or an *-a*. See the Appendix for a listing of common nouns that are of the opposite gender than that indicated by the ending.
10. *tenga* The present subjunctive is used here because the verb occurs in a dependent adverbial clause, following the conjunction *a menos que*, which indicates concession or condition.

GROUP NINETEEN

Sigue ___(1)___. Ha sucedido un accidente desagradable, esta mañana al salir de la escuela. Un tropel de muchachos, apenas ___(2)___ a la plaza, se pusieron a hacer bolas con ___(3)___ nieve que hace las bolas pesadas como piedras. Mucha gente ___(4)___ por la acera. Un señor gritó: —¡Alto, chicos!— Y precisamente en aquel momento se ___(5)___ un grito agudo en la otra parte de la calle, se vio un viejo que ___(6)___ perdido su sombrero y andaba vacilando, ___(7)___ la cara con las manos, y a su lado un niño que ___(8)___ —¡Socorro, socorro!— En seguida ___(9)___ gente de todas partes. Le habían dado una bola en un ojo. Todos los muchachos corrieron a la desbandada, ___(10)___ como saetas.

1. ________________ (nevar)
2. ________________ (llegar)
3. ________________ (aquel)
4. ________________ (pasar)
5. ________________ (oír)
6. ________________ (haber)
7. ________________ (cubrirse)
8. ________________ (gritar)
9. ________________ (acudir)
10. ________________ (huir)

Answers and Answer Explanations for Group Nineteen

1. *nevando* After the verb *seguir* the present participle is commonly used to elaborate on the action of the verb, to tell what kept on happening.
2. *llegaron* The adverb, *apenas*, meaning *scarcely*, indicates a specific moment when the action took place. Thus the preterit is appropriately used to narrate the event. The use of the preterit in the next clause, *se pusieron*, also indicates narration.
3. *aquella* The noun that the demonstrative adjective modifies, *nieve*, is feminine singular.
4. *pasaba* The imperfect is used to describe background action. While the boys made snowballs, people *were going by*. When no beginning or ending to the action is indicated, then the imperfect is used. Notice that *gente* takes the singular ending.
5. *oyó* The preterit is used in this *se* substitute for the passive voice, because the action, a painful shout, occurred at a specific moment in time in the past, indicated by *aquel momento*.

6. *había* The pluperfect is the appropriate tense because the action took place prior to the event in the past to which the speaker refers. Before he began walking about erratically, he had lost his hat, but the moment at which it happened is not the actual time frame of the narrative.
7. *cubriéndose* The present participle describes the action of the old man, indicated in the verb *andaba vacilando.* The present participle *vacilando* functions as an adverb, because verbs of motion or perception are often followed by the present participle functioning as an adverb. Remember that when a pronoun is added to the end of the present participle, an accent is written on the first syllable of the participial ending.
8. *gritaba* The imperfect tense is used here because the action is described, not narrated. The child did not shout —*Socorro*— once and stop; he *was shouting.* The period of time that he continued to shout is indefinite.
9. *acudió* The preterit is used to indicate that at a specific moment in the past the action occurred. *En seguida* frequently indicates the use of the preterit, because a specific moment in time is mentioned. *Gente,* the subject, follows the verb.
10. *huyendo* The present participle is used to describe the action of the boys who ran away from the scene. Notice the *i* of the ending changes to *y* between two vowels. If you missed this spelling change you may need to review conjugation of verbs ending in *-uir.* (But do not confuse *-uir* endings with *-guir* endings.)

GROUP TWENTY

Ayer tarde ___(1)___ a la escuela de niñas que está al lado de la ___(2)___ para darle el cuento del muchacho paduano a la maestra Silvia, que lo ___(3)___ leer. ¡___(4)___ muchachas hay allí! Cuando llegué, ___(5)___ a salir, ___(6)___ muy contentas por las vacaciones de Todos Santos y Difuntos, y ¡qué cosa tan ___(7)___ presencié allí! Frente a la puerta de la escuela en la otra acera, estaba con un codo apoyado en la pared y con la frente ___(8)___ en la mano, un deshollinador muy pequeño, de cara completamente negra, con su saco y su

1. __________ (ir)
2. __________ (nuestro)
3. __________ (querer)
4. __________ (setecientos)
5. __________ (empezar)
6. __________ (todo)
7. __________ (conmovedor)
8. __________ (apoyado)

raspador, que lloraba por ___(9)___ 9. ______________ (haber)

perdido por un agujero en el bolsillo roto

los seis reales que había ganado ___(10)___ 10. ______________ (limpiar)

chimeneas.

Answers and Answer Explanations for Group Twenty

1. *fui* The preterit indicative is used because the point in time is specific, *ayer.* The first person is indicated later in the passage in the verb *llegué* and *presencié.*
2. *nuestra* The feminine singular possessive pronoun is used because the referent is *escuela.*
3. *quería* The imperfect is used to mean *wanted.* Remember that the meaning of the verb *querer* is different in the preterit.
4. *Setecientas* The number *cientos* agrees with the noun that it precedes.
5. *empezaban* In the past tense *empezar* usually is used in the preterit. Since it refers to a specific moment when something happened, the action has a definite beginning. In the context of this passage, however, the speaker is describing a scene and the students *were beginning* to leave. The imperfect is the appropriate past tense. Contentas indicates a plural subject.
6. *todas* The referent for this nominalized adjective is *muchachas,* so the form of the adjective needs to be feminine plural.
7. *conmovedora* This adjective modifies *cosa,* which is feminine singular.
8. *apoyada* The adjective modifies *frente,* whose gender is indicated by the article in front of the noun. Do not be misled because the word appears earlier modifying a masculine singular noun, *codo.*
9. *haber* The perfect tense is indicated because the action took place at a time prior to the moment when the speaker saw the boy. The infinitive form of *haber* is indicated by the preposition *por.*
10. *limpiando* The present participle further describes how the boy earns his living. It is used as an adverb.

CHAPTER 8 Free Response Verb Forms

On this part of the free-response section, one verb in each of the following sentences has been omitted. On the line at the right corresponding to the numbered space in the sentence, write the correct form to complete the meaning of the sentence. In some cases a compound verb form may be required, which means that you may need to write more than one word.

Examples:

Los niños cantaban cuando yo (example) —— entré (entrar)

Si yo hubiera estado allí, no lo (example) —— (habría hecho) (hacer)

The exercises on the following pages are like the free-response fill-ins on the exam. After completing a set of ten you will find the answers and a brief explanation of the grammar. Check to see what kinds of verb forms you missed and review the guidelines for conjugating verbs, for uses of the preterit and imperfect, and the indicative and subjunctive that are found in the appendix.

You should plan to spend approximately ten minutes on each set.

EXERCISES AND ANSWERS

GROUP ONE

1. Nos pidió que no le ________ fotos, pero sí permitió grabar la conversación. — 1. ________ (tomar)

2. El señor Higgins ________ que los chicos llevasen su tesoro al señor Gómez inmediatamente. — 2. ________ (proponer)

3. Es una oportunidad de la cual se debe ________ si sería posible. — 3. ________ (aprovechar)

4. Cuando haya demostrado que sirve perfectamente para lo segundo, ________ mi vida en el primer terreno. — 4. ________ (enfocar)

5. Las ciudades necesitan fábricas y colegios que ________ la educación básica. — 5. ________ (proveer)

6. Pero si las predicciones del gobierno resultan acertadas, esos empleos industriales ________ cada vez más escasos.

6. ________________ (ser)

7. Rogamos que sus esfuerzos ________ al bienestar de la comunidad.

7. ________________ (contribuir)

8. El curandero llevaba tres décadas ejerciendo su terapia con gran éxito cuando yo lo ________.

8. ________________ (conocer)

9. El mes pasado yo también critiqué a los que trataron de derrumbar el gobierno, hasta que ________ que sólo querían justicia.

9. ________________ (saber)

10. Soy un trabajador infatigable, y mientras Dios me ________ salud seguiré al pie del cañón.

10. ________________ (dar)

Answers and Answer Explanations for Group One

1. *tomáramos* The imperfect subjunctive is used in the dependent clause after *pedir*. The subject is indicated by the indirect object pronoun *nos*. The tense is indicated by the use of the preterite in the verb *pedir*.
2. *propuso* The preterit is used here because it is an action that occurred in a definite moment in time in the past. The verb occurs in the main clause, so the indicative mood is used.
3. *aprovechar* The infinitive is used because it functions as the object of the verb *deber*.
4. *enfocaré (enfoco)* The future or present indicative is used because it occurs in the main clause with an adverbial conjunction of time. When *cuando* is followed by the subjunctive, the verb in the main clause should be in the present or future indicative, or a command form.
5. *proveen* In this adjective clause the indicative is used to state a fact, or a generally accepted belief.
6. *serán* Even though this is an *if-then* type of statement, the verb in the *if* clause is in the present tense, which indicates that the future tense is appropriate in the *then* portion of the statement. The action has not happened yet.
7. *contribuyan, contribuyeran* The present subjunctive is used because the verb occurs in a dependent noun clause after a verb of volition: *rogamos*. Since the first person plural of the verb *rogar* is the same for the present or preterit tense, either the present or past subjunctive is correct.
8. *conocí* The sense of the verb in this sentence is "when I *met* him." The preterit of *conocer* has this meaning.
9. *supe* The sense of the verb in this sentence is "until I *found out* that they wanted only justice." The preterit of *saber* has this meaning.
10. *dé* The conjunction *mientras* in this case means *as long as*. The speaker communicates that he does not have any insight into God's timetable, so he uses the subjunctive. Expressions concerning God's will

or petitions to God usually take the subjunctive in any case. Other examples of such expressions would be: *¡Qué Dios te bendiga! ¡Qué Dios le ampare! ¡Qué te vayas con Dios!*

GROUP TWO

1. Los juegos ofrecen tipos de ejercicios para cualquier función de la inteligencia con el fin de que ________ su capacidad.

   1. ________ (aumentar)

2. Este libro yo ________ a escribirlo hace muchos años, cuando vivía con mis abuelos.

   2. ________ (empezar)

3. Lo maravilloso del regalo es que al abrir el tapón de la botella, se ________ el perfume de las rosas, su esencia guardada en vidrio.

   3. ________ (oler)

4. En ningún momento por toda la vida ________ ella de haber tomado la decisión de casarse con él.

   4. ________ (arrepentirse)

5. Don Fermín llamó a todos los chicos, —¡ ________ acá, muchachos! Os regalaré unos caramelos si venís pronto.

   5. ________ (venir)

6. El director del banco exige que el cliente ________ los préstamos lo más pronto posible.

   6. ________ (pagar)

7. Lo más lamentable del empleo es el ruido de las familias de los reos que reclaman que nosotros no los ________ por ser parientes.

   7. ________ (castigar)

8. Después de caerme en el charco y ________ hasta los huesos, me puse de pie y me fui corriendo.

   8. ________ (empaparse)

9. Estoy segura que mis hermanos ________ el mismo pavor que yo al ver al director a la puerta.

   9. ________ (sentir)

10. No ________ forma de convencerla en ese momento de que eran otra cosa: de que eran algo así como el espíritu del mal. — 10. ________ (haber)

Answers and Answer Explanations for Group Two

1. *aumente* The present subjunctive is used in an adverbial clause after a conjunction of proviso, or condition.
2. *empecé* The sentence contains an expression of time that in English refers to time *ago*, time past. The preterit is required in this type of construction with the present tense verb, *hace,* to indicate the concept of *ago*, a word that is not translated literally into Spanish.
3. *huele* This verb is used in the present indicative in a main clause.
4. *se arrepintió* This verb is used in the preterit indicative because it occurs in the main clause and refers to completed past time.
5. *venid* The second person affirmative command is indicated by the indirect object pronoun and in the verb in the following sentence, *venís.*
6. *pague* The present subjunctive is used in a dependent noun clause in this sentence after *exigir,* a verb of volition.
7. *castiguemos* The present subjunctive is used in the dependent noun clause after a verb of volition, *reclamar.*
8. *empaparme* The infinitive is used as the object of a preposition in a compound construction. The pronoun on *empapar* should be the first person singular to agree with the subject of the conjugated verb.
9. *sintieron* The indicative is used in this dependent noun clause because it follows an expression of certainty. *Mis hermanos* is the subject.
10. *hubo* The preterit of *haber* is used since the moment in time is definite past.

GROUP THREE

1. Es decir, venderse siempre sale caro, no importa que ________ por dinero u otra cosa. — 1. ________ (ser)

2. Es lo que dice a todos: —No ________ porque sois sucios. — 2. ________ (tocar)

3. Para que haya guerra tiene que ________ dos bandos que luchen y ahora en realidad no los hay. — 3. ________ (haber)

4. Las grandes ciudades no van a resolver sus problemas hasta que nosotros ________ nuevos empleos. — 4. ________ (crear)

5. Sus padres le prohibieron que el enfermo ________ con nosotros. — 5. ________ (jugar)

6. Me acerqué sigilosamente, ________ contra la pared hasta llegar a la puerta.

7. Luego, al mediodía, entraron en la tienda y ________ aceite.

8. El chico entró pero no ________ que yo le viera.

9. El pequeño implora al pastor que le ________ una flauta de la caña que le presenta.

10. Cuando tiene una cicatriz es preciso que no la ________ para evitar más inflamación del tejido.

6. ________________ (pegarse)

7. ________________ (pedir)

8. ________________ (querer)

9. ________________ (fabricar)

10. ________________ (rascar)

Answers and Answer Explanations for Group Three

1. *sea* The present subjunctive is used in the dependent noun clause after an impersonal expression in this sentence.
2. *toquéis* The second person plural negative command is indicated by the next verb in the sentence, *sois.*
3. *haber* The infinitive is used because it is the object of the expression *tener que.*
4. *creemos* This verb form is the first person plural present subjunctive of the verb *creer. Crear* occurs in an adverbial clause introduced by a conjunction of time. Within the time frame of the sentence, the action of the dependent clause has not happened, so the subjunctive is used.
5. *juegue* The present subjunctive is used because it occurs in a dependent noun clause after a verb of volition, *prohibir.* The third person singular subject is indicated by the indirect object pronoun *le,* and the possessive adjective *sus.*
6. *pegándome* The present participle is used because the verb in this clause describes the action of the verb in the main clause: *me acerqué.* The first person singular reflexive pronoun is used because the subject of the first verb is first person singular.
7. *pidieron* The third person plural preterit is used because the action is completed in the past as part of a series of actions.
8. *quería* The imperfect is indicated by the past subjunctive in the verb in the dependent noun clause. If the meaning of the context is that the boy refused to let anyone see him, then the preterit *(quiso)* can be used.
9. *fabrique* The present subjunctive is used in the dependent noun clause after a verb of volition. The third person singular is indicated by *al pastor.*
10. *rasque* The present subjunctive is used in the dependent noun clause after an impersonal expression (other than *cierto, seguro,* etc.).

GROUP FOUR

1. Iba asimilando cuanto veía con una condición de pintor como quizás no ________ otro en la historia de la pintura. — 1. ________ (haber)

2. Hemos querido que cada sala ________ una obra maestra colgada en alguna pared. — 2. ________ (tener)

3. Nosotros pedimos que los cuadros que no ________ de aquí se exhibiesen aquí el año próximo. — 3. ________ (ser)

4. Si hubiéramos de asegurar los propios cuadros del Prado, la cifra ________ enormemente. — 4. ________ (subir)

5. Sería una pena que no hubiera ningún ciudadano español que se lo ________. — 5. ________ (ganar)

6. Entonces la gente viene a ver al cuadro para que se ________ la novela en su imaginación al verlo. — 6. ________ (reconstruir)

7. No creo que se ________ medidas excepcionales para alcanzar esa meta. — 7. ________ (necesitar)

8. Todos los jueves se ________ para discutir el idioma español. — 8. ________ (reunir)

9. Esa gigante obra seguramente ________ la labor habitual de los académicos. — 9. ________ (constituir)

10. ________ de tonterías y empecemos a aceptar que no queremos tocar algo concreto. — 10. ________ (dejarse)

Answers and Answer Explanations for Group Four

1. *hubiera, hubiese* The past subjunctive is used here after *quizás* to indicate probability or uncertainty on the part of the speaker.
2. *tenga* The present subjunctive is used in the dependent noun clause after an expression of desiring, *hemos querido*, showing volition.
3. *eran* The indicative is used because it occurs in an adjective clause and the referent is known. The imperfect is used because the time frame of the sentence is the past, but no specific moment is designated in the sentence.
4. *subiría* The conditional is used in this *if-then* statement because the past subjunctive occurs in the *if* portion of the statement. *Subiera* would also be a correct answer.

5. *ganara, ganase* The past subjunctive is used because the verb occurs in an adjective clause. The referent is an indefinite or nonexistent person: *no ... ningún ciudadano español.*
6. *reconstruya* The present subjunctive is used because the verb occurs in a dependent adverbial clause after a conjunction showing purpose, *para que.*
7. *necesiten* The present subjunctive is used because the verb occurs in a dependent noun clause after an expression of doubt in the main clause, *no creer.*
8. *reúnen* The indicative is used because the verb occurs in the main clause of the sentence. The accent is added to place the appropriate stress on the stem of the verb, not the ending. Other correct answers are: *reunieron, reunían, reunirán.*
9. *constituye* The present indicative is used in the main clause of the sentence.
10. *Dejémonos* The first person plural, indirect command is indicated by the use of the same verbal form in the second verb in the sentence, since this is a compound subject.

GROUP FIVE

1. Quizás no ________ exactamente como nos los muestran, pero queremos creer en ellos.	1. ________________ (ser)
2. Les caerán múltiples ofertas que seleccionarán si no ________ tomar decisiones erróneas.	2. ________________ (querer)
3. Tiene que aguantar que todos le ________ con su padre.	3. ________________ (comparar)
4. Me dijo que en caso de no ________ torero, hubiera querido ser veterinario.	4. ________________ (ser)
5. Ahora estoy muy contento de que yo me ________ comprar lo que me dé la gana.	5. ________________ (poder)
6. Estuvo veinte años ________ a los Estados Unidos antes de vender su primera casa.	6. ________________ (ir)
7. Ella siguió la vocación de maestra que es lo que quería hacer desde ________ muchos años.	7. ________________ (hacer)
8. Mi madre quería que yo ________ a coser, como había enseñado a sus otras hijas.	8. ________________ (aprender)

9. Tendrán que esforzarse mucho para que ________ todas las pinturas a Madrid. 9. ________ (llegar)

10. Eso es lo que ________ esta exposición de otras. 10. ________ (distinguir)

Answers and Answer Explanations for Group Five

1. *sean* The present subjunctive is indicated here by the use of *quizás*, and the information contained in the second clause of the sentence. The number (plural) is indicated by the ending of *muestran* and *ellos*.
2. *quieren* The third person plural is used because in this *if-then* statement, the tense of the verb in the *then* portion of the sentence is future. The present subjunctive is not usually used after *si*.
3. *comparen* The present subjunctive is used because the verb occurs in a dependent noun clause after a verb in the main clause that expresses obligation: *tiene que aguantar*.
4. *ser* The infinitive is used because it is the object of the preposition *de*.
5. *pueda* The present subjunctive is used in the dependent noun clause after a verb expressing emotion: *estoy muy contento*.
6. *yendo* The present participle is used as an adverb because it describes the action of the main verb, *estuvo*.
7. *hacía* The imperfect is used because this is an expression of time using *hacer*. Since the other verbs in the sentence are in the past, the imperfect is used to indicate a period of time in the past without regard to beginning or end.
8. *aprendiera* The past subjunctive is used in the dependent noun clause after a verb expressing a wish: *quería*.
9. *lleguen* The present subjunctive is indicated in the adverbial clause by the conjunction that expresses purpose: *para que*.
10. *distingue* The present indicative is used in this noun clause because the sentence simply states a fact. The verb in the main clause is not the kind that would require the subjunctive.

GROUP SIX

1. Nos gusta que usted nos ________ un poco este concepto tan novedoso. 1. ________ (explicar)

2. Aunque ________ mañana, tendré que ir al partido de mi niño. 2. ________ (llover)

3. ¿Hay alguien que ________ qué deseará hacer él cuando tenga diecisiete años? 3. ________ (saber)

4. A mí no me extraña que ________ más población en el sur de la Florida. 4. ________ (haber)

5. Su consejero le sugirió que ________ más en la Bolsa esta semana. 5. ________ (invertir)

6. Nosotros ________ que todos tuvieran la misma actitud hacia la modernización de la economía.

6. ________ (querer)

7. —¡Oiga usted! Es que yo creo que ________ más.—exclamó el pordiosero indignado.

7. ________ (merecer)

8. Yo no ________ de haber cometido el desliz de haberlo dicho así en esos términos.

8. ________ (deber)

9. Por consiguiente, hasta que ________ el resultado final, tampoco podemos imaginar que todo está bien.

9. ________ (saber)

10. Imagínate que estamos en un duelo y ya ________ por qué no lo hago ahora.

10. ________ (ver)

Answers and Answer Explanations for Group Six

1. *haya explicado* The present perfect subjunctive is used in the dependent noun clause after a verb that expresses emotion in the main clause: *nos gusta.* Other correct answers are *explique, explicara, explicase,* or *hubiera explicado.*
2. *llueva* The conjunction *aunque* can take either the indicative or the subjunctive. In this sentence, the context indicates that the speaker does not know if it will rain or not. Whether it does or not, the speaker will go to the ball game.
3. *sepa* The present subjunctive is used in the dependent adjective clause since the speaker expresses uncertainty about the referent.
4. *haya* The present subjunctive is used in the dependent noun clause after a verb in the main clause that expresses emotion: *me extraña.*
5. *invirtiera* The past subjunctive is used in the dependent noun clause after a verb in the main clause that expresses a request, or volition: *sugirió.*
6. *querríamos* The conditional indicative is indicated by the use of the past subjunctive in the dependent noun clause. Although the conditional is the best choice, other correct verb forms would be *queremos* or *queríamos*, depending on the context for this sentence.
7. *merezco* The present indicative is used because it occurs after an expression of certainty in the verb in the main clause, *creo.*
8. *debería* The conditional is indicated by the context of the sentence. The speaker simply states a fact. No hypothetical situations or statements contrary to fact are expressed in this sentence. *Debía* would also be a correct form.
9. *sepamos* The present subjunctive is used because it occurs in a dependent adverb clause after a conjunction indicating time that has not yet happened. The first person plural subject is indicated by the use of the same subject in the next clause.
10. *verás* The future indicative is used because the action expressed has not happened and the verb occurs in a main clause. The subject, *tú,* is also the subject of the first verb.

GROUP SEVEN

1. Tuvieron que esperar hasta el siglo XIX para que la gente de la región les ________ el secreto de su ubicación.
2. Quiero que ________ ustedes a un establecimiento donde les espera un aroma extraordinario.
3. Hace un momento le ________ la misma cosa a otra persona que me lo preguntó.
4. ¡Qué casualidad que el libro ________ coincidido con el éxito colosal de tu padre!
5. Yo tenía que seguir la tradición a pesar de que ________ parecer un poco absurdo.
6. Mi padre estaba convencido de que yo ________ genio.
7. Espero que los lectores, como mínimo, ________ la mitad de lo que me he reído yo.
8. Mi papá quería que yo trabajara en el almacén, pero no ________ hacerlo porque tenía otros planes.
9. Si tuviera mala suerte, el chico ________ equivocado, como le había sucedido antes.
10. Nosotros ________ que ustedes conocieran a otra persona que se llamaba Miguel.

1. ________________ (revelar)
2. ________________ (acercarse)
3. ________________ (decir)
4. ________________ (haber)
5. ________________ (poder)
6. ________________ (ser)
7. ________________ (reírse)
8. ________________ (querer)
9. ________________ (estar)
10. ________________ (querer)

Answers and Answer Explanations for Group Seven

1. *revelara* The past subjunctive is used in the dependent adverbial clause after a conjunction expressing purpose: *para que*. The past tense is indicated by the preterit in the main clause.
2. *se acerquen* The present subjunctive is used in the dependent noun clause after a verb expressing a wish (volition) in the main clause.
3. *dije* The preterit is used in this sentence because the verb *preguntó* indicates elapsed time: *a momento ago*. The subject is given in the indirect object pronoun before *preguntó*.

4. *haya* The present subjunctive is used to express conjecture and is indicated by the use of *¡Qué!* at the beginning of the sentence. Since no other tense is used in the sentence, another possible answer would be *hubiera* or *hubiese.*
5. *pueda* The present subjunctive is used in the dependent adverbial clause to express conjecture by the speaker. After the conjunction *a pesar de que,* the indicative or the subjunctive can be used, but in this context the speaker seems unsure about how the tradition may seem.
6. *era* The imperfect indicative is used in the dependent noun clause because the verb in the main clause expresses certainty.
7. *se rían* The present subjunctive is used in the dependent noun clause because the verb in the main clause expresses a wish, or hope: *espero que.*
8. *quise* The preterit is indicated by the context in the sentence. The meaning in the preterit, negative form, is *to refuse,* which is indicated when the speaker says that he had other plans than what his father wished.
9. *estaría* This is an *if-then* statement with the past subjunctive in the *if* portion of the sentence. Another acceptable form would be *estuviera* since the past subjunctive can be used in place of the conditional. (Remember that only the *-iera* form of the past subjunctive can be used as the substitute.)
10. *quisiéramos* The past subjunctive is used to express a request politely. This is called a softened statement, since a direct command would be rude in such a circumstance. Another verb form that is acceptable is the conditional, *querríamos.*

GROUP EIGHT

1. Es una meta por la que lucho diariamente y por la cual seguiré mejorando mi juego y ________ cada día.	1. ________________ (esforzarse)
2. Galerías Preciados fue el primer gran almacén que ________ en España nuevas técnicas de ventas.	2. ________________ (introducir)
3. No hay manera de moverlos del frente de la televisión y por mucho que usted ________, no le prestan atención.	3. ________________ (hacer)
4. En realidad ese programa es bastante divertido, pero yo prefiero que ellos me ________ a pasear.	4. ________________ (sacar)
5. Las bacterias marinas luminiscentes, en presencia de compuestos tóxicos, ________ apagando progresivamente.	5. ________________ (irse)

6. Es que su capacidad de adaptación al medio les permite vivir en cualquier lugar donde ________ comida disponible.

6. ________________ (haber)

7. Pronto, a menos que se ________ de inmediato, el mal será irreversible para las generaciones del futuro.

7. ________________ (actuar)

8. Es muy probable que de los distritos auríferos los españoles ________ la mayor parte del oro que se comerció allí.

8. ________________ (extraer)

9. En algunos lugares se excavaban pozos de 18 metros de profundidad, apenas suficientemente anchos para que ________ un hombre.

9. ________________ (caber)

10. Los europeos no ________ de la existencia de esas ruinas incaicas hasta el año 1911 de nuestra era.

10. ________________ (saber)

Answers and Answer Explanations for Group Eight

1. *esforzándome* The present participle is used following the verbs *seguir* and *continuar* to indicate continued action. Notice that an accent is written on the first syllable of the present participle ending when a pronoun is added to the end.
2. *introdujo* The preterit is used because in the sentence there is a specific time when the action began, a given time the new sales techniques were introduced.
3. *haga* The present subjunctive is used in the adjective clause because it refers to an indefinite antecedent. The construction *por* + an adjective + a verb always takes the subjunctive because the antecedent is *however*, or *no matter*.
4. *saquen* The present subjunctive is used in the dependent noun clause after a verb of volition: *prefiero*.
5. *se van* The present indicative is used in main clauses. Since there are no other indications of time, any third person plural form in an indicative tense could be used.
6. *haya* The present subjunctive is used after *donde* since the antecedent, *cualquier lugar*, is indefinite. This is an adjective clause.
7. *actúe* The present subjunctive is used in the dependent adverbial clause after the conjunction of concession: *a menos que*. The present is necessary because of the future tense in the main clause. Notice the accent mark over the *u*.
8. *extrajeran, extrajesen* The past subjunctive is used in the dependent noun clause after the impersonal expression in the main clause. Even though the tense of the verb in the impersonal expression is in the present, the selection of the past subjunctive is indicated by the use of the preterit in the last verb in the sentence: *se comerció*.

9. *cupiera, cupiese* The past subjunctive is used in the dependent adverbial clause after the conjunction of purpose. The past tense is indicated because of the use of the imperfect in the verb in the main clause.

10. *supieron* The preterit indicative is used in the main clause because the sense of the sentence is that the Europeans *found out* or *discovered* something. Since there was a beginning to when they knew, the preterit is used.

GROUP NINE

1. Se pondrán de relieve toda clase de condiciones que, si usted las ________, verá que encierran oportunidades. — 1. ________ (analizar)

2. Luisa le tapó la boca, susurrando, — ________ quieto, o vas a revelar nuestro escondite. — 2. ________ (Estarse)

3. —Ten cuidado, chico, para que no ________ en el musgo de los adoquines. — 3. ________ (deslizar)

4. El coordinador manifestó que ________ que la gente sufriera una epidemia de cólera. — 4. ________ (temer)

5. Al ver los ojos sonrientes de sus amigos, Pedro ________ y todos corrieron a abrazarse. — 5. ________ (sonreír)

6. Los campesinos no quieren que los burócratas lejanos les ________ más impuestos imprevistos. — 6. ________ (exigir)

7. Me alegro tanto de que ________ que no te diré nada, aunque bien lo mereces. — 7. ________ (volver)

8. Esa noche los chicos ________ pensando en todos los regalos que iban a recibir. — 8. ________ (dormirse)

9. El policía no dejó que nosotros ________ una plática con ella sobre el accidente. — 9. ________ (mantener)

10. No ________ Ud. la calle sin mirar el tráfico calle arriba y calle abajo. — 10. ________ (cruzar)

Answers and Answer Explanations for Group Nine

1. *analiza* The present indicative is used in this sentence after the conjunction *si* because the future is used in the *then* portion of the *if-then* statement.
2. *Estate* This form is the second person singular affirmative command form (tú). The person and number of the command is indicated by the following verb, *vas*. Notice that the accent is dropped from *está*.
3. *deslices* The present subjunctive is used in the dependent adverb clause after the conjunction *para que*, which indicates purpose. The second person singular is indicated by the use of the familiar singular command at the beginning of the sentence.
4. *temía* The imperfect indicative is used in this dependent clause because the verb in the main clause is not one that would require the use of the subjunctive (a verb of volition, emotion, doubt, denial, or an impersonal expression). The imperfect is also indicated by the use of the past subjunctive in the dependent noun clause that follows.
5. *sonrió* The preterit indicative is indicated by the context of the sentence. The action occurs in a specified moment in the past.
6. *exijan* The present subjunctive is used in the dependent noun clause after a verb expressing a wish in the main clause: *no quieren*.
7. *hayas vuelto* The present subjunctive is used in the dependent noun clause after a verb expressing emotion: *me alegro*. The present perfect subjunctive is the best choice for this sentence completion. Another correct form would be *vuelva*.
8. *se durmieron* The indicative is used because this main clause states a fact. The preterit is used because *Esa noche* defines the time frame of the action.
9. *mantuviéramos, mantuviésemos* The past subjunctive is indicated by the use of the preterit in the verb of volition in the main clause.
10. *cruce* The present subjunctive form of the verb is used because this is a third person singular command form, *usted*.

GROUP TEN

1. Nunca creí que ________ tanta gente a una fiesta de ese tipo. — 1. ____________ (venir)

2. Le ________ mucho la ayuda que me ofreció anoche con el proyecto. — 2. ____________ (agradecer)

3. Querido, por favor, no ________ nosotros más de quién tiene la culpa de esta disputa. — 3. ____________ (reñir)

4. Raquel empezó a correr por las calles, ________ a Jaime, quien había perdido su perro. — 4. ____________ (seguir)

5. Tome Ud. el momento y ________ peso con este régimen tan sencillo. — 5. ____________ (reducir)

6. A medida que ________ los minutos, la situación se ponía más y más grave. — 6. ____________ (transcurrir)

7. Espero que esto no ________ que Uds. van a eliminar esta sección de ocio en forma permanente.

7. ________________ (significar)

8. Pensamos que todos los artefactos deben estar en un lugar donde ________ ser estudiados.

8. ________________ (poder)

9. Dentro de los próximos años seguramente nosotros ________ más avances tecnológicos.

9. ________________ (ver)

10. Señor, me ________ ayudarlo, pero en este momento me encuentro en condiciones lamentables también.

10. ________________ (gustar)

Answers and Answer Explanations for Group Ten

1. *viniera, viniese* The past subjunctive is used in this sentence because *nunca* negates the verb *creer*. After the negative of *creer* the subjunctive is used in the dependent noun clause. The past tense is used because *creí* is in the preterit.
2. *agradezco* The first person indicative is used because *me* before *ofreció* indicates the subject of the first verb. Another correct answer could be *agradecí,* since the speaker could have thanked his benefactor in the past.
3. *riñamos* This is the first person plural indirect command, that is usually translated *Let's not....*
4. *siguiendo* The present participle is used as an adverb because it describes the action of the verb: *empezó a correr.*
5. *reduzca* The polite command is indicated by the first verb in the sentence, *Tome.* Remember that verbs that end in *-ucir* add a *z* before the *c* in the first person singular present indicative and in the present subjunctive.
6. *transcurrían* The imperfect is used here to emphasize that time is passing without reference to when the action began or ended. The imperfect in the other verb forms in this sentence also indicate the imperfect in the first verb.
7. *signifique* The present subjunctive is used after *espero* in the dependent noun clause. Since *espero* is in the present, the present subjunctive is used.
8. *puedan* The present subjunctive is used in this dependent adjective clause because the referent is indefinite. The speaker hopes that such a place exists where the artifacts can be displayed, but offers no indication that he knows such a place exists.
9. *veremos* The future is used to indicate something will happen, but has not yet transpired. The present should not be used in place of the future in this case because the frame of reference is not the immediate future.
10. *gustaría* The conditional is used to indicate a provisional situation.

GROUP ELEVEN

1. Me gustaría comunicarme con alguna persona que quizás me ________ cómo se hace este proyecto. — 1. ______________ (decir)

2. A pesar de que ________ el Río Grande para los estadounidenses, lleva nombre *Río Bravo* para los mexicanos. — 2. ______________ (ser)

3. Después de la tormenta de anoche, nos sorprende de que ________ bien despejado hoy. — 3. ______________ (amanecer)

4. En esa isla la vida sigue ________ en torno al mar. — 4. ______________ (girar)

5. Cuando abrí la puerta tuve un gran susto; el fantasma me ________ el ojo. — 5. ______________ (guiñar)

6. Hechas las oraciones finales de la misa, los feligreses ________ de alegría. — 6. ______________ (sollozar)

7. Nos inquieta la posibilidad de que los extranjeros ________ balnearios, en vez de lugareños. — 7. ______________ (establecer)

8. Se abrió la puerta en la oscuridad y de repente yo ________ el paso pesado del intruso avanzar hacia el despacho. — 8. ______________ (oír)

9. Hace un rato yo ________ la invitación pero ahora no la encuentro. — 9. ______________ (ver)

10. El viejo volvió sobre sus pasos y desapareció de vista, ________ a cada uno de su mala suerte. — 10. ______________ (gruñir)

Answers and Answer Explanations for Group Eleven

1. *diga* The present subjunctive is used in this sentence to express uncertainty or conjecture on the part of the speaker. After *quizás* the subjunctive may or may not be used, depending on the degree of doubt implied. The rest of this sentence makes clear that this speaker is very uncertain about the situation.
2. *es* The indicative is used because this is a statement of fact. The verb occurs in the main clause.
3. *amanezca* The third person singular present subjunctive of the verb is used in the dependent noun clause after a verb of emotion, *nos sorprende.*
4. *girando* After the verb *seguir* the present participle is used.

5. *guiñó* This verb is different in the way that it is conjugated. Notice that in the third person singular, the *i* in the verb ending is omitted in the preterit. This only happens with *-ir* endings after *ñ* in the third person singular and plural.
6. *sollozaron* The preterit is used because there is a beginning of the action. The action is narrated instead of described.
7. *establezcan* The present subjunctive is used in the dependent noun clause after a verb in the main clause that expresses an emotion: *nos inquieta.*
8. *oí* The preterit of *oír* is used in this clause because it is introduced by *de repente*, which indicates a specific moment when the action began.
9. *vi* *Hace*, followed by the time expression, *un rato*, followed by the preterit indicates elapsed time that is translated as *ago* in English. The present tense of *encontrar* is dictated by *ahora.*
10. *gruñendo* The present participle is used as an adverb here to describe the action of the verb, *desapareció*. Notice that after *ñ*, the *i* in the present participle ending is dropped.

GROUP TWELVE

1. ¡Qué _________ yo cantar como ella! Esa cantante tiene la voz de un ruiseñor.	1. _________________ (saber)
2. La verdad es que lo robasteis. No me _________ que no.	2. _________________ (decir)
3. Todos contribuyen a que la pobre _________ sus sueños.	3. _________________ (realizar)
4. La obra de tejar los finos textiles requiere que el tejedor _________ la más estricta atención.	4. _________________ (prestar)
5. La nota dijo al viejecito que les _________ noticias de sus intenciones.	5. _________________ (dar)
6. Pronto venía una noticia _________ que asistiera a la conferencia el próximo día.	6. _________________ (requerir)
7. —¡_________, señor! No aguanto más sus disparates. ¡Que se calle de una vez para siempre!	7. _________________ (oír)
8. _________ unos años que la conocía cuando por primera vez ella ganó el premio.	8. _________________ (hacer)

9. El ladrón cautelosamente ________ la llave en la cerradura, abrió la puerta y entró.

9. ________________ (introducir)

10. ________ eso, el cliente embravecido asaltó al propietario de la taberna.

10. ________________ (decir)

Answers and Answer Explanations for Group Twelve

1. *supiera, supiese* The past subjunctive is used here to express a wish for something that is contrary to fact. This speaker does not sing like a nightingale, but wishes she did.
2. *digáis* The second person plural command is indicated by the ending of the verb in the previous sentence, *robasteis*. Remember that the second person plural command is the same form as the second person plural present subjunctive.
3. *realice* In this adverb clause, *a que* indicates purpose, requiring the subjunctive in the dependent clause. Since the tense in the main clause is present, the present subjunctive is used.
4. *preste* The present subjunctive is used in the dependent noun clause after the verb *requerir*, which indicates a request or requirement.
5. *diera, diese* The past subjunctive is used after *dijo* in this sentence where the verb indicates a request or command. *Viejecito* is the subject of the verb in the dependent clause. If the verb *decir* does not mean that a request or implicit command is intended, the indicative is used.
6. *requiriendo* The present participle is used here to describe the action of the verb, *venía*. Notice that this verb has a stem change.
7. *Oiga* This is a formal command. The information provided in subsequent sentences clarifies that the first sentence is a command.
8. *Hacía* The imperfect in this sentence indicates indefinite time in the past when the action occurred. The information in this clause is background information that sets the stage for the narration of the second verb, *(ella) ganó el premio*.
9. *introdujo* The preterit is used because the action is narrated. The action is a series of events that happened at a certain moment in the past. Notice that verbs that end with *-ducir* have an irregular stem in the preterit that contains *j*.
10. *Habiendo dicho* The present perfect form is used here to indicate an action that took place immediately prior to the action narrated in the second verb. Another correct answer is *Diciendo*.

GROUP THIRTEEN

1. En un abrir y cerrar de ojos el peatón desafortunado ________ equilibrio al borde de la calle y se cayó.

1. ________________ (perder)

2. Espero que todos los invitados ________ en esa sala para la presentación de regalos.

2. ________________ (caber)

3. A medida que fabricó la cesta, observé la manera del tejedor diestro cuando ________ los ramales.

3. ________________ (interponer)

4.	Puede llegar el día en que si queremos ver una langosta en nuestro plato ________ que pintarla.	4.	________ (tener)
5.	Apenas ________ el pordiosero a la puerta, la posadera se la cerró de golpe.	5.	________ (llegar)
6.	Los patrones no quieren que los inversionistas ________ todos sus fondos en planes frívolos.	6.	________ (arriesgar)
7.	El hijo continúa la tradición. Es lo que ________ su distinguido padre difunto.	7.	________ (querer)
8.	—________ pobres— dijo el joven, refiriéndose a la paja —No teníamos oro ni plata para usar.	8.	________ (ser)
9.	Su padre le enseñó a tejer ________ veinticinco años.	9.	________ (hacer)
10.	No es extraño que toda la familia ________ a reunir las materiales.	10.	________ (dedicarse)

Answers and Answer Explanations for Group Thirteen

1. *perdió* The preterit is used to narrate this action that took place in a specific moment in the past. Remember to write the accent over the *o* of the ending in the third person singular *-er* and *-ir* ending in the preterit.
2. *quepan* The present subjunctive is used after *esperar* in the dependent noun clause. Notice that the form for the verb *caber* is irregular in the present subjunctive because the first person singular present indicative is irregular. Only the first person singular is irregular in the present indicative. You might want to review the conjugation of *caber* in the Appendix of this book.
3. *interpuso* The preterit is used here because this is a definite moment in the past when the action occurred. The speaker was observing a weaver who made a hat.
4. *tendremos* The future is used to indicate time that is to come. The present is probably not the best choice in this sentence because the speaker is not necessarily talking about the immediate future, but *some day* in the future.
5. *llegó* The preterit in this case also refers to an action that was completed in the past. There was a beginning and end to the action.
6. *arriesguen* The present subjunctive is used after *querer*. Notice that there is a spelling change in this verb form because it ends with *-gar*.
7. *quisiera, quisiese, querría* This adjective clause refers to *lo que* which is an indefinite relative pronoun. The subjunctive expresses the speaker's uncertainty about what the deceased father would want. The conditional would express conjecture. The pluperfect subjunctive or

conditional perfect are also possibilities that move the time frame farther back to a time prior to when the father died. These possibilities are: *hubiera querido, hubiese querido,* or *habría querido.*

8. *Éramos* The imperfect describes the state of being of the speaker and his family. That the subject is plural is indicated by the verb in the next sentence.

9. *hace* The present tense of *hacer* plus the preterit indicate that the event happened twenty years *ago.*

10. *se dedique* After the impersonal expression *No es extraño,* the present subjunctive is used. Notice the spelling change because the infinitive ends with *-car.* Also notice that the noun *familia* is a singular noun requiring a singular verb ending.

CHAPTER 9 Free Response Writing

Description of the Essay

The second part of the written free-response section is the 200-word essay. You must write at least 200 words. The instructions for the essay are given in English and in Spanish. You will have approximately forty minutes to write the essay in an exam booklet that also contains the fill-in-the-blank free-response items.

Suggestions for Writing the Essay

When you write the essay on the exam, the following suggestions may be helpful to keep in mind:

1. Make sure you understand the question or topic.
2. Take a minute or two to think about what you can say about the topic.
3. Write down some ideas and organize them. You do not have to make an outline, but you do need to find some way to put your thoughts in a logical order.
4. Think about topical Spanish vocabulary that you can use before you plan what you will write. If you plan what to write in English, and then try to think of Spanish words you need to use, your essay is more likely to sound like a translation from English to Spanish. You want to write an essay that uses Spanish words and structures, not English.
5. Make sure that you have an introductory paragraph that should give your reader an idea of what you are going to say. It should not simply rephrase the question or topic, but should contain a thesis statement.
6. Develop your ideas in the body of the essay (a separate paragraph), with examples that support what you have to say.
7. In a separate paragraph, arrive at a conclusion. The conclusion should not simply restate what you say in the introduction, but should be the logical conclusion. Do not introduce new ideas in the conclusion unless they are the logical end of those ideas presented throughout the essay.
8. Do not worry about erasing or using white-out to correct mistakes. Draw a line through what you want to delete. Your reader is not going to pay any attention to whatever you cross out and you do not have time to make your paper look pretty. What you say and how you say it are the most important aspects of the essay. You should try, however, to write clearly with black ink or ballpoint pen.
9. A paragraph contains a minimum of three sentences.
10. Your essay should have at least three paragraphs if you have a separate paragraph for an introduction, a body in which you develop your ideas, and a conclusion. Remember that a paragraph should have a topic sentence upon which you elaborate. If you have more than one major idea that you want to discuss in developing your essay, use more than one paragraph in the body of the essay.
11. Remember that the purpose of the essay is to show that you can express ideas in coherent, articulate language.
12. If you have time, proofread your essay.

Preparing for Writing the Essay

The way you present your ideas is very important. You should give some thought to your style of writing. The following exercises are to help you develop your style, to say what you think in the best manner possible. The writing discussed is to provide practice for different kinds of writing, so that you can develop each aspect fully. Then, at the end, you can incorporate them into a well organized essay. Another purpose of these assignments is to focus on some of the topics that are possible themes for essays. Your ideas are important, but since your time on the exam is short, it is very helpful for you to think beforehand about what you would have to say about some of these topics. There are five minutes allotted on this part of the examination specifically to give you time to organize your ideas. The samples and commentaries provided in this book are meant only to illustrate what some students have written, how to critique the samples, and how the essays can be improved.

When you write an essay you need to know how to describe, narrate, analyze, and state a position. Each type of writing has a different, but essential, part in a well organized and well developed essay. Including all of the following types of writing will require you to use more vocabulary and more complex language than simply stating a position without offering any supporting evidence. The material in this section is divided into five areas in writing.

Five Areas in Writing

1. *Describe* settings accurately and in detail. These topics are to practice describing scenes and situations that you might want to use in illustrating a point in the body of your essay. Sometimes you need to refer to places, things, or people from your own experience to explain why you think the way you do. Sometimes you need to know how to give instructions on how to do something. In describing situations and places you will use more vocabulary and show such points of grammar as adjective and noun agreement. Also, in this section, you should practice rephrasing things you want to say when you do not know all the vocabulary you need.
2. *Narrate* accurately and in detail. Several scenarios are presented here for you to practice recounting stories about different situations. You need to know how to tell about things that happen in the past, present, and future tenses. Narrating will highlight your ability to use verbs in the correct tenses and moods, and with the correct spellings.
3. *Analyze* situations. Beyond the description of settings and the narration of events, you need to learn to analyze situations. Analysis involves comparisons and contrasts and evaluating the relative value of different aspects of a subject. Analysis differs from opinion in that when you analyze something you look at the subject from different points of view. In analysis you should try to be an impartial viewer. The language in this type of writing shows your ability to use comparative and superlative structures, as well as the correct moods in dependent noun, adjective, and adverb clauses.
4. *Express opinions.* Finally, you should be able to express an opinion and support it (show how it is logical) by using description, narration, and analysis to support what you say. You can state your opinion in the introduction and use the rest of the essay to explain what you are saying to develop evidence that will support your opinion in the conclusion.
5. *Writing examples.* After some of the suggested topics, we have included examples of essays. They represent a wide range of abilities that might

appear on the exam. Following the examples are commentaries so you can learn to analyze an essay as well as suggestions for making the essays better. Study the samples and the commentaries so you can make some adjustments in the way you approach writing if you are not comfortable with writing 200 words in an essay. Learning to describe, narrate, analyze, and express opinions in an accurate, articulate fashion will make a significant difference in your score. The following topics will help you organize your thoughts so that you can write about yourself and your experiences clearly and accurately in Spanish on the exam.

DESCRIPTIVE WRITING

For each setting in the following section you may want to review the vocabulary from the speaking and reading chapters of this book. You will not be asked to write a purely descriptive essay on the exam, but the skills you develop to give descriptions are useful in writing a good middle paragraph in your essay to support or explain what you think. You should pay particular attention to verbal forms, especially irregular verbs and the selection of the indicative or the subjunctive mood. Notice that most of these descriptions only require the use of the present tense. In the descriptions you need to use adjectives correctly, so focus on reviewing this particular point in the Grammar Review in the Appendix of this book before you begin writing.

Please note that the descriptive writing samples presented on pages 277 through 337 have numerous grammatical, syntactic, and spelling errors, which were intentionally left uncorrected.

1. DESCRIPCIÓN DE SU ESCUELA

Directions: Describe what your school looks like. Describe the buildings and the grounds around it. Describe where places in the school are located, such as the principal's office, the cafeteria, the library, and the gymnasium.

Paso la mayor parte del día en la escuela. Voy a la Academia. Es una escuela para chicos. Está ubicada en el West End al lado de la estación de bomberos. La escuela es una escuela muy pequeña comparada a una escuela secundaria pública. Aunque la escuela es pequeña, tiene un campo de universidad muy grande para los estudiantes mover en el campo. Hay ocho edificios en el campo de universidad, son los edificios de Davis, Bell, Carter, Wallace, Massey, la Biblioteca, el Gimnasio, y un edificio pequeño para disputadores.

Cada edificio es dos suelos excepto Ball y la oficina del debate. Ball tiene cuatro suelos. El sótano es el consejero de universidades, la oficina y los suelos principales son el salón de los maestros y las oficinas de la escuela, el segundo piso son la oficina de admisiones y los cuartos de clase para los matemáticas y la computadora, y el tercer suelo es el salón del estudiante para estudiantes pero usualmente lo usaron como un cuarto de la fiesta o el cuarto de dormir. Wallace es un edificio de los cuarto de clase y sala de estudiar y Carter también. Davis consiste en los cuartos de clase para la música y un teatro donde nos encontramos cada lunes para la asamblea para saber qué estamos haciendo para lo demás de la semana. Se piensa que el Gimnasio es para los atletas pero a veces es usado por los maestros durante la hora del almuerzo para jugar el básketbol. Debajo del gimnasio están los cuartos de clase y los cuarto del pesa. Todas las clases que tomaron debajo del gimnasio son de ciencia. La mayor parte de las clases de los matemáticas están en el segundo piso del edificio de Ball. La clase de computadora que fue requerida ser tomar por todos los estudiantes dos o se piensan hace tres años en el segundo piso del edificio de la Ball también. El principal y el director de estudiantes y el director de la escuela secundaria están todos en el suelo principal del edificio de Ball. Son todos muy agradables a todos estudiantes. Mi escuela no es solamente reconocida por sus académicas sino también por sus habilidades atléticas. Los estudiantes de la Academia usualmente tienen tres horas de la tarea y después de la escuela se requieren a los estudiantes quedarse y hacer un acontecimiento atlético. Aunque tenemos la tarea de mucho obtenemos dos salas del estudio durante el día de la escuela para hacerla. Cada día después del último período del día, excepto el lunes y el viernes, hay el período de la actividad y se requieren a todos estudiantes estar en una actividad excepto mayores.

Commentary

This description of the school is quite detailed and shows good vocabulary. The writer has focused on every aspect of the physical plant, except the cafeteria, and on the academic program. Missing from this description are adjectives that would paint a verbal picture of the campus. The writer could have described what kind of building material was used, if the buildings are old or new, what style of architecture the buildings have, and what the grounds look like. The writer does say that the school campus looks like a university campus, but does not describe how the buildings are different. Still, this description has elicited some good language and vocabulary. Some of the problems with vocabulary occur because in Spanish-speaking countries there are no equivalent words for some parts of the school, such as study halls.

2. DESCRIPCIÓN DE SU CASA

Directions: Describe your house as if you were describing it to someone who has never seen it. Describe what the house looks like inside and outside.

3. DESCRIPCIÓN DE SU COMUNIDAD

> Directions: Describe the city or community where you live. Tell how big it is and what the different sections are like, such as downtown, the neighborhoods, industrial areas, parks, historic areas, waterfront, or any other areas that your community may have that others do not. Focus especially on whatever is unique about your community and why you like or dislike living there.

Mi comunidad es una ciudad que no es la ciudad que muchas personas piensan que es. Las personas que no viven en aquí piensan que el único aspecto de la ciudad es la música del campo, pero no es la verdad. Ahora, la ciudad tiene una imagen nueva y está cambiando por desarrollo económico.

El centro había sido muy sucio pero los ciudadanos ha encontrado que el centro tiene potencial para desarrollar y ahora hay muchos restaurantes, clubs, y tiendas que benefician la ciudad y el negocio de la ciudad. En el centro AT/T está construyendo un rascacielos más alto de todos y el alcalde ha comisionado un estadio. Aunque el centro es sólo unas pocas manzanas, la ciudad se extiende por millas y tiene muchos suburbios donde la mayor parte de los ciudadanos viven. El solo modo para las masas ir al centro o hacia las afueras es autobús y tranvía que es muy pequeño. El problema durante los años ochenta que disminuía el negocio del centro era la expansión de almacenes en los suburbios porque todo el mundo iban a los almacenes en vez del centro. Los problemas del centro se han resueltos y el número de vagabundos, deshabitados, y pájaros de la noche. El centro está mejorando notablemente.

En las afueras, hay muchas atracciones y aspectos beneficiosos. El parque de atracciones siempre ha atraído muchos turistas y tiene el hotel que es el más grande de los Estados Unidos fuera de Las Vegas. Otra atracción es el Campo Zoológico pero queda muy lejos del Centro y no lo he visitado. Por todas partes de mi comunidad, hay muchas guías históricas de la Guerra Civil, y nosotros tenemos una gran historia. En el suburbio de Belle Meade, tiene un parque, se llama, Percy Warner, que es el equivalente de Parque Central en Nueva York. Mi cosa favorita que me gusta hacer es ir a cafés y hablar con amigos o jugar a los naipes.

Hay algo para todo en mi comunidad, y siempre amplia. Aunque no ha deseado visitar a mi comunidad, es una ciudad que necesita ver y pasar tiempo hacer las atracciones.

Commentary

This is a good description of where the writer lives. The city appears to be a medium-sized community with a good range things to do and places to visit. The writer apparently likes where he lives. There is a certain sense of pride in the way the writer describes the progress of the city and the history. The vocabulary is very good, as are the grammatical aspects of language. Complex sentence structures are used to elaborate on aspects of the city. Throughout the essay the writer uses good adjective and noun agreement. There is a good variety of words used in place of *estar* and *ser* to describe the city. Although there are problems in a few places, such as the incorrect form for the superlative, the writer has enough control of language to show some style in the word selection and in the way the words are put together.

4. DESCRIPCIÓN DE UN CUARTO DECORADO PARA UNA FIESTA DE CUMPLEAÑOS

Directions: Describe a room that is arranged for a birthday party. Describe the objects that you would find in the room. Focus especially on items that are specifically for a birthday party, not just tables and chairs, lamps, or lights.

Para decorar una sala para una fiesta de cumpleaños es muy complicado. Hay que comprender que le gusta a la persona que la fiesta es dado y cuanto dinero la fiesta costará. Después de encontrar estas cosas, hay que comprar globos, papelillos y bandas y entonces decorar Vd. la sala.

En el techo, hay globos colgando. Estos globos son de talles diferentes y varios colores. Entre los globos hay que poner bandas. Las bandas deben de un extremo de la sala a el otro extremo de la sala. Las bandas de varios colores deben ser sobornadas y cruzan otras bandas. También en la sala dos mesas grandes necesitan ser en el medio. Sobre las mesas una mantel es puesto para que comida que es derramado no pueda arruinar las mesas arboladas. En las mesas debe ser mucha comida diferente. Hay que tener carne (pollo, res, y pavo), bebidas (cerveza y Coca-Cola), frutas (manzanas, uvas, plátanos, etc.), vegetales, y, por supuesto, una torta con velas y helado de vainilla. Esta manera con todo de esta comida, todos se diverten. Música es la más parte importante de una fiesta de los cumpleaños. La música tiene que ser moderna porque no le gusta la música vieja a nadie. Los invitados necesitan buena música para que ellos puedan bailar y cantar junto. Es evidente con todo de estas cosas que a la fiesta hará muchas invitados que están divertidos.

Yo recuerdo una fiesta que tuve cuando tuve doce años. Era un éxito. Era una fiesta por Wrestle Mania. Mi madre le permitió tener ocho amigos a mi casa y mirar Wrestle Mania. El trece de ellos sientaron enfrente de la televisión y alegraron para nuestros jugadores de lucha. Mi madre nos cocinó perros caliente, y palomitas y nos tomó bebidas. La sala no era decorada, pero la comida y la Wrestle Mania hicieron la fiesta un éxito.

Commentary

The description of how to decorate a room was significantly better than the narration of the party that the writer had once had. Although there are serious problems with some grammar and vocabulary, the writer has described a festive room. There are problems with syntax and adjective and noun agreement, and some confusion about appropriate word selection in places. *Arbolada*, meaning *wooded*, is mistaken for *de madera*, meaning *wood*. Looking up words from Spanish to English will help you avoid this kind of vocabulary mistake.

5. DESCRIPCIÓN DE UNA TIENDA

Directions: Describe the biggest department store in your community. Describe the floor(s), what departments they have, what merchandise they contain.

6. DESCRIPCIÓN DE UN ESTADIO

> Directions: Describe a stadium or arena for sporting events. Describe what the facility looks like, how big it is, its shape, what the field is like, or what the court is like and what it is like with a crowd of people at a game.

7. DESCRIPCIÓN DE UN RESTAURANTE ELEGANTE

> Directions: Describe an elegant restaurant. Tell about the different rooms, the things you would find on the walls, the floor, the tables, and what the chairs would be like. Describe what makes the restaurant elegant.

8. DESCRIPCIÓN DE UN HOSPITAL

> Directions: Describe a doctor's office. Describe the equipment you would find in a medical office.

Hay muchas tipos diferentes de médicos en el mundo, pero todos tienen consultorio similares. En muchos de los consultorios, son más de cuatro cuartos. Cuando yo entro en el consultorio, el primer cosa que veo es la sala de espera. El médico ha suministrado muchas revistas, porque son muchas personas en la sala de espera todo el tiempo. Una recepcionista está a un lado del cuarto. Ella tiene un teléfono y un registro para firmar. Usualmente, una hora pasa después de he firmado el registro antes del la enfermera llama a mi nombre.

Finalmente, yo puedo salir de las revistas y ir a otro cuarto. La enfermedad me dice quitarme mi camisa y zapatos. Me peso y ella mide mi largo. Después de ese, tengo que volver a mi cuarto. Están una mesa, sillas, un armario botiquín, y un fregadero.

Otro treinta minutos pasan antes del médico llega a mi cuarto. Me pregunta algunas preguntas de fondo y si tengo unos problemas. Siempre, tiene algunos instrumentos que él usa examinar a mi condición físico. Si me pienso que ha fracturado un hueso, el médico me toma a la sala de radios equis. La maquina de radios equis puede ver mis huesos.

Hay otros cuartos en el consultorio con muchos heridos y pacientes, pero no son más de dos médicos. Los médicos tienen mucha equipa rica y saben como usarla, pero cuando voy al consultorio tengo esperar mucho tiempo.

Commentary

This is a fairly complete description of a doctor's office. The writer has looked up a lot of words to describe the various things that one finds there. He has also integrated a description of what happens on a typical visit with a description of the different equipment to be found in a doctor's office. However, this sample reveals several serious problems that are seemingly random. In two places the writer does not use the subjunctive where it would be appropriate after *antes de que...* In other places he neglects to use all of the components of some expressions, such as *tener que,* while adding *como* to the expression for *to know how to do something.* The writer confuses when to use *ser* and *haber.* To improve this sample the writer needs to begin by identifying the gender of the nouns and then identify the correct adjective forms to use. This is a good example of a description that has good ideas and good organization, but has so many errors that the language is very distracting to the reader. The overall impression is that the writer is not very clear about Spanish grammar.

9. DESCRIPCIÓN DE SU COCHE

Directions: Describe your car or a car you would like to have.

El interior de mi coche es nada que quiero que otras personas vean. Uso mi coche como si es mi sala segundo. Mi coche es muy comfortable a mí, pero no pienso que otras personas les gustan el interior porque las otras partes de mi coche tienen mis pertenencias en todas partes.

Mi coche es muy puerco. Hay papeles de tarea, mi ropa, mi equipo atlético, mucha broza, y suelo. El verano pasado, mi retrovisor interior cayó porque la cola derretió.

He sido muy perezoso, y no he reponido el retrovisor. Apenas puedo ver de mi parabrisas porque hay tan mucho suelo en el cristal. También no puedo ver de mi cristal trasero porque de la misma razón. El interior es muy mál porque guardo mis sombreros de béisbol aquí, y tienen olores que podría matar un caballo. Mi imperial tiene un escape, y a veces una agua empapa mi suelo y las otras cosas que son en mi suelo. También mi radio tiene un lugar para discos compactos, uno de las cosas positivas en mi coche. Hay un compartimiento entre mis asuntos donde guardo mis discos y tira broza. Mi coche es muy grande, y hay mucho espacio que uso para cosas diferentes. Uno de los aspectos que no me gusta es que mi calentador no trabaja. Todos los días fríos, helo en mi manera a la escuela. Las otras partes de mi coche trabaja bien. Gracias a Dios mi coche aparece vale del exterior.

Sé que estoy suerte tener un coche porque muchos chicos en mi edad no tiene coches. Sino mi coche, no iría a muchos acontecimientos porque mi madre no podría tomarme. A veces, me pregunto, "¿Vale el apuro?" "Sí."

Commentary

The writer of this essay has a good sense of humor and really likes his car, even though it is a mess inside. This writer looked up vocabulary to describe the vehicle but should have cross-checked meanings. The writer looks at the car from the inside out, so only a brief comment is made toward the end on the external features. We do not know whether it is new or old, or what color it is. Aside from a few lapses, the nouns and adjectives agree, and the latter are properly placed. Some grammatical lapses underlined in this essay are random, but worth noting because they are such common mistakes. After *como si* the verb should be in the past subjunctive. *Reponido* should be *repuesto* because *poner* has an irregular past participle, no matter what prefix is attached to the verb. *Tan mucho* has to be *tanto* because it is followed by a noun. In the phrase *porque de*, the expression should be *a causa de*. The word *mál*, (without the accent) is an adverb where an adjective is needed in this sentence. The phrase *una agua* is strange. Perhaps *la lluvia* would be a better choice. When one refers to a machine that works, *trabajar* is replaced by *funcionar*. The verb *helar* is stem changing, and should be *hielo*. On the way to school should be *en camino al colegio*. The writer needs to notice the difference between *sino*, which is a conjunction, and *sin*, which is a preposition. *To be lucky* is an expression requiring the verb *tener* and *llevarme* would be better for *to take me*. Toward the end of the essay most of the problems were with the vocabulary. Although there are errors, the writer has enough command to describe the car and what it means to him.

11. DESCRIPCIÓN DEL TIEMPO

> Directions: Describe how the weather in other regions of the country is different. Tell about the extremes of weather that you can find in different countries in the Western Hemisphere.

Hoy tenemos una gran variedad de tiempo en este país. Primero, le explicaré como es el tiempo en Nashville. Ayer, hizo mucho calor y fue igual de un veranillo de San Martín. Pero hoy hace mucho viento y hará copo de nieve. Ahora, la temperatura es treinta grados, y durante el día ella continuará cayer. A eso de a las cinco hará mucha nevada. La corriente del noreste está trayendo este clima a nosotros, y yo creo que no escampará hasta la semana que viene.

Según este mapa meteorológico, muchas de las otras partes hacen buen tiempo, por lo general. En el litoral del noreste, hace nevada y granizo también. En Nueva York yo creo que habrá un pie de nieve. En Boston, hace mucho viento y ráfagas. Pero, de Norte Carolina hasta Florida hace mucho calor y está despejado. Ahora es la oportunidad perfecta para que Vds. hagan vacaciones en esta parte del país.

El medio del país no tiene tan suerte como esos oestados. En Illinois hace un torbellino, y también humedad en este región. La semana que viene, creo que escampará. Las llanuras de este area hacen buen tiempo; la temperatura es muy agradable y está despejado.

Afortunadamente, California sufre mal tiempo. Ha hecho inundaciones, terremotos, y sequías. No sé cuando la lluvia parará, pero será meses antes de que puedan limpiar los escombros y el fango. También, hay el problema de la contaminación ambiental. A causa de la contaminación donde el aire es puro.

En Hawaii, hubo una erupción de los volcanes en Kauai, y por supuesto habrá una gran influencia. Hará mucha lluvia, y la temperatura cayería. En Anchorage, Alaska, tienen mucho menos de un grado, pero es tipical para ellos. Puerto Rico sufrió de una huracán, y todavía tratan de limpiarlo.

Otra vez, en nuestra ciudad, sugiero que lleguen temprano porque hace mucha escarcha en las limpiaparabrisas, y la temperatura empezará caer. También, hace bruma en partes de la ciudad; entonces, tengan cuidado.

Yo soy José Martínez, ¡tengan un buen día!

Commentary

The writer of this essay has good control of vocabulary and language, and has style. The closing is particularly in character for a chatty weatherman. The personal interjections not only bring the narrator to life in this essay, but also show that the writer knows how to use the subjunctive. The weatherman becomes a real person dispensing friendly advice along with the weather. This essay shows good use of the future tense and excellent use of the preterit and the imperfect. Adjectives and nouns agree in gender and number. There are some problems with some words, such as *los estados del sureste, desafortunadamente, las limpiaparabrisas* instead of *el parabrisas,* and an incomplete sentence about environmental pollution. Among the errors that the writer makes is the misspelling of *cayer* twice in the essay. In the first example, the writer could have used a present participle after *continuará*. In the second case, the preposition *a* should have been used after *empezar* and then the infinitive. With the word *nevada*, the writer could have used *había*, because *haber* is frequently used to indicate visible weather conditions.

11. DESCRIPCIÓN DE UNA FINCA

Directions: Describe a farm. Name the different things you would find on a farm and the different areas of a farm: the fields, buildings, animals, and implements.

Unos de los lugares más interesantes que he visitado es la finca de Badoya. La finca de Badoya es un rancho en la central de Florida que es poseído por la familia Badoya. La finca es tan unusual y tan interesante que la familia de Badoya abrió la finca al publico y, ahora, la finca es unas de las atracciones turisticas más populares de la Florida. Un verano pasado, hace tres o cuatro años, mis abuelos decidió que sería una idea magnifica si nosotros hiciéramos una excursión a la central de la Florida para que pudiéramos viajar este rancho porque ellos habían oído mucho del rancho. Sería una de las adventuras más increíbles de mi vida.

Salimos de la una de mis abuelos en Sarasota y manejamos al sur y al este. Era cuatro horas de nada sino interminable campo plano. Yo no he visto tanto campo plano sin nada para romper el plano. Si se mirara entre la parabrisa posterior pudiera ver donde habría estado hace una media hora. En fin, llegamos a la entrada del rancho. El calle no era pavimientado, solo era echinado. Entonces, como manejaba en la entrada vimos campos y campos de vacas. Después de que había manejado por más o menos tres millas llegamos a la entrada para la gira. Nos registrabamos para la gira y fue dirigido a una coche que era tan grande que no creí lo que vi. Nos dijo el guía que era una coche para el pantano. Nosotros escalamos en él y el guía comenzó la gira. La primera cosa que vimos era las vacas. Ellas eran gigantesco. Había unos que tenían de cuernos y bebía una, que se llama Lula, que tenía tres cuernos. Entonces fuimos a un campo de cientos de avestruces. Los campesinos había decidido que las avestruces era mejor que vacas. Entonces nosotros fuimos al pantano donde vimos caímanes y muchas aves raras. En fin, fuimos a una conserva donde vimos unas pumas de Florida. Entonces volvimos a la entrada y vimos un museo.

Commentary

This description of a ranch is a combination of a narrative and description of a farm. From the way the writer talks about how boring the ride was, and how incredible the animals were, there is a hint of sarcasm in this essay. But in other places, the writer almost makes us think that the ranch was a worthwhile place to visit. Since he describes what was seen and felt in such detail, there are numerous examples of an ability to use the preterit and the imperfect, comparative and superlative structures, adjective and noun agreement, and the subjunctive. The word selection is good, excluding a few lapses such as *En fin* instead of *por fin* or *al fin*, and *escalamos* for *subir* when the writer wants to say that they climbed aboard the vehicle. There are a few problems with the gender of nouns, such as *los avestruces*. The adjective *gigantesco* should agree with *vacas.* Also, *los campesinos había* should have a plural verb form. In the instance where the writer wanted to use the passive voice, *fuimos dirigidos* should have been used because the subject is *nosotros.* Accents were used in all the correct places, except for *público* and *caimanes.* Overall the essay is very good.

12. DESCRIPCIÓN DE UNA BODA

> Directions: Describe a wedding you have attended. Begin with a description of where it took place, then tell who the participants were, and describe what they wore. Conclude with a description of the reception at the end.

13. DESCRIPCIÓN DEL TIEMPO TÍPICO DE LAS ESTACIONES

> Directions: Describe the weather of a typical spring, summer, fall, or winter day where you live.

NARRATION IN ESSAYS

In the following situations narrate what happened in each instance. The essay on the exam will not be simply a story you need to tell or retell, but the grammatical aspects of this kind of prose are important in the middle paragraphs of your essay. When you have to support or explain what you say, or relate personal experiences that clarify what you want to say, you may want to tell about something that happened to you. The focus in this section of the preparation is on correct grammatical structures and vocabulary. The following situations will require the past tense, for the most part, because that time frame is most common when you retell stories of things that have happened. Make a special effort to check the forms of the irregular verbs that you use. Start at the beginning of each event and tell the story chronologically. Remember that your story does not have to be autobiographical; you can invent your own story. Be sure to use as much vocabulary and as many appropriate verb forms as you can.

There are commentaries after the samples so you can see what kinds of errors are most noticeable. There are also suggestions for how to improve on the sample. In this section, practice writing stories until it is easy for you to do.

1. TELL ABOUT A SPECIAL BIRTHDAY PARTY THAT YOU HAD WHEN YOU WERE YOUNGER

> Directions: Give the background information using the imperfect tense, then narrate the action in the preterit. Finish the story with a description of how the party ended and how you felt when you left.

Eran las once de la mañana y mi madre preparaba para la fiesta de mis cumpleaños. Ella adornaba la casa con globos y cinta. Mi madre cocinaba una torta de cumpleaños y preparaba poner las velas en la torta. Ella continuaba limpiar la casa para mis cumpleaños cuando los invitados llegaron.

Los invitados tomaron regalos para mí y dijeron ¡Feliz cumpleaños! Por varias horas mis amigos y yo jugamos muchos partidos. Por ejemplo, el partido que era el mas divertido era Acuse la Cola en el Burro. En este partido una persona hilaría varias veces y entones trata de poner la cola en el burro. Por supuesto, gané y recibí un premio. Después de jugar los partidos, nosotros fuimos a la cocina para mí para soplar las velas. Soplí todas de las velas excepto una. Esto quiso decir que tuve una novia. Cenamos la torta con helado y después de terminar yo abrí mis regalos que eran baratos pero me gustaban los regalos. Antes de que los invitados fueron a sus casas, nosotros miramos una película. La película era Guerra de la Estrella. Para la mayor parte de los invitados, que era chicos, la pelicula era un éxito pero no les gustó la película a las chicas. La película terminó y era tarde. Los invitados tuvieron que ir a sus casas para que ellos puedan acostarse.

La fiesta terminó cuando la película terminó porque los invitados necesitaron acostarse. Cuando ellos fueron, ellos otra vez dijeron, ¡Feliz cumpleaños! y dieron las gracias a mí para la fiesta. Me pareció divertida la fiesta. Mis amigos y yo pasamos un bueno rato y yo recibí muchos regalos.

Commentary

Vocabulary

Although this story communicates what happened, the vocabulary is very basic. This writer probably looked up some words, such as *hilar* and *acusar*, but the way in which they are used is awkward. Exactly what is meant by *hilar* is unclear. A better word for *acuse* would be *colocar*, or even *poner*. *Cenar* is not the best word choice here. Other vocabulary words that could have been used in this story are: *regalar, divertirse, despedirse, agradecer, acoger, felicitar,* or *celebrar*. Some appropriate vocabulary words that the writer does use are *globos, torta, pasar un buen rato.*

Grammatical Accuracy

Most of the problems with this narrative are not with the preterit and the imperfect. Except for a couple of instances, most of the verbs that are underlined in the sample are the appropriate tense, but the wrong vocabulary. Three cases where the verb forms are incorrect are the verbs *quiso*, *puedan*, and *fueron*. The verb *querer* in the preterit, affirmative, means *tried*. What is probably meant in this instance is best communicated using the imperfect, *quería*, because the time frame does not indicate completed action in the past. The other form, *fueron*, should have been the past subjunctive because it occurs in an adverb clause that begins with *antes de que*. Another case where the subjunctive is used, but in the wrong tense, is the verb *puedan*. The subjunctive is correct, but the verb should be in the past subjunctive instead of the present. This writer has also used the incorrect ending for a first conjugation verb in the first person singular of *soplar*, which should be *soplé*.

In several cases an indirect object pronoun would have been correct, but was not used because it appears that there was interference from English. In English syntax the object pronouns follow the verbs, and the indirect pronoun is preceded by a preposition. In Spanish the form that is used, *para mí* and *a mí*, are direct translations of English. *Me* before the verb is correct: *me trajeron* and *me dieron*.

The two other errors that are very basic are the failure to shorten *bueno* before a masculine singular noun, *rato*, and the failure to remember that *cumpleaños* is a compound noun that takes a singular article, *el*. In addition, the present participle should be used after the verb *continuar*.

2. TELL ABOUT A VACATION TRIP YOU TOOK WITH YOUR FAMILY

Directions: Tell about the preparations for the trip, traveling to the vacation spot, what you did when you got there, then returning home. Include a description of what the vacation spot was like.

El verano pasado, mi familia y yo hicimos las vacaciones en Hawaii. Pasamos dos meses para que encontráramos un lugar perfecto en que podría pasar la semana. Por fin, cuando decidimos viajar a Hawaii, también decidimos viajar por un barco. El dos de agosto, cuando mi hermana llegó de Washington, D.C., fuimos a Miami para salir en el barco.

Mientras estábamos en Hawaii, visitábamos cuatro islas, y podíamos hacer mucho. En la isla grande, Hawaii, miramos espectáculos, corría las olas y nadábamos mucho. También, mis padres fueron de compras, especialmente en las tiendas sin impuestos. Durante la noche, comíamos mucho, mirábamos los espectáculos de Broadway y a las doce comimos otra vez.

Mi isla favorita era Kauai porque era tanto hacer, por ejemplo ver un vólcano, correr las olas y hacer un excursión por la isla. En Kauai, alquilamos un coche para que pudiéramos ver la isla. Podíamos visitar unas playas, las montanas y granjas de piña y azucar. También, visitamos la fábrica de Dole para que compráramos piñas y gozáramos de los varios tipos de jugo. Después de visitar esa fábrica, fuimos a una playa bonitísima para nadar. Mientras mi hermana y yo nadábamos, casi perdimos porque olvidamos la hora del día. Por fin, cuando llegamos a la playa del oceano, teníamos prisa de comer.

El parte del viaje que gozaba más era el viaje por las montañas porque podíamos ver la selva, muchas flores y un vólcano. El guía nos mostraba edificios históricos, plantaciones y lugares en que fuimos de compras.

Después de una semana, teníamos que volver a casa, y por supuesto éste fue el peor parte de las vacaciones. También, en vez de volver a la casa con mis padres y yo, mi hermana tenía que volver a Washington, D.C. Así, terminamos nuestro viaje del verano.

Commentary

Vocabulary

In terms of the actual story that is told, the writer has done a fairly complete job. He could have improved the beginning with showing a little more vocabulary that has to do with making travel plans, such as *folletos, hacer reservas, crucero, embarcar, tripulación, pasajeros, equipaje*. But some good vocabulary was used, such as *correr las olas, granjas, gozar de, alquilar* and *hacer unas vacaciones*.

Grammatical Accuracy

This description of a vacation basically recounts the trip chronologically, but the use of the preterit and the imperfect in this sample is a little confusing. The imperfect is used to describe the background information, continuing action, repeated action, or past actions that are seen as occurring at an unspecified time, which in this narrative is confusing. In some places the background information seems to become the action that is being narrated. In other cases the opposite is true. For example, in the second paragraph, in the sequence *miramos espectáculos, corría las olas y nadábamos*, the tenses are mixed. When these actions are listed, they are usually in the preterit. Exactly how the writer viewed these actions is unclear. This confusion continues throughout the narrative.

Not all of the instances where the subjunctive is used necessarily called for that mood. When there is no change of subject, the infinitive is usually used instead of the subjunctive. Whenever *para que* has been used above, it frequently would have been better to use the infinitive. In some places the writer has problems with the gender of nouns, and with anglicized words, such as *vólcano*. Overall, this is an essay that shows competence because of organization, vocabulary, and grammar that is used correctly.

3. TELL ABOUT A SHOPPING TRIP YOU TOOK WITH A MEMBER OF YOUR FAMILY TO BUY CLOTHES FOR THE BEGINNING OF SCHOOL

Directions: Describe where you went and how you got there. Tell about deciding what to buy and your conversation with the clerk when you bought some clothes.

4. TELL ABOUT A TRIP YOU TOOK WITH SOME FRIENDS

Directions: Tell where you went and what happened on the trip.

5. TELL ABOUT A MOVIE THAT YOU SAW OR A BOOK THAT YOU READ THAT PARTICULARLY IMPRESSED YOU

Directions: Retell the story and describe the characters.

"Philadelphia" era una película que me impresionó mucho. La película tuvo Tom Hanks y Denzel Washington, quienes eran los personajes principales. Tom Hanks era un hombre que tuvo SIDA. Él está recibiendo más y más poder en su trabajo pero uno de sus reportajes era tarde. Los directores de esa compañía de repente despidió Tom Hanks. Entonces Tom Hanks buscó un abogado porque él pensó que la compañía lo había despedido porque él tuvo SIDA. Denzel Washington es el abogado que Tom Hanks ajusta. En el fin, Tom Hanks gana el juicio. El procesa la compañía para discriminando SIDA. La película es bueno porque enseña el perspectivo de un hombre homosexual con SIDA. Es muy importante ahora para educación de SIDA. Esa película dirigió SIDA y homosexuales. Esa educación de SIDA es importante para evitar discriminación y estigma.

Commentary

Vocabulary

Some of these words were found in a dictionary, but the writer did not look the word up in the Spanish-to-English portion after it was found in English-to-Spanish. For example, *ajustar* and *procesa, digirió* do not quite communicate what the writer may have had in mind. Other words are well chosen, such as *despedir, impresionar, el juicio,* and *descriminación.* Although the sample is short, the vocabulary is probably representative of what the writer knows. Other words that would have been appropriate to use in this narration would have been *contratar, luchar contra, reclamar, perseguir, acusar, acutantes, representar, interpretar un papel,* and *contagiar.* The gender of *perspectiva* is also incorrect.

Grammatical Accuracy

This sample is really too short to have a good idea of how well the writer knows grammar. It also states the plot, but lacks elaboration of the action. But there are some examples of good grammatical usage. Except for an instance or two, the writer has used the preterit and the imperfect well. However, he changes from the past to the present in the middle of the narration. In some cases where the preterit of *tener* was used, the sentence would have been better if it had been rephrased. In the clause *él tuvo SIDA*, for example, the idea could have been expressed as *había contagiado SIDA.* The meaning of *Esa película dirigió SIDA...* is unclear. The adjective *bueno* should agree with *película.*

Throughout the paragraph there is a conspicuous lack of a personal *a.* This essay does not demonstrate good control of the mechanics of language because it is too brief and basic.

6. TELL ABOUT SOMETHING EVENTFUL THAT HAPPENED AT YOUR SCHOOL OR THE PLACE WHERE YOU WORK

Directions: Begin with a description of the setting of your event, then tell what happened. Conclude with a description of how you reacted to the event.

Puedo recordar una vez cuando estuve muy mal pero recibí un castigo injusto. Durante un viaje de Debate, mi amigo y yo salimos para mirar una película. Desafortunadamente, el entrenador descubrió que nosotros no estábamos en el hotel y se hizo muy irritado.

Había viajado a Birmingham para debatir, y mi amigo y yo decidimos que iríamos a ver una película. Llamamos unos amigos que viven en Birmingham y todos nos tomaron a un teatro. Mientras estábamos allí, vimos un otro estudiante que decidió ver una película también. Después de la película, nuestros amigos nos manejamos al hotel y mi amigo y yo fuimos a nuestro cuarto. Así que estábamos en el grupo, los otros estudiantes nos dijeron que nuestro entrenador nos buscaba y cuando no podía encontrarnos, se hizo muy irritado. Nosotros actuábamos que dormimos, pero el entrenador nos llamó por teléfono y pidió que nosotros lo vemos. Cuando nosotros lo vimos, yo estaba la persona que tenía que hablar con él y mi amigo no dijo nada. Cuando devolvimos a casa, recibimos nuestro castigo -mi amigo no podía ir a un torneo, pero no podía ir a ningunos torneos por el semestre.

Aunque nosotros recibimos un mal castigo, pasabamos un buen rato. El castigo era injusto para mí, y mi amigo estaba muy alegre. No me da ahora porque estaba un tiempo pasado.

Commentary

Vocabulary

The vocabulary is adequate to tell the story, although there are some problems with the way the writer uses *devolver* instead of *volver, tomar* instead of *llevar* and the confusion between *ser* and *estar.* Some other words that could have been used are *enojarse, enfadarse, fingir, regresar, estar de vuelta, divertirse,* and *importar.* The writer does use *pasar un buen rato* for *to have a good time* instead of translating literally.

Grammatical Accuracy

The writer has used the preterit and the imperfect very well in this story, with only a couple of places where there is some confusion. The preterit of *poder* would be appropriate at the end of the story because there is a finite period of time in which they were not able to participate in debate. In the sentence in which the writer tells of pretending to sleep, the tenses should be reversed as there was a finite period of time in which they were pretending to sleep. The first verb is in the preterit, but the second describes what they were doing, so the imperfect is appropriate. The past subjunctive should have been used after *pidió que nosotros lo viéramos.* The verb *pasabamos* should have an accent written over the first vowel of the ending. Since the accent is written correctly on all of the other cases of the first person plural imperfect, this lapse is probably an oversight.

In all, the writer has communicated his story.

7. TELL ABOUT A FRIGHTENING EVENT THAT HAPPENED TO YOU

Directions: Begin with a description of the setting, where you were, what you were doing ,and anything else you remember. Then tell what happened. Conclude by telling how the event ended.

Todos los veranos mi familia iba a Florida. Quedabamos a la ciudad de Naples que está en el Golfo de Méjico. El agua en el Golfo hace mucho calor porque de este hecho, estaban muchos tipos de pez en el agua. Escuchaba a cuentos de las rayas de picadura en el golfo. Estos peces tienen una púa en sus colas. Mi madre tenía una amiga en Naples quien casi necesitaba amputar su pierna porque de la picadura de uno de los rayas.

Durante la noche, andaba en la playa. Veía a los pescadores traer sus redes del agua. En los redes eran muchos peces, pero también veía unas rayas. Las rayas me asustaba pero el agua era tan agradable que decidía nadar.

Andé en el agua y no ví ningunas rayas. El agua fue muy despejado y tranquilo. Jugué para unos minutos, pero a mi horror, vi una sombra oscura de una raya deslizandose al través de la tierra. Fueron más de uno. Vi cinco en cado lado de mi. Todas estuvieron nadando despacio a la largo de la costa. No supe que hacer pero decidí flotar encima del agua donde no estuvieron rayas. Nadé cercano a la orilla y salté en la playa. ¡Afortunadamente, las rayas no andan en la playa tambien!

Commentary

Vocabulary

This story shows a variety of difficulties with expressions, especially expressions that are translated as *to be* in English. The writer needs to review all the verbs that have that meaning in English: *haber, estar, ser, tener*. To say that the water of the Gulf of Mexico was warm, the writer should have used *estaba muy caliente*. The writer frequently uses the verbs *estuvieron* or *fueron* where *había* should be used when he wants to express *there were*. Also, the word *deslizar* means *to slip* but not in the sense that the writer has used it. *Despejado* more often than not refers to a clear sky; *clara* would have been better. The writer consistently uses *porque de* to mean *a causa de*. *Al través* should be *a través*. The ocean bottom is not *la tierra*, but could be *al fondo del mar*, or *la arena al fondo del mar*.

Grammatical Accuracy

Aside from the problems with the preterit and the imperfect in telling this story in the past, the writer has trouble with a multitude of other grammatical details. There is a consistent lack of written accents on the first person plural of the imperfect verb form. In spite of the masculine singular article with *agua*, the noun is feminine and *clara* and *tranquila* should end with *a*. *Cada* is invariable, which means that it will always end with *a*, regardless of the word it modifies. The object of the preposition pronoun *mí* always has a written accent to distinguish it from the possessive adjective. *A lo largo* requires the neuter article *lo* when it means *along*. *Uno* refers to *rayas*, so it should be *una*. When *que* is used as an indirect interrogative pronoun it should have a written accent. *Along the shore* can be expressed as *por*, instead of *cercano a la orilla*. The preposition *en* should be *a*, after a verb of motion.

As for the verb forms in this story, the verb *andar* is irregular in the preterit and should be *anduve*. The major problem is with the selection of the preterit and the imperfect throughout the story. The writer does not have a clear idea of the distinction between the two past tenses. The first paragraph begins in the imperfect with a description of background information that sets the stage for the action that takes place. However, one particular night while at the beach, the writer encountered the *rayas*, watched the fishermen for a while, then decided to go in the water. After this point in the narration, the writer decides to use the preterit, although some of the verbs that are used in these last two paragraphs still contain descriptions. The strategy of simply selecting one tense for each paragraph to tell the story is not the most reliable method. The preterit is used to indicate that the speaker views the past action as completed and over in a finite period of time. Or it can be used to recount events that happen in a series, such as *I came, I saw, I conquered*. The preterit can also refer to an event that is begun or completed while another is transpiring. Frequently, the imperfect is indicated by the use of the past progressive in English, as in, *I <u>was walking</u> on the beach when I saw the manta ray*. Another example of these distinctions between the preterit and the imperfect is revealed by the verb *saber*. *Saber* means *to know*. Using this verb in the preterit limits the time at which one first or last knew something. In English, this is frequently rendered by using another verb altogether, such as *discovered* or *found out*. In both of the English translations of *saber* in the preterit, the way English-speaking people refer to that moment in time when one first *knew* something is usually rendered by using other words besides *to know*. The story is good, but the sample shows a number of problems in the language.

8. TELL ABOUT A TIME WHEN YOU VISITED A FRIEND IN THE HOSPITAL

Directions: Begin with a description of what had happened to your friend. Tell how you got there and what you did while you visited. Conclude with a description of how you felt when you left.

Una vez, unos de mis amigos más viejos de mi escuela primera tenía que pasar tres semanas en el hospital porque había roto muchos de los huesos de las piernas. Jim, mi amigo, había estado montando su bicicleta en las calles de nuestra vecindad cuando un coche estrelló contra él del frente. Jim fue echado de su bicicleta y estrelló contra la parabrisa y salió la forma de su cuerpo en la parabrisa. Jim siguió volando y en fin cayó a la calle más o menos quince pies de donde había comenzado. Entonces, nosotros llamó la ambulancia que vino y tomó a Jim al hospital. Esperamos para oír que ha ocurrido a Jim y el médico nos dijo que Jim tendría muchos huesos rotos en las piernas pero que estaría bien.

Yo y los otros amigos de Jim visitábamos muchas veces por las tres semanas que él estaba en el hospital. La cosa que yo recuerdo más es el olor horrible del hospital. Todas las veces que he estado en un hospital siempre tiene el olor de muerte. Pero, para seguir, nosotros traemos muchos videos y lo miramos todos las tardes de la semana. Yo recuerdo una vez cuando nosotros mirabamos una pelicula (yo no recuerdo cual pelicula porque miramos tantos) comedia y Jim reió tanto y con tan gusto que cayo de su cama. No era bien, para decir el menos. Las enfermeras vinieron corriendo y le pusieron en su cama otra vez. Nosotros reían pero las enfermeras y Jim no lo hacen. Jim no reió mucho por la termina de la pelicula. Tambien jugaron muchos juegos de tabla. Yo soy un jugador excelente de Pictionary. No haría mucho tiempo antes de que Jim estuviera en su casa y la vida volviera a normal. Espero que yo nunca tenga que pasar ningún tiempo en el hospital

Commentary

Vocabulary

Dejar should have been used instead of *salir* in the phrase *dejó la forma de su cuerpo en el parabrisas. Estrellar* is not quite the word to use for the second instance where it occurs. The verb for *to be* in the phrase *no era bien* should be the verb *estar*. Then, in the phrase *Jim no reió mucho por la termina de la pelicula*, this writer is trying to translate from English to Spanish, and the word for *the end* does not come out saying what he wants to say. Otherwise, the vocabulary is adequate. Missing from the vocabulary are a number of words that would have been very descriptive, such as *herir, dañar,* or even *doler.* He has not mentioned if Jim had to wear any casts, or if he was in traction. Nor does he tell about any medication that he may have had to take for pain. While this rendition of the visit to the hospital satisfies the basic requirements of the instructions, it does little to let the reader know how much vocabulary the writer knows that pertains to hospitals, illnesses, or health care related topics.

Grammatical Accuracy

It is most important that a narrative about something that happened in the past show how well the writer can manage the preterit and imperfect tenses. In this regard, a review of the verbal tenses shows that this writer started out well, but by the end of the essay, the control of structures and forms had degenerated. The writer is not as consistent at the end in observing the sequencing of tenses as at the beginning. There are verbs in the present where they should be in the past. For example, *traemos* is used for *we brought*, when *trajimos* should have been used. Sometimes students lapse into the present tense in this kind of narration because they are unfamiliar with the correct form to use in the preterit. In the same paragraph, this writer uses *no le hacen* to mean that Jim and the nurses were not laughing. Once again, this is an irregular verb in the past. In the first paragraph, the present perfect, *ha ocurrido*, was used when it should have been the pluperfect, *había ocurrido*. But for the most part, the past tenses are used appropriately with the imperfect for continuing action or background information, and the preterit used for recounting events. The verb *reír* is not correctly conjugated throughout the whole essay.

There are problems with adjective and noun agreement, especially when there are multiple adjectives that modify a noun, such as *todos las tardes*. When there is only one adjective, most English-speaking students readily recognize the need to make the adjective agree. But with more than one adjective, students frequently forget the gender of the noun because they are thinking about other problems, such as where to put multiple adjectives and how to join them together. There is one instance where this writer should have used *lo* for a nominalized adjective: *para decir lo menos*. This is a literal translation that would have been better rephrased as *por supuesto, huelga decir,* or *claro está*. The phrase *la cosa que yo recuerdo* would have been better rendered with *lo que yo recuerdo....* There are also problems with comparative structures. In the phrase, *Jim reió tanto y con tan gusto...*, the first adverb is correct, but the second one should be *tanto gusto*. This narration does show a good use of present participles that are used as adverbs. The writer also shows at the end that he can use the subjunctive, and it is appropriate where it is used.

Orthography

A number of glaring spelling errors are a major negative in this narrative. The lack of accents, or the irregular use of accents, is one problem. The preterit has an accent written over the final vowel of the first and third person singular forms for all verbs except the irregular verbs. *Cayó* should have an accent. The first person plural of the imperfect, *ábamos*, should always have an accent written over the *a*. Another frequent problem with this essay is the misspelling of *reió*. This is a stem changing verb that changes in the third person preterit. The stem of *reír* is so short that students forget to change the *e* to *i*. The correct form is *rió*.

9. TELL ABOUT A TIME WHEN YOU WON A PRIZE IN A COMPETITION

Directions: Describe the kind of competition, where it took place, and who was entered. Then tell about how you won and conclude with a description of how you felt.

En mil novecientos noventa y uno, corrí el verano con un grupo de corredores. El grupo se llamó Harpeth Valley Track Club. Probablemente había cientas personas en el club. Las personas en el club tendrían entre diez y diez y ocho años y fueron chicos y chicas. Todos desean ganar el concurso nacional. Para correr al concurso nacional, un hombre tiene ser el numero uno, dos, tres, o cuatro al concurso de siete estados. Para correr al concurso de siete estados, un hombre necesitan ser el numero uno, dos, tres, o cuatro. Si un hombre es en el concurso nacional hay un más carrera antes del ultima prima. Los hombres con los ocho tiempos más rápido corren en el ultimo carrera, que tiene los ocho hombres más rápido del EEUU. Con mucha suerte yo fui un de los ocho. Lo otros vivieron en Tejas, Florida, Califormia, etc. El proximo día cuando corrimos, gané. Yo no había sido tan alegre. Yo disfruté el conocimiento que yo fue el mejor de los corredores con catorce años. Gané un medalla de oro.

Commentary

Vocabulary

This story has some strong points, even though it is too short. One of those strengths lies in some of the vocabulary. Even though this vocabulary is specialized, the writer has the basic vocabulary to tell a story. Some of the words that are well chosen are: *corredores, el concurso, la carrera, conocimiento,* and *medalla.* Although *disfrutar* is used, the ending is incorrect for an *-ar* verb in the first person singular preterit. What is meant in the phrase *del ultimo prima* is not exactly clear.

Grammatical Accuracy

Because of the way that this story is told, the writer begins with the preterit. The sentence *Todos desean (desearon) ganar el concurso nacional,* introduces a portion of the story that is told in the present. Relating this information in the present gives it more immediacy, which makes the accomplishment at the end seem even more impressive. Then the writer changes to the preterit to narrate the story of this accomplishment. In addition to the past and present tenses, the conditional is also used to express conjecture in the past, instead of repeating *probablemente.* The story flows smoothly because of the writer's ability to use verbs correctly.

There are only a few other errors in this story. In a few places the adjectives do not agree with their referents, as in *el ultimo carrera, los hombres más rápido, del Estados Unidos,* which should have a plural article, and *yo fui un de los ocho.* Overall, this story is well told.

10. TELL ABOUT AN ACCIDENT YOU HAD WHEN YOU WERE YOUNGER

Directions: Describe the setting, the people around you, if any, and the accident.

Era el decimoctavo agujero y cuando tuve once años, golf se hacería muy aburrido por este tiempo. Miré a la par cuatro largo, y estuve completamente indiferente. Decidé que no jugaría como había decido hace el decimocuatro agujero. Mi padre andó al lugar donde se golpea con gran fuerza la bola con su padre y un amigo nombrado Kelton mientras quedé en la carreta. Mi padre golpeó su bola lejano y en el medio. Estuvo satisfido con la tirada y entonces, volvió a la carreta.

Estuve bastante contento como este era el agujero final. Nosotros planeamos ir en alguna parte después. Sin embargo, cosas se hacieron peores pronto. El amigo de mi padre golpeó entonces mi abuelo hizo. Mi abuelo no estuvo satisfecho. Mi padre lo miró como si no fue una tirada buena pero los dos de nosotros salíamos a su bola de todos modos. Casi doscientos yardas en la senda agujera me sentí un básketbol enpenado en mi cabeza.

En actualidad, este era una bola de golf. Mi abuelo pensaba que debe golpear una bola de práctica.

Commentary

This story has numerous problems with language. The most apparent one is the interference from English, which is seen in the almost literal translation from English to Spanish. This sample is included here for you to compare how one writer will find the appropriate specialized words to tell a story about his sport, while another will look up words and use the first ones he finds listed in the dictionary. Because of the pervasive problems with grammar, it is difficult to understand what the story is about in places. Perhaps this story would be intelligible, but a good portion of it probably would not be understood by a Spanish-speaking person, or one not accustomed to listening and talking to English-speaking people.

GIVING INSTRUCTIONS

The purpose of this section is to help you learn how to write around words you do not know. If you understand how to describe things and events when you do not know the specific vocabulary, you should also be able to better interpret what others write. In this exercise you may *not* use some words. You will notice that in this section you may need to use the subjunctive more in adverbial or adjectival clauses.

1. Give instructions for brushing your teeth. Do *not* use the words *cepillo, dientes,* or *pasta dentífrica.*
2. Give instructions for how to jump rope. Do *not* use the words *pie* or *cuerda.*
3. Give instructions for putting on a shirt. Do *not* use the words *mangas, brazos,* or *botones.*
4. Give instructions for starting a car and driving to school.
5. Give instructions for peeling an apple. Do *not* use *navaja, cuchillo,* or *manzana.*
6. Give instructions for eating an ice cream cone. Do *not* use the words *helado, cono,* or *boca.*
7. Give instructions for tying shoe laces. Do *not* use the word *lazos.*

COMPARISONS AND CONTRASTS

In this section you need to focus on correct grammatical structures and vocabulary. In your essay on the exam you may want to compare or contrast things or events. Make sure you review correct grammatical structures if you have difficulty with this section.

1. Compare and contrast your school with another school in your community.
2. Compare and contrast the worst TV show you have seen with the best you have seen.
3. Compare and contrast your family with others you know.
4. Compare and contrast your community with a neighboring community.
5. Compare and contrast two of your friends.
6. Compare and contrast two different kinds of cars, such as a Cadillac and a Miata.
7. Compare and contrast two professional sports teams.
8. Compare and contrast the kinds of clothes that little children wear and the clothes that teenagers wear.
9. Compare and contrast a trip by plane and a trip in a car.
10. Compare and contrast a large city with a small city.

ANALYSIS AND OPINION

In this section you should be able to put together all the other aspects of writing that you have reviewed in the previous sections. In addition to describing, narrating, and analyzing, you should be able to express and defend an opinion. Also, you should be able to convince your reader that you have a reason to think the way you do. You need to explain your thinking clearly and logically. Your opinion should communicate why you think something is important. While the following topics may not appear with the same wording on the exam, dealing with them here will help you think about articulating your thoughts on a variety of topics.

Tell what you think about the issue and why. Also, in these essays you need to select appropriate examples to explain what you mean. You can express a personal opinion, but you should always explain why you think the way you do. A superior essay will have all of the previous organizational features, superior vocabulary, clear grammatical structures, plus insight or original ideas about the topic.

When writing your essay, there are some phrases and connecting expressions that you can use to make your essay flow more smoothly. From the list that follows, you could find a few that are appropriate for your way of thinking and learn them to use when you write essays.

Expressions for Introductions

al principio	at the beginning
ya	already
todavía	still
a partir de	from the time that...
conviene	it is fitting, suitable, convenient
es necesario, preciso, interesante, etc.	it is necessary, interesting, etc. (or use another tense of *ser*)
con respecta a	with respect to
en cuanto a	with regard to

en lo tocante a	with regard to
tratar con	to deal with, to have to do with
tiene que ver con	to have to do with
a continuación	below, following

Defining Concepts

ejemplificar	to serve as an example
consistir en	to consist of (notice the difference in prepositions)
constar de	to consist of, to be composed of
caracterizarse por	to be characterized by
significar	to signify
querer decir	to mean
servir para	to serve to
sugerir (ie, i)	to suggest

Developing and Relating Ideas

de hecho	in fact
del punto de vista...	from the point of view of...
de la perspectiva de...	from the perspective of
de verdad, de veras	really
en conexión	in connection
en realidad	really
a lo mejor	perhaps, maybe
mejor dicho	more exactly, rather

Making Comparisons

no obstante	nevertheless
sin embargo	nevertheless
en cambio	on the other hand
al contrario	on the contrary
tanto mejor	so much the better
por la mayor parte	for the most part, mostly

Showing Logic or Reasoning

a cause de	because of
por consiguiente	therefore
por eso	for that reason
bien pensado	well thought-out
como consecuencia	as a consequence
por lo tanto	for that reason, therefore

Drawing Conclusions

en breve	in short
al fin y al cabo	in the final analysis
al final	finally
por fin	finally
por último	lastly
después de todo	after all
de lo anterior... se ve que...	from the above...one sees that...

en todo	all in all
en conclusión	in conclusion
en resumen	in conclusion

On the examination itself, the topics are expressed in Spanish. When the instructions are lengthy, you will have more vocabulary presented to use. When these essays are evaluated, the readers take into consideration that the vocabulary you have used from the instructions about the topic is not your own. When the instructions are short, the topic is usually broader, but you provide more of your own vocabulary.

After each sample essay, there is a discussion of it so you can see how an essay might be evaluated. Also, there are suggestions for how the essay could be improved. Then there is a related topic so you can write an essay on the same general topic and put into practice the suggestions for improving on the sample.

1. LAS RELACIONES

A. En una composición bien organizada discuta Ud. las características de una buena relación entre amigos, y la importancia de la comunicación en el mantenimiento de ésta.

En una buena relación entre amigos, hay que ser varios características envolvieron. Honesto, amor, y amistad son las más importante características que hay que necesitar para empezar y desarrollar una relación. Si toda relación tuviera esas características, el mundo sería un lugar de paz. La comunicación es también importante en mantenimiento de las relación porque hay que expresar sus emociones a la otra persona para que la otra persona comprenda su amigo y los problemas de su amigo.

La comunicación es un aspecto importante en una relación. Sin hablar, una relación moriría. Dos personas pueden hablar cosas superficial por un rato pero después allí no es nada para hacer. Por ejemplo, hace un año que tuve una novia. Pasamos muchos buenos ratos y reímos pero pronto nuestra relación suspendió porque yo expresó mis emociones. Por lo tanto, yo encontré una chica varias semanas pasadas y nosotros hemos desarrollado una relación especial. Por comunicación nosotros aprendemos sobre nos, expresamos sus problemas, empezamos una relación especial. Comunicación hace relaciones más fácil y mejor. Personas pueden quedar amigo por mucho tiempo por comunicación. Es también bueno saber que allí es alguien que ayudará y enseñará a sus problemas.

Relaciones hace vida divertida y de mérito. Amistades durarán más largo que novias o quizás esposas. Hay que desarrollar relaciones para que pueda experimentar la alegría de tener alguien para compartir su perdidos, ganas y problemas. Amistades hace vida. Ellas mejoran su felicidad y se desembarazan de su pena.

Commentary

Vocabulary

This writer has used some good vocabulary: *amistad, mantenimiento, superficial, desarrollar, compartir, mejorar, durar,* and *experimentar.* But there are several words that perhaps do not quite communicate what the writer wishes, such as *envolver, suspenderer, enseñar, de mérito,* and *desembarazan.* Frequently this appears to be a literal translation from English to Spanish.

Orthography

This writer uses accents where they are supposed to be, especially on the first and third person singular preterit verb forms. He does neglect to drop the accent on *relación* when the noun is plural.

Grammatical Accuracy

The manner in which the writer presents his thoughts reveals a number of mechanical problems. Some of the categories of errors are: the use of definite articles (or lack thereof), the use of adjectives where nouns should have been used, the lack of the personal *a* in several places, a few errors of agreement of adjectives and nouns, an overuse and inappropriate use of the verb *hacer* in places and a problem using prepositional pronouns. The sentences tend to be short declarative sentences with little variation, especially toward the end. On the positive side, the writer has shown that he does know how to use the subjunctive appropriately. The agreement of adjectives and nouns is good; there is good use of preterit in the example in the second paragraph and good verb forms, except for *valería.*

Ideas and Organization

In terms of the content, this composition fulfills the requirements of organization, with an introduction in which the writer indicates the orientation of his thinking. In the body of the composition there is a discussion with an example from personal experience that shows good narration. There is a conclusion that contains some vague generalities about the benefits of a good relationship, but it has a weak relationship with the body of the composition. There are some original ideas, but the conclusion consists of platitudes that have been translated directly from English to Spanish. The topic is very broad, and so the writer should have defined which aspects he would discuss in order to write a more focused composition. The topics suggested are provided to elicit a writing sample that shows thought. If there is a broad topic, you do not have to address every tangential aspect of the topic. You should focus on some specific aspect of the topic and develop the essay around that aspect. This essay does suggest that the writer is capable of critical thinking.

This composition could have been greatly improved by beginning with an introduction that is more focused on one aspect of the topic instead of trying to deal with the subject in such generalities. The writer needed to plan ahead more to incorporate the example of good and bad relationships into the topic more thoroughly. For example, the writer could have focused more on the emotional benefits, such as peace of mind, that come from an honest relationship. The writer could vary the sentence structure to make the composition more interesting to the reader. There could also have been a stronger conclusion, with a stronger focus on exactly what the writer values most in relationships.

B. Debido a los avances en la comunicación, la comunidad mundial parece cada día más pequeña pero las relaciones entre las naciones parecen más ténues. Discuta Ud. las medidas posibles para estrechar las relaciones entre las naciones del mundo para el beneficio de la comunidad mundial.

2. LA EDUCACIÓN

A. Se dice que la realidad de la vida estudiantil se diferencia definitivamente de la realidad que impera en el resto de la sociedad. Discuta la relación entre las escuelas y el mundo exterior.

Una vida tiene dos mundos: el mundo de la escuela y el mundo real. A veces, los dos se encuentran. Una persona que sabe solamente los asuntos de la escuela, no <u>sobrevivirá</u> en la calle. Vice versa, una persona que tiene solamente el saber de la calle, probablemente no <u>trabajará</u> <u>por</u> un negocio bueno.

Porque los dos mundos se encuentran rara vez, algunos hombres inventaron Canal Uno. Canal Uno es <u>una</u> programa del televisión que <u>traiga</u> el mundo real a la sala de clase. Canal Uno <u>es a</u> unas escuelas. Durante el día, los estudiantes miran a Canal Uno. Canal Uno es un profesor. Canal Uno enseña lecciones del mundo real a los estudiantes en la sala de clase. Los profesores de la escuela enseñan de <u>los</u> lenguas, las matamáticas, las ciencias, la historia, y los asuntos del mundo real a veces, pero rara vez. Porque no hay clases de los asuntos del mundo real, los estudiantes miran a Canal Uno. Canal Uno muestra los negocios y discute los asuntos del mundo moderno, por ejemplo: S.S.U.A., padres divorciados, y drogas.

Canal Uno es una buena idea porque enseña a los estudiantes las lecciones que necesitan que aprender para no aprender en una escuela sin Canal Uno.

Commentary

Vocabulary

This essay contains fairly simple vocabulary, except for a couple of words, such as *sobrevivir*. But in other respects it is deficient if the goal is to reveal a mastery or breadth of vocabulary in Spanish. Repetition of vocabulary in this essay also makes it monotonous to read. In talking about Channel One, this writer could have used any number of other words that are more descriptive of the situation: *relacionar, dirigirse a, enterarse de, interesarse en, aclarar, alcanzar, lograr, entrevistar.* If there had been specific examples of the "real" world, this writer would have had to use more specific nouns and adjectives.

Grammatical Accuracy

This writer shows a mastery of basic sentence structure. All of the sentences are short and follow the subject-verb format. Even within this format, there are problems, however. In one instance *ser* is used where *estar* should have been used. Most of these verbs are in the present tense, except for one instance where the future is used and another where the preterit is used. In cases where the future is used, the conditional probably would have been more appropriate. Other errors include problems with *por* and *para,* the incorrect gender for the noun *programa,* and one instance where the writer uses the subjunctive where it is not appropriate: *Canal Uno es una programa que traiga el mundo real a la sala de clase.* What is meant in the last line of the composition is also unclear. On the positive side, the stem changing verbs that this writer uses are correct forms. Overall, there are few problems in this sample because it is not a very large sample and contains a lot of repetition. It demonstrates that the writer can communicate at a basic level.

Orthography

Since most of this sample is written in the present tense, and the verbs are either the verb *ser* or regular verbs, this composition does not show any problems with orthography. That is not to say that the writer does not have any difficulties in this area, however. This sample just does not show any.

Ideas and Organization

This writer divides life into two aspects that are mutually exclusive. Life in school is completely removed from the "real" world. In the mind of this writer, Channel One is the only link between the two worlds. The subjects that are taught in school (mathematics, science, language, and history) do not have any bearing on life in the "real" world. Channel One's programs do deal with "real" life lessons and subjects. This composition is apparently a description of this student's world at school.

For there to be any analysis of the situation, the student needs to look more critically at life at school and life after school or outside of school. The description of life answers the questions *what, who,* and *where.* The question that is posed in the topic, however, deals with the nature of the relationship between the two areas. There is not much in the composition beyond the description of the two areas and Channel One. The questions that the writer needs to address in this topic are *why* and *how.* If the writer were to address *why* students are in school, he or she would have to deal not only with a description of what life is like on both places, but also with hypothesizing about what life will be like away from school. This direction would necessitate expressing more complicated reasoning. The writer could have, for example, written about why students are in school, why they study the courses that they study, why those courses either work or do not work, why students are the way they are in school, or why the knowledge and skills that are taught in school are not useful. The writer could have discussed what he or she knows about what life is like away from school, or imagined what life is like away from school. Analysis implies an evaluation of evidence. A thought process beyond broad generalizations or description is required for analysis.

Discussing the question *how* could also have been another line of thought. The first paragraph is a very good beginning for a discussion of how life at school differs from life away from school. The student could have discussed not only how life is different while students are in school, but how it will be different in the future once a student graduates or leaves school. A discussion of how these two areas are different would have required the student to investigate what the relationship ought to be. Also, this kind of discussion would have required the student to use more complex language.

An analysis would have produced a language sample in Spanish that would have shown what more the writer could do besides write a basic sentence in Spanish. In the process of asking and answering *why* and *how*, the student would have had to show that he or she could use more complex sentence structures. Dependent clauses would have required more varied verbal forms, such as other tenses and moods.

In terms of organization, the student has an introductory paragraph that has possibilities that are not developed. The body of the composition is purely descriptive, but does not lead to any evaluation. There is no conclusion, because there is no analysis and no evaluation of the relationship between student life and life outside of school. Overall, this is a weak composition that is much too short.

B. Bien se sabe que todas las lecciones de la vida no se aprenden en una sala de clase. Discuta Ud. lo que Ud. considera necesario para prepararse para una vida productiva después de graduarse.

C. Considerando el desarrollo de nueva tecnología, discuta cómo será la educación en el próximo siglo y cómo cambiará la manera en que los estudiantes aprenderán.

D. Muchos parecen considerar una buena educación indispensable para conseguir un buen empleo. Discuta Ud. el valor de una educación y qué debe ofrecer ésta al estudiante en cuanto a su preparación para la vida.

E. Se dice que es preciso afirmar las diferencias culturales y étnicas entre las razas. Discuta las ventajas y las desventajas de una gran diversidad cultural en una sociedad.

3. LOS VALORES Y LAS VIRTUDES

A. la honradez

En una composición discuta Ud. las ventajas y las desventajas de siempre ser honesto con sus amigos y sus negocios.

> *La honradez es una virtud que pueda ser peligrosa si una persona trata de usarla todo el tiempo. Hay muchas situaciones en las que adultos siempre le dicen que se debe siempre decir la verdad. Por ejemplo, en el colegio hay grupos especiales que tratan de mantener la honradez. Y cuando hay un crimen sobre la honradez castigan al criminal. Muchas veces, aunque el consejo de honradez <u>no tiene razón</u>, pero el estudiante no podría ganar el respecto de sus profesores. Entonces, aunque se dice la verdad todo el tiempo, es fácil que una situación <u>desgraciado</u> arruine <u>el</u> reputación de una persona <u>virtuoso</u>. Así, la honradez no siempre es muy útil en la vida, y hay ventajas y desventajas de siempre ser honesto con sus amigos y sus negocios.*
>
> *Amigos son <u>individuales</u> necesarios <u>para quien</u> <u>pueda</u> <u>mantener contento</u> y amable, pero en <u>muchas</u> <u>causas</u> los amigos no anticipan que se dirá la verdad; o, a veces, ellos no saben nada sobre sus <u>equivocacadas</u>. Por ejemplo, si sale con la novia de su amigo, es muy inteligente que no se le diga la verdad a <u>ello</u> porque él no permitiría que Vd. mantenga la relación con su novia o con él. Pero, también hay ventajas de siempre decir la verdad a su amigo. Primero, si él necesita ayuda con su vida, él <u>será</u> cierto que le aivsa bien. Con su novia es necesario que siempre le dice lo que quiere oír, si se quiere continuar la relación con ella, y no siempre tiene que ser la verdad.*
>
> *Cuando hace negocios se tiene que tener cuidado con lo que le dice al cliente. Por ejemplo, si se equivoca y pierde su dinero, es mejor que no le diga la verdad hasta que gane el dinero otra vez. Pero, si el cliente siempre le gusta saber lo que pasa, debe decirle la verdad. <u>Haciéndolo</u>, ganará su confianza.*
>
> *Lo que debe recordar es que <u>humanos</u> no son perfectos, y que casi es imposible decir la verdad todos los días. También, hay veces cuando debe decir lo que ha hecho; pero, a veces, especialmente con los amigos, es necesario que miente para que mantenga la amistad. Cuando hace negocios también necesita saber cuando decir la verdad. Muchas veces decir la*

verdad es el mejor alternativo, pero creo que el persona con la más sabiduría es él que siempre anticipa cuando tiene que revelar la verdad y cuando es más seguro mentir.

Commentary

Vocabulary

This writer has a vocabulary that is sufficient to discuss the topic. The word selection is appropriate for the most part, and a variety of words are used: *anticipar, negocios, mantener, avisar, arruinar, ventajas, desventajas, equivocarse, vituoso, desgraciado,* and *honradez.* In a couple of places a part of speech has been chosen that would not be usual. *Individuales* should be a predicate noun, *individuos,* instead of an adjective. And *humanos* would be better expressed as *seres humanos,* since *humanos* is usually an adjective. The adjective could have been nominalized by using an article in front of it, *los humanos,* but even then, the expression would have sounded a little odd. The sentence that is about *el concepto de la hondarez no tiene razón, pero el estudiante...* does not make sense. With the conjunctions that the writer has used and the sequence of ideas, it is unclear what the writer was trying to communicate. In the phrase *nada sobre sus equivocados,* the past participle, *equivocados* is used as a noun, but once again there is no neuter article in front of it to make it function as a noun instead of an adjective.

Grammatical Accuracy

In addition to the appropriate vocabulary, this writer has a good control of the mechanics of language. Varied sentence structure, the correct tenses and moods, and the pronouns are used where they are supposed to be. There are a few problems with some phrases. The way in which the writer has used *hiciéndolo* is correct, but the form is incorrect and should be *haciéndolo.* The phrase *para quien pueda mantener contento* has several problems. This writer probably intended to use *con quien* instead of *para quien.* The subjunctive is not the most appropriate mood to use. When defining what a friend is, the indicative is used to communicate the facts about what a friend is. And the verbs, *mantener contento,* is probably intended to mean *to be happy.* This idea could be better expressed if the writer were to rephrase and use *mantener buenas relaciones* or *llevarse bien* or *pasarlo bien.* Also, *ello* is not an object of the preposition pronoun. Since it refers to *el amigo,* the pronoun should be *él.*

Orthography

There are few problems with the spelling and use of diacritical marks, such as accents. Most of this composition uses the present tense, both indicative and subjunctive, and the verb forms are correctly spelled and marked.

Ideas and Organization

The first sentence in the first paragraph gives a good indication of where this composition is going. Honesty is not a foregone conclusion in the conduct of human affairs, and this writer will address the ambiguities of honor in this composition. Between what adults say about honesty and what people do, both young people and adults, lies a wide range of attitudes and practices. From personal experience, this writer has some observations about honesty and the consequences of a lack of honesty. From the reference to personal experience, the writer moves to a discussion of "honesty is the best policy" in relationships. The next paragraph deals with honesty in business. The student has proposed that in this difference in ways of dealing with truth and honor, the reasons for using honesty are of crucial importance. If a person wants to be honest in all cases in relationships with friends, whether to be honest or not really depends on the gender of the friend, according to this writer. In business, it depends on the circumstance, also. In weighing the pros and cons of being honest, in the final analysis people are not perfect. A person should learn when to tell the truth and when it is not prudent. Whether the reader agrees with the writer or not, the thoughts have been communicated quite clearly and logically. The writer has arrived at a conclusion that, while honesty may be the best policy, one should use judgment about when to be honest. The ideas are presented in a logical manner, supported with examples to clarify what is meant, and developed so that there is some foundation for the opinion.

Linguistically, the writer has sufficient control of language and sufficient vocabulary to communicate ideas. The expression is not unfailingly clear, but is clear enough. Overall, this composition is good. There is not much more that could have been done to make it better, except perhaps a little better vocabulary. In terms of the ideas, the only other approach the writer could have used would have been to narrow the topic somewhat. But in the final analysis, what has been written has afforded an ample writing sample of good quality.

B. la caridad

Es muy difícil portarse de manera compasiva todo el tiempo con todo el mundo. Discuta qué beneficios hay para quien quiera siempre mostrar caridad a su prójimo.

C. el servicio a la comunidad

Discuta Ud. por qué es necesario compartir la responsabilidad de cuidar la comunidad en que uno vive. Enumere Ud. lo que se puede hacer para mejorarla y quién debe encargarse de llevar a cabo los proyectos planeados.

D. la moderación

Se dice que el exceso en cualquier asunto resulta en problemas. Discuta la moderación como modo de vivir.

E. la verdad

Discuta Ud. los riesgos y los beneficios de siempre decir la verdad.

F. la tolerancia

Discuta Ud. por qué es más importante que nunca que se pratique la tolerancia entre todas las comunidades del mundo.

G. la paciencia

Se dice que la paciencia es una de las mayores virtudes. Discuta Ud. por qué a mucha gente esta virtud es una de las más difíciles en práctica.

H. el respeto

1. El respeto mutuo forma el vínculo más importante en las relaciones humanas. Discuta Ud. qué representa el respeto para Ud. y cómo se puede mostrarlo a otros.

El respecto es la consideración alta o <u>estima</u> para alguien. En sociedad hay dos tipos de relaciones con o sin respecto. El respecto mutuo forma el vínculo más importante en las relaciones humanas, pero varias personas no dan respecto a amigo y, por lo tanto, sus amigos no les dan respecto. Estas relaciones no funcionan bien y muchas veces <u>las</u> no <u>continuan</u>.

En sus relaciones más <u>importante</u>, hay que no sólo dar sino también recibir respecto porque sin respecto personas no confiarían o no creerían *en sus amigos. Si personas no mostraran respecto o confianza, entonces sus relaciones serían superficial y no importante. El tipo de persona que no tiene respecto para otras es una persona que es egoísta y materialistica. Sin embargo, hay personas que tienen repsecto para otras y por lo tanto tienen relaciones buenas.*

Para personas que saben la importancia de relaciones y amigos, respecto es una cosa que es una mayor parte de una relación. Es más fácil para esas personas dar respecto porque sienten que ellos pueden confiar sus amigos. Con respecto y confianza, una relación desarrolla en amistad que continuará por siempre porque las dos personas confian todo a uno a uno y ayudan a uno a uno. En otras palabras, una relación o amistad desarrollará y quedará con respecto.

Es fácil para ver que respecto es alguno muy importante en la vida. Sin respecto, personas no podrían desarrollar relaciones con alguien significado y esas personas tendrían que vivir solo. Como Rodney Dangerfield, esas personas pueden decir, —¡Yo no gano ningún respecto, ningún respecto en todo!

Commentary

Vocabulary

This vocabulary is basic. The verbs *desarrollar* and *confiar* are practically the only verbs that are not common regular or irregular verbs. This writer has known not to use *trabajar* to mean *funcionar*. However, with the verb *confiar*, the writer has neglected to use the preposition *en*, which normally follows *confiar*. There is a lot of repetition of vocabulary, which indicates a limited range of words. At times the writer has attempted to use words, but has used the incorrect form, such as *estima* and *significado*. In the first case, *estima* is a verb where the writer needed to use a noun, *estimación*. In the second case, *significado*, the word is an adjective, but it does not quite communicate the idea of *someone significant*, since *significado* means *signified*. This writer has also tried to translate literally *uno a uno* for *each other*, instead of using the reflexive pronoun with *la una o la otra*. There is some confusion in the writer's mind about *alguno* and *algo*, and the use of *no* as a negative indefinite adjective, instead of *ningún*. Some of these problems can be considered vocabulary, or syntactic problems, but whichever they are, they reflect an effort of the writer to translate directly from English to Spanish, word for word.

Orthography

There is one case where an accent is needed and not used: in *continúan*. Otherwise, the verb forms are in the present and the future, with the forms spelled and marked correctly. Accents have been used where they belong in the future and the conditional.

Grammatical Accuracy

Several of the underlined problems have been addressed above; they are a combination of both kinds of problems. In terms of the structures that these linguistic lapses indicate, they show that the writer has difficulty with some kinds of pronouns, indefinite adjectives, and prepositions. In the expression *las no continuan*, *las* cannot be a subject pronoun; it should have been *ellas*. There are some problems with making adjectives and nouns agree in number; several singular forms are used where they should have been plural. Also, the preposition *para* after *es fácil* is not necessary. In another instance, however, *para* is used correctly in the phrase *Es más fácil para esas pesonas*, where the preposition expresses contrast. The writer shows a mastery of the irregular verb forms in the future. Double negatives are used quite effectively.

Ideas and Organization

Even though the language sounds very much like a translation of English to Spanish, this writer has communicated ideas effectively—in fact some very good ideas. The composition begins with a definition of respect in terms of relationships, relationships with and without respect. The writer develops some ideas about the importance of respect based on personal observations. In the second paragraph the writer introduces the idea of not only getting, but giving respect. The case is presented in which a person does not give any respect and speculates on the consequences. The third paragraph deals with the kind of person who knows the importance of respect in relationships and gives due respect. The conclusion summarizes the previous ideas and ends with a humorous note that is appropriate, even if it is a rather literal translation. There is some repetition in the development of these ideas, but for the most part they are well organized in paragraphs. The language and syntactic control is sufficient for this writer to communicate effectively.

Overall, this is a good writing sample. This writer has some ideas that are effectively communicated. It shows that not all compositions need to begin with a definition of the topic. An improvement in this composition would be to have a larger vocabulary and to provide more substantial examples to support the observations. Although it is given that these observations are taken from what the writer knows about relationships, there could also have been specific examples taken from personal experience. The writer could have told about someone known personally who does not get much respect and an example of a time when that person was slighted. Or perhaps, an example could have been given of a person who did get respect. These examples would have helped define a specific quality of respect and would have helped the reader to understand a little better what respect means. By using these specific examples the writer could have shown an ability to narrate in the past tense, or an ability to describe people, things, places, or events.

2. Se dice que antes de que uno pueda respetar a otras personas, es necesario que se respete a sí mismo. En un ensayo bien organizado discuta Ud. cómo se manifiesta este tipo de respeto y qué influencia tiene en las relaciones con otras personas.

I. la persistencia

Una de las lecciones muy importantes de los deportes es la importancia de siempre esforzarse para alcanzar sus metas. Discuta Ud. la importancia de persistir hasta alcanzar sus metas. Dé Ud. ejemplos de su experiencia personal.

J. la integridad

Discuta Ud. en qué consiste la integridad individual y cómo se manifiesta ésta en la vida cotidiana.

En la vida, hay muchas tentaciones y cosas malas. Es la responsabilidad del individuo escoger la senda virtuosa. Las personas que tienen integridad son las personas que hacen el bien.

Integridad contiene todas las características de honor. Tener integridad, una personas no es ávara, pero hace cosas para otras personas. Personas con integridad son honradas. La integridad pertenece a mi vida cotidiana porque yo asisto a una escuela privada. Esta escuela tiene un código de honor que es muy importante. El código dice que una persona no puede mentir, defraudar, o robar. Si un estudiante rompe uno de estas reglas, entonces tiene que salir de la escuela. También, en negocios integridad es muy importante. Un médico no pueda decir ninguno de sus pacientes porque él tiene la confidencia de los.

Integridad es la característica de el caballero. Integridad impide una persona de haciendo mal. Cuando la persona es un caballero, ella tiene el respeto y la lealtad de otras personas.

Commentary

Vocabulary

Several words in this composition suggest that the writer has the basic vocabulary to deal with the topic, such as *individuo, escoger, senda virtuosa, contener, ávara, pertenecer, código, defraudar, impedir,* and *lealtad*. However, the problem with this composition is the topic itself. Integrity is a difficult term to understand.

Orthography

There are no apparent problems with orthography, but this essay is very short. It does not have the quantity of language necessary to make a determination about what the writer does know about proper spelling and diacritical marks.

Grammatical Accuracy

In view of the difficulty of this topic, the control of language is fairly good. This writer has good adjective and noun agreement, in spite of some lapses, like *uno de estas reglas.* At the end of the composition, *ella* correctly refers to *persona*, but since the writer is discussing a *caballero*, perhaps it would have been better to simply omit the subject pronoun altogether. The sentence about the doctor is not clear at all, because of the combination of parts of speech that are used inappropriately: *ninguno de sus pacientes porque* and *la confidencia de los.* The use of a present participle after the preposition *de* is a very conspicuous error that shows a direct interference of English in the Spanish. *De* and *el* always are a contraction, *del*. Several of the problems with syntactic control in this composition have to do with words that are not used as opposed to words that are used. Specifically, the omission of articles and the personal *a* are noticeable grammatical lapses in this composition.

Ideas and Organization

This is a very broad and difficult topic and most writers would have difficulty with it in any language. This writer has made a good effort to deal with it, beginning with the idea that integrity is a good thing for a person to have and an idea of how that person will show integrity. He makes a good transition to the concept of honor and then draws on personal experience to support his definition of integrity. In the final paragraph he relates the quality of integrity to being a gentleman. If the topic is one that you do not understand, this approach is not a bad idea. If you define how you understand the topic, then you can write a coherent, logical and articulate essay that will provide a good writing sample, even though it may not be exactly what the question asked.

Most of this composition is description. Although there is a description of the honor code at the writer's school, he does not offer any examples of cases where students have shown or failed to show integrity. Such supporting evidence would have provided the material needed to show how well this writer could handle some other structures and forms in Spanish. He could have shown his ability to narrate an event (use the past tenses), or to speculate about how and why people act the way they do (requiring the future or conditional of probability, or the subjunctive). By elaborating on some of the ideas with concrete examples, this composition would have been greatly improved. This composition lacks analysis because it is mostly descriptive.

4. LAS ACTITUDES
A. el pensar positivamente

Se dice que por pensar positivamente en una situación se puede alcanzar más, y también recibir resultados inesperados. Presente Ud. su opinión sobre el poder de pensar positivamente.

En este mundo, hay dos tipos de personas: cínicos y idealistas. Los cínicos son muy negative y ven las cosas malas en vida antes que las cosas buenas. Por un cínico, no es ninguna esperanza en vida. Pero las idealistas pueden ver bien si la vida no es buena. Por una idealista, siempre es mucha esperanza. Una expresión de las idealistas es que "la taza es mediad, no es mediovacía."

Pensando positivamente es la creencia mayor de las idealistas. Los cínicos dejan en todas las cosas porque no tienen ninguna esperanza. Para esta razón, las idealistas piensan positivamente. Al pensar positivamente, una persona puede alcanzar mucho. Pensando positivamente se facilita pensar claramente. No es posible hacer nada cuando una persona no piensa claramente.

En la vida, se encuentra mala suerte y es por la persona decidir ser un cínico o una idealista. Si una persona quiere suceder, ella escoge pensar positivamente.

Commentary

Vocabulary

The vocabulary used in this essay is repetitive. The words *esperanza, piensan, positivamente,* and *mala* reduce everything to extremes that the writer has difficulty discussing. The words *creencia, dejar, alcanzar, facilitar,* and *escoger* are well chosen words, but are only used to express generalities. The essay is short and lacks development with examples to illustrate how the writer defines the words. The one word that is not used correctly is *suceder*, which evidently means *to succeed* to the writer. The meaning of *dejan en todas las cosas* is unclear. Also, in the phrase *siempre es mucha esperanza*, the writer uses *es* when *hay* should have been used.

Orthography

This essay is written completely in the third person singular present tense, which will not reveal any problems that the writer may have with the spelling of verbs that change in other tenses.

Grammatical Accuracy

Even in this short sample, there are several problems with the grammar. The gender of *idealista* should be *un*, which reveals that the writer evidently does not remember that words that end with *-ista* are masculine when the noun refers to people in general. There are other cases in which the adjectives do not agree in number or gender with the nouns they modify, such as *cínicos negativo* and *la persona decidir ser cínico.* In the phrase *la creencia mayor* the writer has placed the adjective after the noun, when it should come before. *Pensando* should be *pensar* in the phrase *pensando positivamente es la...,* because the verb functions as the subject of *es.* Throughout this essay the writer has confused *por* and *para. Para un idealista* communicates the idea of contrasting beliefs. *Por esta razón* is the expression for *For this reason....* The conjunction *y* should be *e* before words that begin with *i.* The reflexive pronoun before *facilita* is not necessary.

Ideas and Organization

There are good ideas at the beginning of this essay. The writer has classified people into two categories: cynics and idealists. The different points of view of these two kinds of people are then defined. This essay does not go beyond the writer's observation about these two kinds of people, however. The instructions for the topic ask the student to discuss how a positive attitude can help people accomplish great things. The middle paragraph needs to take up some specific examples of precisely how positive thinking can help. After describing some examples showing how positive thinking helps, the writer could have shown an ability to analyze situations or events. As an example, he could have referred to athletes who not only think positively about what they can physically do, but as a part of training visualize reaching goals. Or he could have cited an example of a student who thinks positively about what he can accomplish intellectually, which helps him concentrate and study more effectively. After describing an example and analyzing its meaning, the writer could reach a conclusion about whether or not it was a good idea to think positively. If the writer really wanted to cover the topic, he could also discuss the need to be realistic as well as positive so that what one hopes and expects to accomplish is realistic. This latter discussion would have required much more complex grammatical structures.

Overall, this essay reveals a limited ability of the writer to write and communicate ideas in Spanish. There is heavy influence from English in this sample, and the essay does not show much critical thinking.

B. el pesimismo

Muchos psicólogos dicen que la persona con una actitud negativa espera fracasar y muchas veces no puede lograr lo que puede un optimista. Discuta Ud. en un ensayo el problema de ese tipo de personalidad.

C. el buen humor

En nuestra sociedad, con tanta presión y estrés, algunas características ayudan al individuo a mantenerse sano y cuerdo. Discuta Ud. la importancia del buen humor para poder gozar de la vida.

> *Vivimos en una sociedad que está llena de muchas dificultades. Muchas personas tienen <u>duras tiempos</u> tratando con estas circunstancias irritantes. Para tratar con todas las circunstancias, las personas no deben <u>tomar todo demasiado seriamente</u>, y un humor las ayuda <u>hacerlo</u>.*

Fácilmente tanta presión y estrés puede corrumpir la mente de una persona. Cuando una persona vuelve hacia humor, entonces olvida de el estrés y puede tolerarlo más mejor. Por ejemplo, cuando una persona dicta una conferencia a un grupo, las personas se ponen muy aburrido porque la conferenceia se pone muy monótono. Si la persona cuenta un chista entonces no sólo el grupo ríe sino también la monotonía termina. Ahora las personas en el grupo escuchan estrechamente otra vez porque el fastidio ha sido aliviado. Un otro ejemplo es con la salud en nuestra sociedad. Hay muchas enfermedades ahora en nuestra sociedad y es muy triste si piensa de las personas que sufre y todo los riesgos que una person toma sólo saliendo su casa. Si os preocupamos de todas las enfermedades, no nos manteneríamos muy cuerdo. Si a veces podemos reír de la salud en unas maneras entonces las preocupaciones habría aliviado también.

Hay tiempo cuando humor no está apropiado. Hay muchas personas que están ofendido por humor todo el tiempo o en situaciones ciertas. Humor esta bueno de vez en cuando, pero las personas debe estar cuidadoso que no usan todo el tiempo porque entonces el humor no está divertido ya no.

Commentary

Vocabulary

Most of this vocabulary consists of literal translations of English words into Spanish. Expressions such as *duras tiempos, circunstancias irritantes, no deben tomar todo demasiado seriamente, corrumpir la mente, se ponen aburrido, los riesgos que una persona toma saliendo su casa, estar cuidadoso,* and *situaciones ciertas* are examples of wording that is literal in its translation. At the end of the essay, the word *tiempo* should be *veces* since the kind of time is an instance. There are some expressions, such as *dictar una conferencia, contar y chiste, aliviar, fastidio, escuchar estrechamente, nos preocupamos,* and *de vez en cuando* that are more natural. Other words that could have been used are *arriesgar, actitud, en serio, aburrirse, escapar, agraviar, irritarse de, interesarse en,* and *mejorar.*

Orthography

Accents are written where they are supposed to be in this essay. There are no verb forms that require a spelling change.

Grammatical Accuracy

Many problems with the grammar of this essay are very basic, such as adjective and noun agreement, lack of subjunctive after impersonal expressions, lack of agreement of subject and verb endings, and some syntax errors. However, this sample really reveals little about the writer's control of grammar. It is written mostly in the present tense, mainly using the verbs *ser* and *estar*, and using a very simple subject, verb, object syntax. In the one instance where this writer tried to use the conditional tense, he or she neglected to remember that *mantener* is conjugated like the verb *tener* and is irregular in the conditional.

The majority of the errors are in adjective and noun agreement. Also, *más mejor* is never acceptable as a comparative adjective *(más* should be omitted). *Monótono* should agree with *la conferencia, un* should be omitted before *otro ejemplo, cuerdo* should be plural because the referent is *nosotros, ofendido* should agree with *personas* in the last paragraph, and *cuidadoso* should agree with *personas* in the last paragraph. In the last paragraph, also, *ciertas* should precede the noun because the meaning of this adjective depends on the syntax. After the noun the meaning is *sure*, or *certain*. But that is not the meaning of the adjective in this case.

In several places this writer has used a plural subject and a singular verb ending, or plural endings for singular subjects. For example, *las personas que sufre*, *las preocupaciones habría aliviado*, and *las personas debe* should all agree in persons and number. It is probably significant that these errors tend to increase in the second half of the essay. Perhaps the increased frequency of errors indicates that the writer was running out of time and was not paying too much attention to the mechanics of the language.

There are a variety of other problems that seem to be isolated cases, such as *de el*, which should be *del*. Also in one place where the writer apparently wanted to use the passive voice, *ser* is omitted because the writer has used a compound tense, *habría aliviado también*. The reflexive pronoun *os* should be *nos* before *preocupamos*. The subjunctive would also have been appropriate at the end of the essay where the writer states that people should be careful that they do not use humor all the time. *Las personas debe estar cuidadoso que no usen...* is what should have been written, but the whole idea would be better if it were rephrased.

Ideas and Organization

Beyond the restatement of the topic, there is little indication of direction in this introduction. The middle paragraph attempts to deal with examples of the topics, but the connection is not readily apparent. Equating being bored by listening to a lecture with stress and tension is extreme. Illnesses do produce stress and tension, but usually the physical effects of illness on the body predominate over mental effects. This writer has not dealt adequately with what constitutes stress and tension in order to illustrate how humor helps relieve stress and tension. One usually thinks of having to deal with unpleasant people, with job expectations that are beyond the capability of a worker, or frustrations of not being able to do what one wants to do as situations that cause stress and tension. The writer interprets the words *sano y cuerdo* very literally when choosing dealing with illnesses as a stress.

The last paragraph does not really reach a conclusion. The first sentence starts another thought about when humor is not appropriate, which does not deal with the topic at all. The conclusion that humor needs to be used judiciously is a good point to make, and can even be a conclusion. But in the context of this essay it has not been developed adequately. Overall this essay lacks good definition and focus. The examples need to relate to the topic a little better. To improve this essay the writer could have defined situations that produce stress and tension in the introduction. Then he could have introduced the idea that humor provides relief. The middle paragraph could provide supporting evidence, using appropriate examples of where humor can be used. In another paragraph the writer could have discussed when humor is not appropriate to relieve stress or tension, such as when a problem needs to be dealt with seriously. After the situations have been analyzed and evaluated, then a conclusion about the relative merits of humor is appropriate.

D. el humor

Se dice que no se puede traducir el humor de una lengua a otra. Escriba Ud. una composición bien desarrollada explicando a qué se atribuyen las diferencias entre los gustos y el humor de varias culturas. Discuta Ud. cómo refleja el humor los valores y costumbres de una sociedad.

5. LA SOCIEDAD

A. la comunidad

Discuta Ud. la importancia de ser respetado en una comunidad. Describa qué tipos de respeto existen y cuáles son mejores que otros.

B. los problemas

Desarrolle Ud. una explicación de los males que afligen a nuestra sociedad y cómo se puede disminuirlos.

C. el abuso del alcohol y las drogas

1. Uno de los problemas más urgentes entre la población mundial es el abuso de drogas y alcohol. Discuta Ud. los beneficios de mantenerse sano por no usar substancias tóxicas.

El abuso de drogas y alcohol no es sólo un problema con adultos sino también con niños. Yo creo que el problema con niños es más urgente que el problema con los adultos porque los niños son illegales, irresponsible, y importantes para el futuro. Alcohol y drogas causan muchos problemas para niños y adultos.

Todos los años muchas personas que están borrachos causan las muertes de otras personas en accidentes de conducir en estado de embriaguez. Las personas borrachos se estrellan contra otros coches o otras cosas como árboles. Un otro problema que alcohol y drogas causan es en deportes. Es importante que athletas no beban o fumen durante sus estaciones porque entonces no pueden ejecutar a sus mejores habilidades. Alcohol y drogas ruinan muchas familias. Alcohol y drogas a veces causan las personas estar muy violento. Las personas entonces maltratan sus esposas y hijos, amigos o otras personas. También alcohol y drogas causan depresión en las personas que los usan. Este es un otra manera que drogas y alcohol pueden destruir una familia.

Drogas y alcohol causan nada menos que apuro. Éste es la razón que no hago drogas o alcohol. Yo he visto evidencia de todos estos problemas en muchos amigos de mi desgraciadamente. Quizás recibirán ayuda para sus problemas antes de estar demasiado tarde.

Commentary

Vocabulary

Although this writer relies on words taken from the statement of the topic, there are a few words, such as *estrellarse, embriaguez, maltratar, ejecutar, borracho,* and *habilidades* that suggest an adequate vocabulary. The anglicized spelling of *atletas,* plus words such as *causan, ruinan,* and *depresión*, suggest a vocabulary that is not far removed from English. On the other hand, the writer has used *la muerte*, instead of the adjective *muerto*, a common error for beginning students. The redundancy of *un otro* is another obvious problem that results from literal translations from English to Spanish. *Otro* by itself means *another,* and the indefinite article is not necessary with *otro*.

Orthography

This writer does not really use many verb forms that would reveal problems with the spelling of verb forms that change in the preterit or the present subjunctive. An accent has been used correctly on a demonstrative pronoun.

Grammatical Accuracy

Some glaring errors with conjunctions stand out: *y* and *o* both change before nouns that begin with the same sound. This error stands out so much because these conjunctions are used repeatedly. In this composition the writer has used the personal *a* at times, but forgotten to use it in other places, such as *maltratan sus esposas....* There are a few errors in the agreement of adjectives and nouns, such as *borrachos* and *violentos.* The demonstrative pronoun, *Éste,* should be feminine, also. There is a relative pronoun after *razón* that should be *por la cual,* because it refers to *razón.* This use of *that* (*que*) is a direct translation of conversational English. In many cases definite articles should have been used: *el alcohol* or *las drogas.*

On the other hand, this writer has demonstrated a knowledge of the correct verbal forms, and uses good comparative structures and negative indefinite adjectives. *Ser* and *estar* are used appropriately throughout the composition.

Ideas and Organization

A careful reading of the topic that is given shows that it asks the writer to discuss the benefits of refraining from using drugs, alcohol, and other toxic substances. This composition reveals more of an emphasis on a discussion of the general dangers of abusing toxic and addictive substances than with a personal position that the writer is taking on the subject. From the beginning of the composition, the writer indicates that the direction of the discussion will be toward the evils of drugs and alcohol for children. But the emphasis in the second paragraph is not focused on the case of children as indicated in the introduction. The ideas that are expressed in most of the composition sound very much like many generalizations that people make about the hazards of substance abuse. The writer mentions that he knows of the evils of substance abuse from personal experience, but he does not elaborate.

This composition could have addressed the topic better if he had considered the good that can be derived from not abusing drugs and alcohol. This focus could have shown more complex structures. One option might have been to focus on the mental or the physical benefits of not using such substances. To analyze the situation, the writer could have drawn from personal experience, thereby focusing on children and substance abuse. The conclusion would have addressed the topic by discussing how much better the quality of life is with a healthy mind and body—one free of addiction. There would have been a real conclusion to the composition instead of a few more generalizations.

Overall, this composition shows that the writer can write a composition in Spanish that is reasonably understandable. But, because it is much too short, he does not show that he can address the topic or that he has any really original ideas of his own.

2. Cuando hay mucho abuso de drogas y alcohol en una sociedad, siempre hay razones por las cuales este abuso existe. En un ensayo desarrolle Ud. lo que Ud. piensa que el abuso de materias tóxicas revela en cuanto a la sociedad que las usa.

D. la igualdad

1. Se dice que todos los trabajadores tienen el derecho de recibir el pago correspondiente a la obra, sin consideración de su edad, sexo, religión, o raza. Discuta Ud. el problema de la discriminación, los obstáculos para eliminarla y sugerencias para remediarla.

2. Discuta Ud. el efecto de la revolución femenina en el mundo de los negocios. En un ensayo desarrolle Ud. algunas ideas sobre cómo han cambiado los negocios ahora que tantas mujeres han entrado en la fuerza laboral.

E. la movilidad societal

1. Una de las características de la sociedad estadounidense es su movilidad. Discuta Ud. el significado de todo este movimiento y qué cambios sociales presagia.

Una de las características de la sociedad estadounidense es la mobilidad. La mobilidad es el poder que todos los ciudadanos pueden mover no sólo a una otra casa en su ciudad, sino también a una otra ciudad enteramente. No hay nada restriciones en nuestra sociedad en la mobilidad, ni en reglas ni en las costumbres de nuestra sociedad ni en la economía. En hecho el movimiento de los ciudadanos es casi fomentado por la economía y las urgencias de nuestra sociedad.

Nuestra sociedad fomenta el movimiento de la gente por muchas razones. Primero, el clima de nuestra economía es uno de cambio. Porque la construcción de los edificios es tan barato, ahora el aspecto de un edificio más importante no es el edificio sino el sitio o lugar adonde él era constuido. Entonces, las compañías mueven mucho dependiente en el disponibleme de los recursos y en la demanda de los productos. Entonces, cuando las compañías mueven, los empleados tienen que mover con sus trabajos. Un otro aspecto del movimiento de la gente es que hay muchas personas que tienen que mover para encontrar trabajo. En nuestra sociedad, no hay la lealtad a una compañía o a los empleados como había antes. Entonces, muchos más personas son pedido salir de su compáñía. Ellos, muchas veces tienen que mover a otra parte de la ciudad o del país para poder ir a trabajo. También no hay la lealtad a las compañías así todos los empleados siempre están buscando otro trabajo que pague más. Así cuando es posible que un empleado pueda encontrar un tabajo que paga más, él mueve, aunque a otra ciudad.

Casi todo el mundo mueve una vez u otra vez. Esto es porque nuestra sociedad piensa que el dinero es más importante que la lealtad. Yo pienso que el movimiento es solo otro ejemplo del movimiento de nuestra sociedad de las tradiciones de nuestros padres y abuelos a caos.

Commentary

Vocabulary

This writer has a basic vocabulary for discussing the topic. Words such as *el poder, reglas, fomentado, demanda,* and *lealtad* are good words. However, there are other words that also could have been used in this discussion, such as *trasladarse, mudarse de casa, despedir, conseguir, solicitar, soler, acostumbrarse,* or *promover. En hecho* probably was meant to be *De hecho.* The repetition of *una otra ciudad* and *casa* is a particularly annoying error. *Otra* is sufficient to say *another*; the indefinite article *una* is not necessary. This mistake is made in at least three places in this essay. In one place *porque* is used where *a causa de* would be correct in the second paragraph.

Orthography

Spelling changes in the subjunctive such as *pague,* are correct in this essay. Accents are written where they are needed, with the exception of *solo* in the last paragraph.

Grammatical Accuracy

Several problems are evident in this essay. The second sentence is very awkward because it is a translation of English to Spanish, although it is not particularly articulate English. Perhaps the definition could have been phrased, *La mobilidad es el poder de trasladarse de un lugar a otro.* Another phrase that is unclear is *en el disponibleme de los recursos....* One can only guess at what the writer wanted to communicate in this phrase. Another phrase that is problematical is *son pedido salir,* when he probably meant *were fired.* The word *despedir* would have been appropriate.

Most of the nouns and adjectives agree, with the exception of *muchos más personas.* In the phrase *las compañías mueven mucho dependiente en la disponibleme, mucho* is probably meant to be an adverb. However, when it is placed before *dependiente,* which is a noun, it is unclear exactly what its function is. In addition, the indefinite pronoun *nada* should be an indefinite adjective *ningunas* since it modifies *restricciones.*

This essay has several parts that clearly show that this writer knows how to express some things in Spanish. He uses the subjunctive well in adjective and noun clauses and has also observed the rules for changing the spelling of the conjunctions *y* and *o.*

Ideas and Organization

The introductory paragraph for this essay is very good. The idea of mobility of society being tied to the economy shows good focus on a specific aspect of the topic. In making some observations about society, this writer is showing that he is capable of analyzing situations. Then the idea of the economic necessities is discussed in the next paragraph, although in very general terms. The discussion begins to break down in the examples that are offered to show how the economy forces people to move. For example, the discussion about housing is not very clearly related to the topic. Companies making employees move is an excellent example, however. Perhaps the writer could have offered an example of someone he knew who had to move because someone in the family had to take another job. The idea of company loyalty needs to be developed in its own paragraph. Then the discussion of companies making requirements of people, and people responding with less loyalty, would support the conclusion that society is moving toward chaos. This writer has clearly established a logical progression of thought that the value of money over loyalty is bad. Perhaps to make a stronger case and to show more language the writer could have brought in specific examples from his own personal experience, such as a classmate who had to move with his family.

2. Durante gran parte de la historia de los Estados Unidos, cuando hay gran desempleo en una parte del país, es posible que los desempleados puedan mudarse para encontrar trabajo en otra parte. Discuta Ud. en un ensayo bien desarrollado las desventajas de esta necesidad en términos del costo a la familia que tiene que mudarse.

F. la violencia en nuestra sociedad

1. Se dice que hay más violencia en la vida moderna que hace cien años. Discuta Ud. su perspectiva en el problema de la violencia en nuestra sociedad, las causas, y el impacto de ella en la sociedad.

2. Muchas personas atribuyen la violencia en la sociedad a los medios de entretenimiento. Esto parece un razonamiento simplista. Discuta Ud. su perspectiva del problema, usando ejemplos de su propia experiencia para aclarar lo que dice.

G. el pluralismo societal

1. Muchos dicen que los Estados Unidos ofrece un modelo al mundo de cómo muchas culturas pueden coexistir en un país en paz. Discuta Ud. en un ensayo bien organizado la validez de este concepto a su parecer. Dé Ud. ejemplos para aclarar lo que dice.

2. Discuta Ud. cómo un país puede crear una cultura en que todos los grupos distintos pueden mantener su identidad única pero a la vez ser una parte beneficiosa del conjunto.

6. EL OCIO

A. El entretenimiento

Se ha hecho una industria importante del entretenimiento en algunas sociedades. Discuta Ud. la comercialización del ocio y cómo se ve el entretenimiento como negocio.

> *El entretenimiento se ha hecho una industria importante en nuestra sociedad. Todo el mundo necesita tener algo que le ayuda relajar para que se pueda olivdar sus problemas. Es <u>precisa</u> que todo el mundo se divierta a <u>alguno</u> <u>tiempo o</u> otro <u>tiempo</u>. Entonces, porque hay tanta demanda por maneras de divertirse, una grandísima industria del entretenimiento se ha formada.*
>
> *Porque hay tanta demanda por el entretenimiento el ocio se ha hecho comercializado. Hoy en día, nosotros necesita preguntarnos qué ventajas y desventajas de la comercialización hay. Hay un par de ventajas. Por ejemplo, la cualidad de los <u>afectos</u> especiales de las peliculas ha mejorado un mil por ciento. Tambien el entretenimiento es mucho más disponible a todos así casi todos los ciudadanos de EEUU pueden recibir, por lo menos, programas de televisión. <u>En el otro mano</u>, hay muchas desventajas también. Porque la industria de entretenimiento quiere ganar dinero primero, ellos producen algo que vende. <u>Sólo</u> que vende en <u>ese</u> día es violencia y sexo. Nuestra sociedad se ha hecho mucho <u>mas</u> <u>violento</u> y <u>erótico</u> porque todo <u>a</u> que miramos tiene tanta violencia y tanto sexo. También, porque hay tantas oportunidades para mirar <u>a</u> entretenimiento, <u>especificamente</u> la pelicula y las programas de television, muchas personas pasan todo el tiempo <u>sentiendo</u> y no ejerciendo. Esas personas <u>se hacen</u> gordas y no productas. En fin, porque personas pueden ver cosas que usan su imaginacion <u>para</u> <u>ellos</u>, muchas personas no pueden usar su imaginacion <u>para ellos</u>.*
>
> *En conclusion, yo pienso que la comercializacion del entretenimiento es mala. Ella nos ha robado de nuestra imaginacion. Yo creo que con la mayor cantidad de entretenimiento, <u>haya menos crueldad</u>.*

Commentary

Vocabulary

The words *entretenimiento* and *comercialización* are given in the directions, so do not really count to show what the writer himself knows. Aside from these two words, other evidence of a good vocabulary is the use of *relajar, divertirse, demanda, ventajas, desventajas, disponible, mejorar, ejercer,* and *robar*. On the other hand there are several instances where the writer has difficulty finding the right word, such as *se hacen gordas* when probably the particular nuances of *hacerse* is that people become fat by dint of their voluntary effort. *En el otro mano* has a number of problems. The gender of *mano* is feminine, but this is not a good way to say *on the other hand, en cambio* would be a much better expression to use. In the last paragraph, the sentence containing *sentiendo* does not make sense in the context in which it is used. The writer probably wants to use *sentar* instead of *sentir.*

This writer has not remembered that *to* is included in the meaning of *mirar* and *miramos a entretenimiento* is not correct. Also *special effects* are quite different from *affects. Precisa* needs to be *preciso* in the expression *Es preciso.* Other words that would have been good to use in this essay are: *reemplazar, engordar, desarrollar, corromper, estimular, enriquecer, empobrecer* o *la pantalla.*

Orthography

This writer is inconsistent with his use of accents. *Comercialización* has an accent on the ending, where it is supposed to be. But in other words ending with *-ción* the accent is missing, as in some cases of *imaginación*. These may be careless errors, or may indicate that the writer is not sure about where the accent goes, so he writes it on the word in some cases, but not in others.

Grammatical Accuracy

For the most part, this essay shows a good command of the mechanics of language. It is apparent that many of the structures are translations from English to Spanish, revealed in word for word translations. A more advanced vocabulary would have helped to avoid some of the problem of translation. In spite of the apparent literal translation, the writer shows that he knows how to make adjectives and nouns agree. The comparative adjectives *tanto* and *tanta* are used correctly. One problem is the use of indefinite adjectives, such as in the phrase *a alguno tiempo o otro tiempo. Momento* would be a better word to use instead of *tiempo.* The word *alguno* should become *algún* before masculine singular nouns. In the sentences that begins with *Sólo,* what the writer means to say should be *lo único* to express the idea of *the only thing.* The conjunction *o* should become *u* before words that begin with *o.* He uses the subjunctive correctly in noun, adjective, and adverb clauses. The sentence structures are complex, and subject and verb endings still agree as they should. One sentence that is particularly awkward is *...muchas personas pasan todo el tiempo sentando y no ejerciendo.* The present participles describe the action of the verb, but the idea could be better expressed if it were rephrased. In the last sentences what the writer means by *haya menos cruelidad* is unclear.

Ideas and Organization

Once again, the topic is a difficult one to handle. An entertainment industry is by its very definition commercialized. Entertainment can be anything that people do to relax, however. Not everything that people do for entertainment involves an industry's product, but the entertainment industry's sole focus is what people do with their leisure time. The writer has pointed out the different attitudes toward products that are designed to entertain. In the middle paragraph the writer cites examples of the advantages and disadvantages of the commercialization of entertainment in our society. This paragraph could have been broken up into two others, and examples from personal experience could have been added to establish more firmly that the opinion expressed in the conclusion has foundation in the writer's experience. He could have cited a time when he wanted to go somewhere or do something and the other person wanted to watch television. He could have discussed sporting events as examples of entertainment as business.

In terms of development of ideas, there is a logical progression of ideas, although the development in the middle paragraph is somewhat muddled. There is nothing magical about having three paragraphs. The progression and development is divided into paragraphs, but it may be that more than three are required to deal with the topic. The ideas and the development of ideas should dictate the number of paragraphs, instead of the reverse. Overall, this essay shows that the writer is capable of analyzing a topic and expressing his thoughts fairly successfully in Spanish.

B. la música

Discuta Ud. la influencia que tienen la música y las letras de la música popular en los jóvenes.

C. los gustos

En el entretenimiento, se observa muchas veces que lo que una persona considera divertido para otra es trabajo. Explique Ud. cómo puede haber tanta diferencia de apreciación en una misma actividad.

D. las vacaciones

1. Discuta Ud. la importancia de descansar de la rutina cotidiana.

2. En un ensayo bien organizado discuta Ud. qué tipos de vacaciones son mejores y por qué.

E. los deportes

1. Los programas de deportes predominan en la vida moderna como nunca antes. Discuta las contribuciones y los problemas de este énfasis en los deportes en la vida moderna.

2. En gran medida los jugadores de deportes profesionales se han convertido en los héroes de los jóvenes modernos. En un ensayo bien organizado justifique o ataque Ud. esta tendencia de glorificar a los jugadores de esta manera.

7. EL TRABAJO

A. Muchos beneficios del trabajo son tangibles: el dinero que se gana, los productos fabricados. Pero también hay beneficios intangibles. Discuta Ud. el propósito más allá del dinero que pueda tener el trabajo y ofrezca algunas razones para justificar el valor intangible del trabajo.

> *El trabajo es un parte de la vida muy importante. Es también, en una forma o otra, un parte de las vidas de todo el mundo. Sin embargo, cuando una persona piensa de trabajo, la persona está pensiendo* de *ganando dinero. Dinero es un beneficio del trabajo que es tangible. Hay muchos beneficios del trabajo que son tangibles pero también hay beneficios intangibles.*

Primero, trabajo define una persona. Por ejemplo personas son calificado por sus profesiones. Si una persona estaba caminando en la calle y un otra persona la conoce, la persona preguntará sobre su profesión. También trabajo da una persona un sentido de digno. Una persona piensa que se ha realizado mucho con su trabajo. Trabajo es también algo una persona le interesó. Usualmente una persona tiene un trabajo en un sujeto. Trabajo también es una cosa que es estable. Algunas veces cuando una persona está deprimido teniendo una cosa estable ayuda. Por fin sin trabajo vida suya se estaría aburido.

Trabajo es una parte de vida que es necesario y importante. Pero tabajo es probablemente más importante para suyos beneficios intangibles que suyos beneficios tangibles. Todo de la vida de una persona es para trabajo. Por ejemplo una persona pasa muchos años preparando para su carrera y trabajo.

Commentary

Vocabulary

Many of the words that are appropriate in this essay are to be found in the instructions, such as *tangible* and *intangible*. Other than these two words and *realizar* and *deprimido*, however, this writer barely has enough vocabulary to discuss this topic. There are several words that do not mean what the writer probably intends, such as *pensar de*, when *pensar en* is meant. The word *calificado* is probably better rendered with *diferenciadas*, but the whole idea should be rephrased. This writer needs to remember that *otra* means *another*, so *un* is not necessary. *Preguntar sobre* is a literal translation that should be rephrased. The word *digno* is a good word, but not as this part of speech; a noun, *dignidad*, should be used. The verb *interesarse* is missing the proper preposition, *en*. Evidently the writer thought that *pensar* was an *-er* or an *-ir* verb, but the present participle ending is *-ando*.

Orthography

Since there are no examples of verb forms in the preterit or present subjunctive, and few irregular verbs, there are few examples of forms that require spelling changes. A few forms in the future tense have the accents written in the correct place, as well as the third person preterit indicative forms.

Grammatical Accuracy

Among the problems with grammar in this essay are those with adjectives, conjunctions, verb forms, lack of definite articles, and possessives. The gender of *parte* is feminine. Also the predicate adjective *deprimido* describes *persona*, so it should be feminine. The conjunction *y* and *o* should be changed to *e* and *u*. A big problem in this essay is the lack of proper use of verbs. Wherever English would use the present participle as a noun, this writer has translated faithfully. After *de* the verb should be *ganar*. In the phrase *teniendo una cosa estable ayuda*, *teniendo* is the subject of *ayuda*, so it should be an infinitive, but it sounds awkward in that sentence. The whole idea should be rephrased. In other places the writer has used present participles correctly. The possessive adjective *suyo* should not come before the noun; it is specifically to be placed after the nouns for emphasis. The expression should be *la vida suya* and *los beneficios suyos*. The writer has used pronouns correctly. However, there is almost overwhelming interference from English in this essay.

Ideas and Organization

This essay lacks planning. The introductory paragraph begins with the generalities about work and the benefits—all the things the writer is not going to discuss in the essay. This introduction only alludes in the last sentence to the direction it will take. The sentence also restates the topic without addressing it. There are no statements of reasons to work that provide intangible benefits. Perhaps this writer could have started out with an idea from the last paragraph where he or she comments that one spends one's life working and many years preparing for work.

In the middle paragraph this writer lists what work does; it defines a person, it gives a person a sense of dignity, it provides stability and entertainment. These are all very good intangible benefits of work, but beyond some generalities, there is no supporting anecdotal evidence. An example drawn from experience would have helped, whether it was "real" or not does not matter. The example that the writer offers about the person on the street could have been personalized to say: *When I saw my physics teacher on the street one day, ...* The paragraph begins with *first*, but there is no *second* or *third*. This writer could have included these reasons in one paragraph, then developed a detailed description or narrative of one example. Then a concluding paragraph would have brought all the points together and evaluated them.

The concluding paragraph is not a conclusion. The writer restates the topic from the introduction. Although he says that the intangible benefits are probably more important than tangible ones, the statement should be related to the previous paragraph in some way. The last two sentences are added to make up the required number of sentences for a paragraph. They both offer new ideas that should have been incorporated into the essay at some other spot. Overall, this essay has possibilities. It has ideas, but the organization and articulation of those ideas is weak and it is short of 200 words. The writer's command of language definitely affects what is said in this essay.

B. En una discusión bien desarrollada, discuta Ud. cómo se decide en una carrera. Si Ud. tiene alguna idea de su carrera, explique por qué la ha escogido y qué espera poder hacer en su carrera.

8. LA TECNOLOGÍA

A. Muchos modernistas sueñan con un mundo en que la tecnología puede resolver todos los graves problemas de la sociedad. Discuta Ud. su opinión del papel de la tecnología en la vida del mañana.

> *La tecnología es más interesante a muchos hombres. Con la tecnología es possible hacer muchas cosas: es possible hablar por teléfono y ver la persona con quien se habla, por ejemplo. Hoy en día con la tecnología es possible quedar en casa y hacer las mismas cosas de los otros hombres. Con la computadora, es possible comprar boletos por un concierto; comprar zapatos, camisas, camisetas, vestidos, calcetines, falda, cinturón, bolsa, muebles, etc., y compran comida y otras cosas del mercado. Despues de comprarlo, la compañia se le embarcará a Ud. La tecnología desgraciadamente se convierte la sociedad en las ermitas.*
>
> *La tecnología tiene intenciones buenas pero a veces el resultado no es muy buena. Hoy en día la computadora se habilita a hombres hacer todas las responsibilidades en casa. Con la computadora, un hombre se puede hacer una junta con otros personas en otras partes del mundo. El hombre*

no necesita ir a su companía cuando el puede trabajar en casa. Antes del año dos mil, será possible ver una de miles de peliculas cuando Ud. desea. "Blockbuster" no existira, porque chicos se pueden escoger una película sin quedar de casa.

Me pienso que las modernistas deben trabajar con topicas que puede ayudar los hombres antes que convierte los hombres en los ermitas.

Commentary

Vocabulary

In this essay there is a very good example of how the writer has managed to find a way to list vocabulary words in order to lengthen the essay, but the vocabulary related to the *tecnología* is very limited, with the exception of *computadora*. There are several words that do not quite express what the writer wants to say, such as *una junta, embarcará, me pienso, la modernistas,* and *topicas*. Perhaps other words that could have been used are *telecomunicación, máquinas fascimiles, pantallas, televidentes, pedir, correo eléctronico*, or *empujar un botón*. Just precisely what is meant by *la computadora se habilita a hombres hacer todas las responsabilidades en casa* is not clear, but the idea is probably that, using a computer, one can discharge all responsibilities without leaving home. At the end of the second paragraph, the verb *quedar* is clearly intended to be *salir*.

Orthography

This writing sample is not long enough, nor varied enough to provide a sample of the writer's command of the rules for spelling changes. He does insist on using a double *s* in *possible*, which is an incorrect but common spelling in samples of beginning students. He does use accents on the final vowels of some future tense verb forms, but omits it in several places.

Grammatical Accuracy

Most of the sentences in this essay are simple subject, verb, object, declarative sentences. Lacking are dependent clauses that would show a little better exactly how much the writer knows about how to manage more complex language. But he does know enough grammar to be able to communicate his ideas on a basic level. Specific problems include using the impersonal *se* before verbs when the subject is expressed. *Se puede hacer* means *one can do...*, but makes no sense when the subject, *los hombres*, is expressed. The reflexive pronoun *me* before *siento* does not make sense in this context, either. He is also undecided about whether *ermitas* should be masculine or feminine. *Convertirse* should be reflexive and should be followed by the preposition *en*.

Ideas and Organization

The introductory paragraph of this essay presents the topic and the writer's perspective, but also continues on with discussion that would have been better placed in a middle paragraph. This introduction could have stated that technology is very important today, that the way people do business is different, and that there are both advantages and disadvantages to all the technology. Then in the second paragraph the discussion, with specific examples, would have been logical. Instead, in the first two paragraphs the writer has focused on two specific examples, without placing them in a larger context. One sentence is not a paragraph. The idea that he has used for a conclusion is a restatement of his original idea: that technology has an inherent danger that people will become too isolated in their houses. This writer is very well informed on the benefits of technology and the potential of technology, but does not seem able to generalize from the specific examples, beyond the isolation. His conclusion could have summarized the idea, then placed it in a larger context of modern life. The conclusion is a logical place to imagine what the quality of life would be like. The essay is a good example of one that contains examples, but lacks the frame of reference that a good introduction and conclusion would have provided.

B. La tecnología en la medicina ha causado que muchas personas ahora vivan hasta edades muy avanzadas. Discuta Ud. los méritos de estos avances cuando se los utilizan para prolongar una vida física cuando no se puede mantener la capacidad mental.

9. LA CONSERVACIÓN

A. Con una población creciente en el mundo y materias primas limitadas, discuta Ud. cómo se puede mantener un modo de vivir aceptable para toda la gente del mundo.

En este momento, tenemos materias primas limitados y con una poblacion creciente. El futuro parece muy horroroso. Sólo veinte años atrás el gobierno decidió resolver la problema, pero la sociedad no está cometido resolver los problemas. Si fuera seguir un plan, pueda disminuir el problema de modo que no sea mala.

Todo el mundo puede retrasar el rato de la consunción de materias si recicla las materias que usa cada día. Reciclar no resuelve el problema, pero prolonga la utilidad de las materias. Los jovenes y novios necesitan saber el numero de hijos que deasean haber y siempre usa limitacion de la natalidad porque hay demasiados personas en el mundo y es evidente. Mientras el medio ambiente muere, nosotros podemos salvarlo si donamos nuestro tiempo cada semana y ayudamos las comunidades. El modo del día es que nadie no ayuda la condición del medio ambiente sin un poco grupo de personas y un poco parte del gobierno. A veces, no es un individuo que contamina -es una empresa que tiene mucho poder. La comunidad tiene que pedir reedivas del gobierno para ayudar la comunidad y advertir la empresa.

Este plan no resuelve los problemas, pero hasta que el mundo decide reaccionar, necesitamos hacer ese plan. Muchos cienfíticos dicen que no haber nada agua, no podemos resolver los problemas en el futuro; este plan es para el individuo.

Commentary

Vocabulary

This writer knows enough basic vocabulary to discuss the topic. Although *materias primas* was given in the instructions for the essay, he also uses *medio ambiente, horroroso, resolver, dismunuir, prolongar, utilidad, natalidad, retrasar contaminar,* and *científicos.* He also uses *advertir*, although it may not be exactly the best word to use in this instance. *Sin un poco* is supposed to mean, *a small,* which would require the use of the adjective *pequeño* instead of the adverb *poco.* He has used *haber* when he needed to use *tener* in the middle paragraph, but then uses it correctly in the last paragraph to say that there will be no water. From the way in which he uses several words, he appears to have a general idea of what the words mean, but the prepositions that go with some of the verbs are missing, or the syntax is a little awkward.

Orthography

In several places in this essay there should be accents written on words. The word *jóvenes* when it is plural has an accent written on the first syllable, and *número* also needs to have an accent over the *u*. The word *limitación* should also have an accent, although it is correctly placed on *-ción* endings in other places. The accents are correctly used on the verbs that require accents.

Grammatical Accuracy

The grammatical aspects of this essay show some understanding of grammar. In spite of using *la* the first time *problema* appears, the gender of the noun is correct in the rest of the essay. The noun-adjective agreement is fairly good, although there are some lapses. For example, *limitados* should agree with *materias primas*, *cometido* should agree with *sociedad*, and *demasiados* should agree with *personas*. *Demasiado*, when used as an adverb, will always end with *-o*, but in this case, functions as an adjective and should agree with *personas*. This writer has also used an incorrect negative indefinite pronoun. *Nada* means *nothing*, when *ninguna* was intended. He also has not realized that *nada* and *nadie* do not require the use of another negative if they precede the verb. More problematical than the noun-adjective agreement in this essay is the lack of control over the verb forms. At the end of the first paragraph, the writer wants to use an *if-then* statement, but has a problem with the sequence of tenses. If he is going to use *fuera* in the *if* portion of the statement, he needs to use either the conditional of *poder*, or the *-iera* form of the past subjunctive. Another case where this writer had a problem with the subjunctive is in the last paragraph. The phrase *dicen que no haber nada agua, no podemos resolver los problemas...* is another *if-then* structure that would require the conditional with the past subjunctive. Another way of expressing this idea would be to use the preposition *de* with the infinitive in place of the clause with the past subjunctive. Then the sentence would have read *...de no haber ninguna agua, no podríamos resolver...*

Ideas and Organization

This essay basically addresses the topic given. In the first paragraph the writer introduces the idea of a plan. The writer also presents the idea that conservation requires individual and corporate effort on the part of members of society. A government alone cannot mandate the kind of conservation that is necessary. The middle paragraph addresses ways in which people can practice conservation of natural resources. There is no particular logic to the order in which he enumerates the ways to promote conservation of natural resources, however. The first sentence of the last paragraph is an adequate concluding sentence that acknowledges that what is discussed in the middle is not a complete solution. The problem with this last paragraph is that this writer introduces a new idea. Mentioning that water is a basic necessity is relevant to the topic, but not the way it is included here. The essay has focused on ways to conserve, without naming any specific natural resources. Singling out water as one resource in a conclusion is not a logical place to discuss its importance. He could have made the idea of the universal necessity of water a topic sentence in another whole paragraph that focused on specific resources. Also, the last clause, *este plan es para el individuo,* does not belong at the end of the sentence. It would be appropriate as a final sentence, but not added to the sentence where it is.

Overall, there is substance to the essay. This writer has some ideas about the topic and can articulate them. This is a good essay in which to examine the way that the ability to manipulate language to communicate ideas sometimes can affect how much a writer can effectively say. To improve the content of this essay the writer could have provided specific examples to support his statements, such as cases he knew of to illustrate materials to recycle, or instances of industrial pollution. Including these aspects would have provided an opportunity to show his ability to use more verb tenses and vocabulary in describing and narrating examples.

B. Desarrolle Ud. un plan para educar a los niños del mundo sobre la necesidad de conservar los recursos naturales del planeta.

C. En un ensayo comente Ud. la necesidad de poner en equilibrio la necesidad de utilizar las materias primas de países subdesarrollados y la de conservar estas mismas materias. Discuta Ud. el conflicto entre estas dos metas.

EXAM ESSAYS

The following samples are from students in an Advanced Placement Spanish Language Course who wrote essays about some topics from past years. Look at the differences between them and compare them to the way you would organize an essay on these topics. They will not be repeated so there is no benefit to be derived from practicing writing an essay specifically about any of them. Notice how the grammatical accuracy and vocabulary affect what the writers can say about the topics. Many of the grammatical errors that these writers made are very common, no matter what the topic. Especially notice how these writers incorporate their own ideas and experiences into the essays.

In the following essay about how a sense of humor can help in life, notice the approach that the writer takes, where the writer goes with the ideas, and how the writer concludes.

Es muy importante que uno se tiene un sentido de humor en su vida para divertirse en la vida. Si no se tiene un buen humor, se puede vivir una vida muy triste, siempre estando preocupado con los problemas que pertenecen al paseo de la vida y los problemas que son del mundo.

Un buen ejemplo que vi ayer ocurrió en la tercera película del "chico de Karate". El señor Myogi, por toda la película, tenía un buen humor. En la cara de disástres, no pasó su rato despotricando la fortuna. Cuando los burlones robaron su tienda, pudiera enojarse como su estudiante Daniel, pero mantuvo sus emociones y vió la suerte que todo no estaba perdida. Otro ejemplo era cuando El señor Myogi luchó con los dos burlones. Después de luchar el copió las ruidas cómicas que el burlón habia hecho antes de la lucha. Ésta escena estaba muy cómico.

Otro ejemplo pertenece al deporte que yo juego, él golf. Cuando yo estoy jugando es muy facil enojarme. Cuando yo juego mal o terrible yo pueda empezar a tirar mis polas y despotricar en voz alta pero mi total por el partido subiría mucho. Entonces yo tengo que reír a mis errores, y a los de otros, y divertirme. Cuando yo lo hago, yo puedo tener una cuenta tan pequeña que sea posible. Y si yo quiero que el golf sea mi carrera, yo tengo que mantener un sentido de humor.

Al fin, yo creo que es necesario que más gente tenga un mejor sentido de humor para que el mundo puede mantener la paz por los tiempos que ofrecen la oportunidad para luchas y guerras. El mundo sea un mejor sitio, entonces, si todos pueden congeniarse con todos.

Now look at this essay in terms of the vocabulary, syntactic control, orthography, ideas, and organization.

Vocabulary

The vocabulary this student uses shows good familiarity with a wide variety of words, such as *enojarse, despotricar, burlones,* and *congeniarse.* Most of these words are verbs. On the other hand, there are some words that do not quite say what the writer wanted to say. The word for *golf club* does not come out quite right. Overall, this writer has almost all of the words he needs to be able to communicate his thoughts on the importance of a sense of humor.

Grammatical Accuracy

There are some places where the language appears to be a translation from English to Spanish, such as the phrase *los tiempos que ofrecen la oportunidad para luchas y guerras,* or *los problemas que pertenecen al paseo de la vida y los problemas que son del mundo,* or *una cuenta tan pequeña que sea posible.* In some places the writer has used the subjunctive where he should have, but has omitted it in others. For example in the first sentence, *es importante que uno se...* should take the subjunctive in the verb *tener.* This same structure is used in the first sentence of the last paragraph, and used correctly: *es necesario que más gente tenga....* In adverb clauses, this writer is not quite as clear about when to use the subjunctive as he is in the noun clauses. *Cuando yo juego mal o terrible yo pueda....* has more of the meaning of *when I play, I could begin...but my score would go up.* The writer has set up an *if-then* statement with one half of the structure in the present tense and the other in the conditional. Usually the conditional in one clause indicates the past subjunctive in the *if* portion of the sentence. It could be that this student's sentence was so long that by the time he got to the last part, he did not realize that the first part needed to be in the indicative for the sentence to read smoothly. The same structure is repeated at the end: *El mundo sea un mejor sitio, entonces, si todos pueden congeners con otros.* In English the sentence does not quite make sense unless an *if-then* structure is used. *The world would be a better place, then, if everyone could get along with each other.* The verb in the first clause is the conditional, but the writer has used the present subjunctive. There are some other spots, also, such as the agreement of gender between adjectives and nouns, as in: *escena ... muy cómico.* In another place the writer wants to say *as small as possible,* but does not quite have all of the expression. *Tan...* appears where it should, but he attempts to translate the second *as* by using the subjunctive.

One interesting aspect of this essay is the narration of the plot to the movie, which is told in the past tense. The command of the preterit and the imperfect is good. The writer handles the past tense narrative better than the present narration of his problems with his golf game. There are still sentences in the past narration, though, that sound like translations. Overall, the writer seems to have enough command to be able to express himself well.

Orthography

The writer has some real problems knowing exactly where to place written accents. He writes them on words where they do not belong and leaves them off where they should be. In spoken language the placement of an accent is not crucial to differentiate some words, such as *el* and *él*. But in writing, these kinds of mistakes would seem to indicate that the writer has learned this aspect of language in a haphazard manner. One oddity is the use of the written accent on words such as *vió*. The Real Academia ruled that the accent does not need to be written on single syllable verb forms.

Ideas

Since this is such a broad topic it is a little difficult to know exactly where to begin or how to organize what to say. This student has done a good job of defining how he is going to talk about the topic by beginning with a general opinion that is followed by why this writer considers a sense of humor so important. The example from a movie was a good idea because it is appropriate, and he remembers the humorous parts of the movie to add humor to his essay. After narrating the movie's plot, the writer turns to his own life and relates how humor helps him when he plays golf. His experience has provided him with examples of the benefits of humor. In his conclusion he generalizes again, but his ideas are connected. He sees the relationship between the importance of humor in his own life, and what it would be like if everyone in the whole world had a good sense of humor. The ideas are not profound. The novelty of his ideas lies in the way he relates them to his own life.

Organization

The organization of this essay is very logical. The first paragraph contains only two sentences instead of three, but it provides an idea to the reader, which he then develops in the subsequent paragraphs. His ideas move from general, present tense remarks to the past. In the past he narrates an example of the importance of humor, then moves to the present time, personal mode again. The progression is from general abstraction, to specific, third person example, to present, first person example, then back to general statements placed in the present and the future. He is suggesting that the future will be better if we can learn from the past. The change of focus of the time frame provides the movement and development in the essay. The conclusion is the end product of the logical development of ideas in the rest of the essay.

Some ways to improve this essay would be to:

1. work out the problems with the grammar in the subjunctive in *if-then* sentences,
2. try not to translate from English to Spanish in writing the essay,
3. work on connecting phrases to make the sentences go together a little smoother, and
4. learn expressions such as *as ... as....* (*tan...como*).

Another topic addressed on a past AP exam was how young people today seem unconcerned with the world around them. Given the vocabulary, *despreocupado, situación actual,* and *juventud*, think about what would you say about this topic.

Here are two essays about young people today. Compare how these two writers approach the topic.

ESSAY ONE

Hay dos perspectivas en relación a este tema porque dos grupos existen, un grupo que apoya los ejemplos y las evidencias de una factión y otro grupo que hace el mismo por sus propias personas. El primer grupo puede ser discutido por su falta de participación en las actividades actuales del mundo. El segundo grupo, (otra factión), en cambio trabaja para mejorar los problemas del mundo con gran fuerzas grandes.

El primero grupo no tiene nada que interesa con la excepción de mismas existencias y las acciones que puedan crecer el más divertido posible por ellos para disfrutar. Estas personas no están preoccupados ni con los problemas del mundo ni con los problemas de otros individuales. Sus mundos son sus vidas y sus sólas razones para vivir, trabajar, gañar dinero, y existir. Si una persona de este grupo es preguntado para ayudar a otras personas, esta persona "no podrá" ayudar porque "no tiene bastante tiempo". Pero la verdad es que esta persona siente que no recibirá nada por su mismo de la experiencia y entonces esta persona fabrica un excuso para remover la posibilidad de su servicio. La raíz de esto sentimiento es el mensaje de "la generación de mí". Este mensaje indice a muchas personas que puedan hacer algo si recibirán dinero (o cualquier cosa pro su trabajo) o si se divertirán mucho.

En cambio el mensaje de otro grupo es muy similante a las palabras del presidente Kennedy, quién dijo "Ud. no pida que su país puede hacer por Ud., en cambio Ud. pida que Ud. puede hacer por su país." Esta es la verdad y esta es la que el segundo grupo cree. Estas personas son dedicadas a mejorar el mundo por otros y entonces están preoccupadas con la situación actual del mundo. La gente que trabaja en agencías sociales, que organiza clubes que ayudan el medio ambiente, y que trata de curar Sida y otras infermedades, es este grupo. Ellos están tratando de ayudar el mundo sin buscar dinero o su propia existencia.

Al fin y al caballo, ellos que acceptan la responsibilidad, los miembros "del segundo club", operarán el mundo porque la juventud que toman responsibilidad será los presidentes y los jefes. La generación de la juventud que respeta nada pero su mismo morrirá porque ellos se destruyerán. La naturaleza de mundo se recompensa sus equivocados.

Here is an example of how another writer deals with the same topic, but in a much different manner.

ESSAY TWO

Por lo general, es verdad que la juventud de hoy no entienden completamente los problemas del mundo, pero creo que se estaría equivocado si se creyera que nosotros, la juventud, no podrémos vivir en paz o cuidar el mundo. Empezando en los noventas, estamos entrando en un época nueva en que todo el mundo se da cuenta de los problemas ambientales, de violencia, y el peor estado de nuestros morales. Hay más y más en la prensa, en la televisión, y en nuestras vidas aconsejándonos del peligro creciendo. Entonces, a mí me parece que la juventud lo sabe también. He visto muchos programas para niños que enseñan como se puede ayudar el ambiente, luchar violencia, y mejorar el mundo. Por ejemplo, ayer yo oí dos anuncios hablando de CIDA y en mi colegio la administración está estableciendo un fondo de educación sexual. Dudo que los jovenes hacia diez años supieran tanto. También, hay muchas personas voluntarios en que niños y jovenes participan (pintando casas de viejos, enseñando niños después de escuela, etc.). En cambio, es verdad que muchos están protejidos de realidad o, más común, no leen bastante para saber nada del mundo alrededor de su vecino. Según ellos, nada les importa a menos que sea deportivo o social. para ellos, espero que la gran despierta de este país los cambie.

Cada día lleva noticias de cambio; sin duda, educación, academica y moral, es la llave con que la juventud realizarán avances politicos, morales y tecnologicos. Ojalá que la juventud de hoy no se equivoquen en las mismas maneras de la generación pasada.

Both of these examples of essays can be evaluated in terms of vocabulary, grammatical accuracy, orthography, ideas, and organization. In the following commentary about the first essay, notice how different aspects of the essay are weighed so you will have an idea of how to evaluate your own writing.

ESSAY ONE EVALUATION

Vocabulary

This student's vocabulary has some good words and some that are anglicisms, words that are essentially English. Some of the vocabulary that communicates well is: *perspectivas, ejemplos, mejorar, fuerzas, razones, fabricar, raíz, sentimiento, mensaje, indicar, divertirse, medio ambiente, naturaleza,* and *recompensar.* There are other words that could also communicate what the writer wanted to say, but they were used in such a fashion that a Spanish-speaking person would probably have to struggle to understand what the writer wanted to communicate. There are words to use, such as: *remover, individuales, excuso, operar, sí, su mismo, factión, crecer, destruirse* and *equivocar.* This writer almost remembered the expression, *Al fin y al cabo,* but did not quite get it right. On the whole this student has shown a knowledge of good vocabulary and can use some of it well. The writer also misspells *infermedades, preoccupados,* and *gañar.* One good feature are a few transitional expressions that help to make the ideas go together, such as, *en cambio* and *pero la verdad es que....*

Grammatical Accuracy

Included in this category is a global evaluation of how well the writer uses various verbal tenses, the subjunctive, adjective and noun agreement, relative pronouns, agreement of gender and number of pronouns with the nouns they replace, the gender of nouns, the use of preposition, and indefinite negative adjectives and pronouns. In the first paragraph the student has used the correct gender for *tema. Primer* is shortened, once before a masculine, singular noun, the passive voice is used correctly, and the prepositions *por* and *para* are used correctly. On the other hand, *grande* should not be shortened before plural nouns. This paragraph shows some interference from English in the sentence structure. The writer did not know exactly how to translate the idea of *el mismo.*

In the second paragraph the language begins to break down because of the tendency to translate from English to Spanish. The exact meaning of *su mismo* is hard to understand. The writer correctly uses *ni...ni*, and the passive voice again. But what is meant by *puedan crecer el más divertido posible por ellos* is unclear. The word *esto* should be *este* to agree in gender and number with *sentimiento*. By the end of the paragraph, the meaning of the "Me Generation" is communicated, however.

The third paragraph also suffers from the transference of English sentence structure onto the Spanish when the student quotes President Kennedy. There is some inconsistency in the agreement of verb endings with *gente*, sometimes they are singular, and sometimes plural. *Gente* is a singular noun, and takes a singular verb ending. *Quién* should not have an accent, since the interrogative pronoun is not the part of speech that is needed in that sentence. What is meant by the last phrase, *o su propia existencia,* is unclear, but once again, the student has communicated what the focus of this group of people is.

By the last paragraph, the writer does not have enough time left really to think. It consists of the writer's view of the state of youth today and an opinion about what will happen to one group, the one that is self-centered. There are problems, such as the lack of a double negative before *respeta nada, pero* instead of *sino* after that phrase and the problem of how to interpret *su mismo morrirá porque ellos se destruyerán. Equivocados* needs to be a noun instead of an adjective.

The subjunctive is not well used in this essay, but then there are few sentence structures where it would have been appropriate. It is used correctly in the formal commands in the quote from Kennedy. Past tenses are not used, nor are they appropriate in this essay since the topic asks about the present and the future. The student generally knows how to conjugate verbs in the future, with the exception of *morirán*.

Orthography

The student has not really used verbs where there would be a problem with the spelling. In the second paragraph, the writer wanted to use the subjunctive of *indicar*, but neglected to change the *c* to a *qu*. But the subjunctive is not normally used in the main clause of a sentence unless it is a command, or there is an adverb such as *quizás* to indicate uncertainty.

Ideas and Organization

The one aspect that this essay really has is ideas. This student has evidently paid attention to the world around him, and has some strong opinions about what he sees. Since he has so many comments to make, he does not have to repeat himself too much. He begins with an observation about two groups in the world, then develops more ideas about his observations, based on what he sees. He concludes with some more ideas about what will happen to the groups he observes.

The organization of these ideas is clear. The writer presents his perception of the topic to be discussed and finds that there are two points of view represented among young people. The next two paragraphs deal with these two perspectives, one in each paragraph. The final paragraph is the conclusion. There is clearly an order to the development of ideas in this essay. The student begins at the beginning with his observations. He does not simply rewrite the topic; he shows in his opening how he perceives the topic. He offers an idea of how he views the topic and how he plans to address it. After reading this first paragraph, the reader expects this writer to talk about the two perspectives, which is what he does. Then at the end he offers a conclusion based on the evidence offered in the body of the essay. The presentation of the essay in paragraph form makes it easy for the reader to follow and to anticipate what the writer will say.

In the final analysis this writing sample needs to be evaluated in terms of the level of competence it suggests or demonstrates. There are real problems with language in this essay. The question is to what extent they have kept the writer from communicating thoughts. If it can be seen and understood that this writer has some thoughts about this topic and can back them up, then he has successfully communicated, not all of his ideas, but most of them. At some level he has probably demonstrated competence with this writing sample.

ESSAY TWO EVALUATION

The second sample is quite different. Just from looking at the composition, the form of one very long paragraph and a very short concluding paragraph makes the reading denser. Using the same guidelines, there are some other significant differences between essays, also.

Vocabulary

Once again there is some good vocabulary, such as *estar equivocado, cuidar, época, darse cuenta, prensa, aconsejar, peligro, ambiente, mejorar, deportivo, llave, realizar,* and *equivocarse.* For the most part these words are used appropriately. In addition, there are transition phrases, like *por lo general, en cambio,* and *es verdad que,* as well as words like *entonces, también,* and *según.* This writer seems to have a better grasp of what the words mean than the first writer. There are some ambiguities, however, such as what is meant by the phrase, *está estableciendo un fondo de educación sexual.* He also uses *vecino* in a strange fashion after *alrededor de su vecino.* The list of the words *educación, academica y moral* is unclear with the mixture of parts of speech.

The grammar in this sample shows a much more complex style than the first. One of the first aspects that is very apparent is how this writer uses the subjunctive, and uses it correctly, beginning with *creyera* and ending with *se equivoquen.* There is a great variety of sentence structures. This writer does not always use a "subject-verb-object" pattern. He begins with *Empezando... En cambio, Según ellos,* and *cada día, ojalá.* Generally prepositions are used correctly, adjectives, what few there are, agree, and *problema* is the correct gender. Also, present participles are especially effectively used, *aconsejándonos, empezando, está estableciendo, estamos entrando, pintando,* and *enseñando.* In comparison with the previous essay, the emphasis on describing the action as opposed to objects is quite noticeable. In one case, however, the student used *creciendo* as an adjective, which is not correct. In terms of other points of grammar, the writer uses pronouns, especially the neuter pronoun, *lo,* correctly. He uses the superlative construction with *el peor estado de.* There is an example of an *if-then* construction in the sentence, *se estaría equivocado si se creyera que....* He has used the preterit well, and used the correct forms of irregular verbs in all tenses and moods. In the first paragraph alone he has demonstrated that he knows a lot about Spanish grammar.

Orthography

The spelling is generally good. He remembers to change the spelling of *equivocar* in the subjunctive, as well as *creer.* The one very noticeable lapse is the word *protejidos* where the *g* does not need to change to *j.* In the word SIDA, he has also changed the *S* to *C.*

Ideas

This essay is short on ideas. The student makes references to what he sees in the newspapers, on television, and to personal experiences in school where he knows of students who help others. But these ideas are buried in all of the examples of how much grammar he knows. The development of ideas is secondary in this writing sample. He begins with agreeing with the topic statement, that young people do not really understand the world around them. The ideas that he puts forth are generalities about a changing world, that many young people do participate in community activities, that some are sheltered and do not experience what is going on in other parts of the community and that they will have a rude awakening someday. These ideas are backed up by references to programs of students helping other students, helping in the community and taking part in educational programs about current problems affecting society. But few of these ideas show much originality or depth of thought. One of the dangers of writing an essay just to show off grammar is that all the subjunctive expresses is conjecture. The essay is short on what the student knows and thinks. It needs more balance.

Organization

If this essay is short on ideas, it is even more deficient in organization. The opening sentence merely restates the topic statement. This writer does not offer any indication of how he is going to address the topic. Nor does he indicate any logical progression of thought. His general pattern is to make a statement, then begin almost a stream of consciousness style thought process. The first idea that he offers is that young people know what is going on, and that they are involved. For a second idea, he also acknowledges that some young people are sheltered and do not know it. Sheltered young people is a new thought that should have been developed in its own paragraph. The conclusion goes back to the idea of change. But he restates the original thought.

Some ways to improve these essays follow.

ESSAY ONE IMPROVEMENT:

1. Improve the vocabulary. Word selection makes a tremendous difference in how well you communicate.
2. Try to avoid translating what you want to say from English into Spanish.
3. Plan your time so that you do not run out at the end and wind up with a weak ending.

ESSAY TWO IMPROVEMENT:

1. Do not substitute generalities for original thinking.
2. Organize ideas better.
3. Develop the ideas better in paragraphs, especially the introduction.
4. Use all the great grammar to elaborate on some subtleties and nuances.
5. Keep the examples, but be more specific.
6. Arrive at a conclusion.

When the topic is very broad and little vocabulary is given you have more latitude to say whatever you wish, but the organization becomes a little more difficult if you do not know exactly what to say. For example, if the topic is to define what happiness means to you, you can begin with a statement or definition and offer examples from your own experience about what happiness is. But beyond these statements, the problem is arriving at a conclusion about happiness. Here is a sample and a commentary.

¿Qué representa la felicidad? Para mí, la felicidad es un aspecto importante de mi vida. Sin felicidad, todo el mundo sería muy desconsolado. Por eso, supongo que la sociedad necesita la felicidad para existir. Yo recibo mi felicidad de mis experiencias con mi familia y mis amigos.

Primero, mis experiencias con mi familia crean la felicidad dentro de mi vida. Cuando me entrega a los recuerdos, me doy cuenta que he pasado mucho tiempo divertido con mi familia. Por ejemplo, yo estaba muy contento mientras mi familia y yo viajábamos por la Gran Bretaña. Allí, mi padre, quien es generalmente muy culto, y yo actuamos de niños. Juntos nosotros visitamos tiendas, restaurantes, y museos. Reímos tanto. ¡Qué felicidad!

También, mis experiencias con mis amigos crean la felicidad dentro mi vida. Todas las semanas, mis amigos y yo pasamos tiempo juntos fuera de la escuela. Por ejemplo, nos gusta ir al cine para mirar una pelicula cómica. Allí, podemos divertirnos sin que nuestros padres nos miren. Podemos relajar y hacer bromas mientras estamos al cine.

Por eso, la felicidad para mí representa todas los eventos de su vida en que puedo relajar y divertirme. Aunque mis experiencias no son muy serios, ellas son un modo de escapar de la realidad de nuestra vida aburrida. Si una persona no tiene ganas de ser feliz, se pondré una víctima de la tristeza. Sin embargo, creo que las experiencias de felicidad pueden curar todos los problemas.

Vocabulary

The vocabulary in this essay is adequate to communicate the writer's ideas on the subject of happiness. The words that stand out in this essay are *desconsolado, hacer bromas* and *relajar.* He also uses the expression *tener ganas de* correctly. The attempt to use *me entrega* with memories shows that he feels comfortable enough to attempt to be a little more creative with language. He could have simply said, *cuando yo recuerdo....* Part of the selection of vocabulary has to do with the way this writer chose to define the word. Since he is going to define it in terms of family and friends, the essay does not require any special vocabulary. One word that stands out because it is not a good choice is *eventos,* where a more common word would be *ratos,* or *tiempos.*

Grammatical Accuracy

For the most part the language in this essay is fairly simple. The writer tends to use short, simple sentences. For example, in the first paragraph instead of saying, *Si no tuviéramos la felicidad, todo el mundo sería muy desconsolado,* this writer says, *Sin felicidad, todo el mundo sería desconsolado.* The exclamation *¡Qué felicidad!* also appears to be used in place of a longer statement using more complex grammatical structures. He uses the subjunctive once in an adverbial clause. This writer also has good control over what he does say up until the last paragraph. There language breaks down in strange ways, considering the rest of the essay. For example, for the first time the writer uses the wrong ending for the future of *pondré* when he needed to use the third person, *podrá*. He uses the possessive adjective, *su*, in front of *vida*, when the referent is first person singular. The agreement of adjectives and nouns is good, Since there is not much in the way of complex structures, one wonders if he has shown as much as he knows. The essay is to provide a writing sample that demonstrates breadth of knowledge about the writer's control of the language. This essay provides a small sample, making it harder to evaluate. The rhetorical question at the beginning is a way of opening that can be weak if there are no ideas that follow.

Orthography

This writer does not have any significant problems with spelling. Once again, the writer has been very careful to use only language he knows well.

Ideas

In terms of the ideas in this essay, the writer has an original way of thinking about happiness. He avoids the tendency to be trite and say, *Happiness is....* He thinks about his own experiences and then writes about what he has observed in his own life. His ideas are not very profound, but are thoughtful. He seems to be a person who has been fairly happy in his life, and has a circle of family and friends who are very important to him. There is a logical progression of ideas, except for the last paragraph, which contains some new directions and new ideas in the context of the essay. The idea of happiness being whenever he can escape reality seems to be unrelated to the previous ideas of happiness with family. Perhaps this writer could have introduced some thoughts about what life would be like if things did not always go so well. The good times are happiness, but there is no other point of reference in this essay. The writer could have contrasted some ideas about when he is not happy with those ideas about when he is happy.

Organization

One of the problems with this essay is the way the writer narrows what he says to a fairly small world. The essay contains many examples and the writer elaborates upon them well. But the reader is left to deduce from what is said that this writer considers the open, honest relationships essential to happiness. He almost seemed surprised that he enjoyed the trip with his father as much as he did. He commented on what they did, their activities and the fact that they laughed together. But he does not go beyond a description of the events. There was no attempt at interpretation or analysis of the situation.

In the first paragraph, the writer defines happiness in terms of family and friends, but in the conclusion adds the idea about escaping reality. The thought does not logically follow what he has said in the previous parts of the essay. If happiness is family and friends and relaxing and enjoying life with them, one wonders why he would need to escape from it. The last sentence talks about *curing problems*, but nowhere else in the essay are problems mentioned. The organization of the essay has not lead in that direction. If the writer were going to discuss problems as will as pleasures in life, he should have introduced that thought in the beginning, too. It almost seems as though the writer came to the end of what he wanted to say, then realized that he needed to add more words to have 200. An outline or plan before beginning the essay would have helped avoid the weak ending.

Here are some ways to make this a better composition:

1. Introduce a better balance of what constitutes happiness. Sometimes what something is can also be defined in terms of what it is not.
2. Contrasting good and bad times or comparing his life with someone else's would provide more opportunity to use more complex grammatical structures.
3. Make the conclusion stronger by developing more ideas in the body of the essay.
4. Plan ahead what to say so that it is not necessary to add on ideas at the end.

While the previous writer took a personal approach from the very beginning, another writer takes a very general perspective at the beginning. Notice the difference in how the following essay is organized.

Existe en cada hombre el deseo de ser feliz. Pues la vida de una persona es el proceso de hallar la felicidad suya. Desde hace la incepción de los pensamientos de la raza humana, han vivido muchos filosifistas que han formulado sus ideas propias sobre la felicidad. Si cado individuo tiene sus propios deseos, debe tener su propio concepto sobre la felicidad. Por eso, yo voy a repasar unos conceptos populares y al fin presentar el mío.

Tengo muchos amigos que creen que la felicidad solamente es materialista. Ellos dicen que les gustan a ellos cosas (autos, relojes, stereos, computadoras, viaje), y por eso, para realizar sus deseos, se necsitan enriquecerse y tener poder. Pues, me dicen que si tuvieran todo el dinero que necesitaría, serían felices y contentos. De otro modo, ellos seguirían tener deseos, y haría una cosa que no pudieran comprar, algo que ellos no pudieran hacer. Por eso la felicidad basada en ideas materialisticas solamente empeorará la situación del individuo.

Tambien hay otros que creen que la felicidad es razonable, algo que puede ser explicado por los sentimientos y las ideas de una persona. Pero esta punta de vista razonable y intelectual no mejorará la situación tampoco. Si una personas se hiciera ser aislado y completamente dominada por sus pensamientos, se sentiría mal, como la mar sin agua. Le faltaría algo que no pudiera explicar con su razón.

El materialista solo tiene sus posesiones de materias y su dinero de papel; el intelectual solo tiene sus pensamientos y su silencio. Para mí, la felicidad existe en el amor, la relación entre todos los "ciudadanos" de la humanidad. El amor, para mí, es el sintesís de los deseos animales (materialisticas) y la pura razon. No somos animales; podemos pensar. No somos creaturas completamente razonables; tenemos cuerpos y sentidos. Pues, el amor significa cosas del mundo y también del espiritu. Pues, las personas que no tienen ninguna felicidad pueden recibir ayuda (amor) de otros. Ser amado por otra persona (amigo o enamorada) llena la existencia personal. En el amor o una relación es menester que una persona se de su vida por otra persona. Ya no existe un amor para el "ego", el "ich", el "yo", sino un amor para otros. La vida de una persona pierde su "precio" y una persona puede vivir para otros para satisfacerlas, un deseo que es bastante facil para hacer. Como dice la iglesia "El Amor, la Confianza, la Esperanza. El mas importante de todos es el Amor."

Vocabulary

This vocabulary appears to be fairly advanced. This writer, however, is good at creating words in Spanish. There are a number of words and expressions that are not quite right, but are close enough that maybe they are understandable. For example, the words *filosifistas, una punta de vista,* and *stereos* are close enough to understand. But certainly the rest of the vocabulary, such as *raza, empeorar, enriquecer, empobrecer, realizar, satisfacer* and *mejorar* indicate a wealth of words that this writer can use. He also knows how to differentiate between what *propio* means when it precedes or follows the noun.

Grammatical Accuracy

There are many examples of very good grammar in this essay, as well as quite a few different types of errors. This writer has a particular way of phrasing what he wants to say that reveals a willingness to venture beyond a repetition of the same structures and simple sentences. For example, the use of the emphatic possessive adjective in the first paragraph underscores how this writer sets himself apart from others in his attitude toward life and happiness: *el proceso de hallar la felicidad suya.* In general, the agreement of adjectives and nouns is very good, in spite of the fact that he tries to make the adverb *cada* agree with a noun. *Cada* is invariable. He does use the correct indefinite negative adjective, *ninguna.* For the most part verb endings and subjects are good, as is the use of the subjunctive and irregular verb forms. In one place he should have used a present participle after the verb *seguir.* He uses the conditional and the past subjunctive in *if-then* sentences very appropriately. However, there are several problems with the past subjunctive in adjective clauses toward the end of the essay. In general, the grammar toward the end is not as strong as the beginning. For the most part he does not use present participles. Also, in another place he neglected to change *y* to *e* before the word *intelectual.* Overall, though, this student has a good command of language and can begin to rearrange phrases, and select grammatical structures to create his own style.

Orthography

There are a few lapses of orthography, mostly having to do with written accents. In one place the word *de* should have a written accent to make it the present subjunctive, but the accent is omitted. There are accents omitted on other words, too, such as *razon, mas, facil, solo* and *espiritu,* among others. This writer does use accents on the verb forms in all the appropriate places.

Ideas

This writer has some very definite ideas about happiness. But he does not begin with his own personal happiness; he has a broader vision of his world than the student in the first essay on happiness. The student has not only thought about his own happiness; he has observed his friends and acquaintances to see what happiness means to them. The difference between this student's generalities and that of others is that he sees himself and others within a larger context. While it is trite to say that money cannot buy happiness, this writer gives examples to support the statement. This student has some very good ideas and very articulate ways of expressing them.

Organization

This essay has excellent organization. The first paragraph indicates the definition of happiness, describing it in both a very broad context and a very narrow, personal one. The organization of the essay is presented in the first paragraph. What sets this essay apart is that this one actually does deliver what is introduced in that first paragraph. The structure is to compare and contrast two opposite views on what constitutes happiness, then show how the writer reconciles these two views in his own way of thinking. These two views are synthesized in his way of thinking by recognizing that a human being is a very complex creature. The conclusion is a logical one; his arguments and discussions about happiness have led to the proposal that love is true happiness.

Within each discussion, in the paragraph about materialism and the one about denial of materialism, the writer deals with two opposite points of view. When the materialist says that he is happy when he has everything he needs and wants, the writer points out that if the materialist finds happiness in things, he does not show it because he continually wants more. In the process of discussing the contradictions in the thinking of the materialist, the student also shows that he can use the subjunctive very appropriately to express conjecture and probability. Grammar, ideas, and organization are all evident in this essay.

This essay is a very good one. Remember that the scoring is on overall presentation. While the ideas and organization are excellent, this essay may not be a superior one because of the overall effect of lapses in syntactic control. However, an essay does not have to be written in perfect Spanish to receive the highest score.

The best way to improve this essay would be to clean up the little details such as *y* instead of *e*. These do detract from the overall quality, even though no "points" are subtracted.

Another very general topic would be about the relationship between adults and adolescents. When the vocabulary is given, then the structure almost is dictated, unless you have some very original ideas about what you want to say. Given the vocabulary *compleja, a menudo, problemática, depende de ambos grupos, la comunicación, la responsabilidad, la flexibilidad, confianza mutua,* and *faltan*, look at how the list of vocabulary fits into the chronological organization of the following sample.

Del instante de la concepción, el hijo tiene una vida que no se puede distinta de las vidas de sus padres. Al niño al primer, es magnífico ser curado por los padres. Es fácil obedecerlos. Cuando el hijo se vuelve en hombre, aunque, los padres y el hijo encuentran una nueva relación.

Los padres pueden creer que el hijo sea un niño y necesite más leyes que son necesarios. El hijo puede creer que los padres sean leyistas tiránicos, y por eso puede querer devolver la familia en el pasado.

Hay maneras para resolver esas malas. Cuando cada persona explique sus razones del hacer algo, es mucho más fácil entender lo que el otro está tratando decir. Si los padres hubieran olvidado que tienen suyas responsibilidades, no sería posible salvar la familia sin la comunicación. hablar es entender es sobrevivir en la familia.

Cuando la familia está hablando, hay que dar cuenta de la importancia de lo de que está hablando. Los padres y el hijo debe decir la verdad y debe creer que lo que el otro dice es la verdad. Si el hijo promite que no manejará después de las doce, no debe manejar después de las doce.

Si los dos no tienen que trasladar los dichos del otro, y si no quieren que el otro haga más que es necesario, la relación entre los padres y los adolescentes puede ser uno de respeto y felicidad. Ojalá que todas las familias entiendan la importancia de lo que cada persona <u>*necesita*</u> *hacer para vivir en la paz. La libertad de la familia es en los deberes de todos.*

Los que han perdido unos padres pueden decir que es la verdad, y es imposible describir la importancia de una buena relación. Es necesario dar cuenta de la importancia del amor, porque es el parte básico de la unidad de algún grupo de personas. El amor es la razón; no es la seguridad o la interesa de salud o ninguna otra cosa. Amar es querer vivir para la felicidad de la familia. No olvide el amor.

Vocabulary

Vocabulary is not the strong point in this essay. For the most part, this student used many words from the instructions. This student even coins a word, such as *leyistas,* when he is not sure of an appropriate word. There are some other words, such as *sobrevivir, dar(se) cuenta, manejar,* and *tiránico* that suggest that this writer has been exposed to an appropriate vocabulary. His problems with words like *trasladar* and *dichos* would seem to indicate that he did not quite assimilate as many as he really needed to express everything he wanted to say. The confusion of *hablar* for *decir* in the fourth paragraph is very basic, although common among English-speaking students of Spanish. Aside from this vocabulary, most of the words are fairly simple and are repeated. There is a strong influence from English in the selection of vocabulary in this essay.

Grammatical Accuracy

In the structure of sentences in this essay there are also many carryovers from English. At times it is difficult to understand exactly what is intended, such as in the sentence, *La libertad de la familia es en los deberes de todo* or *Hay maneras para resolver esas malas.* In addition to the forced vocabulary and structures at times, this writer also has some misconceptions about what the subjunctive really means and how it is used. He has used it in the main clause of several sentences, and in dependent clauses where it is not appropriate, such as *Los padres pueden creer que el hijo sea un niño y necesite...* or *Cuando cada persona explique sus razones del hacer algo, es mucho más fácil....* Yet, at other times, he has used the subjunctive correctly, as in an *if-then* statement: *Si los padres hubieran olvidado que ... no sería posible salvar....* There are also examples of the future tense, which indicate that this writer has some idea of how to use verbs in various tenses. There are problems with agreement of adjectives and nouns in several places, and the use of *suya* where it does not make much sense. He has used the correct structure for the passive voice in the first paragraph. The infinitives are used correctly in a number of places where they function as nouns. Overall the syntactic control is weak, and at times the reader is struggling so much with the expression of the language that understanding the ideas is very difficult.

Orthography

This writer seems to have a good idea of when to use accent marks. There are not really any instances where the spelling of words is a problem, probably because the language is mostly basic. He has successfully observed the spelling conventions of written language for his level.

Ideas

At times this student's language does interfere with his ability to communicate his ideas. But he does have some good ideas that he manages to express very well, such as *Hablar es entender es sobrevivir en la familia*. Most of this essay focuses on communication, and all the ideas are variations of the one idea that communicating is important, family members need to listen to each other, before family members can understand each other they have to communicate, family members need to respect each other, and it would be terrible not to have a family.

Organization

This writer begins at the beginning of life and follows a chronology of different stages of communication, which shows some thought about organization. At the beginning of the essay he describes how little children perceive the relationship between children and adults. Then in the middle of the essay he gets to adolescents and the essay loses focus. At the end there is an attempt at a conclusion with a discussion of what families would be like if the parents were missing. Although there is an attempt at organization, it is not carried out because the direction is lost in the middle. The first paragraph does not provide any clues beyond what the reader deduces will come after childhood.

Some ways of improving on this essay would be:

1. Spend a few moments at the beginning mapping out the whole essay, not just the first two paragraphs.
2. Develop more ideas about communication to work into the discussion of relationships between generations
3. Review grammar to understand how to use the subjunctive a little better.
4. Reread the essay to clean up problems with the agreement of adjectives and nouns.
5. Eliminate repetition by having a clearer idea of direction in the essay.
6. Elaborate with examples from personal experience, narrated in coherent language.

PART FIVE

SPEAKING SKILLS

INTRODUCTION TO SPEAKING SKILLS

The speaking portion of the Advanced Placement Spanish Language Examination has two parts: (1) a series of pictures about which you are to tell a story in Spanish, and (2) five directed response questions. For the picture story, you will have two minutes to look at the pictures and to think about the story. Then you will have two minutes to record your story in Spanish. In the directed response questions portion, you will hear each question twice. Then you will have 20 seconds to record your answer in Spanish. On the actual examination, there is one practice question before you record the five directed responses. You do not record the practice question. The speaking skill area is tested last to give you ample time to recall as much vocabulary and grammar as you can before you have to record a speech sample. You will have approximately 20 minutes to take this portion of the examination.

As in the other skill areas, vocabulary is crucial to communication. Without the words you need there is little chance of meaningful communication on tape. However, there is no list of words that you need to memorize before taking the speaking part of the exam. Nor is there any way of knowing before the exam what the topics of the questions or the picture story will be. The best preparation is to have a good vocabulary for as many different aspects of life as you can. In this chapter is a suggested basic vocabulary for speaking. The objective of this chapter is to provide as many different topics as possible so you can practice the vocabulary. This vocabulary does not constitute material that you have to memorize to be assured of success, but having an ample vocabulary greatly enhances your performance. When the tapes are scored, advanced vocabulary stands out if it is used appropriately. At times it can be a "redeeming feature," meaning that it shows you have learned something. It can help your score. There is a certain amount of repetition built into the word lists so that you can use some of them without having to think about meanings in translation.

There are three chapters to help you prepare for the speaking portion of the examination. The first focuses on vocabulary study in general. The questions are not personalized so you can practice talking about some topics in general. The second chapter is preparation for the directed response questions. These questions are personalized so you can practice expressing your views and opinions about your life and the world around you. These questions probably will not be *yes* or *no* questions, except as a point of departure for further conversation. The third chapter is practice for the picture story. The pictures story requires you to think quickly to describe, narrate, and comment on an event that is pictured.

In each chapter there are specific suggestions for practice.

CHAPTER 10 Grouped Vocabulary

The following section contains grouped vocabulary. Words are presented in a list, then used in a short reading about the topic in general. In the short reading there will be some verbs that you may need to look up in the Spanish-English Dictionary at the back of this book, or in a general dictionary. The study lists and readings are followed by *Práctica oral* to encourage you to use the words you have just studied. Then there are some *Situaciones* to encourage you to use the words to express your own thoughts. This vocabulary consists mostly of nouns, that is, names of places and things. This vocabulary also appears in the listening and reading comprehension and writing sections.

You can effectively study vocabulary by following these steps:

1. Study the words presented. Read the whole entry for the topic.
2. Cover one column with an index card or a sheet of paper and see if you can remember what the words mean. Check your memory first from Spanish to English, then English to Spanish. If you have to think more than a few seconds about what a word means, you do not really know it yet.
3. Mark the words you have difficulty remembering, using a red dot or some other indicator.
4. Study the problem words again and recheck your memory. Keep studying these problem words until you can recall them without difficulty.
5. Review the groups of words frequently by covering one side or the other and checking to see if you remember meanings correctly.
6. After you have learned the words in the group, read the short selection again to see if you can recall the words when they are used in the context of a passage. Look back to find the words you cannot remember.
7. Think about other ways to categorize the words that are listed. The *Práctica oral* and *Situaciones* are to help you put the words into other contexts. You should always draw on what you know and your personal experience in the oral exercises.
8. Do the *Práctica oral* and *Situaciones* aloud. Learn to be comfortable with the sound of your voice when you speak Spanish.
9. Tape some of your practices to listen for pronunciation or grammatical errors you may not be aware of while speaking.

In this vocabulary the usual rules of gender apply. Nouns that end in *o* are masculine, and nouns that end in *a* are feminine. The words in bold are found in the vocabulary immediately preceding the selection or in the Spanish-English Dictionary at the end of this book.

VOCABULARY LISTS, ORAL PRACTICE, AND SITUATIONS

El Tiempo	**The Weather**
aguacero, chaparrón	heavy shower, downpour
arco iris (el)	rainbow
brillar	to shine
brisa	breeze
bruma	haze, fog, mist
copo de nieve	snowflake
ciclón	cyclone
cielo	sky, heavens
clima (el)	climate
despejado	cloudless, clear
escampar	to clear off
escarcha	frost
estrella	star
gota	drop, drip
granizo	hail
hielo	ice
huracán	hurricane
inundación	flood
lluvia	rain
llovizna	drizzle
mojarse	to get wet
neblina	mist
nevada	snowfall
nublado	cloudy
ola	wave
pronosticación	forecast
ráfagas	gusts
rayo	ray, thunderbolt
relámpago	lightning
remolino	whirlwind
soleado	sunny
tormenta	storm
trueno	thunder

In the following paragraphs, words in **boldface** can be found above or in the dictionary at the end of this book.

El hombre moderno metido en su casa u oficina no hace mucho caso del tiempo porque por lo general su vida no depende del capricho del tiempo. Para el campesino que gana la vida de la cosecha de la tierra, el tiempo es de suma importancia. Nuestros antepasados vivieron con la constante preocupación del tiempo. Las grandes **tempestades** llevaron la capacidad de arruinar cualquier ganancia. **El granizo** podía batir las plantas, **la nieve** y **el hielo** podían pesar tanto que las plantas que no morían por el frío, se quebraban del peso del agua **helada**. Los **relámpagos** podían encender plantas secas o destruir árboles.

En el verano, el trueno anuncia l**a tormenta**, tal como el viento y las nubes negruzcas que la acompañan. Las grandes tempestades, como **los huracanes, remolinos** y **ciclones** cada año causan mucha destrucción. Los **aguaceros** incorporados en las tempestades causan derrumbes en las regiones montañosas y producen **inundaciones** desastrosas.

La palabra *huracán* viene del nombre indígena del dios del viento. En la mitología maya el dios Culculcán representó una de las fuerzas más importantes para la gente de esa sociedad agrícola. La prosperidad del pueblo dependió del dios de viento. En la civilización azteca este dios se asociaba con Quetzalcoatl, o sea, la serpiente emplumada, porque los espirales de nubes parecían formas serpentinas emplumadas a los seres terrestres. El aguacero siempre destruía, pero **la llovizna** o la lluvia suave beneficiaba mucho las cosechas.

Después de la tormenta, **el arco iris** ofrece un agüero de paz y tranquilidad. Cuando el cielo **escampa** y **brilla** el sol, todo adquiere aspecto más feliz. **Las brisas** suaves del buen tiempo producen gran sentido de bienestar al mundo.

La pronosticación del tiempo no siempre fue la ciencia que hoy reconocemos. Antes de toda la instrumentación meteorológica, los pronósticos dependieron del arte de leer las señales del tiempo. Los navegantes, por ejemplo, contaron con el cielo rosado por la mañana para advertir el mal tiempo, o la luna con aura blanqueada para indicar el frío. Unos sabios dicen que el número de **brumas** en el mes de agosto indica el número de **nevadas** durante el invierno. Esta sabiduría popular viene de la experiencia acumulada de un pueblo, y cada pueblo contribuye con su propia experiencia para la totalidad del saber popular.

El pobre dependiente u oficinista que trabaja todo el día dentro de un edificio sólo sueña con poder gozar de las brisas suaves, el cielo **despejado** y la temperatura **fresca** del día de primavera. Las **gotas** de agua de una **lluvia** casual le representan una molestia. Teme **mojarse** entre la puerta del edificio y el coche. Ni nota la **sequía**, pues la comida y la ropa las tiene aseguradas sin importar la influencia del tiempo en la tierra.

Práctica oral:

Describa Ud. una vez cuando Ud. presenció una tempestad violenta.
Describa Ud. el clima ideal a su parecer.
Describa Ud. cómo es el tiempo donde vive Ud.
Describa Ud. cómo sería vivir en una región como Alaska.
Si fuera Ud. pronosticador para el Servicio Meteorológico de los Estados Unidos, ¿qué pronóstico meteorológico tendría para el país el verano que viene?
Explique Ud. a un extranjero que quería visitarle en su ciudad qué tiempo podría haber para que éste se pudiera preparar adecuadamente.

Situaciones:

1. Ud. es el pronosticador de televisión para una emisora en su comunidad. Prepare Ud. y dé el pronóstico de la semana entrante.
2. Ud. es agente para una empresa de seguros y tiene que visitar a una región que sufrió un desastre a causa de inundaciones. Prepare Ud. un reportaje para mandar a la oficina central de su compañía describiéndoles el daño que sufrió la región y cuánto costará a la compañía cumplir con los términos de las pólizas de seguros.
3. Ud. está planeando las vacaciones navideñas con su familia. Piensan ir a Colorado para esquiar. Discuta Ud. con ellos qué tiempo haría allí en diciembre y qué tendrían Uds. que llevar para acomodarse al clima.

Metales, Minerales, y Vegetales	**Metals, Minerals and Plants**
acero	steel
algodón (el)	cotton
aluminio	aluminum
bronce (el)	bronze
carbón	coal
cinc (el)	zinc
cuarzo	quartz
cuero	leather
esmeralda	emerald
estaño	tin
hierro	iron
hule (el), caucho	rubber
joyas	jewels
lana	wool
lino	linen, flax
linternas eléctricas	flashlights
madera	wood
máscaras	masks
minería	mining
oro	gold
pana	corduroy
plomo	lead
seda	silk
tela	material
terciopelo	velvet
túneles	tunnels
yeso	plaster

Una de las polémicas modernas enfoca el tema de cuáles son mejores, los materiales naturales o los sintéticos. Por una parte, los materiales naturales, como **los minerales**, y **las telas** hechas de **plantas**, como **el algodón, el lino** o **el caucho**, o de los animales, como **el cuero, las pieles, la seda, lana**, muchas veces suelen ser mejores porque no contienen **impurezas químicas** que pueden causar reacción en el que los lleva. Pero por otra parte, los materiales sintéticos ofrecen ventajas en cuanto al peso, precio y durabilidad. A la vez, esta conveniencia cuesta cara a veces porque todo producto fabricado de substancias químicas muchas veces contiene gases peligrosos y dañinos a la salud. La mera respiración de algunos de estos gases produce reacciones alérgicas. Muchas personas ahora muestran una intolerancia a qualquier tipo de producto sintético.

Entre los minerales extraídos de la tierra, ninguno ha inspirado tanta emoción como **el oro**. En algunas personas inspiró la avaricia, en otras, simple admiración. Pero el aprecio del oro parece basarse en la cultura. Entre algunas culturas norteamericanas se encontraron algunos objetos **dorados**, pero parece que no lo estimaron tanto como para servir el oro de moneda. Para los españoles, el oro representaba riqueza y poder. Entre las culturas europeas hasta durante la Edad Media los hombres buscaron por medio de la alquimia una manera de convertir materiales comunes en oro. Hasta hoy en día, nos fascina este metal precioso.

Pero hay otros metales que no gozan de las calidades estéticas **del oro** y **la plata** que son tan preciosos como éstos. Por feos que sean otros minerales, algunos representan buenas inversiones. Algunos, como **el estaño**, **el hierro**, **el cinc**, **el plomo** y **el aluminio** son elementos naturales que se usan en su forma cruda. Algunos de estos metales tenían usos muy comunes como **el plomo** que, por años, se usaba en la fabricación de tubería y pintura, hasta descubrirse el daño que hacía este metal en el cuerpo humano. Otros metales son mezclas, como **el bronce** y **el acero.** La combinación de dos o más metales muchas veces resulta en un metal más fuerte y más duro que otro natural.

El oro y otros minerales se encuentran en **venas** bajo la tierra o entre los granos de arena en los ríos. La extracción de estos metales es una labor peligrosa en la cual los **mineros** arriesgan la vida todos los días. **Las minas** suelen ser cavernas que serpentean dentro de montañas. Siempre hay peligro de que el techo se derrumbe. Además de este riesgo, también hay peligro en respirar el polvo. La maquinaria utilizada en las minas modernas hace buen provecho de los avances tecnológicos. Con el agua regada en los costados de los túneles se controla el polvo para evitar problemas respiratorios para los mineros.

También se necesita equipo especial para trabajar en la oscuridad de los túneles y cavernas. **Linternas eléctricas** para llevar en la cabeza son indispensables, así como máscaras para cubrir la nariz en caso de aparecer gas.

Los **joyas** que se extraen de la tierra, como **las esmeraldas**, **amatistas**, **zafiros** y **topacios**, también tienen una variedad de usos. Principalmente se aprecia el aspecto estético de los cristales; estos se incorporan en pendientes, aretes, pulseras y todo tipo de adorno personal. Pero muchas joyas tienen función en la industria, también. **Los diamantes**, por ejemplo, son joyas muy preciosas, pero sus propiedades también los hacen excelentes para cortar materiales muy duros. En la perforación de pozos petroleros, por ejemplo, se usan diamantes para penetrar piedra.

Práctica oral:

Explique Ud. la atracción del oro para los europeos que vinieron al hemisferio occidental.
Describa Ud. algunas de los materiales con que Ud. se pone en contacto cada día.
Explique Ud. dónde se encuentra la mayor parte de los metales comunes.
Explique Ud. algunos usos de metales como hierro, aluminio y acero.
Describa Ud. una mina típica antigua y cómo son diferentes las modernas.
Explique Ud. la atracción de las joyas.

Situaciones:

1. Ud. es el inspector de minas en su estado. Ud. acaba de visitar una mina y está preparando un reportaje para mandar a la oficina central. Explique Ud. lo que encontró en su visita.
2. Ud. es profesor de historia que tiene que dictar una conferencia a una clase. Explique Ud. a la clase el atractivo de los recursos naturales de Latinoamérica a los españoles.

Animales	**Animals**
alpaca	alpaca
ardilla	squirrel
ballena	whale

buey	ox
caballo	horse
cabra	goat
camello	camel
canguro	kangaroo
castor	beaver
cebra	zebra
cerdo, puerco	pig
cobayo	guinea pig
cocodrilo	crocodile
conejo	rabbit
culebra, víbora	snake
delfín	dolphin
elefante	elephant
foca	seal
gaviota	seagull
gorila	gorilla
guanaco	guanaco
gusano	worm
jaca	mare
jirafa	giraffe
liebre	hare
lirón	dormouse
lobo	wolf
lombriz de tierra	earthworm
llama	llama
mapachín	raccoon
mono	monkey
mula	mule
murciélago	bat
oso	bear
oveja	sheep, ewe
pez (pl. peces)	fish
pingüino	penguin
potro	stallion
puma	cougar
rana	frog
rebaño	flock
sanguijuela	leech
sapo	toad
serpiente de cascabel	rattlesnake
ternero	calf
tigre	tiger
toro	bull
tortuga	turtle
venado	stag, deer
vicuña	vicuña
yegua	mare
zorro	fox

Muchos animales se asocian con lugares especializados, como los animales de varias regiones de África o Asia, por ejemplo, o los países de la zona tropical. Si se dividen los animales nombrados en la lista según el contexto en que se encuentran, se puede ver más fácilmente la manera en que el animal se adapta al ambiente. Por ejemplo, entre los citados, algunos de los animales de los llanos africanos son **los elefantes,** los leones, los tigres, los perros fieros, **los zorros, las cebras** y **jirafas**. Otros, como **las focas, los peces, las ranas, los sapos, los cocodrilos, los lirones, las ballenas, las tortugas** y **las sangijuelas** necesitan el agua. Algunos se encuentran en el desierto, como **el camello, canguro, las cabras** y **ovejas**. Otros son domesticados como **los bueyes, los caballos,** los gatos, perros, **yeguas, potros, vacas, jacas** y **mulas**. En los bosques viven **los lobos, los sapos, gusanos, gorilas, tigres, mapachines, ardillas, venados** y **monos.** Otros son muy versátiles; se encuentran por todas partes, como **los murciélagos** y **conejos, pájaros, osos** y otros tipos. Quizás los animales más adaptables son **las ratas** que aparecen por todo el mundo.

Práctica oral:

Nombre Ud. los tipos de animales que se encuentran donde usted vive.
Nombre Ud. tres tipos de animales que pertenecen a las regiones áridas, al litoral y a las montañas.
Nombre Ud. los animales que viven en los árboles.
Enumere Ud. los animales que son domésticos.
Nombre Ud. los animales que se encuentran por todas partes del mundo.
Enumere Ud. los animales que se encuentran en el campo zoológico de su ciudad.
Nombre Ud. los animales que son carnívoros, o sea, que comen carne. Nombre Ud. los animales que son herbívoros, o sea, que comen vegetación.

Situaciones:

1. Ud. es miembro de un comité de planeamiento de un campo zoológico en su comunidad. Explique Ud. al comité los animales que Ud. quiere incluir en la colección y sus razones. Ud. querrá incluir animales representativos de todos los continentes del mundo. Considere Ud. los aspectos de escasez de la especie, el mantenimiento del animal y los requisitos en cuanto a su medio ambiente que tendrá que proveer el comité.

2. En su comunidad Ud. trabaja para el Departamento de Parques y tiene que preparar un programa para presentar a la escuela primaria sobre los animales que se encuentran en su comunidad. Tiene que enseñar a los chicos la importancia de cuidar bien de los animales que hay en su comunidad. Describa Vd. lo que diría a los estudiantes.

Pájaros	**Birds**
águila	eagle
avestruz (avestruces)	ostrich
búho, lechuza	owl
buitre (el)	buzzard, vulture
cigüeña	stork
cisne	swan
colibrí (el)	hummingbird
codorniz (la)	partridge
cuervo	crow

gallina	hen
gallo	rooster
ganso	goose
gaviota	seagull
golondrina	swallow
guacamayo	macaw
halcón (el)	hawk
oca, ganso	goose, gander
pato	duck
pavo	turkey
pavo real	peacock
perdiz (la)	partridge
pingüino	penguin
ruiseñor (el)	nightingale
urraca	crow

Probablemente los pájaros representan una categoría de animal con más variedad que cualquier otra del reino. Pero también se puede dividirlos según el ambiente en que viven. Unos viven en las regiones áridas, como **los avestruces, las águilas, los buitres** y **halcones**. Otros tipos se encuentran en los bosques densos, como **el ruiseñor, las urracas, los colibríes** y **los búhos** o **lechuzas.** Algunos tipos pertenecen a regiones litorales, como **las gaviotas** y **pingüinos.** Cualquier tipo de agua dulce serviría para otros como **las cigüeñas, los cisnes, los gansos, patos** y **golondrinas.** Algunas son aves domésticas ahora, como **los pavos, cuervos, guacamayos, pavos reales** y **gallinas.** Se notan unos tipos de pájaros por ser nocturnos, como los **búhos** o **los ruiseñores** que cantan de noche; su canto lleva significado especial para muchos. El ulular del **búho** se considera un agüero de muerte para algunas personas. En cambio, la encantadora melodía suave del **ruiseñor** simboliza la dulzura del amor o la belleza misma. Muchos pájaros tienen significado simbólico, como **los pavos reales,** como símbolo de la grandeza de una familia real, **las águilas** que representan el poder, y **los buitres** que se asocian con la muerte. Por supuesto, **el gallo** ocupa lugar especial, también, por ser parte de tantas costumbres latinoamericanas, especialmente en las peleas de **gallos**. En las regiones tropicales los pájaros son de colores más vivos, como si existiera alguna competencia entre ellos y las flores.

Práctica oral:

Describa Ud. los tipos de pájaros que usted ha visto en la región donde vive.
Nombre Ud. los pájaros que habitan los litorales.
Describa Ud. los tipos de pájaros que se encuentran en una finca.
Describa Ud. las asociaciones que se hacen generalmente con los búhos, los pavos reales, las águilas, las cigüenas, y los buitres.
Describa Ud. cómo son diferentes los pájaros de la selva tropical de otros como el pengüino o el cuervo.
Describa Ud. una pelea de gallos.

Situaciones:

1. Ud. trabaja para una compañía de silvicultura con vastos bosques. Su compañía es muy responsable y quiere apartar unos terrenos para la conservación de pájaros nativos a la región. Ud. está encargado de hacer una encuesta de los tipos de pájaros que se encuentran en sus terrenos y proponer un plan para conservarlos.

2. Ud. es un ornitólogo famoso que está preparando una conferencia para dar a un grupo de estudiantes en su escuela superior. Ud. quiere que después de aprender un poco de los pájaros de su comunidad, ellos tengan más interés en el tema. Descríbales algunos datos que les den una idea de los beneficios de interesarse en los pájaros.

Insectos	**Insects**
abeja	bee
alacrán	scorpion
araña	spider
avispa	wasp
ciempiés	centipede
chinche (el)	bedbug
cucaracha	roach
escarabajo	beetle
grillo	cricket
hormiga	ant
luciérnaga	firefly
mariposa	butterfly
mosca	fly
mosquito	mosquito
oruga	caterpillar
polilla	moth
pulga	flea
saltamontes (el)	grasshopper

No es de extrañar que una de la formas de vida más antiguas sea la de los insectos. Encerrados en ámbar, petrificados en rocas, y en la actualidad tan numerosos como en el pasado, por todas partes hay testimonios a la persistencia de esta forma de animal. Los insectos sobreviven por adaptarse a las circunstancias ambientales más rápidamente que otras formas. Su prodigiosa fecundidad también les asegura el futuro. Muchos de los insectos nos parecen casi domésticos, como **los grillos** o **las arañas** que tejen sus telarañas por todos los rincones deshabitados de nuestras casas. Pero otros insectos nos amenazan, como las plagas de **saltamontes** que consumen las cosechas, las omnipresentes **cucarachas**, la forma de vida más antigua de todas, o **las pulgas**, que transmitieron la peste bubónica durante la Edad Media, o **los mosquitos** que nos molestan durante la temporada veraniega con su picadura tan irritante, o **los chinches** que infestan los colchones, causando tanta incomodidad. Unos son venenosos y representan un amenaza especial para muchas personas con alergias, como **las avispas** que pican cuando se enojan, o **las abejas** que odian tanto al intruso que trata de robar el miel de su colmena, o **los alacranes** que causan dolor con las pinzas además del veneno de su picadura. Como otros animales, muchos insectos son también simbólicos. **Las abejas** representan la industria, tal como **las hormigas**. **Las orugas** representan seres ordinarios, sin novedad alguna, pero al transformarse en **mariposas** cambian de significado. **Las mariposas** representan la felicidad y la belleza. **La polilla** representa la industria, pero de manera destructiva, porque come la ropa. Quizás el insecto más pernicioso es **la mosca**. Se asocian **las moscas** con suciedad, enfermedad, todo lo feo o desagradable de la vida. El zumbido de las alas minúsculas enfurece al más paciente y causa gran consternación entre las amas de casa más meticulosas. Otros tienen sonidos más agradables, como el raspar **del grillo** que suena al anochecer en el campo, o quizás en la casa. Ciertas culturas guardan **grillos** en jaulas en las casas porque representan la felicidad familiar. Otros, como **el escarabajo**, en la antigüedad se asociaba con un dios y gracias a este significado sagrado los humanos lo respetaban.

Práctica oral:
Enumere Ud. los insectos que se encuentran en su casa.
Nombre Ud. los insectos más antiguos y cómo se sabe su antigüedad.
Explique Ud. por qué algunas personas tienen tanto miedo de ciertos insectos como las arañas.
Nombre Ud. a los insectos más desagradables.
Describe Ud. los beneficios de algunos insectos.
Comente Ud. el lugar de los insectos en la ecología del planeta.

Situaciones:
1. Ud. es exterminador de insectos nocivos y acaba de acudir a una llamada telefónica de una ama de casa que ha sufrido una invasión de todo tipo de insectos. Al llegar a la casa no puede creer a sus ojos. Describa Ud. lo que ha encontrado en la casa y las medidas tomadas para exterminarlos.
2. Un día Ud. y su novia o novio decidieron hacer un picnic en el campo. Pero en vez de una tarde romántica, Uds. sufrieron un invasión de todo tipo de insecto en existencia. Describa Ud. la tarde a su mejor amigo o amiga.

Peces y Moluscos	**Fish and Mollusks**
atún	tuna
bacalao	codfish
besugo	sea bream
calamar	squid
camarón	shrimp
cangrejo	crab
caracol (el)	snail
concha	shell
gamba	prawn, shrimp
langosta	lobster
langostino	prawn
marisco	shellfish
ostra	oyster
pulpo	octopus
raya, manta raya	ray, devilfish
tiburón	shark
trucha	trout
venera	scallop

Para la gente que vive cerca del mar, como la mayor parte de la gente del litoral, los **peces** y **moluscos** casi equivalen a la vida misma. La cosecha del mar provee la comida diaria y contribuye más proteína a la dieta que cualquier otro tipo de carne. Siempre se ha podido contar con la abundancia del mar. Los peces representan el grupo de animales comestibles más grande de la lista y los peces marítimos como **el atún, el bacalao, la trucha** y **el besugo** figuran en muchas recetas sabrosas de las costas. Pero hay otros animales que también se destacan por sus sabores únicos y por las formas exóticas que exhiben, como los **calamares, cangrejos, camarones, gambas, langostas, pulpos** y **conchas**. Unos de estos animales viven en el agua salobre, que no es ni agua salada ni agua dulce. En este tipo de agua se encuentran **las ostras,** cuya carne delicada se aprovecha cruda o cocida. Un pez con fama de comer al hombre en vez de ser comido por él es **el tiburón**, el terror del mar. Con razón se teme **al tiburón** a causa de su dentadura feroz que corta como cuchillos al desafortunado que se lo encuentre en pleno mar. Mientras **los tiburones** aterrorizan a todas las otras formas, **la manta raya** nos deleita porque parece un ave que vuela en el agua. Quizás no haya nada más fantasmal que **una raya** o **manta raya** navegando de manera tan graciosa con sus alas tan grandes. Sigilosamente pasa por el agua con toda la gracia de movimiento que les falta a **los mariscos**, caracoleando en la arena del fondo del mar. Los pobres **calamares, pulpos, veneras, ostras, langostas, gambas** y **camarones** se mueven a saltitos o movimientos espasmódicos, escabulléndose para escapar algún otro animal de rapiña. Casi parece como **los pulpos, langostas, langostinos, cangrejos** y **calamares** tuvieran demasiadas piernas y les faltase la coordinación.

Práctica oral:

Explique la diferencia entre un pez y un molusco.
Describa Ud. algunos peces tropicales que haya visto en fotografías, en el mar, o en un acuario.
Explique Ud. por qué se consideran los tiburones tan terribles.
Explique Ud. por qué las manta rayas son tan fascinantes.
Describa Ud. la manera en que se mueve un calamar o un pulpo.
Describa Ud. cómo se mueven los cangrejos.
Cite usted alguna receta con peces o mariscos y explique cómo se preparan.

Situaciones:

1. Ud. es estudiante con interés en la ciencia de biología marina. Durante las vacaciones, ha hecho un viaje al Mar Caribe para disfrutar del tiempo buceando. Describa para un amigo lo que ha visto en los arrecifes donde pasaba el tiempo. Sea específico.
2. Ud. es periodista. Está preparando un artículo sobre la comida de un restaurante con especialización en peces, mariscos y moluscos. Describa para un amigo todo lo que ellos tienen en el menú y la calidad de la comida en el restaurante cuando lo visitó. Recuerde que cuando habla con su amigo puede expresar opiniones que nunca publicaría para el público.

Árboles	**Trees**
álamo	poplar
almendro	almond
caoba	mahogany
castaño	chestnut tree
cedro	cedar
cerezo	cherry
corteza	bark, peel
dátil	date
higuera	fig tree
hoja	leaf

huerto	orchard
madera	wood
manzana	apple
membrillo, sauce (el)	willow
naranjo	orange
nogal	walnut
nuez	nut
olivo	olive
olmo	elm
palmera	palm
pino	pine
roble (el), encina	oak
raíz (raíces) (las)	root
sauce llorón	weeping willow
sombra	shade
tronco	trunk

¡Imagínese cómo sería este pobre planeta sin los árboles! Constituyen éstos unas de las principales materias primas del planeta. El uso de su **madera** para la construcción de viviendas y las frutas de ciertas especies para alimento se remontan a los tiempos prehistóricos. Aún antes de que pisara la tierra el ser humano, los árboles crecieron y cayeron, depositando materia orgánica en el suelo. A medida que pasaron los años esa madera fue cubierta por la tierra hasta quedarse en el corazón de las montañas. Los mineros extraen esos depósitos de madera, convertida ahora en carbón, que se quema para la producción de electricidad.

También se usa la madera de los árboles para la construcción de viviendas. Algunas de las maderas favoritas para la construcción de casas son las de **los robles, los pinos, los álamos, las caobas** y más. En algunos lugares es preferible construir una casa de madera porque resiste los grandes choques de movimiento tectónico en los terremotos.

Se encuentran en nuestros huertos otros tipos de árboles por su producto comestible: **las cerezas, las higueras, las manzanas, las naranjas** y **los dátiles,** y todo tipo de **nuez,** incluyendo **los almendros, los nogales, las palmeras**. Quizás no haya fruta más típicamente española que **el olivo**, que figura en tantas recetas. En otras partes del mundo hispanohablante, hay otros árboles típicos, como **las caobas** en las regiones tropicales, **los pinos** en las zonas temperadas y **las palmas** que tanto contribuyen al ambiente litoral por todo el hemisferio occidental.

Además de estos usos, se usan **las hojas, la corteza** y **las raíces** de muchos árboles para medicinas. Muchas empresas farmacéuticas ahora investigan los usos tradicionales de los curanderos de las selvas suramericanas para descubrir nuevas medicinas. Para muchas tribus, esta investigación representa una posibilidad de mantener el medio ambiente en su condición primitiva, así conservando su modo de vivir. **Las ramas** de los árboles proporcionan protección a todo tipo de pájaro, **sus hojas** respiran, produciendo el oxígeno necesario para toda vida en el planeta, y la madera contribuye alimento nutritivo a la tierra cuando por fin la madera se convierte en tierra otra vez.

Práctica oral:
Describa Ud. los árboles en su parque favorito.

Describa Ud. las razones por las cuales se encuentran algunos tipos de árboles en ciertos tipos de terreno.
Nombre Ud. las partes del árbol que se usan diariamente.
Describa Ud. algunos de los usos de los árboles en su vida.
Describa Ud. el valor de los árboles en los grandes bosques tropicales.
Explique Ud. el interés de las empresas farmacéuticas en los árboles tropicales.
Describa Ud. algunos de los usos de los árboles para los niños.

Situaciones:

1. Usted es responsable por la planificación de un proyecto para poner más árboles en su comunidad. Elabore un plan para recomendar una variedad de árboles para distintos lugares, como al lado de calles, barrios, parques. Tome en cuenta las ventajas y desventajas de cada tipo de árbol en cada uno de esos lugares.

2. Su compañía exporta madera a Japón. Un japonés acaba de llamarle para pedir una variedad de madera. Dígale lo que Uds. pueden conseguirle y arregle el precio. Avísele que Ud. tendrá que obtener algunos tipos del extranjero y que costará más dinero y tiempo. Discuta lo que le diría.

Frutas y Nueces	**Fruits and Nuts**
aguacate (el)	avocado
almendra	almond
banana, guineo	banana
cacahuete (el), maní (el)	peanut
cáscara	rind, peel, skin
castaña	chestnut
cereza	cherry
coco	coconut
dátil (el)	date
fresa	strawberry
higo	fig
mandarina	tangerine
mango	mango
manzana	apple
melocotón	peach
melón	melon
mora	mulberry
naranja	orange
nuez (la)	nut
olivo	olive
pasa	raisin
piña	pineapple
plátano	plantain
sandía	watermelon
semilla	seed
toronja, pomelo	grapefruit
uva	grape
zarzamora	blackberry

Cada región goza de su fruta particular. En unas zonas abundan frutas que no aparecen en otras regiones. En las zonas tropicales sorprende el tamaño de muchas frutas, sus **sabores** diferentes y la facilidad con que se puede cultivarlas. Puede ser que el concepto de las regiones tropicales como utopias se funda en la proliferación de frutas comestibles en esas regiones. En las islas tropicales hay muchos tipos de fruta, mientras que en las zonas más moderadas se encuentran otros tipos. En la región mediterránea se han cultivado muchas frutas hace siglos, como **las uvas** y **los olivos**. Otras frutas florecen en regiones desérticas, como partes **del cactus**, que se comen en el suroeste de los Estados Unidos y en México.

Se siembran **las semillas** de muchas frutas por varios métodos. Los pájaros dispersan muchas después de comer la fruta. Los hombres siembran algunas. Otras frutas se propagan por medio de nuevos métodos de horticultura.

En cuanto a la nutrición, la fruta es sin par. Abundantes en vitaminas y minerales, las frutas contribuyen en gran medida a la buena salud. Uno de los problemas de la gran época de navegación velera, la falta de vitamina C, resultó en el fracaso de muchas expediciones. Las tripulaciones enfermas sucumbieron porque no tenían fuerzas para navegar. Por fin pudieron remediar la situación cargando algunas frutas cítricas.

Las nueces de pacanas o nogales se pueden recoger de los árboles en los bosques, o se pueden cultivar en arboledas. Ciertas frutas que se cultivan son factores muy importantes de la economía de algunos países. Entre estas frutas se cuentan **las fresas, las naranjas, los limones, los dátiles, las manzanas** y **las uvas.** Los avances tecnológicos en conservación de frutas permitieron al aumento de las rentas nacionales de muchos países.

Se puede comer las frutas enteras o solamente partes de éstas. **Una naranja**, por ejemplo, se puede comer después de pelarla y tirar la cáscara a la basura. Se puede gozar del **jugo** de la fruta y tirar todo el resto. O se puede usar **la cáscara** en pasteles o en mermeladas. De **las naranjas** de Sevilla se hace una mermelada deliciosa, por ejemplo. Se ponen las frutas enteras en agua salada, y se mandan en barriles llenos a Inglaterra, donde, al llegar, se envasan después de añadírseles azúcar. Este método resulta en un sabor muy delicado, pero con cierta acidez que agrada.

Práctica oral:

Describa Ud. las diferencias regionales en las frutas.
Explique Ud. las varias manera de diseminar semillas de frutas.
Nombre Ud. las frutas que se cultivaban antiguamente.
Explique Ud. por qué es importante comer una variedad de frutas diariamente.
Explique Ud. por qué era tan importante antiguamente cargar fruta al cruzar el mar.
Describa Ud. cómo se come una naranja.

Situaciones:

1. Ud. es bracero que ha venido a los Estados Unidos para recoger las cosechas. Empezando con las cosechas en Tejas, Ud. trabajará en todos los estados entre Tejas y Michigan, recogiendo frutas. Ahora está en el mes de septiembre. Explíquele a otra persona el trabajo que ha hecho cosechando hasta este punto y adónde va a ir después.

2. Ud. tiene que conseguir un buen surtido de frutas para su tienda de comestibles. Explique Ud. de dónde se puede pedir qué tipos de fruta y arregle Ud. el transporte para que llegue la fruta bien fresca.

Hortalizas y Legumbres	**Vegetables and Legumes**
ajo	garlic
alcachofa	artichoke
apio	celery
batata	sweet potato
berenjena	eggplant
calabaza	pumpkin, squash
cebolla	onion
col (la), repollo	cabbage
coliflor (el)	cauliflower
espárrago	asparagus
espinaca	spinach
garbanzo	chickpea
guisante (el)	green pea
habas	beans
habichuela, frijol (el)	bean
hongo	mushroom
lechuga	lettuce
lenteja	lentil
papa, patata	potato
pepino	cucumber
pimiento	pepper
rábano	radish
remolacha	beet
tomate (el)	tomato
zanahoria	carrot

Las hortalizas y **legumbres** son parte indispensable de la buena salud. Las legumbres contienen muchas vitaminas y minerales, como las vitaminas A, K, B, y otras. Pero la historia de la emigración de algunos tipos de vegetales es aun más interesante. Por ejemplo, **las patatas** y **los tomates** son nativos de Suramérica, pero se sabe que los españoles llevaron estos productos de la tierra del Hemisferio Sur a Europa donde, al principio, despertaron desconfianza por ser nuevos. No obstante, **las patatas** llegaron a ser un comestible clave en muchos países, como lo fueron para los irlandeses. Pero el país que cuenta con un solo producto tarde o temprano sufrirá algún desastre, como Irlanda después del fracaso de las cosechas de **la patata** al fin del siglo diecinueve. A causa de este desastre, muchos irlandeses emigraron a los Estados Unidos. Por supuesto se sabe que se comen muchas patatas en forma de papas fritas en los Estados Unidos.

El color y sabor del **pepino, los hongos, el coliflor, el tomate, la zanahoria, las cebollas, espinacas, lechugas, rábanos, garbanzos** y **apio** crean ensaladas que apetecen tanto al ojo como al estómago. Muchas personas que siguen una dieta para adelgazar comen muchas ensaladas porque no tienen muchas calorías.

Las **legumbres** son muy importantes en la dieta de muchas personas que no comen carne porque la legumbre contiene proteínas que se necesitan para mantener la salud. Muchas personas vegetarianas necesitan la proteína que se encuentra en los varios tipos de **lentejas** y **legumbres**. Para muchos habitantes del Nuevo Mundo, **los pimientos** simpre fueron muy populares. Les gusta muchísimo la comida picante, la salsa que llena la boca y el estómago con ardor. Pero muchos no saben las cualidades medicinales del **pimiento,** que contiene algunas substancias químicas que estimulan la producción de ciertas hormonas en el cuerpo, resultando en la disminución de ataques de depresión.

Otra **hortaliza** con propiedades medicinales son **los ajos**, afirmándose que disminuyen la hipertensión y así los ataques cardíacos.

Todo el mundo sabe que a los niños, no les gusta comer vegetales, especialmente **los guisantes, los espárragos, las espinacas** y **las alcachofas.** Pero con la madurez el gusto cambia, y acaban por gustarles estos vegetales también.

Práctica oral:

Explique Ud. la historia de la patata.
Describa Ud. lo que pondría Ud. en una ensalada.
Explique qué tipo de hortalizas y verduras los vegetarianos deben comer, y por qué.
Explique el valor de incluir los vegetales en la dieta diaria.
Describa Ud. cómo se come una alcachofa.
Clasifique Ud. los vegetales según su color, cuáles son rojos, amarillos, verdes, marrón, blancos.
Clasifique Ud. los vegetales que crecen bajo la tierra, y los que crecen en plantas sobre tierra.
Describa Ud. qué tienen de atractivo el pimiento y el ajo como alimentos.
Sugiera algunas maneras de preparar los vegetales de modo que apetezcan a los niños.

Situaciones:

1. Ud. es dietista en una escuela superior y está encargado de la preparación de comidas en su cafetería. Proponga Ud. un plan para mantener una dieta saludable y que también apetezca a los estudiantes de su escuela.
2. Cuando un vegetariano entra en su restaurante y pide el menú para los platos que no tienen carne, Ud. tiene que explicarle que no tiene un menú especial. Descríbale lo que tiene que le sería aceptable.

Flores	**Flowers**
amapola	poppy
añil	indigo
azucena	white lily
clavel (el)	carnation
dalia	dahlia
espina	thorn
geranio	geranium
girasol	sunflower
jacinto	hyacinth
jazmín	jasmine
lirio	iris, lily
margarita	daisy
narciso	narcissus, daffodil
orquídea	orchid
pétalo	petal
ramo	bouquet
rosa	rose
tallo	stem
tulipán	tulip
violeta	violet

Los poetas, pintores y románticos han alabado la belleza de los flores desde hace la antigüedad. Pero la hermosura y el valor de la flor sobrepasan la mera expresión lírica. No existe corazón tan duro que pueda despreciar la flor.

Los mantos de **amapolas** de colores vivos que cubren las montañas en el verano estimulan todos los sentidos. La vista deleita los ojos, y **el perfume** el olfato. Lo maravilloso del espectáculo es la gran soledad que, junto con la vista, alimenta el alma del espectador por llevarlo fuera de sí y hacerle sentirse parte del universo. En los bosques se encuentran **las azucenas, los jacintos, las orquídeas** y **las violetas**. Otras flores como **las dalias, los geranios, los tulipanes, los claveles, lirios** y **jazmines**, prestan su encanto a los patios de casas humildes y grandes. **El girasol** suele dominar en el jardín con **el tallo** tan alto.

Algunas flores se destacan por su aspecto exótico, colgando de **ramas** y **lianas** y **troncos** en las selvas tropicales. Otras flores sobreviven las condiciones más áridas en los desiertos, como las flores del cactus. Algunas aparecen sólo después de los raros aguaceros desérticos. Otras florecen entre copos de nieve en las zonas árticas. La gran fuerza de supervivencia de las flores es prueba de cuán potente puede ser la belleza. Su aparente fragilidad está en equilibrio con la capacidad de adaptación.

Como mercancía, la flor ofrece hoy buena oportunidad para muchos países latinoamericanos que quieren desarrollar el comercio en las flores. Debido al transporte aéreo, muchas empresas encuentran grandes oportunidades en el comercio de flores, tal como antes lo encontraron las compañías fruteras. Las flores de la tierra fértil de muchos países latinoamericanos se cosechan por la mañana y el mismo día llegan a las tiendas en países distantes para que todo el mundo goce de su belleza tropical.

También de las flores de algunas plantas se hace el perfume que tanto les encanta a las mujeres. Esta industria se remonta a épocas muy antiguas. **Las rosas, los geranios** y **las orquídeas** proveen el néctar necesario para este comercio.

Otras flores proveen tinturas que se han utilizado por muchos siglos. Los colores de las flores imparten a los textiles matices de colores sutiles que distinguen la tela de una región a otra. **El añil** de Mesoamérica se ha usado hace siglos y todavía es el color preferido para los pantalones vaqueros, aunque hoy ya no se usa el añil para producir el tinte en toda la producción de la tela dril.

Otras flores representan ciertas ocasiones importantes. **Las rosas** indican el amor, **las naranjas** se usan en las bodas, y **la violeta** para indicar nostalgia. **El narciso** lleva el nombre griego del muchacho que tanto quería su reflejo en el agua que se convirtió en flor.

Práctica oral:

Describa Ud. sus flores favoritas.
Describa Ud. las flores que pertenecen a varias regiones, como las tropicales y las desérticas, y las flores particulares a las zonas frígidas del norte de Europa o Asia.
Explique Ud. la atracción de las flores para el ser humano.
Describa Ud. el ramo de flores más bonitas que Ud. jamás haya recibido.
Describa Ud. lo que simbolizan algunas flores como los claveles y las azucenas.
Explique Ud. las posibilidades comerciales que tiene el cultivo de flores.

Situaciones:

1. Ud. tiene una florería con puestos en las calles del centro para vender flores. Discuta Ud. con sus vendedores qué tipos de flores necesitan para vender ese día. Discutan Uds. cuáles flores son más populares, de dónde vienen, y qué precio tienen.

2. Ud. es jardinero en una estancia muy grande con jardines formales. Está encargado de la siembra y el cultivo de una gran variedad de flores para la estancia. La señora de la casa desea algunas cortadas para engalanar la casa y otras para decorar los patios y los jardines. Discuta con ella qué tipos se puede poner en qué lugares.

La Casa	**The House**
alcoba	bedroom
ascensor	elevator
aspiradora	vacuum cleaner
azotea	flat roof
balcón	balcony
bandeja	tray
batidora	blender
buhardilla	garret, attic
butaca, sillón	armchair
cacerola, cazuela	pan
calefacción (la)	heating
césped	lawn
cesto, canasta	basket
chimenea	fireplace, chimney
colcha	bedspread
colchón	mattress
cómoda	dresser
cortinas	curtains
cristal (el)	window glass
cubiertos	silverware
cubo	pail
cuna	cradle
enchufe (el)	socket, electrical outlet
escritorio	desk
estante	bookcase, shelf
estufa	stove
fregadero	kitchen sink
funda	pillowcase
gabinete	closet
gaveta	drawer
grifo	faucet
horno	oven
lavadora	washer
manta	blanket
mecedora	rocking chair
microonda	microwave
nevera	refrigerator
pared (la)	wall
pasta dentífrica	toothpaste
percha	hanger
persianas	blinds
piscina	swimming pool

polvo	dust
refrigerador	refrigerator
rincón	corner
sábana	sheet
sala	room, living room
cartén (la)	frying pan
secadora	dryer
sótano	basement
suelo	floor
techo	roof
toldo	awning
tubería	plumbing
timbre	doorbell
vajilla	dinner service, flatware
vestíbulo	vestibule, lobby, foyer
zaguán	foyer

Las casas modernas revelan mucho en cuanto a la personalidad de su habitante. Las casas primitivas contenían muebles rudimentarios, piedras o troncos de árboles para mesas y sillas, ramas y hierbas para **los colchones**. Los **techos** muchas veces eran de frondas de palmas y **los suelos** eran de tierra o piedra. Las ventanas no eran de vidrio.

En contraste, la casa moderna contiene todo tipo de **mueble** y **aparato** moderno para aumentar la comodidad. Muchos dueños están tan orgullosos de sus posesiones domésticas como de cualquier otro aspecto de sus vidas, pues éstas reflejan la prosperidad e importancia del dueño. Los aparatos eléctricos especialmente se han multiplicado porque más y más mujeres trabajan fuera de la casa. Entre estos aparatos hay **batidoras, estufas, neveras, refrigeradores, sartenes eléctricas** y **planchas**.

Estos aparatos reflejan estilos de vida. Si una persona trabaja fuera de casa, por ejemplo, necesita la conveniencia que le proporcionan los aparatos como **lavadoras** y **secadoras, lavaplatos** y **hornos de microondas**.

Pero una casa también representa una gran responsabilidad y un gran gasto. Además de su gran costo, la casa debe pintarse, limpiarse, repararse **la tubería** cuando no funciona, mantenerse el techo, etc. Cada parte de la casa cumple funciones determinadas. **El sótano**, por ejemplo, se usa para fiesta o dormitorio adicional. Muchas veces en el **sótano** hay **lavadoras** y **secadoras** pero para un niño pequeño puede ser lugar de gran aventura o una sala de recreo. **Los garajes**, además de albergar autos, acumulan las chucherías de toda la familia. También se guardan **los cubos, escobas** y **herramientas** en el garaje. **La buhardilla** también contiene todo lo que no es de uso cotidiano para los miembros de la familia—todos los muebles que no se usan o que se reemplazan con otros. A veces para los chicos la buhardilla representa un lugar de gran fantasía y los baúles con ropa vieja proveen material para disfrazarse. En las buhardillas las telarañas cuelgan de cada **rincón** y **el polvo** lo cubre todo.

Para los chicos **los dormitorios** no son sólo para dormir. Más bien representan un refugio de la atención de la familia. En sus cuartos los jóvenes se rodean de sus objetos preciosos—las colecciones de discos, la computadora, el teléfono, carteles favoritos y modelos de aviones. También guardan todo que necesitan. Por supuesto, generalmente se halla la ropa en el suelo en vez de estar en **las perchas** en **el gabinete** o puesta en **las gavetas** de **la cómoda**. También a veces en **las alcobas** de los jóvenes se encuentran **las mantas, sábanas** y **toallas** en el suelo.

Las casas más humildes muchas veces no tienen todos estos cuartos. La familia se reúne en la cocina para comer en vez de ir a un comedor, o los chicos comparten un dormitorio, lo cual causa grandes juegos y combates nocturnos.

Práctica oral:

Describa Ud. como habría sido una casa primitiva.
Explique los factores que influyen en el diseño de una casa.
Describa Ud. qué revela una casa acerca de su dueño. Dé ejemplos específicos.
Describa cada cuarto de su casa y lo que se encuentra en él.
Describa Ud. la casa de sus sueños.
Explique Ud. los varias usos de un garaje.
Explique Ud. qué representa un sótano o una buhardilla para un niño.
Describa Ud. su dormitorio.
Describa Ud. el dormitorio típico de un joven.

Situaciones:

1. Su compañía arquitectónica tiene que diseñar una casa para un millonario que no quiere que nada falte en ella. Discuta Ud. con él el diseño que le gustaría, cuántas habitaciones requiere y pregúntele además si necesita piscina, ascensores, sótano, buhardilla, o garaje.
2. Ud. tiene una casa de vacaciones en la playa y necesita prepararla para el verano. Discuta Ud. con otro lo que se necesita hacer para prepararla.

Herramientas	**Tools**
alicates universales	pliers
brocha	paint brush
clavos	nails
cordón eléctrico	electric wiring
destornillador	screwdriver
llave para tubos	monkey wrench
lima	file
martillo	hammer
mazo	mallet
nivel de agua	(water) level
perforadora eléctrica	electric drill
regleta	ruler
serrucho	saw, handsaw
sierra circular	circular saw
soplete	welding torch
tenaza de corte	wirecutters
tornillo	screw
tubería	piping

Para la construcción de objetos pequeños como casitas para pájaros, hasta los grandes, como palacios para reyes, o para el mantenimiento de artefactos cotidianos o industriales, **las herramientas** son indispensables. Cualquier cosa que se construye pieza por pieza requiere el uso de una herramienta u otra. Y cada una tiene su uso particular.

En la construcción de casas, se usan **martillos, mazos, regletas, serruchos** donde no hay electricidad, o **sierras circulares** donde la hay. Para cortar la madera se usa el **serrucho** o la **sierra circular**, luego se usa **el martillo** para clavar **los clavos** necesarios para construir el suelo, las paredes y el techo de la casa. La tubería se instala usando **las llaves** para **tubos**, **alicates universales** y un **soplete**. Para crear los huecos en las paredes por los cuales se ponen los tubos, su usan **una perforadora eléctrica**, **serrucho** y **limas**. Los tamaños se miden con **regletas.** La electricidad llega a la casa por **cordones eléctricos** instalados con **tenazas de corte**, **perforadoras eléctricas** y **un destornillador**. Para terminar la casa se la pinta con **brochas** grandes y pequeñas. Los gabinetes y los muebles se construyen usando **serruchos**, **martillos**, **destornilladores** y otras herramientas.

Para **la reparación** de muchas cosas probablemente las herramientas más útiles son el **martillo** y **clavos**, **el destornillador** y **tornillos** y **alicates universales** o **tenazas**. Con estas herramientas básicas se puede **arreglar** televisores, radios, automóviles, muebles y un número sin fin de cosas. Para la reparación de objetos muy pequeños, como joyas, existen herramientas en miniatura.

Práctica oral:

Describa Ud. las herramientas que son necesarias para construir una casa.
Enumere Ud. las herramientas necesarias para poner una placa de matrícula en su coche.
Enumere Ud. las herramientas indispensables para reparar la tubería en una casa.
Enumere Ud. las herramientas que han de usarse para fabricar joyas como un pendiente o unos aretes.
Enumere Ud. las herramientas necesarias para fabricar una silla.

Situaciones:

1. Ud. tiene un reloj que no funciona porque necesita baterías nuevas. Ahora tiene las baterías, pero necesita cambiarlas por las viejas en el reloj. Describa cómo lo hace.

2. Por fin sus padres le han permitido adquirir un perro, pero no van a permitir que entre en la casa. Para protegerlo de la lluvia y el frío del invierno, Ud. decide construir una casa para su perro. Describa Ud. cómo la hace.

La Familia	**The Family**
ahijado/ahijada	godchild
bisabuelo/bisabuela	great-grandparent
bisnieto/bisnieta	great-grandchild
cuñada/cuñado	sister-in-law/brother-in-law
genealogía	geneology
hermanastra/hermanastro	stepsister/stepbrother
hijastro/hijastra	stepchild
huérfano/huérfana	orphan
madrastra/padrastro	stepmother/stepfather
madrina/padrino	godmother/godfather
sobrino/sobrina	nephew/niece
soltero/soltera	bachelor, spinster
solterón/solterona	old bachelor, old spinster
suegro/suegra	father-in-law/mother-in-law
viudo/viuda	widower/widow
yerno/nuera	son-in-law/daughter-in-law

Se dice que la familia no se escoge, sino que se da. Existen grandes diferencias entre familias. Pero en todo caso, la familia representa la unidad básica societal de donde proceden todos los valores, la sabiduría e inteligencia que tiene a su alcance una persona. La familia puede ser una bendición o una plaga.

La familia actual muchas veces es muy diferente de las de otras épocas. El divorcio es más común en estos años y muchas veces hay problemas entre **los hermanastros** o **hermanastras** y **las madrastras** o **los padrastros.** O **el hijastro** o **la hijastra** no se lleva bien con el nuevo padre. Pero muchas veces, también, todos se llevan bien en la nueva familia.

Las familias nucleares cuentan con el apoyo de la familia extendida. Entre estos miembros figuran **los abuelos, bisabuelos, tíos, primos** y **cuñados.** Entre algunas sociedades los **padrinos** también son muy importantes porque, cuando es necesario, reemplazan a los padres. Con una familia extendida, las niños rebeldes también tienen otros adultos que les aconsejan y los escuchan. Ser **pariente** o **madrina** o **padrino** de un chico o una chica lleva grandes responsabilidades.

En las familias tradicionales las mujeres se preocupan de las relaciones entre los varios miembros. Muchas veces la mujer no trabaja fuera de casa, pues cuesta mucho tiempo y trabajo cuidar a todos y hasta recordar todos los cumpleaños y los aniversarios. También a veces hay otros parientes viejos a quienes las mujeres cuidan, como un hermano **soltero**, o una hermana o **cuñada soltera**, o un padre **viudo** o **viuda**, o un **suegro** o **suegra** que necesita ayuda. Tradicionalmente los padres trabajan fuera de casa para mantener a la familia. En caso de que fallara el papá, la mamá trabajaría. Pero estos papeles están cambiando. Los padres también están aprendiendo cuánto trabajo requiere mantener un hogar, mientras que las madres trabajan cada vez en mayor número fuera de la casa.

Práctica oral:

Describa Ud. a su familia, apuntando las relaciones entre todos los miembros.
Explique la historia de uno de sus antepasados.
Explique las responsabilidades de un padrino o una madrina.
Explique las desventajas de ser huérfano.
Describa Ud. cómo cambia la familia a medida que crecen los hijos.
Describa a su pariente favorito.
Describa Ud. a sus abuelos.
Explique por qué son más comunes las familias racialmente mezcladas hoy que antes.
Describa Ud. el papel tradicional de las mujeres en las familias.
Explique Ud. cómo están cambiando los papeles de los hombres y las mujeres en casa.

Situaciones:

1. Su nieto le ha pedido información de su familia porque él tiene que escribir una historia de su familia para una clase de historia en su escuela. Explíquele Ud. toda la historia de su familia que puede recordar para ayudar a este chico. Ambos quieren que el nieto saque una A.

2. Ud. tiene un antepasado famoso en la genealogía de su familia. Ud. es su descendiente tres generaciones más tarde. Explíquele Ud. el parentesco entre Ud. y este antepasado.

La Ropa y los Artículos Personales	**Clothes and Personal Articles**
abrigo	coat, overcoat
aguja	needle
alfiler (el)	pin
anillo, sortija	ring
anteojos, gafas, lentes	glasses
arete (el)	earring
atavío	attire
bastón	walking stick, cane
bata	dressing gown, robe
cartera	wallet
bolsa, bolso	purse, handbag
botón	button
calzado	footwear
camiseta	T-shirt
camisón	nightgown
capa	cape
collar (el)	necklace
coser	to sew
chaleco	vest
dedal	thimble
delantal	apron
diseño	design
estilo	style
falda	skirt
faja	girdle
hilo	thread
imperdible	safety pin
manga	sleeve
media	stocking
moda	fashion
pañuelo	handkerchief
pijama	pajamas
pulsera	bracelet
ropa interior	underwear
tijeras	scissors
uniforme	uniform

Se dice que la ropa hace al hombre, y en cierto sentido es verdad. Se puede decir que la ropa, o falta de ropa, revela mucho. Por lo general, el tipo de ropa que lleva uno depende de varias condiciones, incluyendo la ocasión, el dinero disponible, la personalidad de la persona y hasta los motivos de uno para llevar cierto tipo de **atavío.** En casa lo apropiado es cualquier cosa que se quiera llevar. Generalmente se viste de manera casual en casa, pero están los que insisten en vestido formal aun en casa. Para el trabajo, el traje apropiado depende del tipo de trabajo o negocio. Muchas personas se visten con cualquier ropa al trabajo, y, al llegar, se mudan de ropa para ponerse un uniforme. En la escuela hay gran variedad en la ropa que llevan los jóvenes y mucha discusión de lo que es apropiado. Para celebrar las grandes ocasiones se lleva ropa formal. Las mujeres llevan **faldas** largas de **telas finas** y **joyas** preciosas; los hombres llevan **chaquetas** formales y **chalecos** con **corbatas blancas**.

Muchos jóvenes tratan de establecer su identidad por la ropa que llevan, mientras que los rebeldes siempre contradicen la moda. En vez de conformarse con las normas societales de la mayoría de la población, tratan de inventar nuevos estilos, llevan faldas largas cuando el estilo es la falda corta, o llevan **pantalones cortos** cuando todos llevan pantalones largos. O bien cortan huecos en **las mangas** o los pantalones con **tijeras** para lograr verse distintos.

Los colores de la ropa también llevan significado especial a veces. Para mostrarse de **luto**, se viste de negro. Los colores vivos se llevan generalmente en el verano y en ocasiones casuales. Para un hombre de negocios, se requieren **trajes** de azul oscuro y **corbatas** rojas o amarillas.

La ropa atlética es muy de **moda** entre muchos jóvenes hoy en día. Muchos chicos se asocian con sus héroes atléticos por la ropa de los equipos favoritos. El precio de esta ropa es muy elevado. Muchos atletas ganan cantidades astronómicas por respaldar ciertas marcas.

Las casas de los estilistas en París y Nueva York se encargan del **diseño** de ropa, pero la fabricación se hace en otro lugar. Es una industria muy importante en muchos países subdesarrollados. Se cortan las partes con máquinas de rayos láser y se mandan las partes cortadas a otros países. En fábricas grandes las **cosedoras** cosen cada pieza de ropa y luego se manda la ropa terminada al mercado. La ropa hecha en línea de montaje muchas veces está hecha sin mucha atención a los detalles. La ropa muy fina se distingue por el gran cuidado en la fabricación. La ropa hecha a mano siempre cuesta más que la hecha por máquina.

Lo curioso es la diferencia entre la ropa de los hombres y las mujeres. Los **estilos** masculinos no cambian tanto como los femeninos. La costumbre dicta que las mujeres lleven faldas o trajes y que se luzcan en su ropa. Los hombres, en cambio, llevan el mismo estilo año tras año. Se contentan con el estilo con tal de que indique su posición económica o social.

El uniforme puede indicar igualdad entre todos o cierta ubicación en una jerarquía, como entre los militares. En las fuerzas armadas los uniformes se emplean para distinguir a los que mandan de los que obedecen. Entre los religiosos, el hábito sirve para disminuir la atención al aspecto físico. Entre los chicos en un colegio, los uniformes sirven para disminuir el énfasis en preocupaciones que distraen del aprendizaje.

Práctica oral:

Describa Ud. cómo se cambia el atavío con las estaciones.
Describa el atavío apropiado para un hombre o una mujer de negocios.
Explique a un amigo qué debe llevar a una fiesta casual un fin de semana.
Discuta lo que revela la ropa de la personalidad de un joven.
Describa los varios tipos de uniformes que se ven entre la población de una comunidad grande.
Explique en qué sentido la moda es una industria internacional hoy en día.
Describa Ud. la ropa apropiada para llevar cuando una persona está de luto.

Situaciones:

1. Ud. trabaja en una casa de moda en Nueva York y está preparando los nuevos estilos para el año entrante. Presente Ud. a un colega sus visiones de lo que puede ser la nueva moda.

2. Ud. es director en una escuela superior. Ud. y la facultad han decidido poner en efecto un código de vestimenta para los estudiantes. Pero a éstos esto no les gusta. Explíqueles Ud. en una asamblea por qué Ud. cree que es necesario hacerlo. Explique los beneficios para ellos y trate de convencerlos.

El Cuerpo	**The Body**
barba	beard
barbilla	chin
bigote (el)	mustache
brazo	arm
cara, faz, rostro	face
ceja	eyebrow
cerebro	brain
cintura	waist
codo	elbow
columna vertebral	spine
costilla	rib
cutis (el)	complexion
dedo	finger, toe
encía	gums
esqueleto	skeleton
frente (la)	forehead
hígado	liver
hombro	shoulder
hueso	bone
mejilla	cheek
muela	molar (tooth)
muñeca	wrist
músculo	muscle
nariz (la) (narices)	nose
nuca	nape (of the neck)
nudillo	knuckle
oído	ear (inner)
ombligo	navel
oreja	ear (outer)
párpado	eyelid
pestaña	eyelash
piel (la)	skin
pulgar	thumb
pulmón (el)	lung
puño	fist
riñón	kidney
sangre (la)	blood
seno	breast
tobillo	ankle
uña	fingernail
vena	vein

El cuerpo humano es una maravilla. Aunque compartimos muchas características con otros organismos biológicos, el cuerpo humano es distinto en cuanto a su enorme complejidad. Cada parte del cuerpo tiene su propia función, todos los sistemas quedan tan entrelazados que cuando se sufre un problema con uno, se afecta todo el cuerpo.

No obstante, el cuerpo tiene gran resistencia a todo tipo de enfermedad. En el sistema circulatorio, por ejemplo, **la sangre** circula por **las venas**, entrando en los **pulmones** para cargar las células de oxígeno. Luego lo lleva a todo el cuerpo para alimentar sus distintas partes. La sangre contiene los componentes que permiten al cuerpo defenderse de las enfermedades, y también lleva el oxígeno **al cerebro** para que este **centro neurológico** pueda dirigir las actividades de todo el cuerpo. Los nervios reaccionan a las instrucciones del cerebro para que la persona pueda realizar lo que quiere.

Del **esqueleto** cuelga el restro del cuerpo. Un **hueso** roto siempre causa gran dolor y molestia porque no se puede mover libremente. Lo que permite al ser humano andar erecto, en dos pies en vez de cuatro, es **la columna vertebral** fuerte. Sin embargo, la sede del equilibrio está en **el oído interior.** Los huesos contienen reservas de minerales como, por ejemplos, al calcio.

Si el cuerpo fuera una máquina, el cerebro sería la computadora central. Las venas y los nervios serían las líneas telegráficas. **Los músculos** serían las vendas que reúnen a todo el paquete. La sangre sería el aceite que lleva los elementos nutritivos a todas partes.

Práctica oral:

Enumere Ud. las partes del sistema circulatorio.
Explique Ud. el sistema respiratorio.
Explique Ud. el sistema digestivo.
Explique Ud. el sistema neurológico.
Describa Ud. el esqueleto.
Explique Ud. cómo se puede mantener la buena salud.
Describa Ud. las facciones de la cara más memorable que Ud. haya visto.

Situaciones:

1. Hace dos semanas que no se siente bien. Por fin decide llamar al médico para conseguir hora con él. Pero primero tiene que describir sus síntomas a la enfermera en el consultorio. Describa Ud. sus síntomas en detalle.

2. Desafortunadamente durante las vacaciones, mientras está esquiando en Colorado, sufrió un accidente y se quebró la pierna. Ahora está de regreso a casa y está visitando a su propio médico. Descríbale lo que hicieron en el hospital en Colorado y las instrucciones que ese médico en ese hospital le encargó decirle a su propio médico. Discuta lo que planea decir.

Los Juegos Infantiles	**Children's Games**
blanco	target
bola de nieve	snowball
dardos	darts
dibujos animados	cartoons
escondite	hide-and-seek
honda, tirador	slingshot
juegos electrónicos	electronic toys
muñeca	doll
muñeco de nieve	snowman
ping-pong	table-tennis
raqueta	racket
rayuela	hopscotch
trineo	sled

Los niños tiene sus propios juegos. Pero otra vez la tecnología ha cambiado la vida moderna, especialmente para los niños. Muchos tienen a su alcance la televisión para entretenerse cuando son pequeños, y luego vienen **los juegos electrónicos** para los niños mayores. El problema con muchos de los juegos modernos, especialmente los juegos electrónicos, es que son actividades pasivas o solitarias.

Algunos niños todavía prefieren los juegos antiguos porque les permiten participar en una actividad física. Cuando son muy pequeños los juegos de **escondite**, de **pelota,** jugando con **la honda** o jugando **rayuela** requieren un mínimo de equipo pero suelen ser muy importantes para el desarrollo de los músculos. Por supuesto cuando nieva, los niños se divierten **tirando bolas de nieve** y construyendo **muñecos de nieve** o gozando del **trineo. Los dardos** y **el ping-pong** son muy populares con muchos jóvenes y adultos también.

Para estimular la imaginación muchas veces los mejores **juguetes** son los más sencillos, como las **muñecas**, las cuales pueden ser simplemente de **trapo** u otro material barato. Los chicos también tienen sus **muñecos**, generalmente representando personalidades favoritas de programas de televisión, especialmente los héroes de **dibujos animados**.

En la actualidad, muchos chicos participan en **ligas** deportivas de equipos organizados. Hay ligas de fútbol, de béisbol, de baloncesto y de hockey. Hay una tendencia entre muchos padres de participar en equipos de este tipo para que el chico tenga mayor participación en los deportes durante su carrera escolar. Pero estos deportes carecen de la espontaneidad de socialización para el chico. En favor de los deportes organizados cabe destacar el hecho de que muchas familias son más pequeñas que antes y muchos chicos que viven en los suburbios no tienen muchos compañeros que viven en el mismo vecindario.

Práctica oral:

Describa Ud. algunos juegos infantiles que recuerda Ud.
Describa Ud. cómo han cambiado las actividades de los niños actuales.
Discuta Ud. el papel de las ligas deportivas para muchas familias.

Situaciones:

1. Ud. tiene un jardín infantil y está hablando con unos padres que quieren dejar sus hijos con Ud. Ellos quieren saber todo lo que puedan del tipo de lugar que tiene Ud. y cuál es su filosofía sobre la organización del tiempo libre, qué juegos utiliza con los niños, etc. Explique lo que Ud. ofrece a los chicos en su jardín infantil y por qué éstos estarán satisfechos con sus servicios.
2. Ud. quiere ser la niñera o el niñero de una familia. Los padres tienen dos chicos mimados de cinco y siete años. En la entrevista le preguntan qué propone hacer con los niños cuando estén en casa. Explique Ud. todo lo que Ud. planea hacer con los chicos.

Los Juegos	**Games**
ajedrez	chess
alfil	bishop
apostar	to bet, to wager
apuesta	bet, wager
as	ace
barajar	to shuffle
caballo	knight

cartas, naipes	cards
comodín	joker
crucigrama	crossword puzzle
dados	dice
dar mate	to check (in chess)
dar, distribuir, repartir	to deal
declarar	to bid
encerrar	to block
farol	bluff
figuras	face cards
ganar una baza	to win a trick
jaque mate	checkmate
juegos de cartas	games of chance (cards)
jugada	play, move
jugador	player
mano	hand
partido	game, match
peón	pawn
rey	king
rompecabezas	riddle
solitario	solitaire
tablas	draw
tablero	board
tirarse un farol	to bluff
torre	castle

Dos **diversiones** muy populares entre muchas son **el ajedrez** y los **juegos de cartas**. Además de estos juegos están el **domino** que goza de gran popularidad entre ciertos grupos, **juegos de lotería** o, para el momento solitario, **un rompecabezas** o **crucigrama.**

Sin duda el ajedrez requiere el máximo esfuerzo y concentración mental para prever **las jugadas** y por fin derrotar **al rey**. Sobre todo el ajedrez es un juego de **estrategias** y paciencia. Cada **pieza** tiene poder que corresponde a su nivel: **el peón** asemeja al soldado o trabajador sin un poder extraordinario, mientras **la torre**, **el alfil** y **el caballo** tienen más poder y libertad de movimiento para **encerrar las piezas** de la oposición y capturar **al rey.** En general **el jaque mate** indica el fin **del partido**, o sea cuando se **da mate al rey**. A veces el partido termina en **tablas**, cuando no hay para nadie posibilidad de ganar con las piezas que quedan en **el tablero.**

Los **juegos de cartas** o **naipes** también son muy populares. Casi cualquier **juego de cartas** empieza con **barajarlas**, **cortarlas** y **distribuirlas**. En un juego de **canasta**, **póquer**, **bridge** o **rami**, el valor de cada **naipe** depende del juego. Una **baraja** normal contiene cuatro palos: el trébol, el diamante, el corazón y el pico. También las figuras cuentan por más y el as triunfa sobre todas las otras cartas. Generalmente el jugador que gana más **bazas** triunfa. En muchos juegos de cartas se **apuesta,** como en **el póquer** o **el rami**. A veces el éxito del jugador depende de su habilidad de **tirarse un farol**. En los juegos de puro **azar**, la **tirada** de **los dados** decide la fortuna del jugador.

Práctica oral:
Describa Ud. cómo se juega el ajedrez.
Describa Ud. un juego de cartas.
Enumere Ud. algunos juegos de azar.

Situaciones:
1. Un fin de semana en la universidad Ud. y sus amigos decidieron jugar a las cartas para relajarse un poco. Descríbale Ud. el juego a otro amigo que tuvo que perder la ocasión. Describa Ud. quiénes vinieron, qué juegos jugaron Uds., si Uds. apostaron dinero en el juego o no, y cómo triunfó el que ganó.
2. Ud. es aficionado al ajedrez y acaba de ver una competencia entre dos genios. Descríbale Ud. el juego a otro amigo también aficionado al ajedrez, las jugadas y el resultado del juego.

El Circo	**The Circus**
acróbata (el, la)	acrobat
carpa	tent
carroza	coach
circo ambulante	traveling circus
desfile	parade
domador (de leones)	animal tamer (lion)
enano	dwarf
equitación (la)	riding (horses)
fiera	wild animal
jaula	cage
látigo	whip
mago	magician
maravillas	wonders
órgano de vapor	calliope
payaso	clown
portavoz	loudspeaker
presentador	ringmaster
prestidigitador	conjurer
red (la)	net
salto	tumble
tienda	tent
toldo	tent
tragasables	sword swallower

La Feria, Verbena	**The Fair, Carnival**
adivino	fortuneteller
montaña rusa	roller coaster
noria	Ferris wheel
parque de atracciones	amusement park
pitonisa	palmist
puesto de feria	sideshow, stall, booth
tiovivo	merry-go-round

Uno de los grandes espectáculos de antaño era la llegada **del circo** o **una feria errante**. Nada le encanta al niño como los personajes particulares del circo, los grandes **toldos** multicolores, con **el presentador** que anuncia **las**

hazañas de **los amaestradores de fieras** con sus **látigos**, entre **los leones** en sus **jaulas,** elefantes, o **tigres** peligrosos, o quizás las **proezas** de **acróbatas voladores** en lo alto del toldo sin la precaución de **red** de seguridad abajo, o **el desfile** de **doncellas a caballo**. El circo ofrece unas horas de reírse de los **payasos** cómicos y **los enanos** que tanto entretienen al público.

Para los pueblos más pequeños, que no atraen al gran circo, hay **ferias ambulantes**. **Los prestidigitadores**, **los magos**, **las pitonisas** y **los adivinos** parecen demostrar percepción y habilidad extraordinarias. **Los puestos** contienen grandes misterios y **maravillas** inesperadas. Y para los pequeños **las norias** y **el tiovivo** provocan tantas risas de alegría como **la montaña rusa** para los mayores.

Pero ahora en los Estados Unidos no se ven tanto los circos ni **las verbenas.** Hay grandes **parques de atracciones** como Disneylandia, Seis Banderas, o Fiesta Tejas que requieren que el público viaje para visitarlos. Los desfiles de animales y payasos y **carrozas** con **un organo de vapor** y **los portavoces** anunciando la llegada del circo pertenecen a otra época. Ya casi no se ven **las caravanas** ni los trabajadores de la feria erigiendo **las carpas** en un prado en las afueras de un pueblo.

Práctica oral:

Describa Ud. las atracciones de un circo.
Describa Ud. la llegada del circo al pueblo antiguamente.
Compare Ud. una feria o circo ambulante con un parque de atracciones moderno.

Situaciones:

1. Ud. tiene que arreglar la llegada de una verbena en su pueblo y por eso conversa con el dueño de una feria. Dígale lo que quiere tener y explíquele lo que Ud. tiene disponible, incluyendo el terreno, el alojamiento y recursos como agua y alimento para los animales.

2. Ud. es un niño que ha ido a un circo en su comunidad. Era un circo grande y está diciéndole a su abuela lo que vio. Descríbale los espectáculos y lo que más le impresionó.

Entretenimiento	**Activities**
baile de disfraces	masquerade party
bote de remos	rowboat
bucear	to snorkel
cabalgata de carnaval	carnival parade
campo de juego	playground
campo zoológico, parque zoológico	zoo
carroza	parade float
castillo de arena	sand castle
columpio	swing
comida campestre	picnic
correr las olas	to surf
cubo y pala	pail and shovel
día feriado	holiday
discos compactos	CD
discoteca	disco
disfraz	costume

fuegos artificiales	fireworks
globo	balloon
máscara	mask
monopatín	skateboard
caminata	a hike
patinaje artístico	figure skating
patinaje sobre hielo	ice skating
patines de hielo	ice skates
patines de ruedas	roller skates
pescar	to fish
pista	rink, track
remar	to row
remos	oars
tomar el sol	sunbathe
velero	sailboat
zarpar	to sail

No todos **los entretenimientos** son grandes espectáculos. Para disfrutar de un rato de descanso hay muchas actividades de las cuales se puede gozar en grupo o individualmente. En **los días feriados** hay **desfiles, fuegos artificiales** o **carnavales** con **bailes de disfraces**. Toda la comunidad participa en **las festividades**. Pero faltando un **día feriado**, también se puede disfrutar de **un paseo en el campo**, o **un parque** con jardines hermosos, **campos de juego** con **columpios**, o una **comida campestre**. Una **excursión al campo** siempre relaja toda la presión de la vida urbana.

Si uno vive en una ciudad grande, hay **discotecas**, **pistas de hielo, pistas para patines de ruedas**, **clubes de jazz** y **casinos**. O tal vez se pueda visitar un **campo zoológico** para observar los animales. Si hay un parque en la ciudad de gran tamaño, quizás tenga un lago donde se pueda **alquilar un bote de remos** y pasarse unas horas navegando.

Para los que viven cerca del mar, se puede pasar el día en **la playa**, **corriendo las olas**, construyendo **castillos de arena** con **cubos y palas** o simplemente **tomando el sol**. Si hay oportunidad también se puede **zarpar**, **bucear** o **pescar** en el mar. Hay muchos tipos de diversión para descansar un rato.

Práctica oral:

Describa Ud. algunas de las diversiones posibles en el campo.
Describa Ud. las oportunidades para descansar o divertirse en la ciudad.
Describa Ud. algunas de las actividades posibles en la playa o en el mar.
Describa Ud. las entretenciones disponibles donde vive Ud.

Situaciones:

1. Ud va a contribuir a publicar un folleto promoviendo el turismo en su comunidad. Tiene que hacer una descripción de todas las atracciones para el descanso o el entretenimiento de la poblacion, tanto joven como adulta. Explique lo que diría.

2. Ud. es un joven enamorado de una chica a quien quiere impresionar. Ud. está planeando un día de diversión para los dos. Discuta Ud. lo que le propondrá hacer.

Deportes	**Sports**
alpinismo	mountaineering
alzamiento de pesas	weightlifting
árbitro	referee, umpire
baloncesto	basketball
balonvoleo, vólibol	volleyball
béisbol	baseball
boxeo	boxing
campeonato	championship
campo, terreno	field
cancha	court
canoa	canoe
carrera a campo traviesa	crosscountry
carrera de obstáculos	steeplechase
carrera de velocidad	car race
carrera en carretera	road race
coche de carrera	race car
competencia	competition
concurso de saltos	diving competition
decatlón	decathalon
entrenador	trainer
equitación	horseback riding
esquí	skiing
esquí acuático	waterskiing
estilo	style
estilo libre	freestyle
fútbol	soccer
fútbol norteamericano	football
gimnasia	gymnastics
gol	goal
golf	golf
guante	glove
guía (el, la)	guide
hipódromo	racetrack
hockey sobre hielo	ice hockey
jinete (el)	rider
juez de línea	lineman
jugador	player
lanzamiento de disco	discus
lanzamiento de martillo	hammer throw
lanzamiento de peso	shot put
lanzar	to throw
maratón (la)	marathon
marcar un gol	to score a goal
natación	swimming
palo	bat
patada	kick
pegar	to hit
pelota de fútbol	soccer ball
piscina	swimming pool
pista	track

portero	goalie
regata	regatta, sailing competition
remar	rowing
raqueta	racket
salto con pértiga	pole vault
salto de altura	high jump
salto de longitud	long jump
temporada	season
tenis	tennis
torneo	tournament
trineo	sled
velódromo	velodrome

Cada nación tiene un deporte que considera suyo. Los estadounidenses se jactan de que **el béisbol** es un pasatiempo nacional, que **el baloncesto** es una invención suya, que **el fútbol norteamericano** es el deporte más divertido y que sus **equipos** son los mejores del mundo. Para muchos otros países **el fútbol** es una obsesión nacional, especialmente cuando el equipo deportivo está encargado de mantener el honor nacional en **las competencias mundiales**. Lo toman tan en serio que una vez dos países se declararon la guerra a causa del resultado de una competencia de fútbol.

Pero quizás no haya otra nación del mundo donde los deportes han adquirido tanta importancia como negocio como en los Estados Unidos. **Los espectáculos deportivos** atraen a millones de **aficionados** por todo el país cada día, pero especialmente los fines de semana. **Los deportistas** ganan sueldos tan astronómicos que cada chico con **su palo, guante, raqueta** o **pelota** sueña con ser estrella de su deporte favorito. Los deportes profesionales desempeñan un papel tan importante en la vida de los aficionados que muchas veces influyen en el estilo de chaqueta o zapato que éstos llevan. Los aficionados se identifican tanto con un equipo o estrella deportiva que pueden sacrificarlo todo por obtener cierto artículo de ropa o por defender el nombre **del jugador** favorito.

Algunos **atletas** estadounidenses a veces trabajan equipos de otros países, especialmente en el baloncesto y béisbol en **ligas** europeas o japonesas. Y la contribución de otras nacionalidades en algunos deportes es impresionante, como la de los latinos en el béisbol y fútbol, o la de los canadenses en **el hockey**.

Los partidarios de un equipo pasan horas enteras practicando, **marcando goles**, **corriendo con una pelota,** dando patadas a las pelotas o lanzando **pelotas**. Los grandes jugadores se reconocen de inmediato y los aficionados siguen las hazañas de éstos con enorme interés. Durante cada temporada se suele encontrar a los partidarios de cada equipo clavados a la televisión si no pueden asistir al espectáculo en persona. Parecería que los espectadores siguen **los juegos** como si ellos fueran jugadores también, hasta tal punto se identifican con los jugadores en la pantalla de la televisión.

En las escuelas y colegios de los Estados Unidos los deportes a veces alcanzan un nivel de importancia increíble. Los equipos se ven obligados a defender el honor y el prestigio de toda la escuela en **las canchas**, **los campos**, **las pistas** y **piscinas**. Los jugadores llegan a ser líderes estudiantiles, son alabados y agasajados con tal que sus equipos ganen **los torneos** y **campeonatos**. Quien puede marcar más goles, **lanzar más peso, alzar más peso, pegar la pelota** más distancia, **saltar** más alto, **correr** más distancia, destacar en **estilo libre** o **mariposa** o sobrepasar en **el concurso de saltos** es el héroe del momento.

Los deportes que se juegan en equipos atraen muchos partidarios, pero los deportes que se practican individualmente también tienen sus aficionados. **La natación, la gimnasia, la carrera en carretera, el esquí, la equitación, el boxeo, las carreras a campo traviesa, las maratones, los decatlones** y **el golf** son algunos de los deportes de competencia entre individuos. Por supuesto, hay torneos y campeonatos en todos los deportes porque la esencia de la competencia es decidir quién es el mejor deportista o cuál es el mejor grupo.

A veces el clima determina el deporte nacional de un lugar, como los deportes de invierno **del alpinismo, el esquí, el trineo** o **el patinaje**. En las zonas tropicales se encuentran los deportes de **la natación**, **el esquí acuático** y **las regatas a vela** o **remo** en competencias. Ademas del clima, el deporte también depende de la cultura de la región.

Hay muchas carreras y concursos internacionales, como la Copa Mundial de Fútbol, o **las carreras de bicicletas**, **de carros deportivos** y **los torneos de tenis** en Europa y los Estados Unidos para los jugadores profesionales.

Y luego están las Olimpíadas. Todos los atletas que representan a su nación en las Olimpíadas se preparan durante años de entrenamiento riguroso. Las Olimpíadas de verano se alternan con las de invierno, de modo que cada dos años podemos ver una u otra. El país que gana el derecho de ofrecer una Olimpíada tiene la oportunidad de lucir al mundo sus mejores aspectos nacionales. Los huéspedes de una Olimpíada hacen resaltar sus tradiciones, trajes e historia nacionales para presentar su modo de vivir al mundo.

Práctica oral:

Enumere Ud. algunos deportes típicos de un país frío.
Enumere Ud. los deportes más populares entre la gente que vive cerca del agua.
Enumere Ud. los deportes en que se puede participar como parte de un equipo.
Enumere Ud. los deportes en que destaca el esfuerzo individual de un atleta contra otro.
Discuta Ud. los aspectos internacionales de los deportes.
Comente Ud. la diferencia entre los deportes profesionales y los que no lo son.
Explique Ud. en qué consisten las Olimpíadas.
¿Qué diferencias ve Ud. entre las Olimpíadas de verano y las de invierno?
Comente Ud. el prestigio de los jugadores profesionales entre los jóvenes.
Discuta el papel que desempeñan los deportes en las escuelas y colegios de este país.
Discuta Ud. lo que significan los deportes para los aficionados.

Situaciones:

1. Ud. es redactor de la sección de deportes de un periódico metropolitano. Tiene que presentar un reportaje equilibrado de todos los deportes de su comunidad. Discuta con sus reporteros los deportes que figurarán en un número especial a publicarse el primero de enero.
2. Ud. es entrenador de un equipo que está preparándose para las Olimpíadas. Presente su plan para preparar un atleta.
3. Ud. es aficionado de fútbol. Describa un partido al que asistió Ud. a un amigo que no pudo ir. Describa la acción y cómo venció un equipo alotro.

La Enseñanza	**Education**
aprender de memoria	memorize
aprobar	to pass (a course)

asignatura	course
asistir a	to attend (a school, a class)
aula (el), sala de clase (la)	classroom
aula magna (el), anfiteatro (el)	lecture hall
bachillerato	bachelor's degree, college entrance examination, examination for graduation
beca	scholarship
catedrático	full professor
ciudad universitaria	university campus
colegio	private high school
colegio de párvulos	private grade school
deberes	homework
decano	dean
dictar una conferencia	to give a lecture
director	principal
disciplina	discipline
doctorado	doctorate
ejercicios	exercises
enseñanza	education
escuela	school
primaria	primary, elementary school
media	middle, junior high school
secundaria, superior	secondary, high school
escuela de artes y oficios	liberal arts school
escuela de comercio	business school
escuela técnica	technical school
escuela privada	private school
escuela profesional	vocational school
escuela pública	public school
examen oral, escrito	oral exam, written exam
facultad académica	faculty
faltar	to miss, to skip (a class)
graduar	to graduate
horario	schedule
ingresar	to enter (a university)
internado	boarding school
jardín de infancia	kindergarten
licenciado	graduate with a professional degree
licenciarse	to graduate with a degree
licenciatura	professional degree
materia	course
matrícula, matricular	enrollment, to enroll
mochila	bookbag, backpack
oyente	auditor
pedagogía	pedagogy
poner atención	to pay attention
profesorado	faculty
prueba	test
recreo, descanso	recess
repasar	review

requisitos	requirements
residencia estudiantil	dormitory
semestre	semester
solicitar	to apply
suspender una asignatura	to fail a course
tesis	thesis
tomar apuntes	to take notes
trimestre	trimester
universidad	university
vacaciones escolares	school breaks

La sociedad moderna está transformándose a diario de tal manera que muchos jóvenes consideran una educación universitaria imprescindible. No representa ésta un privilegio, sino una exigencia si se quiere obtener un empleo que pague bien. Las universidades tienen que poner a disposición de sus estudiantes **cursos** útiles para que ellos **se gradúen** con toda la preparación necesaria para encontrar un buen empleo.

En muchos casos los padres optan por **jardines de infancia** y **colegios de párvulos** para iniciar **la carrera estudiantil** de sus hijos. Los estudiantes necesitan desde el principio aprender a estudiar bien para **tener éxito** en los estudios. Luego, los chicos **se matriculan** en **escuelas superiores**, y al graduarse de éstas, pueden matricularse en **institutos** o **universidades** u otro tipo de **escuela profesional** para conseguir un **diploma** o una **licenciatura**.

Para gozar de buen éxito en los colegios y universidades los estudiantes necesitan **asistir a las clases**, y si el profesor **dicta una clase**, o los estudiantes participan en **discusiones**, necesitan **poner atención** y **tomar apuntes**. También la preparación fuera de clase es importante: hacer **los ejercicios**, preparar las tareas y estudiar. Antes de **presentarse para los exámenes** se necesita **repasar** toda la **materia** y entonces es fácil **aprobarlos**.

En muchos casos **la pedagogía** depende del tipo de escuela—o sea **escuela pública**, **privada**, **de religiosos**, de **artes y oficios** o **institutos técnicos**. En las escuelas tradicionales los estudiantes entran en **un aula** y se sientan para pasar la hora escuchando al profesor. Pero también se puede encontrar al estudiante en otra actividad, por ejemplo escuchando en un **anfiteatro** o trabajando en un **taller**. El profesor puede ser o **catedrático**, **licenciado** o **artesano**.

En caso de **suspender** una **asignatura** hay que investigar las razones. Quizás el estudiante no ha **puesto atención** en clase o **falta** a clases demasiado. O quizás es falta de disciplina por parte del estudiante. Otras veces el profesor no se comunica bien con sus estudiantes. O puede ser que un estudiante se haya matriculado en **un curso** sin **satisfacer los requisitos preparatorios**. Cualquiera que sea la razón, para graduarse hay que llenar **la mochila** con los libros apropiados, acatar los requisitos e intentar el curso otra vez, hasta alcanzar la meta—el bachillerato o la licenciatura.

Después de graduarse con el bachillerato, muchos estudiantes siguen los estudios en la universidad. Cuando les faltan **los recursos financieros** para asistir a la universidad, pueden **solicitar becas**. Por lo general se premia al estudiante por sus **éxitos escolásticos** o se le ofrece la **beca** según su **necesidad financiera**. Hay mucha variedad entre las becas y premios porque hay muchas diferencias entre las universidades. Normalmente los institutos técnicos no cuestan tanto como las universidades estatales, ni éstas tanto como las privadas. Pero para el estudiante excepcional siempre hay ayuda, hasta en las universidades más prestigiosas.

Práctica oral:

Describa Ud. una carrera típica de un estudiante en su escuela.

Describa Ud. su escuela y cómo es diferente o igual que las otras en su ciudad o región.

Describa Ud. el sendero académico necesario para hacerse médico o para hacerse pintor.

Describa Ud. cómo se puede asistir a la universidad si no se tienen bastantes recursos financieros.

Situaciones:

1. Ud. es un estudiante que quiere ingresar en una universidad. Describa Ud. sus calificaciones al director de admisiones. Enumere Ud. todo tipo de factores positivos relacionados con Ud. y sus estudios previos que pueden ayudarle a ser aceptado.

2. Ud. es un profesor que tiene que escribir una carta de recomendación para su mejor estudiante que está solicitando una beca. Explique Ud. lo que diría en la carta para este estudiante.

3. Ud. es el director de admisiones de una prestigiosa universidad y tiene que escribir una carta a un estudiante diciéndole que la universidad ha aceptado su solicitud y también lo ha premiado con una beca para todos los gastos del primer año. Explique Ud. qué diría a este estudiante.

4. Ud. es el director de admisiones de una prestigiosa universidad y tiene que escribir una carta a un estudiante diciéndole que no puede aceptarlo. Comente Ud. algunas de las razones por las cuales no lo ha aceptado.

La Música	**Music**
aliento	breath
arco	bow
arpa	harp
banda	band (Amer.)
batuta	baton
bombo	bass drum
cadencia	beat
canción de cuna	lullaby
cantante	singer
cante jondo	Andalusian Gypsy song
castañuelas	castanets
compás	beat
concierto	concert
conjunto	musical group
contrabajo	bass
cuerda	string
dedos	fingers
escala, gama	scale
estribillo	refrain, chorus
flauta	flute
gama	scale
guitarra	guitar
himno	hymn
laúd	lute
melodía	melody

música instrumental	instrumental music
ópera	opera
palillo	small stick, drumstick
pandereta, pandero	tambourine
ritmo	rhythm
sinfonía	symphony
tambor	drum
tocador	player
tonalidad	key, tonality
tecla	key (on a keyboard)
tono	tone
trompeta	trumpet
vihuela	old fashioned guitar
violín	violin
violoncelo	cello, violoncello
zarzuela	operetta

Desde el principio de la civilización ha habido música. Hay tantos tipos de **instrumentos** musicales como hay poblaciones que los emplean. El tipo de instrumento depende de los materiales que haya para su fabricación y la imaginación de la población. Puede ser un instrumento que utiliza **el aliento** del **tocador** como los varios tipos de **flautas**, o puede ser un instrumento que requiere el uso de **los dedos** como **los tambores**, **los panderos** o **las panderetas**, **las guitarras**, **arpas** y **vihuelas**, **pianos** con sus **teclas** para **tocar**, **violines**, o **violoncelos** con **arcos** para hacer **sonar las cuerdas** del instrumento, y más. Y se fabrican los instrumentos de todo tipo de material—de metal, de madera, güiros (o sea, una especie de calabaza) o de pieles de animales.

Probablemente los instrumentos más antiguos son **los tambores** y otros artefactos de **percusión**. Ya se trate de un **árbol hueco** y dos pedazos de madera para marcar **el compás** de la música, o **una caja cubierta** de **cuero**, o **un barril de acero** tocado con un **palillo**, el tambor permite todo el rango de **tonalidades** musicales. Es una música que destaca la destreza dactilar del intérprete.

Con el transcurrir del tiempo se añadieron más tipos de instrumentos, hasta tenerse en la edad moderna orquestas compuestas de todo tipo de **instrumento de viento, percusión** y **cuerda**. A veces los conciertos consisten en música clásica, de origen europeo. A veces **la sinfonía** acompaña a **los cantantes** en óperas o zarzuelas populares. En la **música popular** y **folklórica** figuran otras combinaciones musicales en las que se destacan guitarras y tambores, o **trompetas**, flautas, **vihuelas** o **contrabajos**.

Cada país tiene su propia música regional. En los países andinos hay grupos musicales que tocan instrumentos tradicionales como **las flautas**, **arpas** y **vihuelas**. En regiones cerca del mar se encuentran en el **conjunto** instrumentos musicales hechos de **caracoles**. Jalisco, en México, es famoso por sus **mariachis** con sus trajes y música tan distintos. El compás y **las gamas** de varias regiones son diferentes. Por ejemplo, **la gama oriental** no contiene el mismo número de notas como las occidentales. En India y el Medioeste se oye música de **tono menor**, que suena triste al oído occidental.

La guitarra, ese instrumento tan sumamente español, predomina entre los instrumentos del mundo hispano de la época moderna. Difundida por todo el mundo dondequiera que hubiera colonias españolas, la guitarra es un instrumento asequible a todo el mundo y adaptable a todo tipo de canción, **del cante jondo** a las **canciones** de los grupos modernos.

Práctica oral:

Describa Ud. el desarrollo de los instrumentos musicales.
Describa Ud. los instrumentos típicos de una orquesta sinfónica.
Explique Ud. la diferencia entre la música clásica y la popular.
Explique Ud. las raíces de la música folklórica.
Describa Ud. la música típica del lugar donde vive Ud.

Situaciones:

1. Ud. está encargado de componer la música para un programa que presenta varios tipos de música de Hispanoamérica. La música tiene que reflejar la variedad musical que se encuentra en Hispanoamérica. Ud. tiene que presentar sus ideas para el concierto al director de la escuela. Explíquele qué quiere presentar en el programa.

2. Ud. es crítico para su periódico y tiene que escribir una reseña de un concierto de música popular a que asistió Ud. Discuta con un colega lo que diría en su reseña.

Profesiones y Oficios	**Professions and Occupations**

(**Nota:** Aunque se ve sólo la forma masculina, la femenina existe también. Refiérase al apéndice para las reglas de formación de la forma femenina para expresarla.)

abastecedor	provider, caterer, grocer
abogado	lawyer
acomodador	usher
agricultor	farmer
albañil	bricklayer
ama de casa	housewife
artesano	craftsman
bailarín	dancer
barbero	barber
bibliotecario	librarian
bombero	fireman
botones	bellboy
cajero	teller
camarero, mozo	waiter
campesino	farmer
carnicero	butcher
carpintero	carpenter
cartero	mailman, postman
carrera	career
cirujano	surgeon
cocinero	cook
comerciante	businessman
contador	accountant
contrato	contract
criado, sirviente	servant, maid
cura, padre, sacerdote, párroco	priest
dependiente	clerk, salesperson
empresa	company
escultor	sculptor
farmacéutico	druggist, pharmacist

fontanero, plomero	plumber
gerente	manager
ingeniero	engineer
intérprete	performer
jardinero	gardener
juez	judge
locutor	announcer
maestro	teacher
marinero	sailor, seaman
mayordomo	butler
mecanógrafo	typist
modista	dressmaker
oculista	oculist, optometrist
panadero	baker
pastor	shepherd
periodista	journalist, reporter
peluquero	barber, hairdresser
plomero	plumber
sindicato	union
sueldo	salary
taquígrafo	stenographer
taxista	taxi driver
tenedor de libros	bookkeeper
traductor	translator
tramoyista	stage hand

La decisión de qué **carrera** seguir es muy importante para cualquier joven. Casi toda profesión, **oficio** o carrera ofrece ciertas ventajas y desventajas. Se escoge a base de las habilidades e intereses de la persona. En una sociedad todos son necesarios. Las oportunidades de **empleo** muchas veces dependen de la economía del país. En muchas regiones agrícolas no existen tantas oportunidades profesionales como en otras regiones. En los centros urbanos sólo con dificultad se encuentran oportunidades para trabajar al aire libre todo el día.

En los centros urbanos, siempre se puede contar con la necesidad de ocupaciones de servicio, como **los plomeros, jardineros, criadas, bomberos, carpinteros, cajeros, taxistas, camareros, farmacéuticos, taquígrafos, panaderos, periodistas** y **peluqueros.**

En las regiones rurales se necesita otro tipo, **el campesino, médico, maestro, agricultor, mecánico** o **el comerciante que recibe mercadería de un abastecedor.**

En las oficinas se encuentran otros tipos de carreras. **Los abogados, médicos, jueces, gerentes, dependientes, secretarios, burócratas, profesores, programadores de computadoras, directores de negocios, cajeros, banqueros, cirujanos, mayordomos, cocineros, contadores** y **bibliotecarios** son algunos de los empleos que se sitúan dentro de edificios.

Muchas veces **los trabajadores** que trabajan en fábricas grandes pertenecen a **sindicatos** que representan a los intereses del empleado para **negociar contratos** con **la empresa**. Los sindicatos pueden ayudar a los empleados al organizar la fuerza laboral para mantener en alto **los sueldos** y para garantizar **la seguridad del empleado** en el trabajo. Si la empresa no está dispuesta a negociar algunos puntos sobre a **los términos** del trabajo, el sindicato puede organizar **manifestaciones** y **huelgas** para influir en las negociaciones.

Casi siempre cuando una persona quiere **conseguir** un empleo se presenta a la persona encargada de contratar el personal y llena **una solicitud** de empleo. A veces hay **una entrevista** en la que conversa con **el gerente** o **el jefe** lo que cada cual espera del otro. Para mejorar su aceptación el solicitante debe vestirse de una manera apropiada para el empleo deseado, debe escuchar bien lo que dice **la persona** con quien habla, necesita expresarse claramente y saber un poco del empleo vacante. El interlocutor desea saber de las cualidades y la experiencia del solicitante. Entonces se puede discutir el **sueldo**, el cual dependerá de la experiencia y capacidad del solicitante. Por lo general, si el cargo requiere **entrenamiento especializado**, el sueldo será más alto que para las posiciones sin conocimiento especial. En nuestra sociedad, **la demanda** muchas veces determina el pago.

Unos empleos requieren mucha preparación y años de estudio en escuelas técnicas o universidades, como **los cirujanos, médicos, profesores** o **abogados**. Otros empleos requieren períodos de **aprendizaje**, como **los carpinteros, plomeros,** o **artesanos**. Otros trabajos requieren habilidad de tratar con el público, u otros, la capacidad de soportar la soledad, el aburrimiento o el tedio de trabajar solo. Para otros empleos, sólo se necesita un cuerpo fuerte y sano. Para otros, se necesita el deseo de hacer algo productivo.

Práctica oral:

Describa Ud. los tipos de empleos que hay para un chico joven con deseos de ayudar a otras personas.
Describa Ud. algunas de las carreras que hay para una persona a quien le gustaría trabajar al aire libre.
Explique Ud. por qué algunas carreras pagan más que otras.
Si Ud. fuera a aconsejar a un hijo o a una hija sobre selección de carreras, ¿qué le aconsejaría? ¿por qué?
Explique por qué muchos jóvenes prefieren seguir la carrera de su padre.
Un amigo necesita prepararse para una entrevista muy importante. Aconséjele Ud. cómo debe hacerlo.
Indique Ud. la importancia de prepararse bien para una entrevista.
Describa Ud. cómo han cambiado los tipos de empleos que se ofrecen a medida que la sociedad ha llegado a ser más urbana.

Situaciones:

1. Ud. trabaja en una oficina de empleos y está hablando con un joven que quiere conseguir un empleo para el verano. Discuta con él sus habilidades y sus planes para el futuro para colocarlo en el puesto más apropiado.
2. Ud. acaba de graduarse del colegio y está planeando el futuro. Discuta Ud. con sus padres qué piensa hacer, sus intereses, sus posibilidades en cuanto a la educación universitaria.
3. Ud. es el consejero en una escuela superior que tiene que presentar en una asamblea un discurso de las posibilidades para trabajar después de graduarse. Discuta Ud. en su discurso los requisitos de los diferentes oficios y profesiones.

Derecho	**Law**
abogado	lawyer
actas	bills (legal)
acusado	defendant
alegar	to claim

amenaza	threat
antecedentes criminales	criminal record
arrendamiento	rent, lease
arresto	arrest
asesinato	murder
bienes	property
bienes muebles	personal property
bienes raíces	real estate
cadáver	body
cadena perpetua	life term
calumnia	slander
coartada	alibi
código	law, code
de comercio	commercial
civil	civil
penal	penal
contrabando	smuggling
contravenir una ley	to break a law
corrupción	corruption
crimen	crime
decreto	decree
delincuente	delinquent
delito	crime
denuncia	accusation
derecho	right
desacuerdo	disagreement
detener	to arrest
diligencia	judicial proceeding, action
encarcelar	to jail
enajenación, alienación	alienation
entablar un pleito	to sue
escritura de venta	bill of sale
extradición	extradition
fuera de ley	outlaw
herencia	inheritance
huella dactilar	fingerprint
indemnización	compensation
investigación, indagación	inquiry
juez	judge
jurídico	juridical
jurista	jurist
juzgar	to judge
ley (la)	law
multa	fine, penalty
pena de muerte	death penalty
piratería	piracy
pleito	lawsuit
promulgar una ley	to enact a law
pronunciar fallo	to pass sentence
propiedad	ownership
prueba	proof

recurrir	to resort
reo	criminal
repartir	to divide, to apportion
robo, robar	theft, to rob
secuestro, secuestrar	kidnapping, to kidnap
soborno	bribe
testamento	will
testigo	witness
tribunal	court

A medida que los hombres han progresado culturalmente, se han desarrollado **códigos** para gobernar la vida colectiva en las comunidades. Empezando con las civilizaciones chinas y la antigua Persia, **la codificación de leyes** ha sido la forma más eficaz de asegurar **la paz civil**. Ha sido el papel de los gobernadores, los reyes, los congresos o cualquier otra entidad gubernamental de **promulgar leyes**. Y para los que **contravienen las leyes** hay **consecuencias dictadas** por la ley.

Hoy en día en los países con **constituciones**, **los sistemas jurídicos garantizan** tanto **los derechos del individuo** como **el bienestar de la comunidad**. Hay **tribunales** en que se presentan los casos, de una persona contra otra o contra una compañía, o del estado o la nación contra una persona, o contra un grupo de personas o empresas. **Al entablar** un **pleito**, generalmente se contratan **abogados** para presentarle el caso **al juez** o **al tribunal**. El abogado está encargado de preparar **las diligencias** necesarias, arreglar con **los testigos**, tratar con los otros abogados y manejar todas las complejidades **del sistema jurídico** para su **cliente**.

Los pleitos criminales muchas veces requieren mucha investigación sobre el **acusado**, ya sea que el caso afecta a **un reo común**, un **asesino**, un **secuestro**, **robo**, **contrabando**, **una amenaza**, **un soborno**, **una calumnia**, **corrupción** u otro tipo de **delito**. Se puede **recurrir** a todo tipo de **prueba**, de **la huella dactilar**, **la declaración de un testigo ocular** o un cadáver que presente señales del culpable. A menos que el acusado tenga una **coartada**, debe **contratar** a un abogado. Si se **le juzga culpable**, el juez o el tribunal tiene **el derecho** de **pronunciar el fallo** al culpable, o sea **pena de muerte**, **cadena perpetua** o **encarcelamiento**.

Otros **pleitos** tienen raíces en **disputas comerciales** o personales; por ejemplo, **un desacuerdo** en **arrendamientos**, problemas con **escrituras de venta** y **posesión de bienes**, hasta **la disposición de bienes** en un **testamento**. O en caso de pedirse **un divorcio**, cuando la pareja tiene que **repartir los bienes muebles**, es menester recurrir al sistema jurídico. El resultado de este tipo de pleito puede ser **encarcelamiento**, **una multa** o simplemente **una indemnización**.

En cuanto a **las leyes internacionales**, a menos que un país tenga **un acuerdo** con **provisión para extradición**, un criminal puede encontrar **refugio** en otro país. En casos de **contrabando**, los cuales son bastante comunes con **los narcotraficantes**, **la extradición** de un país a otro es bastante difícil. Con tanto comercio internacional ahora, la existencia de leyes internacionales se ha puesto más importante que nunca. Será necesario respetar **la soberanía nacional** de cada país, pero a la vez **garantizar** una comunidad mundial en que todas las naciones comparten los recursos y el poder de manera **justa**.

Práctica oral:
Describa Ud. el propósito de los códigos.
Describa Ud. lo que pasa cuando una persona le hace pleito a otra.
Explique Ud. la diferencia entre pleitos criminales y civiles.
Describa Ud. los problemas que hay en cuanto al derecho internacional contra el derecho nacional de cada país.

Situaciones:
1. Ud. es periodista para un periódico nacional y tiene que preparar un reportaje explicando el pleito de un narcotraficante que un país quiere extraditar a otro. El acusado vive en un país Hispanoamericano y los Estados Unidos quiere extraditarlo para presentarlo ante un tribunal en este país. Cuente Ud. la historia, lo que dicen los testigos, lo que la policía ha encontrado para acusarlo y cómo respondería el país donde vive ahora.
2. Ud. es abogado que se especializa en casos de divorcio. Hay una pareja que quiere sus servicios porque ellos no pueden decidir cómo arreglar el caso. Prepare Ud. el caso por el esposo para presentar al juez.

La Economía	**The Economy**
acción	stock
acreditar	to credit
acusar recibo	to acknowledge receipt of
aduana	customs (government)
ahorro, ahorrar	savings, to save (something)
aumento	increase
bienes de consumo	consumer goods
bolsa	stock market
cambio	change
capital	capital
cobrar	to collect
comerciante	businessman
comercio exterior	foreign trade
comercio internacional	international trade
competencia	competition
competidor	competitor
comprador, comprar	buyer, to buy
consumidor, consumo	consumer, consumption
contabilidad	accounting, bookkeeping
demanda	demand
derecho de aduana	duty (tax on imports)
deuda	debt
dinero en efectivo, al contado	cash
economía libre	free market
economía mixta	mixed economy
economista	economist
escasez, carestía	scarcity
estimación	estimate
estimular	to promote
exportar	to export
ganancias, ganar	earnings, to earn
gastos	expenses

hipoteca	mortgage
importe, importar	imports, to import
impuesto	tax
indemnización	compensation
inflación	inflation
ingresos, renta	income
interés, rédito	interest (on loans)
inversión, invertir	investment, to invest
marca registrada	trademark
materia prima	raw material
mensualidad	monthly payment
mercado nacional	domestic market
mercado negro, estraperlo	black market
monopolio	monopoly
nivel de vida	standard of living
oferta	offer
pacto	pact, agreement
pago a plazos	installment payments
planificación	planning
precio	price
prestamista	lender
producción	production
recibo	receipt
reembolso, reembolsar	repayment, to repay
remuneración	remuneration, pay
rendimiento	yield
seguro	insurance
subdesarrollo	underdevelopment
subvención	subsidy
sucursal (la)	branch
surtido	supply, selection, assortment
tarjeta de crédito	credit card
tasa de interés	rate of interest
venta	sale
zona de libre cambio	free trade zone

Entre los grandes sistemas económicos se cuentan **los capitalistas** y **los socialistas**. Los dos tipos suponen dos tipos de **inversión** y **ganancia** distintos. En **el sistema socialista**, o **colectivista**, **la ganancia** de **la producción** la tiene el gobierno, el cual tiene el derecho de repartirla como quiera. El gobierno en tal caso constituye **un monopolio** comercial. En el sistema capitalista, **las compañías** o **empresas** reciben **el beneficio monetario** de la producción. Raras veces se encuentran sistemas que sean completamente el uno o el otro, pues la mayoría son **economías mixtas**.

Con el sistema capitalista cada empresa provee **el capital** necesario para establecer el negocio, ya sea por **inversión privada** o por **venta de acciones** en **la Bolsa.** La meta **del negocio** es de realizar una ganancia en la inversión que **reembolsará** la inversión original, y también proveerá algún **rendimiento anual**. El precio del producto fabricado por la empresa se establece tomando en cuenta **los gastos de producción** y el precio de **la materia prima** necesaria, además de **la demanda** por el producto. Se asegura el producto con **una marca**

registrada. En **una economía libre**, **la demanda** determina en mayor parte **el precio** de tal o cual producto a causa de **la competencia** entre empresas. En una economía controlada, el gobierno establece el precio del producto porque éste recibe **los ingresos** ganados de **la venta**.

Para **el consumidor**, generalmente hay más variedad de **bienes de consumo** si hay más competencia. Pero hay otros aspectos de la economía en el sistema capitalista que tienen que ver con **el surtido** de dinero. Cuando hay exceso de dinero disponible en la economía, entonces se ven grandes **aumentos de precios**, o sea hay **inflación**. Cuando hay **escasez**, entonces hay reducciones de precios para **estimular** la compra.

Algunas empresas son compañías internacionales, cuyo negocio principal es **importar** o **exportar** productos, **materia prima** o servicios. Entre los países con **pactos** para establecer **zonas de libre cambio**, la función de **la aduana** no es tanto la de **cobrar impuestos**, sino la de vigilar **el comercio internacional**. Algunos países **subdesarrollados** ofrecen **subvenciones** para atraer **comercio exterior** y **desarrollar** el **comercio interno**.

Práctica oral:

Describa Ud. cómo funciona el sistema capitalista, o sea una economía de oferta y demanda.
Describa Ud. cómo funciona un sistema económico socialista.
Explique Ud. cómo se determina el precio de un producto.
Explique Ud. una manera eficaz de manejar la renta de una familia de cuatro.
Explique Ud. la importancia de un presupuesto mensual.
Explique Ud. qué es una zona de libre comercio.
Describa Ud. cómo se compra un coche o una casa generalmente.

Situaciones:

1. Ud. es vicepresidente de un banco. Un joven acaba de presentar una solicitud para un préstamo de $20.000 para comprar un coche. Discuta con él bajo qué condiciones le otorgará el préstamo.
2. Ud. está encargado de inversiones en la Bolsa para clientes de una empresa muy grande. Ud. tiene un cliente que acaba de informarle que necesita invertir $5.000 pero no está seguro en qué compañías debiera invertir. Prepare Ud. sus consejos para este cliente. Recomiéndele una compañía internacional con negocios en importación y exportación con un país hispanoamericano y explíquele cómo debe invertir en esa compañía.
3. Ud. quiere establecer su propia compañía para vender un producto, pero necesita capital. Tiene que pedir prestado al banco los fondos necesarios para empezar. Explíquele Ud. al presidente de su banco local qué tipo de negocio piensa establecer, cómo va a producir el producto y lo que Ud. necesitará para mantener el negocio, incluyendo el presupuesto.

Asuntos Financieros Personales	**Personal Financial Matters**
ahorro, ahorrar	savings, to save (money)
banco	bank
cajera automática	automatic teller machine (ATM)
cuenta de ahorros	savings account
cuenta corriente	checking account
depositar	to deposit
descuento	discount

endorsar	to endorse (a check)
extender un cheque	to write a check
ingreso anual	annual income
pago	payment
préstamo	loan
presupuesto mensual	monthly budget
rebajas	discounts
sobregirar	to overdraw an account
talonario de cheques	check book
transferencia electrónica	electronic transfer

Para utilizar los fondos en la cuenta, se puede recurrir a varios métodos: visitar el banco personalmente, ir a la cajera automática o extender un cheque. **El consumidor** generalmente guarda el dinero en **un banco** para asegurar que lo tenga cuando lo quiera. Recibe **el pago** de su trabajo en forma de **un cheque** que luego **deposita** en el banco en **una cuenta de ahorros** o **una cuenta corriente** o bien lo hace por **transferencia electrónica** directamente al banco. Con **el cheque personal,** guardado en **el talonario de cheques**, se puede **gastar** el dinero **ahorrado** en el banco en lo que quiera comprar. Generalmente se esperan **las rebajas** para comprar a buen precio. O puede ser posible recibir **un descuento** por pagar **en efectivo** en vez de **extender un cheque** y siempre se cuida de no sobregirar.

A veces hay que comprar algo cuyo precio queda fuera **del presupuesto mensual**, por ejemplo cuando se quiere comprar un coche u otro **bien de consumo caro.** En tal caso se **pide prestado** dinero al banco u otra institución **prestamista**, que pone **una tasa de interés** en **el préstamo** para que pueda realizar una ganancia del negocio. Luego se **reembolsa el préstamo** mediante pago **a plazos** durante los próximos meses o años. Cuando se quiere comprar una vivienda, generalmente se **solicita el préstamo** a un banco y se paga **la hipoteca a plazos** por varios años. La cantidad del préstamo depende **del ingreso anual** del solicitante y otros factores. Todo requiere buena **planificación** y **contabilidad**.

Práctica oral:

Describa Ud. las varias maneras de disponer de los fondos ganados del trabajo.

Convenza Ud. a un amigo o a una amiga de la importancia de ahorrar dinero.

Explique Ud. las circunstancias bajo las cuales se necesitaría pedir prestado dinero al banco.

Describa Ud. las ventajas de buscar los descuentos al comprar algo.

Situaciones:

1. Ud. acaba de casarse con su novia o novio de muchos años. Para manejar bien sus fondos, tienen que llegar a un acuerdo de un presupuesto razonable. Elabore Ud. un plan para él o ella que satisfacerá los requisitos cotidianos y permittirá ahorrar para el futuro.

2. Ud. es el padre o la madre de un adolescente que acaba de encontrar un trabajo después de las clases. Aconséjele Vd. un plan para manejar su dinero, para que pueda comprar lo que quiera al momento y ahorrar para el futuro.

Automóviles	**Cars**
aceite	oil
acelerar	to speed up
adelantar, pasar	to overtake, to pass
arrancar	to start
arranque	starter
arreglar	to repair
asiento delantero	front seat
autopista	highway, freeway, interstate
avería	breakdown
batería	battery
baúl (el)	trunk
bocina	horn
cambiar de velocidad	the shift gears
capó	hood
carnet de conductor	driver's license
carretera de peaje	toll road
coche descapotable	convertible
conductor	driver
descompuesto	broken down
embotellamiento	traffic jam
engrase	lubrication, oiling
espejo retrovisor	rearview mirror
estacionamiento, estacionar	parking, to park
faro	headlight
frenos, frenar	brakes, to brake
gata	jack
grúa, remolque	tow truck
inflar	to inflate
límite de velocidad	speed limit
limpiaparabrisas	windshield wipers
marcha atrás	reverse
neumáticos	tires
palanca de cambio	gearshift lever
panel de instrumentos	dashboard
parabrisas	windshield
parachoques	bumper
pedal de freno	brake pedal
pilotos	tail lights
pinchazo	blowout
placa de matrícula	license plate
póliza	policy
neumático de repuesto	spare tire
seguro contra accidentes	accident insurance
semáforo	traffic light
señal de tráfico	traffic sign
taller de reparación	repair shop, garage
tracción delantera	front wheel drive
volante	steering wheel

Se ha desarrollado toda una cultura que tiene como eje **el automóvil** moderno. Para muchos **el modelo** que se compra refleja el estilo personal del comprador o el nivel al que aspira llegar. El **asiento delantero** es su nueva sala y **la autopista**, más que una metáfora de la vida, ahora que se necesita pasar hora tras hora en **la carretera** yendo y regresando del trabajo, ha llegado a ser parte integral de la vida.

Cada detalle **del coche** refleja los gustos y predilecciones del conductor. El lujoso **asiento del conductor** es el asiento de su poder. El conductor o la conductora es el capitán de su barco, y así, de su destino. Sea **el coche descapotable** o no, **coche de tracción trasera** o **tracción delantera** o no, el estilo cuenta por sobre todo. Desde **la línea del panel de instrumentos**, **los faros** y **los pilotos**, el aerodinamismo **del capó**, **el parachoques** y **el parabrisas** hasta el sonido de **la bocina**, el estilo representa la personalidad del dueño.

Pero los coches no existen sin problemas. Al tener **una avería** en camino a una cita importante, el conductor se ve reducido al desamparo más ignominioso, dependiente de la caridad de otros en vez de ser capitán de su propio vehículo. Y, puesto que el coche es **una máquina** muy compleja, las posibilidades de **avería** se multiplican con la edad, las condiciones del camino y **el descuido** del conductor. Entre los problemas **mecánicos** más comunes se cuentan **las llantas desinfladas** (sin la **rueda de repuesto** ni **gata** en el **baúl**, por supuesto), **los frenos** que **fallan**, **el motor** que **se para** en medio **del cruce de caminos**, **el pinchazo** o la batería que muere en el momento más inoportuno. En tal caso no hay remedio, hay que llamar a la **grúa** para que ésta lo lleve **al taller de reparación**. Hasta existen **clubes** que proveen **servicios auxiliares** o de emergencia.

Mantener un coche no es barato. Hay gastos para **estacionarlo** y por **las carreteras de peaje**, gastos para **arreglarlo** cuando está **descompuesto**, por mantenimiento normal de **aceite** y **engrase**, por **la gasolina** y el precio de **las pólizas de seguros de accidentes**. Si uno tiene entre dieciséis y veinticinco años de edad paga doble por el seguro en algunos casos. Y al sufrir **un accidente**, en casos extremos se arriesga la pérdida **del carnet de conductor**. **Las multas** por desobedecer **las señales de tráfico**, **los semáforos** y por **exceder los límites de velocidad** son caras. Se cree que todo vale la pena para que tenga uno la independencia de movimiento tan deseado.

Práctica oral:

Enumere Ud. las partes del coche que tienen mayor importancia estilística para el conductor.
Explique Ud. el atractivo de la posesión de un coche.
Discuta Ud. las responsabilidades que tiene el conductor.
Describa Ud. el estilo de los coches actuales.
Enumere Ud. algunos de los gastos necesarios para mantener un coche.
Explique Ud. en que sentido el estilo del coche refleja la personalidad del conductor.

Situaciones:

1. Ud. necesita un coche nuevo y ha ido de compras para encontrar el coche de sus sueños. Cuando habla con el vendedor tiene que describirle lo que quiere. Explique lo que le diría para describir su coche ideal.
2. En camino a una reunión muy importante de repente el motor se para. Ud. tiene que llamar al taller de reparaciones. Explíquele al dependiente en el taller cuál es el problema y qué se debe hacer para arreglarlo.

Telecomunicación	**Telecommunication**
abonado de teléfonos	telephone subscriber
acuso de recibo	receipt
apartado postal	post office box
auricular	receiver, earpiece
buzón	mailbox, letter box
carta certificada	certified letter
cartero	mailman
casillero	mailbox
central telefónica	telephone exchange
circuito integrado	integrated circuit
código territorial	area code
colgar	to hang up
correo aéreo	air mail
correo electrónico	electronic mail, e-mail
dejar un recado	leave a message
tomar el auricular	pick up (the phone)
dirección	address
fax, facsímile	FAX
ficha de teléfono	token (for telephone call)
franqueo	stamping
internet	internet
llamada con cobro inverso	collect call, reverse charge call
marcar un número	to dial a number
membrete	letterhead
mensaje	message
oficina de correos	post office
¡Oiga! ¡Dígame!	hello!
paquete postal	parcel, package
recado	message
red (la)	net, network system
reparto de cartas	mail delivery
ruta	route
sello, estampilla	stamp
señal para marcar	dial tone
sobre	envelope
tarjeta postal	post card
telefonista (el, la)	telephone operator
teléfono portátil	portable telephone
telégrafo	telegraph
ventanilla	window at a post office

Nada ha cambiado tanto como las **telecomunicaciones**. Pero ahora estamos al borde de realizar más cambios aún. Dentro de los últimos años la industria ha avanzado de una central telefónica con **una telefonista** que hablaba con cada persona que **marcó un número** al uso de **fibras ópticas** para que **el abonado de teléfono** pueda no sólo hablar con otra persona por medio de **una llamada telefónica**, sino verla también. Uno puede comunicar gran cantidad de datos, mandar **copias facsímiles**, visitar al médico sin salir de casa, comprar todo tipo de objetos o comestibles y disfrutar de todo tipo de posibilidades videográficas. Lo que era **la telegrafía** en el pasado, **la fibra óptica** es en el presente. **Esta tecnología** en conjunto con **el teléfono portátil** deja al abonado disfrutar de más libertad personal a la vez que le pone en contacto más directo con el resto del mundo. La conversación con **cobro inverso** está dejando de existir, debido al uso de **tarjetas de crédito** provistas por las compañías de telecomunicaciones. Sólo se necesita un teléfono y dinero para pagar el servicio.

Sin importar la época, hay cierta etiqueta que se debe observar en cuanto al teléfono. La manera de contestar el teléfono depende del país. En los Estados Unidos siempre se contesta con una palabra específica, *Hello.* Pero en otros países **al tomarse el auricular** uno dice *Bueno*, o *Dígame* u *Oiga.* El que llama, si es cortés, dice *Quisiera hablar con ...,* si es que no reconoce la voz de la otra persona. Entonces el que contesta responde, *habla... buenos días.* El que llama siempre debe identificarse y el que contesta, si la llamada no es para él, puede ofrecer tomar **un recado** o llamar a la persona llamada si está cerca. Si el que llama no se identifica, el que contesta puede preguntarle *¿Con quién hablo?* o *¿de parte de quién?* al que llama. Si el que contesta sale a buscar a otra persona, debe indicarlo de una manera u otra: *No se retire, por favor* o *Un momento, por favor.* Al terminar la conversación, la costumbre en los Estados Unidos es decirle *Adiós* a la persona con quien se habla. Pero en otros países a veces no se dice nada, sólo se **cuelga el teléfono.**

En vez **del correo** tradicional, **el correo electrónico** es cada vez más común. Con **una computadora** y **una línea telefónica** se puede mandar y recibir **mensajes** en seguida sin tener que esperar días a que llegue una carta con noticias importantes. Antes uno tenía que escribir con bolígrafo y papel, o sentarse ante **una máquina de escribir** para hacer la carta, luego ponerla en **un sobre** e ir a **la oficina de correos** para comprar **sellos, franquear la carta** y **echarla al buzón.** Ahora simplemente uno se sienta a la computadora, **marca el número** de **la red** deseada y el milagro **del circuito integrado** ejerce su magia para comunicar el mensaje inmediatamente a su destinación, donde aparece en **la pantalla** de otra computadora. Eliminada queda la necesidad de ir a **la oficina de correos** para recoger las cartas **del casillero** o **del apartado postal.**

Pues, **el cartero** todavía **reparte** las cartas, lleva **las cartas certificadas** y **los paquetes postales** a **la dirección** indicada y da **un acuso de recibo** a la persona apropiada. También a veces se detiene para charlar con los clientes del correo o para compartir noticias de los sucesos diarios con las personas en su **ruta.** Y el correo moderno no cuenta con mulas para llevarlo, sino que las cartas y paquetes postales se mandan por **correo aéreo** para llegar más rápidamente. Y, el progreso evoca cierta nostalgia por cartas escritas a mano, pues se siente que éstas comunican un toque personal.

Práctica oral:

Señale Ud. los cambios habidos en la comunicación por teléfono.
Señale Ud. cómo la tecnología cambió la vida diaria del abonado de teléfono.
Describa Ud. la etiqueta de contestar el teléfono.
Explique cuál es el atractivo de recibir una carta escrita a mano.
Describa Ud. cómo se comunica con otra persona por correo.

Situaciones:

1. En su tienda se vende todo tipo de instrumentos para la telecomunicación. Un cliente entra para comprar el teléfono más moderno. Explíquele Ud. a este señor todas las posibilidades de satisfacer sus requisitos de comunicación que posen los teléfonos de su tienda. Esta persona es agente de bienes raíces.

2. Ud. y un socio en otro país acaban de empezar un negocio. Discutan entre sí las mejores opciones para facilitar la comunicación y mandar mercancías en paquetes a varios lugares en Norteamérica o Latinoamérica.

CHAPTER 11 Picture Panels

The picture panels for this part of the speaking portion of the exam are sealed, so you will not know what the topic is until you open it when you take the exam. At the appropriate time you will be instructed to break the seal and open the pages with the picture story. There will be five or six panels that tell a story in pictures. You will have two minutes to study the pictures. Then you will turn on your tape recorder. You will have two minutes to tell a story about the pictures.

The Object of the Picture Panels

Remember that the object of the picture panels is to elicit a speech sample. As you prepare, you should keep in mind precisely what the standards are for the evaluation. Your speech sample will be evaluated according to the sustained level of performance. That means that you will not lose any specified number of points for particular errors or incorrect vocabulary or verb forms, or adjective-noun agreement, or any other aspect of the language. What you say will be evaluated based on syntactic control, vocabulary usage, fluency, and pronunciation. Specifically this means:

1. *Syntactic control.* The grammar and linguistic structures that you use communicate what you want to say. When you use verb endings that do not agree with the subject, when your adjectives do not agree with the nouns, or when you translate directly from English into Spanish, you run the risk of confusing your listener. If you do not have good syntactic control, you cannot communicate the story you want to tell.
2. *Vocabulary usage.* You should be able to use the words necessary to tell the story. If you are telling a story about a little boy going to summer camp, it helps to know the words for *summer camp.* Or if the story is about filming a bank robbery, it helps to know the words for *filming* or *thief.* When you do not know the words, your ability to communicate is not as great.
3. *Fluency.* Fluency does *not* mean that you have to speak rapidly. It means that you speak at a natural rate of speech for you, and that you connect your words in an appropriate manner. Words that end with vowels (there are a great many in Spanish) are elided with the following words that begin with vowels also. When you have listened to Spanish speakers you should notice the cadence of speech, whether words are all strung together in long breath groups, or whether the sentences are broken up into shorter segments. With practice you can develop your fluency.
4. *Pronunciation.* If you are an English-speaking person, it is quite possible for you to have a foreign accent in Spanish, but still be understandable to a Spanish-speaking person. If, for example, you have difficulty pronouncing an *erre* in Spanish, you should not worry too much. On this examination pronunciation means that your vowels are not diphthongs, and that your consonants are articulated properly. Pronunciation also refers to your intonation, whether the pitch of your voice rises at the end

of a question, or whether you speak in a monotone, or with the expression of Spanish speakers. The more you listen critically and then practice, the better your fluency, intonation, and pronunciation will be.

Taking into consideration all of the above factors your speech sample will be rated according to whether it is an irrelevant speech sample, clearly demonstrates incompetence, suggests incompetence, suggests competence, clearly demonstrates competence, or is a very good to excellent sample. The evaluation is global. The picture story is only a way to give you something specific or concrete to talk about so you can show what you know.

Strategies for Telling the Story from the Pictures

1. Do not write dialogue or narratives in the margins of the pictures to read when you record. You will not have time to finish if you try to write out a script.
2. As you study the pictures, make a mental note of the vocabulary you want to use. You may want to jot down a word or two, but do not write out whole sentences. If you can call up an adequate vocabulary, you will be able to tell the story without first composing it in English in your mind, then translating that into Spanish. When you make up a story in English, then translate it into Spanish you will not produce your best sample. You want your story to sound like natural speech, not a translation.
3. Use the best vocabulary you can. If you can use a more descriptive word instead of a common word, then do so. For example, instead of using the verb *ir*, you could use another verb that better describes the action, such as *correr, perseguir, saltar, viajar,* or *deslizar*. Or use the verb *ir* with the present participle of another descriptive verb to better tell your story. For example, instead of saying *El chico va en la calle*, you could say, *El chico va corriendo por la calle* or, *El chico va saltando y brincando al borde de la calle.*
4. Always use correct verb forms. You can say a lot in two minutes, but not so much that incorrect verb forms go unnoticed. Especially make sure that you use the correct forms of irregular verbs in the present, preterit, future, and conditional.
5. If you are comfortable using the past tenses (preterit and imperfect), then use them. If you are not, then use the present and future.
6. If you make a mistake and you recognize that you did, correct yourself. Self-correction shows that you know correct grammar.
7. A good imagination is very helpful in telling stories; it helps you come up with adjectives that are more descriptive, and versions of the story that are more interesting. Confine your story to the plot in the pictures, but any additional embellishments may help make your story more interesting, and show your command of the language. For example, if you are telling a story about little children who come upon a bear in the woods, you might say that it is the biggest, fiercest bear in the world. You would not only make the story more interesting, but you would show that you know the correct superlative structure.
8. Remember that each story has a "twist." The story usually involves a reversal of fortune, a case of mistaken identity, overcoming impossible odds, truth is stranger than fiction, improbable adventures, or a surprise

of some sort. This "twist" allows you to use more complex language, such as the subjunctive or to hypothesize about what happened.

9. When you have finished telling the story, indicate that you are finished. Say *Es todo*, or give some other indication.
10. If possible, practice tape recording your stories so that you can compare what you are thinking with what you actually say. Listening to your own voice also helps you imagine yourself speaking Spanish, which should help you become more confident of your abilities. After a while you will find that you can think in Spanish without having to translate to yourself as you speak.
11. Practice telling stories that are two minutes long. With practice you can learn to pace your story. Then you will not finish too soon or too late.
12. Be prepared. Learn as much vocabulary as you can to cover as many topics as you can. But keep in mind that it is not really possible to learn every word you may want to use. Learn circumlocutions, ways to define words you don't know. For example, if you do not know the word *bear*, but need it to tell a story, you can describe the animal instead of naming it. You could say *un animal feroz*. Practice circumlocutions, but be aware that some ways of rephrasing do not communicate very accurately what you want to say. For example, *una cosa del mar* probably is not an adequate description of a *ballena*.
13. Relax. When you are very nervous, it shows in your voice and in your thinking. You will not remember the vocabulary you want and you will not really say what you want to say. Practice is the best way to build confidence so you can relax.

Prepare as best you can: practice as much as you can; relax when you tell your story. In this chapter there are some suggested situations that you can use for practice. The more you practice telling stories about different situations, the better prepared you will be. Even telling stories that seem outlandish will help you learn to be comfortable using circumlocutions for words you do not know.

Then on the next pages are five practice picture stories. You may want to begin with the short situations and tell stories about them, or you may want to begin with the picture panels. There are two ways to use the practice picture panels. You can use them to learn more vocabulary, in which case, you need to look up words you want to use to tell the story. When you look up words, it will take longer than two minutes to prepare to tell the story. The second way to use the picture panels is to follow the procedure you will use in taking the exam: two minutes to study the pictures, two minutes to tell the story. Or you can combine the two ways to practice. Study the pictures for two minutes, then tell the story in the allotted two minutes, then go back and look up vocabulary and rethink how you might tell the story better a second time. Finally, tell the story again in the allotted time.

Practicing telling the stories in Spanish gives you an idea of how to go about narrating a story. The vocabulary on future tests will be different, but sometimes the words you use to tell about some situations come up again, especially verbs. Use your imagination and elaborate as much as you can. The following story lines have not appeared on the exam, nor are they likely to appear. They are for additional practice in developing confidence, developing strategies to tell stories, and to provide useful vocabulary.

1. A new student in school does not have many friends because he is very shy. One morning, as he is entering school, he sees another student drop some papers as he hurries to class. The new student picks them up. When they get to class he returns the papers to the other student when the teacher asks for homework. The other student is grateful to the new student. They go to lunch together, and the other student introduces the new student to all his friends in the cafeteria.

Vocabulary:

los amigos	*caerse*
tímido	*devolver*
apurado	*agradecido*
la tarea	*presentar*

2. Some young people find a large locked chest in an attic. They dream about finding forgotten riches or priceless treasures in the chest. They look around the attic and inside a dresser drawer they find a key. With the key they open the chest and find it filled with old books.

Vocabulary:

el desván	*el tesoro*
la cómoda	*soñar con*
descubrir	*la llave*
el baúl	*abrir*
un cajón	

3. A man buys a lottery ticket on a street corner. A poor man approaches him and asks him for some change. The man does not have any money, but gives the beggar his lottery ticket. The beggar looks up the winning number in the drawing and on a poster in a shop window sees that his ticket has won *El Gordo*. The beggar searches for and finds the man who gave him the ticket, and they split the prize.

Vocabulary:

un cupón	*el sorteo*
un vendedor	*un cartel*
un mendigo	*el escaparate*
una limosna	*el premio*
cambio	*compartir*

3. A street musician on a corner has a monkey. He is playing for the crowd going by. The monkey takes a brooch off a passing lady without her noticing. The monkey's owner discovers the jewelry and puts an ad in the paper. The lady comes and claims the jewelry and gives the man a handsome reward for "finding" it.

Vocabulary:

la esquina	*un broche*
un mono	*un anuncio*
tocar música	*el periódico*
pasar por	*recoger*
quitar	*recompensar*

5. A little boy walks past a toy shop and stops to look at the items in the window, especially a beautiful marionette. He goes home and tells his parents about the marionette, but they cannot afford to buy it for him. In the background while he talks to his parents is his grandfather, sitting in his rocking chair. The grandfather gets up and goes to his workshop where he makes a marionette. He gives it to the delighted boy. The little boy takes it to school and puts on a show for his classmates. At the end of the show he introduces his grandfather, and everyone applauds him.

Vocabulary:

la juguetería	*la mecedora*
los objetos	*el taller*
la marioneta	*el espectáculo*
(no) poder permitirse	*los compañeros*
el abuelo	*aplaudir*

6. A marathon runner dreams about being the first to cross the finish line. But when the race begins, all the other runners pass him. Soon, as they run through the streets, the others begin to tire and drop back. They begin to stop for drinks of water, but the young man keeps on going. On the last part of the race they have to run up a hill. On the hill, the runner passes the leaders of the race and goes on to win.

Vocabulary:

un corredor	*cansarse*	*seguir corriendo*
un maratón	*detenerse*	*un vaso*
una carrera	*sobrepasar*	*los líderes*
la llegada	*cuesta arriba*	*ganar*

7. Some children are playing in the snow one winter day while a grouchy old man watches them. They build a snowman that looks like him, but they need a carrot for a nose. They go to all the neighbors' houses looking for a carrot, but no one has one. Finally, the old man comes out of his house with a carrot. The children put the carrot on the snowman's face and change the expression from a grumpy old man to a smiling one. They all admire the snowman.

Vocabulary:

la nieve	*un muñeco de nieve*	*desdichado*
una zanahoria	*los vecinos*	*la nariz*
ofrecer	*cambiar*	*sonriente*

8. A group of people entering an elegant concert hall push aside a young man with a wild hair style as they enter. They all sit down, the orchestra begins to play, and the opera begins. A dashing singer comes out and sings. At the end the audience applauds and tosses roses at the feet of the singer, yelling *bravo.* He exits and goes backstage, where he takes off the makeup and costume he was wearing. He is the wild-haired young man the audience had pushed aside, and they are all surprised when he appears again for an encore.

Vocabulary:

una sala de conciertos	*pelo desarreglado*	*la moda moderna*
empujar a un lado	*la orquesta*	*la ópera*
gallardo	*aplaudir*	*gritar*
tirar	*salir*	*quitarse*
el disfraz	*el público*	*estar sorprendido*

9. A manager tells two workers in a laboratory to keep working. They are not having any success with an experiment. One of them leaves, and the other stays to keep on trying. After a while she succeeds. The next day she shows her solution to her partner, and they market the discovery. They make a lot of money and buy the laboratory. They fire the manager who then becomes a worker in the laboratory.

Vocabulary:

el gerente	*el laboratorio*	*tratar de*
tener éxito	*mostrar*	*su colega*
vender	*mercadear*	*trabajador*

10. A young couple looks at a calendar on February 14. They both go out to go shopping. She goes to a pet shop and buys a dog. He goes to another shop and buys a cat. They arrive at home and simultaneously bring out the dog and cat. The animals begin to fight so the couple returns them to the pet shop. They take the money from the refund and go to a fair. At a booth at the fair they win a stuffed dog and cat and go home happy.

Vocabulary:

una pareja	*animales domésticos*	*ir de compras*
la tienda	*devolver*	*a la vez*
pelear	*estar felices*	*el reembolso*
una feria	*el calendario*	*el animal de juguete*

11. One night a thief looks in the window of a house. He thinks about breaking into the house to steal money, silverware, and other valuables. Under a bush near him is a skunk. The thief breaks the door, enters the house, and fills a large bag with his loot. When he leaves the house, the skunk sprays him as he runs away. The police come. They smell the skunk's odor and go looking for the robber. The smell leads them to him and they find him, and all the valuables he took. The family adopts the skunk as a family pet.

Vocabulary:

un ladrón	*bajo*	*el olor*
joyas	*llenar*	*adoptar*
la mofeta	*una bolsa*	*la vajilla de plata*
huir	*rociar*	*el botín*
robar	*perseguir*	*oler*

Additional Practice

There are many places to find stories to tell:

1. the comic strips in newspapers,
2. television programs (dramas or cartoons),
3. plots of some books or stories you have read,
4. things that have happened to you that have an ironic twist,
5. stories you make up.

Now you should be able to practice on the following picture stories. Spend two minutes studying the first set of picture panels. Tell the story in two minutes. Then go on to the next set of pictures until you have finished all the practice picture stories.

1.

2.

3.

4.

5.

6.

1.

PROGRAMADOR
$10 a la hora
10:00 AM
en
Santa Bonita

2.

Al día siguiente
Santa Bonita
35 KM→
9:30

3.

4.

5.

6.

1.

2.

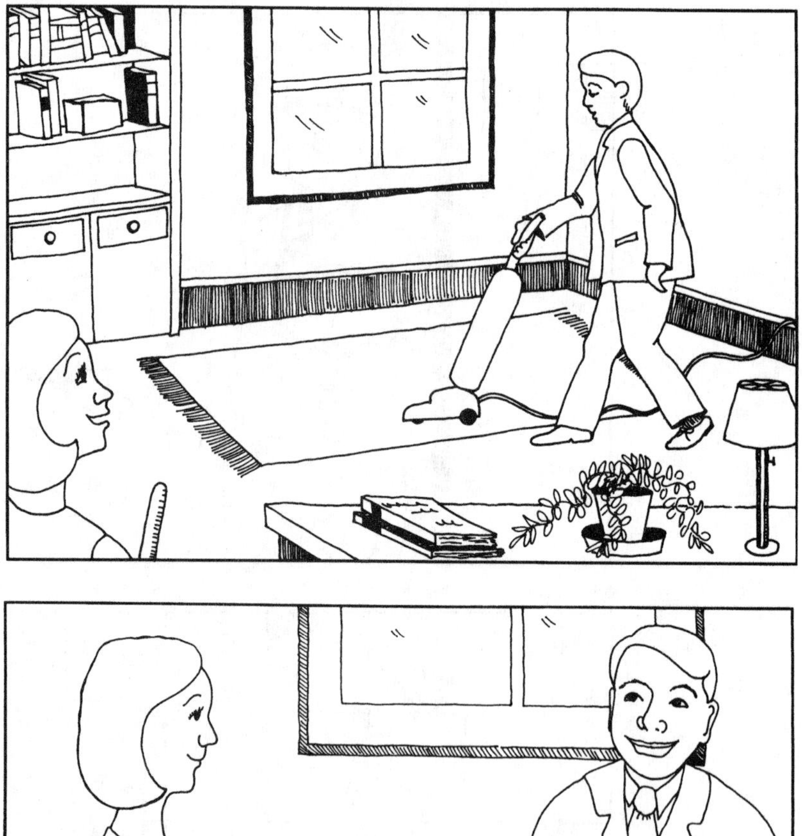

3.

4.

5.

6.

1.

2.

3.

4.

5.

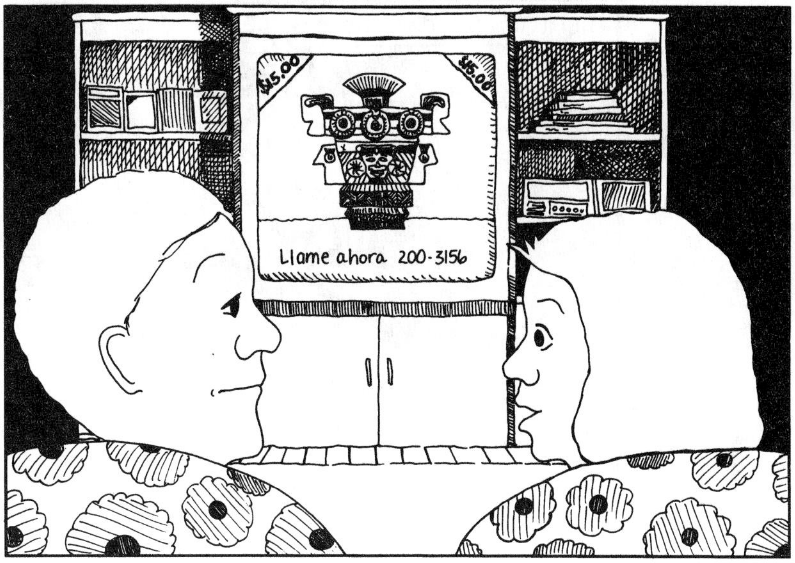

1.

2.

3.

4.

BIENVENIDOS
???
???
El Explorador

5.

aniversario
~1794 - 1994~
???
Hermosillo
est. 1794

6.

aniversario
~1794-1994~

CHAPTER 12 Directed Response Questions

The questions and suggested vocabulary are arranged topically in this part of the chapter. As you go through the suggested questions, be sure to elaborate in your responses. These questions are not a definitive list, so you should add any other questions or provide any other information that you can. The questions on the exam will usually ask about the following topics: who you are, where you live, school, past experiences, future plans, what you think about a variety of topics, and why you think the way you do. Remember that all of the questions will be about one topic. The topics will deal with universal subjects, or things that a majority of high school students have in common. There is a progression from simple to complex linguistic structures in the sequence of questions. Your response to each question will be evaluated as excellent, very good, good, or weak.

How to Study

Here are some suggestions for studying for this part of the exam.

1. Study the vocabulary the same way that you did for the previous chapter.
2. Answer the questions. As you answer, refer to the vocabulary if you need to know a word or expression. Looking up words will help you remember them.
3. Use a dictionary for additional words that you may want to know.
4. Add any information you can to the topic or questions.
5. When you have finished with the preparation, do the practice questions on the tape. There will be a 20-second pause after the question is repeated so you can answer the question.

Strategies for Taking Directed Response Questions

1. Listen to the whole question the first time without translating any of it. You will be better able to get the general idea. You will also avoid "freezing" on a word that you do not know.
2. Eliminate any silence at the beginning of your response. These silences indicate that you are translating to yourself because you are not very fluent in Spanish. Learn to introduce the response with phrases such as *A mí me parece..., Pues, a mi parecer..., Lo más interesante es..., En mi opinión..., Según lo que sé yo..., En mi experiencia... me parece..., yo pienso que...,* or some other expression. You can be thinking about what you are going to say as you are beginning your response.
3. When you do not understand the question, pick out one word that you do understand in the question and talk about it. Many times you may be able to get partial credit for your response, even if you do not exactly answer the question. Some credit is better than none; but to get some credit, you need to *say something in Spanish.*
4. Do not worry about finishing a sentence before the beginning of the next question. If you are still talking when the next question begins, stop talking and listen to the next question.
5. You are to respond to the question, not just answer it. Do not be too brief. Provide enough information to show you could carry on a conversation with someone really asking you the question.

6. Do not worry about being truthful in the response. There are no right or wrong answers to the questions. The purpose of the questions is to elicit a speech sample in Spanish. If you do not say anything because you are trying to think of how to say it, there is no sample to evaluate.
7. If you make a mistake and realize it after you have said it, correct yourself. Correcting your mistakes shows that you know the best way to express yourself.
8. You do not need to repeat the question, especially if it is long. However, you should listen carefully to the verb and use the correct tense when responding. Beginning students frequently respond to all of the questions in the present tense. Listen for the progression of tenses from present in the first questions, to more complex forms, such as compound tenses and the subjunctive in questions in the middle and at the end.
9. Familiarize yourself with the way many questions begin. Some common phrases are *Dígale a su amigo...*, *Dile a tu amigo...*, *Quéjate a (alguien) de...*, *¿Qué opina Ud. de...*, *Discúlpe me por haber...*, *Dé instrucciones para ...*, *Describa Ud....*, or *Explique Ud.....*
10. Practice directed response questions aloud.
11. Practice with extemporaneous conversations, dialogues, monologues, role playing, or skits for added fluency.
12. If you are not in a class, imagine yourself speaking Spanish. Practice in front of a mirror to help visualize yourself speaking Spanish. The more comfortable and relaxed you are when speaking, the easier it will be to answer the questions on tape.

Evaluation Criteria

Your sample will be evaluated on the basis of the following components:

1. Vocabulary (range and appropriateness).
2. Fluency (smoothness of speech).
3. Accuracy (grammar).
4. Pronunciation.

If speaking Spanish is your weakness, you need to be sure to spend extra time practicing.

I. *AUTOBIOGRAFÍA (Ud. y su familia)*

Vocabulario

SUSTANTIVOS

el acontecimiento	event	*la habilidad*	talent
los adolescentes	teens	*la identidad*	identity
la característica	characteristic	*la independencia*	independence
el desarrollo	development	*la niñez*	childhood
la edad	age	*el suceso*	event

VERBOS

asemejar	to resemble	*parecer*	to seem
establecer	to settle, establish		

ADJETIVOS

aplicado	industrious	*modesto*	modest
extrovertido	outgoing	*perezoso*	lazy
hablador	talkative	*simpático*	kind
introvertido	introspective	*tímido*	timid

Conteste Ud. a las preguntas en español en oraciones completas:
(Answer the following questions in Spanish in complete sentences for the practice of using correct verb forms.)

Autobiografía del individuo

1. Describa Ud. a sí mismo o sí misma, sus aspectos físicos y de carácter. ¿Cómo es Ud.?
2. ¿Qué talentos o habilidades especiales tiene Ud.?
3. ¿Goza Ud. de buena salud? ¿A qué atribuye Ud. su buena o mala salud?
4. ¿Qué habilidades especiales tiene Ud.?
5. ¿De qué se alegra Ud. más?
6. ¿De qué tiene Ud. más miedo?
7. ¿De qué se arrepiente Ud. más en su vida?
8. ¿Diría Ud. que es una persona religiosa? Explique.
9. Describa Ud. el acontecimiento del cual Ud. se siente más orgulloso y por qué.
10. ¿Qué piensa que dirían sus amigos de Ud.?
11. Si tuviera que escoger una palabra para describirse a sí mismo (misma), ¿cuál sería? ¿Por qué?
12. ¿A quién admira Ud. más? ¿Por qué?
13. ¿Qué le gusta hacer en su tiempo libre?
14. ¿A qué o a quién atribuye Ud. sus buenas características personales?
15. Si Ud. pudiera cambiar un aspecto de su personalidad, ¿cuál sería? ¿Por qué?
16. Si pudiera ser otra persona, ¿quién sería? ¿Por qué?
17. Si fuera millonario o millonaria, ¿cómo gastaría su dinero? Explique Ud. por qué lo gastaría de tal manera.

Su niñez

18. Cuándo era niño, o niña, ¿cómo era? ¿extrovertido, -a?, ¿introvertido, -a? ¿tímido, -a? ¿aventurero, -a? ¿curioso, -a? ¿perezoso, -a? ¿aplicado, -a? ¿simpático, -a? ¿guapo, -a? ¿dormilón, -a? ¿trabajador, -a? etc. Dé Ud. un ejemplo de esta característica.
19. ¿Ha cambiado su personalidad mucho? ¿Cómo?
20. ¿Cuál fue el acontecimiento más importante para Ud. cuando era niño o niña?
21. ¿Cuál fue el suceso más emocionante para Ud. cuando era niño o niña?
22. ¿Dónde vivían Ud. y su familia cuando era niño?
23. De todos los lugares en que Ud. haya vivido, ¿cuál le gustó más? ¿Por qué?
24. ¿Cree Ud. que el lugar en el cual Ud. creció influyó mucho en su desarrollo psicológico? Explique.
25. ¿Adónde ha viajado Ud.? ¿Qué lugar le interesó más?
26. ¿Adónde le gustaría poder viajar si pudiera viajar a cualquier lugar? ¿Por qué?
27. ¿Ha visto Ud. muchos cambios en su vida? ¿Cuáles?
28. ¿Hubo una experiencia que haya influido más que otra en su vida? Descríbala.

Sus hermanos o hermanas

29. ¿Tiene Ud. hermanos? ¿Se lleva Ud. bien con ellos? Describa Ud. en detalle, con ejemplos, cómo se lleva con ellos y por qué.
30. ¿Cuáles son algunas de las ventajas y desventajas de tener hermanos?
31. ¿Le gustaría o no ser el único hijo o la única hija de la familia?
32. ¿Cree Ud. que hay una diferencia entre lo que se espera del primer nacido de la familia y del último?
33. ¿Hay mucha diferencia entre las personalidades de los hermanos de una familia? ¿Por qué?
34. ¿Cuáles son algunas de las razones por las cuales riñen los niños de una familia?
35. ¿Cuáles son las ventajas de tener muchos familiares? ¿las desventajas?

Sus padres

36. ¿Se lleva Ud. bien con sus padres? Describa en detalle, con ejemplos, cómo son sus relaciones con sus padres.
37. ¿A quién se parece Ud. en su familia? ¿A su papá o a su mamá? ¿Cómo? ¿En qué aspectos se parece Ud. a sus padres?
38. ¿Por qué es tan difícil establecer su propia identidad para los jóvenes? Explique con ejemplos de su propia vida.
39. ¿Cómo deben los padres castigar a los hijos que les desobedecen? Dé Ud. un ejemplo.
40. ¿Por qué es difícil a veces para los padres saber a quién creer y qué pensar de lo que les dicen sus hijos?
41. ¿Qué lecciones ha Ud. aprendido de sus padres?
42. ¿Qué responsabilidades deben los chicos tener en la casa? Explique Ud. usando su propia familia como un ejemplo.
43. ¿Qué contribución pueden los chicos hacer en una familia? Explique Ud. usando su propia familia como un ejemplo.
44. ¿Siempre les dice Ud. la verdad a sus padres? ¿Por qué, ya sea sí o no?
45. ¿Es difícil para Ud. a veces admitir culpabilidad de algo o piensa Ud. que siempre tiene razón?

Tradiciones familiares

46. ¿Qué tradiciones tiene su familia?
47. ¿Cómo celebran Uds. los cumpleaños de los miembros de la familia?
48. ¿Cuál es el cumpleaños más importante para Ud. y por qué?
49. ¿Cómo celebran Ud. y su familia los días feriados como el Día de la Independencia?
50. ¿Tiene Vd. parientes que viven cerca de o en la misma ciudad? ¿Le gustaría más si vivieran cerca o lejos? ¿Por qué?

Su futuro

51. ¿Dónde querrá vivir en el futuro? ¿Cerca de su familia o no? ¿Por qué?
52. Explique cómo podría cambiar sus relaciones con sus padres en el futuro.
53. ¿Querrá casarse algún día? ¿Por qué?
54. ¿Cómo será su esposo o esposa?
54. ¿Cómo espera Ud. desarrollar sus talentos o habilidades?
55. ¿Piensa que su personalidad cambiará o no? Explique.

II. LA ESCUELA

Vocabulario

SUSTANTIVOS

el aula	classroom	*la matrícula*	registration
el bachillerato	high school diploma	*la mayoría*	the majority
la beca	scholarship	*el nivel*	the level
la carrera	career	*las notas, las calificaciones*	grades
la cifra	number	*el papel*	role
el comité	committee	*el pensamiento*	thought
la comprensión	comprehension	*el período*	period
la conferencia	lecture	*la presión*	pressure
el conocimiento	knowledge	*la primaria*	elementary school
el curso	course (of study)	*el privilegio*	privilege
el derecho	right	*el procedimiento*	procedure
la desventaja	disadvantage	*la prueba*	test
el director	principal	*el puntaje*	score
la disciplina	discipline	*el requisito*	requirement
la enseñanza	the teaching	*la sabiduría*	wisdom
la especialización	major	*la secundaria*	high school
el estrés	stress	*el sistema*	system
la facultad	faculty	*la tarea*	work
la habilidad	skill, talent	*tiempo completo*	full time
el horario	schedule	*el título*	diploma
la lectura	reading	*la ventaja*	advantage, benefit
la licenciatura	university degree		
la materia, la asignatura	subject		

VERBOS

aburrirse	to get bored	*entrenarse*	to train
acostumbrarse	to get used to	*escoger*	to choose
aprender	to learn	*experimentar*	to experience
aprobar	to pass	*gozar de*	to enjoy
aprovecharse	to take advantage of	*graduarse*	to graduate
		imponer	to impose
asistir a	to attend	*influir*	to influence
comportarse	to behave	*ingresar*	to enroll
conseguir	to get	*intentar*	to try, attempt
consistir en	to consist of	*matricular*	to register
dedicarse	to dedicate oneself	*quejarse*	to complain
		realizar	to fulfill
discutir	to discuss	*repasar*	to review
distraer	to distract	*salir bien*	to do well
educar	to educate	*solicitar*	to apply
enseñar	to teach, show	*suspender, reprobar*	to fail
entender	to understand		

MODISMOS

dictar (una clase)	to give (a class) (una conferencia = a lecture)	*presentarse a*	to apply for
		presentarse al examen	to take an exam
estar cansado	to be tired	*prestar atención*	to pay attention
estudiar mucho	to study hard	*sacar (buenas) notas*	to get (good) grades (malas notas = bad grades)
ganarse la vida	to earn a living		
hacer una pregunta	to ask a question		
interesarse por	to be interested in	*tener éxito*	to be successful
llamar la atención	to call one's attention to	*tomar apuntes*	to take notes

ADJETIVOS

aburrido	boring	*extracurricular*	extracurricular
agotado	worn out	*infatigable*	untiring
alternativo	alternative	*llamativo*	eye-catching
analfabeto	illiterate	*ocioso*	lazy, slothful
anticuado	ancient, old	*optativo*	elective
antipático	mean	*perezoso*	lazy
aplicado, trabajador	hard working	*predilecto*	favorite
cotidiano	daily	*satisfecho*	satisfied
divertido	fun	*simpático*	nice
emocionante	exciting	*social*	social
estudiantil	student	*torpe*	dense
estupendo	great	*tranquilo*	quiet
exigente	demanding		

Los edificios

1. ¿Son nuevos o viejos los edificios de su escuela? Descríbalos.
2. ¿Es muy importante tener edificios muy modernos o no? ¿Por qué?

3. Dé Ud instrucciones para llegar a su casa de su escuela.
4. Dé Ud. instrucciones a sus padres para llegar al aula en que se reúne su primera clase del día.
5. Si uno se enferma en la escuela, ¿adónde se va para recibir atención?
6. Describa Ud. la cafetería de su escuela. ¿Es adecuada o no?
7. Frecuentemente se dice que la comida en las cafeterías de las escuelas no es buena. ¿Por qué no les gusta a muchos estudiantes comer en las cafeterías?
8. ¿Qué recomienda Ud. para mejorar la oferta de comida en la cafetería?
9. ¿Cómo es su escuela? ¿Grande? ¿Pequeña? ¿Cuántos estudiantes tiene, aproximadamente? ¿Cuántos profesores? Describa Ud. su escuela en detalle.
10. ¿Cuáles son algunas ventajas de las escuelas grandes? ¿Desventajas?
11. ¿Cuáles son las ventajas de escuelas pequeñas? ¿Desventajas?
12. ¿Qué tipo de ambiente tiene una escuela con edificios viejos?
13. Si fuera Ud. arquitecto encargado de diseñar un escuela nueva, ¿cómo mejoraría Ud. el planeamiento de los edificios?
14. Si Ud. entrara en una escuela con dibujos por todas las paredes y suelos sucios, ¿qué pensaría del lugar?

Las escuelas nuevas y las viejas

15. ¿Cómo son diferentes las escuelas modernas de las de sus padres?
16. ¿Cree Ud. que las escuelas modernas son mejores que las de sus padres?
17. ¿Qué necesitaban estudiar sus padres para conseguir trabajo después de la escuela?
18. ¿Cómo ha cambiado la materia que se enseña en la escuelas modernas?
19. ¿Cuál debe ser el papel de los padres en las escuelas superiores?
20. ¿Qué conflictos hay a veces en las escuelas entre los intereses de los padres y la comunidad?
21. Hay una tendencia en ciertas comunidades de permitir que las compañías privadas manejen los negocios de las escuelas públicas. ¿Qué opina Ud. de dejar a una compañía privada que maneje una escuela?

Tipos de escuelas

22. ¿Cree Ud. que es buena idea tener escuelas distintas para los muchachos y las muchachas? ¿Por qué?
23. ¿Cuáles son las diferencias entre las escuelas públicas y las privadas?
24. ¿Cuáles son las ventajas y desventajas de las escuelas públicas?
25. ¿Cree Ud. que es mejor tener mucha diversidad de estudiantes en una escuela o es mejor un grupo más homogéneo?
26. ¿Qué se puede hacer para asegurar la diversidad de estudiantes en su escuela?
27. Si pudiera escoger a cualquier escuela a que asistir, ¿a cuál escogería? ¿Por qué?

Las clases

28. ¿Cómo son sus clases? ¿Cuántos estudiantes hay en ellas?
29. ¿Por qué se aburren muchos estudiantes en sus clases?
30. ¿Goza Ud. de mucho éxito académico en sus estudios?
31. ¿Cuál es la clase más difícil para Ud.? ¿Por qué?
32. ¿Cuál es la clase más fácil?

33. ¿Por qué son más fáciles algunas clases que otras?
34. ¿Qué puede Ud. hacer para mejorar sus notas en la escuela?
35. ¿Tienen los estudiantes de su escuela que hacer muchas tareas por la noche?
36. ¿Cuánto tiempo deben los estudiantes dedicar a los estudios cada noche?
37. Describa Ud. la mejor manera de estudiar para un examen importante.
38. ¿Qué significan las notas que los estudiantes reciben en su escuela?
39. Si un estudiante está suspendiendo una clase, ¿cree Ud. que los padres deben poder exigirle enfocar más en los estudios y quitarle algunos privilegios?
40. Cree Ud. que se debe aprobar a los estudiantes que no sepan la materia en los cursos? ¿Por qué sí o no?
41. Si Ud. fuera director de una escuela y se le presentara un padre que quería que su hijo aprobara un curso sin haber hecho nada, ¿qué haría Ud.?
42. Si Ud. fuera profesor o profesora de una clase de matemáticas y un estudiante estuviese suspendiendo el curso, ¿qué le aconsejaría?
43. Comente Ud. sobre la presión para sacar buenas notas en su escuela.
44. ¿Por qué es más difícil aprender en algunas clases y no en otras?
45. ¿Qué les distrae más a los estudiantes en una clase?
46. ¿Cuáles son las ventajas de tener un código de vestimenta en la escuela?
47. ¿Por qué es importante aprender y saber leer aun cuando todo el mundo aprende tanto de las imágenes visuales ahora?
48. ¿Cree Ud. que las escuelas deben ofrecer cursos tratando problemas sociales, como el SIDA, el abuso de las drogas, etc.? Explique.
49. En muchas escuelas secundarias, menos muchachas que muchachos siguen estudios de matemáticas y ciencias. ¿Por qué?
50. ¿Cree Ud. que los muchachos reciben más atención del profesor o profesora que las muchachas? Explique por qué cree Ud. que sí o que no.
51. ¿Quiénes deben determinar los temas a estudiarse de las escuelas, los estudiantes, los padres, los profesores, o un comité comunal de educación? ¿Por qué?
52. ¿De qué se quejan más los estudiantes de su escuela?

Actividades extracurriculares

53. ¿En qué actividades extracurriculares participa Ud.?
54. ¿Son muy importantes los deportes en su escuela?
55. ¿Son demasiado importantes los deportes en su escuela? ¿Por qué piensa Ud. que sí o que no?
56. ¿Hay un programa de bellas artes en su escuela?
57. Describa Ud. la actividad extracurricular más importante de su escuela.
58. ¿Tiene su escuela muchos bailes? Descríbalos.
59. ¿Tienen un trabajo muchos de los estudiantes después de las clases?
60. ¿Qué se aprende en las actividades extracurriculares que no se aprende en las clases?

Escuela primaria

61. ¿Recuerda Ud. el día en que ingresó en la escuela primaria? Cuente lo que recuerda.
62. ¿Tiene Ud. buenas memorias del primer año de la escuela primaria? Descríbalo.
63. ¿Cómo fue la profesora del primer año?

64. ¿Quién era su mejor amigo de la escuela primaria?
65. ¿Cuál era su materia favorita en la escuela primaria? ¿Por qué?
66. ¿Cree Ud. que podría ser un maestro o maestra tan bueno como su maestra o maestro favorito.

La universidad

67. ¿Por qué quieren tantos estudiantes asistir a la universidad ahora?
68. ¿Cómo tiene que prepararse para poder matricularse en la universidad?
69. ¿Por qué es tan difícil conseguir una beca para la universidad para muchos estudiantes?
70. ¿Qué cualidades buscan las universidades en los solicitantes de becas?
71. ¿Por qué cree Ud. que la educación universitaria cuesta tanto hoy día?
72. ¿Cuál debe ser el papel de los deportes en la universidad?
73. ¿Qué es lo que le influiría más en la selección de una universidad?
74. ¿Cree Ud. que ha recibido buena preparación para los estudios universitarios? Explique.
75. Si pudiera escoger a cualquier universidad para matricularse, ¿cuál sería? ¿Por qué?
76. ¿Cree Ud. que la educación universitaria vale todo lo que cuesta hoy día? ¿Por qué?
77. ¿Defiende Ud. la libertad académica en las universidades? ¿Debe una persona tener el derecho de decir lo que se le antoje?

La tecnología y la educación

78. ¿Cuál ha sido el efecto de la tecnología en la educación?
79. ¿Cómo será la escuela del año 2010?
80. ¿Cuáles son algunas de las ventajas de usar computadoras en las aulas de las escuelas?
81. ¿Cree Ud. que se puede sustituir las computadoras por los profesores en las salas de clase? ¿Cómo?
82. ¿Cómo ha cambiado el propósito de las escuelas hoy día?
83. Describa Ud. su escuela ideal.
84. Si los estudiantes del futuro pudieran sentarse en casa y estudiar sus lecciones por medio de la tecnología moderna, con teléfono y televisión, ¿qué necesidad habría para las escuelas tal como las conocemos hoy?
85. Se dice que en el futuro no se necesitaría saber nada, sino tan sólo saber cómo y dónde buscar lo que se necesita. ¿Qué opina Ud.?
86. ¿Cuál ha sido el efecto de la televisión en la enseñanza y las maneras en que aprenden los chicos?

La facultad y administración

87. ¿Quién es su profesor predilecto? ¿Por qué?
88. Describa Ud. el mejor profesor o la mejor profesora de su carrera estudiantil.
89. ¿Qué características tienen los profesores buenos?
90. ¿Por qué hay más mujeres que enseñan que hombres?
91. ¿Le gustaría ser director de una escuela secundaria? Explique cómo podría ser buen director.
92. ¿Cuánto tiempo hace que Ud. se encontró con un profesor que no le gustó? ¿Qué hizo Ud. para resolver su problema?

93. Muchas veces en las escuelas grandes los directores parecen no enterarse bien de los asuntos cotidianos de la escuela. ¿Qué resultados tiene esta situación?

La enseñanza

94. Para poder gozar de mucho éxito en la vida ¿se necesita más una educación buena o la experiencia práctica? ¿Por qué?
95. ¿Por qué cree Ud. que la buena educación es importante?
96. ¿Cuál debe ser el propósito de las escuelas? ¿Deben tratar de enseñar valores?
97. ¿Cree Ud. que la libertad académica le da al estudiante o profesor el derecho de decir cualquier cosa?
98. ¿Se debe enseñar ideas y conceptos controvertibles en las escuelas?
99. Actualmente a muchas escuelas les faltan los fondos para desarrollar un programa adecuado y así preparar a sus estudiantes para el futuro. ¿Qué deberían esas escuelas poder hacer para mejorar sus programas y para atraer mejores profesores?

Los compañeros de clase

100. Describa Ud. a sus mejores amigos en la escuela.
101. ¿Cuál es la ventaja de tener amigos que no asisten a la misma escuela que Ud.?
102. ¿Asiste Ud. a muchas actividades de escuela con sus amigos? ¿Cuáles?
103. ¿Qué características determinan quiénes serán los estudiantes más populares en su escuela?
104. Describa Ud. el gobierno estudiantil en su escuela.
105. ¿Cree Ud. que es más importante ser inteligente o popular?
106. ¿Sería fácil o difícil acostumbrarse a las rutinas de su escuela para un nuevo estudiante? ¿Por qué?
107. Cuando por primera vez llega un nuevo estudiante a una nueva escuela, ¿qué le aconsejaría para hacer nuevas amistades?
108. ¿Cuál ha sido la experiencia más inolvidable que le haya sucedido en la escuela?
109. Ud. tiene la oportunidad de regresar a una reunión de graduados de su escuela secundaria. ¿A quién o qué le gustaría ver más? ¿Por qué?

La disciplina en las escuelas

110. ¿Por qué se rebelan tanto muchos estudiantes contra los dictámenes de la vieja generación?
111. ¿Hay problemas en su escuela con la disciplina? ¿Cómo sería posible mantener buena disciplina en la escuela sin violar los derechos personales de los estudiantes?
112. ¿Cómo se debe castigar a los estudiantes que desobedecen la autoridad de los profesores y a los directores de la escuela?
113. ¿Qué derechos deben los estudiantes tener en una escuela?

III. EL OCIO

SUSTANTIVOS

las amistades	friendships	*la función*	show
la atracción	attraction	*el lujo*	the luxury
la aventura	adventure	*el ocio*	leisure
la banda	band	*la orquesta*	orchestra
la ciencia ficción	science fiction	*el pasatiempo*	pastime
el cine	the movies	*la película*	a film
la competencia	contest, match	*la revista*	magazine
el concierto	concert	*la sinfonía*	symphony
la entrada	ticket	*el teatro*	theater
el entretenimiento	entertainment	*el video*	video
el espectáculo	show	*el videocasete*	videocassette
la estrella	star	*la videograbadora*	video camera

VERBOS

aplaudir	to clap, to applaud	*estrenar*	to show
		fatigarse	to wear out
descansar	to rest	*gozar de*	to enjoy
distraerse	to amuse oneself	*oír*	to hear
divertirse	to have a good time	*regocijar*	to delight
		reírse	to laugh
entretener	to entertain	*relajarse*	to relax
escuchar	to listen to	*tocar*	to play music

ADJETIVOS

aburrido	boring	*lento*	slow
atrevido	daring	*maravilloso*	marvelous
cómico	funny	*pavoroso*	frightening
diverso	diverse	*relajado*	relaxed
divertido	fun, amusing	*sorprendente*	surprising
emocionante	moving	*soso*	dull
estelar	stellar	*vivaz*	lively
juvenil	juvenile		

En general

1. ¿Qué hace Ud. para relajarse?
2. ¿Por qué es tan importante el ocio para mucha gente hoy?
3. ¿Qué tipo de entretenimiento le gusta más? ¿Por qué?
4. Si tuviera un día libre inesperado de la escuela, ¿qué haría Ud.?
5. ¿Cree Ud. que para divertirse es necesario gastar mucho dinero?
6. Describa Ud. una actividad que a Ud. le gusta hacer que no cuesta mucho dinero.
7. ¿Cuál ha sido la experiencia más divertida para Ud.?
8. ¿Cuál es la diferencia entre los entretenimientos de los niños pequeños y los adolescentes?
8. ¿Cómo era diferente el ocio para sus padres o abuelos? ¿Por qué?
9. ¿Cómo cambia la manera de divertirse a medida que crece un joven?
10. Para relajarse durante las vacaciones, ¿qué hace Ud.?

11. ¿Qué tipo de actividad le gusta hacer fuera de la casa?
12. ¿Cuáles son algunas de las actividades o deportes populares en la playa?
13. ¿Cuáles son algunas de las maneras de disfrutar de las vacaciones en las montañas?
14. ¿Cómo ha cambiado la tecnología la manera en que uno se divierte hoy en día?
15. Como resultado de los avances de la tecnología muchas de las actividades son actividades solitarias. ¿Qué se pierde con este tipo de actividad? ¿Es bueno o malo?
16. Los pasatiempos solitarios resultan en cierto ensimismamiento de la persona que participa en ellos. ¿Es buena o mala esta tendencia a la soledad?
17. ¿Cuál sería la actividad más divertida que Ud. podría imaginar?
18. Si sus padres no estuvieran en casa, ¿sería buena idea tener una fiesta sin que estuvieran ellos? ¿Por qué?
19. Muchos muchachos pasan mucho tiempo hablando por teléfono para relajarse. ¿Qué discuten?
20. ¿Cree Ud. que hay una diferencia entre lo que discuten las muchachas de lo que discuten los muchachos? ¿Cuál?

Las lecturas

21. ¿Prefiere Ud. leer periódicos o revistas o mirar programas de televisión para entretenerse?
22. ¿Lee Ud. revistas de vez en cuando? ¿Qué tipo lee?
23. ¿Cree Ud. que si las revistas fueran emitidas por medios electrónicos, más gente las leería?
24. ¿Hay un protocolo que determina quién llama a quién cuando un muchacho quiere salir con una muchacha? ¿Debe una muchacha llamar a un muchacho?
25. ¿Cómo han cambiado las normas sociales para los jóvenes de hoy?
26. ¿Cuánto tiempo pasa Ud. hablando por teléfono con sus amigos?
27. Cuando una pareja sale para cenar en un restaurante elegante, ¿quién debe pagar la cuenta?

La música

28. Hay muchos tipos de conciertos: conciertos de cantantes, de grupos de rock, de orquestas filarmónicas. ¿Qué tipo le gusta? Explique.
29. ¿Qué valor tienen las lecciones de música para los jóvenes? ¿Cómo puede ser pasatiempo la música?
30. ¿Cuáles son algunos de los instrumentos de una orquesta sinfónica?
31. Describa Ud. la diferencia entre la música clásica y la música popular, de rock u otro tipo.

Las películas

32. ¿Cree Ud. que se debe tener censura de películas para los jóvenes?
33. ¿Cuál fue la película más emocionante que Ud. haya visto? Descríbala.
34. Se dice que a los jóvenes les gustan las películas de acción, aventura, o ciencia ficción más que otro tipo. ¿Cree Ud. que hay una diferencia entre el tipo de película que atrae a los varones y el que atrae a las muchachas? Explique.

35. ¿Quiénes son sus actores y actrices favoritos? ¿En qué películas se destacaron?
36. ¿Qué tipo de película prefiere Ud.? ¿Por qué?
37. Si Ud. fuera director de películas, ¿a qué actor o actriz le gustaría contratar?
38. ¿Qué tipo de película le gustaría rodar si pudiera hacer cualquier tipo? ¿Por qué?
39. ¿Lee Ud. muchas revistas o mira muchos programas que enfocan en las vidas de las estrellas del cine?
40. ¿Por qué les atraen tanto a tantas personas todos los detalles de las vidas privadas de las estrellas?
41. ¿Por qué cree Ud. que las estrellas de la pantalla son tan admiradas por las jóvenes?
42. ¿Cree Ud. que los actores y las actrices son admirados por las mismas razones? Comente por qué.
43. ¿Cómo son diferentes las películas modernas de las de hace treinta o cuarenta años atrás?
44. Si fuera actor o actriz, ¿habrá unos tipos de escenas que no haría? ¿Cuáles y por qué?

Televisión

45. Se dice que muchos programas noticieros se parecen más a programas de entretenimiento que de noticias. ¿Está Ud. de acuerdo o no? ¿Por qué?
46. ¿Qué revelan los programas de televisión de los valores de la sociedad?
47. Muchos critican que hoy hay menos diferencia entre la realidad y la fantasía en la televisión. ¿Qué opina Ud.? ¿Por qué?
48. Al mirar programas de otras culturas se nota que hay una diferencia entre el contenido y el estilo de presentar la materia visualmente. ¿Por qué?
49. ¿Qué pasará al cine como negocio cuando se pueda mirar todas las películas en la televisión en su propia casa?
50. ¿Por qué son tan divertidos los vídeos para los jóvenes hoy?
51. ¿Qué atracción tienen los programas de MTV?
52. ¿Qué se aprende mirando la televisión?
53. ¿Qué tipos de habilidades se desarrollan mirando la televisión?
54. ¿Cree Ud. que es posible utilizar la televisión mejor para educar a la población? ¿Cómo?
55. Se dice que el tipo de programa que ve un joven influye mucho sobre su personalidad. ¿Está Ud. de acuerdo o no? ¿Por qué?
56. Muchos jóvenes no miran mucho la televisión hoy en día. ¿Qué hacen en vez de mirarla?
57. ¿Cuál es la diferencia entre ver la televisión y pasar horas en la red, mirando la pantalla de su computadora?

IV. LAS AMISTADES

SUSTANTIVOS

la amistad	friendship	*la confianza*	trust

VERBOS

aconsejar	to advise	*desear*	to desire, to wish
aguantar	to tolerate	*envidiar*	to envy
apoyar	to support	*extrañar*	to miss
codiciar	to covet	*llevarse (bien)*	to get along with
comportarse	to behave	*mentir*	to lie
confiar, contar con	to trust, count on	*odiar*	to hate
crecer	to grow	*preocuparse*	to worry
cuidarse de	to take care of		

MODISMOS

contar con	to count on	*tener celos*	to be jealous
echar de menos	to miss		

ADJETIVOS

afectuoso	affectionate	*manso*	gentle
bello	beautiful	*mayor*	older
cariñoso	caring	*mejor*	best
codicioso	jealous	*menor*	younger
comprensivo	understanding	*mezquino*	mean
confiable	trustworthy	*mutuo*	mutual
egoísta	self-centered	*peor*	worst
feo	ugly	*sensato*	reasonable
fiel	loyal	*simpático*	nice
íntimo	intimate, close	*sincero*	sincere
lisonjero	flattering	*vivaz*	vivacious

Sus amigos

1. Describa Ud. a su mejor amigo. ¿Cómo es?
2. ¿Qué características se destacan en un amigo bueno?
3. ¿Cree Ud. que a menudo se buscan características diferentes en las amigas que en los amigos? ¿Por qué?
4. Cuándo Ud. y su mejor amigo no están de acuerdo, ¿cómo resuelven sus problemas?
5. ¿Cuál sería la única cosa que haría su mejor amigo que Ud. no perdonaría?
6. Si pensara Ud. que su mejor amigo le mintió, ¿cómo reaccionaría?
7. Si su mejor amigo le pidiera revelar un secreto que otra persona le había dicho, ¿se lo revelaría? ¿Por qué?
8. Si su mejor amigo le pide hacer algo que no quiere hacer, ¿qué hará?
9. ¿Dónde se reúne con sus amigos? ¿Por qué han Uds. escogido ese lugar?
10. ¿Le gusta a Ud. que vengan sus amigos a su casa, o prefiere Ud. visitarlos en sus casas? ¿Por qué?
11. ¿Cómo se puede mantener la amistad con alguien si a los padres de Ud. él o ella no les gusta?

Las amistades

12. ¿Cuáles son los beneficios de tener muchos amigos?
13. ¿Es necesario tener muchos amigos para estar contento?
14. ¿Cuánto influye la ropa en las primeras impresiones?
15. ¿Por qué tienen algunas personas celos de sus amigos?
16. ¿Cómo trata Ud. a una persona a quién no puede aguantar?
17. Muchas veces entre los adolescentes hay una tendencia de buscar amistades sólo de entre los contemporáneos. ¿Qué ventajas hay de tener amigos de otras generaciones y de otras escuelas?
18. Muchas veces se ve que las personas que son buenos amigos cuando son jóvenes no lo son al llegar a su adolescencia. ¿Por qué cree Ud. que es normal cambiar los amigos al entrar en una nueva etapa de la vida?
19. Si Ud. fuera consejero o consejera de adolescentes, ¿qué consejos le daría a un joven que no tiene muchos amigos para que pueda encontrar a algún amigo nuevo?
20. ¿Cómo se puede mantener una amistad a larga distancia?

V. EL TRABAJO

SUSTANTIVOS

la carrera	career	*la huelga*	strike
el comerciante	businessman	*el jefe*	boss
el dueño,		*el juez*	judge
el propietario	owner	*el líder*	leader
el empleo,		*la manifestación*	demonstration
el trabajo	work	*el negocio*	business
la entrevista	interview	*el obrero*	worker
la fábrica	factory	*el sindicato*	union
la ficha	token	*la solicitud*	application
el formulario	form	*el sueldo*	pay
el gerente	manager	*el taller*	shop

Profesiones y Vocaciones

el abogado	lawyer	*el ingeniero*	engineer
el alcalde	mayor	*el marinero*	sailor
el atleta	athlete	*el mecánico*	mechanic
el basurero	garbageman	*el médico, doctor*	doctor
el bombero	firefighter	*el ministro*	minister
el campesino	farmer	*la niñera*	baby sitter
el carnicero	butcher	*el obrero*	worker
el carpintero	carpenter	*el panadero*	baker
el comerciante	merchant	*el párroco*	priest
el concejal	council member	*el periodista*	newspaperman
la criada	maid	*el piloto*	pilot
el director	director	*el plomero*	plumber
la enfermera	nurse	*el policía*	policeman
el fotógrafo	photographer	*el redactor*	editor
el funcionario	civil servant	*el reportero*	reporter

el sacerdote	priest	*el soldado*	soldier
la secretaria	secretary	*el trapero*	rag picker

VERBOS

aprovecharse	to take advantage of	*llenar*	to fill
		lograr	to achieve
avanzar	to advance	*negociar*	to negotiate
conseguir	to get	*obtener*	to obtain
contratar	to hire	*rechazar*	to reject
despedir	to fire	*rellenar*	to fill out
entrevistar	to interview	*trabajar*	to work

MODISMOS

ganarse la vida earn a living

Para conseguir un trabajo

1. ¿Cómo puede una agencia de trabajos ayudar en la búsqueda de empleo?
2. ¿Dónde se puede encontrar noticias de puestos vacantes?
3. ¿Qué tipo de datos se preguntan en formularios de solicitud?
4. ¿Ha sido Ud. entrevistado alguna vez para una posición? Describa Ud. la experiencia.
5. ¿Tiene Ud. un trabajo después de las clases? Si lo tiene, descríbalo.
6. ¿Es difícil para los jóvenes conseguir trabajo? ¿Por qué?
7. ¿Qué se necesita saber para poder avanzar en el empleo?
8. ¿Cómo influye un empleo después de las clases sobre los estudios en la escuela?

Trabajos para el futuro

9. ¿Cree Ud. que una educación debe solamente prepararle para conseguir un empleo después de graduarse?
10. ¿Cuán diferentes serán los trabajos del futuro de los de hoy?
11. ¿Cree Ud. que será posible hacer todo el trabajo en computadoras en la casa en el futuro?

La entrevista

12. ¿Qué sería lo más difícil de pedir al solicitarse una posición con una compañía?
13. En una entrevista para un empleo, ¿cómo se puede preparar para tener éxito?
14. En una entrevista ¿cómo respondería si se le preguntara algo sobre un tema que por razones religiosas o personales Ud. no puede responder?
15. ¿Cómo se debe vestirse para entrevistarse?
16. Si fuera Ud. director de una empresa, ¿contrataría Ud. a una persona que no se presentara bien?

Las carreras

17. ¿Qué quería Ud. ser cuando era pequeño? ¿Por qué?
18. ¿Por qué les impresionan tanto a los niños pequeños los oficios de bombero, policía o cartero?
19. ¿Cuál es la diferencia entre una carrera y un empleo cualquiera?

20. ¿Qué carrera quiere Ud. seguir? ¿Por qué?
21. ¿Cuál debe ser la base para escoger una carrera?
22. ¿Qué carreras serán más necesarias en el futuro?
23. Si el único empleo posible fuera con una compañía responsable de gran abuso del medio ambiente, ¿trabajaría para ella?
24. ¿Cómo se diferencian los trabajos actuales de los de hace cincuenta años?
25. ¿Cuáles son las responsabilidades de una empresa para con sus empleados? ¿Viceversa?
26. ¿Qué papel tienen los sindicatos en las industrias modernas?
27. Si trabajara con una compañía cuyos empleados se declararon en huelga, ¿les daría su apoyo o no? ¿Por qué?
28. ¿Cómo sería su jefe o gerente idóneo?
29. Si Ud. estuviera encargado de la supervisión de una oficina, ¿qué tipo de jefe sería? ¿Sería comprensivo? ¿Sería exigente?
30. Si tuviera un empleado que no hacía el trabajo bien, ¿qué haría Ud. para resolver el problema?
31. Si Ud. fuera el gerente de una empresa, ¿cómo sería su empleado ideal?
32. ¿Hay algún tipo de trabajo que rechazaría si necesitaba trabajo? ¿Cuál? ¿Por qué?
33. ¿Debe el gobierno garantizar empleo para todos? Comente Ud.

VI. LA SALUD

SUSTANTIVOS

el aliento	breath	*la fiebre*	fever
el antibiótico	antibiotics	*la frente*	forehead
la aspirina	aspirin	*la garganta*	throat
el bigote	beard	*los hombros*	shoulders
la boca	mouth	*el hospital*	hospital
el brazo	arm	*la inyección*	injection, shot
el cabello	hair (head)	*la lengua*	tongue
la cabeza	head	*la mano*	hand
las caderas	hips	*la medicina*	medicine
el cáncer	cancer	*el médico, el doctor*	doctor
la cara, el rostro	face	*la mejilla*	cheek
el catarro	cold	*la muñeca*	wrist
las cejas	eyebrows	*las nalgas*	hips
el cinturón	waist	*la nariz*	nose
la columna vertebral	spine	*los oídos*	ears (inner)
el cuello	neck	*los ojos*	eyes
el cuerpo	body	*las orejas*	ears
la cura	cure	*los párpados*	eyelashes
el curandero	healer	*las pastillas, las píldoras*	pills
los dedos	fingers, toes	*el pecho*	chest, breast
los dientes	teeth	*el pie*	foot
el dolor	pain	*la pierna*	leg
la enfermedad	illness	*el pelo*	hair (body)
la espalda	back		

la receta	prescription	*el talón*	heel
el régimen, la dieta	diet	*la temperatura*	temperature
el remedio	remedy	*el tobillo*	ankle
el resfriado	cold	*el torso*	torso
la rodilla	knees	*el yeso*	plaster cast
la salud	health		

VERBOS

atender	to attend	*mantenerse*	to keep in
auscultar	to listen to (heart)	*mejorarse*	to get better
bostezar	to yawn	*morir*	to die
cuidar	to care for	*operar*	to operate
doler	to ache, hurt	*padecer*	to suffer
ejercer	to exercise	*ponerse*	to become
empeorar	to get worse	*recuperar*	to recuperate
enfermarse	to get sick	*respirar*	to breathe
estornudar	to sneeze	*romper*	to break
fallecer	to die	*sentirse*	to feel
fracturar	to break	*sufrir*	to suffer
lastimarse	to hurt	*toser*	to cough

ADJETIVOS

consciente	conscious	*peligroso*	dangerous
eficaz	effective	*roto*	broken
grave	serious	*sano*	healthy
manso	gentle		

MODISMOS

guardar cama	to stay in bed

La buena salud

1. ¿Cómo se mantiene de buena salud?
2. ¿Se preocupan mucho los jóvenes hoy de la salud o no? Explique.
3. ¿Es buena idea hacer ejercicio para mantener la buena salud? ¿Por qué? ¿Qué tipo de ejercicios es mejor? ¿Qué le recomendaría a un amigo que haga para mantenerse en buena salud?
4. Se ha dicho que muchos jóvenes no se ejercitan bastante. ¿Qué condiciones o situaciones contribuyen a la falta de ejercicio entre los adolescentes?
5. Si tuviera una invitación para participar en un juego deportivo o pasar dos horas en una actividad pasiva, como leer un libro, mirar la televisión o hablar en el teléfono, ¿cuál haría? ¿Por que?
6. ¿Quiénes se preocupan más de su salud?
7. ¿Qué peligros hay para las muchachas que quieren parecerse a modelos de moda que se ven en revistas para las jóvenes de hoy?
8. ¿Qué se debe enseñar de la salud en los cursos de salud en las escuelas?
9. ¿Dónde se aprende lo que se necesita saber para mantenerse de buena salud?

10. ¿En qué consiste una comida saludable?
11. ¿Cuáles son las influencias de la dieta en la salud?
12. ¿Por qué es muy difícil cambiar los gustos de los jóvenes en cuanto a la comida?
13. ¿Por qué les gusta a tantos jóvenes comer mucho azúcar?
14. ¿Por qué no es bueno comer mucho azúcar?
15. ¿Por qué no comen bien muchos jóvenes?
16. ¿Cuáles con algunos de los cambios que se ven en las costumbres de las familias en cuanto a las comidas?
17. ¿Cree Ud. que la comida que se compra en los supermercados es saludable? Explique.
18. ¿Hay prácticas poco higiénicas en la producción de comida? Comente.
19. ¿Es buena la comida que tienen en la cafetería de su escuela? ¿Por qué sí o no?
20. ¿Le gusta probar platos nuevos? ¿Cómo reacciona, Ud. a la comida exótica?
21. ¿En qué restaurante le gusta comer más? ¿Por qué?
22. ¿Qué tipo de comida no le gusta a Ud.? ¿Por qué?
23. ¿Cree Ud. que los padres deben obligar a los niños a comer comida que no les gusta, como zanahorias?
24. ¿Le gusta cocinar? ¿Qué platos son sus especialidades?
25. ¿Quién debe tener la responsabilidad de comprar y preparar la comida en una casa? ¿Por qué?
26. ¿Cuánta relación hay entre la salud y la personalidad de una persona?
27. ¿Cuánto influyen las actitudes hacia la vida en la salud? ¿Por qué? ¿Puede dar un ejemplo?
28. ¿Qué relación hay entre la salud física y mental?

Las enfermedades

29. Cuando Ud. no se siente bien, ¿qué hace?
30. Cuando Ud. tiene un catarro, ¿qué se puede hacer para curarlo?
31. ¿Qué le gusta o no le gusta de esperar en el consultorio del médico?
32. ¿Es el médico que tiene Ud. ahora el mismo que tenía cuando era niño o niña?
33. ¿Le gustaba visitar al médico cuando era niño o niña? ¿Por qué?
34. ¿Cuándo visitó Ud. al médico la última vez? ¿Por qué? Describa Ud. la visita.
35. ¿Por qué es buena idea hacer caso de lo que le dice un médico cuando no se siente bien?
36. ¿Por qué cuesta tanto hoy día recibir buena atención médica?

En el hospital

37. ¿Una vez tuvo que ir al hospital? ¿Por qué?
38. ¿Cómo son las enfermeras en el hospital?
39. Si se le rompiera la pierna, ¿qué haría?
40. ¿Le gusta visitar a los amigos cuando están en el hospital? ¿Por qué?
41. ¿Qué le llevaría Ud. a un amigo en el hospital para animarlo?

VII. LA CASA

SUSTANTIVOS

la acera	sidewalk	*la hierba*	grass
la alcoba	bedroom	*la madera*	wood
la arquitectura	architecture	*la mecedora*	rocking chair
el azulejo	tile	*los muebles*	furniture
el baño	bathroom	*la pared*	wall
el barrio	neighborhood	*el patio*	patio
la buhardilla	attic	*la reja*	grating
la butaca	easy chair	*la sala*	living room
la casa	house	*el sótano*	basement
el cemento	cement	*el suelo*	floor
el césped	lawn	*el techo*	roof
la choza	hut	*la vecindad*	area
la cocina	kitchen	*el vecindario*	neighborhood
el despacho	office	*el vecino*	neighbor
el desván	attic	*la ventana*	window
el diván	sofa	*la verja*	grill
el domicilio	residence	*el vestíbulo*	foyer
el dormitorio	bedroom	*el vidrio*	glass (window)
el edificio	building	*la vivienda*	housing
el estante	bookcase	*el zaguán*	entry

VERBOS

construir	to construct	*hervir*	to boil
destruir	to destroy	*lavar*	to wash
fregar	to scrub	*limpiar*	to clean
freír	to fry	*regar*	to water

ADJETIVOS

arquitectónico	architectural	*impresionante*	impressive
elegante	elegant		

Su casa

1. ¿De qué estilo es la arquitectura de su casa?
2. ¿Cuál es su habitación favorita en casa? ¿Por qué?
3. ¿Cuánto tiempo hace que vive Ud. en su casa? ¿Cómo ha cambiado la casa durante ese tiempo?
4. ¿Comparte Ud. un dormitorio con un hermano o hermana? ¿Qué problemas habría entre hermanos que comparten un dormitorio?
5. ¿Tiene su casa un sótano? Descríbalo.
6. ¿Tiene su casa una buhardilla? ¿Qué hay en la buhardilla?
7. Cuándo era niño, ¿dónde jugaba más en su casa?
8. Cuando Ud. era niño, ¿había algunas habitaciones prohibidas? ¿Por qué?
9. A muchos adolescentes no les gusta pasar mucho tiempo en casa. ¿Dónde pasaría Ud. el tiempo en vez de su casa?
10. ¿Le gusta a Ud. el barrio en que vive? ¿Por qué? Si quisiera vivir en otro barrio, ¿dónde le gustaría vivir?

11. Si pudiera cambiar algún aspecto de su casa, ¿cuál sería?
12. ¿Cómo sería su casa ideal? Descríbala en detalle.

La vivienda

13. ¿Por qué necesitan unas personas una casa de un solo piso?
14. Describa Ud. cómo ha adornado las paredes de su casa.
15. En su barrio o vecindario, ¿son iguales arquitectónicamente todas las casas, o son diferentes? ¿Cómo?
16. ¿Cómo son semejantes o diferentes las casas de su barrio?
17. ¿Cuáles son las ventajas de una casa en la ciudad en vez del campo?
18. ¿Cuáles son algunas de las desventajas de vivir en la ciudad? ¿Cuáles son las ventajas de vivir en el campo?
19. ¿Cuáles son las desventajas de vivir en el campo?
20. ¿Qué problemas hay con ser dueño de su propia casa?
21. ¿Por qué cuesta mucho mantener una casa?
22. ¿Cuáles son algunas de las ventajas de alquilar una casa en vez de ser propietario?

La arquitectura

23. ¿Qué revelan las preferencias artísticas y la arquitectura en cuanto a la personalidad de una familia?
24. ¿Cómo influyen los colores de las paredes en las actitudes o las emociones de los habitantes de la casa?
25. ¿Por qué hay tanta diferencia entre la arquitectura de las casas de varias regiones del país?
26. ¿Cómo son diferentes los estilos arquitectónicos de las casas en otros países?
27. ¿Qué determina el material de que se construye una casa?
28. ¿Cuáles son algunos de los mejoramientos de las casas modernas?
29. Si Ud. fuera arquitecto, ¿en qué parte de la casa pondría Ud. el garaje? ¿En frente? ¿Detrás? ¿Al lado? ¿Por qué?
30. ¿Qué tipos de aparatos se necesitan en una cocina para preparar la comida?
31. En muchas casas la cocina es la habitación más usada por la familia. ¿Por qué?
32. ¿Cómo se diferencian las cocinas de las casas modernas de las viejas?
33. ¿Cómo se diferencian las casas viejas de las casas modernas? ¿Qué cuarto ha cambiado más?
34. ¿Para qué sirve un garaje además de guardar un coche o varios coches?
35. ¿Cómo se diferencian las casas de vacaciones de las casas en que se vive todo el año?

Responsabilidades caseras

36. ¿Cuáles son algunos de los aparatos que se usan para limpiar en la casa?
37. ¿De dónde vendrá todo el polvo en una casa?
38. ¿Por qué se debe limpiar la casa frecuentemente?
39. Si Ud. tuviera una persona para limpiar la casa, ¿cómo le explicaría el uso de la aspiradora o el lavaplatos?

40. ¿Tiene Ud. que cortar la hierba? ¿Deben los padres pagar a los jóvenes que hacen tal tipo de trabajo para la familia?
41. ¿Qué problemas presenta una casa en un lugar con mucha hierba y césped?
42. ¿Deben los padres pagar a sus hijos por ayudar con las tareas domésticas?
43. ¿Qué responsabilidades deben tener los chicos en casa? ¿Por qué?

VIII. LAS RELACIONES

SUSTANTIVOS

el parentesco	lineage	*el vínculo*	tie
los parientes	relatives		

VERBOS

aguantar	to tolerate	*envidiar*	to envy
aislar	to isolate	*influir*	to influence
amparar	to help	*mantener*	to maintain
apoyar	to support	*ofender*	to offend
atrever	to dare	*querer*	to love, to wish
confiar	to confide	*reaccionar*	to react
confiar en	to trust	*relacionar*	to relate
enajenar	to alienate	*socorrer*	to help

ADJETIVOS

amistoso	friendly	*cariñoso*	loving

MODISMOS

contar con	to count on	*estrechar las relaciones*	to become closer

Relaciones entre miembros de la familia

1. ¿En quién puede Ud. confiar más, un miembro de su familia o un amigo?
2. ¿Cómo se diferencian las relaciones entre amigos y miembros de una familia?
3. ¿Qué les aconsejaría a unos hermanos que se riñen todo el tiempo?
4. ¿Por qué hay adolescentes aislados de sus padres?
5. ¿Por qué tienen algunos adolescentes problemas de comunicación con sus padres?
6. ¿Cómo cambia la relación con los padres si falta el padre o la madre en la familia?
7. Actualmente muchas familias son más pequeñas que antes. ¿Cómo han cambiado las relaciones familiares entre las familias más pequeñas?
8. ¿Por qué es difícil mantener las buenas relaciones con parientes que viven lejos?
9. ¿Cree Ud. que es natural que las relaciones con algunos parientes son mejores que con otros? ¿Por qué?
10. ¿Cómo se pueden estrechar las relaciones entre su familia y sus parientes que viven lejos?

Relaciones entre amigos

11. Describa el comportamiento apropiado para mostrar respeto a un amigo.
12. ¿Cree Ud. que es fácil o difícil hacerse amigo de una persona muy diferente que Ud.? ¿Por qué?
13. ¿Cree Ud. que es inevitable que algunas personas no puedan portarse bien con otras? ¿Por qué?

Relaciones entre miembros de una comunidad

14. ¿Dónde aprende uno a relacionarse bien con otras personas?
15. ¿Por qué hay tantos problemas en las escuelas entre los distintos grupos étnicos?
16. ¿Qué recomendaría Ud. para mejorar las relaciones entre las razas en las escuelas secundarias de este país?
17. Ud. quiere ser elegido presidente de los estudiantes de su escuela y tiene que dirigirles la palabra en una asamblea. ¿Qué les sugeriría a los estudiantes que hicieran para mejorar las relaciones entre los estudiantes de su escuela?
18. Muchas personas dicen que el énfasis en clubes exclusivos para grupos étnicos subraya las diferencias entre ellos en vez de estimular la cooperación mutua. ¿Qué opina Ud.? ¿Está Ud. de acuerdo? Explique.
19. ¿Cree Ud. que es posible llevarse bien con todo el mundo o no? ¿Por qué?

IX. LA ROPA

SUSTANTIVOS

la blusa	blouse	*la moda*	fashion
el bolsillo	pocket	*los pantalones*	pants
la bufanda	scarf	*los pantalones cortos*	shorts
los calcetines	socks	*el pañuelo*	handkerchief
la camisa	shirt	*el rebozo*	shawl
la camiseta, el jersey	t-shirt	*la ropa*	clothes
la chaqueta	jacket	*el saco*	blazer
el cinturón	belt	*el sombrero*	hat
el estilo	style	*el traje*	suit, dress
la falda	skirt	*el vestido*	suit
la gorra	cap	*los zapatos*	shoes
la manga	sleeve		

VERBOS

probarse	to try on	*vestirse*	to dress

MODISMOS

estar de moda	to be in style	*ir de compras*	to go shopping

Lo que lleva usted

1. ¿Qué tipo de ropa lleva en sus momentos de ocio?
2. ¿Qué tipo de ropa es apropiado para asistir a una ocasión formal? Descríbala Ud.
3. ¿Qué tipo de ropa llevaría para unas vacaciones en la playa? ¿En las montañas y esquiando?
4. Describa Ud. la ropa que lleva a la escuela durante el año escolar.
5. ¿Cree Ud. que los chicos deben usar uniformes en la escuela o no? ¿Por qué?
6. ¿Cuáles son algunas de las ventajas de tener un uniforme para la escuela?
7. ¿Qué llevaría Ud. a la escuela si pudiera llevar cualquier ropa que quisiese?
8. ¿Quién decide qué ropa debe comprar Ud. para la escuela? ¿Por qué?
9. ¿Por qué le gusta o no ir a comprar la ropa con su mamá?
10. ¿Quién debe lavar y planchar su ropa? ¿Por qué?
11. ¿Cómo debe procederse con ropa que ha dejado de usarse?
12. Cuando Ud. crece un poco, y la ropa ya no le cabe bien, ¿qué hace con ella?

12. ¿Le gusta a Ud. llevar colores vivos o no? ¿Por qué?
14. ¿Está muy de moda la ropa que lleva Ud.?

El estilo y la moda

15. ¿Cuál es la diferencia entre el estilo y la moda en cuanto a la ropa?
16. ¿Por qué cree Ud. que se cambian los estilos tanto?
17. ¿Cuál es la relación entre las estaciones y la ropa que se lleva en ellas? Descríbala.
18. Describa Ud. la diferencia entre la ropa que llevaban sus padres cuando eran jóvenes y la que Ud. lleva actualmente.
19. Se dice que es más aceptable vestirse de manera casual actualmente que hace diez o quince años. ¿Cree Ud. que sea así? ¿Por qué?
20. ¿Cree Ud. que la ropa que cuesta más es mejor que la que cuesta menos? ¿Por qué?
21. ¿Cree Ud. que se debe juzgar a otros en base de la ropa que llevan?
22. ¿Qué revela la ropa de la personalidad de la persona que la lleva?
23. ¿Qué se observa del vestido típico de los hombres de negocios? Describa Ud. la ropa de un hombre de negocios.
24. Se dice que las chicas se preocupan más de la ropa que los chicos. ¿Qué opina Ud.? Dé ejemplos para apoyar su opinión.
25. Si una amiga llevara un vestido que no le cae bien, ¿se lo diría o no? ¿Por qué?

X. LA COMUNIDAD

SUSTANTIVOS

el aeropuerto	airport	*el estadio*	stadium
el alcalde	mayor	*el ferrocarril*	railroad
la aldea	village	*el gobierno*	government
el almacén	store, grocery store	*la iglesia*	church
		la manzana	city block
el apartado postal	P. O. box	*la cuadra*	block
el autopista	highway	*el mercado*	market
el ayuntamiento	town council	*la parada*	bus stop
el banco	bench, bank	*el parque*	park
el buzón	mailbox	*la plaza*	plaza (public square)
la caja	box		
la calle	street	*el pueblo*	town, people
la carretera	highway	*el restaurante*	restaurant
la casa de correo	post office	*el supermercado*	supermarket
el centro	downtown	*el taller*	shop
la elección	election	*la tienda*	store
la escuela	school	*el vecindario, el barrio*	neighborhood
la estación	station		

VERBOS

gobernar	to govern	*votar*	vote
ubicar	to situate, to locate		

Su comunidad

1. ¿Le gusta el lugar donde vive o no? ¿Por qué?
2. ¿Cómo es la ciudad en que vive Ud.? Descríbala.
3. ¿Cuánto tiempo le cuesta ir al almacén más cercano de su casa?
4. ¿Cuál es el parque más bonito de su comunidad?
5. ¿Viene el correo a su casa o tiene un apartado postal?
6. ¿Hay muchos restaurantes elegantes en su pueblo? Describa Ud. el más elegante.
7. ¿Hay muchas iglesias en su comunidad?
8. ¿Es grande el centro en su pueblo o ciudad?
9. ¿Hay una estación del ferrocarril o un aeropuerto en su comunidad? ¿Es grande o pequeño? Descríbalo.
10. ¿Qué tipos de transporte urbano tiene su comunidad? ¿Autobuses? ¿Trenes? ¿Un metro? ¿Cuáles son las ventajas de usarlos?
11. ¿Qué parte de la comunidad es su favorita? ¿Por qué?
12. ¿Tiene su comunidad muchas actividades para los jóvenes durante los veranos? ¿Cuáles son?
13. Generalmente, ¿dónde se reúnen los jóvenes en su comunidad?
14. ¿Dónde está el cine en su comunidad, en el centro o los suburbios?
15. ¿Hay algunas tradiciones especiales en su comunidad? Descríbalas Ud.
16. ¿Qué aspecto de la vida en su comunidad le gusta más?
17. ¿Hay mucha diversidad en su comunidad? ¿Es bueno tener mucha diversidad? ¿Por qué?

18. ¿Es el clima un aspecto de su comunidad que le gusta o no? ¿Por qué?
19. Si Ud. pudiera vivir en otro lugar, ¿dónde querría vivir? ¿Por qué?
20. ¿Qué le molesta más de la vida en su comunidad?
21. ¿Qué problemas hay en su comunidad? ¿Hay lugares deshabitados? ¿Hay mucho desempleo? ¿Hay muchos problemas con contaminación del aire y agua? ¿Hay mucho tráfico?
22. ¿A qué se deben estos problemas?
23. ¿Hay fábricas en su comunidad?
24. ¿Qué efecto tienen las fábricas sobre el medio ambiente de la comunidad?
25. Si una familia se mudara a su comunidad, ¿en qué barrio le recomendaría establecerse? ¿Por qué?
26. Describa el alojamiento que recomendaría a unos turistas llegados a la comunidad y por qué se los recomendaría.
27. Describa Ud. las atracciones más interesantes en su comunidad para algunos visitantes.
28. Describa Ud. las festividades del último día feriado que celebró su comunidad.
29. Cuente Ud. un acontecimiento de la historia de su comunidad que le interesaría a un visitante.
30. Si Ud. saliera de su comunidad y volviera después de cincuenta años, ¿piensa Ud. que habría cambiado? ¿Cómo?

El gobierno local

31. ¿Quién es el alcalde de su comunidad?
32. ¿Es buen alcalde o no? ¿Por qué?
33. ¿Quién es la persona más importante en su comunidad? ¿Por qué es la más importante?
34. ¿Tiene su comunidad un ayuntamiento? ¿Son elegidos los concejales?
35. ¿Qué les recomendaría a los oficiales de su comunidad para mejorar la vida allí?
36. ¿Qué cambiaría de su comunidad, si pudiera?
37. ¿Qué ventajas tienen las ciudades grandes? ¿Qué desventajas?
38. ¿Por qué les gusta a muchas personas vivir en pueblos pequeños?
39. ¿Qué diferencias hay entre las ciudades de las diferentes regiones de los Estados Unidos?
40. Describa Ud. una ciudad grande.
41. ¿Por qué le gustaría o no vivir en una ciudad grande?

PRACTICING DIRECTED RESPONSE QUESTIONS

There are ten sets of directed response questions on your tape for practice. Directions for the speaking part of the examination are given on the College Board tape in English and Spanish. You will hear each question twice. Do not begin your response until you hear the tone on the tape after the second time you hear the question. Do these practice sets after you have studied After you have studied the Grouped Vocabulary lists in Chapter 10, also review the strategies for taking the Directed Response Questions at the beginning of this chapter.

To do this practice you should:

1. Play the tape.
2. Do not record on the tape.
3. Do practice answering the questions in the twenty seconds allotted.
4. If you have not understood some of the questions, wait until after you have tried a whole set before looking up the questions in the tapescript on the next page.
5. Go back after you have practiced a set of questions once. See if you can find ways to improve your responses by incorporating some of the suggestions at the beginning of this chapter.

Now begin the practice questions on tape. Work with one set at a time. Stop only after a whole set and look up words you may have wanted to know, or think about other ways to answer the question. Do not turn this page to read the questions until you have done all of the sets.

TAPESCRIPT FOR DIRECTED RESPONSE QUESTIONS

GROUP ONE

1. ¿Qué efecto tiene la ropa en la actitud de una persona?
2. ¿Para qué requieren algunas escuelas que sus alumnos lleven uniformes?
3. ¿Por qué cambia tanto el estilo de la ropa de las mujeres, pero no cambia el de los hombres?
4. ¿Cree Ud. que un día llevaremos ropa desechable? ¿Por qué sí o no?
5. Si fuera Ud. el encargado de diseñar un código de vestimenta para los estudiantes en su escuela, ¿qué tipo de ropa adoptaría Ud. y por qué?

GROUP TWO

1. ¿Con quién se lleva Ud. mejor en su familia? ¿Por qué?
2. ¿Cuál sería la ventaja de ser el único hijo o la única hija en la familia?
3. ¿Cómo es diferente su familia de la de su padre o su madre?
4. ¿Cuáles son algunos de los casos en que puede Ud. contar con su familia?
5. Si Ud. fuera el padre o la madre en su familia, ¿cree que sería mejor o peor padre o madre?

GROUP THREE

1. ¿Qué ha hecho Ud. para ganar un poco de dinero para gastos personales?
2. ¿Qué tipo de trabajo piensa Ud. hacer al graduarse de la escuela o la universidad?
3. ¿Cómo se prepara mejor para la carrera que Ud. está considerando en este momento?
4. ¿Serán diferentes los empleos de la próxima década? Explique.
5. ¿Qué efecto tendrá una economía internacional en el empleo que tendrá Ud. un día?

GROUP FOUR

1. En muchas escuelas los estudiantes se quejan mucho de la comida. ¿Cómo es la comida en su escuela?
2. ¿Cuáles son algunas de las ventajas de llevar su almuerzo de casa?
3. ¿Cree Ud. que nuestra sociedad pone demasiado énfasis en la dieta? ¿Por qué?
4. ¿Por qué cree Ud. que algunas chicas se preocupan tanto de adelgazar?
5. Si Ud. fuera entrenador de un equipo que se está preparando para una competencia de pista, ¿qué le recomendaría al equipo que comiera antes de la competencia?

GROUP FIVE

1. Parece que es más fácil que nunca viajar a otras partes del mundo. ¿Qué es lo que se aprende viajando?
2. ¿Le gustaría viajar más en coche o en avión? ¿Por qué?
3. Cuando era niño, ¿cómo se entretenía en el coche en los viajes de vacaciones?
4. ¿Sugeriría Ud. un viaje en barco a su familia? ¿Por qué?
5. ¿Por qué le gustaría o no un empleo que le requeriría viajar todo el tiempo?

GROUP SIX

1. Para Ud., ¿cuál ha sido la invención más importante de la última década? ¿Por qué?
2. ¿Por qué opinan algunas personas que los teléfonos portátiles son indispensables hoy en día?
3. ¿Por qué parece que los jóvenes aceptan los avances tecnológicos más fácilmente que los adultos?
4. ¿En qué aspectos de la vida espera Ud. ver más avances tecnológicos durante su vida?
5. Convenza Ud. a un amigo que compre una computadora personal.

GROUP SEVEN

1. ¿Necesita Ud. mucho dinero para satisfacer sus necesidades diarias? ¿Cuánto necesita?
2. ¿Cree Ud. que la mayor parte de los chicos saben manejar el dinero de manera responsable? Dé Ud. un ejemplo.
3. ¿Por qué Ud. cree o no que es preciso que los padres den dinero a sus hijos?
4. ¿Cómo convencería a un amigo que sería buena idea ahorrar dinero?
5. ¿Cuán diferentes serían los negocios si no tuviera uno que llevar dinero para pagar al contado?

GROUP EIGHT

1. ¿Qué tipo de coche le gusta a Ud. más? ¿Por qué?
2. ¿Por qué creen muchos jóvenes que un coche es indispensable hoy en día?
3. ¿Qué recomendaría Ud. para aliviar los embotellamientos de tráfico?
4. ¿Cómo será el transporte del futuro en su opinión?
5. Si nuestra sociedad pudiera reducir la dependencia del coche personal, ¿cómo cambiaría su vida?

GROUP NINE

1. ¿Cuándo fue la última vez que visitó al médico? ¿Qué tuvo?
2. Explique por qué cree Ud. que la gente hoy se enferma más o menos que la generación de sus padres.
3. ¿Por qué cree Ud. que muchos niños temen visitar al médico?
4. Con todos los avances tecnológicos, ¿será diferente una visita al médico en el futuro? ¿Cómo?
5. ¿Para qué querría una persona vivir hasta que tuviera cien años?

GROUP TEN

1. ¿Cuál es la decision más difícil que Ud. ha hecho en la vida?
2. ¿Para Ud. es fácil o difícil tomar decisiones? ¿Por qué?
3. ¿Por qué cree Ud. que es tan difícil para algunas personas decidir en algo?
4. Cuando Ud. tenga que escoger sus cursos en la universidad, ¿cómo cree que decidirá?
5. Si tuviera la oportunidad de decidir entre asistir a una universidad muy selecta o una que no es tan exclusiva, ¿a cuál asistiría? ¿Por qué?

PART SIX APPENDICES

Model Exam Answer Sheet

SECTION I

Part A

1. Ⓐ Ⓑ Ⓒ Ⓓ
2. Ⓐ Ⓑ Ⓒ Ⓓ
3. Ⓐ Ⓑ Ⓒ Ⓓ
4. Ⓐ Ⓑ Ⓒ Ⓓ
5. Ⓐ Ⓑ Ⓒ Ⓓ
6. Ⓐ Ⓑ Ⓒ Ⓓ
7. Ⓐ Ⓑ Ⓒ Ⓓ
8. Ⓐ Ⓑ Ⓒ Ⓓ
9. Ⓐ Ⓑ Ⓒ Ⓓ
10. Ⓐ Ⓑ Ⓒ Ⓓ
11. Ⓐ Ⓑ Ⓒ Ⓓ
12. Ⓐ Ⓑ Ⓒ Ⓓ
13. Ⓐ Ⓑ Ⓒ Ⓓ
14. Ⓐ Ⓑ Ⓒ Ⓓ
15. Ⓐ Ⓑ Ⓒ Ⓓ
16. Ⓐ Ⓑ Ⓒ Ⓓ
17. Ⓐ Ⓑ Ⓒ Ⓓ
18. Ⓐ Ⓑ Ⓒ Ⓓ
19. Ⓐ Ⓑ Ⓒ Ⓓ
20. Ⓐ Ⓑ Ⓒ Ⓓ
21. Ⓐ Ⓑ Ⓒ Ⓓ
22. Ⓐ Ⓑ Ⓒ Ⓓ
23. Ⓐ Ⓑ Ⓒ Ⓓ
24. Ⓐ Ⓑ Ⓒ Ⓓ
25. Ⓐ Ⓑ Ⓒ Ⓓ
26. Ⓐ Ⓑ Ⓒ Ⓓ
27. Ⓐ Ⓑ Ⓒ Ⓓ
28. Ⓐ Ⓑ Ⓒ Ⓓ
29. Ⓐ Ⓑ Ⓒ Ⓓ
30. Ⓐ Ⓑ Ⓒ Ⓓ

Part B

31. Ⓐ Ⓑ Ⓒ Ⓓ
32. Ⓐ Ⓑ Ⓒ Ⓓ
33. Ⓐ Ⓑ Ⓒ Ⓓ
34. Ⓐ Ⓑ Ⓒ Ⓓ
35. Ⓐ Ⓑ Ⓒ Ⓓ
36. Ⓐ Ⓑ Ⓒ Ⓓ
37. Ⓐ Ⓑ Ⓒ Ⓓ
38. Ⓐ Ⓑ Ⓒ Ⓓ
39. Ⓐ Ⓑ Ⓒ Ⓓ
40. Ⓐ Ⓑ Ⓒ Ⓓ
41. Ⓐ Ⓑ Ⓒ Ⓓ
42. Ⓐ Ⓑ Ⓒ Ⓓ

Part C

43. Ⓐ Ⓑ Ⓒ Ⓓ
44. Ⓐ Ⓑ Ⓒ Ⓓ
45. Ⓐ Ⓑ Ⓒ Ⓓ
46. Ⓐ Ⓑ Ⓒ Ⓓ
47. Ⓐ Ⓑ Ⓒ Ⓓ
48. Ⓐ Ⓑ Ⓒ Ⓓ
49. Ⓐ Ⓑ Ⓒ Ⓓ
50. Ⓐ Ⓑ Ⓒ Ⓓ
51. Ⓐ Ⓑ Ⓒ Ⓓ
52. Ⓐ Ⓑ Ⓒ Ⓓ
53. Ⓐ Ⓑ Ⓒ Ⓓ
54. Ⓐ Ⓑ Ⓒ Ⓓ
55. Ⓐ Ⓑ Ⓒ Ⓓ
56. Ⓐ Ⓑ Ⓒ Ⓓ
57. Ⓐ Ⓑ Ⓒ Ⓓ
58. Ⓐ Ⓑ Ⓒ Ⓓ
59. Ⓐ Ⓑ Ⓒ Ⓓ
60. Ⓐ Ⓑ Ⓒ Ⓓ
61. Ⓐ Ⓑ Ⓒ Ⓓ
62. Ⓐ Ⓑ Ⓒ Ⓓ
63. Ⓐ Ⓑ Ⓒ Ⓓ
64. Ⓐ Ⓑ Ⓒ Ⓓ
65. Ⓐ Ⓑ Ⓒ Ⓓ
66. Ⓐ Ⓑ Ⓒ Ⓓ

Part D

67. Ⓐ Ⓑ Ⓒ Ⓓ
68. Ⓐ Ⓑ Ⓒ Ⓓ
69. Ⓐ Ⓑ Ⓒ Ⓓ
70. Ⓐ Ⓑ Ⓒ Ⓓ
71. Ⓐ Ⓑ Ⓒ Ⓓ
72. Ⓐ Ⓑ Ⓒ Ⓓ
73. Ⓐ Ⓑ Ⓒ Ⓓ
74. Ⓐ Ⓑ Ⓒ Ⓓ
75. Ⓐ Ⓑ Ⓒ Ⓓ
76. Ⓐ Ⓑ Ⓒ Ⓓ
77. Ⓐ Ⓑ Ⓒ Ⓓ
78. Ⓐ Ⓑ Ⓒ Ⓓ
79. Ⓐ Ⓑ Ⓒ Ⓓ
80. Ⓐ Ⓑ Ⓒ Ⓓ
81. Ⓐ Ⓑ Ⓒ Ⓓ
82. Ⓐ Ⓑ Ⓒ Ⓓ
83. Ⓐ Ⓑ Ⓒ Ⓓ
84. Ⓐ Ⓑ Ⓒ Ⓓ
85. Ⓐ Ⓑ Ⓒ Ⓓ
86. Ⓐ Ⓑ Ⓒ Ⓓ
87. Ⓐ Ⓑ Ⓒ Ⓓ
88. Ⓐ Ⓑ Ⓒ Ⓓ
89. Ⓐ Ⓑ Ⓒ Ⓓ
90. Ⓐ Ⓑ Ⓒ Ⓓ

Model Exam

SPANISH LANGUAGE

SECTION I - PART A
Listening Comprehension
Time—Approximately 30 minutes

DIALOGUES

Directions: Listen to the following dialogues. After each one listen to the questions about the dialogue and select the best answer from the choices printed below. Write your answers on the answer sheet on page 445.

Dialogue number 1

1. (A) Quiere acompañarlo a un concierto.
   (B) Quiere ir a un espectáculo con Elena.
   (C) Quiere ir a un partido de fútbol.
   (D) Quiere visitar a su abuelo.

2. (A) No puede esperar hasta que llegue el grupo.
   (B) A él y a su amigo les encanta el grupo.
   (C) A él no le gusta tanto como le gusta a su amiga.
   (D) Los odia tanto que mentirá para escapar de la obligación.

3. (A) Juan aconseja que no le diga la verdad a Elena.
   (B) Juan le recomienda que lleve a su amiga a visitar a su abuela.
   (C) Juan sugiere que Miguel haga las dos actividades.
   (D) Juan sugiere que Miguel le diga a ella que está enfermo.

4. (A) Su amiga es buena amiga de su abuela.
   (B) Elena puede adivinar cuando Miguel le miente.
   (C) Elena es casi un miembro de la familia.
   (D) Miguel nunca le dice nada a su amiga.

5. (A) Juan propone que vayan al partido de fútbol.
   (B) Juan sugiere que le diga que tienen que ir a la biblioteca.
   (C) Juan recomienda que vayan a la biblioteca el domingo.
   (D) Juan recomienda que diga otra mentira a Elena.

6. (A) Miguel decide ir al partido de fútbol.
   (B) Miguel decide asistir al concierto con Elena.
   (C) Miguel decide visitar a su abuela.
   (D) Miguel decide hacer la tarea e ir a la biblioteca.

GO ON TO THE NEXT PAGE

Dialogue number 2

7. (A) Rafael no está bien porque se enfermó antes de un examen.
   (B) Rafael no está bien porque no salió bien en un examen.
   (C) Rafael está deprimido porque tuvo que ir a una fiesta.
   (D) Rafael está deprimido porque pasó mucho tiempo en la biblioteca.

8. (A) Todo sucedió el fin de semana pasada.
   (B) Su desastre ocurrió el día anteayer.
   (C) Pasó ayer.
   (D) Pasó ese mismo día.

9. (A) No estudió porque Ana le invitó a una fiesta.
   (B) No estudió porque algunos amigos le invitaron a jugar.
   (C) No estudió porque quería leer revistas en la biblioteca.
   (D) No estudió porque se aburrió estudiando.

10. (A) Anita festejó a los jugadores de fútbol.
    (B) Anita festejó a su amigo Rafael.
    (C) Anita celebró la visita de un estudiante extranjero.
    (D) Anita invitó a la clase de historia a su casa.

11. (A) Su mamá lo felicitó por su buen éxito.
    (B) Su mamá se alegró de que pudiera jugar con sus amigos.
    (C) Su mamá se enfadó mucho.
    (D) Su mamá lo complació permitiéndole salir ese fin de semana.

12. (A) Una fiesta en casa de Anita.
    (B) Un partido de fútbol.
    (C) La visita de un estudiante de intercambio.
    (D) La visita de Mani, el portero famoso de Los Reyes.

GO ON TO THE NEXT PAGE

NARRATIVES

Directions: Now listen to two short narratives. After each one you will be asked to respond to some questions about the selection you have heard. Select the best answer from among the four choices you are given below. Write your answers on the answer sheet on page 445.

Narrative number 1

13. (A) Algo para comer.
    (B) Un animal doméstico.
    (C) Una maleta llena de ropa.
    (D) Una gallina viva.

14. (A) El tonto interpretó las instrucciones de otra manera.
    (B) El tonto se había comido toda la gallina.
    (C) El tonto estaba dormido en el gallinero.
    (D) El tonto había matado la gallina.

15. (A) El tonto estaba muy orgulloso de su gallinero.
    (B) El tonto quería probar que las gallinas tenían una pata.
    (C) El cura quería ver cómo dormían las gallinas.
    (D) El tonto quería mostrarle al cura donde dormía.

16. (A) El muchacho sabía cuidar bien de la maleta.
    (B) El muchacho sabía que las gallinas tenían una pata.
    (C) El muchacho sabía racionalizar lo que había hecho.
    (D) El muchacho tenía buena imaginación.

Narrative number 2

17. (A) El que habla es profesor de música.
    (B) El que habla es crítico de música clásica.
    (C) El que habla es estudiante de un músico famoso.
    (D) El que habla es músico profesional.

18. (A) Tocaban de manera muy apasionada.
    (B) Tocaban de manera muy restringida.
    (C) Tocaban que si fueran moribundos.
    (D) Tocaban con gran libertad de movimiento.

19. (A) Después de practicar mucho tiempo decidió que no le gustó la vieja manera.
    (B) Decidió seguir las sugerencias de su maestro.
    (C) Siempre practicaba de la manera más natural para sí mismo.
    (D) Nunca tocaba de otra manera.

20. (A) Descubrió una técnica que le permitió mover la mano más.
    (B) Descubrió una técnica con la cual pudo tocar más notas sin mover la mano.
    (C) Supo que tocaba mejor con los brazos pegados a los costados.
    (D) Supo que era posible escandalizar a su profesor de música.

21. (A) Acabó adoptando la forma de su estudiante.
    (B) Acabó despidiéndose de su estudiantes.
    (C) Acabó pretendiendo que la gustaba lo que hizo su estudiante.
    (D) Se escandalizó por lo que hacía su estudiante.

GO ON TO THE NEXT PAGE

LONGER SELECTIONS

Directions: You will now listen to two longer selections, each one about 5 minutes in length. The selection may be a longer narrative, a radio program, an interview, or some other type of material. After you have listened to each narrative, answer the questions below by selecting the best answer from A, B, C, or D. Then mark the answer on the answer sheet (page 445).

Selection number 1

22. ¿Qué suceso cuenta este narrador?
    (A) Narra lo que pasa en un día cualquiera de escuela.
    (B) Narra lo que pasó el día de solicitar entrada en la escuela.
    (C) Narra el día de un examen muy difícil.
    (D) Narra la visita de los padres a la escuela.

23. ¿Cómo se sentían los niños?
    (A) Nerviosos.
    (B) Alegres.
    (C) Deprimidos.
    (D) Seguros de sí mismos.

24. ¿Por qué se preocupaban algunos estudiantes?
    (A) No saben mucho de matemáticas.
    (B) No tuvieron tiempo para hacer el problema.
    (C) Los padres estaban muy preocupados.
    (D) Los estudiantes más listos no querían ayudar a sus compañeros.

25. ¿Cómo era el maestro?
    (A) Parecía un animal.
    (B) Tenía buenos sentimentos.
    (C) Era tiránico y cruel.
    (D) Era tonto.

Selection number 2

26. ¿A quién se dirige este experto del protocolo internacional?
    (A) Se dirige a los presidentes de naciones.
    (B) Se dirige a las señoras que invitan a personas distinguidas a su casa.
    (C) Se dirige a cualquier persona que reciba una invitación al Palacio Real.
    (D) Se dirige tanto a las personas con invitados regulares como los con invitados reales.

27. ¿Cuál es el propósito de tener un protocolo?
    (A) Para que todos los invitados al Palacio Real se comporten cortésmente.
    (B) Para que todos se entiendan cuando hay reuniones en casas privadas.
    (C) Para que cualquier persona se sienta bien cuando acepta invitaciones.
    (D) Para que nadie se sienta olvidado ni infeliz en la cena.

28. ¿Dónde debe sentarse a una pareja o un matrimonio?
    (A) Siempre se coloca al hombre cerca de una señora o señorita guapa.
    (B) Siempre hay que colocar a la señora al lado de otra para que puedan conversar.
    (C) Siempre hay que darles la oportunidad de hablar con otros.
    (D) Siempre es buena idea juntarlos para evitar disputas después de la cena.

GO ON TO THE NEXT PAGE

29. ¿Por qué no se sientan las mujeres en las puntas de la mesa?
    (A) Es más fácil emparejar este sitio, y por eso no se pone a una señora allí.
    (B) Es un sitio muy peligroso, con toda la gente que pasa, por eso no es apropiado.
    (C) Es más fácil entablar conversación con otra persona que esté al lado.
    (D) Es mala suerte colocarlas en ese sitio, por eso no se hace.

30. ¿Qué remedio hay cuando un invitado no puede venir, dejándolo con doce?
    (A) Se puede matar a uno de los invitados.
    (B) Siempre se puede evitar el número trece por nunca invitar a catorce.
    (C) Se puede invitar a otro amigo íntimo al último momento.
    (D) Se puede llamar a uno y cancelar la invitación.

END OF PART A.
YOU MAY CHECK YOUR ANWERS ON THE QUESTIONS ABOUT THE LONGER SELECTIONS OR YOU MAY GO ON TO PART B.

PART B
Vocabulary and Grammatical Structures—Multiple Choice
Time—Approximately 20 minutes

Directions: In the following passages, select the best completion for each numbered blank from the four choices for the corresponding number. There is only one correct completion for each blank. Read the whole passage once through before selecting your answers. After you have made your selection, fill in the corresponding circle on your answer sheet.

Ha pasado más de un mes y la Asamblea Legislativa no decide sobre el nombramiento de un magistrado en la Sala Constitucional ___(31)___ sobre el Contralor y Subcontralor General de la República. Esta institución se encuentra, además, acéfala desde el 8 de mayo.

No hay razón alguna para que dos nombramientos tan importantes se ___(32)___. Los candidatos propuestos ___(33)___ estas posiciones reúnen los requisitos necesarios de orden académico, de moral y de experiencia, para ejercer con solvencia sus cargos en la Corte Suprema. Como no se ha expuesto ninguna causa por la que ___(34)___ recusarse a ___(35)___ de los candidatos a la magistratura o a la Contraloría, ___(36)___ suponerse que los motivos son de otra ___(37)___.

31. (A) sino
    (B) pero
    (C) ni
    (D) sino que

32. (A) postergan
    (B) postergarán
    (C) posterguen
    (D) postergarían

33. (A) por
    (B) de
    (C) en
    (D) para

34. (A) debe
    (B) deba
    (C) debía
    (D) debería

35. (A) ningún
    (B) algún
    (C) ninguno
    (D) alguno

36. (A) ha de
    (B) hay que
    (C) debe de
    (D) debe

37. (A) cosa
    (B) categoría
    (C) índole
    (D) razón

GO ON TO THE NEXT PAGE

Al fin de cuentas, no solo se trata de un entorpecimiento inconveniente sino de una lamentable pérdida de tiempo, una dimensión del desarrollo económico y social ___(38)___, lamentablemente, los países subdesarrollados no toman conciencia plena. Con estas actitudes, se ___(39)___ da, por otra parte, un mal ejemplo a los ciudadanos, ___(40)___ reacción se expresa, como se sabe, en duras críticas contra el parlamento y contra la clase política, máxime cuando, como en este caso, ___(41)___ percibir que no hay razones valederas para que ___(42)___ el cumplimiento de un deber democrático legal.

Sí, yo creo que fue Flores no más el que lo mató a Zúñiga. Y en cierto modo lo mató en defensa propia. Lo mató para que Pereyra o ___(43)___ de los otros no lo mataran a él. Zúñiga, ___(44)___ algún antiguo rencor, le había puesto los dados falsos en el cubilete, *lo había condenado a ganar toda la noche,* a hacer ___(45)___ sin

38. (A) del que
    (B) de la que
    (C) de lo que
    (D) del cual

39. (A) lo
    (B) las
    (C) les
    (D) los

40. (A) cuyo
    (B) cuya
    (C) cuyos
    (D) cuyas

41. (A) logran
    (B) logre
    (C) lograban
    (D) logró

42. (A) se retrasa
    (B) se retrase
    (C) se retrasen
    (D) se retrasarán

43. (A) cualquier
    (B) cualesquiera
    (C) cualquiera
    (D) quienesquiera

44. (A) por
    (B) para
    (C) de
    (D) con

45. (A) alboroto
    (B) trampa
    (C) falla
    (D) trébol

GO ON TO THE NEXT PAGE

saberlo, lo había condenado a que lo ___(46)___ , o a dar una explicación humillante en la que nadie ___(47)___ .

Flores tardó en darse cuenta; al principio creyó que era pura suerte; después se intranquilizó; y cuando comprendió la treta de Zúñiga, cuando vio que Pereyra se paraba y no le quitaba la vista de las manos, para ver si volvía a cambiar los dados, comprendió que no le quedaba más que un camino. Para sacarse a Jiménez ___(48)___, le pidió que le ___(49)___ un café. Esperó el momento. El momento era cuando ___(50)___ a salir el 4, como fatalmente tenía que salir, y cuando todos se inclinaron instintivamente sobre los dados.

Lave los frijoles y póngalos a remojar con el agua y un ají. Cuando ___(51)___ bien ___(52)___ póngalos a cocinar en esa misma agua hasta que se ablanden (aproximadamente 45 minutos). En una sartén caliente ponga el aceite. Sofría una cebolla picadita, ajo machacado y luego el ají también picadito o molido. Eche aproximadamente una taza de frijoles en la sartén y aplástelos bien. Echelo todo en la cazuela con el resto de los frijoles. Añádales sal, pimienta, orégano, laurel y azúcar. Déjelos hervir aproximadamente una hora más. Añádales luego el vinagre, vino seco y cocínelos a fuego lento durante otra hora para que queden bien cuajaditos. Si ve que ___(53)___ tienen mucho caldo, déjelos destapados para que ___(54)___. Al momento de servirlos, añádales las dos cucharadas de aceite.

46. (A) mató
    (B) mataron
    (C) matarían
    (D) mataran

47. (A) cree
    (B) crea
    (C) creyera
    (D) creería

48. (A) de arriba
    (B) en adelante
    (C) en lo alto
    (D) de encima

49. (A) traiga
    (B) traería
    (C) trajera
    (D) hubiera traído

50. (A) volverá
    (B) volvería
    (C) vuelva
    (D) volviera

51. (A) está
    (B) están
    (C) esté
    (D) estén

52. (A) rellenos
    (B) rociados
    (C) mojados
    (D) hinchados

53. (A) ya
    (B) ya no
    (C) todavía
    (D) además

54. (A) espesan
    (B) espesen
    (C) espesarán
    (D) espesaran

END OF PART B. GO ON TO PART C.

PART C

Directions: In the following sentences, select the underlined word or phrase that is **not** correct. Write the letter of the incorrect word or phrase on the answer sheet.

55. Una mujer de aire distraída abrió por fin la
A B
puerta que daba al patio familiar.
C D

56. Convéncese, señor, que estos chicos son
A
capaces de hacer cualquier cosa que les pida.
B C D

57. Intentamos comprendernos encontrándonos
A B
con varios tipos de materia más arcano.
C D

58. Basta las simples detonaciones para que
A B
huyan todos los indios atemorizados.
C D

59. A la mañana siguiente la señora quería pagar
A B
la cuenta de la comida pero no pudo.
C D

60. Antes de que la idea se me va por alto quiero
A B C
contarle un final bastante cómico.
D

61. Más tarde supimos que la policía, al
A
reconocer el cadáver, mandaban capturar al
B C D
vecino.

62. Lo peor no era que los invitados tardaran
A B
una hora en llegar, sino que llegaron en
C D
punto.

63. Hijo mío, el mundo no es tan grande como
A B
pienses ni tan pequeño como quieres.
C D

64. Conviene que para la luna de miel los felices
A
novios se vayan por la isla más remota del mar.
B C D

65. Por lo menos si pudiera haber visto los
A B C
papeles había sabido qué decir del asunto.
D

66. Mis amigos se aconsejaron que no hiciera yo
A B
nada sin que ellos lo aprobaran primero.
C D

END OF PART C. GO ON TO PART D.

PART D
Reading Comprehension
Time—Approximately 40 minutes

Directions: Read the following passages. After each passage there are a number of questions or incomplete statements for you to answer, based on the information provided in the reading selection. Choose the response that best answers the question or completes the sentence.

Selection number 1

Me callé entonces, y durante un tiempo que no pude medir, pero que pudo ser muy largo, no cambiábamos una palabra. Yo fumaba; él levantaba de rato en rato los ojos a la pared,—al exterior, a la lluvia, como si esperara oír algo tras aquel sordo tronar que inundaba la selva. Y para mí, ganado por el vaho de excesiva humedad que llegaba de afuera, persistía el enigma de aquella mirada y de aquella nariz abierta al olor de los árboles mojados.

—¿Usted ha visto un dinosaurio?

Esto acababa de preguntármelo él, sin más ni más.

Lo miré fijamente; él hacía lo mismo conmigo.

—Jamás. ¿Usted lo ha visto?

—Sí.

No se le movía una pestaña mientras me miraba.

—¿Aquí?

—Aquí. Ya ha muerto ... Anduvimos juntos tres meses.

¡Anduvimos juntos! Me explicaba ahora bien la luz ultra histórica de sus ojos.

—Era un nothosaurio... Pero yo no fui hasta su horizonte; él bajó hasta nuestra edad... Hace seis meses. Ahora... ahora tengo más dudas que usted sobre todo esto. Pero cuando lo hallé a la orilla del Paraná, al crepúsculo, no tuve duda alguna de que yo desde ese instante quedaba fuera de las leyes biológicas. Durante tres meses fue mi compañero nocturno. Cuando nuestra fraternidad era más honda, era las noches de lluvia. Cuando la lluvia llegaba por fin y se desplomaba, nos levantábamos y caminábamos horas y horas y horas sin parar. Mi vida de día proseguía su curso normal aquí mismo, en esta casa. Vivía maquinalmente de día, y sólo despertaba al anochecer. No sé qué tiempo duró esto. Sólo sé que una noche grité, y no conocí el grito que salía de mi garganta. Y que no tenía ropa, y sí pelo en todo el cuerpo. En una palabra, había regresado a las eras pasadas por obra y gracia de mi propio deseo. Por eso, lo busqué una noche y cuando lo encontré, el odio de diez millones de años de vida atemorizada cayó sobre la cabeza del monstruo. Ambos murieron esa noche.

67. ¿Dónde parece haber ocurrido este acontecimiento?
    (A) En esa misma casa.
    (B) En la selva más remota
    (C) Cerca del Paraná.
    (D) En las afueras de una ciudad.

68. ¿Qué contó el hombre al narrador?
    (A) Contó su regreso a una época prehistórica.
    (B) Relató la muerte de dos dinosaurios.
    (C) Narró un encuentro con un salvaje.
    (D) Contó una extraña amistad con un monstruo prehistórico.

GO ON TO THE NEXT PAGE

69. ¿Cómo cambió la vida del hombre?
    (A) Se volvió loco porque dudaba que pudiera existir un dinosaurio.
    (B) Lentamente se convirtió en contemporáneo del monstruo.
    (C) Se hizo un salvaje porque quería tanto al dinosaurio.
    (D) Poco a poco el hombre perdió contacto con la vida cotidiana.

70. ¿De qué se dio cuenta una noche el hombre?
    (A) Supo que el monstruo iba a devorarlo.
    (B) Reconoció que el monstruo era una alucinación.
    (C) Se dio cuenta de que había contradicho las leyes biológicas.
    (D) Reconoció el salvaje dentro de sí mismo.

71. ¿De qué tenía miedo el hombre?
    (A) Temía perderse por completo en su locura.
    (B) Temía que se matara a sí mismo.
    (C) Temía que el salvaje lo matara.
    (D) Temía que el narrador lo matara.

72. ¿En la línea 51, qué se refiere la palabra *ambos* en la oración: *Ambos murieron esa noche*?
    (A) Se refiere al hombre y al monstruo.
    (B) Se refiere al dinosaurio y al hombre.
    (C) Se refiere al odio y al temor del hombre.
    (D) Se refiere a la causa y al efecto de su trastorno.

73. ¿Qué actitud parece tener el hombre del suceso al contarlo al narrador?
    (A) Lo narró como si fuera la historia más natural del mundo.
    (B) Admitía sus propias dudas con respeto a la veracidad del suceso.
    (C) Admitió que ahora no creía que hubiera pasado como lo recordó.
    (D) No quería admitir la verdad porque revelaría su locura.

74. ¿Cómo se relaciona la lluvia con lo que contaba el hombre?
    (A) La lluvia representa el regreso a la época prehistórica.
    (B) Al llover se borraban las líneas que definen la época prehistórica y la moderna.
    (C) La lluvia es una alusión a los mitos de la creación del universo.
    (D) La lluvia no tiene nada que ver con lo que contaba el hombre.

Selection number 2

Línea

¡Esto sí que es una gran venta! Ahora, visitar a familiares y amigos le cuesta hasta un 35 por ciento menos de nuestras tarifas ya rebajadas. Aeronaves quiere celebrar con usted su nuevo y cómodo servicio a Mérida, México, y a Tegucigalpa, Honduras, vía Houston, ¡con tarifas super-especiales! Y para celebrar en grande, se han rebajado las tarifas a todas las ciudades que sirve en Latinoamérica. Pero apúrese, porque debe comprar sus boletos de ida y vuelta, mínimo 7 días antes de viajar, y sólo tiene hasta el 8 de febrero para comprarlos. La nueva y comodísima terminal internacional de Aeronaves en el aeropuerto hace más fácil que nunca viajar a Latinoamérica, incluyendo los trámites de aduana e inmigración. Además, cada vez que viaja con Aeronaves, gana millaje con nuestro programa Número Uno, una de las maneras más rápidas de ganar viajes gratis. ¡Inscríbase y comience a ganar! Para detalles y reservaciones, llame a su agente de viajes.

Estas tarifas están basadas en la compra de boletos de ida y vuelta, los que deben adquirirse no más tarde del 8 de febrero, o sea una semana en adelante. Los boletos deben comprarse un mínimo de 7 días antes de viajar. La máxima estadía es de 60 días y todos los viajes deben terminar el 23 de marzo del año actual, o antes. No se permite viajar del 27 de marzo al 2 de abril. Es mandatorio pasar la noche de un sábado en el viaje. El importe de los boletos no es reembolsable. Hay un cargo de US$75 si se hacen determinados cambios en las reservaciones. Solicite los detalles. Las tarifas pueden no estar disponibles en todos los vuelos y los asientos son limitados. Ningún otro descuento es aplicable. El cargo por seguridad de US$10 y el impuesto de embarque de los EEUU de US$6 por persona a Centroamérica, no están incluidos. El cargo por seguridad de US$6 y el impuesto de embarque de EEUU de US$6 a

GO ON TO THE NEXT PAGE

México, tampoco están incluidos. Estas tarifas son para viajes que se originan en Tejas. El servicio a Guayaquil comenzará el 6 de febrero. Estas tarifas están sujetas a la aprobación del gobierno y pueden cambiar sin previo aviso.

75. ¿Qué tipo de materia representa este trozo?
   (A) Es un anuncio de un periódico.
   (B) Es un contrato entre una línea aérea y el que compra un boleto.
   (C) Es un aviso de nuevas condiciones en la compra de boletos.
   (D) Es de un folleto de turismo de una agencia de viajes.

76. ¿Qué oferta se anuncia en esta selección?
   (A) Se anuncian maneras de conseguir viajes gratis con su nuevo programa Número Uno.
   (B) Se anuncian problemas con los trámites de aduana e inmigración.
   (C) Se ofrecen unas reducciones de tarifas.
   (D) Se anuncian las restricciones en viajes internacionales.

77. ¿Con qué motivo se promueve esta oferta?
   (A) Se celebran el año de la familia.
   (B) Se celebran es establecimiento del programa Número Uno.
   (C) Se celebran su nuevo servicio del nuevo aeropuerto.
   (D) Se celebran sus nuevas tarifas rebajadas.

78. Una persona puede aprovechar esta oferta con tal que:
   (A) Compre el boleto ocho días en anticipación del viaje.
   (B) No compre un boleto sencillo.
   (C) Permanezca la noche de sábado en la destinación.
   (D) Todas estas respuestas.

79. Si una persona quiere viajar a Tegucigalpa, Honduras, ¿cuánto le costaría extra?
   (A) No le costará extra.
   (B) Le costará $10 más.
   (C) Le costará $16 más.
   (D) Le costará $6 más.

80. Si por alguna razón una persona no puede usar el boleto, ¿qué recurso tiene?
   (A) Se puede recibir un reembolso por el precio del boleto.
   (B) Con tal que pague cierta cantidad se puede cambiarlo.
   (C) Se puede usarlo para recibir un descuento en otro boleto.
   (D) El boleto cuenta para millaje en el programa Número Uno.

81. ¿En qué consiste el texto del segundo párrafo?
   (A) Es una enumeración de destinaciones del servicio.
   (B) Contradice lo que ofrecen en el primer párrafo.
   (C) Es un anuncio de condiciones y limitaciones.
   (D) Rechaza responsabilidad de cumplir todos los términos de la oferta.

GO ON TO THE NEXT PAGE

Selection number 3

"Ninguno diga quién es, que sus obras lo dirán". Este proloquio es tan antiguo como cierto; todo el mundo está convencido de su infalibilidad; y así ¿qué tengo yo que ponderar mis malos procederes cuando con referirlos se ponderan? Lo que apeteciera, hijos míos, sería que no leyerais mi vida como quien lee una novela, sino que pararais la consideración más allá de la cáscara de los hechos, advirtiendo los tristes resultados de la holgazanería, inutilidad, inconstancia y demás vicios que me afectaron; haciendo análisis de los extraviados sucesos de mi vida, indagando sus causas, temiendo sus consecuencias y desechando los errores vulgares que veis adoptados por mí y por otros; empapándoos en las sólidas máximas de la sana y cristiana moral que os presentan a la vista mis reflexiones, y en una palabra, desearía que penetrarais en todas sus partes la substancia de la obra; que os divirtierais con lo ridículo; que conocierais el error y el abuso para no imitar el uno ni abrazar el otro, y que donde hallarais algún hecho virtuoso os enamorarais de su dulce fuerza y procurarais imitarlo. Esto es deciros, hijos míos, que deseara que de la lectura de mi vida sacarais tres frutos, dos principales y uno accesorio: amor a la virtud, aborrecimiento al vicio y diversión. Ése es mi deseo, y por esto, más que por otra cosa, me tomo la molestia de escribiros mis más escondidos crímenes y defectos; si no lo consiguiera, moriré al menos con el consuelo de que mis intenciones son laudables. Basta de digresiones, que está el papel caro.

82. ¿A quién o quiénes se dirige este escritor?
(A) Al lector casual.
(B) A sus hijos.
(C) A sus padres.
(D) A sus críticos.

83. ¿Qué ha escrito?
(A) Un papel caro.
(B) Una novela de los hechos malos de su vida.
(C) Un libro sobre proverbios útiles.
(D) Sus reflexiones de su vida.

84. ¿Con qué motivo ha escrito?
(A) Se arrepiente de haber malgastado su vida.
(B) Quiere confesar sus crímenes.
(C) Quiere entretener al lector.
(D) Quiere analizarse.

85. ¿Qué tipo era este escritor?
(A) Parece ser moralista.
(B) Parece ser perezoso.
(C) Parece ser mezquino.
(D) Parece ser agradable.

86. ¿Qué puede el lector sacar de la lectura?
(A) Puede aprender a imitarlo en todas sus obras.
(B) Puede entender que las obras hablan por sí mismas.
(C) Puede aprender a analizar lo que lee.
(D) Puede aprender de las equivocaciones de otros.

87. ¿Qué puede esperar el lector de lo que ha escrito?
(A) Lo que escribe será divertido.
(B) Lo que escribe consistirá en todos sus secretos más íntimos.
(C) Lo que escribe revelará un hombre deprimido.
(D) Escribirá de lo bueno y lo malo de su vida.

88. ¿Qué espera el autor?
(A) Que el lector se entretenga.
(B) Que el lector no lo juzgue.
(C) Que el lector aprenda proverbios.
(D) Que el lector sea mejor que él.

GO ON TO THE NEXT PAGE

89. ¿Cuál es la actitud que demuestra?
    (A) Optimista.
    (B) Pesimista.
    (C) Realista.
    (D) Tiene ilusiones.

90. ¿Qué otro proverbio expresa la misma idea que *Ninguno diga quién es, que sus obras lo dirán*?
    (A) Cada loco con su tema.
    (B) Dime con quién andas, y te diré quién eres.
    (C) Quien se acuesta con perros, se levanta con pulgas.
    (D) El que mucho habla, mucho yerra.

END OF SECTION I

SPANISH LANGUAGE

SECTION II - PART A
Time—Approximately 5 minutes

(On the Actual Spanish Language Exam, this Free-response Section is in a separate sealed booklet.)

Directions: Read the following passage, then on the numbered lines to the right, write the form of the word in parentheses needed to complete the passage. Only one word is necessary. In order to receive any credit, the word should be spelled correctly and the appropriate accent, dieresis, or tilde written in the proper places. Be sure to write the word on the proper line, even if no changes are necessary to make it fit grammatically or logically.

Yo traté de ___(1)___ entre los nobles acerca del caserón, y sólo ___(2)___ que pertenecía a los *herederos* de una señora ___(3)___ que se crió en Madrid, donde ___(4)___ matrimonio con cierto marqués ___(5)___, el cual, ___(6)___ enviudado al año siguiente, regresó a América, sin que se hubiese ___(7)___ a saber de él. ¿Y quiénes son ___(8)___ *herederos*?—pregunté— "Se ignora... pero puede usted preguntarlo en la misma casa, donde parece que vive... no se sabe si un medio pariente o si un administrador de ___(9)___ familia; un joven, en fin, muy guapo y muy formal..., que también tiene ___(10)___ aire como de inglés."

1. ________________ (informarse)
2. ________________ (averiguar)
3. ________________ (inglés)
4. ________________ (contraer)
5. ________________ (puertorriqueño)
6. ________________ (haber)
7. ________________ (volver)
8. ________________ (ese)
9. ________________ (aquel)
10. ________________ (cierto)

GO ON TO THE NEXT PAGE

Time—Approximately 10 minutes

Directions: In the following section, on the corresponding numbered line, write the verb form that is needed to complete the sentence logically and grammatically. The infinitive of the verb needed appears in parentheses. Notice that you may need to write more than one word.

11. Todos nosotros huíamos como si ________ en frente del viento. — 11. ________ (volar)

12. Todos los artistas del contorno ________ su mercancía en la feria especial el mes pasado. — 12. ________ (exhibir)

13. Los viajes ________ otro elemento que Bioy ha incluido en muchos relatos. — 13. ________ (constituir)

14. Creo que hay pocas obras que ________ bien en dos niveles de entendimiento. — 14. ________ (funcionar)

15. Le dijo que le regalaría las brochas con tal que le ________. — 15. ________ (gustar)

16. Siempre es de esperar que lo bueno ________ a todo mal. — 16. ________ (vencer)

17. Les dijo que no requeriría una tasa extra con tal que ellos ________ los términos del contrato oral. — 17. ________ (satisfacer)

18. Se seguían ________ los labios por miedo de ser descubiertos. — 18. ________ (morder)

19. Por mucho que ________, nunca te adelgazarás comiendo todos estos dulces. — 19. ________ (esforzarse)

20. Como subía hasta una altura peligrosa sin ________ tiempo para ajustarme a la altitud, llevé oxígeno conmigo. — 20. ________ (tener)

GO ON TO THE NEXT PAGE

ESSAY
Time—Approximately 40 minutes

Directions: In Spanish write a well organized essay about the following topic. Your essay must be no less than 200 words in length. It will be evaluated on the basis of your vocabulary, grammatical accuracy, and organization.

Muchas personas dicen que la Constitución de los Estados Unidos otorga a todos el derecho de decir lo que quieran. Pero en muchos casos en las escuelas y las universidades parece que hay algunos grupos que se aprovechan de este derecho para predicar todo tipo de injuria contra otros estudiantes y la sociedad en general. Dada esta tendencia, defienda Ud. o apoye los derechos de libertad de expresión para los jóvenes en las escuelas y universidades.

END OF PART A. DO NOT GO ON TO PART B UNTIL YOU ARE TOLD TO DO SO.
Use extra time you may have to check your work.

SECTION II - PART B
Speaking Portion
Time—Approximately 20 minutes

<u>Directions:</u> The Directed Response questions are on the tape that accompanies this book. It will contain five directed response questions for practice. Instructions for the directed response questions are given on the tape. After you have completed the directed response questions, continue with the picture story that follows. On the actual exam, the picture panels will be in a sealed section of the exam that you are not to open until instructed to do so.

The six pictures represent a story. On the exam you will have two minutes to study the pictures and two minutes to record the story. Practice telling the story in two minutes without using a dictionary or writing out a narrative to read.

When you have finished the practice picture story, you will have finished a complete sample of the Advanced Placement Spanish Language Examination.

1.

2.

3.

4.

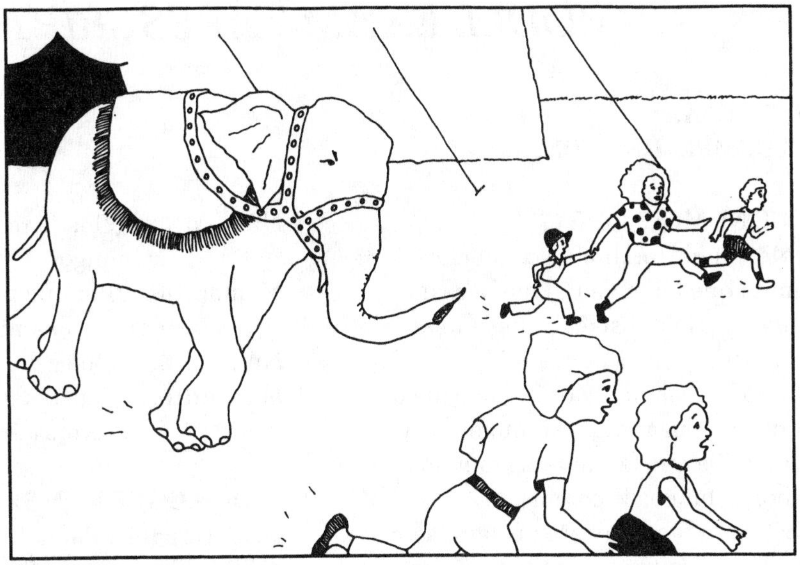

5.

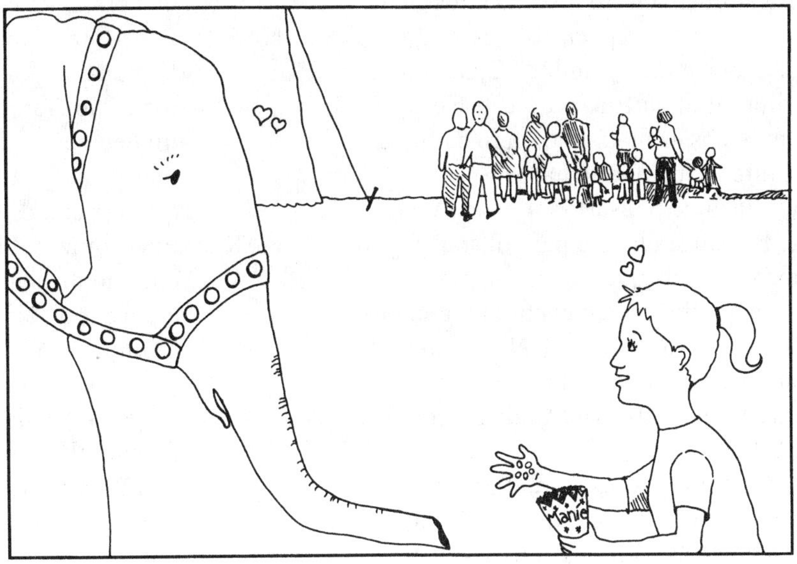

6.

MODEL EXAM TAPESCRIPT

SECTION I, PART A.
LISTENING COMPREHENSION.

DIALOGUE NUMBER ONE

NAR 1: ¡Hola, Juan! Hombre, hace mucho tiempo que no te veo. ¿Qué haces?

NAR 2: ¡Miguel! ¡Hola! Estaba pensando en ti justamente ayer. Vi en la tele que el equipo boliviano vendrá la semana que viene para jugar una exhibición en el estadio. Sé que te interesas mucho en el fútbol. ¿Quieres ir conmigo?

NAR 1: Sí, sí, lo vi también. Me gustaría acompañarte, pero es que prometí a Elena llevarla a un concierto de los Zafios Ingleses que dan un espectáculo ese mismo día. Qué lástima, ¿verdad? Ojalá que pudiera ir al partido porque ese grupo de músicos es malísimo, pero a ella le encanta. ¿Qué puedo hacer?

NAR 2: Pues, déjame pensarlo un poco. Acaso pueda pensar en algo para liberarte. ¿No puedes decirle que tu abuela está enferma y tienes que visitarla esa noche?

NAR 1: Ojalá que fuera tan fácil. No, es que ella está bien enterada de lo que pasa con mi familia. Pues, otra vez, podemos ir a un partido.

NAR 2: No nos rindamos de inmediato, podemos pensar en algo. ¿No tenemos un reportaje para el lunes? Puedes decirle que te hace falta preparar algunas investigaciones en la biblioteca. Así es—tienes que pasar todo el día ese sábado en la biblioteca.

NAR 1: Sé que tienes buenas intenciones, Miguel. Pero es que di la palabra. Ésa con los bolivianos no sería la última oportunidad. Habrá otras. Gracias por tu ayuda. Tal vez la próxima vez.

Preguntas

Número 1. ¿Qué quiere Juan hacer con su amigo?

Número 2. ¿Qué piensa Miguel de los Zafios Ingleses?

Número 3. ¿Qué le recomienda Juan que haga su amigo?

Número 4. ¿Por qué piensa Miguel que no lo creería su amiga?

Número 5. ¿Qué otra idea tiene Juan?

Número 6. ¿Qué decisión toma Miguel al fin de la conversación?

DIALOGUE NUMBER TWO

NAR 1: ¡Hola, Rafael! ¿Qué hay de nuevo?

NAR 2: No mucho. Ando un poco deprimido, de veras.

NAR 1: Pues, ¿por qué? ¿No me dijiste ayer por la mañana que todo te iba bien? Ah, ya recuerdo. También me dijiste que había un examen en la clase de historia el primer período. ¿Verdad? Debe tener algo que ver con ese examen.

NAR 2: Pues, quizás. Pero por la tarde anteayer cuando me senté para estudiar, empecé a pensar en las revistas que había en la biblioteca. Y luego, pensé en las fotos de Mani, el portero del Equipo Real. Y luego, antes de darme cuenta de lo que hacía, salí de la biblioteca. Me encontré con Roberto y algunos de los otros y nos reunimos en el parque para jugar al fútbol.

NAR 1: Bueno, Rafael, todavía tuviste tiempo para estudiar esa noche.

NAR 2: Sí, pero Anita me había invitado a su casa esa noche para un baile con un grupo de sus amigas. Ella quería acoger al estudiante peruano que está en la escuela de intercambio. Fue una fiesta magnífica. No me fue posible salir hasta tarde.

NAR 1: No me digas. La primera clase es de historia y no tuviste tiempo para estudiar.

NAR 2: Ya lo ves. Estoy seguro de que lo suspendí. Y cuando volví a casa ayer, mi mamá me interrogó. Cuando supo lo que me pasó, me regañó. Ahora no puedo salir este fin de semana.

NAR 1: ¡Hombre! Es una lástima porque tenemos esa competencia con Los Reyes de San Miguel Allende este sábado por la tarde.

NAR 2: Sí, pues, no hay remedio. Mi mamá está decidida.

Preguntas

Número 7. ¿Qué le pasa a Rafael?
Número 8. ¿Cuándo sucedió el desastre para Rafael?
Número 9. ¿Por qué no estudió Rafael?
Número 10. ¿A quién festejó Anita en su fiesta?
Número 11. ¿Cómo reaccionó la mamá de Rafael?
Número 12. ¿Qué perderá Rafael ese fin de semana?

SHORT NARRATIVE NUMBER ONE

Un día iba pasando un cura por un pueblo y llegó a una casa donde había un muchacho algo tonto. El cura le dio una maleta, en la cual tenía una gallina cocinada, para que se la cuide.

A la noche, el tonto abrió la maleta y le comió una pata a la gallina. El cura fue después y vio que faltaba una pata; entonces le dijo al muchacho:

—¿Me has comido la pata de la gallina?

—¡No! ¡la gallina tiene una sola pata!

—No puede ser.

—Vamos al gallinero, y va a ver que las gallinas tienen una sola pata.

Llegan al gallinero y las gallinas estaban dormidas, paradas en una pata, y con la otra pata escondida bajo el ala. El cura las vio, y entonces gritó, espantándolas:

—¡Shíííu!

Entonces las gallinas despertaron, se asustaron y soltaron la pata escondida, y el cura dijo:

—¿Has visto que tienen dos patas?

Y el tonto le contestó:

—Si usted le hubiera hecho ¡shíííu! a su gallina, ésta hubiera soltado la pata también.

Preguntas

Número 13. ¿Qué dejó el cura con el muchacho?
Número 14. Cuando el cura volvió, ¿qué descubrió?
Número 15. ¿Por qué le mostró el mozo el gallinero al cura?
Número 16. ¿Por qué no era muy tonto el muchacho?

SHORT NARRATIVE NUMBER TWO

Principalmente creo que he simplificado la técnica del violoncelo, lo he hecho más natural,—dijo Pablo Casals.—He dado mayor libertad a los brazos. Antiguamente los violoncelistas tocaban adoptando una postura muy artificial y completamente agarrados, quedando entumecidos. Tenían la costumbre de mantener los codos pegados a los costados. Yo no podría hacer tal cosa. Nunca me preocupé demasiado de mí mismo. Así, pues, practiqué una natural utilización de los brazos. Y lo mismo con las manos al manejar los dedos. Los violoncelistas acostumbraban a mover continuamente las manos. Yo abrí la mano, dándole más alcance; ahora puedo tocar cuatro notas sin tener que mover la mano mientras que antes sólo podía tocar tres. Mi profesor estaba, desde luego, escandalizado viéndome actuar con tal postura, pues no tenía yo más que trece años cuando ya había empezado a desarrollar mi propia técnica, pero terminó por aceptarla cuando vio los resultados que yo obtenía con ella.

Preguntas

Número 17. ¿Quién habla en esta selección?
Número 18. ¿Cómo tocaban los violoncelistas cuando el narrador empezó su carrera?
Número 19. ¿Cómo hizo su descubrimiento?
Número 20. ¿Qué descubrimiento hizo?
Número 21. A fin de cuentas, ¿cómo reaccionó su profesor?

LONGER SELECTION NUMBER ONE

Estamos aquí ya en los exámenes. Por las calles del rededor de la escuela no se oye hablar de otra cosa a chicos, padres y madres, hasta a las ayas: exámenes, calificaciones, temas, suspensión, mediano, bueno, notable, sobresaliente: todos repiten las mismas palabras. Ayer mañana tocó el examen de Composición, hoy el de Aritmética. Era conmovedor ver a todos los padres conduciendo a sus hijos a la escuela, dándoles los últimos consejos por la calle, y a muchas madres que los llevaba hastan las bancas para mirar si había tinta en el tintero, probar si la pluma escribía bien, y se volvían todavía desde la puerta para decir: —¡Animo! ¡Valor! ¡Cuidado!—Nuestro maestro examinador era Coato, aquel de las barbazas negras que grita como un león, y que jamás castiga. Se veían caras de muchachos blancas como el papel. Cuando el maestro rompió el sobre del oficio del Ayuntamiento mandando el problema que debía servir para tema de examen, no se oía ni una mosca. Dictó el problema en alta voz, mirando ya a uno, ya a otro, con miradas severas: pero se comprendía que si hubiera podido dictar al mismo tiempo la solución para que todos hubiesen sido aprobados, lo habría hecho de buena gana. Después de una hora de trabajo, muchos empezaron a desesperarse, porque el problema era difícil. Uno lloraba. Y muchos no tienen culpa de no saber, ¡pobres chicos! pues no han tenido mucho tiempo para estudiar, y los han descuidado los padres. ¡Pero había una providencia! Había que ver el trabajo que se daba Deroso para ayudar a todos, para hacer pasar de mano en mano una cifra y una operación, sin que lo descubriesen, interesado por unos y por otros, como si fuese nuestro propio maestro. También Garrón, que está fuerte en Aritmética, ayudaba al que podía, hasta Nobis, que, encontrándose apurado, se había vuelto cortés. Estardo estuvo más de una hora inmóvil, sin pestañear, sobre el problema, con los puños en las sienes y los codos en la banca, y después hizo todo en cinco minutos. El maestro daba vueltas por entre los bancos diciendo: —¡Calma! ¡Calma! ¡No hay que precipitarse!—Y cuando veía a alguno descorazonado, para darle ánimo y hacerle reír, abría la boca, imitando al león, como si fuese a tragárselo. Hacia las once, mirando al través de las persianas, vi muchos padres impacientes que se paseaban. Poco antes de las doce llegó mi padre, y alzó los ojos a la ventana donde yo caía; ¡pobre padre mío! A las doce en punto todos habíamos concluido. Era de ver la salida. Todos venían al encuentro de nosotros, preguntándonos, hojeando los cuadernos, confrontando los trabajos.—¡Cuántas operaciones! ¿Cuál es el total? ¿Y la substracción? ¿Y la respuesta? ¿Y la coma de los decimales?—Mi padre me arrancó de las manos el borrador, miró y dijo:—¡Está bien! —

LONGER SELECTION NUMBER TWO

NAR 1: Tenemos el placer de hablar con José Antonio de Urbina, diplomático profesional y experto en protocolo en la Corte española, quien ha escrito un libro que se titula *El arte de invitar.* Buenos días.

NAR 2: Buenos días. El gusto es mío.

NAR 1: ¿Hay un protocolo español distinto del protocolo austríaco, alemán, belga o inglés? ¿O hay un protocolo internacional?

NAR 2: Hay un protocolo internacional, que es en realidad europeo, ¿verdad? El español, que siempre tuvo gran prestigio, pues, es el mismo. Lo que pasa es que luego en cada país hay matices que son consecuencia de su cultura, de su identidad, etcétera. Pero la esencia es el protocolo europeo.

NAR 1: Este libro, ¿lo ha escrito Ud. para que lo conozcan y se lo sepan de memoria los presidentes de comunidades autónomas, los políticos, o para que nosotros, los ciudadanos de a pie, lo leamos, así, curioseemos en ese gran mundo y sus problemas?

NAR 2: Pues, no. El objetivo es que sea útil para todos, para todos. Curiosamente, cuando estaba escribiendo al principio, pues me di cuenta de que tanto personaje importante—reyes, presidentes—esto le va a asustar al lector de a pie, y por eso ya la segunda mitad la dedico más al lector común. Pero digo lo que es verdad, que, en esencia, el banquete de estos de gala en el Palacio Real y la mesa a la cual, por ejemplo, una señora, unos señores, reúnen unos amigos, en esencia, es lo mismo.

NAR 1: ¿Y cuál es, digamos, la base, la médula de esa esencia, para que aprendamos, por lo menos, lo fundamental?

NAR 2: Pues, la médula es, sencillamente, que la gente esté confortable, que se sienta en su casa. Por supuesto, si hay que comer, que la comida sea buena, ¿verdad? Pero lo esencial es que se encuentren cómodos, porque si no están cómodos, ¿para qué sirve el invitar?

NAR 1: Pero vamos a ver, vamos a ver. Eh, lo de chico, chica, chico, chica, señora, señora... ¿Eso es correcto, no?

NAR 2: Sí, sí, sí, claro.

NAR 1: Eso hay que hacerlo así.

NAR 2: Eso hay que hacerlo.

NAR 1: Parejas o matrimonios juntos, nunca.

NAR 2: Claro, hay que dejarles a los pobres que descansen un poco, y para eso se separan.

NAR 1: ¿Es cierto que hay que hablar en un plato con el de la derecha y en otro con el de la izquierda?

NAR 2: No. Eso depende, porque a lo mejor uno quiere hablar con la de la izquierda, que es una señora, a lo mejor está deseando porque además de que es muy simpática es muy guapa y resulta que ella está hablando con el otro.

NAR 1: Y qué, qué violento, ¿verdad? cuando queda uno descolocado en medio de dos personas que están hablando con otros y no con, con uno. Queda uno solo ahí, es incómodo.

NAR 2: Sí, sí, pasa, pasa. Entonces uno está esperando un poco al quite, es como la caza, ¿verdad? Ya está. Entonces, le dice uno cualquier cosa, entabla conversación, y a veces pasa que uno está demasiado con el de la derecha o la de la izquierda, y entonces es el otro el que se encuentra, ¿eh?

NAR 1: El que se pica.

NAR 2: Sí.

NAR 1: Así que hay que sentarse hombre, mujer, hombre, mujer, nunca las parejas juntas... Eh, dice usted en el libro que las señoras nunca deben estar en las puntas de la mesa.

NAR 2: Claro, es una elemental, diría yo, cortesía hacia la mujer, ¿verdad? Las puntas es un poco el último sitio. No hay que dejar los últimos sitios con señoras.

NAR 1: Sí. En una casa, tal vez esta noche muchos de nuestros oyentes vayan a reunirse con ocho o nueve amigos. Eh, para que se sienten diez personas o doce, ¿hay algún truquillo especial o alguna alerta que quiera usted hacer para que no se caiga en determinado...

NAR 2: Sí, bueno, hay que tener mucho cuidado con el número trece.

NAR 1: Ah, no. ¿Trece, no?

NAR 2: Nunca.

NAR 1: Porque si son trece, ¿qué hacemos? ¿Matamos a uno o invitamos a otro?

NAR 2: Nunca. No, por una razón. La gente es mucho más supersticiosa de lo que creemos. No lo dice, por supuesto.

NAR 1: Ah, ¿pero cuenta a ver si hay trece?

NAR 2: Pero, como el número trece es mala suerte, pues trece nunca. Y entonces, ¿qué haces? Catorce. Pero si se te descuelga un invitado en el último momento quedas en trece. Y claro, pues, ahí está el cuidado. El truco es, le llamas a un íntimo amigo: —*Mira, me pasa esto. ¿Quieres venirte a casa porque es que hemos quedado en trece...?* —Y por supuesto va, claro.

**SECTION II, PART B.
SPEAKING, DIRECTED RESPONSE QUESTIONS.**

1. ¿Qué estación del año le gusta a Ud. más? ¿Por qué?
2. ¿Cree Ud. que sería buena idea tener clases todo el año? ¿Por qué sí o no?
3. Muchas personas se ven afectadas por el clima. ¿Qué recomendaría a un amigo que parece deprimido a causa del tiempo?
4. ¿Cuál sería una ventaja de vivir donde siempre hacía calor?
5. ¿Cree Ud. que podría ser tan productivo si viviera en una isla tropical o no? ¿Por qué?

This ends the listening comprehension excercises.

Answers

SECTION I

Part A

1. C
2. C
3. A
4. C
5. D
6. B
7. B
8. C
9. D
10. C
11. C
12. B
13. A
14. A
15. B
16. C
17. D
18. B
19. C
20. B
21. A
22. C
23. A
24. A
25. B
26. D
27. D
28. C
29. C
30. C

Part B

31. C. ni
32. C. posterguen
33. D. para
34. B. deba
35. C. ninguno
36. A. ha de
37. C. índole
38. B. de la que
39. C. les
40. B. cuya
41. A. logran
42. B. retrase
43. C. cualquiera
44. A. por
45. B. trampa
46. D. mataran
47. D. creería
48. D. de encima
49. C. trajera
50. D. volviera
51. D. estén
52. D. hinchados
53. C. todavía
54. B. espesen

Part C

55. B
56. A
57. D
58. A
59. B
60. B
61. D
62. B
63. C
64. C
65. D
66. A
67. C
68. A
69. D
70. D
71. A
72. D
73. C
74. B
75. A
76. C
77. C
78. D
79. C
80. B
81. C
82. A
83. D
84. A
85. D
86. D
87. D
88. A
89. C
90. B

SECTION II

1. *informarme*
2. *averigüé*
3. *inglesa*
4. *contrajo*
5. *puertorriqueño*
6. *habiendo*
7. *vuelto*
8. *esos*
9. *aquella*
10. *cierto*
11. *voláramos*
12. *exhibieron*
13. *constituyen*
14. *funcionan*
15. *gustaran*
16. *venza*
17. *satisficieran* or *satisficiesen*
18. *mordiendo*
19. *te esfuerces*
20. *tener*

Grammar Review

The following section is a brief review of the most commonly missed points of grammar. The items are divided according to structural function of words. In some of the previous sections you are referred to this section so that you can understand why you have made inappropriate choices in the fill-in-the-blank sections or on the multiple choice section. You need to categorize the kinds of errors you make so that you can learn to recognize the structure. If you do not understand the overall rule, then you will spend time learning specific examples, which may or may not help you on the actual exam.

TONIC STRESS AND WRITTEN ACCENTS

In Spanish the stress (an elevation of the pitch of voice) occurs normally on the second to last syllable of a word when the word ends with any vowel (**a, e, i, o, u**), or the letters **s** or **n**, and no accent is written over the syllable. For words that end with the letters **r**, **j**, **l**, or **z**, the stress normally falls on the last syllable. For this reason, all infinitives have a stress on the last syllable. Any deviation from this rule is indicated by writing an accent above the stressed syllable.

When an accent in needed to stress a syllable containing a diphthong (two vowels, a strong and a weak one), or a triphthong (three vowels, one strong and two weak), the accent is written over the strong vowel in the syllable. For example, in the second person plural forms an accent is written over the **á**is and **é**is to indicate the stress on the last syllable of that verb form as in averig**uáis** and entreg**uéis**.

At times the accent is written over a weak vowel to form two syllables out of one. For example: at**aú**d has two syllables because the two vowels are equally emphasized. Normally, in the **au** combination, the sound of the **a** dominates because it is the strong vowel.

Sometimes an accent is written over a vowel to differentiate one part of speech from another. Such is the case with the words **él** (he), and **el** (the), **si** (if), and **sí** (yes), **tú** (you) and **tu** (your), and **mí** (me), and **mi** (my), **dé** (give) and **de** (from), **sé** (be, I know) and **se** (reflexive pronoun). Accents are used to differentiate demonstrative pronouns from demonstrative adjectives, **ése**, ese, etc., as well as interrogative pronouns from relative pronouns, such as **quién** from **quien** and **cuándo** from **cuando**.

NOUNS

Gender of Nouns

Masculine

All nouns are either masculine or feminine, with the gender of the noun usually indicated by the vowel at the end of the word. Generally, nouns that end with **-o** or **-or** are masculine. Frequently on the AP exam you will find the exception to this general rule. You should learn the gender of all nouns when you learn the word. It is helpful to remember that nouns that end with **-ama, ema**, and **-ima** are frequently masculine in spite of the fact that they end with the vowel **-a**. Common nouns that fall into this category are:

el clima	*el planeta*	*el sistema*	*el problema*
el día	*el tema*	*el lema*	*el diploma*
el mapa	*el poema*	*el monarca*	*el Papa*
el cometa	*el idioma*	*el tranvía*	*el albacea*

Usually the names of men, male animals, jobs, and titles concerning men, seas, rivers, mountains, trees, metals, languages, days, months, colors, and infinitives used as nouns are all considered masculine nouns.

Feminine

Most words that end with the vowel **-a** are feminine, along with words that end with **-ción, -dad, -ie, -umbre, -ud,** and **-sión**. For words that end in **-dor**, a masculine ending, an **-a** is added onto the **-dor** ending, thereby making the noun feminine. You should also remember that **mano** is feminine. (*La mano, las manos.*)

Some exceptions to the rule that words that end in **-ud** are feminine are the words:

el ataúd	*el césped*	*el talmud*

There are some nouns that end with the vowel **-a** that are feminine, but require the masculine singular article because the noun begins with a stressed **a** vowel. Some of these nouns are:

el agua	*el alma*	*el ama*	*el ave*
el águila	*el hada*	*el hacha*	*el haba*

When other adjectives modify these nouns, the adjectives take the feminine form:

el *agua fría*	**el** *ave negra*

In the plural forms, these nouns take feminine articles. For example:

las aguas	*las almas*	*las amas*	*las aves*
las águilas	*las hadas*	*las hachas*	*las habas*

Masculine nouns end with the letters **-o**, **-aje,** or with **-or**, (except for *la sor, la flor, la coliflor,* and *la labor).*

Making Nouns Plural

To make nouns plural: if the noun ends with a vowel you add **-s**. If the noun ends with a consonant (anything other than **-a, -e, -i, -o, -u**) add **-es** to the word. If the noun ends with the letter **z**, it changes to **c** before the **-es** is added to the end.

For example: **la luz, las luces**.

If the noun carries a written accent on the last syllable, remove the written accent since the stress will normally fall on the second to last syllable of any word that ends in the letter **s**.

For example:

*la civilizació***n** (with a written accent)
*las civilizac***iones** (no written accent)

Some nouns will add a written accent when they become plural forms.
For example:

el jov*en* (no written accent)
los jóv*enes* (with a written accent)

With a few nouns the syllable that carries the tonic stress shifts when the nouns is made plural, such as: **ré***gimen—re***gí***menes, es***pé***cimen—espe***cí***menes, ca***rá***cter—carac***te***res.*

If the written accent occurs on the third to last syllable, do not change it.

Compound nouns that end in a plural form, such as the word *parabrisas*, do not add an **-es** to the end, but the number of the article changes from **el** *parabrisas*, for example, to **los** *parabrisas*. Days of the week that end with **-es** also do not add **-es**, but rather take a plural article, *el jueves, los jueves.*

Nouns that end with an accented vowel also add **-es**. For example *el rubí, los rubíes.*

Remember that if the accent is not written in the correct location, no credit is given for that item in the fill-in-the-blank section of the writing part of the exam.

PRONOUNS

Pronouns are words that function in the place of nouns. There are seven kinds of pronouns. For each person and number they are:

Personal (Subject) Pronouns

These pronouns function as the subject of verbs.

	Singular	Plural
First Person	*yo*	*nosotros, nosotras*
Second Person	*tú*	*vosotros, vosotras*
Third Person	*él*	*ellos*
	ella	*ellas*
	usted	*ustedes*

(*Usted* can be abbreviated: *Ud.* or *Vd.; ustedes* as *Uds.* or *Vds.*)

These pronouns come before the verbs in declarative sentences. They normally come after the verb in questions, but sometimes are used before.

Direct Object Pronouns

These function as the object of the verb and answer the questions *who* or *what.*

	Singular	Plural
First Person	*me*	*nos*
Second Person	*te*	*os*
Third Person	***lo***	***los***
	la	***las***

In Spain the form *le* is used in place of *lo* when the noun the pronoun replaces is masculine.

Indirect Object Pronouns

These function as indirect objects of the verb and answer the questions, *to, for, from, by who* or *whom.*

First Person	*me*	*nos*
Second Person	*te*	*os*
Third Person	*le*	*les*

Reflexive Pronouns

These pronouns show that the action of the verb reflects back on the subject.

First Person	*me*	*nos*
Second Person	*te*	*os*
Third Person	*se*	*se*

Notice in all of the above three types of pronouns, that the first and second forms are the same, only the third person forms are different.

These pronouns are located in the following places:

Before:

1. conjugated verb forms,
2. negative commands.

After and attached to:

1. affirmative commands,
2. present participles (verb forms ending with **-ando** and **-iendo**),
3. infinitives.

When there are two object pronouns, the indirect object pronoun always comes before the direct object pronoun. When a reflexive pronoun and a direct object pronoun are used together, the reflexive object pronoun comes before the direct object pronoun.

When the double object pronouns are both third person (indirect object: *le* or *les*, and the direct object: *lo, la, los, las*), the indirect object is changed to *se.*

When one or two pronouns are added to an affirmative command, an accent is written over the syllable where the stress falls on the verb if the pronouns where not there.

For example:

Lea Ud. el libro. Léalo Ud. (*Lea* is two syllables, **e** is the stem of the verb.)
Lea Ud. el libro a su hermano. Léaselo Ud.

When one or two pronouns are added to a present participle, an accent is written over the beginning of the present participle ending.
For example:

Estoy leyendo el libro. Estoy leyéndolo.
Estoy leyendo el libro a mi hermano. Estoy leyéndoselo.
Imaginaos que estáis vistándonos cuando suena el teléfono.
Estabáis peinándoos cuando llegamos si mal no me acuerdo.

When two pronouns are added to an infinitive, an accent is written over the infinitive ending.
For example:

Voy a leer el libro a mi hermano. Voy a leérselo.

When one pronoun is added to an infinitive, no accent is written over the infinitive ending because the stress normally falls on the last syllable of infinitives since the words end with the letter **r**.
For example:

Voy a leer el libro a mi hermano. Voy a leerlo a mi hermano.
Voy a leer el libro a mi hermano. Voy a leerle el libro.

Prepositional Pronouns

These pronouns function as the object of a preposition, such as *a, de, en, por, para, sobre, sin,* and *con.* Any preposition, simple or compound, requires the use of these forms.

	Singular	Plural
First Person	*mí*	*nosotros, nosotras*
Second Person	*ti*	*vosotros, vosotras*
Third Person	*él*	*ellos*
	ella	*ellas*
	usted	*ustedes*

In the prepositional pronouns, notice that except for the first and second persons singular, these pronouns are the same forms as for the subject pronouns. In addition to the above forms, with the preposition *con* there is a special form, *conmigo, contigo,* and *consigo.*

Demonstrative Pronouns (This, that, these, those)

These forms are either masculine or feminine, depending on the gender of the nouns to which they refer.

éste	*éstos*	*ése*	*ésos*	*aquél*	*aquéllos*
ésta	*éstas*	*ésa*	*ésas*	*aquélla*	*aquéllas*

When the antecedent (the thing to which these pronouns refer), is a whole idea or phrase, the neuter form can be used:

esto	*eso*	*aquello*

Indefinite Pronouns These forms have positive and negative forms.

algo	*nada*
alguien	*nadie*

Relative Pronouns These pronouns function to introduce dependent clauses.

el que (la que, los que, las que)
el cual (la cual, los cuales, las cuales)
quien quienes

ADJECTIVES

Most of the problems you will find with adjectives are in recognizing the gender of some of the nouns. Usually on the exam there are no clues as to the gender of the nouns; the modifiers are indeterminate because they end in **e**, are possessive adjectives, or there are no modifiers, such as articles. Make sure when you learn nouns that you learn the gender from the beginning so you can avoid problems with agreement of adjective endings and nouns.

All adjectives agree in gender and number with the nouns they modify. This means that if a noun is feminine, singular or plural, the ending of the adjective is feminine, singular or plural.

For example:

La *mujer alt***a** *lleva* **una** *chaqueta negr***a.**
Las *mujeres alt***as** *llevan* **unas** *chaquetas negr***as**.

If the noun is masculine, singular or plural, the endings are masculine, singular or plural.

For example:

El *hombre alt***o** *lleva* **un** *hermos***o** *traje negr***o**.
Los *hombres alt***os** *llevan* **unos** *hermos***os** *trajes negr***os.**

If the adjective ends in an **e**, it cannot agree in gender, only in number.

For example:

El *elefante gigant***e** *es muy inteligent***e**.
Los *elefantes gigant***es** *son muy inteligent***es**.

If an adjective ends with **-or**, **-ón**, **-án**, or **-ín**, an **a** is added to form the feminine singular, and **-as** for the feminine plural.

For example:

El *nuev***o** *criado es muy trabajad***or**.
La *nuev***a** *estudiante es muy trabajad***ora**.
Las *nuev***as** *estudiante son muy trabajad***oras**.

Some adjectives are invariable; their endings do not change no matter what the gender of the noun they modify. Some of these are:

maya *azteca* *marrón* *rosa* *alerta* *hipócrita*

In many cases the **past** participles (forms of the verb ending with **-ado** or **-ido**) can function as adjectives. In these cases, when the past participle always ends with **-o**, simply make the vowel on the end agree in gender and number with the nouns the past participles/adjectives modify. Remember that some past participles are irregular. In some cases there is a different form derived from the verb for the adjective, instead of the past participle. For example, *despertar* has as its past participle, *despertado*. But when used as an adjective, the form is *despierto*. The same is true of the following verbs:

concluir	*concluido*	*concluso*
elegir	*elegido*	*electo*
soltar	*soltado*	*suelto*
sujetar	*sujetado*	*sujeto*
bendecir	*bendecido*	*bendito*
convertir	*convertido*	*converso*
maldecir	*maldecido*	*maldito*

There are a few verbs for which the present participle can be used as an adjective:

hervir	*hirviendo*
arder	*ardiendo*

Position of Adjectives

In general, adjectives that refer to quantity come **in front** of the noun, such as numbers and definite articles.

In general, adjectives that refer to descriptive qualities or characteristics of nouns come **after** the noun.

When there are two or more descriptive adjectives that refer to the same nouns, sometimes one is placed before the nouns; otherwise, they both follow the nouns and are joined by a conjunction, **y**, or are separated by a comma.

There are some adjectives that can come before or after a noun, but whose meaning is determined by where they are placed. The following adjectives are the most common ones of this type:

Adjective	Meaning Before	Meaning After
cierto	some	sure, certain
grande	great, famous	large
mismo	same	only
nuevo	another	modern, just made
solo	only	lone
pobre	unfortunate	destitute, penniless
simple	uncomplicated	silly, stupid
viejo	former	elderly
diferentes	various	not the same
antiguo	former	antique

Some adjectives drop the final **-o** before masculine singular nouns. These adjectives are: **bueno, malo, primero, tercero, veintiuno, uno, alguno,** and

ninguno. The adjectives **alguno** and **ninguno** add a written accent when the final **-o** is dropped: **algún, ningún**.

The adjective **grande** drops the final **-de** before masculine and feminine nouns.

For example:

Una **gran** *dama* *Un* **gran** *hombre*

The number **ciento** drops the final **-to** before any nouns, masculine or feminine. For example:

cien *años* **cien** *noches*

The title **santo** drops the final **-to** before all masculine names except those beginning with **Do** or **To**.

For example:

San Amselmo **Santo Domingo**
San Isidro **Santo Tomás**

Nominalization of Adjectives

Placing **lo** before an adjective means that it can be used as a noun.

For example:

Lo importante (The important thing)
Los rojos (The red ones)

Possessive Adjectives

The possessive adjectives are:

mi, mis	= my	*nuestro, -a* = *nuestros, -as*	our
tu, tus	= your	*vuestro, -a* = *vuestros, -as*	your
su, sus	= his, her, its, your	*su, sus* =	their, your

Possessive adjectives agree in gender and number with the objects that are possessed, not with the possessor.

For example:

El chico llevó **sus** *libros.* = The boy took his books.
(**Sus** is plural because **libros** is plural.)

Demonstrative Adjectives

The demonstrative adjectives are:

este = this (masculine)	*estos* = these (masculine)
esta = this (feminine)	*estas* = these (feminine)
esto = this (neuter)	
ese = that (masculine)	*esos* = those (masculine)
esa = that (feminine)	*esas* = those (feminine)
eso = that (neuter)	
aquel = that (masculine)	*aquellos* = those (masculine)
aquella = that (feminine)	*aquellas* = those (feminine)

The significant points of grammar to remember about demonstrative adjectives is the difference between *ese (esos, esa, esas)* and *aquel* (*aquellos, aquella, aquellas)* is that *ese* refers to objects or persons nearer at hand than *aquel*. This distance can be expressed in temporal or spatial dimensions. For example: *En aquellos días vivía un rey muy poderoso...* meaning *in those long ago times there lived...* (Distance in time is implicit since *aquellos* is used.)

The following suffix can be added to adjectives: *-ísimo*

When the suffix is added to an adjective that ends with **-co**, the spelling is changed to preserve the **k** sound of the **c**.

For example:

poco	*poquísimo*
rico	*riquísimo*

Comparatives of Inequality

To form the comparatives of adjectives and adverbs the following structures are used:

Place **más** or **menos** before the noun, adjective, or adverb; then follow it with **que**.

For example:

Este estudiante tiene **más** *libros* **que** *el otro.*
Este estudiante tiene **menos** *libros* **que** *el otro.*
Este chico es **más** *aplicado* **que** *el otro.*
Este chico es **menos** *aplicado* **que** *el otro.*
Este chico trabaja **más** *rápidamente* **que** *el otro.*
Este chico trabaja **menos** *rápidamente* **que** *el otro.*

The following adjectives have irregular forms in the comparative:

Adjective	Comparative
bueno (good)	**mejor** (better)
malo (bad)	**peor** (worse)
joven (young)	**menor** (younger)
viejo (old)	**mayor** (older)

These comparative forms cannot agree in gender with the nouns they modify, but they can be made plural.

For example:

Esta máquina es **mejor que** *la otra.*
Estas máquinas son **mejores que** *las otras.*
Esta máquina es **peor que** *la otra.*
Estas máquinas son **peores que** *las otras.*
Esta casa es **mayor que** *la otra.* (This house is older than the other one.)
Estas casas son **mayores que** *las otras.* (These houses are older than the other ones.)

The irregular forms for the adjectives **mucho** and **poco** are **más** and **menos.** For example:

Hay **mucha** *gente en la cafetería.*
Hay **muchas** *personas en la cafetería.* (There are many people in the cafeteria.)

Hay **más** *personas en la cafetería.* (There are more people in the cafeteria.)
Hay **poca** *gente en la cafetería.* (There are few people in the cafeteria.)
Hay **pocas** *personas en la cafetería.* (There are few people in the cafeteria.)

Mayor in the comparative form means greater and **menor** means lesser: For example:

El asunto de **mayor** *importancia es la cuestión de moralidad.* (The matter of greater importance is the question of morality.)
Es de **menor** *importancia preocuparse de este asunto.* (It is of lesser importance to worry about this matter.)

Comparatives of Equality

The comparatives of equality are formed as follows:

as + adjective or adverb + as
tan + adjective or adverb + **como**

For example:

Este chico es **tan** *alto* **como** *su compañero.* (This boy has as much talent as his friend.)
Este chico corre **tan** *rápido* **como** su *compañero.* (This boy runs as fast as his friend.)

as + the noun + as
tanto (a) + noun + **como**

For example:

Este chico tiene **tanto** *talento* **como** *su compañero.* (This boy has as much talent as his friend.)
Este chico tiene **tanta** *energía* **como** *su compañero.* (This boy has as much energy as his friend.)
Este chico tiene **tantos** *libros* **como** *su compañero.* (This boy has as many books as his friend.)
Este chico tiene **tantos como** *su compañero.* (This boy has as many as his friend or This boy has as much as his friend.)

Superlative Constructions

The superlatives of adjectives are formed by placing a definite article (**el, la, los, las**) before the comparative forms.
For example:

Este chico es **el más** *alto* **de** *la clase.* (This boy is the tallest in the class.)
Este chico es **el mejor** *jugador de fútbol* **de** *la clase.* (This boy is the best soccer player in the class.)

Notice that the English word *in* is rendered with **de**.

The expressions for *as soon as possible* are:

cuanto antes
lo más pronto posible
tan pronto como posible

Absolute Superlatives

When no comparison is expressed, the ending **-ísimo** (**-a**, **-os**, **-as**) is added to the adjective.

For example:

Tiene **muchísimos** *problemas.* (He has many, many problems.)
Tiene **muchísima** *tarea.* (He has a lot of work.)

Adjectives ending in a vowel drop the vowel before adding **-ísimo**. Adjectives that end in **-co** change the **co** to **qu**; endings of **-go** change the **g** to **gu**, **z** changes to **c** and **-ble** changes to **-bil**.

For example:

*Esta película es mal***a***—Esta película es malísima.*
*Este hombre es ri***co***—Este hombre es ri***qu***isímo.*
*Este libro es lar***go***—Este libro es lar***gu***ísimo.*
*Este chico está feli***z***—Este chico está feli***c***ísimo.*
*Este profesor es ama***ble***—Este profesor es ama***bil***ísimo.*

When the absolute superlative form is added to an adverb, the form is invariable; it always ends with **-ísimo**.

VERBS

Verbs have four different kinds of forms: (1) the infinitive, (2) the conjugated verb, (3) the past participle, and (4) the present participle.

Infinitives

Infinitives are somewhat different in Spanish than they are in English. In Spanish the function of an infinitive in a sentence can be as the subject of a conjugated verb, the object of a conjugated verb, or the object of a preposition. When the infinitive functions as the subject of a sentence, it is translated into English as a gerund.

For example:

El caminar le ayuda mantenerse en forma. (Walking helps you stay in shape.)
Me gusta caminar por el parque. (I like to walk through the park.)

When the infinitive functions as the object of a verb, it can also be translated as a gerund.

For example:

Su padre le dejó salir en seguida. (His father let him leave immediately.)
No pudo soportar más las injurias del gentío en la calle. (He could not stand the insults of the crowd in the street.)

As the object of a preposition, the translation of the infinitive depends upon the preposition used. The preposition **a** is used after verbs of motion, beginning, inviting, helping, and exhorting.

After the preposition **a** and article **el**, the infinitive indicates that two things are happening simultaneously.

For example:

Al divisar la costa por la neblina, lloró por pura alegría. (Upon seeing the coast through the mist, he cried out of joy.)

In conversational Spanish, the preposition **a**, followed by an infinitive is sometimes used in place of a direct command.

For example:

¡A ver! (Let´s just see!)

When the preposition **con** comes before the infinitive, the meaning is one of concession or manner.

For example:

Con dedicar más tiempo al trabajo, lo acabarás. (With a harder effort, you will finish it. or If you work a little harder, you will finish it.)

When the infinitive follows the preposition **de**, some kind of condition is indicated.

For example:

De haberlo pensado un poco más, no lo habría hecho. (If he had thought about it a little more, he would not have done it.)

Notice that in this case, the clause introduced by the preposition is part of an if-then statement, and has replaced the clause that normally contains the past subjunctive.

The preposition **por** followed by an infinitive indicates motive for an event or situation.

For example:

No le permitieron entrar por no llevar una corbata ni traje formal. (They did not let him in because he was not wearing proper attire.)

The preposition **sin** indicates a negative meaning.

For example:

El asunto todavía quedó sin resolver. (The matter is still unresolved.)

The preposition **para** indicates purpose and means *in order to.*

For example:

Lo invitó para hacerle sentirse bien acogido. (She invited him to make him feel very welcome.)

Conjugated Verb Forms

There are three conjugations: verbs that end with **-ar**, verbs that end with **-er**, and verbs that end with **-ir**. For each conjugation there are different endings indicating tenses and moods. The tenses are:

<u>Indicative</u>	<u>Subjunctive</u>
Present	Present
Present Progressive	Present Progressive
Present Perfect	Present Perfect
Imperfect	Past (Imperfect)

Indicative	Subjunctive
Past Progressive	Past Progressive
Pluperfect	Past Perfect
Preterit	
Pluscuamperfect	
Future	
Future Progressive	
Future Perfect	
Conditional	
Conditional Progressive	
Conditional Perfect	

Within each of these tenses there are four different categories of verbs: (1) regular conjugations, (2) irregular conjugations, (3) stem changing conjugations, and (4) orthographic or spelling change conjugations. To conjugate verbs in all of these categories, take the infinitive ending off of the stem of the verb (the **-ar, -er, -ir** ending) and add the appropriate ending (the ending that agrees with the subject of the verb). For each kind **except** regular verbs, however, there are changes that must be made in the stem of the verb in many verbal tenses. Irregular verbs have forms that do not conform to any regular pattern and these must be memorized. Stem changing verbs can be classified so that the changes are more easily remembered. Orthographic verbs have spelling changes that occur for the letters **c, g,** and **z** when they are followed by certain vowels.

1. REGULAR VERBS

To conjugate verbs, for the following tenses, take off the infinitive ending, (**-ar, -er,** or **-ir**) and add the following endings:

Simple Indicative Tenses

Present Indicative of **-ar** verbs		Present Indicative of **-er** verbs		Present Indicative of **-ir** verbs	
-o	-**a**mos	-o	-**e**mos	-o	-imos
-**a**s	-**á**is	-**e**s	-**é**is	-es	-**ís**
-**a**	-**a**n	-**e**	-**e**n	-e	-en

Preterit Indicative of **-ar** verbs		Preterit Indicative of **-er** verbs		Preterit Indicative of **-ir** verbs	
-**é**	-**a**mos	-**í**	-imos	-**í**	-imos
-**a**ste	-**a**steis	-iste	-isteis	-iste	-isteis
-**ó**	-**a**ron	-ió	-ieron	-ió	-ieron

Imperfect Indicative of **-ar** verbs		Imperfect Indicative of **-er** verbs		Imperfect Indicative of **-ir** verbs	
-**a**ba	-**á**bamos	-ía	-íamos	-ía	-íamos
-**a**bas	-**a**bais	-ías	-íais	-ías	-íais
-**a**ba	-**a**ban	-ía	-ían	-ía	-ían

The following endings are added to the infinitive form of all three conjugations:

Future Indicative

-é	**-emos**
-ás	**-éis**
-á	**-án**

Conditional Indicative

-ía	-íamos
-ías	-íais
-ía	-ían

(Notice that these endings are the same as endings for the second and third conjugation imperfect endings, except that they are only added to the end of the infinitives.)

Compound Indicative Tenses

To form the compound or perfect tenses, conjugate the verb **haber** in each of the above tenses and follow it with the past participle. The past participle is formed by removing the **-ar, -er,** or **-ir** endings and adding **-ado** for **-ar** verbs and **-ido** for **-er** and **-ir** verbs. The forms for the verb **haber** in each of the above tenses are:

Present Indicative

he	*hemos*
has	**habeis**
ha	*han*

Imperfect Indicative

había	*habíamos*
habías	*habíais*
había	*habían*

Preterit Indicative

hube	*hubimos*
hubiste	*hubisteis*
hubo	*hubieron*

Conditional Indicative

habría	*habríamos*
habrías	*habríais*
habría	*habrían*

Future Indicative

habré	*habremos*
habrás	*habrán*
habrá	*habrán*

There are a number of irregular past participles that are commonly found on the Advanced Placement exam. They are as follows:

abrir	**abierto**	*revolver*	**revuelto**
cubrir	**cubierto**	*deshacer*	**deshecho**
descubrir	**descubierto**	*satisfacer*	**satisfecho**
decir	**dicho**	*bendecir*	**bendicho**
hacer	**hecho**	*maldecir*	**maldicho**
morir	**muerto**	*imponer*	**impuesto**
poner	**puesto**	*oponer*	**opuesto**
romper	**roto**	*suponer*	**supuesto**
soltar	**suelto**	*sobreponer*	**sobrepuesto**
volver	**vuelto**	*componer*	**compuesto**
envolver	**envuelto**	*resolver*	**resuelto**
devolver	**devuelto**		

Simple Subjunctive

Present Subjunctive

To form the present subjunctive, notice that the endings for **-er** and **-ir** verbs are identical.

-ar		**-er** and **-ir**	
-e	*-emos*	*-a*	*-amos*
-es	*-éis*	*-as*	*-áis*
-e	*-en*	*-a*	*-an*

Past (Imperfect) Subjunctive

There are two sets of endings that can be used interchangeably, although there are some regional preferences for one or the other in some cases in the Spanish-speaking world.

-ar (Set 1)		**-er** and **-ir** (Set 1)	
-ara	*-áramos*	*-iera*	*-iéramos*
-aras	*-arais*	*-ieras*	*-ierais*
-ara	*-aran*	*-iera*	*-ieran*

-ar (Set 2)		**-er** and **-ir** (Set 2)	
-ase	*-ásemos*	*-ese*	*-ésemos*
-ases	*-aseis*	*-eses*	*-eseis*
-ase	*-asen*	*-ese*	*esen*

Compound Subjunctive Tenses

To form the present perfect or the pluperfect subjunctive, conjugate the verb **haber** in either the present or the past subjunctive with a past participle (**-ado, -ido**). (See past participles for discussion of irregular past participles.)

haya	*hayamos*	*hubiera o hubiese*	*hubiéramos o hubiésemos*
hayas	*hayais*	*hubieras o hubieses*	*hubieseis o hubieseis*
haya	*hayan*	*hubiera o hubiese*	*hubieran o hubiesen*

2. IRREGULAR VERBS

There are only a dozen or so irregular verbs that you are likely to use on the exam. They are: **caber, dar, decir, estar, hacer, ir, poder, poner, querer, saber, ser, tener, traer, valer, venir, ver.**

CABER

Present Indicative		Present Subjunctive	
quepo	*cabemos*	*quepa*	*quepamos*
cabes	*cabéis*	*quepas*	*quepáis*
cabe	*caben*	*quepa*	*quepan*

Preterite Indicative		Past Subjunctive	
cupe	*cupimos*	*cupiera*	*cupiéramos*
cupiste	*cupisteis*	*cupieras*	*cupierais*
cupo	*cupieron*	*cupiera*	*cupieran*

Imperfect Indicative	
cabía	*cabíamos*
cabías	*cabíais*
cabía	*cabían*

Future Indicative		Conditional Indicative	
cabré	*cabremos*	*cabría*	*cabríamos*
cabrás	*cabréis*	*cabrías*	*cabríais*
cabrá	*cabrán*	*cabría*	*cabrían*

DAR

Present Indicative		Present Subjunctive	
doy	*damos*	*dé*	*demos*
das	*dais*	*des*	*deis*
da	*dan*	*dé*	*den*

Preterite Indicative		Past Subjunctive	
di	*dimos*	*diera*	*diéramos*
diste	*disteis*	*dieras*	*dierais*
dio	*dieron*	*diera*	*dieran*

Imperfect Indicative	
daba	*dábamos*
dabas	*dabais*
daba	*daban*

Future Indicative		Conditional Indicative	
daré	*daremos*	*daría*	*daríamos*
darás	*daréis*	*darías*	*daríais*
dará	*darán*	*daría*	*darían*

DECIR

Present Indicative		Present Subjunctive	
digo	decimos	*diga*	digamos
dices	*decís*	*digas*	*digáis*
dice	*dicen*	*diga*	*digan*

Preterite Indicative		Past Subjunctive	
dije	*dijimos*	*dijera*	*dijéramos*
dijiste	*dijisteis*	*dijeras*	*dijerais*
dijo	*dijeron*	*dijera*	*dijeran*

(The imperfect indicative is regular.)

Future Indicative		Conditional Indicative	
diré	*diremos*	*diría*	*diríamos*
dirás	*diréis*	*dirías*	*diríais*
dirá	*dirán*	*diría*	*dirían*

ESTAR

(The verb **andar** is conjugated the same as the verb **estar** in the preterite.)

Present Indicative		Present Subjunctive	
estoy	*estamos*	*esté*	*estemos*
estás	*estáis*	*estés*	*estéis*
está	*están*	*esté*	*estén*

Preterite Indicative		Past Subjunctive	
estuve	*estuvimos*	*estuviera*	*estuviéramos*
estuviste	*estuvisteis*	*estuvieras*	*estuvierais*
estuvo	*estuvieron*	*estuviera*	*estuvieran*

Imperfect Indicative

estaba	*estábamos*
estabas	*estabais*
estaba	*estabam*

(The future and conditional forms of this verb are regular.)

HACER

Present Indicative		Present Subjunctive	
hago	*hacemos*	*haga*	*hagamos*
haces	*hacéis*	*hagas*	*hagáis*
hace	*hacen*	*haga*	*hagan*

Preterite Indicative		Past Subjunctive	
hice	*hicimos*	*hiciera*	*hiciéramos*
hiciste	*hicisteis*	*hicieras*	*hicierais*
hizo	*hicieron*	*hiciera*	*hicieran*

(The imperfect forms of this verb are regular.)

Future Indicative		Conditional	
haré	*haremos*	*haría*	*haríamos*
harás	*haréis*	*harías*	*haríais*
hará	*harán*	*haría*	*harían*

IR

Present Indicative		Present Subjunctive	
voy	*vamos*	*vaya*	*vayamos*
vas	*vais*	*vayas*	*vayáis*
va	*van*	*vaya*	*vayan*

Preterite Indicative		Past Subjunctive	
fui	*fuimos*	*fuera*	*fuéramos*
fuiste	*fuisteis*	*fueras*	*fuerais*
fue	*fueron*	*fuera*	*fueran*

Imperfect Indicative

iba	*íbamos*
ibas	*ibais*
iba	*iban*

(The future and conditional forms of this verb are regular.)

OÍR

Present Indicative		Present Subjunctive	
oigo	*oímos*	*oiga*	*oigamos*
oyes	*oís*	*oigas*	*oigáis*
oye	*oyen*	*oiga*	*oigan*

Preterite Indicative		Past Subjunctive	
oí	*oímos*	*oyera*	*oyéramos*
oíste	*oísteis*	*oyeras*	*oyerais*
oyó	*oyeron*	*oyera*	*oyeran*

(Whenever the verb ending contains an unstressed **i** in the ending after a vowel in the stem, as in the third person singular and plural of the second and third conjugation infinitives, (**-ió**), the **i** is changed to **y**. This happens with the verbs **creer, poseer,** and **leer** in the preterit: **creyó, leyó**. Notice that this will not happen with verbs that end with **-ar** because there is no **i** in the third person singular or plural preterit endings.

(The imperfect, future, and conditional forms of this verb are regular.)

PODER

Present Indicative		Present Subjunctive	
puedo	*podemos*	*pueda*	*podamos*
puedes	*podéis*	*puedas*	*podáis*
puede	*pueden*	*pueda*	*puedan*

Preterite Indicative		Past Subjunctive	
pude	*pudimos*	*pudiera*	*pudiéramos*
pudiste	*pudisteis*	*pudieras*	*pudierais*
pudo	*pudieron*	*pudiera*	*pudieran*

(The imperfect forms for this verb are regular.)

Future		Conditional	
podré	*podremos*	*podría*	*podríamos*
podrás	*podréis*	*podrías*	*podríais*
podrá	*podrán*	*podría*	*podrían*

PONER

Present Indicative		Present Subjunctive	
pongo	*ponemos*	*ponga*	*pongamos*
pones	*ponéis*	*pongas*	*pongáis*
pone	*ponen*	*ponga*	*pongan*

Preterite Indicative		Past Subjunctive	
puse	*pusimos*	*pusiera*	*pusiéramos*
pusiste	*pusisteis*	*pusieras*	*pusierais*
puso	*pusieron*	*pusiera*	*pusieran*

(The imperfect forms of this verb are regular.)

Future		Conditional	
pondré	*pondremos*	*pondría*	*pondríamos*
pondrás	*pondréis*	*pondrías*	*pondríais*
pondrá	*pondrán*	*pondría*	*pondrían*

QUERER

Present Indicative		Present Subjunctive	
quiero	*queremos*	*quiera*	*queramos*
quieres	*queréis*	*quieras*	*queráis*
quiere	*quieren*	*quiera*	*quieran*

Preterite Indicative		Past Subjunctive	
quise	*quisimos*	*quisiera*	*quisiéramos*
quisiste	*quisisteis*	*quisieras*	*quisierais*
quiso	*quisieron*	*quisiera*	*quisieran*

(The imperfect forms of this verb are regular.)

Future Indicative		Conditional Indicative	
querré	*querremos*	*querría*	*querríamos*
querrás	*querréis*	*querrías*	*querríais*
querrá	*querrán*	*querría*	*querrían*

SABER

Present Indicative		Present Subjunctive	
sé	*sabemos*	*sepa*	*sepamos*
sabes	*sabéis*	*sepas*	*sepáis*
sabe	*saben*	*sepa*	*sepan*

Preterite Indicative		Past Subjunctive	
supe	*supimos*	*supiera*	*supiéramos*
supiste	*supisteis*	*supieras*	*supierais*
supo	*supieron*	*supiera*	*supieran*

(The imperfect indicative forms of this verb are regular.)

Future Indicative		Conditional Indicative	
sabré	*sabremos*	*sabría*	*sabríamos*
sabrás	*sabréis*	*sabrías*	*sabríais*
sabrá	*sabrán*	*sabría*	*sabran*

SER

Present Indicative		Present Subjunctive	
soy	*somos*	*sea*	*seamos*
eres	*sois*	*seas*	*seáis*
es	*son*	*sea*	*sean*

Preterite Indicative		Past Subjunctive	
fui	*fuimos*	*fuera*	*fuéramos*
fuiste	*fuisteis*	*fueras*	*fuerais*
fue	*fueron*	*fuera*	*fueran*

Imperfect Indicative	
era	*éramos*
eras	*erais*
era	*eran*

(The future and conditional forms of this verb are regular.)

TENER

Present Indicative		Present Subjunctive	
tengo	*tenemos*	*tenga*	*tengamos*
tienes	*tenéis*	*tengas*	*tengáis*
tiene	*tienen*	*tenga*	*tengan*

Preterite Indicative		Past Subjunctive	
tuve	*tuvimos*	*tuviera*	*tuviéramos*
tuviste	*tuvisteis*	*tuvieras*	*tuvierais*
tuvo	*tuvieron*	*tuviera*	*tuvieran*

(The imperfect forms of this verb are regular.)

Future Indicative		Conditional Subjunctive	
tendré	*tendremos*	*tendría*	*tendramos*
tendrás	*tendréis*	*tendrías*	*tendríais*
tendrá	*tendrán*	*tendría*	*tendrían*

TRAER

Present Indicative		Present Subjunctive	
traigo	*traemos*	*traiga*	*traigamos*
traes	*traéis*	*traigas*	*traigáis*
trae	*traen*	*traiga*	*traigan*

VALER

Present Indicative		Present Subjunctive	
valgo	*valemos*	*valga*	*valgamos*
vales	*valéis*	*valgas*	*valgáis*
vale	*valen*	*valga*	*valgan*

Preterite Indicative		Past Subjunctive	
valí	*valimos*	*valiera*	*valiéramos*
valiste	*valisteis*	*valieras*	*valierais*
valió	*valieron*	*valiera*	*valieran*

(The imperfect forms of this verb are regular.)

Future Indicative		Conditional Indicative	
valdré	*valdremos*	*valdría*	*valdríamos*
valdrás	*valdréis*	*valdrías*	*valdríais*
valdrá	*valdrán*	*valdría*	*valdría*

VENIR

Present Indicative		Present Subjunctive	
vengo	*venimos*	*venga*	*vengamos*
vienes	*venís*	*vengas*	*vengáis*
viene	*vienen*	*venga*	*vengan*

Preterite Indicative		Past Subjunctive	
vine	*vinimos*	*viniera*	*viniéramos*
viniste	*vinisteis*	*vinieras*	*vinierais*
vino	*vinieron*	*viniera*	*vinieran*

(The imperfect forms of this verb are regular.)

Future Indicative		Conditional Indicative	
vendré	*vendremos*	*vendría*	*vendríamos*
vendrás	*vendréis*	*vendrías*	*vendríais*
vendrá	*vendrán*	*vendría*	*vendrían*

VER

Present Indicative		Present Subjunctive	
veo	*vemos*	*vea*	*veamos*
ves	*veis*	*veas*	*veáis*
ve	*ven*	*vea*	*vean*

Preterite Indicative		Past Subjunctive	
vi	*vimos*	*viera*	*viéramos*
viste	*visteis*	*vieras*	*vierais*
vio	*vieron*	*viera*	*vieran*

Imperfect Indicative	
veía	*veíamos*
veías	*veíais*
veía	*veían*

(The future and conditional indicative forms of this verb are regular.)

3. STEM CHANGING VERBS

Verbs whose conjugated forms have a change in the stem (the radical) of the verb can be classified as follows: Class I, Class II, or Class III.

CLASS I

All of the verbs in Class I are **-ar** and **-er** infinitives. These verbs have a change **only** in the **present tense.** The change is from **e** to **ie** and **o** to **ue** in the first, second, and third persons singular and the third person plural. It does not have a change in the first and second person plural because the stress in on the ending of the verb form, not on the stem of the verb. An example of these two changes is:

Present Indicative

pensar (ie)		*volver (ue)*	
pie*nso*	*pensamos*	***vue****lvo*	*volvemos*
pie*nsas*	*pensáis*	***vue****lves*	*volvéis*
pie*nsa*	***pie****nsan*	***vue****lve*	***vue****lven*

In the subjunctive forms, all the stem changes occur exactly as they do in the indicative, in all of the same persons and number:

Present Subjunctive

pie*nse*	*pensemos*	***vue****lva*	*volvamos*
pie*nses*	*penséis*	***vue****lvas*	*volváis*
pie*nse*	***pie****nsen*	***vue****lva*	***vue****lvan*

These verbs are indicated in dictionaries with the letters of the change in parentheses after the infinitive. Other verbs of this Class I change are: *sentarse, empezar, encontrar, contar, costar, despertar, atravesar, recomendar, comenzar, entender, volver, envolver, devolver, revolver, perder, defender, rogar, negar, nevar, oler, soltar, mover, mostrar, demostrar, llover, jugar.*

The verb ***oler*** is irregular in the present because an **h** is added to the beginning of the verb:

Present Indicative		Present Subjunctive	
huelo	olemos	**hu**ela	olamos
hueles	oléis	**hu**elas	oláis
huele	**hu**elen	**hu**ela	**hu**elan

The verb is regular in all other tenses and forms.

CLASS II

These stem changing verbs are all third conjugation verbs (they end with **-ir**). These verbs change **e** to **ie** and **o** to **ue** in the same persons and numbers as the Class I verbs (first, second, third and third persons) in the present tense, but also have a change in the preterit forms. The preterit changes are **e** to **i** and **o** to **u** in the third persons singular and plural.

Present Indicative

sentir (ie,i)		*dormir (ue,u)*	
s**ie**nto	sentimos	d**ue**rmo	dormimos
s**ie**ntes	sentís	d**ue**rmes	dormís
s**ie**nte	s**ie**nten	d**ue**rme	d**ue**rmen

Preterit Indicative

sentir (ie,i)		*dormir (ue,u)*	
sentí	sentimos	dormí	dormimos
sentiste	sentisteis	dormiste	dormisteis
s**i**ntió	s**i**ntieron	d**u**rmió	d**u**rmieron

In the present subjunctive the **e** changes to **ie** in the first, second, and third singular and the third plural forms, and changes from **e** to **i** in the first and second persons plural:

Present Subjunctive

sentir (ie,i)		*dormir (ue,u)*	
s**ie**nta	s**i**ntamos	d**ue**rma	d**u**rmamos
s**ie**ntas	s**i**ntáis	d**ue**rmas	d**u**rmáis
s**ie**nta	s**ie**ntan	d**ue**rma	d**ue**rman

In the preterit forms the change occurs in all forms in the past subjunctive:

sentir (ie,i)		*dormir (ue,u)*	
s**i**ntiera	s**i**ntiéramos	d**u**rmiera	d**u**rmiéramos
s**i**ntieras	s**i**ntierais	d**u**rmieras	d**u**rmierais
s**i**ntiera	s**i**ntieran	d**u**rmiera	d**u**rmieran

Morir is the only other Class II verb in which **o** changes to **ue**. Other verbs that are similar to the above verbs are: *divertirse* and *arrepentir.*

The present participles (**-iendo**) will have the change in the stem of the participle, from **e** to **i** and **o** to **u**. For example: *s**i**ntiendo* and *d**u**rmiendo.*

CLASS III

These stem changing verbs all end in **-ir** and change **e** to **i** in the first, second, and third persons singular, and third person plural in the present tense. The change in the preterit is from **e** to **i** in the third persons singular and plural. There are no **o** to **ue** changes.

Present Indicative		Present Subjunctive	
	pedir (i,i)		
pido	*pedimos*	*pida*	*pidamos*
pides	*pedís*	*pidas*	*pidáis*
pide	*piden*	*pida*	*pidan*

Notice the same stem change occurs in all forms of the present subjunctive.

Preterit Indicative		Past Subjunctive	
pedí	*pedimos*	*pidiera*	*pidiéramos*
pediste	*pedisteis*	*pidieras*	*pidierais*
pidió	*pidieron*	*pidiera*	*pidieran*

The same stem change occurs in all forms of the past subjunctive.

Other verbs that are conjugated like *pedir* are: *elegir, pedir (impedir, despedir), servir, vestir, reñir,* and *reír.*

The verb *reír* has the following changes in accent marks because it is a single syllable stem:

Present Indicative		Present Subjunctive	
río	*reímos*	*ría*	*riamos*
ríes	*reís*	*rías*	*riáis*
ríe	*ríen*	*ría*	*rían*

Preterit Indicative		Past Subjunctive	
reí	*reímos*	*rieran*	*riéramos*
reíste	*reísteis*	*rieras*	*rierais*
rió	*rieron*	*riera*	*rieran*

In the above forms notice that *reír* is a stem changing verb, so the stem contains an **i** in the third person singular and plural, and the accent falls in the normal position for the preterit **-ir** conjugations.

The present participles of Class III verbs will have the stem change of **e** to **i**: *pidiendo, riendo.*

4. ORTHOGRAPHIC VERBS

Verbs that have spelling changes because of the sequence of certain consonants, **c, g,** and **z** when followed by certain vowels, are called orthographic verbs.

The vowels **a** and **o** are hard vowels; **e** and **i** are soft vowels. When the letter **c** is followed by a hard vowel, the sound of **c** is the same as **k** in English. (*Sacar* in Spanish is pronounced as if the **c** were a **k**.) When the **c** is followed by a soft vowel the **c** has an **s** sound. (*Conocer* is pronounced as if the **c** were an **s** in the last syllable.) Therefore, wherever the initial vowel of an ending is the opposite of what is found in the infinitive, there are the following spelling changes:

1. **-car** infinitives. Change the **c** to **qu** when the ending begins with an **e** or an **i**:

Buscar
(preterit indicative, first person singular)

busqué	*buscamos*
buscaste	*buscasteis*
buscó	*buscaron*

(Notice that only the first person singular ending begins with the letter **e**, so it is the only one that changes spelling.)

Buscar
(present subjunctive, all forms)

busque	**busquemos**
busques	**busquéis**
busque	**busquen**

(Notice that all of these endings begin with the letter **e** so there is a change in the spelling. Notice also that there is no accent on the first person singular form.)

Some other common verbs that have this change are: *practicar, explicar, tocar, comunicar, ahorcar, abarcar, embarcar, arrancar, atacar, equivocar, provocar, destacar, marcar, ubicar, evocar, sacar,* and *volcar.*

2. -cer infinitives. Add a **z** before the **c**:

Conocer
(present indicative, first person singular only)

*cono**z**co*	*conocemos*
conoces	*conocéis*
conoce	*conocen*

(Notice that all the other endings begin with the letter **e**, which is soft, so no other change is needed.)

Conocer
(present subjunctive, all forms)

*cono**z**ca*	*cono**z**camos*
*cono**z**cas*	*cono**z**cáis*
*cono**z**ca*	*cono**z**can*

(Notice that all of the endings in the subjunctive begin with a hard vowel, so all the forms change.)

Some other common verbs that have these changes are: *parecer, perecer, fallecer, crecer, nacer, merecer, establecer, padecer, obscurecer, anochecer, amanecer, acontecer, aborrecer, apetecer, aparecer, complacer, carecer, desaparecer, empobrecer, enriquecer, embrutecer, enrojecer, entristecer, envejecer, florecer, permanecer, pertenecer, torcer,* and *yacer.*

3. -ducir infinitives:

(In the present indicative, add a **z** before the first person singular indicative.)

Traducir
(present indicative, first person singular)

*tradu**z**co*	*traducimos*
traduces	*traducís*
traduce	*traducen*

(Notice that the first person singular indicative is the only ending that begins with a hard vowel, so it is the only one that adds before **c**.)

Traducir
(present subjunctive, all forms)

*tradu**z**ca*	*tradu**z**camos*
*tradu**z**cas*	*tradu**z**cáis*
*tradu**z**ca*	*tradu**z**can*

(Notice that all the endings begin with the letter **a** so all of the forms add the **z**.) In the preterit change the **c** to **j**:

Traducir
(preterit indicate, all forms)

*tradu**j**e*	*tradu**j**imos*
*tradu**j**iste*	*tradu**j**isteis*
*tradu**j**o*	*tradu**j**eron*

Traducir
(past subjunctive, all forms)

*tradu**j**era*	*tradu**j**éramos*
*tradu**j**eras*	*tradu**j**erais*
*tradu**j**era*	*tradu**j**eran*

Some other common verbs that are conjugated like *traducir* are: *producir, conducir, balbucir, lucir, deducir,* and *reducir.*

The letter **g** has two sounds depending on which letter follows it. When **g** is followed by the letter **a, o,** or **u** (as in *pagar*), it has a hard sound like the **g** in the English word *go.*

When the letter **g** is followed by the letter **e** or **i**, then the sound is soft, as in the English word, *general.*

4. -gar infinitives. Add a **u** before the endings with soft vowels:

Pagar
(first person singular in the preterit only)

*pag**u**é*	*pagamos*
pagaste	*pagasteis*
pagó	*pagaron*

(Notice that the first person is the only ending that begins with the letter **e** in the preterit, so it is the only form that changes in this tense.)

Pagar
(present subjunctive, all forms)

*pag**u**e*	*pag**u**emos*
*pag**u**es*	*pag**u**éis*
*pag**u**e*	*pag**u**en*

(Notice that all of the present subjunctive endings begin with the letter **e** so all the forms add the **u** before the ending.)

Some other common verbs that are conjugated like *pagar* are: *jugar, llegar, rogar, negar, ahogar, investigar, indagar, obligar, abrigar, castigar, interrogar, embriagar, propagar, entregar, cegar, colgar, desasosegar, entregar, fregar,* and *desplegar.*

5. **-ger** infinitives. Change the **g** to **j** before **a** and **o**:

Escoger
(present indicative, first person singular only)

*esco***j***o*	*escogemos*
escoges	*escogéis*
escoge	*escogen*

(Notice that the first singular is the only ending that begins with a hard vowel (**a** or **o**) so it is the only form that changes in the indicative.)

Escoger
(present subjunctive, all forms)

*esco***j***a*	*esco***j***amos*
*esco***j***as*	*esco***j***áis*
*esco***j***a*	*esco***j***an*

(Notice that all forms change because the endings all begin with the letter **a**.)

6. **-gir** infinitives. Change the **g** to **j** before **a** and **o**.

Dirigir
(present indicative, first person singular only)

*diri***j***o*	*dirigimos*
diriges	*dirigís*
dirige	*dirigen*

(Notice that these forms are the same as for the **-ger** ending infinitives for all the same reasons.)

Dirigir
(present subjunctive, all forms)

*diri***j***a*	*diri***j***amos*
*diri***j***as*	*diri***j***áis*
*diri***j***a*	*diri***j***an*

(Notice that these forms are the same as for the **-ger** verbs for all the same reasons.)

Some other common verbs that are conjugated like *dirigir* are: *elegir, mugir,* and *exigir.*

7. **-guir** infinitives. Drop the **u** when the ending begins with a hard vowel:

Seguir
(present indicative, first person singular only)

sigo	*seguimos*
sigues	*seguís*
sigue	*siguen*

(Notice that the first person singular is the only ending that begins with a hard vowel, **o**, so it is the only form with a change.)

Seguir
(present subjunctive, all forms)

*si***ga**	*si***ga***mos*
*si***gas**	*si***gá***is*
*si***ga**	*si***ga***n*

(Notice that all of the subjunctive endings begin with the letter **a**, so the **u** is dropped in all six forms.)

8. -zar infinitives. Change the **z** to **c** before endings that begin with soft vowels:

Empezar
(preterit indicative, first person singular only)

*empe***cé**	*empezamos*
empezaste	*empezasteis*
empezó	*empezaron*

(Notice that the first person singular is the only ending that begins with a soft vowel, **e**.)

Empezar
(present subjunctive, all forms)

*empi***e***ce*	*empe***ce***mos*
*empie***ces**	*empe***céis**
*empie***ce**	*empie***cen**

(Notice that these endings all begin with a soft vowel, **e**, so these forms all change to **c**.)

Some other common verbs that are conjugated like *empezar* are: *analizar, utilizar, comenzar, almorzar, rezar, gozar, avergonzar, cruzar, cazar, destrozar, sollozar, tropezar, esforzar, adelgazar, calzar,* and *reemplazar.*

9. -uir infinitives. Add **y** before the ending when the stem is stressed:

Construir
(present indicative, all forms)

construyo	*construimos*
construyes	*construís*
construye	*construyen*

(Notice that in the first and second persons plural, the first letter of the ending is stressed, so the forms do not add **y**.)

Construir
(present subjunctive, all forms)

*constru***y***a*	*constru***y***amos*
*constru***y***as*	*constru***y***áis*
*constru***y***a*	*constru***y***an*

(Notice that all forms change because the stem for the subjunctive is the first person singular, present indicative.)

Remember that for **-uir** ending infinitives in the preterit indicative, the unstressed **i** is changed to a **y**:

Construir
(preterit indicative)

construí	*construimos*
construiste	*construisteis*
*constru**y**ó*	*constru**y**eron*

Some other common verbs that are conjugated like *construir* are: *destruir, atribuir, influir, distribuir, sustituir, concluir, disminuir, excluir, fluir,* and *instruir.*

The following verbs have changes in the written diacritical marks because of the phonetics:

10. -uar infinitives. Add written accent marks when conjugated in order to retain the stress on the stem of the verb:

Present Indicative

Graduar
(first, second, and third person singular, and third plural)

*grad**ú**o*	*graduamos*
*grad**ú**as*	*graduáis*
*grad**ú**a*	*grad**ú**an*

(Notice that the stress in the first and second person plural forms is on the first letter of the ending, so the accent mark is omitted.)

Present Subjunctive

Graduar
(first, second, and third person singular, and third plural)

gradúe	*graduemos*
*grad**ú**es*	*graduéis*
*grad**ú**e*	*grad**ú**en*

(Notice that these changes are in the same persons and number as the indicative forms.)

11. -guar adds a dieresis over the **u** (**ü**) when the ending begins with an e, in order to keep the hard sound of the letter g that is found in the infinitive:

Preterit Indicative

Averiguar
(first person singular)

*averig**ü**é*	*averiguamos*
averiguaste	*averiguasteis*
averiguó	*averiguaron*

(Notice that only the first person singular ending begins with **e**.)

Present Subjunctive

Averiguar

averigüe	*averigüemos*
averigües	*averigüéis*
averigüe	*averigüen*

(Notice that since all of these endings begin with the letter **e**, that the dieresis is written on the letter **u** to preserve the hard sound of the **g**.)

Other verbs like *averiguar* are: *santiguar* and *apaciguar.*

12. -iar infinitives add an accent on the stem.

Present Indicative

Enviar

envío	*enviamos*
envías	*enviáis*
envía	*envían*

(Notice that these changes occur where the stress should fall on the stem, not on the first letter of the ending.)

Present Subjunctive

Enviar

envíe	*enviemos*
envíes	*enviéis*
envíe	*envíen*

(Notice that the accent is written on in the same forms as in the present indicative.)

Use of the Indicative Mood

The indicative mood is used in main clauses, in simple declarative statements, or questions where no doubt, uncertainty, or contrary-to-fact information is expressed. With the indicative mood, the simple present corresponds to several different meanings in English. For example: *hablo* = I **talk**, I **am talking,** I **do talk, Do** I **talk...?** and **Am** I **talking...?** In the past there are two simple tenses: the imperfect and the preterit. The imperfect is used to describe background information about an event, to describe an action that was going on at some time in the past without regard for when it began and/or ended, an action that was going on when something else happened, habitual action, repetitive action in the past, and for telling time. The preterit tense is used to stress the fact that an event took place in a finite period of time in the past. An action expressed using the preterit is one that is completed, a definite beginning and/or ending to the action is communicated through the selection of the preterit tense. These actions are said to be narrated instead of described. The preterit is also used to relate events or actions in a series in the past. There are five verbs whose meanings are different in the preterit, based on the meaning implied from the selection of the tense. They are:

Conocer: in the preterit *conocer* means *to meet.*
in the imperfect *conocer* means *knew.*

For example:

Yo la conocí en la fiesta. (I met her at the party.)
Yo la conocía antes de la fiesta. (I knew her before the party.)

Querer: in the affirmative preterit *querer* means *to try.*
in the negative preterit *querer* means *to refuse.*
in the imperfect *querer* means *wished* or *wanted.*
For example:

Yo quise llamarte anoche. (I tried to call you last night.)
No quise llamarte otra vez. (I refused to call you again.)
Yo quería llamarte anoche. (I wanted to call you last night.)

Poder: in the preterit *poder* means *managed*, with accomplished action implied.
in the imperfect *poder* means *could.*
For example:

El chico pudo ir a la fiesta. (The boy managed to go to the party.)
El chico podía ir a la fiesta. (The boy was able to go to the party./ The boy could go to the party.)

Saber: in the preterit *saber* means *found out.*
in the imperfect *saber* means *knew.*
For example:

Ayer supe la dirección. (Yesterday I found out the address./ Yesterday I discovered the address.)
Ayer sabía la dirección. (Yesterday I knew the address.)

Tener: in the preterit *tener* means *received.*
in the imperfect *tener* means *had.*
For example:

Ayer tuve una carta. (Yesterday a received a letter.)
Ayer tenía una carta. (Yesterday I had a letter.)

The future is used to express actions that have not yet taken place. This tense is also used to express conjecture (the probability or supposition) that something will happen. This meaning is expressed in English with the phrases such as *I wonder..., What can be...?* and the like.

The conditional tense expresses the same meaning in the past. This tense is frequently expressed by one of the several meanings of the verb *would.* (In English *would* can indicate a variety of other time frames, such as past, or provisional actions.) For example, *He would go when he had the time.*

The conditional tense in Spanish is also used to communicate probability or conjecture in the past. Its meanings correspond to the future of probability, except in the past instead of the present tense.

For example:

¿Qué hora será? (What time can it be?/I wonder what time it is?)
¿Qué hora sería? (What time could it be?/I wonder what time it was?)

The compound tenses are used to refer to a time frame immediately prior to a specified point in time. For example, the present perfect refers to a period of time immediately before the present, as in: *He has done his homework.* The pluperfect and pluscuamperfect (the imperfect and the preterit of *haber* + a past participle respectively) refer to a period of time occurring before a specified point in time in the past.

For example:

Había hecho la tarea cuando sus amigos llegaron. (He had done his work when his friends arrived.)

The future perfect corresponds to a time occurring before another referenced point of time in the future, but after the present.

For example:

Ellos se habrán ido cuando yo llegue. (They will have gone by the time I arrive.) (My arrival will take place in the future, and they will go after that future time when I arrive.)

The Use of the Subjunctive

The conventions for using the subjunctive are changing; they vary according to location and who is using it, so there is a lot of variety in the way the subjunctive is used. The following guidelines for using the subjective are generally accepted as standard, if there is such a thing in Spanish grammar outside of the *Real Academia Española* in Spain.

The subjunctive mood expresses doubt, uncertainty, hypothetical situations, contrary to fact situations, and anything not considered by the speaker to be a fact. The subjunctive mood is used in **dependent** or **subordinate** clauses and some **independent** clauses.

In **independent** clauses the subjunctive is frequently used after *quizás* or *tal vez*, which can introduce either the indicative or the subjunctive, depending on the degree of conjecture or probability the speaker wishes to communicate. After the expression *Ojalá* the present or the past subjunctive is used. Often the past subjunctive is used as a softened request, a polite way to make a request of someone, such as in *¿Quisiera usted ?...* or *¿pudiera usted....?* The subjunctive is used in elliptical statements, clauses that begin with *que...* There are a variety of ways to translate these expressions.

For example:

¡Que se divierta esta noche! (I hope you have a good time tonight.)
¡Que te vaya bien! (May you have a good trip.)
¡Que duermas bien! (Sleep tight. Get a good night's sleep.)

In subordinate clauses the subjunctive usually occurs in noun, adjective, or adverb clauses. As a rule, there is a change of subject; the subject of the verb in the main clause is different from the subject of the verb in the dependent clause. When there is no change of subject, an infinitive functions as the object of the verb.

For example:

Yo quiero leer el libro. (I want to read the book.)
Yo quiero que tú leas el libro. (I want you to read the book.)
Me alegro de estar aquí. (I am glad to be here.)
Me alegro que estés aquí. (I am glad you are here.)

In noun clauses the subjunctive is used when the verb in the main clause expresses a request, a wish, desire, approval, opposition, preference, suggestion, recommendation, advisability, necessity, obligation, or a command. Some common verbs of this type are: *querer, pedir, desear, prohibir, mandar, rogar, permitir, dejar, impedir, sugerir, recomendar, exigir, oponer, requerir, aconsejar, hacer* and *preferir.*

At times *decir* indicates volition (a request), and at other times it expresses facts. When it indicates a request, then the subjunctive is used. The other times, it is followed by the indicative.

For example:

> *Él dice que su hermano viene mañana.* (He says that his brother is coming tomorrow.)
> *Él le dice a su hermano que venga mañana.* (He tells his brother to come tomorrow.)

Notice that when the verb indicates a request, an indirect object pronoun is often used. The English translation of the sentence often uses an infinitive construction instead of the subjunctive.

After verbs that express an emotion, the subjunctive is used in the dependent clause. Some common verbs of this type are: *alegrarse de, estar contento, lamentar, molestar, parecerle extraño, sentir,* and *arrepentir.*

After verbs that express doubt or denial the subjunctive is used. Common verbs of this type are *negar, dudar, no estar seguro,* and *no estar cierto.*

For example:

> *Dudo que vengan.* (I doubt that they are coming.)
> *Niego que lo escriban.* (I deny that they are writing it.)

When the negative of the above verbs is used, however, a certainty is expressed and the indicative is used.

For example:

> *No dudo que vienen.* (I do not doubt that they are coming.)
> *No niego que lo escriben.* (I do not deny that they are writing it.)

After an impersonal expression (the verb *ser* + an adjective), the subjunctive is used. The verb *ser* can be used in any tense, but it is always in the third person singular form, meaning *it is, it was, it will be,* etc.

For example:

> *Será preciso que lean.* (It will be necessary for them to read.)
> *Puede ser que lo tengan.* (It could be that they have it.)

Often an infinitive construction can be used in place of a subordinate clause containing the subjunctive. When the infinitive is used, the verb *ser* is preceded by an indirect object pronoun that is the subject of the verb in the subordinate clause in English.

For example:

> *Les fue imposible asistir.* (It was impossible for them to come.)
> *Fue imposible que asistieran.* (It was impossible for them to come./It was impossible that they come.)

The only impersonal expressions that require the indicative mood are those that express a certainty, such as *es obvio, es evidente, es claro, es seguro, es verdad, es cierto,* and *no cabe duda.* (Remember that the verb *es* can be in any other tense also: *es, fue, era, será sería, ha sido, había sido, habrá sido* and *habría sido,* or even the present participle *siendo necesario.*)

For example:

Es obvio que les gusta leer. (It is obvious that they like to read.)
Fue obvio que les gustaba leer. (It was obvious that they liked to read.)

When any of the above impersonal expressions of certainty are negated, then the subjunctive is used since doubt is then implied.

For example:

No es obvio que les guste leer. (It is not obvious that they like to read.)

In adjective clauses, the subjunctive is used if the antecedent (the noun that the clause modifies) is indefinite, unknown to the speaker, uncertain, hypothetical, or nonexistent.

For example:

Buscan un apartamento que sea barato. (They are looking for an apartment that is inexpensive.)
Buscan un estudiante que pueda traducirlo. (They are looking for a student who can translate it.)
No encontraron ningún estudiante que pudiera leerlo. (They did not find any student who read it.)
No hay nadie que recuerde toda esa historia. (There is no one who remembers all of that story.)

When the antecedent is indefinite, the personal *a* is often omitted. The absence of a personal *a*, then frequently indicates the subjunctive is necessary.

For example:

Buscan un estudiante que sepa de ingeniería eléctrica. (They are looking for a student who knows electrical engineering.)
Buscan al estudiante que sabe de ingeniería eléctrica. (They are looking for the student who knows electrical engineering.)

The construction *por ... que* indicates the subjunctive. The phrase is expressed several ways in English.

For example:

Por rico que sea, no me casaré con él. (No matter how rich he may be, I will not marry him.)
Me quedaré hasta la conclusión, por tarde que sea. (I will stay until the end, however late that may be.)
Por mucho que se quejaran, los estudiantes hicieron el trabajo. (For all the complaining they did, the students still did the work.)

In adverbial clauses the kind of conjunction determines whether the subjunctive is used or not. After the following conjunctions, the subjunctive is always used, regardless of the tenses of the verbs: *para que, con tal que, a menos que, a ser que, a fin de que, antes de que, sin que, a no ser que,* and *en caso de que.* The preposition *de* in most of the above adverbial conjunctions is normally omitted. These conjunctions, except for *antes de que*, introduce clauses of concession, proviso, or purpose.

For example:

El chico hizo la tarea para que pudiera ir a la fiesta. (The boy did the chores so that he could go to the park.)
Ella dijo que vendría con tal que viniera su compañera. (She said she would come provided that her companion came.)
Salieron sin que los viéramos. (They left without our seeing them.)

Notice the variety of ways that the subjunctive is expressed in English, especially the last example where English uses a gerund, and Spanish uses the subjunctive.

Two adverbial conjunctions that take either the subjunctive or the indicative depending on the meaning desired by the speaker are: *de manera que* and *de modo que.* The selection depends on the kind of information that is being communicated.

For example:

El conferenciante habló de manera que todos los delegados lo oyeron. (The speaker spoke so that the delegates understood him./The speaker spoke in such a way that the delegates understood him.) (Whichever the meaning, the delegates understood him.)
El conferenciante hablo de manera que todos los delegados le oyeran. (The speaker spoke in a way that the delegates could understand him.) (It is unknown whether the delegates understood him or not.)

Aunque and *a pesar de que* also can take either the subjunctive or the indicative according to what the speaker wishes to communicate. The selection of the subjunctive expresses uncertainty about the facts in the mind of the speaker, and the indicative expresses the opposite meaning.

For example:

Aunque lloverá mañana, iremos. (Although it will rain tomorrow, we will go.) (The speaker is reasonably certain it will rain.)
Aunque llueva mañana, iremos. (Although it may rain tomorrow, we will go.) (The speaker makes no statement about whether it will rain or not.)

In adverbial clauses of time, the sequence of tenses is especially important. After the following adverbial conjunctions, use the subjunctive if the verbs in the independent clause are in the future (the action has not yet taken place), and the subjunctive in the subordinate clause: *en cuanto, tan pronto como, cuando, después, hasta que, mientras, una vez que.* The subjunctive is used because since these events have not taken place yet, they cannot be considered factual.

For example:

Pídales que se queden hasta que volvamos. (Ask them to remain until we return.)
Te veremos tan pronto como llegues. (We will see you as soon as you get here.)
Lo agradecerá cuando venga. (They will thank him when he comes.)

When the action or event takes place in the past, the indicative is used. When the above sentences, for example, are expressed in the past, notice that the subjunctive is not used, since once the event has occurred, it is a fact, or is perceived as fact by the speaker.

For example:

> *Les pidió que se quedaran hasta que volvimos.* (He asked them to stay until we returned. OR We did return.)

The subjunctive is still used in the dependent noun clause after *pedir*, but after the adverbial conjunction, *hasta que*, the indicative is used.

For example:

> *Te vimos tan pronto como llegaste.* (We saw you as soon as you arrived. OR We saw you return; it is a fact.)
> *Lo agradecí cuando vino.* (I thanked him when he came. OR He came; it is a fact.)

The use of the subjunctive after *si* depends upon the tense of the verb, also, and the construction in which it occurs. After *si,* the present subjunctive is so seldom used that it is not likely to appear on the exam. (The exception would be when *si* means *cuando.*) When the present or future indicative is used, *si* is followed by the present indicative, or future.

For example:

> *Le pago si hace el trabajo.* (I pay him if he works.) (The speaker does not know if he will work or not, but when he works he gets paid.)

Compare this sentence with:

> *Le pagaré cuando trabaje.* (I will pay him when he works.) (I will pay him when he works, but he has not worked yet. I have not paid him yet.)
> *Si hará el trabajo, le pagaré.* (If he will do the work, I will pay him.)

When the sentence structure indicates an *if-then* statement, then the **past** subjunctive is used in the *if* portion of the sentence, or in both clauses. The subjunctive is used in the *if* portion of the sentence because the information expressed in that kind of clause is contrary to fact, which requires the use of the subjunctive.

For example:

> *Le pagaría si trabajara.* (I would pay him if he would work.)

(This sentence structure using the conditional, implies very strongly that he will not work. The information communicated through the use of this grammar is that it is uncertain whether he will work or not. The meaning implied is *if he would work, which he probably would not do,* meaning that his working is contrary to fact.)

In the past perfect (pluperfect and pluscuamperfect), the helping verb *haber* is conjugated in the appropriate tenses.

For example:

> *Le habría pagado si hubiera trabajado.* (I would have paid him if he had worked.)

Look at the following sequence of tenses to help fix in mind the progression from what is perceived as fact by the speaker, to hypothetical statements (*if-then* sentences.)

Si tengo dinero, voy a la fiesta. (If I have money I will go to the party.)
Si he tenido dinero, he ido a la fiesta. (If I have had money, I have gone to the party.)
Si tuviera dinero, iría a la fiesta. (If I had the money, I would go ...)
Si hubiera tenido dinero, habría ido a la fiesta. (If I had had money, I would have gone....)

Another case where the past subjunctive is always used because it expresses contrary to fact information is after the expression *como si*, meaning *as if.* Even in English this structure uses the English equivalent of the subjunctive.
For example:

Les habló como si fueran niñitos. (He spoke to them as if they were children.)
Les habla como si fueran niñitos. (He speaks to them as if they were children.)
Les hablará como si fueran niñitos. (He will speak to them as if they were children.)
Les ha hablado como si fueran niños. (He has spoken to them as if they were children.)
Les había hablado como si hubieran sido niños. (He had spoken to them as if they had been children.)

The other instance in which the subjunctive is used is in imperative sentences—commands.
A command is really a portion of a sentence in which the speaker means *I want that...* or *I order that....* For example, in the following cases, notice how the part of the sentence that is in parentheses actually expresses what is the main clause, followed by the dependent noun clause, with the subjunctive used after the verb that expresses volition.

(Yo quiero que usted) Diga la verdad. (I want that you.......) Tell the truth.
(Yo mando que usted) No revele el secreto. (I order that you.......) Do not reveal the secret.
(Yo exijo que ustedes) Lean el libro. (I require that you......) Read the book.
(Yo pido que nosotros) Aceptemos su oferta. (I request that we........) Accept their offer.

The one difference between the simple declarative sentence that uses the subjunctive in the dependent noun clause, and the imperative sentence is that the location of pronouns is different for imperative sentences.
For example:

Dígamelo. (Tell it to me.)

The pronouns are added to the end of the verb since it is a command form:

(Yo quiero que usted) me lo diga. (I want that you ....) tell it to me.

There is a command form for every person and number except the first person singular. The subjunctive is used for commands in all forms except for the second person singular and plural affirmative commands. The following chart shows which verb form to use for which command.

Second Person, Singular, **Tú**:

Affirmative form: the third person singular **present indicative**
For example:

Entrega (tú) los papeles. (Turn in the papers.)

Negative form: the second person, singular **present subjunctive**
For example:

No entregues (tú) los papeles. (Do not turn in the papers.)

Third Person, Singular, **Usted**:

Affirmative and negative forms: the third person singular, **present subjunctive**
For example:

Entregue Ud. los papeles. (Turn in the papers.)
No entregue Ud. los papeles. (Do not turn in the papers.)

First Person Plural, **Nosotros, Nosotras**:

Affirmative and negative forms: the first person plural, **present subjunctive**
For example:

Entreguemos los papeles. (Let's turn in the papers.)

When the reflexive pronoun, **nos**, is added to affirmative forms, the final *s* of the ending is dropped.
For example:

Sentémonos. (Let's sit down.)

Frequently the expression *Vamos a + infinitive* is used in place of the subjunctive command form. The one exception to this rule for formation of the *nosotros* command is the verb *irse* in the affirmative, which is simply *Vámonos.* (The negative form conforms to the rule: *No nos vayamos.*)

Second Person Plural, **Vosotros, Vosotras**:

Affirmative form: the infinitive with *d* in place of *r* of the infinitive ending
For example:

Entregad los papeles. (Turn in the papers.)

(When the reflexive pronoun is added to the affirmative form, the *d* is not used. Simply take off the *r* from the infinitive and add the pronoun, *os.*
For example:

Acostaos. (Go to bed.)

When the infinitive is an **-ir** verb, an accent is written over the **i** of the infinitive ending when the pronoun is attached.

For example:

Servíos. (Serve yourselves.)

The exception to this rule is the verb *ir*, whose second person plural form, affirmative, is **Idos.**)

Negative form: the second person plural of the **present subjunctive**

For example:

No entreguéis los papeles. (Do not turn in the papers.)

Third Person Plural, **Ustedes:**

Affirmative and negative forms: the third person, plural, **present subjunctive**

For example:

Entreguen Uds. los papeles. (Turn in the papers.)
No entreguen Uds. los papeles. (Do not turn in the papers.)

All of the above mentioned forms are for regular, stem changing, and spelling change verbs. There are, however, different forms for some irregular verbs.

For the second person singular irregular verbs, the affirmative and negative forms are:

Infinitive	Affirmative	Negative
decir	*di*	*no digas*
hacer	*haz*	*no hagas*
ir	*vé*	*no vayas*
poner	*pon*	*no pongas*
salir	*sal*	*no salgas*
ser	*sé*	*no seas*
tener	*ten*	*no tengas*
valer	*val*	*no valgas*
venir	*ven*	*no vengas*

For the third person singular and plural commands, the irregular forms are derived from the first person, singular, present indicative. That means that the only forms that cannot be determined from the present tense are those irregular first person singular forms that end in **-oy**. The irregular third person forms for these kinds of verbs are:

dar	*doy*	*dé usted, den ustedes*
estar	*estoy*	*esté usted, estén ustedes*
ir	*voy*	*vaya usted, vayan ustedes*
saber	*sé*	*sepa usted, sepan ustedes*
ser	*soy*	*sea usted, sean ustedes*

THE PAST PARTICIPLE

When the past participle functions verbally, the ending is invariable; it always ends in **-o**. It will always follow the verb *haber* when it functions as a part of a verbal form. When the past participle functions as an adjective, however, after the verbs *ser, estar*, or any other verb, then the ending must agree in gender and in number with the noun to which it refers.

Some verbs have irregular past participles. They are:

abrir	*abierto*
cubrir	*cubierto*
decir	*dicho*
escribir	*escrito*
hacer	*hecho*
imprimir	*impreso*
morir	*muerto*
poner	*puesto*
soler	*suelto*
ver	*visto*
volver	*vuelto*

Any of the compound forms of these verbs will take an irregular past participle form, such as *descubrir, desdecir, predecir, describir, deshacer, proponer, componer, satisfacer, devolver, envolver, revolver, prever,* etc.

Past participles also commonly function as absolutes. This use is found mainly in written language.

For example:

> *Determinada la ruta que había de seguir, salieron.* (Having decided on the route they were to follow, they left.)

In conversation the past participle can follow the verb *tener* to indicate that something is done.

For example:

> *Tengo hecha la tarea para mañana.* (I have the chores for tomorrow done.)

The Passive Voice

The structure of the passive voice is almost a formula. The agent in the true passive voice is either expressed or strongly implied. Sometimes the difference between the selection of the true passive and the substitute for the passive depends on what the speaker wishes to emphasize—either the fact that the act was done **by** someone, or some aspect of the action itself.

The structure for the true passive is:

> TO BE + PAST PARTICIPLE + POR + THE AGENT

For example:

> *La tienda fue cerrada por el gerente.* (The store was closed by the manager.)

The agent is the person acting upon the subject; the agent does the action.

Notice that in Spanish the object comes before the verb. Also notice that the past participle agrees in gender and number with the noun to which it refers: ***la tienda*** is the antecedent for ***cerrada.***

When the agent is not emphasized, or when the subject is a nonspecific subject (often expressed as *one, they,* or *you* in English), it is possible to use the pronoun **se** and the third person singular or plural of the verb instead of the true passive construction.

For example:

> *Se cierran las tiendas a las cinco.* (The stores are closed at five o'clock. or They close the stores at five o'clock.)

Another way to express this in Spanish is with the third person plural.

For example:

> *Dicen que el español es fácil.* (They say that Spanish is easy.)
> *Se dice que el español es fácil.* (They say that Spanish is easy. OR It is said that Spanish is easy.)

This construction is not to be confused with the use of the past participle with the verb *estar,* which indicates resultant action. In this case the past participle also agrees in gender and number with the noun it modifies.

For example:

> *La tienda estaba cerrada cuando llegué y tuve que volver a casa.* (The store was closed when I arrived and I had to return home.)

Present Participles

When the present participle is used as an adverb in Spanish, it is called a *gerundio.* The term has not been used in this book to avoid any confusion about what precisely is meant by a *gerundio,* or a present participle. Remember that in English a gerund is a present participle that functions as a noun. (For example: Running is good for your health.) Remember that in Spanish the present participle, or *gerundio,* can never function as a noun. In its place an infinitive is used. (*El correr es muy saludable.*) The present participle is formed by removing the infinitive ending and adding **-ando** for **-ar** verbs and **-iendo** for **-er** and **-ir** verbs. For verbs that end in **-er** or **-ir**, the **i** changes to **y** when the unstressed **i** comes between two other vowels.

For example:

leer	*leyendo*
creer	*creyendo*
construir	*construyendo*
traer	*trayendo*
ir	*yendo*

Class II and III stem changing verbs have a change in the stem in the present participle. These verbs will change the **e** or **u** to an **i** or **u,** respectively.

For example:

dormir	*durmiendo*
morir	*muriendo*
sentir	*sintiendo*
reír	*riendo*
vestir	*vistiendo*
pedir	*pidiendo*

Verbally, the only use of the present participle is as a part of the progressive forms. *Estar* followed by the present participle is the progressive form. (See below.)

When this part of speech functions verbally, the ending in invariable; it always ends in **-o**. The present participle never functions as an adjective (it can never modify a noun). Even when the present participle is used adverbially, it is invariable.

For example:

Estábamos jugando al fútbol ayer. (We were playing soccer yesterday.)

In the adverbial usage, the present participle tells how something is being done.

For example:

El chico salió corriendo porque ya era tarde. (The boy left running because it was already late.)

The present participle frequently follows verbs of perception, such as *oír, ver, percibir, sentirse, mirar, escuchar,* etc. In these cases the word describes more about the verb.

For example:

Oí al gato maullando fuera de la puerta cerrada. (I heard the cat mewing outside the closed door.)

The verbs *continuar* and *seguir* take the present participle normally to complete their meaning.

For example:

Los chicos siguieron cantando dulcemente. (The boys continued singing sweetly.)
Continuamos divirtiéndonos toda la noche. (We continued to have a good time all night.)

At times the present participle can also provide explanatory or parenthetical information.

For example:

Temí que mi hermano, no estando yo presente, cometiera algún disparate. (I feared that my brother, I not being present, would commit some blunder.)
Pasando ayer por el mercado, encontré a mi antigua novia. (Going through the market yesterday, I met my former girlfriend.)

Progressive Forms

The progressive forms are always expressed with *estar + the present participle.*

The verb *estar* is conjugated in any desired tense and the present participles is added. These forms are not used as much in Spanish normally as they are in English because the simple tenses in Spanish are translated into the progressive as one of the meanings. The progressive forms are used to underscore that fact that something is actually in the process of taking place.

For example:

Estoy leyendo este libro en este momento. (I am reading this book at this moment.)
Estaba leyendo cuando entraron los chicos. (He was reading when the children came in.)
Estará volando a la Florida mientras tú manejarás. (He will be flying to Florida while you will be driving.)

The one instance where the Spanish will not use the progressive form where English does is in a time expression using *hacer.* What in English is the present perfect progressive becomes a simple tense in Spanish.

For example:

Hace unos meses que **estudio** *el español.* (I **have been studying** Spanish for a few months.)
Hacía *unos meses que estudiaba el español.* (He **had been studying** Spanish for a few months.)

ADVERBS

Adverbs modify verbs, adjectives, or other adverbs. The ending **-mente** is added to the adjectives that end with **-e** or any consonant.

For example:

general—generalmente
frecuente—frecuentemente

When the adjective ends with **-o**, then the ending **-mente** is added to the feminine form of the adjective.

For example:

rápido—rápidamente

When two adverbs are used together, the first adverb in the feminine form of the word and the ending is added to the second adverb only.

For example:

Los rayos solares del amanecer se abrieron paso lenta y brillantemente al este.

Frequently adverbs are replaced by prepositional phrases.

For example:

generalmente	*por lo general*
cuidadosamente	*con cuidado*
cortésmente	*con cortesía*

Spanish-English Dictionary

A

abajo under, underneath, below, down
  para abajo downward
abandonar to leave, to forsake, to give up, to abandon
abarcar to include, to embrace, to take in
abastecer to supply, to purvey
abatir to throw down, to overthrow
abdicar to abdicate, to leave
la **abeja** bee
ablandarse (el corazón) to soften, to mellow, to relent
abogado lawyer
abolir to abolish
abonar to subscribe to, to pay
abrazar to hug, to embrace
el **abrazo** hug, embrace
abreviar to abbreviate
abrigado sheltered, protected, clothed warmly
el **abrigo** coat, overcoat
  el abrigo de piel fur coat
abrir to open
abrochar to button up, to button down, to buckle up
abrumar to crush, to overwhelm, to oppress
absorber to absorb, to soak up
abuelo, -a grandfather, grandmother
aburrirse to get bored, to become bored
acá y allá here and there
acabar(se) to finish
  acabar con to end with
  acabar de to have just + inf.
acalorado, -a hot, heated
acaramelado, -a caramel covered
acaso perhaps, maybe, by chance
  por si acaso just in case
acatar to respect, to heed
acceder to agree, to consent
el **accidente** accident
la **acción** action
accionar to work, to act
las **acciones** stocks
el **aceite** oil
la **aceituna** olive
acentuar(se) to accentuate
aceptar to accept
la **acequia** irrigation ditch
la **acera** sidewalk, pavement
acercarse to approach, to go near
el **acero** steel
acertar (ie) to ascertain, to be right, to guess
aclarar to clarify
acoger to welcome, to make welcome
acomodado comfortable
acomodar to accommodate
acompañar to accompany
aconsejar to advise
acontecer to happen, to occur, to take place
el **acontecimiento** event, happening
acordarse de to remember
acorralar to enclose, to corner
acostarse to go to bed
acostumbrar to be accustomed to
la **actitud** attitude
la **actividad** activity
la **actuación** action, conduct
actual present, modern
la **actualidad** present time
  en la actualidad at the present moment
actuar to act, to behave
acudir to come
  acudir a to come to, to aid, to heed
el **acuerdo** agreement, understanding
  de acuerdo con, a in accordance with
  de mutuo acuerdo in mutual agreement
  estar de acuerdo con to be in agreement with
  ponerse de acuerdo to bring to an agreement
el **acumulador** battery (car)
acusar to accuse
el **adagio** adage
adaptar to adapt
adelantar to move forward, to progress
¡adelante! Go on! Come in!
  en adelante from now on, henceforth, in the future
adelgazar(se) to get thin, to slim down
además moreover, in addition
  además de besides
adentro inside

adiestrar to train, to instruct, to guide
el **adiós** goodbye
la **adivinanza** riddle, prediction
adivinar to guess, to divine
el **adivino** magician, fortuneteller, sage
admirar to admire
adoctrinar to indoctrinate
adornarse to adorn oneself
el **adorno** ornament, adornment
adosar to lean, to attach
adquirir to acquire
el **advenedizo** upstart
el **advenimiento** coming, arrival, advent
advertencia warning, piece of advice
advertir to advise, to warn
el **afán** hard work, industry, zeal
afectar to affect
el **afecto** affection, fondness
afianzar to guarantee, to strengthen, to reinforce
el **aficionado** amateur
afirmar to affirm
afrontarse to confront, to face up to
las **afueras** outskirts, outside, out-of-doors, suburbs
agacharse to lean over, to bend down, to duck
agarrar to grasp, to seize
agasajar to treat kindly, to regale
el **agente publicitario** publicity agent
agitar to shake, to wave, to excite, to rouse
agitarse to get excited
agobiar to burden
agonizar to agonize
agotarse to become exhausted
agraciado pretty, attractive, graceful
agradable agreeable
agradar to please
agradecer to thank
agregar to add
agrícola farming, agricultural
agruparse to form a group, to crowd together
el **agua** water
hacerse agua la boca to make one's mouth water
el **aguacate** avocado
aguantar to put up with, to stand, to tolerate, to bear
aguardar to wait for, to await
agudo sharp
el **águila** eagle
la **aguja** needle
el **agujero** hole
aguzar to sharpen
ahí there
de ahí from there
el **ahijado** godchild, adopted child
ahogar to drown
ahorcar to hang
ahorrar(se) to save
airoso ventilated, windy, graceful, elegant
aislar to isolate
el **ajedrez** chess
ajeno other people's
el **ajo** garlic
el **ajonjolí** sesame
ajustar to adjust
el **ala** wing
alabar to praise
la **alabanza** praise
el **alambrado** wire netting, wire fencing
el **álamo** poplar tree
alargar to lengthen, to prolong
el alarido howl, yell, shriek
el **alba** dawn
albergar to lodge, to stay
el **alboroto** uproar, disturbance
la **alcachofa** artichoke
el **alcalde** mayor
el **alcance** reach
al alcance de within reach of
tener al alcance to have within reach
la **alcancía** money box, piggy bank
alcanzar to reach, to achieve
alcanzar la felicidad to find happiness
la **alcoba** bedroom
la **aldea** village, town
alegrar to allege, to claim
alegrarse to be happy
la **alegría** happiness
alejado, -a faraway
el **alejamiento** estrangement, removal, absence
alejar(se) de to back away from, distance oneself from
el **alemán** German
alentar to encourage, to inspire
el **alero** eaves (house), fender (of a car)
la **alfarería** pottery, ceramic
el **alfil** bishop (chess)
la **algazara** uproar
algunas cuantas some, few
la **alhaja** jewel, gem, piece of jewelry
la **alhambrada** wire fencing, wire netting

el **aliento** breath
alimentar(se) to nourish
el **alimento** food
aliviar to relieve, to ease, to alleviate
el **alma** soul
el **almacén** department store, shop, warehouse
la **almendra** almond
el **almíbar** syrup (not medicine)
la **almohada** pillow
el **almuerzo** lunch
alojar to house, to lodge, to stay a night
el **alpinismo** mountain climbing
alquilar to rent
el **alquiler** rent
alrededor de around, about, encircling
los **alrededores** the outskirts, the out-of-doors
el **altavoz** speaker
alto high, tall, stop
la **altura** height
aludir to allude
el **alumbrado** light
alumbrar to light, to enlighten
alusivo allusive, referring to
el **alza** rise
el **alzamiento** lifting, raising
alzar to raise, to lift
allá there
  el más allá the beyond
  más allá farther on, beyond
el **ama de casa** housewife
amable pleasant, agreeable
el **amaestrador** tamer
amanecer to get daylight
la **amapola** poppy (flower)
amar to love
amargo bitter
el **amargor**, la **amargura** bitterness
amarillo yellow
amarrar to tie up, to make fast, to moor
la **amatista** amethyst
ambicionar to aspire, to strive for, to seek
ambiental environmental
el **ambiente** environment
  el **medio ambiente** natural environment
ambos both
la **amenaza** threat
amenazar to threaten
la **ametralladora** machine gun
amigable friendly
la **amistad** friendship
amontonarse to add up, to amass
amortizar to amortize, to pay off
amparar to help, to aid
ampliar to enlarge
amplio wide, large
la **ampolleta** hourglass, electric bulb
el **analfabetismo** illiteracy
analizar to analyze
ancho wide
el **anciano** old man
anclar to moor, to anchor
andar to walk
  andar angustiado to worry, to stew about
el **anfiteatro** amphitheater
el **ángulo** angle
la **angustia** anxiety
anhelante yearning, longing
anhelar to long for, to pine for, to yearn for
el **anillo** ring
animar to animate, to encourage
  animarse a to take heart, to regain courage
el **ánimo** spirit, will, heart
el **anochecer** to become night
el **ansia** anxiety, worry
ansioso anxious
anteayer day before yesterday
el **antepasado** ancestor
anterior before, anterior
anticuado antiquated
antiguo old, ancient
antojar(se) to fancy, to feel like
anular to repeal, to revoke, to invalidate
anunciar to announce
el **anuncio** ad, news, announcement
añadir to add to, to increase
el **añil** indigo
el **año** year
  año tras año year after year
antaño long ago
apaciguar to pacify
apagado put out, extinguished
apagar to put out, to turn off
el **aparato** machine
aparecer to appear, to turn up
apartar(se) to depart from, to forsake, to go away a distance
aparte de aside from
apático apathetic, listless
el **apellido** father's name, family name
apenas scarcely
la **apertura** opening, hole
apetecer to appeal to, to look tasty

aplastar to smash
aplaudir to applaud
aplicar(se) to apply oneself
apodar to nickname
apoderarse de to seize, to take power
apolillado moth-eaten
apoltronado idle, lazy
aporrear to hit, to give a beating
la **aportación** contribution
aportar to contribute, to provide
apoyar to support
el **apoyo** support
apreciar(se) to appreciate
aprender to learn
el **aprendiz** apprentice
el **aprendizaje** apprenticeship
aprestarse a to get ready, to make up
apresurar to hurry
apretar to squeeze, to clasp, to bring together
el **apretón** squeeze, difficulty
aprisionar to imprison
aprobar to approve, to pass (a course, a bill)
el **aprovechamiento** benefit, gain, betterment
aprovechar(se) to take advantage of
aproximarse to get close, to go up to, to near
apuntar to aim, to sharpen, to point
apurar(se) to be in a hurry, to hurry
el **apuro** hurry, difficulty
el **árbol** tree
arcano arcane, secret
el **archivo** archive, library
arder to burn
  ardiente burning
el **arecife** reef
la **arena** sand
el **argumento** plot
el **armario** cupboard, wardrobe
la **armonía** harmony
el **arquitecto** architect
la **arquitectura** architecture
la **artesanía** craft, craftwork
el **artículo de fondo** lead article, editorial
arrancar to tear off, to pluck out, to start up
arrastrar to drag, to trail, to pull, to haul
arrebatar to snatch away
arreglar to arrange, to fix
el **arrendamiento** lease
arrepentir(se) to repent, to be sorry
arriba above
arriesgar to risk
arrimar to bring close, to dock
arrodillar(se) to kneel, to kneel down
arrojar to throw, to toss
el **arrozal** rice field
el **ascenso** ascent, raise
asegurar to assure, to insure, to ensure
asemejar to resemble, to seem like
asequible available, obtainable
asesinar to assassinate, to murder, to kill
asiduo industrious, hard working
el **asiento** seat
  asiento delantero back seat (in a car)
  asiento trasero front seat (in a car)
  asiento de ventanilla window seat (on an airplane)
la **asignatura** course
asimilarse to assimilate, to become one of a group
la **asistencia** attendance
asistir to attend (school)
asomar(se) to show up, to appear at
asombroso surprising
asqueroso awful, vile, nasty
asustar to surprise, to scare
atacar to attack
atar to tie, to tie up
atemorizar to terrify
atender to attend to (patients, business)
atenerse to abide, to stick to, to hold
el **aterrizaje** landing (of an airplane)
  el **aterrizaje forzoso** emergency landing
aterrizar to land
el **atleta** athelete
la **atmósfera** atmosphere, environment
atónito astonished, amazed
atormentar to torment
el **atraco** mugging, attack
atraer to attract
atrancar to bar, to block, to clog up
atrapar to catch
atrás behind
atrasar to get behind, to retard
atravesar to cross
atrever(se) to dare, to venture
  atrevimiento daring, boldness
atribuir to attribute to, to ascribe
atropellar to run over
el **auge** peak
aumentar to augment, to increase
aun even
  aun cuando even when
aún still, yet

aunque even though
auscultar to auscultate
la **ausencia** absence
el **auxilio** help
  pedir auxilio to ask for help
avanzar to advance
avergonzar to be ashamed, to shame
averiguar to verify, to check
el **avión** airplane
avisar to advise, to warn, to inform
el **aviso** notice, warning
la **ayuda** help
ayudar to help
el **ayuntamiento** city hall
la **azafata** stewardess
el **azar** chance, accident
azotar to whip, to beat
la **azotea** flat roof, terrace roof
azteca Aztec
el **azúcar** sugar

B

el **bachillerato** diploma
bailar to dance
el **baile** dance
bajar to take down, to come down
  bajar de to take, come down from
bajo short, low
el **baloncesto** basketball
balbucear to stutter, to stammer, to babble
bancario bank *(adj.)*
  giro bancario bank draft
el **banco** bank, park bench
la **bandera** flag
el **banquero** banker
bañar(se) to bathe
la **bañera** bathtub
el **baño** bathroom
barato cheap, inexpensive
la **barbilla** chin
el **barco** ship
  por barco by ship
la **barra** bar, rod, lever, ingot
barrer to sweep
el **barril** barrel
el **barrio** neighborhood, suburb
la **base** base, basis, foundation
basta con suffice with, enough with
bastar to be enough, to suffice
la **basura** trash, garbage
el **batidor** mixer
batir to beat
el **baúl** trunk, chest
bautizar to baptize
el **bautizo** baptism
la **baza** trick (in cards)
la **bebida** drink
la **beca** scholarship
el **bejuco** liana, rattan, reed, vine
Belén Bethlehem
bélico warlike
la **belleza** beauty
el **beneficio** benefit
besar to kiss
la **biblioteca** library
el **bibliotecario** librarian
la **bicicleta** bicycle
los **bienes** goods
  los **bienes muebles** personal property
el **bienestar** well-being
la **bienvenida** welcome
  dar la bienvenida to welcome
  ¡Bienvenido! Welcome!
la **blusa** blouse
la **boca** mouth
  boca abajo face down
  boca arriba face up
el **bocadillo** snack, bite
la **bocina** horn (mechanical)
la **boda** wedding
la **bola** ball
el **boletín de noticias** news bulletin, announcement
el **boleto** ticket
  boleto de ida y vuelta round trip ticket
el **boliche** bowling, small grocery shop
la **bolsa** bag, purse, pocket
el **bolsillo** pocket
la **bomba** bomb
el **bombero** fireman
el **bombín** bowler (hat), derby (hat), bicycle pump
los **bombones** bon bons
bordar to embroider
el **borde** side (of the road), edge
el **borracho** drunk, intoxicated person
el **borrador** eraser
borrar to erase
la **borrasca** storm, squall, flurry
bostezar to yawn
las **botas** boots
el **bote** boat

la **botella** bottle
el **botín** loot, booty
el **botiquín** medicine chest
el **botones** buttons, bellhop
el **brazo** arm
el **bribón** rascal, rogue
brincar to jump
brindar to toast (one's health)
el **brindis** toast
la **brisa** breeze
el **broche** brooch, pin
la **broma** joke
broncear(se) to tan, to get a suntan
brotar to sprout, to bud, to spring up
la **bruma** mist, fog
bruñir to polish, to burnish
bucear to dive
la **buhardilla** attic
el **búho** owl
la **bulla** uproar, noise
el **bulto postal** package
burlarse de to laugh at, to make fun of
el **burócrata** civil servant
buscar to search for, to look for
la **búsqueda** search

C

caber to fit
  no cabe duda there is no doubt
la **cabeza** head
la **cabina de teléfono** telephone booth
el **cabo** cape (land), corporal
  al fin y al cabo at last, finally
el **cacto** cactus
cada each
la **cadena** chain
caer(se) to fall (down)
la **cafetera** coffeepot
la **caja** box
el **cajero** teller (in a bank)
la **cal** lime (mineral)
calabaza gourd
calado soaked
el **calamar** squid
la **calavera** skull
los **calcetines** socks
calmar(se) to calm down, to be quiet
calvo bald
calzar to put on shoes
los **calzoncillos** underpants
la **calle** street
callejero in, of the street
la **cama** bed
la **cámara** chamber
la **Cámara de Diputados** chamber of deputies
el **camarero** waiter
cambiar to change
el **cambio** change
  casa de cambio de moneda foreign money exchange
la **camilla** stretcher, small bed
caminar to walk
la **camisa** shirt
la **campana** bell
el **campesino** farmer
el **campo** countryside, field
el **canal** channel, tunnel
la **canasta** basket
la **cancha** court (for sports), playing field
la **canción** song
la **cantidad** quantity
canoso white-haired, gray-haired
cansarse to get tired
el **cansancio** weariness, fatigue
el, la **cantante** singer
la **caña** cane, reed, rattan
la **caoba** mahogany
capacitado talented, able, capable
el **capital** capital, capital sum
la **capital** capital city
el **capitalista** capitalist
el **capó** hood (of a car)
el **capricho** whim
la **cara** face
  la **cara de pocos amigos** long-faced (irritated)
el **caracol** snail, sea shell
la **cárcel** jail, cell
carecer to be lacking, to need
el **cargador** loader
el **cariño** affection, love
cariñoso affectionate, loving
el **carnaval** carnival
la **carne** meat
  carne de res beef
  carne de ternera veal
  carne de cerdo pork
el **carnet** card
  carnet de identidad identification card
la **carnicería** butcher shop
el **carnicero** butcher
caro expensive

la **carrera** career, race
la **carretera** highway, interstate, road
la **carroza** float (in a parade)
la **carta** letter (mail)
el **cartel** poster
la **cartera** wallet
el **cartero** mailman
la **casa** house
casa de coreos post office
casado married
casar(se) to marry, to get married
la **cascada** cascade, waterfall
la **cáscara** shell (of eggs, nuts), husk, peel (of fruit)
el **casco** helmet
casero pertaining to a household
casi almost
castigar to punish
la **casualidad** chance, occasion
por casualidad by chance
la **catarata** cataract, waterfall
el **catarro** cold (illness)
el **catedrático** tenured professor, endowed chair
el **caucho** rubber
caudal wealth, volume, flow
la **causa** cause
a causa de because of
cautelosamente cautiously, warily
cavilar to wonder
la **cebolla** onion
ceder to transfer to, to give up
las **cejas** eyebrows
celoso jealous
el **cementerio** cemetery
cenar to dine
la **censura** censorship
el **centro** downtown, center
centro comercial commercial center
ceñir to encircle, to surround
cepillar(se) to brush
el **cepillo** brush
cepillo de dientes toothbrush
cerca near
la **cercanía** neighborhood
el **cerdo** pig
el **cerebro** brain
cesar to stop, to cease
la **ciencia** science
ciencia ficción science fiction
el **científico** scientist
cierto sure, certain
la **cifra** figure (numerical)
la **cigarra** cicada, cricket
el **cilindro** cylinder
el **cine** movie theater, movies
la **cinta** tape, ribbon
la **cinturón** waist, belt
la **cifra** figure, number
el **círculo** circle
circular to circulate, to go around, to run
la **cita** appointment, date
la **ciudad** city
el **ciudadano** citizen
las **claras** egg-whites
claro clear
¡Claro que sí! Certainly! Clearly! Surely!
clavar to nail
la **clave** key
el **clavo** nail
el **cliente** client
el **club** club, association
la **cobardía** cowardice
cobrar to charge, to cost
la **cocina** kitchen
cocinar to cook
el **coche** car
coche-cama sleeping car (on a train)
coche-comedor dining car (on a train)
codiciar to covet
el **codo** elbow
el **cojín** cushion
la **col** cabbage
la **cola** tail
hacer cola to wait in line
la **colcha** bedspread
el **colchón** mattress
el **colega** colleague
colgar to hang up
el **colibrí** hummingbird
colocar to place
colorado colored, reddish
la **comadre** kinswoman, friend (female)
la **comarca** region, area
el **comedor** dining room, cafe
el **comentarista** commentator
comenzar to start, to begin
comercial commercial
la **cometa** bite
cometer to commit
cómico comical, funny
la **comida** food, meal

como like, as
¿cómo? what? how?
¡cómo! how!
la **cómoda** wardrobe, dresser
cómodo comfortable
el **compañero** companion, friend
compañero de cuarto roommate
la **compañía** company
compartir to share
el **compatriota** countryman
la **competencia** competition, race, contest
comportar(se) to behave
el **comprador** buyer
comprar to buy, to purchase
ir de compras to go shopping
comprometerse to compromise, to promise
comprometerse a to promise to
la **computadora** (Latin America) computer
comulgar to share, to partake of communion
la **comunidad** community
con with
con tal (de) que provided that
concebir to conceive, to think of
conceder to concede, to give in
concretar to express explicitly
el **concurso** race, competition
conducir to drive, to lead to
el **conductor** driver, leader
el **conejo** rabbit
conejo de Pascua Easter rabbit
confiar to entrust, to trust
conformarse to agree to, to comply, to put up with
confortable comfortable
la **confusión** confusion
congelar to freeze
la **congestión** congestion, cold (illness)
la **conjetura** conjecture
conjugar to conjugate
conjurar to conjure, to evoke
conmemorar commemorate
conocer to know (people), to meet
conseguir to obtain, to get
el **consejo** advice
consentir to agree, to consent
conservador conservative
conservar to preserve
conspirar to conspire
la **constitución** constitution
construir to build, to construct
consultar to consult
el **consultorio** doctor's office, waiting room
el **consumo** consumption, use
contado cash
al contado in cash
el **contador** bookkeeper, accountant
la **contaminación ambiental** environmental pollution
contaminar to contaminate
contagiar to transmit a disease
contar to count, to tell
contemplar to contemplate
contestar to answer, to respond
continuo continuous
a continuación below, following, immediately after
el **contrabajo** double bass (instrument)
el **contrabando** smuggled goods, contraband
el/la **contrabandista** smuggler
contratar to hire
contravenir to infringe
contribuir to contribute
convenir to agree upon, to arrange
convertir to convert
convertirse en to change into
la **convivencia** coexistence
la **convocatoria** examination session
la **copa** drink, small glass
copiar to copy
copioso abundant, plentiful, copious
el **corazón** heart
la **corbata** necktie
la **cordillera** mountain range
el **coro** choir
coronar to crown
el **corredor** runner
corregir to correct
el **correo** mail
oficina de correos post office
correo aéreo air mail
correo ordinario regular mail, surface mail
correo certificado registered mail
correr to run
correr las cortinas to close the curtains
correr las olas to surf
la **correspondencia** mail, correspondence
corresponder to correspond
corriente running
la **corriente** current
cortar to cut
cortés courteous
la **cortesía** courtesy

corto short
la **cosedora** seamstress
coser to sew
la **costa** coast
costar to cost
las **costillas** ribs
costoso costly, dear, expensive
la **costumbre** custom
cotidiano daily, everyday
crecer to grow, to grow up
el **crédito de vivienda (la hipoteca)** mortgage
la **creencia** belief
creer to believe
criar to raise
el **crimen** crime, criminal
el **cristal** glass, windowpane
el **crucero** crossing, cruise
crujir to creak
cruzar to cross
el **cruce de camino** intersection
cuadra city block
cuadro painting
  a cuadros plaid
cual(es) which
  ¿cuál(es)? which one(s)?
cualquier whichever
cuando when
  ¿cuándo? when?
¿cuánto? how many, how much
el **cuarto** room
el **cuello** neck
la **cuenta** bill
  a fin de cuentas all things considered
  cuenta corriente checking account
  cuenta de ahorros savings account
  darse cuenta de to realize
el **cuento** story
el **cuero** leather
el **cuerpo** body
cuesta arriba uphill
cuestionar to question
cuidar(se) de to take care of
cuidado care
culpable guilty
el **cumpleaños** birthday
cumplir to fulfill
  cumplir... años to be ... years old
la **cuota** quota
el **cupón** coupon, ticket
curso course, subject; course, direction flow

CH

el **chaleco** vest
la **chamarra** jacket
chamuscar to singe, to char, to burn
la **chaqueta** jacket
la **charla** chat, talk
charlar to chat
chequear to check on
chillar to scream, to shriek
el **chisme** gossip
la **chispa** spark, glimmer of fire
chisporrotear to sizzle, to crackle
el **chiste** joke
chocar to hit against, to crash
el **chofer** driver
el **chorizo** sausage
chupar to suck

D

dactilar dactyl, referring to a finger
los **dados** dice
dañar(se) to injure, to harm
los **daños** harm, dangers
dar to give
  dar fin a to finish
  dar a luz to give birth
  dar la bienvenida to welcome
  dar una clase to give a class
  dar una paliza to give a beating to
  dar una película to show a movie
  dar una vuelta to turn around
  darse cita con to meet with
  darse cuenta de to realize
  dárselo a to give to
el **dátil** date (fruit)
de of, from, by
  ¿de dónde? from where
deber ought to, to owe
débil weak, frail
el **decano** dean
decidir decide
  decidirse a to decide to
decir to say, to tell
  querer decir to mean, to want to say
  es decir that is to say
la **declaración** statement
dedicar to dedicate
  dedicarse a to dedicate oneself to
el **dedo** finger, toe

deducir to deduct
defectuoso defective
defender to defend
dejar to leave, to let, to stop
  dejar de to stop
  dejárselo a to permit, to let
delante de in front of
deleitar to delight, to please
el **deleite** delight, pleasure
el **delfín** dolphin
delirar hallucinate
el **delito** crime
la **demanda** demand, request
demás the rest
  lo, los demás the rest, the others
demonios devils
  ¿dónde demonios? where in the devil?
demorar to delay
  la **demora** delay, layover
demostrar to demonstrate, to show how
el/la **dentista** dentist
el/la **dependiente** clerk
deplorar to deplore
el **deporte** sport
el, la **deportista** sportsman, sportswoman
deportivo sport, sporty, sporting
deprimir to depress
derecho right
  a la derecha to the right
  derechos de aduana duty (customs tax)
derramar to spill
derribar to knock down, to overthrow
derrocar to bring down, to pull down
la **derrota** defeat
derrumbar to tumble down
el **desacuerdo** disagreement
desafiar to defy
desahogar to comfort
desamparado helpless, sad
desanimar to depress, to discourage
desarrollar to develop
desasosegar to unsettle, disturb
el **desasosiego** uneasiness, anxiety, restlessness
desatinar to exasperate, to bewilder
desayunar(se) to have breakfast
el **desayuno** breakfast
descalzo barefooted
descansar to rest, to relax
el **descanso** rest, break
descender to descend, to come down from
descifrar to read, to decode
descolgar to take down
descompuesto broken
descongelar to defrost
describir to describe
el **descuento** discount
descuidar to neglect
desde from, since
desdeñar to disdain, to scorn
desdibujar to blurr, to get blurred
desdichado unhappy, unfortunate
desdoblar to unfold
desear to wish, to want
  es de desear to be hoped
desechable disposable
desembolsar to pay out
desempeñar to carry out, to fulfill, to play a role
el **desempleo** unemployment
el **deseo** wish
el **desfile** parade
desgraciadamente unfortunately
deshabitado uninhabited
deshilar to unravel, to fray
el **desierto** desert
desilusionar to disillusion, to deceive
desinflado flat
la **deslealtad** loyalty
deslizar to slip
desmayarse to faint
el **desmayo** fainting
desnudar to undress
la **desnutrición** malnutrition
desobedecer disobey
el **despacho** office, den
la **despedida** goodbye
despedir to fire
despedirse to say goodbye
despegar to take off
el **despegue** take-off (an airplane)
despejar to clear off
la **despenalización** legalization
despeñar to hurl, to throw
despertar to awaken
  despertarse to wake up
desplegar to spread out, to fan out, to unfurl
desplomar to topple over, to collapse
desprender to turn off
desproveer to deprive
destacar to stand out
destapar to uncover, to uncork
desteñido discolored

el **destinatario** addressee
el **destornillador** screwdriver
destrozar to destroy
destruir to destroy
el **desván** attic
desvelarse to stay awake
la **desventaja** disadvantage
desvestir(se) to undress, to get rid of
el **detalle** detail
detenerse to stop
determinado certain, determined
detrás de behind
devolver to give back, to return
el **día** day
el **diablo** devil
el **diagnóstico** diagnosis
el **diario** newspaper
diariamente daily
dibujar to draw
el **dibujo** drawing
  dibujos animados comic strip
la **dictadura** dictatorship
dictar to dictate, to give
  dictar una conferencia to give a lecture
el **diente** tooth
difícil difficult
difundir to difuse, to divulge
dilatar to expand
el **dilema** dilemma
diligencia diligence, speed, dispatch
diminuto small
el **diputado** deputy, representative
la **dirección** address
dirigir(se) to go toward, to direct toward
la **discoteca** discotheque
discriminado discriminated
la **disculpa** excuse, apology, plea
el **discurso** speech, discussion
el **diseño** design
el **disfraz** mask, disguise
disfrazar to mask, to cover up
disfrutar to enjoy
disimular to hide, to conceal
disminuir to diminish, to lessen
disparar to shoot, to fire a weapon
dispersar to disperse, to spread out
disponer to make available
la **disponibilidad** availability
disponible available, disposable
la **disposición** arrangement, provision, disposal
dispuesto a available for
la **disputa** dispute, argument
distinto different
distrito district
la **diversión** diversion, entertainment
divertido funny, enjoyable
divertirse to have fun, to enjoy
divisar to see, to glance, to make out
divorciado divorced
el **divorcio** divorce
divulgar to divulge, to reveal
doblar to fold over, to turn
doble double
  habitación doble double room
la **docena** dozen
la **doctrina** doctrine
el **documental** documentary
doler to hurt, to ache
el **dolor** ache, pain
doloroso painful
el **domicilio** house
el **dominó** dominoes
la **doncella a caballo** horseback girl
donde where
  ¿dónde? where?
  ¿adónde? to where?
dorado golden
dormir to sleep
  dormirse to go to sleep
el **dormitorio** bedroom
la **droga** drug
la **ducha** shower
ducharse to take a shower
el **dueño** owner
el **dulce** sweet
los **dulces** candy
durar to last

E

echar to throw, to toss
  echar al buzón to mail
la **edad** age
el **educador** educator, teacher
el **efectivo** cash
el **efecto** effect
efectuar to effect, to perform, to carry out
eficaz efficient, effective
egresar to leave, to exit, to graduate
el **eje** axis, axle
ejecutar to execute, to accomplish
el **ejecutivo** executive
el **ejemplo** example

el **ejercicio** exercise
el **ejército** army
elaborar to elaborate, to embellish, to work out
elegir to elect
elogiar to praise
embarazada pregnant
embarcar to set out, to set sail, to get on board
el **embotellamiento** bottleneck, traffic jam
la **emoción** emotion
empapar(se) to soak, to get wet
empeñarse en to commit, to begin, to get involved
empezar to begin, to start
el **empleado** employee
el **empleo** work, job
emprender to begin
la **empresa** company
empujar to push
el **enamorado** lover
enamorarse de to fall in love with
encadenar to chain, to shackle, to link up
encajar to join, to insert, to fit
encantado delighted
encantar to delight, to enchant
encarar to face
el **encarcelamiento** jail, imprisonment
el **encargado** one responsible for
encargar to take charge of, to be responsible for
encariñarse con to become fond of
encarnar to embody
encender to turn on, to light
encerrar to enclose
encima de over, on top of
encinta pregnant
encomendar to entrust
encontrar to find, to meet up with
el **encuentro** meeting
la **encuesta** survey
endosar to endorse
enfadado angry
enfadar(se) to get angry
enfermar(se) to get sick
la **enfermedad** illness, sickness
la **enfermera** nurse
el **enfermo** sick man, patient
enfocar to focus
el **enfoque** focus
enfrentarse to confront
enfriar to chill
engañar to deceive, to cheat
engordar(se) to get fat
engrasar to grease
engreído conceited
engrudar to paste (papers)
enlatar to can, to preserve
enlazar to tie together
enloquecer to go crazy
enojarse to get angry
enriquecer to get rich
ensayar to test, to try out
la **enseñanza** instruction, learning
enseñar to learn, to show
  enseñar a to teach to
el **ensimismamiento** pensiveness, absorption
ensordecedor deafening
ensuciar to get dirty
entablar to begin, to start
entender to understand
enterarse de to learn about
enterrar to bury
entibiar to warm
entonar to intone, to chant
entornar to leave ajar
entrañable dear, beloved
las **entrañas** entrails, insides
entrar (en) to enter
entre between, among
entregar to hand in
entrenarse to train, to practice
entretejer to weave
entretenido entertaining
el **entretenimiento** entertainment
la **entrevista** interview
entusiasmado enthusiastic
enumerar to list, to ennumerate
envasar to can, to preserve
enviar to send
envolver to wrap up
envuelto wrapped, enclosed
enyesado plastered
  estar enyesado in a plaster cast
la **época** age, epoch
equilibrio equilibrium, balance
el **equipaje** equipment, luggage
el **equipo** team
equivocado mistaken
equivocar(se) to mistake
erguir to raise, to lift up
erigir to erect, to build
erizar to bristle
errar to wander, to make mistakes
la **escala** scale, stopover

la **escalera** stairs
escampar to clear up (weather)
escandalizar to scandalize
escapar to escape
el **escaparate** store window
escaso scarce
la **escena** scene
el **escenario** setting
la **escenificación** planning, setting, staging
la **esclavitud** slavery
la **escoba** broom
escoger to choose
los **escombros** rubble
esconder to hide
escribir to write
el **escritor** writer
escudriñar to scrutinize, to look over
esforzarse to make an effort
eslabonar to link together, to connect
la **espada** sword
la **espalda** back
espantoso frightful, scary
los **espárragos** asparagus
la **especialización** specialty
el **espectáculo** show, performance
el **espejo** mirror
la **espera** wait
espesar to thicken
las **espinacas** spinach
el **espíritu** spirit
el **esposo** husband
el **esqueleto** skeleton
la **esquina** corner
establecer to establish
la **estación** season, station
la **estadística** statistic
el **estado** state
  estado civil civil state
estallar to break out, to explode
la **estancia** estate, large landholding
el **estaño** tin
estar to be
  estar dispuesto a to be willing
  estar en onda to be in style
  estar por to be for
estatal of the state
el **este** east
estirar to stretch
el **estómago** stomach
estorbar to bother, to trouble
estornudar to sneeze
la **estrategia** strategy
estrechar to bring together, to make close
estrecho narrow
la **estrella** star
estrellarse to crash
estremecer to shake
estrenar to show (for the first time)
el **estreno** opening night of a show
estricto strict
estropear to damage, to spoil, to ruin
el **estruendo** roar, din
el **estudiante** student
estudiantil student *(adj.)*
estupendo great, fantastic, stupendous
la **etapa** stage
la **etiqueta** label
europeo European
evitar to avoid
el **examen** exam, test
examinar(se) to examine
la **exigencia** need, requirement
exigir to require
el **éxito** success
expender to spend, to circulate
la **experiencia** experience
experimentar to experience, to experiment
explicar to explain
exponer to talk about, to present
extender to extend, to lengthen
extinguir to extinguish
extrañar to miss, to seem strange
extraño strange, odd

F

la **fábrica** factory
fabricar to manufacture, to make
la **fábula** fable
fácil easy
la **facilidad** talent, ability
la **factura** bill, invoice
facturar el equipaje to check baggage, to bill, to invoice
la **facultad** faculty
la **faena** chore, duty
la **falda** skirt, lap
faltar to be lacking, to need
fallar to fail, to give way
fallecer to fail, to die
familiar familiar, familial
el **farmacéutico** druggist
la **farmacia** pharmacy, drugstore

fastidiado tired, worn out, bored
el **fastidio** weariness
fastidiar to wear out, to run ragged
fatigar to get tired
la **fecha** date (time)
felicitar to congratulate
  ¡Felicitaciones! Congratulations!
  ¡Feliz cumpleaños! Happy Birthday!
la **feria** carnival, fair
el **feriado** holiday
el **ferrocarril** railroad
festejar to celebrate
la **festividad** festivity
la **fibra** fiber
la **ficha** token, index card, filing card
el **fichero** file, filing cabinet, record
la **fiebre** fever
la **fiesta** party
figurar(se) to imagine
fijar(se) to notice, to take note of
filmar to film
la **filosofía** philosophy
el **filósofo** philosopher
el **fin** end
  a fines de at the end
  por fin at last
  fin de año end of the year
  fin de semana weekend
financiero financial
la **firma** signature
la **flecha** arrow
flojo slack, loose, weak
la **flor** flower
florecer to flower
fluir to flow
folklórico folk *(adj.)*
los **fondos** funds
la **forma** shape, form
  en forma in shape, in form
la **fórmula** formula
el **formulario** form (for an application)
fortalecer to fortify
la **foto** photo
fracasar to fail
fracturar(se) to fracture, to crack
la **franja** strip, band
franquear to stamp
el **franqueo** postage
la **franqueza** frankness, candor
  con franqueza openly
el **frasco** bottle, vial
la **frazada** blanket
la **frecuencia** frequency
  con frecuencia frequently
el **fregadero** kitchen sink
fregar to rub, to scrub
frenar to brake, to stop
el **freno** brake (on a car)
la **frente** front, forehead
fresco fresh
el **frigorífico** refrigerator
los **frijoles** beans
frotar to rub, to stir
la **fruición** fulfillment, completion
la **frutería** fruitstand
el **fuego** fire
los **fuegos artificiales** fireworks
fuera outside, out-of-doors
fuerte strong
fuerza laboral labor force
fulgir to shine
fumar to smoke
la **función** show, role, function
funcionar to work (a machine), to run (a machine)
el **funcionario** bureaucrat
la **funda** pillowcase
fundar to found, to set up, to establish
fundir to melt, to blend, to found
furioso angry
furtivo furtive, sneaky, sly
fusilar to shoot
el **fútbol** soccer

G

el **gabinete** closet, office, cupboard
gallardo elegant, brave
el **gallo** rooster
la **gana** desire, will
  tener gana de to feel like, to desire
la **ganadería** ranching
el **ganadero** cattle rancher
el **ganado** cattle
las **ganancias** earnings, winnings
ganar to win, to earn
la **ganga** bargain, deal
el **garaje** garage
garantizar to guarantee
la **garganta** throat
la **gasa** gauze
la **gaseosa** carbonated beverage
la **gasolina** gasoline, gas

gastado spent, wasted
gastar to spend, to waste
el **gato** cat
  a gatas on all fours
el **gemelo** twin
el **general** general
  por lo general in general
el **gerente** agent, manager
el **gimnasio** gymnasium
la **gira** tour, trip
girar to spin, to revolve
  girar un cheque to write a check
el **girasol** sunflower
el **globo** balloon, globe
el **gobernador** governor
gobernar to govern
el **golpe** hit, strike
  golpe de estado military takeover
golpear to hit, to strike
el **gorro** cap, hat
la **gota** drop
gotear to drip
gozar de to enjoy
grabar to tape
gracias thanks
gracioso delightful, graceful
graduarse to graduate
el **grafista** graphic artist
el **granjero** rancher
la **grasa** grease, fat
gratis free
gratuito free
la **gravedad** severity, gravity
la **grieta** crack, aperture
el **grillo** cricket
la **gripe** cold (illness)
gritar to shout, to yell
el **grito** shout, yell, scream
gruñir to snarl, to grumble
los **guantes** gloves
el **guardarropa** closet
la **guardería infantil** childcare, nursery
la **guerra** war
el, la **guía** guide
  la **guía telefónica** telephone book
guiñar to wink
el **guión** script
la **guitarra** guitar
gustar to be pleasing to
el **gusto** pleasure, enjoyment
  mucho gusto en conocerle very nice to meet you

H

haber to have (auxiliary verb only)
las **habas** beans
las **habichuelas** beans
hábil able, talented
la **habilidad** talent, skill
la **habitación** room
  habitación doble room for two
  habitación sencilla single room
habitar to live
hablar to speak, to talk
  ¡ni hablar! you don't say!
hacer to do, to make
  hacerse to become
el **hada** fairy
halar to pull
hallar to find, to discover
el **hallazgo** discovery
el **hambre** hunger
  tener hambre to be hungry
harto fed up with, full
  estar harto to be fed up with, to be full
hasta que until
  hasta pronto see you soon
hay there is, there are
  no hay de qué you are welcome
  hay que one must, it is necessary
la **hazaña** exploit, deed
hechizar to entrance, to charm, to cast a spell
el **hecho** fact
  de hecho in fact
el **helado** iced, ice cream
helar to freeze
el **hielo** ice
heredar to inherit
herido injured, hurt
herir to wound, to hurt
hervir to boil
el/la **hermano, -a** brother/sister
la **herramienta** tool
la **hierba** grass
el **hierro** iron
el **hígado** liver
el/la **hijo, -a** son/daughter
  hijo de vecino neighbor child
el **hilo** thread, fiber, strand
el **himno** hymn, anthem
hinchar to swell, to swell up
la **hipoteca** mortgage on a house
hispánico hispanic
hispano hispanic
las **historietas** comics

el **hito** milestone
el **hogar** home
la **hoja** leaf, sheet of paper
la **hojalata** tinplate
hojear to leaf through (pages)
el **hombre** man
el **hombro** shoulder
los **hongos** mushrooms
la **hora** time, hour
¿qué hora es? what time is it?
ya es hora it is time
es hora de it is time to
el **horario** schedule
la **hormiga** ant
hormiguear to swarm, to teem
hornear to bake
el **horno** oven
hospedar to lodge, to stay
hospitalizar to hospitalize
hubo there was, there were
el **hueco** hole, cavity, hollow
la **huelga** strike, work action (labor union)
la **huella** track
el **hueso** bone
el **huésped** guest
el **huevo** egg
huir to flee
humillado humilliated
hundir to sink, to submerge, to collapse
el **huracán** hurricane
hurtar to steal, to cheat, to rob

I

ida going, departure
ida y vuelta round trip
el **idioma** language
el **ídolo** idol
ignorar to be unaware of, to ignore
igual equal
la **igualdad** equality, evenness
la **imagen** image
imaginar(se) to imagine
el **imperio** empire
el **impermeable** raincoat
imponer to impose
importar to matter, to import
importarle a uno to matter to oneself
el **importe** value, cost, total
impresionar to impress, to move
impreso printed *(past participle of* imprimir*)*
el **impreso** printed form
el **impuesto** tax
inca Inca
incauto unwary, gullible
el **incendio** fire
inclinarse to be inclined, to lean toward
inconsciente unconscious, unaware, thoughtless
inconstante fickle, changeable, variable
el **inconveniente** inconvenience
incorporarse to sit up in bed
inculcar to instill, to teach
incurrir to incur
indagar to investigate
la **indagación** investigation
el **indígena** native, indigenous
indignarse to get angry
el **individuo** individual *(n. and adj.)*
indudable undoubtedly
ineludible inescapable
inesperado unexpected
inferir to infer
infestar to infest
el **informe** report
la **informática** data processing
infundir to inspire, to instill
la **ingeniería** engineering
el **ingeniero** engineer
ingresar to enter, to go in, to enroll
los **ingresos** income
iniciar to initiate, to start
inmediato immediately
de inmediato immediately
inmigrar to immigrate
inolvidable unforgetable
inoportuno untimely, unfortunate
la **inquietud** anxiety, restlessness
inscribirse to register, to enroll
insensato foolish, senseless
insolente insolent, disrespectful
insólito unusual, unaccustomed
el **insomnio** insomnia
inspirar to inspire
el **instituto** institute
el **instrumento** instrument
integrar to join
íntegro whole, entire, complete
intentar to attempt, to try
intercalar to insert
intercambiar to exchange
interesarse en to be interested in
el **interés** interest
tasa de interés rate of interest
el **interlocutor** interviewer

internar to enroll, to board, to admit
interponer to put between, to interject
el **intérprete** player, performer
interpretar el papel de to act a part
interrogar to ask, to interrogate
interrumpir to interrupt
intervenir to intervene
introducir to introduce, to stick in
la **inundación** flood
inundar to flood
invertir to invest
involuntario involuntary, reflex
la **inyección** injection, shot
  poner una inyección to give an injection
ir to go
  ir de compras to go shopping
  irse to go away
irritarse to get annoyed
la **isla** island
el **itinerario** itinerary
izquierdo left
  a la izquierda to the left

J

el **jabón** soap
jactarse to brag, to boast
jadear to pant, to breathe hard
el **jamón** ham
el **jarabe** syrup (medicine)
el **jardín** garden
el **jardinero** gardener
la **jaula** cage
el **jefe** boss, chief, leader
la **jornada** day's work, day's journey
  media jornada part-time work
  jornada completa full-time work
la **joya** jewel
la **joyería** jewelry store
jubilarse to retire
judío Jew, Jewish
el **juego** game
el **juez** judge
el **jugador** player
jugar to play
el **juguete** toy
jurar to swear
justificar to justify
justo just, exact, correct, equitable
la **juventud** youth
juzgar to judge

L

el **labio** lip
labrar to carve, to chisel, to farm, to till
lacerar to slash, to scar, to cut
el **ladrón** thief, robber
el **lago** lake
lamentar to lament, to be sorry
lamer to lick
la **lámpara** lamp
la **lana** wool
lanzar (se) to throw, to send up
el **lápiz** pencil
largar (se) to let go, to release
largo long
  a lo largo lengthwise, throughout
  a largo plazo in installments
  larga distancia long distance
la **lástima** pity
lastimar to hurt
la **lata** can (tin can)
el **latido** beat (of heart)
el **lavabo** washbasin
la **lavadora** washing machine
el **lavaplatos** dishwasher
lavar to wash
  lavarse to wash oneself
el **lecho** bed
la **lechuga** lettuce
la **lechuza** owl
la **lectura** reading
la **lengua** language, tongue
  sacar la lengua stick out one's tongue
el **lenguaje** language
lentamente slowly
las **letras** letters (of the alphabet)
el **letrero** sign (on a store, on a wall)
levantar to raise
  levantarse to get up
la **ley** law
la **leyenda** legend
la **liana** vine
liberar to free
la **libertad de expresión** freedom of expression
la **libra** pound
libre free
la **libreta (talonario) de cheques** checkbook
la **licenciatura** degree (educational degree)
la **licuadora** blender
licuar to liquify, to melt
el **líder** leader

la **liebre** hare
la **liga** league
ligar to tie, to bind together
ligeramente lightly
ligero light
el **límite** limit
el **limón** lemon
la **limosna** alms, charity
el **limpiaparabrisas** windshield wiper
limpio clean
la **línea** line
liso smooth, flat, plain
lisonjero flattering, pleasing
la **lista** list
  lista de espera waiting list
  pasar lista to call roll
listo ready, clever, witty
  estar listo to be ready
liviano light, slight
loco crazy
el **lodo** mud
lograr to achieve, to attain
la **lombriz** worm
el **loro** parrot
la **lotería** lottery
lozano lush, luxurious; self-assured
lucir to shine, to appear
luchar to fight
luego then
el **lugar** place, site
el **lujo** luxury
el **lustrabotas** shoeshine boy
lustrar to shine, to polish
el **luto** mourning
la **luz** light

LL

la **llama** flame
la **llamada** call
  llamada equivocada wrong number
llamar to call
  llamarse to call oneself, to be named
el **llano** plain, prairie
la **llanta** inner tube (on a car). Mexico: tire
la **llanura** plains
la **llave** key
la **llegada** arrival
llegar to arrive
llenar to fill
llevar to carry, take
  llevarse bien to get along with
llover to rain
la **llovizna** drizzle
la **lluvia** rain

M

la **madera** wood
la **madre** mother
la **madrugada** dawn
madrugar to get up at the crack of dawn
maduro ripe, mature
la **maestría** mastery, teaching profession
el **mago** magician
el **mal** evil
mal(-o,-a) bad
  mal aliento bad breath
maldecir to curse
la **maleta** suitcase, bag
el **maletín** briefcase
maltratar to mistreat
el **mamífero** mammal
manchar to stain, to spot
mandar to order, to command
el **mando** order, command
mandón bossy, pushy
manejar to drive, to manage
la **manga** sleeve, cuff
el **manglar** mangrove swamp
manifestar to demonstrate, to declare
una **manisfestación** a demonstration
la **mano** hand
la **manta** blanket, spread, cape
mantener to maintain, to keep up
  mantenerse en forma to stay in shape
el **mantenimiento** maintenance
la **manzana** apple, city block
el **mañana** future
  la **mañana** morning
el **mapa** map
maquillar(se) makeup (cosmetics)
la **máquina** machine
  la **máquina de afeitar** electric razor
  la **máquina de escribir** typewriter
el **maratón** marathon, race
la **maravilla** wonder, marvel
maravillar(se) to wonder
la **marca** brand name, trade name
marcar to mark, to dial
marcharse to go away, to set in motion
marear to get seasick
el **mareo** dizziness, seasickness
los **mariachis** Mexican musicians

la **marioneta** marionette
los **mariscos** shellfish
el **martillo** hammer
la **masa** mass, dough
masticar to chew
la **materia** matter, subject matter, material
materia prima raw material
la **maternidad** maternity, motherhood
matinal morning
la **matrícula** registration
el **matrimonio** matrimony, married couple
maya Maya
mayor greater, older
la **mayoría** the majority, the greatest part
la **mayúscula** upper case, capital letters
el **mecánico** mechanical
la **mecedora** rocking chair
el **medicamento** medication, drug, medicine
el **médico** doctor
la **medida** measure
a medida que at the same time as
medio en broma half in jest
los **medios** means, methods
medios de comunicación means of communication
medir to measure
la **mejilla** cheek
mejor better
a lo mejor perhaps, maybe
mejorar to get better
el **mendigo** beggar
menester necessary
menor younger
menor de edad underage
el **mensaje** message
mensual monthly
menudo small
a menudo often
mero mere, simple
la **mercadería** merchandise, commodity, goods
el **mercado** market
la **mercancía** goods, merchandise
mero mere, simple
el **mes** month
la **mesa** table
el **mestizo** half-caste, mixed breed (half Indian, half Spanish)
la **meta** goal, objective
el **miedo** fear
tener miedo to be afraid
la **miel** honey
mientras (que) while
la **miga** crumb
mimado spoiled
la **mina** mine
el **mineral** mineral
la **minería** mining
minero miner
la **minifalda** miniskirt
mirar to look at
la **misa** mass (church service)
misa de gallo midnight mass
el **misionero** missionary
la **mitad** half
el **mito** myth
la **mochila** backpack, bookbag, knapsack
la **moda** fashion, trend
estar de moda to be in fashion
estar pasado de moda out of date, dated
el **modelo** model
modificar to modify
la **mofeta** skunk
mojar(se) to get wet
moler to grind, to mill
molestar to bother
la **moneda** coin, money, currency
el **monje** monk
el **mono** monkey
la **montaña** mountain
montar to ride
montar a caballo to ride a horse
montar en bicicleta to ride a bicycle
montar en moto to ride a motorcycle
la **moraleja** moral (of a story)
moreno dark-skinned, dark-haired
mortificar to mortify, to embarrass
mosquitero mosquito net
mosquito mosquito
el **mostrador** counter (in a store), showcase
mostrar to show
la **moto(cicleta)** motorcycle
moverse to move
la **muchedumbre** multitude
mudar to change
mudarse to move (change residence)
el **mueble** piece of furniture
los **muebles** furniture
la **muela** molar, tooth
el **muelle** dock, pier
la **muerte** death
el **muerto** dead man
la **mujer** woman

la **muleta** crutch
la **multa** fine
el **mundo** world
la **muñeca** doll, wrist
el **muñeco** puppet, doll
la **música** music
el **músculo** muscle

N

el **Nacimiento** Nativity
el **nacimiento** birth
nada nothing
de nada you are welcome
nadie no one, nobody
las **nalgas** buttocks
la **naranja** orange
el **narcotraficante** drug dealer
el **narcotráfico** drug traffic
la **nariz** nose
narrar to tell, to narrate
la **natación** swimming
natal by birth, natal
ciudad natal native city, city of origin
naufragar to shipwreck
el **náufrago** shipwrecked person
la **náusea** nausea
la **nave** ship
navegar to navigate, to sail
la **Navidad** Christmas
el **necio** fool
nefasto ill-fated, dreadful
negar to deny
negociar to negotiate
los **negocios** business
hombre/mujer de negocios businessman, businesswoman
el **negro** African American, black
nevar to snow
la **nevera** refrigerator
el **neumático** tire (in a car)
ni ... ni neither ... nor
el **nieto** grandson
la **nieve** snow
ningún (-o, -una) none, no one *(adj.)*
no más (México) no more, nothing more
nocivo noxious, harmful
la **noche** night
nocturno evening, nightly
el **norte** north
la **nota** grade, note
la **noticia** news
la **novena** novena (prayer)
el/la **novio, -a** boy/girlfriend
nuevo new
la **nuez** nut
el **número** number

O

obligar to force, to require
obligatorio obligatory, imperative
el **obrero** worker
obtener to get
el **ocaso** sunset
el **océano** ocean
ocultar to hide, to cover up
la **ocupación** job, occupation
ocupado busy
odiar to hate
el **oeste** west
la **oferta** offering, offer
la **oficina** office
el **oficio** vocation, calling, duty, job
ofrecer to offer
el **oído** ear (inner)
ojear to eye, to stare at
el **ojo** eye
la **ola** wave
oler to smell
olfatear to sniff, to smell
el **olor** smell
olvidar to forget
la **olla** pot, cooking vessel, ceramic pot
opinar to think, to have an opinion
opresivo oppressive
optativo choice, alternative
óptico optical
el **orden** order (general)
la **orden** command, order (specific)
el **ordenador** (Spain) computer
la **oreja** ear (external)
el **orgullo** pride
orgulloso proud
la **orilla** shore, bank (of a river)
oscilar to waver, to fluctuate
oscurecer to get dark
el **oso** bear
las **ostras** oysters
otorgar to grant, to authorize, to give

P

el **paciente** patient
padecer to suffer from

pagar to pay
el **pago** pay, wages
el **país** country
el **pájaro** bird
la **palabra** word
la **paliza** thrashing
la **paloma** dove
la **palomita de maíz** popcorn
palpar to touch
la **pampa** region of Argentina
el **pan** bread
  pan de molde soft, thin-crusted bread
la **panadería** bakery
el **panadero** baker
los **pantalones** pants
la **pantalla** screen
la **pantorrilla** calf (of a leg)
el **pañuelo** handkerchief
la **papa, patata** potato
Papá Noel Santa Claus
el **papel** paper, role (in a play)
  papel de Navidad Christmas wrapping paper
  papel higiénico toilet paper
el **paquete** package
el **par** pair
para for, in order to
  ¿para qué? what for?
la **parada** stop (bus)
el **paraguas** umbrella
parar(se) to stop
parecer to seem
  parecerse to resemble, to seem like
la **pared** wall
la **pareja** pair, couple
el **pariente** relative, kin
el **paro** work stoppage, unemployment
parpardear to blink
partidario fan, partisan of
el **partido** party (political); match, game (sport)
el **párrafo** paragraph
el **pasaje** passage
el **pasajero** passenger
pasar to pass, to happen
  pasar lista to call roll
  pasar de moda to go out of style
  pasar por to come/go by
la **Pascua** Easter
pasearse to stroll, to walk
el **paso** step, pace
la **pasta** paste
  pasta dentífrica toothpaste
el **pastel** dessert, pie
la **pastelería** bakery shop
la **pastilla** pill
  pastilla para dormir sleeping pill
el **pastor** shepherd, pastor
la **pata** foot (animals)
la **patente** license
las **patillas** sideburns
el **patinador** skater
la **patria** native land, fatherland
el **patrocinador** sponsor
paulatinamente slowly, little by little
el **pavo** turkey
el **payaso** clown
la **paz** peace
el **peatón** pedestrian
pecar to sin, to err
el **pecho** chest, breast
pedir to ask for, to order
  pedir prestado to borrow
pegar to hit, to strike (a blow)
peinar(se) to comb
pelar to peel
el **peldaño** step (of a stair)
pelear to fight
la **película** film, movie
el **peligro** danger
el **pelo** hair
la **pelota** ball
la **peluquería** barbershop
la **pena** pain, bother
  valer la pena to be worthwhile
  pena de muerte death penalty
el **pendiente** earring, pendant
penetrante penetrating
el **pensamiento** thought
pensar to think
  pensar de to think about, have an opinon
  pensar en to think about, to ponder
  pensar + inf. to intend
peor worse
el **pepino** cucumber
la **pera** pear
el **percance** misfortune
la **percusión** percussion
perder to lose
  perder el vuelo to miss a flight
  perderse to get lost
las **pérdidas** losses
perdurable eternal, everlasting
perdurar to last

la **peregrinación** pilgrimage
el **perfume** perfume
el **periódico** newspaper
el **periodista** reporter (newspaper)
el **periodismo** journalism
el **perjuicio** prejudice, damage
la **permanencia** permanence, stay
permeable permeable
el **permiso** permission
pero but
perseguir to follow, to pursue
el **personaje** character (in a book)
personal personal
perspicuo clear, intelligible
las **pertenencias** possessions
perturbar disturb
pesar to weigh
  a pesar de in spite of
la **pescadería** fishing
el **pescado** fish (out of water)
pescar to fish
el **peso** weight
la **pestaña** eyelash
la **pestilencia** pestilence, plague
la **picadura** sting, bite (of an insect)
picar to bite, to peck at, to pierce
el **pie** foot
  a pie on foot
  de pie standing
la **piedra** rock, stone
la **piel** skin, fur
la **pierna** leg
la **pieza** piece, room
la **píldora** pill
el **piloto** pilot, driver (of a motorcycle)
la **piratería aérea** air piracy
la **piscina** swimming pool
el **piso** floor
la **pista** track
  pista de aterrizaje landing strip
la **placa** license plate
el **placer** pleasure
la **plancha** iron
  a la plancha grilled
planchar to iron
planear to plan
plano flat, even, level
la **planta** plant
la **planta baja** ground floor
plantear to set forth, to expound, to state
la **plata** silver
el **plátano** plantain
platicar to chat, to talk
el **plato** dish
la **playa** beach
la **plaza** public square, marketplace, room
el **plazo** period of time
  comprar a plazos buy in installments
el **pleito** lawsuit, case
pleno full
la **pluma** fountain pen
la **población** population
la **pobreza** poverty
poco few, little
  por poco que if ... at all
  por mucho que however much ...
podar to prune, to trim
poder to be able
podrido rotten
el **policía** police, policeman
  la **mujer policía** policewoman
el **político** politician
la **póliza** policy (insurance)
el **polvo** dust, powder
el **pollo** chicken, chick
poner to put
  poner atención to pay attention
  poner una inyección to give a shot
  poner la mesa to set the table
  ponerse to become
  ponerse en cola to get in line
el **poniente** west
popular popular
el **póquer** poker
por by, through, on behalf of, for
  por fin finally
  por lo menos at least
  por poco barely
  ¿por qué? why?
  por supuesto of course
los **pormenores** details
los **posadas** bullfighting, guesthouse
la **posesión** posession
posponer, postergar to postpone
el **postulante** candidate
postular to postulate, to request
potente powerful, strong
preceder to precede
el **precio** price
precisar to specify
predecir to foretell, to forecast
la **predilección** preference

preferir to prefer
pregonar to shout, to proclaim
la **pregunta** question
  hacer preguntas to ask questions
preguntar to ask, to question
el **prejuicio racial** racial prejudice
premiar to award
la **prenda** pledge, security
  prenda interior underwear
la **prensa** press
preocupar to worry
la **preparación** preparation, training
preparar(se) to get ready
las **preparativos** preparations
presenciar to witness
presentar to present
  presentarse al examen to take an exam
  me gustaría presentarle(te) a ... I would like to present to you...
el **presentimiento** foreboding
presentir to have a premonition
preservar to protect, to preserve
la **presión** pressure
  presión alta high pressure
el **préstamo** loan
prestar to lend
  prestar atención to pay attention
el **presupuesto** budget
prevenir to prevent
prever to foresee
primer (-o, -a) first
el **primo** cousin
el **principio** beginning
  a principios de at the beginning of
la **prisa** rush, hurry
  tener prisa to be in a hurry
probar to try, to test
la **procedencia** origin, source
procedente de coming from
el **procedimiento** method, procedure, proceeding
el **proceso** process
el **producto** product
el **proeza** exploit
el **profesor** teacher, professor
el **programador** computer programmer
el **promedio** middle, average
prometer promise
la **promoción** promotion
pronosticar to foretell
el **pronóstico** prediction, forecast, omen
pronto soon
  tan pronto como as soon as
la **propaganda** propaganda
  la **propaganda comercial** ads, commercials
propagar to propagate, to generate
la **propina** tip, gratuity
propio own, proper
  propiamente dicho strictly speaking
proponer to propose, to suggest
proporcionar to furnish, to provide
el **propósito** purpose
  a propósito by the way
proteger to protect
proveer to provide
la **provisión** provision
provocar to provoke
proyectar to project
el **proyecto** project
la **prueba** test, trial (run)
el **psicólogo** psychologist
la **publicidad** publicity
pudrir to rot
la **puerta** door
el **puesto** position
  el **puesto de periódicos** newsstand
pulir to polish
el **pulmón** lung
pulular to swarm, to infest
pulverizar to smash, to pulverize
la **puntería** aim, marksmanship
el **punto** point
  punto de vista point of view
  a puntillas on tiptoe

Q

que that, than
¿qué? what?
  ¿por qué? why?
  ¿qué tal? how are you?
  ¡qué lata! what a mess!
  ¡qué lástima! what a pity!
  ¡qué lío! what a mess!
  ¡qué tontería! what foolishness!
quebrar to break
quedar to stay, to remain
  quedarse con to be left with
el **quehacer** chore, small task
quejarse to complain
quemar to burn
querer to wish, to want, to love
  querer decir to mean to say

querido dear, beloved
el **queso** cheese
la **quiebra** bankruptcy
quien who, whom
¿quién? who? whom?
la **química** chemistry, chemical
la **quinceañera** girl celebrating her fifteenth birthday
quisiera I would like...
quitar(se) to take off
quizá, quizás perhaps

R

el **racimo** bouquet
la **ración** serving
la/el **radio** radio (set)
la **ráfaga** gust, burst
la **raíz** root
la **rama** branch
el **ramo** bouquet, bunch
la **rana** frog
el **rascacielos** skyscraper
rascar to scratch
rasgar to tear
rasguear to strum (a guitar)
raspar to scrape
el **rastro** trail
la **rata** rat
el **rato** while, time, period
la **raya** line
  a rayas striped (design)
el **rayo** ray, lightning
  rayos equis x-rays
la **rayuela** hopscotch
la **raza** race (of people), ethnic group
la **razón** reason
realizar to fulfill, to accomplish
realmente really, actually, truly
la **rebaja** discount
  en rebaja on sale
rebajar to lower the price, to discount
el **rebozo** shawl
el **recado** message
la **recámara** chamber, dressing room
la **receta** prescription, recipe
recetar to prescribe
rechazar to reject, to refuse
recibir to receive
reciclado recycled
reclamar to demand, to petition
reclutar to recruit, to round up, to conscript
recobrar to recover
recoger to collect, to pick up
  recoger la mesa to clear the table
recompensar to reward, to pay
recordar to remember
recorrer to go around, to tour
el **rector** director
el **recuerdo** memory, token, souvenir
recuperar to recuperate, to get back
la **red** net, network
redactar to edit
reembolsar to repay
reemplazar to replace
referirse a to refer to
reflejar reflect
el **refrán** refrain, saying
el **refugio** refuge
refutar to dispute, to refute
regalar to give as a gift
el **regalo** gift
regañar to quarrel
regar to water
regatear to bargain, to haggle
el **régimen militar** military regime
regir to govern
registrar to register, to record, to search (in an investigation)
el **reglón** ruler (measuring stick)
regocijar to delight, to cheer, to amuse
rehusar to decline, to refuse
relajar to relax
el **relámpago** lightning
releer reread
el **reloj** clock, watch (timepiece)
el **remedio** remedy
  no tener más remedio there is no other way
el **remitente** sender
remitir to send
remontarse to go back to, to date from
rendido exhausted
la **rendija** crack, rip
rendir to exhaust, to tire out
rendirse to surrender
renunciar to renounce, to turn one's back on
reñir to quarrel
el **reo** convicted criminal
reparar to repair
repartir to deliver
repasar to review
repentinamente suddenly
  de repente suddenly

repetir to repeat
repicar las campanas to ring the bells
reprimir to repress
reponer to replace
el **reportaje** report
representar to represent, to play a role
reprobar to condemn
repugnar to repel
requerir to request, to require
el **requisito** requirement
la **resaca** undertow, undercurrent, hangover
resaltar to project, to stand out
resbalar to slip
rescatar to rescue
el **resfriado,** el **resfrío** cold (illness)
  coger un resfriado to catch a cold
resolver to solve
respaldar to back, to endorse
respirar to breathe
resplandecer to shine, to gleam
la **respuesta** answer
restar to subtract
el **resultado** result
resultar to end in, to result in
resumir to summarize
retirar to remove, to draw back, to leave
el **retraso** setback
retratar to portray
retumbar to resound, to thunder
reunir to get together, to unite, to join
la **reunión** meeting
revelar reveal
el **revendedor** reseller
reventar to burst, to give way
revisar to revise
la **revista** magazine
revolver to revolve, to stir
los **Reyes Magos** the Wise Men
rezar to pray
el **riesgo** risk
rifar to raffle
riguroso rigorous, severe
el **rincón** corner
el **riñón** kidney
el **río** river
el **ritmo** rhythm
robar to rob
el **robo** theft
rociar to sprinkle
el **rocío** dew
rodar to film, to roll
rodear to surround
la **rodilla** knee
roer to nibble, to gnaw
rogar to beg
la **romería** pilgrimage
romper to break
la **ropa** clothes, clothing
el **ropero** closet, wardrobe
rozar to rub against, to graze
la **rueda** wheel
el **ruido** noise
el **ruiseñor** nightingale
rumbo a toward, in the direction of
la **ruta** route

S

la **sábana** sheet
saber to know
el **sabor** taste
saborear to taste
sacar to take out
  sacar notas to get grades
sacudir to shake, to tremble
la **sala** room, living room
  sala de espera waiting room
salado salty
el **salario** salary
la **salida** exit
salir leave
salivar to salivate, to drool
salobre brackish, salty
el **salón** room, salon
  salón de actos assembly hall
salpicar to splatter
saltar to jump
el **salto** jump
la **salud** health
saludar to greet
el **salvavidas** life preserver, lifeguard
salvar to save
salvo except
la **sandalia** sandal
la **sandía** watermelon
la **sangre** blood
el **santo** saint
saquear to loot, to rob, to steal
la **sartén** frying pan
la **secadora** clothes dryer
secar to dry
la **sed** thirst
  tener sed to be thirsty

la **seda** silk
la **sede** headquarters
seguir to follow, to keep on
segundo second
la **seguridad** safety, security
seguro sure
estar seguro to be sure
el seguro insurance
seleccionar to choose
el **sello** stamp
la **selva** forest, jungle
el **semáforo** traffic light
la **Semana Santa** Holy Week
sembrar to sow
la **semilla** seed
sencillo simple, plain, one-way ticket or token
habitación sencilla single room
el **sendero** path
sentarse to sit down
el **sentimiento** feeling
sentir to feel, to regret
sentirse mal/bien to feel bad/good
la **sequía** drought
la **señal** the sign
señales del tránsito traffic signs
la **serpiente** snake
el **servicio** service
servir to serve
sigilosamente quietly
el **siglo** century
siguiente following
silbar to whistle
la **silla** chair, seat
la **silla de ruedas** wheelchair
el **sillón** large chair
silvicultura forestry
sin without
sin cesar without end
sin embargo nevertheless
el **sindicato** union
la **sinfonía** symphony
sino rather
el **síntoma** symptom
la **soberanía** sovereignty
sobornar to bribe
sobrar to have left over, to have more than enough
el **sobre** envelope
sobre about, on top of
sobregirar to overdraw an account
sobrepasar to exceed
sobresaltar to startle, to scare
el **sobreviviente** survivor
el, la **socialista** socialist
el **socio** associate, partner
socorro help
pedir socorro to call for help
el **soldado** soldier
soler to be accustomed
el **solicitante** applicant
solicitar un empleo apply for a job
la **solicitud** application
sollozar to sob, to weep
sólo only, just
solo lone, alone
el **soltero** bachelor
someter to put down, to subdue
sonar to ring, to sound
sonreír to smile
soñar to dream
soñar con to dream about
soplado a mano hand-blown
soplar to blow
soportar to tolerate, to stand
sordo deaf
sorprender to surprise
la **sorpresa** surprise
sortear to draw in a lottery, to draw lots
sosegar to calm, to quiet down
sospechoso suspicious
subir to go up
subir a to climb
subrayar to underline, to emphasize
el **subsidio** subsidy, grant, aid
la **subvención** subsidy, grant
suceder to happen, to take place
el **suceso** event, happening
sucio dirty
sucumbir to succumb, to submit
la **sucursal** branch
el **sudor** sweat
la **suegra** mother-in-law
el **sueldo** salary, pay
suele ser it usually is
el **suelo** floor
el **sueño** dream
la **suerte** luck
sufrir to suffer
sugerir to suggest
sumamente extremely, highly

sumar to add (math)
suministrar to supply, to provide, to furnish
superar to overcome, to exceed
suponer to suppose
supuesto supposed
  por supuesto of course
el **sur** south
el **surtido** supply, stock
suspender to fail (a course)
suspirar to sigh
sustituir to substitute

T

el **tablón de anuncios** bulletin board
tacaño miserly, stingy, cheap
el **tacón** heel (of a shoe)
tal such
  ¿qué tal? how are you?
tallado carved
tallar to carve
el **taller** shop, place of business
el **tallo** stem
el **tamaño** size
tampoco neither
el **tanque de gasolina** gas tank
tanto so much, as much
  estar al tanto to be up on
  por lo tanto therefore
  tanto ... como as much ... as
las **tapas** snacks, appetizers
la **taquilla** ticket window
tardar en to be late in ..., to delay
la **tarea** homework, work, chore
la **tarifa** fare
la **tarjeta** card
  tarjeta de crédito credit card
  tarjeta postal postcard
la **tasa de interés** interest rate
la **taza** cup
el **teatro** theater
la **tecnología** technology
tejer to weave
tejido weaving
la **tela** cloth
la **televisión** television
la **telenovela** soap opera
el **televidente** television viewer
el **televisor** television set
el **telón** curtain
el **temor** fear
la **tempestad** storm
la **temporada** season (of sports, weather, events)
tenderse to stretch out
tener to have
  tener lugar to take place
teñir to tint
terminar to end
el **término** end, term
la **ternera** calf (animal)
la **ternura** tenderness, care, love
la **tertulia** gathering, get-together
la **terraza** terrace
el **terremoto** earthquake
el **terreno** land, piece of land
el **tesoro** treasure
el **testigo** witness
el **testigo ocular** eyewitness
tibio tepid, lukewarm
el **tiburón** shark
el **tiempo** time, weather
tieso rigid, stiff
las **tijeras** scissors
la **tina** bathtub
el **tinte** dye, coloring agent
tinto colored
  vino tinto red wine
el/la **tío, -a** uncle/aunt
la **tira** strip
  tira cómica comic strip
la **tirada** throw
tirar to throw, to toss
titular to title
el **título** title
la **toalla** towel
el **tobillo** ankle
tocar to knock, to touch, to play an instrument
todo all, everything
  ante todo before everything else
  sobre todo above all
tomar to take, to have
tomar apuntes to take notes
tomar asiento to take a seat
la **tontería** foolishness
  ¡qué tontería! what stupidity!
el **topacio** topaz
el **torbellino** whirlwind, tornado
torcer to twist, to wring
la **tormenta** storm, tempest
la **torta** cake
la **tortilla** tortilla
  tortilla española Spanish tortilla

la **tortuga** turtle
la **tos** cough
toser to cough
la **tostadora** toaster
el **trabajador** worker
tragar to swallow
el **traje** suit
el **trámite** procedure
la **trampa** trap, trick
tranquilo calm, tranquil
transitar to travel
el **tránsito** traffic, passage
transmitir transmit
transmutar to transmute, to change radically
el **transporte** transportation
el **trapo** rag, piece of cloth
transtrocar to change, to transform
tratar to try, to be about
  tratar con to deal with
  tratar de to try, to attempt
la **travesura** mischief
el **tren** train
el **trigo** wheat
el **tripulante** crew
trotar to jog
el **trueno** thunder
el **tuerto** one-eyed, blind in one eye
la **tumba** tomb, grave
tutear to speak using "tú" verb forms

U

último last
único only, singular
  único hijo only son
uniforme uniform
el **universitario** university student
la **uña** fingernail
la **urraca** crow
útil useful
la **uva** grape

V

la **vaca** cow
vaciar to empty
vacilar to hesitate, to waiver
vagar to wander
la **vajilla de plata** silverware
el **valor** worth
el **valle** valley
el **vaquero** cowboy
los **vaqueros** jeans
la **variedad** variety
el **varón** male
el **vaso** glass (for drinking)
el **vecino** neighbor
el **vehículo** vehicle
velar to stay awake
la **velocidad** speed
velozmente rapidly
la **vena** vein
el **vencimiento** due
  fecha de vencimiento due date (for payment)
venir to come
la **venta** sale
la **ventaja** advantage
la **ventanilla** window (for selling)
el **verano** summer
la **verbena** carnival, fair
verde green
la **verdulería** market for vegetables
la **verdura** greens, vegetables
verificar to verify, authenticate
vespertino evening *(adj.)*
el **vestido** dress
la **vestimenta** clothing, garments
vestirse to get dressed
la **vez** time (in a series)
  otra vez again
  a veces at times
el **viaje** trip
el **viajero** traveler
la **vida** life
la **videocasetera** videorecorder
el **vidrio** glass
el **viento** wind
el **Viernes Santo** Good Friday
vigilar to watch over, to guard
el **villancico** Christmas carol
villanos lowly, common
el **vínculo** tie, bond
el **vino** wine
la **viña** vineyard
virar to veer, to turn, to curve
la **vista** view
  por lo visto apparently
la **viuda** widow
la **vivienda** housing
el **voceador** announcer (shouter, yeller)
vociferar to yell, to scream, to shout
el **volante** steering wheel

volcar to knock over
voltear to swing around, to sling, to turn
la **voluntad** will, volition
volver to return
  volver en sí to come to, to come around
  volverse to become, to go (crazy)
el **voto** vote
la **voz** voice
  voz en cuello shouting
el **vuelo** flight
la **vuelta** return, a spin around
el **vuelto** change (money)

Z

el **zafiro** sapphire
zambullir to plunge, to dip
la **zanahoria** carrot
el **zancudo** mosquito, gnat
el **zapato** shoe
zarpar to sail
la **zona** zone
la **zona postal** zip code
zozobra anxiety
zumbar to buzz
el **zumo** juice

Bibliography

Part Two, Chapter Two (Short Narratives)

Group One

Narrative One. Mikes, George: *Los Norteamericanos en su Salsa.* Translator, Juan G. de Luaces. Buenos Aires: Editorial Borocaba, 1953, p. 123.

Narrative Two. "Vuelven las Mujeres Toreras," *Mundo Hispánico*, Año XXVII, No. 320, noviembre 1974, p. 36.

Group Two

Narrative One. "José Guadalupe Posada," *Américas*, diciembre 1965, pp. 28-35.*

Narrative Two. Kelemen, Pal: "El Arte del Tejido," *Américas*, enero 1967, p. 2.*

Group Three

Narrative One. Regato, J.A. del: "Rebelde sin Odios: Jose Martí," *Américas*, febrero 1967, pp. 29-30.*

Narrative Two. Bareiro Saguier, Rubén: "El Guaraní: Certificado de Patria del Paraguayo," *Américas*, abril 1964, p. 7.*

Group Four

Narrative One. Goff, Charles W.: "Las Huesas de Machu Picchu" (abridged), *Américas*, septiembre 1966, pp. 9-18.*

Narrative Two. Zuleta Alvarez, Enrique: "1967: Año de Ruben Darío. Poeta de América" (abridged), *Américas*, marzo 1967, pp. 10-18.*

Group Five

Narrative One. Ward, Catherine: "La Epopeya del Gaucho," *Américas*, diciembre 1965, p. 8.*

Narrative Two. Stirling, Marion W.: "Los Olmecas" (abridged), *Américas*, diciembre 1969–enero 1970, pp. 3-10.*

Group Six

Narrative One. Macaya, Margarita O. de: "CIM" (abridged), *Américas*, septiembre 1966, pp. 37-41.*

Narrative Two. Zendegui, Guillermo de: "Cuando la Florida Era Española," *Américas*, octubre 1974, pp. 25-33.*

Group Seven

Narrative One. Johnson, Beverly Edna: "Popol Vuh," *Américas*, octubre 1974, pp. 8-10.*

Narrative Two. Zalamea, Luís: "La Quinta de Bolívar," *Américas*, enero 1966, p. 21.*

Group Eight

Narrative One. Cowes, Roberto A.: "El Hallazgo de Cocle," *Américas*, 1966, p. 19.*

Narrative Two. Nicolle, Edgar A.: "Café al Instante," *Américas*, febrero 1975, p. 26.*

Group Nine

Narrative One. Stoetzer, Carlos: "Alejandro von Humboldt," *Américas*, agosto 1972, p. S-19.*

Narrative Two. Gussinyer Alfonso, José: "Salvamiento Arqueológico" (abridged), *Américas*, abril 1971, pp. 15-19.*

Part Two, Chapter Three (Longer Listening Selections)

Narrativa número 1: *Puerta del Sol*, enero 1990, p. 4. Edited by Roger L. Ott. Nashville: Champs-Elysées, Inc.

*Reprinted from *Américas,* a bimonthly magazine published by the General Secretariat of the Organization of American States in English and Spanish.

Narrativa número 2: *Puerta del Sol*, mayo 1990, p. 2. Edited by Roger L. Ott. Nashville: Champs-Elysées, Inc.
Narrativa número 3: *Puerta del Sol*, febrero 1991, p. 5. Edited by Roger L. Ott. Nashville: Champs-Elysées, Inc.
Narrativa número 4: *Puerta del Sol*, diciembre 1989, p.1. Edited by Roger L. Ott. Nashville: Champs-Elysées, Inc.
Narrativa número 5: *Puerta del Sol*, abril 1991, p. 4. Edited by Roger L. Ott. Nashville: Champs-Elysées, Inc.
Entrevista número 1: *Puerta del Sol*, abril 1991, p. 4. Edited by Roger L. Ott. Nashville: Champs-Elysées, Inc.
Entrevista número 2: *Puerta del Sol*, enero 1991, p. 4. Edited by Roger L. Ott. Nashville: Champs-Elysées, Inc.
Entrevista número 3: *Puerta del Sol*, enero 1991, p. 5. Edited by Roger L. Ott. Nashville: Champs-Elysées, Inc.
Entrevista número 4: *Puerta del Sol*, marzo 1990, p. 5. Edited by Roger L. Ott. Nashville: Champs-Elysées, Inc.
Entrevista número 5: *Puerta del Sol*, febrero 1990, p. 5. Edited by Roger L. Ott. Nashville: Champs-Elysées, Inc.
Entrevista número 6: *Puerta del Sol*, marzo 1991, p. 5. Edited by Roger L. Ott. Nashville: Champs-Elysées, Inc.

Part Three, Chapter Four (Vocabulary and Grammatical Structures)

Selección 1. González, Fernando: "Soda Stereo," *El Nuevo Herald*, Miami, 8 de marzo de 1996, p. 11D.
Selección 2. Niurka, Norma: "El Ballet Nacional de España," *El Nuevo Herald*, Miami, viernes 8, 1996, p. 9D.
Selección 3. Waters, Gaby, and Round, Graham: *Crimen en el Vuelo Nocturno,* E. G. Anaya, Madrid, 1986. p. 22.
Selección 4. Haney, Daniel Q.: "El Estrés," *El Nuevo Herald*, Miami, 28 de enero de 1996, p. 9A.
Selección 5. "Manuel Pellegrini Fue Confirmado en la UC," *La Época Internet*, 16 de mayo de 1996, hhtp://www.reuna.cl.
Selección 6. Hervas, Mercedes: "El Propuesto *V-Chip*," *El Periódico*, Barcelona, 19 de diciembre de 1995, p. 61.
Selecicón 7. Alvarez Bravo, Armando: "La Vida Seria de Luis Rodríguez", *El Nuevo Herald*, Miami, 28 de enero de 1996, p. 1-2E.
Selección 8. Rojas, Manuel: "Hijo de Ladrón," Zig-Zag, Santiago, Chile, 1964, p. 101-102.
Selección 9. Díaz-Plaja, Fernando: "El Español y los Siete Pecados Capitales," Alianza Editorial, Madrid, 1986, pp. 95-96.
Selección 10. Rojas, Manuel: "Hijo de Ladrón," Zig-Zag, Santiago, Chile, 1964, p. 103.
Selección 11. Búfalo, Enzo del: "Estado, Sociedad y Pobreza en América Latina,"*Reforma y Democracia*, Centro Latinoamericano de Administración para el Desarrollo, N°5, Caracas, Venezuela, enero de 1996, p. 9-10.
Selección 12. Marías, Julián: "Tercera: ¿Excesiva Originalidad?," ABC, hhtp://www.abc.es, 16 de mayo de 1996.

Part Three, Chapter Six (Reading Strategies)

Selection One. Diáz-Plaja, Fernando: *El Español y los Siete Pecados Capitales*. Madrid: Editorial Alianza, 1986, p. 302.
Selection Two. Paz, Octavio: *Libertad bajo la Palabra*. México: Fondo de Cultura Económica, 1960, p. 159.

Selection Three. Rulfo, Juan: "¡Diles que no me Maten!" in *El Llano en Llamas.* México: Fondo de Cultura Económica, 1953, p. 91.

Selection Four. Reproducido con autorización de ABC de Madrid, domingo 31 de mayo de 1992, p. 81.

Setting and/or Origin

Selection One. Cortázar, Julio: "Reunión" in *Todos los Fuegos el Fuego.* Editorial Sudamericana, 1975, p. 67.

Selection Two. Reproducido con autorización de ABC de Madrid, domingo 31 de mayo de 1992, p. 121.

Selection Three. Matute, Ana María: *Primera Memoria.* Barcelona: Ediciones Destino, 1960, p. 81.

Time

Passage One. Reproducido con autorización de ABC de Madrid, domingo 31 de mayo de 1992, p. 100.

Character, Object Definition and Identification

Passage One. Matute, Ana María: "La Consciencia" in *Historias de Artamila.* Barcelona: Ediciones Destino, 1961, p. 120.

Passage Two. Reproducido con autorización de ABC de Madrid, domingo 31 de mayo de 1992, p. 100.

Purpose and Reason

Passage One. Cortázar, Julio: "La Isla a Mediodía" in *Todos los Fuegos el Fuego.* Editorial Sudamericana, 1975, p. 118.

Passage Two. Fuentes, Carlos: "Chac Mool" in *Los Días Enmascarados.* México: Fondo de Cultura Económica, 1954, p. 16.

Interpretation

Passage One. "Prefectura Naval Argentina," *Información Argentina*, agosto 1973, p. 27.

Passage Two. Matute, Ana María: "El Arbol de Oro" in *Historias de Artamila.* Barcelona, Ediciones Destino, 1961, p. 157.

Parallel Structures

Passage One. Unamuno, Miguel de: "Verdad y Vida" in *Mi Religión y Otros Ensayos.* Madrid: Espasa-Calpe, p. 16. Reprinted by courtesy of the Heirs of Miguel de Unamuno.

Passage Two. Rulfo, Juan. "¡Diles que no me Maten!" in *El Llano en Llamas.* México: Fondo de Cultura Económico, 1953, p. 83.

Tone or Attitude

Passage One. Mikes, George: *Los Norteamericanos en su Salsa.* Buenos Aires: Editorial Borocaba, 1953, p. 51.

Passage Two. Arreola, Juan José: "En Verdad os Digo" in *Confabulario.* México: Joaquín Mortíz, 1971, p. 19.

Intended Reader

Passage One. Ott, Ernst: *Supérese Pensando.* Bilbao: Ediciones Mensajero, 1987, pagina preliminar.

Part Three, Chapter Six (Practice Reading Comprehension Passages)

Primer Grupo

Selección Uno. Amicis, Edmundo de: *Corazón (Diario de un Niño).* Buenos Aires, publisher unknown, n.d., p. 62.

Selección Dos. Matute, Ana María: *Primera Memoria.* Barcelona: Editorial Destino, 1960, p. 200.

Selección Tres. *El País*, domingo 9 de junio de 1991, p. 45.

Selección Cuatro. Díaz-Plaja, Fernando: El Español y los siete Pecados Capitales. Madrid: Editorial Alianza, 1986, pp. 126-127.

Segundo Grupo
Selección Uno. Delgado, Jaime: "Siqueiros," *Mundo Hispano*, febrero 1974, p. 52.
Selección Dos. *El Informador Hispano*, Ft. Worth, TX, 7 de enero de 1993, p. 27.
Selección Tres. Denevi, Marcos: *Rosaura a las Diez.* New York: Scribner's, 1964, p. 92.
Selección Cuatro. *El Periódico U.S.A.*, McAllen, TX, 14 de abril de 1993, p. 1.
Tercer Grupo
Selección Uno. Tome Bona, Javier María, *Mundo Hispánico*, diciembre 1973, p. 50.
Selección Dos. LACSA ticket.
Selección Tres. Letter from the Junta de Castilla y León (author's private correspondence).
Selección Cuatro. Unamuno, Miguel de: *Tres Novelas Ejemplares y Un Prólogo.* Madrid: Espasa-Calpe. Reprinted by courtesy of the Heirs of Miguel de Unamuno.
Cuarto Grupo
Selección Uno. Fuentes, Carlos: *Tiempo Mexicano.* México: Joaquín Mortíz, 1973, pp. 82-83.
Selección Dos. *Cambio 16*, 19 de marzo de 1984, p. 642. Reprinted with permission of *Cambio 16.*
Selección Tres. Alsasr, Collin, McCormick: "Tres Balsas en el Pacífico," *Mundo Hispánico*, agosto 1973, p. 40.
Selección Cuatro. Arreola, Juan: "Baltasar Gerard" in *Confabulario.* México: Joaquín Mortíz, 1971, p. 75.
Quinto Grupo
Selección Uno. Menasche, Marcelo: *Y Van Dos...* Buenos Aires: Editorial Samet, 1931, p. 100.
Selección Dos. Menasche, Marcelo: *Y Van Dos...* Buenos Aires: Editorial Samet, 1931, p. 62.
Selección Tres. Ingenieros, José: *La Simulación en la Lucha por la Vida.* Buenos Aires: Editorial Tor, 1955, p. 164.
Selección Cuatro. Lindemann, Hans A.: *Pláticas Filosóficas,* Zig-Zag, Santiago, 1940, pp. 147–148.

Part Four, Chapter Seven (Free-response Grammatical Structures)
Group One. Linares, Luis G. de: "Tiempo Presente," *Semana*, 1 de junio de 1992, p. 19.
Group Two. Matute, Ana María: *Primera Memoria.* Barcelona: Ediciones Destino, 1960, p. 14.
Group Three. *Semana,* 24 de junio de 1992, p. 98.
Group Four. *Semana,* 24 de junio de 1992, p. 78.
Group Five. 1993 Olympics advertisement.
Group Six. *Semana,* 1 de junio de 1992, p. 27.
Group Seven. *El País. Semanal*, domingo 9 de junio de 1991, p. 123.
Group Eight. *El País. Semanal*, 6 de septiembre de 1991, p. 56.
Group Nine. *El País. Semanal*, domingo 9 de junio de 1991, p. 25.
Group Ten. Montero, Rosa, *El País. Semanal*, domingo 9 de junio de 1991, p. 8.
Group Eleven. *El País,* domingo 9 de junio de 1991, p. 128.
Group Twelve. Mikes, George: *Otras Personalidades que he conocido.* Buenos Aires, Ediciones Peuser, 1946, p. 95.
Group Thirteen. Castellano, Rosario: *Los Convidados de Agosto.* México: Ediciones Era, 1975, p. 158.
Group Fourteen. Gómez-Quintero, Ela: *Al Día en los Negocios* (adaptation). New York: McGraw-Hill, Inc., 1984, p. 285. Reproduced with permission of McGraw-Hill, Inc.
Group Fifteen. Valdés, Carlos, *Diario Las Americas,* Miami, sábado 6 de noviembre 1993, p. 2B.
Group Sixteen. Hamill, Pete: "Bilingue...Monolingue," *Más*, Vol. 1, No. 1, otoño 1989, p. 62.
Group Seventeen. Russell, Bertrand: *Ensayos Impopulares.* México: Editorial Hermes, 1952, p. 179.
Group Eighteen. Russell, Bertrand: *Ensayos Impopulares.* México: Editorial Hermes, 1952, p. 45.

Group Nineteen. Amicis, Edmundo de: *Corazón (Diario de un Niño)*. Buenos Aires: Publisher unknown, n.d., p. 63.

Group Twenty. Amicis, Edmundo de: *Corazón (Diario de un Niño)*. Buenos Aires: Publisher unknown, n.d., p. 28.

Part Six, Model Exam

Reading (Vocabulary and Grammatical Structures in Context)

Ejercicio 1: "Una demora sin sentido," *La nación*, edición electrónica, San José, Costa Rica, 10 de mayo de 1996.

Ejercicio 2: Walsh, Rodolfo: "Cuento para tahures," *Cuentos argentinos de misterio,* E. Dale Carter, Jr and Joe Bas eds. Appleton-Century-Crofts, New York, 1968, p. 35.

Ejercicio 3: Author's personal file.

Reading Comprehension

Selection Number One. Quiroga, Horacio: "El Sueño" in *El Salvaje*. Buenos Aires: Hemisferio, 1953, p. 9.

Selection Number Two. *La Voz de Houston*, adapted from an advertisement for Continental.

Selection Number Three. Lizardi, Fernández de: "El Periquillo Sarmiento" in Hespelt: *An Anthology of Spanish American Literature*, New York: Appleton-Century-Crofts, 1946, p. 148.

Writing (Section II, Part A)

Alarcón, Pedro Antonio de: *El Escándalo,* Mexico: Editorial Novaro, 1958, p. 85.

Listening Comprehension

Short Narrative One. Soldao, Juan: "El Cura y el Muchacho Tonto" in *Cuentos Folklóricos de Argentina*. Buenos Aires: Editorial Universitaria de Buenos Aires, 1962, p. 122.

Short Narrative Two. "Pablo Casals," *Mundo Hispánico*, No. 309, diciembre 1973, p. 12.

Longer Selection One. Amicis, Edmundo de: *Corazón (Diario de un Niño)*. Buenos Aires: Publisher unknown, n.d., p. 296.

Longer Selection Two. *Puerta del Sol*, octubre 1990, p. 3.

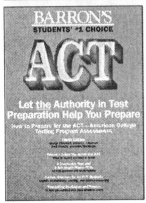

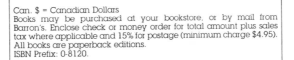